Hebrew/Aramaic Index to the Septuagint

Takamitsu Muraoka, professor of Hebrew at Leiden University, is an internationally recognized Septuagint scholar. Among his publications are *A Greek-Hebrew/Aramaic Index to I Esdras* and *A Greek-English Lexicon of the Septuagint (Twelve Prophets)*. In addition, he revised and translated Paul Joüon's *Grammar of Biblical Hebrew*. His Ph.D. degree is from the Hebrew University in Jerusalem.

Hebrew/Aramaic Index to the Septuagint

Keyed to the Hatch-Redpath Concordance

Takamitsu Muraoka

Baker Books
A Division of Baker Book House Co
Grand Rapids, Michigan 49516

Published by Baker Books
a division of Baker Book House Company
P.O. Box 6287, Grand Rapids, MI 49516-6287

Printed in the United States of America

Library of Congress Cataloging-in-Publication Data

Muraoka, T.
    Hebrew/Aramaic index to the Septuagint / Takamitsu Muraoka.
       p.   cm.
    Keyed to the Hatch-Redpath concordance.
    ISBN 0-8010-2145-6 (pbk.)
    1. Hatch, Edwin, 1835–1889. Concordance to the Septuagint and the other Greek
versions of the Old Testament—Indexes. 2. Bible. O.T.—Concordances, Greek—
Indexes. 3. Bible. O.T. Greek—Versions—Septuagint—Concordances—Indexes.
4. Hebrew language—Dictionaries—Greek, Biblical. 5. Aramaic language—Dictio-
naries—Greek, Biblical I. Hatch, Edwin, 1835–1889. Concordance to the Septuagint
and other Greek versions of the Old Testament. II. Title.
BS1122.H32M87   1998
221.4´8—DC21   98-10548

For information about academic books, resources for Christian leaders,
and all new releases available from Baker Book House, visit our web site:
http://www.bakerbooks.com

Contents

Introduction

As this index is about to go to press, I look back over the past thirty-odd years with some amount of nostalgic sentiments.* The oldest of the translations of the Jewish Bible, the Septuagint, has been, along with Hebrew and Aramaic linguistics, constantly at the center of my scholarly interest over those years. As a text critic I have been keenly aware of the value of the Septuagint. In order, however, for me to make responsible and meaningful use of the Septuagint, it has been necessary to know what Hebrew or Aramaic word was being translated and how the ancient translator(s) understood and interpreted the text.

For scholars with such interests, Hatch and Redpath's *Concordance to the Septuagint*, published 1897–1906, is an indispensable tool. Particularly helpful is the numbered list at the head of each Greek entry giving the Hebrew and Aramaic words and phrases (hyponyms) that the Greek lexeme in question translates. Hatch and Redpath further enhanced the value of their concordance by appending the "Hebrew Index to the Entire Concordance" (vol. 3, pp. 217–72), meticulously prepared when computers had not been heard of. Hatch and Redpath's reverse index includes all the Hebrew and Aramaic words, including proper nouns, that appear in those numbered lists in the body of the concordance. Each Hebrew and Aramaic word in the index is followed by the page numbers and column letters where it is to be found.

Generations of users of the concordance justly bemoaned the fact that actual Greek hyponyms had not been given. For instance, the Septuagint rendering of the verb אָמַר qal is represented in fifty different places in HR's concordance and appendix 2, but the user of the reverse index is given only a list of page numbers and column letters:

אָמַר qal 37 *c*, 74 *a*, 109 *c*, 113 *c*, 120 *a*, 133 *a*, 222 *a*, 267 *a*, 299 *b*, 306 *b*, 313 *a*, 329 *c*, 339 *b*, 365 *a*, 384 *a*, 460 *c*, 477 *a*, 503 *c*, 505 *c*, 520 *b*, 534 *c*, 537 *b*, 538 *b*, 553 *b*, 628 *b*, 757 *b*, 841 *c*, 863 *c*, 881 *c*, 991 *b*, 1056 *b*, 1060 *a*, 1061 *a*, 1139 *a*, 1213 *b*, 1220 *c*, 1231 *b*, *c*, 1310 *b*, 1318 *b*, 1423 *c*, 1425 *b*, *69 b, 72 b, 173 a, 183 b, c, 200 a* (2), *207 c, 211 b.*

*For a more detailed discussion of matters briefly presented here and other related issues, the reader is referred to my article "A New Index to Hatch and Redpath," forthcoming in *Ephemerides Theologicae Lovanienses*.

One dearly wishes to be able to examine those fifty Greek terms at once instead of leafing through the fifteen hundred pages of the concordance proper to find out what those fifty Greek words are. While I was busy writing my doctoral dissertation in Jerusalem, my wife, Keiko, undertook the laborious task of converting over thirty thousand mere page/column references into actual Greek words and phrases. A neatly handwritten list of 508 legal-size pages was completed in Manchester on 31 May 1971. A couple of publishers whom I tried to interest in the work turned it down. In the meantime there appeared in the early 1970s *An Expanded Hebrew Index for the Hatch-Redpath Concordance to the Septuagint*, compiled by Elmar Camilo Dos Santos (Jerusalem: Dugith). The publication of this work seemed to have sounded the death knell for the publication of my manuscript, apparently now to be available only for my own private use—until last summer when I received email from David Aiken of Baker Book House, who had heard of the manuscript through Albert Pietersma and wanted to know whether I would consent to having it published in conjunction with a proposed reprint of Hatch and Redpath. Since Dos Santos's handwritten work was no longer available, and in any event was compiled with little critical interaction with HR's Hebrew-Greek equivalents, I was naturally delighted at the prospect that my dear manuscript stood a real chance of being typeset and thus made available to hundreds of other scholars. I lost no time in dusting it off and getting it ready for publication.

General Policy

There are a number of ways in which my work on this project has gone beyond my wife's manual labor.

First, this index represents a partial and critical revision of Hatch and Redpath. It is more than a mere conversion of their page/column references into Greek words, for I have focused on identifying the Hebrew or Aramaic lexemes or phrases that a given Greek lexeme is translating. (Which Hebrew or Aramaic words is, for instance, the Greek noun ἀγάπη translating?) My revision is necessarily partial and incomplete, for a complete revision would have required study of every single verse of the Septuagint, comparing it with the extant Hebrew or Aramaic original texts and their variant readings. Instead, I first examined every list of Semitic hyponyms in the body of HR's concordance (a) to identify those hyponyms that appear *prima facie* implausible or problematic and (b) to study the Hebrew, Aramaic, and Greek passages where they occur. Second, I studied those Septuagint passages that Hatch and Redpath marked with an obelus (†), signifying that "the identification of the Greek and Hebrew is doubtful or at least that a student should examine the passage for himself." The reason I call my revision critical is that Hatch and Redpath attempted to identify each Septuagint word with a word or a phrase in the Masoretic Text of the Jewish Bible (though they do not state which edition of the Bible was used). They were naturally aware of the problematic nature of this policy, for there are countless cases in which the Septuagint can be shown to be translating a word or phrase at variance with what one finds in the Masoretic Text. They had their reasons for not departing from this rigid policy, but I believe that such a position is untenable. By contrast, my policy has been to identify the Hebrew or Aramaic lexemes and word forms that I believe the translator(s) had in mind in translating the way they did. This, of course, involves an element of subjective judgment. There is, however, no science without subjective judgment and creativity. I have not, of course, allowed my imagination to run wild: I have aimed at staying as close as possible to the Semitic text, whether in the form of its *textus receptus* or variant readings in manuscripts. Nonetheless, I have retained in my index all of the hyponyms identified by Hatch and Redpath, marking some, though, as implausible.

Second, a certain amount of textual criticism has been applied to the Septuagint text. Hatch and Redpath's textual basis for the Septuagint was the three major uncials—Alexandrinus (A), Vaticanus (B), and Sinaiticus (S)—as well as the Sixtine edition of 1587 (R). They accorded equal value to each of these four. As a consequence, in cases of textual differences one could have a variety of Greek words translating the same Hebrew or Aramaic word. Further, textual studies of the Septuagint have not stood still during the past hundred years; since the days of Hatch and Redpath there have appeared three major editions of the Septuagint, including the ongoing Göttingen Septuagint project, aiming to produce the earliest recoverable (i.e., critical) edition of the Septuagint. A revised index cannot turn a blind eye to all this. I have therefore based my identification of Semitic hyponyms on the form of the Septuagint that may be said to be the earliest. In practical terms, this meant following the Göttingen edition, where available, though not blindly. I have also made use of Rahlfs's *Handausgabe*, the Cambridge Larger Septuagint, and numerous other *Einzeluntersuchungen*. I must admit, however, that, inasmuch as the individual volumes of the Göttingen Septuagint became available at different points in the course of my project, the extent of my use of it is not even. In a few cases I have also drawn

upon sources that have not been incorporated into this critical edition—𝔓967 for Daniel and Ezekiel, for instance.

Third, for a reason not stated, Hatch and Redpath did not give Hebrew and Aramaic equivalents for Greek words occurring in the apocryphal books. Redpath himself remedied this defect for Sirach (see appendix 2), and I did the same for I Esdras (most of which is a translation of parts of the books of Chronicles, Ezra, and Nehemiah) in my *Greek-Hebrew/Aramaic Index to I Esdras* (Septuagint and Cognate Studies 16; Chico, Calif.: Scholars Press, 1984). All relevant information in my I Esdras index has been incorporated into the present work.

Fourth, since the publication of the original concordance, the textual criticism of the Jewish Bible has not stood still either. On the contrary, the discoveries in the Judean Desert have revolutionized this branch of biblical studies, and a revised index has to take these new data into account. In addition to fragments of the canonical books of the Jewish Bible, further fragments of the book of Ben Sira have come to light, notably the Masada fragments. Hatch and Redpath's appendix 2, dealing with the then-known Cairo Geniza Hebrew fragments, has been revised in the light of these more recent textual findings.

Fifth, I have, for the most part, retained the mode of referencing used by Hatch and Redpath, even when the chapter and verse numbers they give for certain books do not agree with those in Rahlfs and the Göttingen edition. I have adopted the latter only when proposing new Hebrew or Aramaic equivalents (and then not consistently, for the reasons given under the second point above). I have also retained HR's abbreviations for the name of biblical books (e.g., I Ki. instead of I Sa.).

Last, despite my personal interest in questions of grammar, I do not regard this index as an appropriate forum for exercising strictures in this regard and making my own understanding of Hebrew and Aramaic grammar apply. I have retained Hatch and Redpath's mode of vocalizing all Hebrew and Aramaic verbs as qal and peal respectively, even when some of them are not attested in those conjugations. Similarly, Aramaic grammarians may question my vocalization of some Aramaic nouns in the putative absolute state form. It should also be noted that I attach no great importance to the distinction between hafel and afel in Biblical Aramaic.

Explanation of Symbols

Economy of space and ease of reference necessitated that certain symbols and abbreviations be used in order to avoid undue length in the index. What follows is a listing of these typographic conventions:

≈ the symbol ≈ between a Hebrew or Aramaic word and a Greek word indicates that the two are equivalent; דָּבָר ≈ λόγος, for example, indicates that λόγος is used in the Septuagint to translate the Masoretic Text's דָּבָר

(Aramaic)

all keywords are Hebrew unless "Aramaic" is included in parentheses following the keyword; the words "Hebrew and Aramaic" are included in parentheses to indicate the coalescing of two identically spelled lexemes

Aramaizing

a Scripture reference marked "Aramaizing" indicates that the Greek lexeme in question can be identified with a Hebrew word that the Septuagint translator(s) misread as Aramaic or interpreted it under the influence of Aramaic; in the following entry, for example,

טוב II pa. (Aramaic)

#ἑτοιμάζειν 563c (Mi. 7.3 Aramaizing; Na. 3.8 Aramaizing)

the term "Aramaizing" signifies that the translator(s) may have misread Hebrew טוב in Mi. 7.3 and Na. 3.8 as if it were a form of Aramaic טוב pael ("to prepare")

183c italic page numbers and column letters refer to HR's appendix 2 on the apocryphal book of Ben Sira (Ecclesiasticus); in the following entry, for example,

אָמַר qal

λόγος 881c, *183c*

the italic reference *183c* signifies that the equivalence אָמַר qal ≈ λόγος is found not only in the main concordance on page 881c but also, with reference to Sirach, in the third column of page *183* in appendix 2

a Greek lexeme marked with # is a new equivalent not mentioned by HR; in the following entry, for example,

הָתַל pi.

#καταμωκᾶσθαι *181b* (Si. 13.7)

the symbol # signifies that I propose equating the Greek verb καταμωκᾶσθαι used at Si. 13.7 with the Hebrew verb הָתַל pi.; when no page number is given for a Greek equivalence, it means that the term was not concorded by HR

* a Greek lexeme marked with * can be equated with a Hebrew or Aramaic term in the apocryphal book of I Esdras (for which HR did not give Semitic-Greek equivalents); fuller information and references where the equivalence applies may be found in my *Greek-Hebrew/Aramaic Index to I Esdras*; in the following

entry, for example,

בָּשַׁל pi.

*ἕψειν 592a

the symbol * signifies that the Greek verb ἕψειν is listed on HR 592a with בָּשַׁל pi. as one of its hyponyms and that this equivalence applies to I Esdras as well; by turning to my index of I Esdras, the reader will find that this Hebrew-Greek equivalence is found in I Es. 1.11 [= II Ch. 35.13]; this use of the asterisk (always at the beginning of a line) should be distinguished from HR's use of the same symbol to identify the Kethiv as the Hebrew text underlying the Greek hyponym

§ a Greek lexeme marked with § is a transliteration of the underlying Hebrew or Aramaic lexeme rather than a translation of it; in the following entry, for example,

פֻּלְמֹנִי

§φελλανει, φελμουνι, φελμωνι 1426b

the symbol § signifies that φελλανει, φελμουνι, and φελμωνι are transliterations of the keyword פֻּלְמֹנִי; Greek accents and breathing marks have been dispensed with in such cases

+ a Scripture reference preceded by a plus sign (+) ought to be added to the list of passages where the equivalence applies; in the following entry, for example,

טוב

ἀγαθός 2a, *165a* (+Si. 42.25)

the symbol + signifies that one should add Si. 42.25 to HR's list of passages where טוב is rendered by ἀγαθός

− a Scripture reference preceded by a minus sign (−) ought to be deleted from the list of passages where the equivalence is supposed to apply; in the following entry, for example,

הָפַךְ ni.

μετατιθέναι *184b* (−Si. 49.14)

the symbol − signifies that one should delete Si. 49.14 from HR's list of passages where הָפַךְ ni. is rendered by μετατιθέναι

[ ] a Greek lexeme enclosed within [ ] indicates that the Greek term is a textual variant in Sirach in Codex 248 and its congeners; in the following entry, for example,

שְׁבִיל

[ἀτραπός] *168c*

the symbol [ ] signifies that HR's appendix 3 lists ἀτραπός as a textual variant in Sirach in Codex 248

? a Greek lexeme preceded by a question mark signifies that HR's Greek term is regarded by me as doubtful; the question mark indicates less distrust in HR's data than does my use of the double square brackets, explained next; in the following entry, for example,

אָכַף qal
?φορεῖν 1437c (Pr. 16.27[26])

the symbol ? signifies that HR's Greek term φορεῖν is doubtful in Pr. 16.27[26]; this symbol (always at the beginning of a line) should not be confused with a question mark in parentheses (?), which is carried over from HR and means something different

⟦ ⟧ a Greek lexeme within ⟦ ⟧ signifies that the enclosed data provided by HR are implausible; double square brackets indicate greater distrust in HR's data than does my use of the question mark, explained above; in the following entry, for example,

כַּר
⟦τόπος 1364b (Is. 30.23)⟧

the symbols ⟦ ⟧ signify that HR 1364b lists τόπος as a translation of כַּר, but that I regard that equivalence as implausible at Is. 30.23

⟦ ⟧ → a Greek lexeme within ⟦ ⟧ and followed by an arrow (→) signifies that the enclosed data provided by HR are not only regarded as implausible but that I am correcting the equivalence in one of four ways:

(1) if I am correcting only the Greek half of the equivalence, the arrow will point at a new Greek term, which will always be listed under the same Hebrew or Aramaic keyword; in the following entry, for example,

כָּרַע qal
⟦κλαίειν 766a⟧ → ὀκλάζειν

the Greek word following ⟦ ⟧ → indicates that κλαίειν, identified on HR 766a as translating כָּרַע qal, is not the correct reading of the passage in question (I Ki. 4.19) but should be replaced by a form of ὀκλάζειν

(2) if I am correcting only the Hebrew or Aramaic half of the equivalence, the arrow will point at a new Hebrew or Aramaic term; the reader should look for the Greek term under the new Hebrew or Aramaic term; in the following entry, for example,

כֶּרֶם
⟦κτῆμα 793c⟧ → כֶּרֶם

the Hebrew word following ⟦ ⟧ → signifies that the correct hyponym of κτῆμα is not כֶּרֶם but כָּרֶם (obtainable by pointing the Hebrew word differently from the reading in the Masoretic Text); the reader will find κτῆμα listed under the keyword כָּרֶם

(3) if I am correcting both halves of HR's equivalence, the arrow will point at a new Hebrew-Greek or Aramaic-Greek combination; the reader should turn to the new Hebrew or Aramaic term to find the new Greek term; in the following entry, for example,

תְּבוּאָה
⟦κουρά 781a⟧ → אֶרֶץ ≈ χώρα

the words following ⟦ ⟧ → signify that I regard as implausible both the Hebrew and Greek terms in HR's equivalence (תְּבוּאָה ≈ κουρά); the correct equivalents (אֶרֶץ ≈ χώρα) follow the arrow

(4) if the Hebrew or Aramaic term cannot be ascertained but the Greek term needs to be corrected, then the arrow will point at a placeholder XXX and the new Greek term; in the following entry, for example,

שְׁאָת
⟦δίνη 336a⟧ → XXX ≈ δεινός

what follows ⟦ ⟧ → indicates that I regard as implausible HR's equivalence שְׁאָת ≈ δίνη and that the correct Greek term is δεινός; the correct Hebrew term, however, cannot be identified and so is marked with XXX

* * * * * * * * * * * *

This seems to be the right moment to pay tribute to the enormous service rendered by Hatch and Redpath and their team of anonymous co-workers to the cause of biblical, Septuagintal, and a host of related disciplines. It is a great privilege to be able to offer—a century after the concordance was first published—something that might enhance its usefulness.

It remains only to thank my wife again for a labor of love twice performed—initially in preparing the manuscript described above and more recently in helping to proofread the galleys. I must also mention David Aiken of Baker Book House, who carefully and efficiently oversaw the process of keying and proofreading the manuscript, made many a suggestion for better and more user-friendly presentation of the data, and drew my attention to not a small number of slips.

December 1997
Leiden, The Netherlands

Abbreviations

General

acc.	accusative
act.	active
adj.	adjective
adv.	adverb
conj.	conjunction
dat.	dative
gen.	genitive
inf.	infinitive
interj.	interjection
neg.	negative
pass.	passive
pl.	plural
prep.	preposition
ptc.	participle
subj.	subject
subst.	substantive
suf.	suffix

Hebrew Stems

qal	qal
ni.	niphal
pi.	piel
pu.	pual
pilp.	pilpel
pulp.	pulpal
poal	poal
poel	poel
polel	polel
palel	palel
palal	palal
pealal	pealal
polal	polal
pulal	pulal
hi.	hiphil
ho.	hophal
hithp.	hithpael
hishtaphel	hishtaphel
hothp.	hothpael
nith.	nithpael
hithpal.	hithpalel
hithpalp.	hithpalpel
hithpo.	hithpoel
hithpolel	hithpolel
tiph.	tiphel

Aramaic Stems

pe.	peal
peil	peil
pa.	pael
poel	poel
polel	polel
aph.	aphel
haph.	haphel
hoph.	hophal
shaph.	shaphel
ithpe.	ithpeel
ithpa.	ithpaal
ithpo.	ithpoal
hithpe.	hithpeel
ishtaph.	ishtaphal

Books of the Septuagint

Ge.	Genesis	II Ch.	2 Chronicles	Si.	Sirach (Ecclesiasticus)	Je.	Jeremiah
Ex.	Exodus	I Es.	1 Esdras			Ba.	Baruch
Le.	Leviticus	II Es.	Ezra	Ho.	Hosea	La.	Lamentations
Nu.	Numbers	Ne.	Nehemiah	Am.	Amos	Ep. Je.	Letter of Jeremiah
De.	Deuteronomy	To.	Tobit	Mi.	Micah		
Jo.	Joshua	Ju.	Judith	Jl.	Joel	Ez.	Ezekiel
Jd.	Judges	Es.	Esther	Ob.	Obadiah	Da. LXX	Daniel Old Greek
Ru.	Ruth	Jb.	Job	Jn.	Jonah		
I Ki.	1 Samuel	Ps.	Psalms	Na.	Nahum	Da. TH	Daniel Theodotion
II Ki.	2 Samuel	Pr.	Proverbs	Hb.	Habakkuk		
III Ki.	1 Kings	Ec.	Ecclesiastes	Ze.	Zephaniah	I Ma.	1 Maccabees
IV Ki.	2 Kings	Ca.	Canticles/Song of Songs	Hg.	Haggai	II Ma.	2 Maccabees
I Ch.	1 Chronicles			Za.	Zechariah	III Ma.	3 Maccabees
		Wi.	Wisdom of Solomon	Ma.	Malachi	IV Ma.	4 Maccabees
				Is.	Isaiah		

אָב
ἀρχιπατριώτης (רָאשֵׁי אָבוֹת) 166a
γονεῖς (אָב וָאֵם) 274c
〚δύναμις (בֵּית אָבוֹת) 350a〛
#καταδεικνύναι 730b (Ge. 4.21)
〚κατοικεῖν 751c〛
μητρόπολις 952c
ὁμοπάτριος 993c
*πατήρ (בֵּית אָבוֹת) 1105a (I Es. 1.11), 188a
*πατριά (בֵּית אָבוֹת אָב) 1111a, 188b
πατριάρχης (רֹאשׁ אָבוֹת אָב) 1111c
*πατρικός (בֵּית אָבִיהָ, בֵּית אָבוֹת) 1111c (I Es. 1.5), 188b
πατρῷος 1112a
πρόπαππος (אֲבִי אָב) 1208b

אָב (Aramaic)
*πατήρ 1105a

אֵב
γέν(ν)ημα 238c
καρπός ("fruit") 723c
ῥίζα 1251c

אָבַד qal
#ἀποδιδράσκειν 127b (Si. 30[33].40)
ἀποθνῄσκειν 128a
#ἀπολείπειν 136b (Jb. 11.20)
ἀπολλύειν, ἀπολλύναι 136c (+II Ch. 22.10; Pr. 11.23), 168a (Si. 20.22; 41.6)
ἀπώλεια, ἀπωλία 151c
ἐκλείπειν 435c
ἐκτρίβειν 444a
ἔξοικος γίνεσθαι 497c
ὁ ἐν λύπῃ 889c
ὀλλύναι 987b
παραναλίσκειν 1062b
〚προσδεῖν ("to be needy") 190a〛

אָבַד pi.
αἴρειν 34c
#ἀποβάλλειν 125c (De. 26.5)
ἀπολλύειν, ἀπολλύναι 136c, 168a
ἀπωθεῖν 151a
ἀπώλεια, ἀπωλία 151c
ἀφανίζειν 181b
ἐξαίρειν 485a
ἐξολεθρεύειν, ἐξολοθρεύειν 497c
κατασκάπτειν 743c
κατασπᾶν 745a
ὀλλύναι 987b

אָבַד hi.
ἀπολλύειν, ἀπολλύναι 136c, 168a
ἐξαποστέλλειν 488a
ἐξολεθρεύειν, ἐξολοθρεύειν 497c

אֲבַד pe. (Aramaic)
ἀπολλύειν, ἀπολλύναι 136c

אֲבַד aph. (Aramaic)
ἀποκτείνειν, ἀποκτέννειν 135a

ἀπολλύειν, ἀπολλύναι 136c
ἐκδιδόσθαι εἰς ἀπώλειαν 151c, 422a
ἐξάγειν 483a

אֲבַד hoph. (Aramaic)
ἀπολλύειν, ἀπολλύναι 136c

אֲבֵדָה
ἀπώλεια, ἀπωλία 151c

אֲבֵדָה
ἀπώλεια, ἀπωλία 151c

אֲבַדּוֹן
ἀπώλεια, ἀπωλία 151c

אַבְדָן, אָבְדָן
ἀπώλεια, ἀπωλία 151c

אָבָה I
ἀκούειν + neg. (אַל + neg.) 45a
ἀπειθεῖν (אַל + neg.) 119c
βούλεσθαι 226b
διαλύειν 305a
(ἐ)θέλειν 628b
εὐδοκεῖν 569a
προσέχειν 1215b
συνθέλειν 1316a

אָבָה II qal
#κατανύσσειν 181c (Si. 14.1)

אֲבוֹי
θόρυβος 654a

אֲבוּל
#πύλη 1240b (Da. LXX 8.2, 3, 6)

אֵבוּס
〚ἀποθήκη 128a〛→ מַאֲבוּס
〚παθμή(?), πάθνη(?) 1045a〛→ φάτνη, πάθνη
φάτνη, πάθνη 1425b

אֲבַטִּיחִים
πέπων 1119b

אָבִיב
νέος 942a
παρεστηκώς 1070c

אֶבְיוֹן
ἀδύνατος 28a
ἀθυμεῖν, ἀθυμοῦν 30a
ἀνὴρ ἐν ἀνάγκαις 76a, 88a
ἀπελπίζειν, ἀφελπίζειν 120b
ἀσθενής 172b
δεῖσθαι 288a
ἐνδεής 469b
ἐπιδεῖν ("to lack") 519a
πένης 1117a
πτωχός 1239b, 190c
ταπεινός 1334b

אֶבְיוֹנָה
κάππαρις 719a

אָבִיר
δυνάστης 355b
θεός 630a
ἰσχυρός 692c
ἰσχύς 694b

אַבִּיר
〚ἄγγελος 7b〛
〚ἀδύνατος 28a〛
〚ἆπις 122c〛→ חַף

δυνατός 355c
ἰσχυρός 693b
ταῦρος 1337c

אָבַל qal
πενθεῖν 1117b, 188b
στενάζειν 1288b

אָבַל hi.
πενθεῖν 1117b

אָבַל hithp.
θρηνεῖν 654c
καταπενθεῖν 741b
*πενθεῖν 1117b, 188b

אָבֵל adj.
λυπεῖν 889b
παθεινός 1045a
πενθεῖν 1117b
πένθος 1118a
〚ποθεινός 1153c〛→ παθεινός
〚συμπαθής 1304c〛→ παθεινός

אֵבֶל
κλαυθμός 767a
ὀδύνη 967a
πάθος 1045b
πενθεῖν 1117b
πενθικός 1118a
πένθος 1118a, 188b

אֲבָל
καὶ μάλα 894b
ναί 939a
ναὶ ἰδού 673c
πλήν 1145c

אֶבֶן (Hebrew and Aramaic)
ᾅδης (אַבְנֵי־בוֹר) 24a
ἀπολιθοῦν (דָּמָה כְּאֶ) 136c
δισσὸν στάθμιον (וָאֶ) 337b
κατάλιθος 737c
〚κατισχύειν 751b〛
κονία λεπτή (אַבְנֵי־גִר) 777c
*λίθινος 876b
*λίθος 876c, 183b
λιθουργικὸς τέχνη (חֲרַשׁ אֶ) 878b
τὰ λιθουργικά (חֲרֶשֶׁת אֶ) 878b
πάριος (אַבְנֵי שֵׁשׁ) 1070b
πετροβόλος (אַבְנֵי־קֶלַע) 1130a
στάθμιον 1286b
〚στάθμιον μέγα καὶ μικρός (וָאֶ) 926c〛
χάλιξ 1453a

אֶבֶן
λίθος 876c

אַבְנֵט
ζώνη 601a
στέφανος 1289c

אָבַס qal
σιτευτός 1267b

אֲבַעְבֻּעֹת
φλυκτίς 1433b

אָבַק ni.
παλαίειν 1051b

אָבָק
κονιορτός 777c

אֲבָקָה
κονιορτός 777c

אָבַר hi.
ἱστάναι, ἱστᾶν 689a

אֵבֶר
ἔκτασις 442a
πτεροφυεῖν (עָלָה אֶ) 1238a
πτέρυξ 1238a

אֶבְרָה
μετάφρενον 917b

אֲגֻדָּה
δέσμη 292a
〚ἐπαγγελία 503b (–Am. 9.6)〛→ אֲגֻדָּה
στραγγαλιά 1295a
#συνάλλαγμα 1310c (Is. 58.6)
συνάντησις 1311c

אֲגֻדָּה
#ἐπαγγελία 503b (Am. 9.6)

אֱגוֹז
καρύα 725a

אֲגוֹרָה
ὀβολός 960a

אֶגֶל
βῶλος 232c

אֲגַם
#βάθος 189a (Pr. 18.3)
ἕλος 453b
λίμνη 878c
σύστεμα, σύστημα 1323c

אָגֵם
λυπεῖν (אֶ נֶפֶשׁ) 889b
πονεῖν 1186a

אַגְמוֹן
〚ἄνθραξ 96a〛
〚κρίκος 786a〛

אַגָּן
κρατήρ 784a
#τορνευτός (Ca. 7.2[3])

אֲגַף
ἀντιλαμβάνεσθαι 110c
παράταξις 1064b
πρόσωπον 1223c
ἐπὶ (τὸ) πρόσωπον (עַל אֶ) 1224a

אָגַר qal
#ἀθροίζειν 30a (Je. 18.21)
#διασώζειν 312b (Pr. 10.5)
〚εὐφραίνειν 581a〛
πολὺν ποιεῖν 1154b

אֱגַר (Aramaic)
*#στέγη 1288a (I Es. 6.4)

אִגְּרָא (Aramaic)
*ἐπιστολή 530c

אֶגְרוֹף
πυγμή 1240a

אַגַרְטָל
*#σπονδεῖον 1285a (I Es. 2.13)
ψυκτήρ 1486a

אִגֶּרֶת
ἐπιστολή 530c

Column 1

אד
νεφέλη 943b
πηγή 1130b

אדב hi.
[καταρρεῖν 743b]] → דוב hi.

אדון
ἀνήρ 88a
ἄρχων 166b
δεσπότης 292c
ἡγεῖσθαι (אֲדֹנִים) 602c
θεράπων (בֶּן אֲ') 648b
#κριτής 182b (Si. 41.18)
*κύριος 800b, 182c
κύριος ὁ θεός, (ὁ) κύριος θεός
  800b
χρᾶν, χρᾶσθαι 1473c

אֱדַיִן (Aramaic)
οὕτω(ς) οὖν (בֵּא') 1035c
*τότε (אֲ', בֵּא') 1367c

אַדִּיר
§αδωρηεμ, αδωρην (אַדִּירֵיהֶם)
  28b
δυνάστης 355b
δυνατός 355c
θαυμαστός 627b
θαυμαστοῦν 627c
θαυμαστῶς 627c
ἰσχυρός 693b
ἰσχύς 694b
κραταιός 782a
κριός 788c
μέγας 902c, 184a
μεγιστάν 907a
στερεός 1289a
σφοδρός 1327a
ὑπερέχειν 1409b

אָדַם qal
πυροῦν 1245c

אָדַם pu.
ἐρυθ(ρ)οδανοῦν 548b

אָדָם
ἀνήρ 88a, 167a
ἀνθρώπινος 96c
ἄνθρωπος (בֶּן אָ') 96b, 167a
υἱὸς ἀνθρώπου 96b
βροτός 231a
γηγενής (אָ', בֶּן אָ') 255c
ἕκαστος 418a, 173b
θνητός 654a
λαός 853b
#σάρξ 191a (Si. 30.38 [33.30])

אָדֹם
ἐρυθρός 548b
[ἔψεμα, ἔψημα 592a]] → נָזִיד
πυρρός 1246a

אֹדֶם
ἄνθραξ 167a
σάρδιον 1259b

אֲדַמְדָּם
πυρ(ρ)ίζειν 1246a
ὑποπυρρίζειν 1416c

אֲדָמָה
γαῖα 233b
γεωργός (אֹהֵב אֲ') 240b
ἄνθρωπος γεωργὸς γῆς (אִישׁ אֲ')
  240b, 170a
γῆ 240c, 170a
φιλογέωργος (אֹהֵב אֲ') 1431a
χθών 1468c
χῶμα 1480c

Column 2

χώρα 1481a

אַדְמֹנִי
πυρράκης 1246a

אֶדֶן
βάσις 214b
κεφαλίς 763a
κρίκος 786a
[στῦλος 1297c]] → κρίκος

אֲדֹנָי
#ἅγιος 165b (Si. 43.10)
§αδωναι 28a
§αδωναιε 28b
δεσπότης 292c
θεός 630a
θεοσέβεια, θεοσεβία (יִרְאַת אֲ')
  648a
κύριος (אֲ', יְהוָה אֲ') 800b, 182c (Si.
  42.15, 16, 17; 48.5)
κύριος ὁ θεός, (ὁ) κύριος θεός
  630a

אָדַר ni.
δοξάζειν 343b
ὡραῖος 196a

אָדַר hi.
δοξάζειν 172a

אֶדֶר
δορά 344a

אַדַּר (Aramaic)
ἅλων, ἅλως 60a

אַדַרְגָּזְרִין (Aramaic)
ἡγεῖσθαι 602c
ὕπατος 1407b

אַדַרְוָּדָא (Aramaic)
*#ἐπιμελῶς 525c (I Es. 8.21)

אֲדַרְכֹּן
δραχμή 349a

אַדְרַע (Aramaic)
*#ἵππος 687b (I Es. 2.30)

אַדֶּרֶת
δέρρις 291c
δορά 344a
μεγαλωσύνη 902c
μέγας 902c
μηλωτή 922a
στολή 1291c
ψιλός 1485c

אָהַב qal
ἀγαπᾶν 5b, 165a
γεωργός (אֹ' אֲדָמָה) 240b
διώκειν 171c
[ἐνοικεῖν 476a]] → ἀγαπᾶν
ἐρασθαι, ἐρᾶσθαι 540b
#ἑταῖρος 177c (Si. 37.5)
ἔχειν + gen. 586c
[ζητεῖν 597a]] → φιλεῖν
[κρατεῖν 783a]] → אָחַז qal
φιλαμάρτημων (אֹ' פֶּשַׁע) 1430b
φιλεῖν 1430b
φιλιάζειν 1431a, 195a
φιλογέωργος (אֹ' אֲדָמָה) 1431a
εἶναι φιλογύναιος/φιλογύνης
  (אֹ' נָשִׁים) 1431a
φίλος 1431b, 195a (+Si. 36[33].6)
χαίρειν 1452a

אָהַב ni.
ἀγαπᾶν 5b, 165a

אָהַב pi.
ἀγαπητός 7a

Column 3

ἐραστής 540b
φιλεῖν 1430b
φίλος 1431b

אָהֵב hi.
προσφιλῆ ποιεῖν 189b, 190b

אַהַב
ἔρως 553b

אַהֲבָה
ἀγαπᾶν 5b, 165a
ἀγάπη 6c
ἀγάπησις 7a, 165a
[εὐφροσύνη 582c]] → ἀγαπᾶν
φιλία 430c

אֲהָהּ
ἆ, ἀά 1a
δεῖσθαι 288a
μηδαμῶς 920b
οἴμ(μ)οι 983b
ὦ, ὤ 1491a

אָהַל I hi.
[ἐπιφαύσκειν 538a]] → הָלַל hi.

אָהַל II qal
ἀποσκηνοῦν 140c
[ἐνσκηνοῦν(?) 476c]]
σκηνοῦν 1273a

אָהַל II pi.
[διέρχεσθαι 328c]]
[εἰσέρχεσθαι 410b]]

אֹהֶל
αὐλαία 177a
δέρρις 291c
δίαιτα 303a
#θεράπαινα (מִחַי אֹ') 648a (Jb.
  31.31)
κατάλυμα 738c
[οἰκήτωρ 969b]] → οἶκος
οἰκία 969b
οἶκος 973a
παράρυμα 1063c
[σκέπειν 1269a (Ex. 26.7)]] →
  σκέπη
σκέπη 1269a
σκηνή 1271a, 191b
σκήνωμα 1273a
σύσκηνος (אֲשֶׁר בָּא') 1323a
σύσκηνος (אֲשֶׁר בָּא') 1323a

אֲהָלוֹת
ἀλόη 59b
§αλωθ 60a
στακτή 1286c

אוֹב
#ἀπὸ/ἐκ τῆς γῆς φωνεῖν 240c
  (Is. 8.19; 19.3)
ἐγγαστρίμυθος (בַּעֲלַת־אוֹב,
  שָׁאַל אוֹב) 362b
θελητής 629b
[τέμενος 1345a]] → θελητής
#φυσητήρ 1446c (Jb. 32.19)

אוּד
δαλός 284c

אֹדוֹת
[ἀπὸ (τοῦ) προσώπου (עַל אוֹ')
  1223c (Jd. 6.7B)]]

אָוָה pi.
αἱρετίζειν 36a
(ἐ)θέλειν 628b

Column 4

ἐπιθυμεῖν 520b
#ἐπιθυμία 176c (Si. 6.37)

אָוָה hithp.
ἐπιθυμεῖν 520b, 176c
ἐπιθυμία 521a
[καταμετρεῖν 739b]] → תָּוָה hi.

אָוָה
ἐπιθυμεῖν 520b
ἐπιθυμία 521a

אוּזָל
§ασα(η)λ 171c

אוֹי
οἴμ(μ)οι (אוֹי־נָא לִי, אוֹי־נָא, אוֹי)
  983b
οὐαί 1027c
ὦ, ὤ 1491a

אוֹיָה
οἴμ(μ)οι (אוֹי לִי) 983b

אֱוִיל
ἀνόητος 105a
ἀπαίδευτος 115c, 167c
ἀσεβής 170b
ἄστεγος 173b
ἄφρων 186c
[ἡγεῖσθαι 602c]] → אַיִל III
μωρός 938c
#παράνομος 1062b (Pr. 14.9)
προπετής 1208b
φαῦλος 1425c

אֱוִילִי
ἄπειρος 120b

אוּל
[ἰσχυρός 693b]] → אֵל

אוּלַי
ἴσως 695c

אוּלָם I, אֵלָם
§αιλαμ, αιλαμμειν 31a
§ελαμ 447b
κρηπίς 786a
ναός 939a
§ουλαμ 1030a

אוּלָם II conj.
ἀλλά (וְאוּלָם) 166a
πλήν, πλὴν ὅτι 1145c

אִוֶּלֶת
ἀβουλία 1b
ἀνόητος 105a
ἄνοια 105a
[ἀρά 152b]] → אָלָה III subst.
ἀσχημοσύνη 168c
ἀφροσύνη 186b, 169c
ἄφρων 186c, 169c (Si. 20.22)
[διατριβή 314a]]
κακία 708b
κακός 709b
μωρία 185c

אֹמֶר
λόγος 183c

אָוֶן
ἀδικία 25b
ἄδικος 26c
ἀνομία 106b
ἄνομος 107c
ἀσεβής 170b
ἄτοπος 176b
ἄφρων (אֲ', אִישׁ־אֲ') 186c
βλάσφημος (מִבְרַךְ אֲ') 221a
[γογγυσμός 274b]]
κακία 708a

κακός 709b
κακοῦργος ('א‎-‏פֶּעַל) 711c
κενός, καινός ("empty") 759a
κόπος 778c
μάταιος 898c
μάτην 899c
⟦μηδείς, μηθείς 920c⟧ → אֵין
μόχθος 935c
ὀδύνη 967a
παράνομος ('א‎-‏אִישׁ) 1062b
πένθος 1118a
πονηρία 1186b
πόνος 1188b
⟦οὐχ ὑπάρχων 1406b⟧ → אֵין

אוֹן I
ἀναψυχή 86a
δόξα 341a
δύναμις 350a
ἐπιδεής 176c
⟦ἡλίου πόλις 606b, 1174a⟧
⟦κόπος 778c⟧ → אָוֶן
τὸ ὑπάρχον, (τὰ) ὑπάρχοντα 1406a

אוֹן II
see אָוֶן

אוֹפִיר, אוֹפִר
διάχρυσος 316a

אוֹפָן
ἄξων 113c, 166b (Si. 36[33].5)
τροχός 1376c

אוֹפִר
see אוֹפִיר, אוֹפִר

אוּץ qal
κατασπεύδειν 745b
κοπιᾶν 778b
προπορεύεσθαι 1208c
στενοχωρεῖν 1288c
ταχύς 1339a

אוּץ hi.
ἐπισπουδάζειν 529b
κατισχύειν 751b
⟦μισεῖν 185b⟧ קוּץ qal
⟦σπουδάζειν 1285c⟧ →
ἐπισπουδάζειν

אוֹצָר
ἀποδοχεῖον 168a
*ἀποθήκη 128a
*#γαζοφυλάκιον 233a (I Es. 5.45)
εἰδωλεῖον, εἰδώλιον
(בֵּית אוֹצַר אֱלֹהִים) 376a
θησαύρισμα 651c
θησαυρός (בֵּית אוֹ') 651c, 179b
*#κιβωτός 763c (I Es. 1.54)
παράθεσις 1059c
πλοῦτος 1150c

אוֹר I qal
ἀναβλέπειν 73b
διαφαύσκειν 314b
διαφωτίζειν 315c
φωτίζειν 1451b

אוֹר I ni.
διαφαύσκειν 314b
διαφώσκειν 315c
φωτίζειν 1451b

אוֹר I hi.
*#ἀνακαλύπτειν 78a (I Es. 8.76)
ἀνάπτειν 81c
⟦διδόναι 317b⟧
⟦διέρχεσθαι 328c⟧
ἐκλάμπειν 435a

ἐπιβλέπειν 516c
ἐπισκοπὴν ποιεῖν (אוֹר עֵינַיִם hi.)
528c
ἐπιφαίνειν 537c
§θαειρ (תָאִיר) 205a
ἱλαροῦν 180a
ἱλαρύνειν 180b
φαίνειν 1423a
φωτίζειν 1451b

אוֹר II subst.
⟦διαφαύσκειν 314b⟧ → אוֹר I ni.
⟦διαφώσκειν 315c⟧ → אוֹר I ni.
#ἡ ὥρα τοῦ διαφωτίζειν τὸν
ἥλιον 315c (Ne. 8.3)
ἑωθινός 178a
ἠδώ 605a
ἥλιος 606b
ἡμέρα (אוֹר הַבֹּקֶר) 607b
⟦θάλλειν 179a⟧
⟦ἰδεῖν 669b (I Ki. 14.29)⟧
ἱλαρός 180a
μεσημβρία 912c
*#ὄρθρος, ὀρθός 1011b (I Es. 9.41)
πρωΐ (עַד־אוֹר הַבֹּקֶר) 1234b
φέγγος 1426a
φῶς 1450b, 195c (+Si. 36[33].7)
⟦φωτίζειν 1451b⟧ → ἡ ὥρα τοῦ
διαφωτίζειν τὸν ἥλιον
φωτισμός 1451c

אוּר I
⟦ἀλήθεια 53a⟧ → תֹּם
δῆλος 295b, 171a (Si. 45.10)
*δήλωσις 295c
πῦρ 1242b
πυρώδης 191c
φῶς 1450b
φωτίζων, φωτίζοντες (אוּרִים)
1451b

אוּר II
#πῦρ 1242b

אוֹרָה
⟦§αριωθ (אוֹרֹת) 158a⟧
φῶς 1450b

אוֹת I
⟦θαυμάσιος 627a⟧ → σημεῖον
σημεῖον 1263b, 191a (+Si. 42.18)
τέρας 193b
ὑπόδειγμα 194c

אוֹת II ni.
ὁμοιοῦν 993a
συμφωνεῖν 1306c

אָז
ἀρχή 163c
εἶτα (כִּי־אָז) 415c
⟦ἔτι (מֵאָז) 561a⟧
⟦ἡμέρα 607b⟧
⟦ἱκανῶς 684a⟧
οὕτω(ς) 1035c
πάλαι (מֵאָז) 1051a
⟦παλαιός (מֵאָז) 1051b⟧ → πάλαι
τότε (אָז, מֵאָז) 1367c, 193c

אֲזָא pe. (Aramaic)
ἐκκαίειν 432b
καίειν 705a

אֲזַד (Aramaic)
#ἀλήθεια 53a (Da. LXX 2.5)
ἀφιστᾶν, ἀφιστάναι,
ἀφιστάνειν 184b

אֵזוֹב
⟦ὑσσώπιον 1418b⟧ → ὕσσωπος

ὕσσωπος 1418b

אֵזוֹר
εἰλεῖν 377c
ζώνη 601a
ζωννύειν, ζωννύναι 601a
περίζωμα 1123a

אַזְכָּרָה
ἀνάμνησις 80a
μνημόσυνον 931c, 185b

אָזַל qal
ἐκλείπειν 435c
#ἐξέρχεσθαι 491c (Nu. 24.7)
παραλύειν (אָזְלַת יָד) 1062a
σπανίζειν 1281c

אֲזַל pe. (Aramaic)
*#ἀναζευγνύειν 76c (I Es. 2.25)
ἀπέρχεσθαι 121a
εἰσέρχεσθαι 410b
ἔρχεσθαι 548b
*#παραγίνεσθαι 1056c (I Es. 6.8)
πορεύεσθαι 1189a
ὑποστρέφειν 1417b

אֲזַל pa. (Aramaic)
⟦πορεύεσθαι 1189a⟧ → אֲזַל pe.

אָזֵן pi.
⟦οὖς 1034c⟧ → אֹזֶן

אָזַן hi.
ἀκούειν 45a
ἀκρόασις 166a
εἰσακούειν 408b, 173b
ἐνωτίζεσθαι 482b, 175c (Si.
30[33].27)
ἐπακούειν 505c
προσέρχεσθαι 190b
προσέχειν 1215b, 190b
⟦ὑπακούειν 1405c⟧ → ἀκούειν

אֹזֶן
ζώνη 601a

אֹזֶן
ἀκούειν 45a
εἰσακούειν 408b
λαλιά (מִשְׁמַע אָזְנַיִם) 846c
⟦νοῦς 950c⟧
οὖς 1034c, 187b (+Si. 51.16)
ὠτίον 1496c, 196c

אֲזִקִּים
χειροπέδη 1467a

אָזַר qal
ζωννύειν, ζωννύναι 601a
περιέχειν 1123a
περιζωννύναι 1123b, 188b

אָזַר ni.
περιζωννύναι 1123b

אָזַר pi.
ἐνισχύειν 475a
κατισχύειν 751b
περιζωννύναι 1123b

אָזַר hithp.
ἰσχύειν 692c
περιζωννύναι 1123b

אֶזְרוֹעַ
βραχίων 230a

אֶזְרָח
αὐτόχθων 179c
ἐγχώριος 367c

אָח I
ἀδελφιδός 20a
ἀδελφιδοῦς 20a

*ἀδελφός 20a, 165b
ἐγγύς 363c
ἕτερος 560a
ἴσος (כְּאָחִיו) 688c
πλησίον 1148b

אָח II interj.
εὖγε 568c

אָח I
ἐσχάρα 557c

אָח II (Aramaic)
ἀδελφός 20a

אָח
⟦ἦχος 620c⟧

אָחַד hithp.
⟦διαπορεύεσθαι 308b⟧

אֲחַד pe. (Aramaic)
#ἐξαίρετος 486b (Ge. 48.22
Aramaizing)
#ἐρείδειν 544c (Ge. 49.6
Aramaizing)
#κρατεῖν 783a (Da. TH 5.2)

אֶחָד
#ἅμα 6ob
ἄλλος 56b
#ἅμα 6ob
ἅπαξ 118a
⟦δεύτερος 293b⟧ → אַחֵר
εἷς 173b (–Si. 16.3; 42.21)
εἰσάπαξ (פַּעַם אַחַת, פַּעַם אֶחָד) 410a
ἑνδέκατος (אַחַת עֶשְׂרֵה) 469c
#ἐξαίρετος 486b pe.
ἕτερος 560a, 177d → אַחֵר
⟦ἔτι 561a⟧ → אַחֵר
ἡ μέν 184b
ἴσος 688c
κοινός 775a
*νουμηνία, νεομηνία ('א לַחֹדֶשׁ,
'א יוֹם) 950b (I Es. 5.53; 9.17,
40)
νουμηνία τοῦ μηνός ('א לַחֹדֶשׁ)
950b
ὀλίγος ('א pl.) 986b
*#ὁμοθυμαδόν (כְּאִישׁ, 'כְּא)
992b
#ὁμοίως 993b (Ez. 45.11)
ὁμοῦ ('כְּ) 994a
οὐδείς, οὐθείς ('א + neg., 'עַד־א)
1028b
*#πᾶς (כְּאָח) 1073a (I Es. 1.58)
*πρῶτος 1235c
τις (אַחַד) 1354a

אַחוּ
ἄχι 187c
βούτομον 229c

אַחְוָה
ἀναγγέλλειν 74a

אֲחֻזָּה
⟦διαθήκη 300c⟧ → אֲחֻזָּה ≈
κατάσχεσις

אָחוֹר
⟦τὰ ἔμπροσθεν 459b⟧ → τὰ
ὄπισθε(ν)
ἐξόπισθεν 500a
τὰ ἐπερχόμενα 509c
ἔσχατος 558a, 177b
τὰ ἐπ᾽ ἐσχάτοις 558a
⟦ἕτερος 177d⟧
ἡλίου δυσμαί 357b
⟦κενός, καινός ("empty") 759a⟧
ἐκ τῶν ὄπισθε(ν) 1001b

Column 1

τὸ/τὰ ὄπισθε(ν) 1001b
ὀπίσθιος 1001c
ὀπίσω 1001c
εἰς τὸ/τὰ ὀπίσω 1001c
ὁ/τὸ/τὰ ὀπίσω 1001c

אָחַז qal
ἀντέχειν 109c
ἅπτεσθαι 150b
ἐπιλαμβάνειν 523c
ἔρχεσθαι + subj. παγίς (= פַּח) 548b
ἔχειν 586c
θηρεύειν 650b
θηρευτής 179b
καταλαμβάνειν 735a
κατέχειν 750c
κρατεῖν 783a
λαμβάνειν 847a
πιέζειν, πιάζειν 1132c
προκαταλαμβάνειν 1207a
συνέχειν 1315b
σφηνοῦν 1325a
τάσσειν 1337a
τείνειν 1339c
⟦ὑπολαμβάνειν 1414c⟧ →
  ἐπιλαμβάνειν

אָחַז ni.
ἐγκτᾶσθαι 367a
θηρεύειν 650b
κατακληρονομεῖν 733b
κατέχειν 750c
κληρονομεῖν 768a
συγκατακληρονομεῖν 1299b

אָחַז pi.
κρατεῖν 783a

אָחַז ho.
ἐνδεῖν 469c

אֲחֻזָּה
⟦ἔγκτησις 367a⟧ → κτῆσις
ἔγκτητος 367a
⟦κατάπαυσις 741a⟧ →
  κατάσχεσις
κατάσχεσις 746b
#κατόχιμος εἶναι 756c (Le. 25.46; +Za. 11.14)
κληρονομία 769a
κτῆσις 795a

אֲחִידָה (Aramaic)
⟦κρατεῖν 783a⟧ → אֲחַד pe.

אַחֲלַי
ὀφ(ε)ίλειν 1039a

אַחְלָמָה
ἀμέθυστος 65b

אָחַר qal
χρονίζειν 1476a

אָחַר pi.
ἀναμένειν 166c
βραδύνειν 229c
ἐγχρονίζειν 367c
καθυστερεῖν 704c
κατέχειν 750c
μένειν 910a
χρονεῖν 1476a
χρονίζειν 1476a, 196c

אָחַר hi.
#χρονίζειν 1476a (II Ki. 20.5)

אָחַר hithp.
οὐραγεῖν 187a
ὑστερεῖν 194c

Column 2

אַחַר
ἄλλοθεν (מִמָּקוֹם א') 56b
*ἄλλος 56b, 166a
ἀλλότριος 57a
δεύτερος 293b
⟦ἔντιμος 479a⟧ → חֹר, חוּר
ἑταίρα (אַחֶרֶת) 559b
ἕτερος 177c (+Si. 30[33].28; 49.5)
#ἔτι 561a
καινός, κενός ("new") 705b
*#μεταγενής 915c (I Es. 8.1)

אַחַר (Hebrew and Aramaic)
ἀκολουθεῖν 44c
⟦ἀπιέναι 122c⟧
εἶτα (וְאַ' דִּבְרֵי) 415c
ἐν 174b
ἐξακολουθεῖν (הָלַךְ א') 486c, 175c
ἐξόπισθε(ν) (מֵאַ') 500a
ἐπακολουθεῖν (הָלַךְ א', א' מָלֵא pi.) qal, 505b
⟦ἐπιπορεύεσθαι 527a⟧
ἔσχατος 558a
ἔχειν 586c
κατά 181a
καταλείπειν 736a
κατόπισθε(ν) 756a
⟦λατρεύειν 863a⟧
μετά + gen. 184b
  " + acc. 184b
#μεταγενής 915c (I Es. 8.1)
ὄπισθε(ν) (מֵאַ', א') 1001b
ὀπίσω (עַד א', א') 1001c, 186b
τότε 1367c, 193c
⟦ὕστερον 1418c⟧

אַחֲרוֹן
αἰών 39b
⟦δεύτερος 293b⟧
δυσμή 357b
ἐπέρχεσθαι (אַחֲרֹנִים) 509c
*ἔσχατος (א', לָאַחֲרֹנָה) 558a, 177b
ἕτερος 560a
⟦καιρός 706a⟧
⟦κατάλοιπος 738a⟧
#λοιπός 888a (Is. 9.1 [8.23])
μέλλειν 909b
*#τὰ νῦν (דְּבָרִים אַחֲרֹנִים) 951c (I Es. 1.33)
ὀπίσω 1001c
ὕστερον (הָאַ') 1418c
ὕστερος, ὕστατος 1418c

אַחֲרֵי (Aramaic)
ἄλλος 56b
ἕτερος 560a

אַחֲרֵי (Hebrew and Aramaic)
ἀπό (מֵאַ') 167c
εἰς 173a
⟦ἔμπροσθε(ν) (מֵאַ') 459b⟧ → τὰ ὄπισθε(ν)
ἐξόπισθε(ν) (א', מֵאַ', מִן אַ') 500a
ἐπ᾽ ἐσχάτων τῶν ἡμερῶν (הֵנָה) 558a
κατόπισθε(ν) (מֵאַ' ל־, מֵאַ', עַל אַ', אֶל אַ') 756a
μετά + acc. (א', מֵאַ') 184b
ὄπισθε(ν) (א', מֵאַ') 1001b
τὰ ὄπισθε(ν) 1001b
ὀπίσω (עַל אַ', א', מֵאַ') 1001c, 186b
εἰς τὸ/τὰ ὀπίσω (מֵאַ') 1001c
ἐκ τῶν ὀπίσω 1001c
ἐπὶ τὰ ὀπίσω 1001c
ὀπίσω αὐτοῦ (אַ'־כֵן) 1001c
ὁ/τὸ/τὰ ὀπίσω (א', מֵאַ') 1001c

Column 3

ὕστερον 1418c

אַחֲרֵי (Aramaic)
ἔσχατος 558a (Da. 2.28)

אַחֲרִית
ἔγγονος 363b
ἐγκατάλειμμα 365a
ἔκγονος 421c
ὁ ἐπιὼν χρόνος 520a, 1476b
ἔσχατος (א', בְּאַ') 558a, 177b
ἐπ᾽ ἐσχάτων 558a
ἐπ᾽ ἐσχάτων ἡμερῶν 558a
κατάλοιπος 738a
σπέρμα 1282b
συντέλεια 1318c
τέκνον 1340c, 193a (+Si. 16.3)
τελευταῖος 1343b
τελευτή 1344a
#τέλος 193b (Si. 12.11)
ὕστερον 1418c

אַחֲרֵן (Aramaic)
*ἄλλος 56b
ἕτερος 560a
οὐδείς, οὐθείς (א' + neg.) 1028b

אַחֲרָנִית
ὀπισθίως 1001c
ὀπισθοφανής 1001c
ὀπισθοφανῶς 1001c
ὀπίσω 1001c
εἰς τὸ/τὰ ὀπίσω 1001c

אֲחַשְׁדַּרְפְּנִים
διοικητής 336b
*#οἰκονόμος 973a (I Es. 8.64)
στρατηγός 1295b
τοπάρχης 1364b
τύραννος 1378c

אֲחַשְׁדַּרְפְּנִין (Aramaic)
σατράπης 1260c
ὕπατος 1407b

אַט
ἄγαλμα 5b
⟦κλίνειν 771a⟧
κατὰ σχολήν (לְאִטִּי) 1328b

אָטָד
ῥάμνος 1248a

אָטַם qal
βαρύνειν (subj. οὖς) 191a
δικτυωτός 335c
ἐνεὸν (ἑαυτὸν) ποιεῖν (א' שְׂפָתַיִם) 472c, 1154a
κρυπτός 792c
φράσσειν 1438b

אָטַם hi.
βύειν 232a

אָטַר qal
συνέχειν 1315b

אֵטֶר
ἀμφοτεροδέξιος (א' יַד־יְמִינוֹ) 68a

אַי
ποῖος (אִי לְ־, אֵי זֶה) 1170a, 189b
(Si. 30[33].40)

אִי I
ὀνοκένταυρος 995b

אִי II
⟦ἔθνος 368b⟧
⟦θάλασσα 621a⟧ → יָם
νῆσος 944c, 185b

אִי III
οὐαί 1027c

Column 4

אֹיֵב qal
ἀντικεῖσθαι 110c
#ἀπειθεῖν 119c (Je. 13.25)
διώκειν 338b
ἐκθλίβειν 432a
*#ἐναντιοῦν 468c (I Es. 8.51)
ἔχθρα 589b
ἐχθραίνειν 589b
ἐχθρεύειν 589c
*ἐχθρός 589c, 178c
θλίβειν 652b
πολέμιος 1171b
ὑπεναντίος 1407b

אֵיבָה
*#ἔχθρα 589b (I Es. 5.49)
ἐχθραίνειν 589b
ἐχθρός 589c
μῆνις 923b

אֵיד
ἀπολλύειν, ἀπολλύναι 136c
ἀπώλεια, ἀπωλία 151c
ἀτυχεῖν (בְּיוֹם אֵיד) 176c
δύσκολος 357c
⟦ἡμέρα 607b⟧
θλῖψις 652c
κάκωσις 712a
καταστροφή 746a
ὄλεθρος 986a
⟦πονηρός 1186c (Ob. 13)⟧ →
  πόνος
πόνος 1188b
πτῶμα 1239a
τροπή 1375a

אַיֵּה
γύψ 283b
ἰκτίν, ἰκτίνος 684b

אַיֵּה
#οὐκέτι 1030a (Jb. 14.10)

אֵיךְ
τίς 1355c
τί ὅτι 1355c

אֵיכָה
#ποσαχῶς 189c (Si. 10.31)

אַיָּל
ἔλαφος 448c

אַיִל I
§αιλ 31a
§αιλαμ, αιλαμμειν 31a
§αιλαμμωθ 31b
§αιλαμμων 31b
§αιλεου 31b
§αιλευ 31b
ἀμνός 66b
§ελεου (אֵילָיו, אֵילָו) 452b
§ελευ (אֵלָיו, אֵילָו) 452b
*κριός 788c

אַיִל II
τερέβινθος, τερέμινθος,
  τέρμινθος 1345b

אַיִל III
ἄρχων 166b
⟦γενεά 236a⟧
ἡγεῖσθαι 602c
⟦ἡγεμών 603c⟧ → ἡγεῖσθαι
⟦ἰσχυρός 693b⟧ → אֵל

אֱיָל
ἀβοήθητος (א' + neg.) 1b

אַיָּלָה
ἀντίληψις 111b

Column 1

ἔλαφος 448c

אַיֶּלֶת
βοήθεια, βοηθία 222c

אֻלָם, אֵילָם
§αιλαμ, αιλαμμειν 31a
§αιλαμμωθ 31b
§αιλαμμων 31b
§ελαμμωθ (אֵילַמָּו, אֵילַמָּו) 448a
§ελαμμων (אֵילַמָּו, אֵילַמָּו) 448a

אִילָן (Aramaic)
δένδρον 289c

אֵים
θάμβος 623b
φοβερός 1435c

אֵמָה, אֵימָה
ἀπειλή 120a
δειλία 286c
κατάπληξις 742a
τρόμος 1374c
φόβος 1435c, 195c

אֵימְתָנִי (Aramaic)
ἔκθαμβος 431c
φόβος 1435c

אֵין
ἀβασίλευτος (אֵין מֶלֶךְ) 1a
ἀβοήθητος (אֵין אֱיָל) 1b
ἀδυνατεῖν (אֵין עִם) 27c (II Ch. 14.11)
§α(ι)ννακειμ (אֵין נָקִי) 105a
ἀκάρδιος (אֵין לֵב, לֶב־אֵ׳) 43c
ἀμοιρεῖν (בְּאֵין) 166b
ἀναρίθμητος (אֵין קֵץ, אֵין מִסְפָּר) 81c, 166c
ἀνεξέλεγκτος (אֵין חֵקֶר) 87b
ἀνεξιχνίαστος (אֵין חֵקֶר) 87b
ἀνίατος (אֵין מַרְפֵּא) 102b
ἀπαίδευτος (אֵין מוּסָר) 115c
ἀπέρα(ν)τος (אֵין חֵקֶר) 120c
ἀσθενεῖν (אֵין כֹּחַ) 172a
ἀτείχιστος (אֵין חוֹמָה) 175b
ἀφαιρεῖν 180a
ἀφανίζειν 181b
ἄχρηστος (אֵין חֵפֶץ) 187c
εἰ δὲ μή (וְאִם־אֵ׳) 172b
εἰ μή (אֵ׳ אִם) 172b
§εναικιμ (אֵין נָקִי) 467c
*#οὐχ εὑρίσκειν (אֵין כֹּה) 576c (I Es. 9.11)
#ἔχειν + neg. (מֵאֵין, בְּאֵ׳) 178c (Si. 3.25; 20.6)
μή 184c
μὴ οὐκ (אִם אֵ׳) 184c
μηδείς, μηθείς (אֵ׳, אֵ׳ + ptc.) 920c
παρ᾽ ὀλίγον (כְּאֵ׳) 986b
οὐδαμοῦ (אֵ׳) 1028a
οὐδείς, οὐθείς 1028b, 187a
οὐκ ἐτεκνοποίει (אֵין לָהּ וָלָד) 1342a
οὐκέτι 1030a
οὐκέτι μή 1030b
[[οὐκέτι οὐ μή 1030c]]
[[τίς (מֵאַיִן) 193d]] → מָה et al.
#οὐχ ὑπάρχων 1406b

אֵיפָה
ζυγός 178b
μέτρα δισσά (אֵ׳ וְאֵ׳) 337b
μέτρον, μέτρος 918b
§οιφ(ε)ι 985a
πέμμα 1116b
[[τάλαντον 1333c]] → μέτρον, μέτρος

Column 2

אִישׁ
see also אֱנוֹשׁ
ἄγροικος (אִישׁ שָׂדֶה) 17a
[[ἀδελφός 20a]]
[[ἀδρός 27c]]
*ἀνήρ 88a, 167a
ἀνὴρ κτηνοτρόφος (אִישׁ מִקְנֶה) 795a
*ἄνθρωπος 96b, 167a
ἄνθρωπος γεωργὸς γῆς (אִישׁ אֲדָמָה) 240b, 240c
υἱὸς τοῦ ἀνθρώπου 96b
ἀντίκεισθαι (אִישׁ מִלְחָמוֹת) 110c
ἄρσην, ἄρρην 160c
ἄρχων + εἶναι (אִישׁ שַׂר) 166b
*ἕκαστος (אִישׁ, אִישׁ אִישׁ, כָּל־אִישׁ ... רֵעַ) 418a, 173b
ἀνὴρ ἕκαστος 418a
εἷς ἕκαστος 418a
εἷς ... ἕκαστος (אִישׁ אֶחָד אִישׁ אֶחָד) 418a
ἑκάτερος 420a
ἕτερος 560a
εὔλαλος (אִישׁ שְׂפָתַיִם) 572a
[[ἡγεῖσθαι 602c]]
καθ᾽ ἑκάστην ἡμέραν (אִישׁ יוֹמוֹ) 607c
ἱκανός (אִישׁ דְּבָרִים) 683c
κεῖσθαι (אִישׁ מִלְחָמוֹת) 758b
[[κουρεύς 781a]] → ἀνήρ
μηδείς, μηθείς (אִישׁ + neg.) 920c
οὐδείς, οὐθείς (אִישׁ + neg.) 1028b
παιδάριον (אִישׁ־נַעַר) 1045c
[[παῖς 1049a]]
πᾶς (כָּל־אִישׁ) 1073a
πάντες (כָּל־אֲנָשִׁים, כָּל־אִישׁ) 1073a
πεζός (אִישׁ רַגְלִי) 1114b
πενθικός (אִישׁ עֲדִי עָלָיו) 1118a
#πλησίον 1148b (Ez. 18.8)
καθεστηκὼς πρεσβύτερος (אִישׁ שֵׂיבָה) 1201c
καθεστηκὼς πρεσβύτης (אִישׁ שֵׂיבָה) 1202c
#στρατόπεδον (אֲנָשִׁים) 1296a (Je. 48[41].12)
σύμβουλος (אִישׁ עֵצָה) 1304a
συνετὸς καρδίας/καρδία (אִישׁ לֵבָב) 1315a
τις 1354a
ἐάν/εἴ τις (אִישׁ אִישׁ) 1354a
υἱός 1384c
ὕπανδρος (תַּחַת אִישׁ) 1406b
ψυχή 1486a

אִישׁוֹן
ἡσυχία 620b
κόρη 779c, 182b
κόρη ὀφθαλμοῦ, αἱ κόραι τῶν ὀφθαλμῶν 1039b

אִיתַי (Aramaic)
γίνεσθαι 256b
*#εὑρίσκειν 576c (I Es. 6.21)
ἔχειν 586c

אֵיתָן
ἄβατος 1a
#ἀρχαῖος 162c (Is. 23.17)
δυνάστης 355b
§ηθαμ 605a
ἰσχυρός 693b
κράτος 784a
#ναρκᾶν 939c (Jb. 33.19)
τραχύς 1371a
χώρα 1481a

Column 3

אַךְ
ἀλλά 166a
ἀλλ᾽ ἤ 166a
ἔτι 561a
ἦ μήν 602c
ἴσως 695c
μόνον 933a
μόνος 933b
νῦν, νυνί 951c
νῦν/νυνὶ δέ (אַךְ, אַךְ־עַתָּה) 951c
ὄντως 1000c
ὁρᾶν 1005c
οὕτω(ς) 1035c
πάρεξ, παρέξ 1068c
πλήν 1145c, 189a
[[τότε 1367c (De. 28.29)]]

אַכְזָב
κενός 759a
ψευδής 1484b
[[ψεῦδος 1485a]] → ψευδής

אַכְזִיב
μάταιος 898c

אַכְזָר
ἀνελεημόνως 86c
ἀνελεήμων 86c
ἀνίατος 102b

אַכְזָרִי
ἀνελεήμων 86c, 167a
ἀνίατος 102b
ἰταμός 696a
στερεός 1289a
τολμηρός 193c

אַכְזְרִיּוּת
ἀνελεήμων 86c

אֲכִילָה
βρῶσις 231c

אָכַל qal
ἀναλίσκειν 79b
ἀνάλωσις 79c
ἀριστᾶν (אָ׳ לֶחֶם) 157b
βιβρώσκειν 219c
βρῶσις 231c
*#γεύειν 240a (I Es. 9.2)
ἐξαναλίσκειν 487b
[[ἐξέχειν 495b]]
*ἔσθειν, ἐσθίειν 554a, 177b
[[ἐχθρός 589c]]
καίειν 705a
κάπτειν 719a
καρπίζεσθαι (אָ׳ מִתְּבוּאָה) 723c
καταβιοῦν (אָ׳ לֶחֶם) 729a
κατάβρωσις 729b
[[κατακαίειν 732b]] → καίειν and κατέσθειν, κατεσθίειν
καταναλίσκειν 739b, 181b
[[καταφλέγειν 748a]] → καταφλογίζειν and κατέσθειν, κατεσθίειν
καταφλογίζειν 748a
κατέσθειν, κατεσθίειν 181c
[[″ 749b (Jb. 20.26)]]
σητόβρωτος (עָשׁ אָ׳) 1265b
συγκαίειν 1299a
συνδειπνεῖν 1312c
συνεσθίειν 1314a
φλέγειν 1432c
ψωμίζειν 1490c

אָכַל ni.
βιβρώσκειν 219c

Column 4

βρῶσις 231c
ἐμπιπράναι, ἐμπρήθειν 457c
ἔσθειν, ἐσθίειν 554a
καταναλίσκειν 739b
κατέσθειν, κατεσθίειν 749b
[[ποιεῖν 1154a (Ex. 12.16)]] → עָשָׂה ni.
προσεμπιπράναι 1213b

אָכַל pu.
βιβρώσκειν 219c
καταβιβρώσκειν 729a
κατακαίειν 732b
κατέσθειν, κατεσθίειν 749b

אָכַל hi.
διδόναι φαγεῖν 317b
ἔσθειν, ἐσθίειν 554a
τρέφειν 1371b
ψωμίζειν 1490c, 196c

אֲכַל pe. (Aramaic)
διαβάλλειν (אֲ׳ קְרַץ) 298c
ἔσθειν, ἐσθίειν 554a
καταμαρτυρεῖν (אֲ׳ קְרַץ) 739a
κατέσθειν, κατεσθίειν 749b
ψωμίζειν 1490c

אֹכֶל
[[ἀρκεῖν (לְפִי אֹ׳) 158a]]
βορά 224c
βρῶμα 231b, 169c
βρῶσις 231c
εἰς τοὺς καθήκοντας (לְפִי אֹ׳) 700a
τὸν καθήκον (כְּפִי אֹ׳) 700a
σῖτος 1267a
τροφή 1376b

אָכְלָה
ἀνάλωσις 79c
βρῶμα 231b
βρῶσις 231c
ἔμπυρος 460a
ἔσθειν, ἐσθίειν 554a
καταβιβρώσκειν 729a
κατάβρωμα 729b

אָכֵן
#ἀλλά 54c (Jb. 32.8)
ὄντως 1000c
[[εἰ οὕτω(ς) 1035c]] → כֵּן I ≈ οὕτω(ς) and אֵ≈ εἰ
[[οὐχ οὕτω(ς) 1035c]] → ἀλλά πλήν 1145c

אָכַף qal
ἐκβιάζειν 421b
ἐκθλίβειν 173c
?φορεῖν 1437c (Pr. 16.27[26])

אַכְפָּה
θλίβειν 179c

אִכָּר
ἀροτήρ 159b
γεωργός 240b

אַל (Hebrew and Aramaic)
δεῖσθαι (אַל־נָא) 288a
μή 184c
μηδαμῶς (אַל־נָא) 920b
μηδέ (וְאַל) 184c
μηδείς, μηθείς 920c, 185a
μηκέτι (אַל ... עוֹד) 921b
οὐ μή 186c
οὐδείς, οὐθείς 1028b

אֵל
[[ἄγγελος 7b]]
ἅγιος 165b

Column 1

ἄρχων 166b
[[γίγας (אֵל גִּבּוֹר) 256b]]
δύναμις 350a
δυνάστης 172c
εἴδωλον 376a
[[ἐπίσκοπος 529a]]
ἡ χεὶρ ἔχει (הָיָה לְאֵל יָד) 586c
θεῖος 628a
θεός 630a, 179b (+Si. 47.18)
ἰσχύειν (לְאֵל יָד) + neg., (יֶשׁ־לְאֵל יָד) 692c
ἰσχυρός 693b
#ἰσχύς 694b (Ca. 2.7; 3.5)
κύριος 800b, 182c (+Si. 30[33].25)
οὐρανός 1031b
ὕψιστος 194c

אֶל
[[[ἀπαντᾶν] (קָרַב אֶל) 167d]] → קָרַב, קָרֵב qal ≈ ὑπαντᾶν
εἰς ἀπάντησιν (אֶל־פְּנֵי) 117b
αὐτάρκης (יֶשׁ לְאֵל יָד) 169a
διανοεῖσθαι (עָצַב אֶל לֵב, אֶל לֵב hithp.) 306b
[[ἐγκαλεῖν (קָרָא אֶל) 365a]] → קָרָא I qal
εἰς 173a (–Si. 9.9)
[[ἐκδικεῖν (פָּקַד אֶל) 422b]] → פָּקַד qal
[[ἐκκαλεῖν (קָרָא אֶל) 432c]] → קָרָא I qal
ἐκτός (אֶל־מִן) 443c
ἐν 174b
ἐξ ἐναντίας κατά (אֶל מוּל), (אֶל מוּל פְּנֵי) 468b
ἔνδον (אֶל תּוֹךְ) 470b
ἔξω, ἐξωτέρω (אֶל־מִחוּץ לְ) 501c
ἔξωθεν (אֶל־הַחוּץ) 502b
ἐπακολουθεῖν (פָּנָה אֶל) 505b
ἐπάνω 507b
ἐπί + gen. 176b (–Si. 5.6, 7)
  " + dat. 176b (–Si. 5.6, 7)
  " + acc. 176b (–Si. 5.6, 7)
ἔσωθεν (אֶל־מִבֵּית לְ) 559a
ἔχειν (אֶל יָד) 586c
ἕως 178c
[[κατά + gen. 181a]]
κατόπισθε(ν) (אֶל־אַחֲרֵי) 756a
ὄπισθε(ν) (אֶל־מִבֵּית לְ) 1001b
[[ὀπίσω 1001c]]
ἐν τοῖς ὠσίν 1034c
περί + gen. 188b
[[περιχαρής (שָׂמַח אֱלֵי־גִיל) 1128b]] → שָׂמַח II and גִיל II subst.
πλησίον (אֶל־מוּל) 1148b
[[" (קָרוֹב אֶל־בַּיִת) 1148b]] → קָרוֹב
[[" (אֶל) 1148b]]
πρός + acc. 190a
[[προσάγειν (קָרַב אֶל) 190a]] → קָרַב, קָרֵב qal
[[πρόστομα(?) (אֶל־פֶּה) 1222b]] → פֶּה ≈ στόμα
[[εἰς (τὸ) πρόσωπον (אֶל פָּנִים) 1223c]] →
[[ἐπὶ (τὸ) πρόσωπον (אֶל פָּנִים) 1224a]] → פָּנִים
[[κατὰ (τὸ) πρόσωπον (אֶל פָּנִים), (אֶל עֵבֶר פָּנִים, אֶל מוּל פָּנִים) 1224a]] → פָּנִים
[[συνοικεῖν (בּוֹא אֶל) 1317c]] → בּוֹא qal
[[ὑποκάτω (אֶל־תַּחַת לְ, אֶל תַּחַת) 1413c]] → תַּחַת

Column 2

אֶלְגָּבִישׁ
πετροβόλος 1130a
χάλαζα 1452b

אֶלְגּוּמִים
πεύκινος 1130a

אָלָה I qal
ἀρά 152b
ἀρᾶσθαι 152c
ἐξορκίζειν 500a

אָלָה I hi.
ἀρᾶσθαι 152c

אָלָה II qal
θρηνεῖν 654c

אָלָה III subst.
[[ἄβατος 1a (Je. 49[42].18)]] → שַׁמָּה
ἀρά 152b
ἀρᾶσθαι 152c
κατάρα 742b
ὀρκισμός 1013b
ὅρκος 1013c
ὀρκωμοσία 1013c

אֵלָה
τερέβινθος, τερέμινθος, τέρμινθος 1345b

אֵלָה
[[δένδρον συσκιάζον 289c, 1323a]]
δρῦς 349c
§ηλα 606a
#στέλεχος 1288a (Ge. 49.21)
τερέβινθος, τερέμινθος, τέρμινθος 1345b

אֵלָה (Aramaic)
[[ἄγγελος 7b]]
εἴδωλον 376a
*θεός 630a
*κύριος 800b
κύριος ὁ θεός, (ὁ) κύριος θεός 630a, 800b

אֵלֶּה
ἄλλος 56b
ὅδε 960b
οὕτω(ς) (עַל־אֵ׳, כָּא׳, הָא׳, כַּדְּבָרִים הָא׳) 1035c
τοιοῦτος (אֵ׳, כָּא׳, כָּ אֵ׳) 1362b, 193c

אֱלֹהִים
ἄγγελος (בֶּן אֱ׳) 7b
εἰδωλεῖον, εἰδώλιον (בֵּית אֱ׳, בֵּית אוֹצַר אֱ׳) 376a (I Es. 2.10)
θεῖος 628a
*θεός 179b
[[κρίσις παρὰ τοῦ θεοῦ 630a]]
[[τὸ κριτήριον τοῦ θεοῦ (הָאֱ׳) 630a]]
[[οἶκος θεοῦ 630b]]
[[τὸ ὄρος τοῦ θεοῦ (הָאֱ׳) 630a]]
[[ὁ τόπος οὗ εἱστήκει (ἐκεῖ) ὁ θεός 630a]]
[[ὁ τόπος τοῦ θεοῦ (הָאֱ׳) 630b]]
θεοσέβεια, θεοσεβία (יִרְאַת אֱ׳) 648a
θεοσεβής (יְרֵא אֱ׳) 648a
*κύριος (אֱ׳, אֱלֹהֵי צְבָאוֹת) 800b, 182c (+Si. 45.23)
κύριος ὁ θεός, (ὁ) κύριος θεός 630a, 800b
παντοκράτωρ (אֱלֹהֵי) 1053c
[[πάτραρχος 1111a]] → פִּתְכְּרָא ≈ πάταχρος

אֵלוּ (Aramaic)
ἰδού 673c

Column 3

אֱלוֹהַּ
[[ἄγγελος 7b]]
[[ἅγιος 12a, 165b]]
βδέλυγμα 215b
γλυπτός 271c
δεσπότης 292c
εἴδωλον 376a
θεῖος 628a
θεός 630a, 179b (+Si. 41.19)
κύριος 800b, 182c (–Si. 45.23)
οὐρανός 1031b

אֱלִיל
οἰώνισμα 985b

אַלּוֹן
βάλανος 189c
δρῦς 349c

אֵלוֹן
βάλανος 189c
[[δένδρον βαλάνου 289c]]
δρῦς 349c
ἐλάτινος 448a

אַלּוּף
ἄκακος 43b
ἀρχηγός 165a
βοῦς 229a, 169c
διδασκαλία 316c
ἡγεῖσθαι 602c
ἡγεμονία 603c
ἡγεμών 603c
μάθημα 892a
μαθητής 892a
οἰκεῖος 968c
φίλος 1431b
χιλίαρχος 1469a

אָלַח ni.
ἀκάθαρτος 42c
ἀχρειοῦν 187c

אַלְיָה
ὀσφύς 1023c

אֱלִיל I adj.
μάταιος 898c
μικρός 185a

אֱלִיל II subst.
βδέλυγμα 215b
δαιμόνιον 283b
εἴδωλον 376a, 172b
θεός 630a
κακός 709b
οἰώνισμα 985a
χειροποίητος 1467a

אֲלִימוּת
#θράσος 654b (Ez. 19.7)

אֱלֵךְ (Aramaic)
ἐκεῖνος pl. (אֵ׳ pl.) 428a

אֲלָלַי
οἴμ(μ)οι (אֵ׳ לִי) 983b

אָלַם ni.
ἄλαλος 52b
ἄλαλος γίνεσθαι 256c
ἀποκωφοῦν 136a
ἄφωνος 187b
κατανύσσεσθαι 739c
κωφοῦν 840c
σιωπᾶν 1267c
[[συγκλείειν 1299c]] → συνέχειν
συνέχειν 1315b

אָלַם pi.
δεσμεύειν 292a

Column 4

אִלֵּם
ἄλαλος 52b
δύσκωφος 357b
ἐν(ν)εός 472c
κωφός 840c
μογ(γ)ίλαλος 932b

אֻלָם
see אֵ׳, אֵילָם

אֵלָם
see אֵ׳ אוּלָם I, אֵ׳

אַלְמֻגִּים
#ἀπελέκητος 120b (III Ki. 10.12)
πελεκητά 1116b

אֲלֻמָּה
δράγμα 348b

אַלְמָן
χηρεύειν 1468b

אַלְמֹן
χηρ(ε)ία 1468b

אַלְמָנָה
[[ἄγύναιος 18b]] → γύναιον
γύναιον 278b
χήρα 1468a, 195c

אַלְמָנוּת
[[χήρα 1468a]] → אַלְמָנָה
χηρ(ε)ία 1468b
χήρευσις 1468b

אַלְמֹנִי
§αλμωνι 59a
§ελ(τ)μωνι 453b
κρύφιος (פְּלֹנִי אֵ׳) 793a

אִלֵּן (Aramaic)
ἐκεῖνος pl. (אֵ׳ pl.) 428a

אָלֵף I qal
μανθάνειν 895b

אָלֵף I pi.
διδάσκειν 316c
[[διορίζειν 336b]] → פָּלָה hi.
[[ἔνοχος 476c]]

אָלֵף II hi.
πολυτόκος 1185c

אֶלֶף I
ἀρχηγός (רֹאשׁ אֲלָפִים) 165a
δισχίλιος (אֲלָפִים) 337c
ἑξήκοντα μυριάδες (שֵׁשׁ־מֵאוֹת אֵ׳) 937a
ταῦρος 1337c
χιλιαρχία 1469a
χιλίαρχος (שַׂר אֵ׳, רָאשֵׁי אֲלָפִים) 1469a
*χιλιάς 1469a, 196a
χίλιοι 1470c, 196a
χιλιοπλασίως (אֵ׳ פְּעָמִים) 1470a
χίλιος 1470a

אֶלֶף II
βοῦς 229a
ταῦρος 1337c

אֲלַף (Aramaic)
#χιλιάς 1469a (Da. 7.10)

אָלַץ pi.
παρενοχλεῖν 1068c
στενοχωρεῖν 1288c

אַלְקוּם
#δημηγορεῖν 296a (Pr. 24.66 [30.31])

אֵם
ἀρχαῖος 162c

#ἀρχή 163c (Ec. 5.10)
γονεῖς (אָם וְאָב) 274c
μήτηρ 924a, *185a*
⟦μητριά(?) 925c⟧ → μήτηρ
μητρόπολις 925c
ὁμομήτριος (בֶּן־אִמּוֹ) 993c

אִם
ἀλλά (כִּי אִם) 166a
ἄν 166b
κἄν (וְאִם, וְגַם) 166b
ἔα (אִם־אָמְנָם) 360a
ἐάν 172a
εἰ 172b
εἰ δὲ μή (וְאִם + neg.) 172b
εἰ μή (אִם + neg.) 172b
ἤ 602c
ἤ μήν (אִם, אִם + neg.) 602c
ἤ μήν οὐκ 602c
μὴ οὐκ (אִם + neg.) 184c
⟦ὅσος 1019a⟧
⟦ὅστις (רַק אִם) 1022b⟧

אָמָה
ἄβρα 1b
δούλη 346a
θεράπαινα 648a
οἰκέτις 969c
*παιδίσκη 1048b

אַמָּה (Hebrew and Aramaic)
δεκάπηχυς (עֶשֶׂר אַמּוֹת) 289a
δίπηχυς (אַמָּתַיִם) 337a
μέτρον, μέτρος 918b
ὀκτάπηχυς (שְׁמֹנֶה אַמּוֹת) 985c
πεντάπηχυς (חָמֵשׁ בָּאַ') 1118c
*πῆχυς 1131b
τὸ ὑπέρθυρον (אַמּוֹת הַסִּפִּים) 1410a

אָמָה
see אָמָה, אִמָּה

אֻמָּה (Hebrew and Aramaic)
ἔθνος 368b, *172b*
λαός 853b
φυλή 1444b

אֵמוּן
ἁρμόζειν 159a

אֵמוּן
ἀλήθεια 53a
πίστις 1138b
στήριγμα, στήρισμα 1290c

אֱמוּנָה
ἀλήθεια 53a
ἀληθινός 54a
ἀξιόπιστος 113a
πίστις 1138b, *188c* (+Si. 15.15)
πιστός 1138c, *188c*
στηρίζειν 1290c

אַמִּיץ
ἰσχυρός 693b, *180c*
κραταιός 782a
κρατεῖν 783a
κράτος 784a
σκληρός 1274b

אָמִיר
μετέωρος 917c

אָמַל pulal
ἀσθενεῖν 172a
ἐκλείπειν 435c
κενοῦν 759b
ὀλιγοῦν 987a
πενθεῖν 1117b

(σ)μικρύνειν 927c

אֻמְלָל
ἀσθενής 172b

אָמַן qal
θρεπτός 654c
τιθηνεῖν 1351c
τιθηνός 1351c
#χρήσιμος ('א pass. ptc.) *196b* (Si. 7.22)

אָמַן ni.
⟦αἴρειν 34c⟧
ἀκριβής 166a
ἀξιόπιστος 113a
διαμένειν 171b
ἔμμονος 174b
ἐμπιστεύειν 458b, *174b* (–Si. 7.26; 36.21)
⟦θαυμαστός 627b⟧
πιστεύειν 1137c
πίστιν ἔχειν 586c, 1138b
πιστός 1138c, *188c*
πιστοῦν 1139a

אָמַן hi.
(ἐ)θέλειν 628b
ἐμπιστεύειν 458b, *174b* (+Si. 7.26; 36.21)
καταπιστεύειν 741c
πείθειν 1114b
πιστεύειν 1137c, *188c*
#πιστοῦν 1139a

אָמַן haph. (Aramaic)
πιστεύειν 1137c
πιστός 1138c

אֹמֶן
τεχνίτης 1347c

אֹמֶן
ἀληθινός 54a
ἀληθῶς 54b
§αμην 65c
γένοιτο 256b (Nu. 5.22; Is. 25.1; Je. 15.11)

אֹמְנָה
πίστις 1138b

אָמְנָה
στηρίζειν 1290c

אָמְנָם
ἀληθῶς 54b

אֻמְנָם
ἀλήθεια 53a
ἀληθῶς 54b
ἔα ('א אֻמְ') 360a
⟦εἶτα (כִּי אַ') 415c⟧

אָמְנָם
ἀληθῶς 54b
ὄντως 1000c

אָמֵץ qal
ἀνδρίζεσθαι 86b
ἰσχύειν 692c
κατισχύειν 751b
κραταιοῦν 782b
στερεοῦν 1289a, *192a*
ὑπερέχειν 1409b

אָמֵץ pi.
ἀνδρίζεσθαι 86b
ἀποστέργειν 145a
⟦ἀποστρέφειν 145b⟧
ἐνισχύειν 475a
ἐρείδειν 544c
θάρσος περιτιθέναι 626c, 1127c

ἰσχυρὸν ποιεῖν 693b, 1154a
ἰσχύς ἐστι 694b
κατισχύειν 751b
κραταιοῦν 782b
κρατεῖν 783a
μεγαλύνειν *184a*
παρακαλεῖν 1060a
στερεοῦν *192a*

אָמֵץ hi.
κραταιοῦν 782b

אָמֵץ hithp.
ἀνθιστάναι 95c
κραταιοῦν 782b
σπεύδειν 1284a
φθάν(ν)ειν 1429b

אֹמֶץ
ψαρός 1484a

אַמְצָה
θάρσος 626c

אָמַר qal
αἰτεῖν ('א הַב) 37c
ἀναγγέλλειν 74a
ἀντειπεῖν, ἀντερεῖν 109c
ἀπαγγέλλειν 113c
ἀπειπεῖν, ἀπερεῖν 120a
ἀποκρίνειν 133a
⟦βοᾶν 222a⟧
⟦γινώσκειν 267a⟧
διαγγέλλειν 299b
διανοεῖσθαι 306b
διατάσσειν 313a
διηγεῖσθαι 329c
δοκεῖν 339b
ἐγκαλεῖν 365a
(ἐ)θέλειν 628b
*εἰπεῖν, ἐρεῖν 384a, *173a*
ἐμφανίζειν 460a
ἐντέλλεσθαι, ἐντελλέσθειν(?) 477a
ἐπαγγέλλειν 503b
⟦ἐπακούειν 505c⟧
⟦ἐπιθυμεῖν 520b⟧
ἐπιτάσσειν 534c
ἐπιτρέπειν 537b
ἐπιχαίρειν (הֶאָ' 'א) 538b
⟦ἐρωτᾶν 553b⟧
⟦εὑρίσκειν 576c⟧ → εἰπεῖν, ἐρεῖν
⟦καυχᾶσθαι 757b⟧
λαλεῖν 841c
*λέγειν 863c, *183b*
λόγος 881c, *183c*
⟦ὀμνύειν, ὀμνύναι 991b⟧
παραγγέλλειν 1056b
⟦παρακαλεῖν 1060a⟧ → אָמַר pi.
παρακαλεύειν 1061a
⟦πιστεύειν 1139a⟧ → אָמַן hi.
προσειπεῖν 1213b
προστάσσειν, προστάττειν 1220c
προφασίζεσθαι 1231b
προφητεύειν 1231c
συνάδειν 1310b
συντάσσειν 1318b
φάναι 1423c
φάσκειν 1425b

אָמַר ni.
ἀπαγγέλλειν 113c
εἰπεῖν, ἐρεῖν 384a, *173a*
εὑρίσκειν 576c
καλεῖν 712c
λέγειν 863c

אָמַר hi.
αἴρειν 36a

אָמַר hithp.
λαλεῖν 841c

אֲמַר pe. (Aramaic)
ἀναγγέλλειν 74a
βλασφημεῖν (אֱ' שָׁלוּ, אֱ' שָׁלָה) 221a
*εἰπεῖν, ἐρεῖν 384a
*ἐπιτάσσειν 534c
καλεῖν 712c
*λέγειν 863c
παραγγέλλειν 1056b
προστάσσειν, προστάττειν 1220c
*#ὑπαγορεύειν 1405c (I Es. 6.30)

אִמַּר (Aramaic)
*#ἀρήν (= HR's ἀρνός) 159b (I Es. 6.29; 7.7; 8.14)

אֵמֶר
⟦θαρρεῖν, θαρσεῖν 626c⟧
⟦κρίμα 786b⟧ → ῥῆμα
λαλεῖν 841c
λέγειν 863c
λόγιον 880c
λόγος 881c, *183c*
λόγοις τοῖς πρὸς χάριν ἐμβάλλεσθαι (אֲמָרִים הֲחֲלִיק) 455a
πολυρρήμων (כַּבִּיר אֲמָרִים) 1181b
ῥῆμα 1249a
ῥῆσις 1251c
⟦χεῖλος 1456b⟧

אֹמֶר
εἰπεῖν, ἐρεῖν 384a
λαλιά 846a
λέγειν 863c
ῥῆμα 1249a

אִמְרָה
⟦κρίμα 786b⟧ → λόγιον
λόγιον 880c
λόγος 881c
ῥῆμα 1249a
φωνή 1447b

אֶמְרָה
ῥῆμα 1249a

אֶמֶשׁ
(ἐ)χθές 1468c

אֱמֶת
ἀλήθεια 53a, *166a*
ἀληθεύειν 53c
ἀληθής 53c
ἀληθινός 54a, *166a*
ἀληθῶς 54b
δίκαιος 330c
δικαιοσύνη 332c
⟦ἐλεημοσύνη 450b⟧
⟦εὐθύτης 177d⟧
πίστις 1138b
πιστός 1138c

אַמְתַּחַת
μάρσιππος 896b

אָן
⟦δεξιός 290a⟧
ἔνθα καὶ ἔνθα (אָנֶה וָאָנָה) 473b
ἕως τίνος (עַד־אָנָה) 1355c
οὐδαμοῦ (אָנֶה וָאָנָה) 1028a
τίς (אָנָה) 1355c (Ne. 2.16)
μέχρι τίνος (עַד אָנָה עַד־אָן) 1355c

אוֹן, אֹן
ἡλίου πόλις 606b, 1174a

אָנָא
δέομαι 288a
ἰδού 673c

אָנָה I qal
στενάζειν 1288b
ταπεινοῦν 1334c

אָנָה II pi.
#ἐπάγειν 503c (Ps. 87[88].8)
παραδιδόναι 1058a

אָנָה II pu.
ἀρέσκειν 155c
προσέρχεσθαι 1213c

אָנָה II hithp.
προφασίζεσθαι 1231b

אֲנָה (Aramaic)
ἐγώ 367c

אָנָּה
μηδαμῶς 920b
ὦ, ὤ 1491a
ὦ δή 1491a

אֲנוּן (Aramaic)
ἐκεῖνος 428a

אֱנוֹשׁ
[ἄγγελος 7b]
#ἀνδρίζεσθαι 86b (Je. 2.25; 18.12)
ἀνήρ 88a, 167a
ἀνθρώπινος 96b
ἄνθρωπος 96b, 167a
[ἄρχων 166b]
βροτός 231a
δύναμις 350a
[εἰρηνεύειν (אֲ שָׁלוֹם) 173a]
κατοικεῖν 751c
κάτοικος 756a
λαός 853b
νεανίσκος 940b
[οἰκεῖν 968a]
οἰκεῖος 968c
οὐδείς, οὐθείς 187a
[παῖς 1049a]
πάντες (כָּל-הָאֲנָשִׁים) 1073a
οἱ περί (אֱנֹשׁ) 188b

אָנַח ni.
ἀναστενάζειν 82a
καταστενάζειν 745c
στενάζειν 1288b
στένειν 1288b

אָנַח hithp.
ἀναστενάζειν 166c
κατανύσσεσθαι 181c
στενάζειν 192a

אֲנָחָה
καταβόησις 181b
κατανύσσεσθαι 181c
στεναγμός 1288a

אֲנִי
ἐγώ 367c
ἐγώ εἰμι 367c

אֳנִי
ναῦς 940a
πλοῖον 1150a

אֳנִיָּה
ναῦς 940a
ναυτικός 940a
πλοῖον 1150a, 189a (Si. 36[33].2)

אֲנִיָּה
ταπεινοῦν 1334c

אֲנָךְ
ἀδαμάντινος 19a
ἄδαμας 19a

אָנֹכִי
ἐγώ εἰμι 367c

אָנַן hithpo.
γογγύζειν 274a, 170c

אָנַס qal
βιάζεσθαι 169b

אֲנַס pe. (Aramaic)
ἀδυνατεῖν 27c

אֹנֶס
βία 169b (Si. 20.4)

אָנַף qal
ἐπάγειν (supply ὀργήν) 503c
[ἐπαίρειν 505a] → ἐπάγειν
*ὀργίζειν 1010a
παροξύνειν 1072a

אָנַף hithp.
εὐδοκεῖν + neg. 177c
θυμοῦν 662b
ὀργίζειν 1010a

אֲנָפָה
χαραδριός 1454c

אָנַק qal
στενάζειν 1288b

אָנַק ni.
κατοδυνᾶν 751c
#στεναγμός 1288a (Ez. 24.17)

אֲנָקָה
ἱκετ(ε)ία 180a
μυγάλη 936b
στεναγμός 1288a

אָנַשׁ qal
βίαιος 218a
[κατακρατεῖν 734b]
στερεός (אֲ pass. ptc.) 1289a
#ταλαιπωρία 1333a (Ps. 68[69].20)

אָנַשׁ ni.
ἀρρωστεῖν 160b

אֱנָשׁ (Aramaic)
ἀνήρ 88a
ἀνθρώπινος 96b
ἄνθρωπος (אֱ, בַּר-אֱ) 96b (Da. LXX 2.38)
οὐδείς, οὐθείς (אֱ + neg.) 1028b

אֲנָשׁ
#πτωχεία 190c (Si. 11.12)

אַנְתָּה (Aramaic)
#γυνή 278b (Da. 6.24)

אָסַךְ
ἀλείφειν 52c

אָסוֹן
[ἀπώλεια, ἀπωλία] 168b
ἀρρώστημα 168b
[ἐξεικονίζειν 490c]
#θάνατος 179a (Si. 38.18)
μαλακία 894b
μαλακίζεσθαι 894b

אֵסוּר
δεσμός 292a

אֱסוּר (Aramaic)
*#ἀπαγωγή 115c (I Es. 8.24)
δεσμός 292a
[παράδοσις 1059b] → δεσμός

אֲסֵיף
συναγωγή 1309b
συντέλεια 1318c

אָסִיר
ἀπάγειν 115b
#ἀπαγωγή 115c (Is. 14.17)
#δέσμιος 292a (Za. 9.12; La. 3.34)
*δεσμός 292a
δεσμωτήριον 292b
δεσμώτης 292b
πεδᾶν 1113a
φυλακή 1440c

אַסִּיר
#ἀπαγωγή 115c (Is. 10.4)
δεῖν ("to bind") 287b
[δέσμιος 292a] → אָסִיר
[ἐπαγωγή 504b] → ἀπαγωγή

אָסָם
ταμ(ι)εῖον, ταμίον 1334a

אָסַף qal
αἴρειν 34c
ἀνταναιρεῖν 108c
ἀπολλύειν, ἀπολλύναι 136c
ἀποσυνάγειν 148b
ἀφαιρεῖν 180a
ἀφιστᾶν, ἀφιστάναι, ἀφιστάνειν 184b
δύ(ν)ειν 350a
εἰσάγειν 407c
[εἰσφέρειν 415a] → συνάγειν
ἔκλειψις 437a
ἐμβάλλειν 455a
ἐξαίρειν 485a
ἐπιστρέφειν 531a
*ἐπισυνάγειν 534a
καθιστάναι 702c
καταπαύειν 740c
κατέχειν 750c
περιστέλλειν 1126c, 188c
προσάγειν 1211a
προσλαμβάνειν 1218b
προστιθέναι 1221a
συλλέγειν 1302b
*συνάγειν 1307b, 192c
συναγωγή 1309b
συναπολλύναι 1312a
συντελεῖν 1319b
τιθέναι 1348c (Ge. 42.17)

אָסַף ni.
*ἄγειν 9a
ἀπέρχεσθαι 121a
ἀποθνήσκειν 168a
ἀποκαθιστᾶν, ἀποκαθιστάναι 131b
εἰσέρχεσθαι 410b
ἐκλείπειν 435c
ἐξέρχεσθαι 491c
*ἐπισυνάγειν 534a, 177a
#θάπτειν 179a (Si. 44.14)
[καθαρίζειν, καθερίζειν 698a]
καταφεύγειν 747b
[κόπτειν 779a] → אָסַף qal
προστιθέναι 1221a, 190b (Si. 42.21)
συμψᾶν 1307a
*συνάγειν 1307b
συνέρχεσθαι 1314a
*#τελευτᾶν 193b (Si. 8.7)

אָסַף pi.
ἐπισυνάγειν 534a
ἔσχατος 558a
οὐραγεῖν 1031b
συνάγειν 1307b

אָסַף pu.
συνάγειν 1307b

אָסַף hithp.
συνάγειν 1307b

אֹסֶף
§ασαφειν (אֹסְפִים) 169c
§εσεφειν, εσεφιμ (אֲסֻפִּים) 554a
[συνάγειν 1307b (Ne. 12.25)] → אָסַף qal

אָסִף
συνάγειν 1307b

אֲסֻפָּה
συναγωγή 1309b

אֲסֻפִּים
σύναγμα 1309b
[σύνθεμα 1316a] → σύναγμα
[σύνταγμα 1318a] → σύναγμα

אֲסַפְסֻף
ἐπίμικτος 525c

אֲסַפַּרְנָא (Aramaic)
ἐπιδεξίως 519b
*#ἐπιμέλεια 525b (I Es. 6.10)
*ἐπιμελῶς, ἐπιμελέστερον 525c
ἑτοίμως 565a
*#σπουδή 1285c (I Es. 6.10)

אָסַר qal
ἀπάγειν 115b
*δεῖν ("to bind") 287b
δεσμεύειν 292a
δέσμιος 292a
δεσμός 292a
δεσμωτήριον 292b
δεσμώτης 292b
ἐπιδεῖν ("to bind") 519a
ἐπισάσσειν 527b
εὔχεσθαι 583c
ζευγνύειν, ζευγνύναι 593c
ζωννύειν, ζωννύναι 601a
κατέχειν 750a
ὁρίζειν 1011c
[παιδεύειν 1047a] → יָסַר qal
παρατάσσειν (אֲ מִלְחָמָה) 1064c
πεδᾶν 1113a
[περιδεῖν 1122c]
περιζωννύναι 1123b
συνάπτειν 1312b
#συνδεῖν 1312c (Ex. 14.25)
συνιστάναι, συνιστᾶν 1317a
φυλακή (אֲ pass. ptc.) 1440c

אָסַר ni.
ἀπάγειν 115b
δεῖν ("to bind") 287b
κατέχειν 750c

אָסַר pu.
δεῖν ("to bind") 287b

אֱסָר (Aramaic)
δεσμός 292a
δόγμα 339b

אֱסָר
ὁρισμός 1013b

אָע (Aramaic)
*ξύλινος 957c
*ξύλον 958a

Column 1

אַף I (Hebrew and Aramaic)
see also אַף כִּי
ἅμα *166b*
§αφφω (אַף־הוּא) 187b
ἐα 360a
ἔτι 561a
ναὶ δή (וְאַף) 939a
καὶ νῦν 951c
κἄν (וְאַף כִּי) *166b*
νῦν/νυνὶ δέ 951c
#ὁμοίως 993b (Ps. 67[68].6)
οὕτω(ς) *187b*
πλὴν ὅτι 1145c
προσέτι 1214a
?τίς 1355c (Ge. 3.1; +II Ch. 6.18)

אַף II subst. (Hebrew and Aramaic)
see also אַפַּיִם
ἐκδίκησις 423a
ἐνώπιον (נֶגֶם אַף) 482c
[ἔχθρα 589b] → שִׂנְאָה
θυμός (חֲרִי־אַף, חֲרוֹן אַף) 660c,
  179c (+Si. 40.5)
θυμοῦν (חָרָה אַף) 662b
θυμώδης (בַּעַל אַף) 662c, *179c*
μακροθυμεῖν (הֶאֱרִיךְ אַף) 893b
μυκτήρ 936b
μυκτηρίζειν 936c
ὀργή (חֲרוֹן אַף) 1008b (I Es.
  9.13), *186c*
[ἡ ὀργὴ τοῦ θυμοῦ, ὀργή θυμοῦ
  660c, 1008b] → ὀργή
ὀργίζειν (חָרָה אַף) 1010a
[" (אַף) 1010a] → ὀργή
ὀργίλος 1010b
πρόσωπον 1223c, *190b*
ῥίς 1252c

אָפַד
συνάπτειν 1312b
συσφίγγειν 1324a

אֵפֹד
see אֵפוֹד

אֲפֻדָּה
ἐπωμίς 540b
περιχρυσοῦν (אֲפֻדַּת זָהָב) 1128b

אָפָה qal
ἀρχισιτοποιός (שַׂר אֹפִים)
  166a
πέσσειν 1128c
πέψις 1130a
ποιεῖν 1154a
σιτοποιός 1267b

אָפָה ni.
πέσσειν 1128c
ποιεῖν 1154a

אֵפוֹא
[ἀληθῶς 54b]
§αφφω 187b
νῦν, νυνί 951c

אֵפֹד, אֵפוֹד
ἐπωμίς 540b
§εφουδ, εφωδ 586b
ἱερατ(ε)ία 678c
ποδήρης 1153c
στολή 1291c

אָפִיל
ὄψιμος 1044b

Column 2

אַפַּיִם
see also אַף II subst.
μακροθυμία (אֶרֶךְ אַ׳)
  893c
μακρόθυμος (אֶרֶךְ אַ׳) 893c, *184a*
ὀξύθυμος (קְצַר־אַ׳) 1001a
ἐπὶ (τὸ) πρόσωπον (עַל אַ׳, לְאַ׳)
  1223c, 1224a
κατὰ (τὸ) πρόσωπον (עַל אַ׳)
  1224a

אָפִיק
ἄφεσις 182b
νάπη 939c
πεδίον 1113b
πηγή 1130b
πλευρά 1142a
πλήρωμα 1148b
φάραγξ 1424b
χείμαρρο(υ)ς 1457a

אָפִיק
[κῦμα (אַ׳ נְחָלִים) 799a]

אָפֵר
see אוֹפִיר

אַף כִּי
καὶ νῦν 951c
κἄν (וְאַף כִּי) *166b*
πλὴν καί 1145c
προσέτι 1214a

אֲפֵל
γνόφος 272c

אֹפֶל
γνόφος 272c
#σκοτεινός 1276a (IV Ki. 5.24)
σκοτία 1276b
σκοτομήνη 1276b
σκότος 1276b
[σκοτωμένη(?) 1277a] →
  σκοτομήνη

אֲפֵלָה
ἀωρία 188c
γνόφος 272c
γνοφώδης 273a
σκοτ(ε)ινός (כְּאַ׳) 1276a
σκότος 1276b

אֹפֶן
[ἁρμόζειν 159a]

אָפֵס qal
αἴρειν 34c
ἀποκόπτειν 133a
ἐκλείπειν 435c

אֶפֶס
ἄκρος 51b, *166a*
ἀπώλεια, ἀπωλία 151c
§αφεσις 182b
[βία 218a]
διεκβολή 328b
ἐκλείπειν 435c
ἔκλειψις 437a
ἔσχατος 558a
κενός, καινός ("empty") 759a
[ὀλίγος 986b]
ὀλιγοστός 986c
οὐδείς, οὐθείς 1028b
οὐκέτι 1030a
πέρας 1120a
πλήν 1145c

אֶפְעֶה
ἀσπίς ("snake") 173b
βασιλίσκος 214a
ὄφις 1042b

Column 3

אָפַף qal
περιέχειν 1123a, *188b* (Si. 51.7)
περιχεῖν 1128b

אָפַק hithp.
ἀνέχειν 87c
ἐγκρατεύεσθαι 366c
μακροθυμεῖν *183c*

אֵפֶר
κοπρία 778c
σποδιά 1284c
σποδός 1285a, *192a*

אֲפֵר
τελαμών, ταλαμών 1342b

אֶפְרֹחַ
ν(ε)οσσός 949c
νοσσίον 949c

אַפִּרְיוֹן
φορεῖον, φόριον 1437c

אֲפַרְסְכִי (Aramaic)
*#ἡγεμών 603c (I Es. 6.7, 27)

אֶפְרָתָה, אֶפְרָת
ἱππόδρομος 687b

אֶצְבַּע (Hebrew and Aramaic)
δάκτυλος 284b
χειροτονία (שֶׁלַח אַ׳) 1467a

אָצִיל
ἐπίλεκτος 525a

אַצִּיל
#ἀγκάλη 15b (III Ki. 3.20)
ἀγκών 15c, *165b*
διάστημα 311c

אָצַל qal
ἀφαιρεῖν 180a
ὑπολείπειν 1415a

אָצַל ni.
#ἀπέχειν 122a (Je. 7.10)
[διασῴζειν 171b]
ἐλαττοῦν, ἐλασσοῦν *174a*
ἐξέχειν 495b
#συνάγειν *192c* (Si. 13.16)

אָצַל pu.
[συνάγειν 192d] → אָצַל ni.

אָצַל hi.
παραιρεῖν 1060a

אֵצֶל
[ἀγκάλη 15b] → אַצִּיל
ἐγγύς 363c
ἔχειν 586c
παρά + dat. *187b*
  " + acc. *187b*
πλησίον 1148b

אֶצְעָדָה
χλιδών 1471b

אָצַר qal
θησαυρίζειν 651b
συνάγειν 1307b

אָצַר ni.
συνάγειν 1307b

אָצַר hi.
[ἐντέλλεσθαι, ἐντελλέσθειν(?)
  477a]

אֶקְדָּח
κρύσταλλος 792c

אַקּוֹ
τραγέλαφος 1369a

Column 4

אֹר
see also אוֹר II subst.
ποταμός (אֹר, יְאוֹר, יְאֹר) 1196a

אֲרִיאֵל, אַרְאֵל
§αριηλ 156b

אָרַב qal
[δικάζειν 330b] → רִיב I qal
δόλιος (אֹרֵב־דָּם) 340b
ἐγκάθετος 364b
ἐγκάθετος γίνεσθαι 256c
ἐνέδρα 472a
ἐνεδρεύειν 472a, *175b*
ἔνεδρον 472b, *175b*
ἐχθρός 589c
θηρεύειν 650b
καταράσσειν 743a
[κοινωνεῖν 775a]
πολέμιος 1171b

אָרַב pi.
ἐνεδρεύειν 472a
ἔνεδρον 472b

אָרַב hi.
[ἐνεδρεύειν 472a] → אָרַב qal

אֶרֶב
ἐνεδρεύειν 472a
σκέπη 1269a

אֹרֶב
ἔχθρα 589b

אַרְבֶּה
ἀκρίς 50c, *166a*
ἀττέλεβος 176c
βροῦχος 231a

אֲרֻבָּה
ἐπιβάλλειν 516a

אֲרֻבָּה
θυρίς 663c
καπνοδόχη 718c
καταρ(ρ)άκτης 743a
ὀπή 1001b

אַרְבַּע (Hebrew and Aramaic)
τεσσαρακοστός (אַרְבָּעִים) 1346a
τέσσαρες *193b*
τεσσαρεσκαιδέκατος,
  τεσσαρισκαιδέκατος
  (אַ׳ עֶשְׂרֵה) 1346b
τέταρτος 1346b
τετρακοσιοστός (אַ׳ מֵאוֹת) 1347b

אַרְבָּעָה (Hebrew and Aramaic)
*τεσσαρεσκαιδέκατος,
  τεσσαρισκαιδέκατος
  (אַ׳ עָשָׂר) 1346b
τέταρτος 1346b
τετράμηνος (אַ׳ חֳדָשִׁים) 1347b
τετράς 1347b
τετράστιχος (אַ׳ טוּרִים) 1347c

אָרַג qal
ἐργάζεσθαι, ἐργάζειν 540c
ἔριθος 547b
τεχνίτης *193b*
ὑφαίνειν 1419a
ὑφάντης 1419a
ὑφαντός 1419a

אֶרֶג
[δρομεύς 349a]
#ἱστός 692c (Is. 38.12)
ὕφασμα 1419a

אַרְגָּן (Aramaic)
πορφύρα 1195b

אַרְגָּז
§ἄργος 153a
§εργαβ 540c
θέμα 629b

אַרְגָּמָן
ὁλοπόρφυρος 989b
πορφύρα 1195b, 189c
πορφύρεος, πορφυροῦς 1195c
πορφυρίς 1195c

אָרָה qal
τρυγᾶν 1377a

אֲרוּ (Aramaic)
ἰδού 673c

אֻרְוָה
φάτνη, πάθνη 1425b

אֶרֶז
⟦κυπαρίσσινος (אֶרֶז) 799b⟧

אֲרוּכָה
μῆκος 921b
φυή 1440c

אָרוֹן
⟦ἅγιος 12a⟧
γλωσσάκομον, γλωσσάκομος 272b
*κιβωτός 763c
σορός 1278c

אֶרֶז
*κέδρινος 758a
κέδρος (אֶ, אֲ, עֵץ) 758a, 182a
κυπαρίσσινος 799b
κυπάρισσος 799c

אָרַח qal
#ἔρχεσθαι 548b (Jb. 31.32)
⟦ἔσχατος 558a⟧ → אָחוֹר
ξένος 957a
ὁδοιπόρος 962b
⟦ὁδός 962b (Jb. 34.8)⟧ → אֹרַח

אֹרֵחַ
ὁδοιπόρος 186a

אֹרַח
#βάσις 214b (Jd. 5.6A)
τὰ γυναικεῖα 278b
ἐνιαυτός 474b
ἔργον 541c
⟦ἔρχεσθαι 548b⟧ → אָרַח qal
⟦ἔσχατος 558a⟧ → אַחֲרִית
κύκλος 797a
ὁδός 962b, 186a
τρίβος 1372b

אֹרַח (Aramaic)
ὁδός 962b
τρίβος 1372b

אֹרְחָה
ὁδοιπόρος 962b

אֲרֻחָה
ἑστιατορ(ε)ία 557c
ξενισμός 956c
σύνταξις 1318a

אֲרִי
λέων 874c, 183b

אֲרִיאֵל
§αριηλ 156b

אַרְיֵה (Hebrew and Aramaic)
λέαινα 863c
λέων 874c, 183b

אַרְיָה
θῆλυς 650a

אֲרִיךְ (Aramaic)
#ἐξεῖναι 490c (II Es. 4.14)
*#καλῶς ἔχειν 717b (I Es. 2.20)

אָרַךְ qal
μακράν 892c
⟦μακροθυμεῖν 893b⟧
πλατύνειν 1141b
γίνεσθαι πολυχρόνιος
(אָרְכוּ הַיָּמִים) 1185c

אָרַךְ hi.
ἀνέχειν 87c
⟦δεικνύειν, δεικνύναι 286a⟧ →
רָאָה I hi.
ἐφέλκειν, ἐφελκύειν 585b
μακρόβιος (אָ יָמִים hi.) 893a
μακροημερεύειν (אָ יָמִים hi.)
893c
μακροήμερος γίνεσθαι (אָ יָמִים
hi.) 893b
μακροήμερος/μακροχρόνιος/
πολυήμερος γίνεσθαι
(יָמִים אָ hi.) 256c
μακροθυμεῖν (אָ אַף hi.) 893b
μακρὸν χρόνον ζῆν (אָ יָמִים hi.)
594c
ἀπὸ μακρότητος (מַאֲרִיךְ) 894c
μακροχρονίζειν (אָ יָמִים hi.)
894a
μακροχρόνιος γίνεσθαι/εἶναι
(אָ יָמִים hi.) 894a
μακρύνειν 894a
μένειν 910a
⟦περιέχειν 1123a⟧ → ὑπερέχειν
πλεονάζειν 1141c
πληθύ(ν)ειν 1144b
πολυήμερος γίνεσθαι/εἶναι
(אָ יָמִים hi.) 1181a
πολυχρονίζειν 1185c
#συμπαραμένειν 1304c (Ps.
71[72].5)
ὑπερέχειν 1409b
⟦ὑψοῦν 1422a⟧
χαλᾶν 1452c

אֲרִךְ (Aramaic)
⟦ἐξεῖναι 490c⟧ → אֲרִיךְ

אָרֵךְ
μακρός 893c

אֶרֶךְ
μακρὰν εἶναι 892c
μακρός 893c
ἐπὶ πολύ 1181b

אֹרֶךְ
μακροθυμία (אֹ אַפַּיִם) 893c
⟦ " (אֹ רוּחַ) 184a⟧
μακρόθυμος (אֹ אַפַּיִם)
893c, 184a
⟦βάσις 214b⟧ → אֶרֶן
εὖρος 579c
μακροθυμία (אֹ אַפַּיִם) 893c, 184a
⟦ " (אֹ רוּחַ) 184a⟧
⟦μακρός 893c⟧ → πολύς, πλείων,
πλεῖστος
μακρότης 894a
μῆκος 921b
πολύς, πλείων, πλεῖστος 1181b

אַרְכָא
see אֲרוּכָה, אַרְכָה

אַרְכֻבָּה (Aramaic)
γόνυ 274c

אַרְכָה (Aramaic)
#πολυήμερος 1181a (Da. LXX 4.24)
#χρόνος 1476b (Da. LXX 7.12)

אַרְכָּא, אַרְכָה (Aramaic)
μακρόθυμος 893c
μακρότης 894a

אֲרוּכָה
see also אַרְכָה
ἴαμα 668a
συνούλωσις 1318a

אַרְכִּי
ἀρχιέταιρος 165c
#πρῶτος 1235c (I Ch. 27.33)

אֲרָם
ἀλλόφυλος 57c

אַרְמוֹן
ἄμφοδον 68a
ἄντρον 112a
βᾶρις 190c
βασίλειον 194b
θεμέλιον 629b
#ναός 939a (Je. 37[30].18)
οἶκος 973a
πόλις 1174a
πυργόβαρις 1244c
*#πύργος 1244c (I Es. 1.55)

אֹרֶן
⟦πίτυς 1139a⟧

אַרְנֶבֶת
δασύπους 285b
χοιρογρύλλιος (and variants)
1472a

אֲרַע (Aramaic)
*γῆ 240c
*#ἐγχώριος (אֲ דִּי) 367c (I Es.
6.24)
ἐλάττων, ἐλάσσων, ἐλάχιστος
448b
ἥσσων 620a

אַרְעִי (Aramaic)
ἔδαφος 367c

אֶרֶץ
ἄγριος 16c
ἀγρός 17a
ἄνθρωπος 96b
γαῖα 233b
*γῆ 240c, 170a
ἐγχώριος 367c
ἔδαφος 367c
ἔθνος 368b
⟦ἔξωθεν (מֵאֶ) 502b⟧
ἔρημος (אֶ מִדְבָּר, אֶ נְשַׁמָּה) 545a
⟦κατοικεῖν 751c⟧
⟦ὁδός 962b⟧
*ἡ οἰκουμένη 968a
⟦οἶκος 973a (Je. 27[50].16)⟧ → γῆ
ὅριον 1012a
ἡ ὑπ' οὐρανόν/οὐρανῶν, ἡ ὑπὸ
τὸν οὐρανόν, τὰ ὑπ'
οὐρανόν 1031b
πάντη (בָּאָ) 187b
⟦παροικεσία (אֶ מְגוּרִים) 1071c⟧
→ II מָגוֹר
πατρίς (אֶ מוֹלֶדֶת) 1112a
⟦πεδίον 1113b⟧ → γῆ
τὰ πεπτωκότα (אֶ הֲרִיסוּת) 1135c
ἡ σύμπασα 1305a
#ὑπόγαιος (תַּחַת הָאָ) 1412c (Je.
45[38].11)
χαμαί (אַרְצָה) 1454a

χώρα 1481a

אֲרַק (Aramaic)
γῆ 240c

אָרַר qal
ἀρᾶσθαι 152c
⟦διασκεδάζειν 309c⟧
ἐπικαταρᾶσθαι 522c
ἐπικατάρατος 522c
κακῶς ἐρεῖν 384c, 712a
καταρᾶσθαι 742c
κατάρασις 743a

אָרַר pi.
ἐπικαταρᾶσθαι 522c
καταρᾶσθαι 742c

אָרַר ho.
καταρᾶσθαι 742c

אָרַשׂ pi.
λαμβάνειν 847a
μνηστεύεσθαι 932a

אָרַשׂ pu.
ἀμνήστευτος (אֹ pu. + neg.) 66b
μνηστεύεσθαι 932a

אֲרֶשֶׁת
δέησις 285c
θέλησις 629b

אֵשׁ
ἐμπυρισμός 460b
⟦κάρπωμα 724c⟧ → אִשֶּׁה
*πῦρ 1242b, 190c (+Si. 8.10; 23.16;
45.19)
πυρίκαυστος (שָׂרוּף אֵשׁ,
שְׂרֵפָה אֵשׁ, שְׂרֵפָה מַאֲכֹלֶת אֵשׁ)
1245b
πύρινος 1245b, 191b
πυρισμός 1245b
⟦φλόξ (שָׁבִיב) 1433a, 195b⟧

אֵשׁ (Aramaic)
ἔπαρμα 508b
*θεμέλιον 629b

אֶשָּׁא (Aramaic)
*#πῦρ 1242b (I Es. 6.24)

אִשָּׁה
(τὰ) γυναικεῖα (בֵּית נָ, כְּנָ) 278b
γυναικῶν (בֵּית נָ) 278b
*γυνή 278b, 170c
ἕκαστος 418a
ἑκάτερος 420a
ἑταίρα 559b
ἕτερος 560a
⟦ἡγεῖσθαι 602c⟧ → נָשִׂיא
θῆλυς 650a
θυγάτηρ 656b
κοράσιον 779c
μήτηρ (אִ) 924a
⟦ " (בֶּן אִ) 924a⟧
φιλογύναιος/φιλογύνης εἶναι
(אֹהֵב נָשִׁים) 1431a

אִשֶּׁה
⟦θυμίαμα 660b⟧ → θυσίασμα
θυσία 664a, 179c
θυσιάζειν 666a
θυσίασμα 666a
καρποῦν 724c
κάρπωμα 724c
κάρπωσις 725a
ὁλοκαύτωμα 987c
προσφορά 190b
πῦρ 1242b

אֲשׁוּחַ
#λάκκος 183a (Si. 50.3)

אֲשִׁיָּה
see also אֲשָׁיָה
ἔπαλξις 506b

אַשּׁוּר
διάβημα 299a
⟦ἔνταλμα 476c⟧

אֲשֻׁר, אָשׁוּר
see also אֲשֻׁר
πούς 1198b

אֲשָׁיָה
#ἔπαλξις 506b

אֲשִׁיחַ
⟦λάκκος 183a⟧ → אֲשׁוּחַ

אֲשִׁישׁ
κατοικεῖν 751c

אֲשִׁישָׁה
#ἀμόρα (Ca. 2.5)
ἀμορίτης 66c
λάγανον ἀπὸ τηγάνου 840b, 1347c
πέμμα 1116b

אֶשֶׁךְ
μόνορχις (א׳ מֵרוֹחַ) 933b

אֶשְׁכֹּל
βότρυς 226a

אֶשְׁכָּר
δῶρον 359a
⟦μισθός 930a⟧ → שָׂכָר

אֶשֶׁל
ἄρουρα 159c

אָשֵׁם, אָשַׁם I qal
ἀγνοεῖν 16a
ἁμαρτάνειν 60c
⟦ἀνιέναι (= ἀνίημι) 102b⟧ → נָשָׂא qal
⟦ἐξιλάζειν 181b⟧ → שָׁמֵם I qal
ἐξιλάσκειν 495c
⟦ἐξολεθρεύειν, ἐξολοθρεύειν 497c⟧ → שָׁמֵם I qal
μεταμελεῖν 916b
μνησικακεῖν 932a
παραπίπτειν 1063b
⟦πλημμέλεια, πλημμελία 1145b⟧ → πλημμέλησις
πλημμελεῖν 1145c, 189a
πλημμέλησις 1145c

אָשֵׁם, אָשַׁם I ni.
⟦ἀφανίζειν 181b⟧ → שָׁמֵם I qal

אָשֵׁם, אָשַׁם I hi.
κρίνειν 787b

אָשַׁם II
ἁμαρτάνειν 60c
ἁμαρτία 62a
⟦πλημμέλεια, πλημμελία 1145b⟧ → אָשָׁם

אָשָׁם
ἄγνοια 16a
ἀδικία 25b
ἁμαρτία 62a
?βάσανος 191c
?*#ἐξιλασμός 496b (I Es. 9.20)

καθαρισμός 698c
πλημμέλεια, πλημμελία 1145b, 189a (Si. 7.31)
περὶ (τῆς) πλημμελείας 1145b
τὸ τῆς πλημμελείας 1145b
εἰς ὃ ἐπλημμέλησε 1145b
ἐπλημμέλησε 1145b
περὶ ὧν/οὗ ἐπλημμέλησε 1145b
πλημμέλημα 1145c
⟦πλημμέλησις 1145c⟧ → אָשֵׁם, אָשַׁם I qal

אַשְׁמָה
*ἄγνοια 16a
ἁμαρτάνειν 60c
*ἁμαρτία 62a
*ἀνομία 106b
ἐλέγχειν 449b
⟦ἡμέρα 607b⟧
ἱλασμός 684c
πλημμέλεια, πλημμελία 1145b
πλημμελεῖν 1145c
⟦πλημμέλημα 1145c (II Es. 10.19)⟧ → πλημμέλησις
#πλημμέλησις 1145c

אַשְׁמֻרָה, אַשְׁמוּרָה
ὄρθρος, ὀρθός 1011b
πρὸς ὄρθρον (אַשְׁמֻרוֹת) 1011b
φυλακή 1440c

אַשְׁמֹרֶת
φυλακή 1440c, 195c

אַשְׁנָב
δικτυωτός 335c
τοξικόν 1363c

אַשָּׁף (Hebrew and Aramaic)
ἐπαοιδός 508a
μάγος 891b
φιλόσοφος 1432b

אַשְׁפָּה
⟦ἐπιθυμία 521a⟧
τόξον 1363c
φαρέτρα 1425a

אַשְׁפֹּת
ἀρτοκοπι(α)κός 161b
ἐσχαρίτης 558a

אַשְׁפֹּת
κοπρία 778c

אָשַׁר qal
κατορθοῦν 756b

אָשַׁר pi.
#εὐθύς (adj.) 177c (Si. 4.18)
εὐφραίνειν 178b
ζηλοῦν, ζηλεῖν(?) 594b
κατευθύνειν 750b
μακαρίζειν 892a, 183a (+Si. 45.7)
⟦παρακαλεῖν 187d⟧ → μακαρίζειν

אָשַׁר pu.
ἀσφαλής 174b (Pr. 3.18 [from Aramaic root שׁרר?])
⟦μακαρίζειν 892a⟧ → אָשַׁר pi.
πλανᾶν 1139b

אֲשֶׁר
⟦ἄκλητος (יִקְרָא + neg. + א׳) 44b⟧ → קָרָא I ni.
ἐπάν (א׳) 506b

ἕως (עַד א׳) 178c
ἵνα 180b
καθάπερ (כַּא׳) 180a
καθώς (כַּא׳) 180b
οἷος 984c
οἷος ἐγώ (א׳ כָּמֹנִי) 984c
ὅμορος (א׳ עַל־יָד) 993c
ὅσος (כֹּל א׳, א׳) 1019a, 186c
πάντες ὅσοι, πάντα ὅσα 1019a
τὰ ὅσα 1019a
ὅστις 1022b, 186c
ὅτε 186c
ὅτι 186c
οὗ (בָּא׳) 187a
οὕτω(ς) (זֶה א׳, כַּא׳) 1035c
⟦ὁ ἐν (τῇ) στενοχωρίᾳ (ὤν) (א׳ מוּצַק לָהּ) 1288c⟧ → מוּצָק
⟦συσκήνιος (א׳ בָּאֹהֶל) 1323a⟧ → אֹהֶל
⟦σύσκηνος (א׳ בָּאֹהֶל) 1323a⟧ → אֹהֶל
⟦ταμίας (א׳ עַל־בַּיִת) 1334a⟧ → בַּיִת
τις 1354a
ἐάν/εἰ τις 1354a
τίς 1355c, 193c
διὰ τί 1355c
τοιοῦτος 1362b
ὃν τρόπον (א׳, כַּא׳, הַדָּבָר א׳, בְּכֹל א׳) 1375a
⟦ὑπόχρεως (א׳־לוֹ נֹשֶׁא) 1418b⟧ → נָשָׁא qal
ὡς (כַּא׳) 196a
ὥσπερ (כַּא׳) 196c

אֶשֶׁר
μακαρίζειν 892a
μακάριος 892b, 183a
μακαριστός 892c

אֹשֶׁר
μακάριος 892b

אָשֻׁר
#τρίβος 1372b (Ps. 43[44].18)

אַשּׁוּר
see אֲשֻׁר, אָשׁוּר

אֲשֵׁרָה
ἄλσος 59c
δένδρον 289c

אֲשַׁרְנָה (Aramaic)
*#ἔργον 541c (I Es. 6.11)
#χορηγία 1472c (I Es. 5.3, 9)

אֶשְׁתַּדּוּר (Aramaic)
*#πόλεμος 1172a (I Es. 2.27)
*#πολιορκίαν συνίστασθαι (א׳ עֲבַד) 1174a (I Es. 2.23)
#φυγαδεία 1440b (II Es. 4.15, 19)

אָת (Aramaic)
σημεῖον 1263b

אֵת I object marker
ἐκεῖνος (אוֹתָהּ, אֵת [אֹתוֹ], אֵת) 428a
⟦ἐκτός 443c⟧
ἐπάνω 507b

אֵת II ("with")
ἐντεῦθεν (מֵאֵת זֶה) 479a
ἔχειν 586c (Jd. 4.11)
μετά + gen. 184b
μετέχειν 917b

⟦ὀπίσω (מֵאֵת) 1001c⟧
παρά + gen. (מֵאֵת) 187b
κατὰ (τὸ) πρόσωπον (אֶת־פָּנִים) 1224a
σύν + gen. (= אֵת) 1307a
" + acc. (= אֵת, אֶת־ [see σύμπας at, e.g., Ec. 1.14]) 1307a

אֵת III
ἄροτρον 159c

אָתָא
see also אָתָה qal
⟦συνάγειν 1307b⟧ → אָסַף hithp.

אָתָה qal
#δεῦρο 293a (Ca. 4.8)
δεῦτε 293a
ἐπέρχεσθαι 509c
ἔρχεσθαι 548b
ἥκειν 605a
*παρεῖναι 1065c

אָתָה hi.
ἔρχεσθαι 548b
φέρειν 1426c

אָתָה pe. (Aramaic)
δεῦτε 293a
*ἔρχεσθαι 548b
*#παραγίνεσθαι 1056c (I Es. 6.20)
*#παρεῖναι 1065c (I Es. 6.3)

אָתָה aph. (Aramaic)
ἄγειν 9a
φέρειν 1426c

אָתָה haph. (Aramaic)
ἄγειν 9a
φέρειν 1426c

אַתָּה
σὺ εἶ (subj. of verb) 1298b

אָתוֹן
ἡμίονος 618c
ὄνος 1000a
θήλεια ὄνος 650a, 1000a
ὑποζύγιον 1413b

אַתּוּן (Aramaic)
κάμινος 718a

אָתוֹק
ἀπόλοιπος 138c

אַתִּיק
ἀπόλοιπος 138c
περίστυλον 1127a
στοά 1291c

אֶתְמוֹל, אֶתְמוֹל, אִתְּמֹל
ἔμπροσθε(ν) 459b
(אֶ)χθές (כְּאֶתְמוֹל, מֵאֶתְמוֹל, אִתְּמֹל) 1468c, 195c
ἡμέρα pl. 607b

אֶתְנָה
μίσθωμα 930c

אֶתְנַן
ἀρχαῖος 162c
#δῶρον 359a (Ho. 8.9)
μισθός 930a
μίσθωμα 930c

אֲתַר (Aramaic)
*τόπος 1364b

ב

בְּ (Hebrew and Aramaic)
διά + gen. *171a*
" + acc. *171a*
εἰς *173a*
⟦εἶτα (בְּהֵם) *415c*⟧
ἐκ *173b*
ἐν *174b*
ἕνεκα, ἕνεκεν *175b*
ἐπί + gen. *176b*
" + dat. *176b*
" + acc. *176b*
*#ἔχειν *586c* (I Es. 5.57)
ἕως *178c*
κατά + gen. *181a*
" + acc. *181a*
ὅπου *186b*
⟦ὅσα 1019a (Es. 1.17)⟧ → ὡς
οὗ *187a*
περί + gen. *188b*
πρός + acc. *190a*
ὑπό + acc. *194b*
ὡς 1494b (Es. 1.17), *196b*

בָּאָה
εἰσπορεύεσθαι 414a

בָּאִישׁ (Aramaic)
*πονηρός 1186c

בָּאַר pi.
διασαφεῖν 309c
σαφῶς 1261a

בְּאֵר
λάκκος 841a
φρέαρ 1438b

בּוֹר
λάκκος 841a

בָּאַשׁ qal
ἐπόζειν 539a
#κακοῦν *180c* (Si. 3.26)
ὄζειν 967c

בָּאַשׁ ni.
⟦αἰσχύνειν 36c⟧ → בּוֹשׁ I qal
⟦βαρύνειν *169a*⟧
⟦κακοῦν *180d*⟧ → בָּאַשׁ qal

בָּאַשׁ hi.
⟦αἰσχύνειν 36c⟧ → בּוֹשׁ I qal
βδελύσσειν, βδελύττειν 216a
ἐπόζειν 539a
#πονηρός 1186c (Ge. 34.30)
προσόζειν 1218c
σαπριοῦν 1259b

בָּאַשׁ hithp.
⟦αἰσχύνειν 36c⟧ → בּוֹשׁ hithpo.

בְּאֵשׁ pe. (Aramaic)
λυπεῖν 889b

בָּאְשׁ
ὀσμή 1018c
σαπρία 1259a

בָּאְשָׁה
βάτος ("bramble") 215a

בָּאְשִׁים
ἄκανθα 43c

בָּאתַר (Aramaic)
ὀπίσω 1001c

בָּבָה
κόρη 779c

בָּבֶל
σύγχυσις 1301a

בַּג
⟦διαρπαγή 308c⟧ → בַּז

בָּגַד qal
ἀθεῖν 29b
ἀθετεῖν 29b
ἀθετίζειν 29c
ἀνομεῖν 106b
ἄνομος 167b
⟦ἀσεβής 168d⟧ → ἄνομος
⟦ἀσυνετεῖν 174a⟧ → ἀσυνθετεῖν
ἀσυνθετεῖν 174b
ἀσύνθετος 174b
§γεθθαιμ, γεθεμ (בְּגָדְתֶם) 235b
ἐγκαταλείπειν 365a
⟦ἐργάζεσθαι, ἐργάζειν 540c⟧
ἡττᾶν 620b
καταφρονεῖν 748a
καταφρονητής 748a
παράνομος 1062b

בֶּגֶד I
⟦ἀθέτημα 29c⟧ → בֶּגֶד II
⟦ἀθέτησις 29c⟧ → בֶּגֶד II ≈ ἀθέτημα
ἀμφίασις 67c
ἔνδυμα 471c
ἔνοπλος (מַלְבָּשׁ בְּגָדִים) 476b
*ἱμάτιον 685a, *180b*
ἱματιοφύλαξ (שֹׁמֵר בְּגָדִים) 686a
ἱματισμός 686a
περιβόλαιον 1122b
περίβλημα 1122b
ῥάκος 1247a
στολή 1291c, *192b*
στολισμός 1292b
χιτών 1471a

בֶּגֶד II
ἀθέτημα 29c (Je. 12.1)

בִּגְדוֹת
καταφρονητής 748a

בָּגוֹד
ἀθεσία 29b
ἀσύνθετος 174b

בִּגְלַל
χάριν 1455a

בַּד I
ἀναφορεύς 85c
διωστήρ 339a
⟦ἔξαλλος 487a⟧ → בַּר III
σκυτάλη 1278a
φορεύς 1437c

בַּד II
§βαδ 188a
§βαδδ(ε)ιν (בַּדִּים) 188a
§βαδδι (בַּדִּים) 188a
βύσσινος 232b

ἐκλεκτός 437a
λίνον 879b
λινοῦς 879b
ποδήρης 1153c
#στολή 1291c (Ez. 10.2, 6, 7)
ἡ στολὴ ἡ ἁγία 12a (–III Ki. 8.7)

בַּד III
ἐγγαστρίμυθος 362b
#μαντεία (בַּדִּים) 896a (Is. 16.6)

בַּד IV
ἴσος 688c

בַּד V
ἀπῶρυξ 152a
κλών 772b

בָּדָא
πλάσσειν 1140b
ψεύδεσθαι 1484b

בָּדַד
διαχωρίζειν *171b*
μονάζειν 932c

בָּדַד
μόνος (לְבָ׳, בְּ׳) 933b
κατὰ μόνας (לְבָ׳, בְּ׳) 933b
χωρίζειν 1482b

בְּדִיל
⟦ἄνομος 107c⟧
κασσιτέρινος 725b
κασσίτερος 725b, *181a* (Si. 47.18)
⟦μόλιβ(δ)ος, μόλυβ(δ)ος 932b⟧ → עֹפֶרֶת

בָּדַל ni.
*#ἀλλοτριοῦν 57c
ἀποσχίζειν 148c
διαστέλλειν 311b
⟦διαχωρίζειν 316a⟧ → χωρίζειν
*χωρίζειν 1482b

בָּדַל hi.
ἀφορίζειν 185c
διαιρεῖν 302c
διαστέλλειν 311b
διαχωρίζειν 316a, *171b* (+Si. 36[33].11)
διϊστάνειν, διϊστάναι 330b
διορίζειν 336a
ἱστάναι, ἱστᾶν 689a
*χωρίζειν 1482b

בָּדָל
λοβός 880a

בְּדֹלַח
ἄνθραξ 96a
κρύσταλλος 792c

בָּדַק qal
ἐπισκευάζειν 528b

בָּדַק ni.
#δοκιμάζειν *171c* (Si. 34[31].10)
#ὑπορράπτειν *194c* (Si. 50.1)

בֶּדֶק
⟦§βεδεκ 217a⟧

בְּדַר pa. (Aramaic)
διασκορπίζειν 310b

בְּהוּ
ἀκατασκεύατος 44a
οὐδείς, οὐθείς (תֹּהוּ וָבֹ׳) 1028b

בַּהַט
σμαραγδίτης 1278b
σμάραγδος 1278b

בְּהִילוּ (Aramaic)
*σπουδή 1285c

בָּהִיר
τηλαυγής 1348b

בָּהַל ni.
⟦ἐξέρχεσθαι 491c⟧
κατασπουδάζειν 745b
παραλύειν 1062a
παριέναι ("to allow") 1070b
σπεύδειν 1284a
σπουδάζειν 1285c
σπουδή 1285c
ταράσσειν 1336a

בָּהַל pi.
*#εἴργειν 401b (I Es. 5.72)
⟦ἐμποδίζειν 458c⟧ → בָּלָה pi.
*#ἐπισπεύδειν 529b (I Es. 1.27)
⟦κατασπᾶν 745a⟧ → κατασπεύδειν
κατασπεύδειν 745b
σπεύδειν 1284a
σπουδάζειν 1285c
#συνταράσσειν 1318a (Ps. 20[21].9)
ταράσσειν 1336a

בָּהַל pu.
ἐπισπουδάζειν 529b
σπεύδειν 1284a

בָּהַל hi.
ἐπισπεύδειν 529b
κατασπεύδειν 745b
σπουδάζειν 1285c

בָּהַל pa. (Aramaic)
ἐκστάσει περιέχεσθαι 441b
κατασπεύδειν 745b
συνταράσσειν 1318a
ταράσσειν 1336a

בָּהַל ithpa. (Aramaic)
ταράσσειν 1336a

בָּהַל hithpe. (Aramaic)
σπεύδειν 1284a
σπουδή 1285c

בֶּהָלָה
ἀπορία 140a
κατάρα 742b
σπουδή 1285c
#ταραχή 1336c (Da. LXX 11.7)

בְּהֵמָה
θηρίον 650c
*κτῆνος 794a, *182c*
κτηνώδης 795a
τετράπους 1347b

בֹּהֶן
ἄκρος 51b

Column 1

בָּהָק
ἀλφός 60a

בַּהֶרֶת
αὐγάζειν 176c
αὔγασμα 176c
τηλαύγημα 1348b
τηλαύγης 1348b

בּוֹא qal
ἄγειν 9a
αἴρειν 34c
ἀναβαίνειν, ἀναβέννειν 70a
ἀναστρέφειν 82b
⟦ἀνατέλλειν 83a⟧
ἀναφέρειν 84c
ἀνήκειν 87b
⟦ἀνιστᾶν, ἀνιστάναι 102c⟧ →
  ἔρχεσθαι
⟦ἀνοίγειν (בּוֹא פֶּתַח) 105b⟧ →
  פֶּתַח qal
⟦ἀνταποδιδόναι 108c⟧
*#ἀπαντᾶν 117a (I Es. 9.4)
ἀπέρχεσθαι 121a
ἀπέχειν 122a
ἀποστρέφειν 145b (+Nu. 23.17)
ἀριθμεῖν 156b
#ἀρχὴ σαββάτου (בָּאִים שַׁבָּת)
  163c (II Ch. 23.8)
ἀφικνεῖσθαι 184a
βαδίζειν 188a
γίνεσθαι 256b, 170b
δεῦρο 293a
δεῦτε 293a
διαβαίνειν, διαβέννειν 298a
διαπορεύεσθαι 308b
διάστεμα, διάστημα 311c
διέρχεσθαι 328c
δύ(ν)ειν 350a
δυσμή 357b
⟦(ἐ)θέλειν 628b⟧ → ἔρχεσθαι
εἰσάγειν 407c
εἰσδύειν 410b
*εἰσέρχεσθαι 410b
εἰσιέναι 413c
εἰσόδιον 413c
εἴσοδος 413c
εἰσπηδᾶν 414a
εἰσπορεύεσθαι 414a
εἰσφέρειν 415a
⟦ἐκεῖ (וַיָּבֹא) 423c⟧
ἐκκλ(ε)ίνειν 433c
⟦ἐκπορεύεσθαι 439c⟧
ἐμβαίνειν 455c
⟦ἐμβάλλειν 455a⟧
ἐμπαραγίνεσθαι 456c
⟦ἐξέλευσις 491a⟧
ἐξέρχεσθαι 491c
⟦ἔξοδος 497b⟧
ἐπανέρχεσθαι 503c
ἐπανέρχεσθαι 506c
ἐπανήκειν 506c
ἐπεισφέρειν 509b
ἐπέρχεσθαι 509c
ἐπιβάλλειν 516a
ἐπιδιδόναι 519b
ἐπιδύνειν 519c
ἐπιπαραγίνεσθαι 526a
ἐπιστρέφειν 531a
*#ἐπισυνάγειν 534a (I Es. 5.50)
⟦ἐπιτιθέναι 535c⟧
*ἔρχεσθαι 548b
εὑρίσκειν 576c
⟦εὐφραίνειν 581a⟧
ἥκειν 605a

Column 2

⟦καθίζειν 701c⟧ → יָשַׁב qal
καθιστάναι 702c
καλεῖν 712c
καταβαίνειν 727a
καταλαμβάνειν 735a
*κατισχύειν 751b
⟦κρατεῖν 783a⟧
§λαβω, λοβω (לְבוֹא) 840b
οἴχεσθαι 985a
⟦ὁρᾶν (including ὄπτεσθαι)
  1005a⟧
#ὁρμᾶν 1014a (Hb. 1.8)
*παραγίνεσθαι 1056c, 187b
⟦παραδιδόναι 1058a⟧
παρεῖναι 1065c
⟦παρέρχεσθαι 1068c⟧ →
  πορεύεσθαι
παροικεῖν (בּוֹא לָגוּר) 1071b
πλεῖν 1141c
πορεύεσθαι 1189a
προβαίνειν 1204a
προσέρχεσθαι 1213c
⟦προσκαλεῖν 1216c⟧
προσπορεύεσθαι 1219b
συγκαταμιγνύναι 1299b
*συμβαίνειν 1302c
συμπορεύεσθαι 1305c
συναντᾶν (בּוֹא לְ, בּוֹא) 1311a
συναντήσας σοι (לִקְרַאת בּוֹאֶךָ)
  1311a
συναυλίζεσθαι 1312c
συνεισέρχεσθαι (בּוֹא עִם) 1313b
συνέρχεσθαι 1314a
*#συνιστάναι 1317a (I Es. 1.29)
συνοικεῖν (בּוֹא אֶל) 1317c
⟦ὑπολαμβάνειν 1414c⟧
φέρειν 1426c
ἃ ἔφερεν (הַבָּא בְיָד) 1426c

בּוֹא hi.
⟦ἀγαπᾶν 5b⟧ → אָהֵב qal
*ἄγειν 9a
αἴρειν 34c
ἀναβαίνειν, ἀναβέννειν 70a
*ἀνάγειν 75b
ἀναφέρειν 84c
⟦ἀνταποδιδόναι 108c⟧
ἀντιτιθέναι 112a
ἀπάγειν 115b
ἀπερείδεσθαι 120c
*ἀποστέλλειν 141b
*ἀποφέρειν 149c
διάγειν 299c
⟦διδόναι 317b⟧
διέρχεσθαι 328c
δύ(ν)ειν 350a
εἰσάγειν 407c (Ex. 34.26), 173b
  (Si. 48.17)
εἰσέρχεσθαι 410b
ποιεῖν εἰσελθεῖν 1154a
ποιεῖν εἰσέρχεσθαι 410b
εἴσοδος 413c
εἰσπᾶν 415a
*εἰσφέρειν 415a
⟦ἐκπορεύεσθαι 439c⟧
⟦ἐξάγειν 483a⟧
ἔξοδος 497c
ἐπάγειν 503c
⟦ἐπιδεικνύειν, ἐπιδεικνύναι
  518c⟧ → רָאָה I hi.
⟦ἐπιδιδόναι 519b⟧ → יָהַב qal
ἔρχεσθαι 548b
καθιστάναι 702c
καλεῖν 712c

Column 3

κατάγειν 729b
καταφέρειν 747b
*#κομίζειν 777b (I Es. 9.39, 40)
λαμβάνειν 847a
*#μετάγειν 915c (I Es. 1.45; 2.10)
*#παράγειν 1056b (I Es. 5.55)
παραγίνεσθαι 1056c
#παραφέρειν 1065b (Jd. 6.5A)
πηγνύναι 188c
πήσσειν 188c
πορεύεσθαι 1189a
προσάγειν 1211a
προσδέχεσθαι 1212c
προσέχεσθαι 1222c
συμπορεύεσθαι 1305c
συνάγειν 1307b
συνάπτειν 1312b
τιθέναι 1348c (Ex. 34.26)
ὑποτιθέναι 194c
φέρειν 1426c
φοράζειν(?) 1437c

בּוֹא ho.
ἄγειν 9a
ἀποστέλλειν 141b
ἀποφέρειν 149c
βάπτειν 190b
εἰσάγειν 407c
εἰσέρχεσθαι 410b
εἰσοδιάζειν 413c
εἰσφέρειν 415a
εὑρίσκειν 576c
ἥκειν 605a
προσάγειν 1211a
φέρειν 1426c

בּוּז I qal
ἀτιμάζειν 168c
⟦[ἀτιμᾶν] 168d⟧
ἐξουδενεῖν, ἐξουθενεῖν 500b
ἐξουδενοῦν, ἐξουθενοῦν 500b,
  176a
ἐξουδένωσις, ἐξουθένωσις 500c
καταγελᾶν 181b
καταφρονεῖν 748a
μυκτηρίζειν (הָיָה לָבוּז) 936c
#φαυλίζειν 1425c (Is. 37.22)

בּוּז II
ἀτιμάζειν 175c
ἀτιμία 175c
ἐξουδένωσις, ἐξουθένωσις 500c
καταγελᾶν (הָיָה לָבוּז) 729c
καταφρονεῖν 748a
μυκτηρίζειν 936c
#ὀνειδίζειν (הָיָה בוּז) 186b

בּוּזָה
μυκτηρισμός 936c

בּוּךְ ni.
πλανᾶν 1139b
ταράσσειν 1336a

בּוּס qal
ἐμπαίδειν 456b
ἐξουδενεῖν, ἐξουθενεῖν 500b
ἐξουδενοῦν, ἐξουθενοῦν 500b
καταπατεῖν 740b
εἶναι εἰς καταπάτημα 740b
πατεῖν 1105a

בּוּס polel
καταπατεῖν 740b
μολύνειν 932c

בּוּס ho.
φύρεσθαι 1446b

Column 4

בּוּס hithpo.
φύρεσθαι 1446b

בּוּע qal
εὐφραίνειν 178b

בּוּע hithpal.
⟦ἐντρυφᾶν 175d⟧ → τρυφᾶν
τρυφᾶν 194b

בּוּץ
βύσσινος 232b
στολαὶ βύσσιναι 232b
βύσσος 232b

בּוּקָה
ἐκτιναγμός 443b

בּוֹקֵר
αἰπόλος 34c

בּוֹר
⟦ἰδεῖν 669b⟧

בּוֹר
ἀγγεῖον 7b
ᾅδης (יוֹרֵד־בּוֹר, אַבְנֵי־בּוֹר) 24a
βόθρος 224a
⟦γῆ 240c⟧
#θησαυρός 651c (Am. 8.5)
λάκκος (בֵּית בּוֹר) 841a
ὀχύρωμα 1043c
φρέαρ 1438b

בּוֹשׁ I qal
*αἰσχύνειν 36c (+I Ki. 13.4; 27.12;
  II Ki. 16.21; Pr. 13.5), 165b
αἰσχύνη 37a
αἰσχύνη λαμβάνει 847a
⟦αἰσχύνην ὀφ(ε)ίλειν 1039a⟧ →
  αἰσχύνη
αἰσχυντηρός 165b
⟦ἀναξηραίνειν 80b⟧ → יָבֵשׁ I hi.
*#ἐντρέπειν 480c (I Es. 8.51), 175b
  (Si. 4.22)
ἐπαισχύνεσθαι 505b
καταισχύνειν 731c, 181b

בּוֹשׁ I polel
αἰσχύνειν 36c
ἐσχατίζειν 558a
χρονίζειν 1476a

בּוֹשׁ I hi.
αἰσχύνειν 36c
ἀτιμάζειν 168c
ἀτιμία 175c
ἄφρων 186c
γυνὴ κακοποιός 278b, 709b
καταισχύνειν 731c, 181b
⟦παράνομος 1062b⟧ → בִּישׁ I hi.

בּוֹשׁ I hithpo.
αἰσχύνειν 36c (+I Ch. 19.6)

בּוֹשׁ II subst.
#ἀτιμία 175c (Jb. 40.13)

בּוּשָׁה
αἰσχύνη 37a

בּוֹשִׁי
αἰσχυντηρός 165c

בַּז
διαρπαγή 308c
διαρπάζειν 308c
προνομή 1208a
σκῦλον 1277b

בָּזָא
μέρος 911c

בָּזָה qal
ἀπαναίνεσθαι 167c

ἀτιμάζειν 175c, *168c*
ἀτιμοῦν 176a
#ἐγκαταλείπειν *172a* (Si. 3.16 [A])
⟦ἐξατιμάζειν 490a⟧ →
  ἀτιμάζειν
ἐξουδενεῖν, ἐξουθενεῖν *176a*
ἐξουδένημα, ἐξουθένημα 500b
ἐξουδενοῦν, ἐξουθενοῦν 500b
εὐκαταφρόνητος 571c
καταφρονεῖν 748a
μυκτηρίζειν 936c
φαυλίζειν 1425c

בָּזָה ni.
⟦ἀλισγεῖν 54c⟧ → ἐξουδενοῦν,
  ἐξουθενοῦν
ἀτιμάζειν 175c
ἄτιμος 176a
ἀτιμοῦν 176a (+I Ki. 15.9)
ἐξουδενοῦν, ἐξουθενοῦν 500b
εὐκαταφρόνητος 571c

בָּזֹה
φαυλίζειν 1425c

בִּזָּה
διαρπαγή 308c
διαρπάζειν ('בַּז) 308c
μυκτηρισμός 936c
⟦ὀνειδισμός 994c⟧ →
  μυκτηρισμός
*προνομή 1208a
σκῦλον 1277b

בָּזַז qal
διαρπάζειν 308c
κληρονομεῖν 768a
ποιεῖν + προνομήν (= בַז) 1154a
  (Is. 33.23)
προνομεύειν 1207c
προνομή 1208a
σκυλεύειν 1277b

בָּזַז ni.
διαρπάζειν 308c
προνομεύειν 1207c
προνομή 1208a

בָּזַז pu.
?διασκορπίζειν 310b

בִּזָּיוֹן
ἀτιμάζειν 175c

בֶּזֶק
§βεζεκ 217a

בָּזַר qal
διασκορπίζειν 310b
διδόναι 317b

בָּזַר pi.
διασκορπίζειν 310b

בָּחוֹן
δοκιμαστός 340a

בָּחוּר
δυνατός 355c
ἐκλεκτός 437a
εὐμεγέθης 575a
νεανίας 940a
⟦νεανικός 940b⟧ → νεανίσκος
*νεανίσκος 940b

בְּחוּרוֹת
νεότης 942c

בְּחוּרִים
ἐκλεκτός 437a

בָּחִיר
ἐκλεκτός 437a, *173c*

בָּחַל I qal
⟦ἐπωρύεσθαι 540b⟧ → הָלַךְ qal ≈
  πορεύεσθαι

בָּחַל II pu.
⟦ἐπισπουδάζειν 529b⟧ → בָּהַל
  pu.

בָּחַן qal
ἀνθιστάναι 95c
διακρίνειν 304c
δοκιμάζειν 339c, *171c*
ἐκλεκτός 437a
ἐξετάζειν 495a
⟦ἐπισκέπ(τ)ειν 527c
⟦ἐπιστρέφειν 531a⟧ →
  ἐπισκέπ(τ)ειν
ἐτάζειν 559b
κρίνειν 787b

בָּחַן ni.
φαίνειν 1423a
φανερός 1424a
φανερὸς γίνεσθαι 256c

בָּחַן pu.
δικαιοῦν 334b

בֹּחַן
ἐκλεκτός 437a

בָּחַר qal
αἱρεῖν 36a
αἱρετίζειν 36a
διακρίνειν 304a
⟦ἐκδέχεσθαι 422a⟧ → ἐκλέγειν
ἐκλέγειν 435a, *173c*
ἐκλεκτός 437a
ἐξαιρεῖν 484b
ἐπιθυμεῖν 520b
*ἐπιλέγειν 524c
εὐδοκεῖν *177c*
ζηλοῦν, ζηλεῖν(?) 594b
⟦μέτοχος 918a⟧ → חָבֵר
⟦νεανίας 940a⟧ → בָּחוּר
⟦νεανίσκος 940b⟧ → בָּחוּר
#πειράζειν *188b* (Si. 4.17)

בָּחַר ni.
αἱρετός 36b
ἀρεστός 156a
δοκιμάζειν 339c
ἐκλεκτός 437a
εὐδοκεῖν *177c*
πυροῦν 1245c

בָּחַר pu.
⟦κοινωνεῖν 775c⟧

בָּטָה, בָּטָא qal
λαλιά *183a*
λέγειν 863c

בָּטַח qal
ἀσφάλεια, ἀσφαλία 174b
#ἄφοβος γίνεσθαι *169c* (Si. 5.5)
ἐλπίζειν 453c
⟦ἐλπίς 454a⟧ → מִבְטָח
ἔχειν τὴν ἐλπίδα 454a, 586c
ἐμπιστεύειν *174b*
ἐπελπίζειν 509c
ἐπέχειν *176b*
ἡσυχάζων (שָׁקַט וּבָטַח) 620a
θαρρεῖν, θαρσεῖν 626c
καταπείθειν 741a
πείθειν 1114b, *188b*
πεποιθὼς γίνεσθαι 1114b
πεποιθὼς εἶναι 1114b
πιστεύειν *188c*

בָּטַח hi.
ἐλπίς 454a, *174b*
διδόναι ἐλπίδα *171b*
#ἐπαγγέλλειν *176a* (Si. 20.33)
ἐπελπίζειν 509c
πεποιθέναι ποιεῖν 1114b, 1154a

בֶּטַח
ἀναψυχή 86a
ἀσφάλεια 174b
ἀσφαλῶς 174c
εἰρήνη 401b
ἐλπίζειν 453c
ἐλπίς 454a
ἡσυχία 620b
πείθειν 1114b
πεποιθώς ('בְּ) (לְבְ) 1114b
⟦πεποιθὼς εἶναι 1114b⟧ →
  πεποιθώς
πεποιθότως ('לְבְ) 1119b
πλατυσμός *189a*

בִּטְחָה
πείθειν 1114b

בִּטָּחוֹן
ἐλπίς 454a
⟦πεποιθὼς εἶναι 1114b⟧ → בָּטַח
  qal
πεποίθησις 1119b

בַּטֻּחוֹת
ἄδηλος 23c

בָּטֵל
ἀργεῖν, ἀργᾶν 153a

בְּטֵל pe. (Aramaic)
*ἀργεῖν, ἀργᾶν 153a

בְּטֵל pa. (Aramaic)
*#ἀποκωλύειν 136a
καταργεῖν 743a
*#κωλύειν 839b (I Es. 2.30; 6.6)

בֶּטֶן
γαστήρ 234b
ἐπίθεμα 520a
καρδία 719a
κοιλία 773a
σπλάγχνα 1284c
τέκνον (פְּרִי־בְ) 1340c

בָּטְנָה
τερέβινθος, τερέμινθος,
  τέρμινθος 1345b

בִּי
δεῖσθαι 288a

בִּיָּה
λόγος *183c*

בִּין qal
αἰσθάνεσθαι 36b
γινώσκειν 267a
διανοεῖσθαι 306b, *171b*
εἰδεῖν, εἰδέναι 374b
⟦εἰπεῖν, ἐρεῖν 384a⟧
ἐννοεῖν 475c
⟦ἐπέχειν 511a⟧
ἐπίστασθαι 529b
καταδέχεσθαι 730b
⟦μελετᾶν 908b⟧
νοεῖν 946a
νοητῶς 946b
προνοεῖν 1207c
προσέχειν 1215b
⟦προσήκειν 1215c⟧ → προσέχειν
σοφίζειν 1280a
συνετός 1315a, *192c*

συνίειν, συνιέναι 1316b
φρονεῖν 1439a

בִּין ni.
ἀγαθός 2a
ἐπιστήμων 530b
νοήμων 946a
ὀρθ(ρ)ός 1010c
παιδεύειν *187a*
σοφός 1280b
σύνεσις 1314a
συνετός 1315a, *192c* (+Si. 7.25;
  36.24)
φρόνιμος 1439b

בִּין polel
παιδεύειν 1047a

בִּין hi.
ἀναγγέλλειν 74a
γινώσκειν 267a
γνῶσις *170c*
διανοεῖσθαι (הָיָה מֵבִין בִּין hi.,)
  306b
*διδάσκειν 316c
⟦δυνατός 355c⟧
⟦ἐκδέχεσθαι τῇ καρδίᾳ 422a,
  719a⟧ → κατανοεῖν
*#ἐμφυσιοῦν 461a (I Es. 9.48, 55)
ἐντιθέναι 479a
ἐπιγινώσκειν 517c
*ἐπιστήμων 530b (I Es. 8.44)
*#καταμανθάνειν 739a (Jb.
  35.4[5])
κατανοεῖν 739c
#μανθάνειν 895b (Is. 28.20)
νοεῖν 946a
νοήμων 946a
πανοῦργος 1053a
συμβιβάζειν 1303b
σύμβουλος *192b*
σύνεσις 1314a
διδόναι σύνεσιν 317b, 1314a
συνετίζειν 1315a
συνετός 1315a, *192c*
συνετῶς ποιεῖν 1154b, 1315b
συνίειν, συνιέναι 1316b
ὑποδεικνύειν, ὑποδεικνύναι
  1413a
φράζειν 1438b
φρόνιμος 1439b, *195b*

בִּין hithpo.
γινώσκειν 267a
διανοεῖσθαι *171b*
εἰδεῖν, εἰδέναι 374b
εἰπεῖν, ἐρεῖν 384a
ἐνθυμεῖσθαι *175b*
ἐννοεῖν *175b*
ἐπιγινώσκειν 517c
#ἐπινοεῖν *177a* (Si. 51.19)
ζητεῖν 597a
καταμανθάνειν *181b*
κατανοεῖν 739c
νοεῖν 946a, *185b*
νουθετεῖν 950b
#ὅρασις *186b* (Si. 41.20)
⟦παρορᾶν 1072b⟧
σοφίζειν *192a*
συλλογίζειν 1302c
συνίειν, συνιέναι 1316b

בִּין, בֵּין (Hebrew and Aramaic)
δειλινός (בֵּין הָעַרְבַּיִם) 287a
ἐν (מִבֵּין) *174b* (Si. 50.6; −51.4)

(τὸ) πρὸς ἑσπέραν (בֵּין הָעַרְבַּיִם) 557a
μεσίτης 912c
μέσος 913a
ἀνὰ μέσον *166b*
εἰς μέσον 913a
ἐν μέσῳ *174b*
μηρός (בֵּין רַגְלַיִם) 923c
ὀψέ (בֵּין הָעַרְבַּיִם) 1044a
συνέχειν 1315b

בִּינָה (Hebrew and Aramaic)
διανοεῖσθαι 306b
διάνοια 306c
διάνοια ἀγαθή 306c
ἔννοια 475c
ἐπιστήμη 530a, *177a*
ἐπιστήμη εἶναι (יָדַע בִּי) 530a
νουθετεῖν 950b
παιδ(ε)ία 1046c
σοφία 1278c
σύνεσις 1314a, *192c*
#συνίειν, συνιέναι 1316b (Jb. 20.2)
φρόνησις 1439a

בִּיצָה
ᾠόν 1493b

בִּיר
[λάκκος 841a]

בִּירָה (Hebrew and Aramaic)
*βάρις 190c
§βεϊρα 217a
§μητρόπολις 925c]
οἰκοδομή 972c
[οἶκος 973a]
πόλις 1174a

בִּירָנִית
οἴκησις 969b

בִּישׁ
#παράνομος 1062b (Pr. 10.5 Aramaizing)

בִּישׁ
#αἰσχυντηρός 165c (Si. 26.15)

בַּיִת (Hebrew and Aramaic)
[ἀδικία (בֵּית הַמֶּרִי) 25b] → מְרִי
ἀνήρ 88a
[ἀρχιδεσμοφύλαξ (שַׂר בֵּית־סֹהַר) 165b] → שַׂר
[§βαιθακαθ, βαιθακαδ (בֵּית־עֵקֶד) 189b]
βασιλ(ε)ία (בֵּית מֶלֶךְ) 192a
βασίλειον (בֵּית מַלְכוּת, בֵּית מֶלֶךְ) 194b
βασιλικός (בֵּית מֶלֶךְ) 214a
[§βηθ 217a]
βιβλιοθήκη (בֵּית סִפְרַיָּא) 218b
βίος (הוֹן בְּ, בְּ) 220a, *169b* (Si. 34[31].4)
[γραμματεύς (עַל־בְּ) 275b]
γυναικεῖος (בֵּית נָשִׁים) 278b
γυναικῶν (בֵּית נָשִׁים) 278b
δεσμωτήριον (בֵּית סֹהַר) 292b
δίαιτα 303a
[δύναμις (בֵּית אָבוֹת) 350a]
[δυνάστης 355b]
*εἰδωλεῖον, εἰδώλιον (בֵּית אֱלֹהִים, בֵּ' אוֹצַר אֱלֹהִים) 376a
ἐκτός (אֶל־מִבֵּ') 443c
ἔνδεσμος 470a
ἐνδογενής (בֵּ') 470b
ἔνδοθεν (לְמִבֵּית) 470b

ἐνοικεῖν 476a]
ἔσω (מִבֵּית לְ, בֵּיתָה, בַּבַּ') 558c
ἔσωθεν (מִבֵּיתָה, מִבַּ', בֵּיתָה, בַּבַּ', בֵּית לְ, אֶל־מִבֵּית לְ, מִבַּ' לְ) 559a
εὐρύς 579c
θήκη 649c
θησαυρός (בֵּית אוֹצָר) 651c
θίασος 652a
*τὰ ἴδια (בֵּיתוֹ) 673b
*ἱερός (בֵּית אֱלָהָא, בֵּית אֱלֹהִים) 683a
λάκκος (בֵּית בּוֹר) 841a
λαός 853b
μετά + gen. (בְּבֵּ') *184b*
#μέσος 913a (Jb. 8.17)
ἐν μέσῳ (בֵּ') *174b*
*ναός 939a
οἰκεῖος 968c
οἰκία 969b, *186a*
οἰκογενής (יְלִיד בּ', בֶּן־בַּ') 970c
[" (בַּ') 970c]
οἰκονόμος (רַב בַּ', עַל־בַּ') 973a
*οἶκος 973a, *186a*
[ὄπισθε(ν) (אֶל מִבֵּית לְ) 1001b]
ὀχύρωμα (בֵּית סֹהַר, בֵּ') 1043c
[πανοικί 1052c] → πανοικ(ε)ία
πανοικ(ε)ία 1052c
πατριά (בֵּית אָבוֹת) 1111a
πατρικός (בֵּית אָבִיהָ) *188b*
πλησίον (קְרוֹב אֶל־בַּ') 1148b
συναγωγή 1309a
[σύνδεσμος 1312c] → ἔνδεσμος
συνοικεῖν (בְּבֵ') *192c*
σύσκηνος (בֵּ') 1323a
ταμίας (אֲשֶׁר עַל־בַּ') 1334a
τέκνον 1340c
τόπος 1364b
υἱός 1384c
#τὰ ὑπάρχοντα 1406b (Ge. 45.18; I Es. 6.32; Es. 8.7)
φυλή 1444b
χωρῶν (כְּבֵית) 1482b
?ψαλίς 1483a

בֵּית pe. (Aramaic)
αὐλίζειν 178b
κοιμᾶν 773c

בֵּיתָן
οἶκος 973a

בָּכָא
ἄπιος 122c
[κλαυθμών 767a] → בָּכָה qal

בָּכָה qal
ἀποκλαίειν 132b
[δακρύειν 284a] → κλαίειν
ἐλεεῖν 449c
[ἐπιπίπτειν 526b] → κλαίειν
*κλαίειν 766a, *182a*
*κλαυθμός 767a
#κλαυθμών 767a (II Ki. 5.23, 24)
πενθεῖν 1117b

בָּכָה pi.
ἀποκλαίειν 132b
θρηνεῖν 654c

בָּכֶה
κλαίειν 766a

בְּכוֹר, בְּכֹר
παιδίον 1047c
πρεσβύτερος, πρεσβυτέρα 1201c
πρωτογενής 1235b
πρωτόγονος *190c*
πρωτότοκος 1237a, *190c*

בְּכוֹרָה, בְּכֹרָה
πρόδρομος σύκου 1206a, 1301b
πρώϊμος, πρόϊμος 1235a
πρωτόγονος 1235c

בְּכוֹרָה
see בְּכוֹרָה, בְּכֹרָה

בְּכוּרִים
ἀρχή 163c
§βακχουρια, βακχουροι(?) 189c
καρπός ("fruit") 723c
νέος 942c
[πρόδομος 1206a] → πρόδρομος
πρόδρομος 1206a
πρωτογέν(ν)ημα 1235b
πρωτότοκος 1237c
#ὡραῖος 1493c (Jb. 18.13)

בְּכוּת
πένθος 1118a

בְּכִי
κλαίειν 766a
*κλαυθμός (קוֹל בְּ) 767a (I Es. 5.65), *182a*
κοπετός 778a
κραυ(γ)ή 784b
πένθος 1118a

בֻּכִים
κλαυθμών 767a

בְּכִירָה
πρεσβύτερος, πρεσβυτέρα 1201c
πρωτότοκος 1237a

בְּכִית
πένθος 1118a

בָּכַר pi.
πρωτοβολεῖν 1235b
πρωτοτοκεύειν 1237a

בָּכַר pu.
[γίνεσθαι 256b]

בָּכַר hi.
πρωτοτοκεῖν 1237a

בֶּכֶר
κάμηλος 717c

בָּכָר
see בְּכוֹר, בְּכֹר

בְּכוֹרָה, בְּכֹרָה
[εὐλογία 574b] → בְּרָכָה
πρεσβεῖον 1201c
πρωτοτοκεῖον, πρωτοτόκιον 1237a
πρωτότοκος 1237a

בַּל
[ἀκαίρως (בַּל עֵת) *166a*] → עֵת
#οὐ 1026c
οὐκέτι μή 1030b
[ὅστις + neg. οὐ 1022b]

בַּל (Aramaic)
ἀγωνίζεσθαι (שׂוּם בַּל) 18c

בְּלָא pa. (Aramaic)
κατατρίβειν 747a
παλαιοῦν 1051b

בָּלַהּ hi.
[ἀναπαύειν 80b] → חָדַל, חָדֵל I qal
ἀναψύχειν 86a

בָּלָה qal
#γῆρας 255c (Ps. 91[92].11)
κατατρίβειν 747a
παλαιοῦν 1051b, *187a*

#παλαίωσις 1051c (Na. 1.15 [2.1])

בָּלָה pi.
παλαιοῦν 1051b
[συντελεῖν 1319b] → כָּלָה I pi.
ταπεινοῦν 1334c

בָּלֶה
παλαιός 1051b
παλαιοῦν 1051b

בָּלָה pi.
ἐμποδίζειν 458c

בַּלָּהָה
ἀπώλεια, ἀπωλία 151c
ὀδύνη 967a
ταραχή 1336c
[τάραχος 1337a] → ταραχή

בְּלוֹ (Aramaic)
φόρος 1438a

בְּלוֹיִם
παλαιός 1051b

בְּלִי
[ἀγνωσία (בְּ־דַעַת) 16b] → דַעַת
[ἀδίκως (בְּ־לְבוּשׁ) 27b]
[ἀκουσίως (בִּבְ־דַעַת) 50a] → דַעַת
ἀνταναιρεῖν 108c
[ἄνυδρος (בְּ־מַיִם) 112a] → מַיִם
[ἄτιμος (בְּ־שֵׁם) 176a] → שֵׁם
γυμνός (בְּ־לְבוּשׁ) 278a
[ζητεῖν 597a]
οὐδέν (οὐ) μή 1028b
οὐκέτι μή (הוֹסִיף בְּ) 1030b (Is. 32.10)
#οὐχ ὑπάρχων 1406b (Ze. 3.6)

בְּלִיל
ἀναποιεῖν 81b
[ἄχυρον, ἄχυρος(?) (מוֹץ) 188a] → מוֹץ
βρῶμα 231b
φάντη, πάθνη 1425b

בְּלִימָה
οὐδείς, οὐθείς 1028b

בְּלִיַּעַל
ἁμαρτωλός *166b*
ἀνόμημα 106b
ἀνομία 106b
ἀποστασία 141a
ἀσεβής (בֶּן־בְּ) 170b
ἄφρων 186c
ἐναντίος 468b
λοιμός (adj.) 887c
#παρανομεῖν 1062b (Jb. 34.18)
παράνομος (בֶּן־בְּ, בְּ) 1062b

בָּלַל qal
ἀναποιεῖν 81b
ἀναφύρειν 85c
#παραβάλλειν 1055c (Jd. 19.21)
συγχεῖν 1301a
φυρᾶν 1446b

בָּלַל hi.
[ἐκρεῖν 441a] → נָבֵל qal

בָּלַל hithpo.
[συμμιγνύναι 1304b] →
συναναμιγνύναι,
συναναμίσγειν
συναναμιγνύναι,
συναναμίσγειν 1311a

בָּלַם qal
ἄγχειν 18b

בָּלַס qal
κνίζειν 772c

בָּלַע qal
γεύειν 240a
καταπίνειν 741c
κατέσθειν, κατεσθίειν 749b
⟦συνάγειν 1307b (Jb. 20.15)⟧

בָּלַע ni.
καταπίνειν 741c

בָּלַע pi.
ἀπολλύειν, ἀπολλύναι 136c
διασκεδάζειν, διασκεδαννύειν, διασκεδαννύναι 309c
ἐξάπινα, ἐξαπίνης (כְּבֶלַע) 488a
καταπάτημα 740b
καταπίνειν 741c
καταποντίζειν 742a
⟦παίειν 1048c⟧
⟦συνταράσσειν 1318a⟧ → בָּהַל pi.
ταράσσειν 1336a

בָּלַע pu.
καταπίνειν 741c

בָּלַע hithp.
καταπίνειν 741c

בֶּלַע
καταπίνειν 741c
καταποντισμός 742a

בִּלְעֲדֵי, בַּלְעֲדֵי
ἔξω, ἐξωτέρω (מִבּ׳) 501c
πάρεξ, παρέξ (מִבּ׳) 1068c
πλήν (בּ׳, מִבּ׳ בַּלְעֲדֵי רַק) 1145c

בָּלַק qal
ἐρημοῦν 546c

בֶּלֶת
πλήν 1145c

בִּלְתִּי
ἀνίατος 102b
ἀνωφελής (בּ׳ הוֹעִיל) 113a
τὸ καθόλου μή 704a
⟦οὐδ᾽ οὔτω(ς) (מִבּ׳) 1035c⟧
πάρεξ, παρέξ 1068c

בָּמָה
$αβ(β)αμα (בּ׳ הַבּ׳) 1a
ἀγαθός 2a
ἄλσος 59c
$βαμα 190b
$βαμωθ 190b
βουνός 228b
βωμός 232c
εἴδωλον 376a
ἐπάνω (עַל בָּמֳתֵי) 507b
⟦ἔρημος 545a⟧ → שְׁמָמָה
θυσιαστήριον 666b
ἰσχύς 694b, 180c
στήλη 1290b
ὑψηλός 1419b
ὑψηλότατος 1419b
ὕψος 1421b, 195b

בֵּן
⟦ἄγγελος (בֶּן אֱלֹהִים בֶּן) 7b⟧
ἀλλόφυλος (בְּנֵי־קֶדֶם בֶּן־נֵכָר) 57c
ὁ πρωὶ ἀνατέλλων (בֶּן־שַׁחַר) 83a
ἀνεψιός (בֶּן דּוֹד) 87c
ἀνήρ 88a
ἄνθρωπος (בֶּן אָדָם בֶּן) 96b
ἄξιος 113a
ἀρνίον 159b
ἄρσην, ἄρρην 160c

ἀσεβής (בֶּן־בְּלִיַּעַל) 170b
ἀσθενής (בֶּן־עֳנִי) 172b
$βανε 190b
$βανη 190b
$βε(ν) 217c
γηγενής (בֶּן אָדָם) 255c
δυνατός (בְּנֵי חַיִל) 355c
ἔγγονος 363b
ἀλλογενῆ ἔθνος (בֶּן־נֵכָר) 368b
εἰκοσαετής (בֶּן עֶשְׂרִים שָׁנָה) 377a
ἑκατονταετής (בֶּן מֵאָה־שָׁנָה) 420b
ἔκγονος (בְּנֵי בָנִים בֶּן) 421c, 173b
ἐνεῖναι 472b
ἐνιαύσιος (בֶּן־שָׁנָה) 474a
ἑξηκονταετής (בֶּן שִׁשִּׁים שָׁנָה) 495c
θεράπων (בֶּן אָדוֹן) 648a
[ἰός 687a] → υἱός
⟦κοιλία (בֶּן pl.) 773a⟧
λαός 853b
μηνιαῖος (בֶּן־חֹדֶשׁ) 923b
⟦μήτηρ (בֶּן־אִשָּׁה) 924a⟧
μοσχάριον (בֶּן־בָּקָר) 934b
μόσχος (בֶּן בָּקָר) 934c
ν(ε)οσσός 949c
οἰκογενής (בֶּן־בַּיִת בֶּן) 970c
οἶκος (בָּנִים) 973a
ὁμομήτριος (בֶּן־אִמּוֹ) 993c
παιδίον 1047c
*παῖς 1049a
παράνομος (בֶּן־בְּלִיַּעַל) 1062b
πενταετής (בֶּן חָמֵשׁ שָׁנִים) 1118b
πεντηκονταετής (בֶּן־חֲמִשִּׁים שָׁנָה) 1119a
περιστερά (בֶּן יוֹנָה) 1126c
πολίτης (בֶּן־עַמִּי) 1180c
πῶλος 1246b
σκύμνος 1278a
σπέρμα 1282b
⟦συναγωγή 1309b⟧ → עֵדָה I
*τέκνον 1340c
⟦ " 193a (+Si. 30[33].30; −16.3)⟧ → אַחֲרִית
τριακονταετής (בֶּן שְׁלֹשִׁים שָׁנָה) 1372a
τριετής (בֶּן שָׁלֹשׁ שָׁנִים) 1373a
*υἱός 1384c, 194a (+Si. 30[33].28)

בָּנָה qal
⟦ἀλοιφή 59b⟧
ἀνοικοδομεῖν 106a
⟦διδόναι 317b⟧
διοικοδομεῖν 336b
ἐξοικοδομεῖν 497c
⟦θεμελιοῦν 629c⟧ → יָסַד pi.
ἱστάναι, ἱστᾶν 689a
κατασκευή 774a
κατορθοῦν 756b
λαξεύειν λίθους (qal בּ׳ גָּזִית) 853b, 876c
*οἰκοδομεῖν 970c, 186a
οἰκοδομή 972c
οἰκοδόμος 973a
περιοικοδομεῖν 1124c
ποιεῖν 1154a
*#συνοικοδομεῖν 1317c (I Es. 5.68)

בָּנָה ni.
ἀνοικοδομεῖν 106a
θεμελιοῦν 179b
οἰκοδομεῖν 970c
τεκνοποιεῖν 1342a

בְּנָה pe. (Aramaic)
ἀνοικοδομεῖν 106a
*οἰκοδομεῖν 970c
*#οἰκοδομή 972c (I Es. 6.21)

בְּנָה ithpe. (Aramaic)
ἀνοικοδομεῖν 106a
*οἰκοδομεῖν 970c

בִּנְיָה
*#οἰκοδόμος 973a

בֵּנַיִם
⟦ἀμεσσαιος(?) 65c⟧ → μεσαῖος
⟦δυνατός 355c⟧
#μεσαῖος (I Ki. 17.23)

בִּנְיָן (Hebrew and Aramaic)
αἰθρίζειν 30c
διάστεμα, διάστημα 311c
διορίζειν 336b
⟦προτείχισμα 1230b⟧

בְּנַס pe. (Aramaic)
θυμός 660c
⟦στυγνός γίνεσθαι 1297c⟧ → σύννους
#σύννους 1317b (Da. LXX 2.12 [𝔓967])

בֹּסֶר
ὄμφαξ 994a
ὄμφαξ πρὸ ὥρας (גֶּפֶן בֹּסְרוֹ) 994a

בְּעָא pe. (Aramaic)
see also בְּעָה pe.
αἰτεῖν 37c
ἀξιοῦν 113b
εὔχεσθαι 583c
ζητεῖν 597a

בַּעַד
ἐκτός (בּ׳, לְבּ׳) 443c
ἔξωθεν 502b
⟦ἔχειν (בּ׳ יָד) 586c⟧ → יָד
κάτοχος 756c
#τιμή 1353a (Pr. 6.26)

בָּעָה qal
ζητεῖν 597a
⟦κατακαίειν 732b⟧ → בָּעַר I pi.

בָּעָה ni.
ἁλίσκειν 54c (Is. 30.13)
καταλαμβάνειν 735a

בְּעָה pe. (Aramaic)
see also בְּעָא pe.
ἀξιοῦν 113b
εὔχεσθαι 583c
ζητεῖν 597a

בְּעָה pa. (Aramaic)
ζητεῖν 597a

בָּעוּ (Aramaic)
αἴτημα 38a
ἀξίωμα 113b
δεῖσθαι 288a
εὐχή 584b

בְּעוּתִים
φοβερισμός 1435b

בָּעַט
ἀπολακτίζειν 136a
⟦ἐπιβλέπειν 516c⟧ → נָבַט hi.

בְּעִיר
κτῆνος 794a
πορεῖον 1189a (Ge. 45.17)
φορεῖον, φόριον 1437c

בַּעַל qal
⟦ἀμελεῖν 65b⟧

ἔχειν ἄνδρα 586c, 88a
⟦ἐπιτηδεύειν εἰς (בּ׳ בַּת) qal 535b⟧
κατακυριεύειν 735a
κατοικεῖν 751c
κτᾶσθαι 793b
κύριος 800b
συνοικεῖν 1317c, 192c (Si. 25.8; 42.10)
συνοικίζειν 1317c
#ὕπανδρος γυνή (בְּעֻלָה) 194a (Si. 9.9)

בַּעַל ni.
συνοικίζειν 1317c
#τυγχάνειν ἀνδρός 88a (Pr. 30.23)

בַּעַל
αἰσχύνη 37a
ἀνήρ 88a, 167a
ἄνθρωπος 96b
ἄπληστος (בּ׳ נֶפֶשׁ) 122c
ἄρχων 166b
δασύς (בּ׳ שֵׂעָר) 285b
δίγλωσσος (בּ׳ שְׁתַּיִם) 171b
εἴδωλον 376a
⟦ἐνδεής 469b⟧
ἔνορκος (בּ׳ שְׁבוּעָה) 476b
ἐνυπνιαστής (בּ׳ חֲלֹמוֹת) 481b
ἐπάδιον, ἐπαείδιον (בּ׳ לָשׁוֹן) 504c
ἔχειν 586c
ἡγεῖσθαι 602c
θυμώδης (בּ׳ אַף) 179c
ἱππάρχης, ἱππάρχος (בּ׳ פָּרָשִׁים) 687a
κατοικεῖν 751c
κρίνειν (בּ׳ מִשְׁפָּט) 787b
κτᾶσθαι 793b, 182c
κύριος 800b
⟦ὅρκος (בּ׳ שְׁבוּעָה) 1013c⟧ → ἔνορκος
πτερωτός (בּ׳ כָּנָף) 1238b
σύμβουλος (בּ׳ סוֹד) 192b
σύνδειπνος (בּ׳ לֶחֶם) 192c
συνωμότης (בַּעַל בְּרִית) 1322c
χρᾶν, χρᾶσθαι 1473c

בַּעַל (Aramaic)
$βααλ (בְּ׳־טְעֵם) 188a
$βααλταμ (בְּ׳־טְעֵם) 188a
$βαδαταμεν (בְּ׳־טְעֵם) 188a
$βαλγαμ (בְּ׳־טְעֵם) 189c
$βαλταμ (בְּ׳־טְעֵם) 190b
*#ὁ (supply γράφων) τὰ προσπίπτοντα (בְּ׳־טְעֵם) 1219a (I Es. 2.17, 25)

בַּעֲלָה
ἐγγαστρίμυθος (בַּעֲלַת־אוֹב) 362b
ἑωθινός (בַּעֲלוֹת שַׁחַר) 592a
ἡγεῖσθαι 602c
κυρία 799c
⟦ὕπανδρος γυνή 170c, 194a⟧ → בַּעַל qal

בָּעַר I qal
ἀνακαίειν 78a
ἀνάπτειν 81c
διαφλέγειν 315b
ἐκκαίειν 432b, 173c (Si. 23.16)
#ἐμπυρίζειν 174b
καίειν 705a, 180b
κατακαίειν 732b
κατέσθειν, κατεσθίειν 749b
ὀργίζειν (חֵמָה בָּעֲרָה) 1010a

בָּעַר I pi.
ἀνάπτειν 81c
ἀφανίζειν 181b
διαρπαγή 308c
#διαρπάζειν 171b (Si. 6.2)
ἐκκαθαίρειν 432a
ἐκκαθαρίζειν 432a
ἐμπυρίζειν 460a
[[" 174b]]
ἐξαίρειν 485a
ἐξολεθρεύειν, ἐξολοθρεύειν 497c
ἐπιλέγειν 524c
καθαρίζειν, καθερίζειν 698a
καίειν 705a
[[καρποῦν 724c]]
καταβόσκειν 729a
κατακαίειν 732b
καῦσις 757a

בָּעַר I pu.
διαρπάζειν 171b

בָּעַר I hi.
ἀνακαίειν 78a
ἐκκαίειν 432b
ἐμπυρίζειν 460a
ἐξάπτειν 489c
[[ἐξεγείρειν 490b]] → עור I hi.
καίειν 705a
καταβόσκειν 729a
[[κατακαίειν 732b]]

בָּעַר II qal
ἄφρων 186c
βάρβαρος 190c

בָּעַר II ni.
ἀφρονεύεσθαι 186b
ματαιοῦν 899b
μωραίνειν 938b

בַּעַר
[[ἄνους 108b]] → ἄφρων
ἄφρων 186c
ἐξουδενοῦν, ἐξουθενοῦν 500b

בְּעֵרָה
πῦρ 1242b

בָּעַת ni.
θαμβεῖν 623b
θορυβεῖν 654a
κατασπεύδειν 745b
ταράσσειν 1336a

בָּעַת pi.
ἐκταράσσειν 442a
θαμβεῖν 623b
καταπλήσσειν 742a
[[καταρᾶσθαι 742c]]
ὀλλύναι 987b
πνίγειν 1153b
στροβεῖν 1297a

בְּעָתָה
σπουδή 1285c
ταραχή 1336c

בֹּץ
#ὀλίσθημα 987b (Je. 45[38].22)

בִּצָּה
βούτομον 229c
πάπυρος 1054b

בָּצִיר I subst.
τρυγητής 1377b
τρύγητος 1377b (Le. 26.5; Is. 24.13)

τρυγητός 1377b (Jd. 8.2; I Ki. 13.21; Is. 32.10)

בָּצִיר II adj.
σύμφυτος 1306c

בָּצָל
κρόμ(μ)υον 791b

בָּצַע qal
ἀδικεῖν 24c
διακόπτειν 303c
δόλιος 171c
δωρολήπτης (בּוֹצֵע בֶּצַע) 359a
[[ἐπέχειν 511a]]
πλεονεκτεῖν 1142a
συντελεῖν 1319b

בָּצַע pi.
ἀναιρεῖν 77b
ἐκτέμνειν 442c
ἐπιτελεῖν 535a
συντελεῖν 1319b
συντέλειαν συντελεῖν 1319b

בֶּצַע
ἀδικία 25b
ἀνομία 106b
ἄνομος 107c
#βραχύς 230c (Is. 57.17)
δωρολήπτης (בּוֹצֵעַ בֶּ') 359a
δῶρον 359a
[[μίασμα 926c]] → עֶצֶב
πλείων, πλέον, πλεῖον 1181b
πλεονεξία 1142a
πλῆθος 1142c
συντέλεια 1318c
συντελεῖν 1319b
?ὑπερηφαν(ε)ία 1409c
χρήσιμος 1474c
ὠφέλεια, ὠφελία 1497a

בָּצַק I qal
διαρρηγνύειν, διαρρηγνύναι, διαρρήσσειν 309a
τυλοῦσθαι 1378a

בָּצֵק II subst.
σταῖς 1286c
#στέαρ 1287b (Ho. 7.4)

בָּצַר I qal
ἰσχυρός 693b
ὀχυρός 1043b
?σύμφυτος 1306c
τειχήρης 1339c
τειχίζειν 1339c
#ὑψηλός (בָּ pass. ptc.) 1419b (Ne. 9.25; Is. 2.15)

בָּצַר I ni.
ἀδυνατεῖν 27c
ἐκλείπειν 435c
καθυστερεῖν 180b

בָּצַר I pi.
ὀχυροῦν 1043c
ὀχύρωμα 1043c

בָּצַר II qal
ἀφαιρεῖν 180a
ἐκτρυγᾶν 444b
τρυγᾶν 1377a, 194b (Si. 30[33].25)
τρυγητής 1377b

בֶּצֶר
#τεῖχος 1339c (Am. 1.12)

בָּצְרָה
ὀχύρωμα 1043c

בִּצָּרוֹן
ὀχύρωμα 1043c

בַּצֹּרֶת
ἀβροχία 165a

בַּקְבֻּק
βῖκος 220a
στάμνος 1286c

בָּקִיעַ
[[κρυπτός 792c]]
ῥάγμα 1247c
[[ῥῆγμα 1248c]] → ῥάγμα

בָּקַע qal
ἀνασχίζειν 83a
ἀνοίγειν 105b
διαρρηγνύειν, διαρρηγνύναι, διαρρήσσειν 309a
[[ἐπικρατεῖν 523b]]
[[ἐπικροτεῖν 523c]]
καταδυναστεύειν 731a
#κατασχίζειν 746c (Is. 63.12)
προκαταλαμβάνειν 1207a
ῥηγνύναι 1248c
σχίζειν 1327c

בָּקַע ni.
διακόπτειν 303c
διαρρηγνύειν, διαρρηγνύναι, διαρρήσσειν 309a
[[διασχίζειν 312b]] → σχίζειν
ἔκρηγμα 441a
[[ἔκρημα(?) 441a]] → ἔκρηγμα
[[εὑρίσκειν 576c]]
[[καταρρηγνύναι 743b]] → ῥηγνύναι
ῥηγνύναι 1248c
σχίζειν 1327c

בָּקַע pi.
ἀναρρηγνύναι 82a
διαρρηγνύειν, διαρρηγνύναι, διαρρήσσειν 309a
διασπᾶν 310c
θλᾶν 179b
ῥηγνύναι 1248c
σχίζειν 1327c

בָּקַע pu.
διαρρηγνύειν, διαρρηγνύναι, διαρρήσσειν 309a
καταρρηγνύναι 743b

בָּקַע hi.
ἀποστρέφειν 145b
διακόπτειν 303c

בָּקַע ho.
ῥηγνύναι 1248c

בָּקַע hithp.
ῥηγνύναι 1248c
τήκειν 1348a

בֶּקַע
δραχμή 349a

בִּקְעָה I
ὁδὸς λεῖος 872b
πεδ(ε)ινός 1113a
[[πεδία 1113b]]
*πεδίον 1113b
περίχωρος (כִּכַּר בּ') 1128b

בִּקְעָה II (Aramaic)
πεδίον 1113b

בָּקַק qal
ἐκτινάσσειν 443b
εὐκληματεῖν 571c
καταφθείρειν 747c

בָּקַק ni.
ταράσσειν 1336a

φθείρειν 1429c
φθορά 1430a

בָּקַק polel
λυμαίνειν, λοιμαίνειν 889b

בָּקַר pi.
ἐκζητεῖν 430c
ἐπισκέπ(τ)ειν 527c, 177a (Si. 7.35)
#μετανοεῖν 916b (Pr. 20.25)
νοεῖν 185b

בְּקַר pa. (Aramaic)
*ἐπισκέπ(τ)ειν 527c

בְּקַר ithpa. (Aramaic)
*ἐπισκέπ(τ)ειν 527c

בָּקָר
#ἅμαξα (כְּלִי בָ') 60c (I Ch. 21.23)
βουκόλιον 226a
βοῦς 229a
δάμαλις 284c
κτῆνος 794a
μοσχάριον (בֶּן־בָּ') 934b
*μόσχος (בֶּן בָּ, בָּ) 934c
μόσχος βοῶν 934c
[[ταῦρος 193a]]

בֹּקֶר
ἄστρον (כּוֹכְבֵי בָּ') 173c
ἑωθινός 592a
ἑωσφόρος 593c
ἡμέρα (בָּ, אוֹר בָּ') 607b
ὄρθρος, ὀρθός 1011b
ὄρθρου (בַּבֹּ) 1011b
πρὸς ὄρθρον 1011b
πρωΐ (לִפְנוֹת בּ', לַבֹּ, בַּבֹּ) 1234b, 190c
ἕως (τὸ) πρωΐ (עַד־אוֹר בֹּ, עַד־בֹּ) 1234b
τὸ πρὸς πρωΐ πρωΐ (לִפְנוֹת בּ') 1234b
πρωΐθεν 1235a
*πρωϊνός, προϊνός 1235a
*τὸ πρωϊνός (לַבֹּ, בַּבֹּ) 1235a (I Es. 1.11)
[[πρωΐόθεν 1235b]] → πρωΐθεν
πρώϊος (בּ', בַּבֹּ) 1235b, 190c
[[" (לַבֹּ) 1235b]] → πρώϊος (בּ')
φέγγος πρωϊνόν 1426a

בַּקָּרָה
ἐπισκέπ(τ)ειν 527c
ζητεῖν 597a

בַּקֹּרֶת
ἐπισκοπή 528c

בָּקַשׁ pi.
[[ἀθετεῖν 29b]]
ἀναζητεῖν 77a
ἀξιοῦν 113c
βουλεύειν 227a
*#δεῖσθαι 288a (I Es. 8.53)
ἐγείρειν 364a
ἐκζητεῖν 430c
*#ἐμποιεῖν 458c (I Es. 5.38)
ἐπερωτᾶν 510b
[[ἐπιβλέπειν 516c]]
*ἐπιζητεῖν 520a, 176c
ἐπισκέπ(τ)ειν 527c
ἐρευνᾶν 544c
εὑρίσκειν 576c
*ζητεῖν 597a, 178a (+Si. 6.27; 30[33].26, 34)
θεραπεύειν 648a
#ὀρθρίζειν 186c (Si. 4.12)
παραιτεῖσθαι 1060a

προσκολλᾶν 1217a
⟦συ(ν)ζητεῖν 1301a⟧ → ζητεῖν

בָּקַשׁ pu.
ἀνετάζειν 87b
ἐτάζειν 559b
ζητεῖν 597a

בַּקָּשָׁה
ἀξιοῦν 113b
*ἀξίωμα 113b
ζητεῖν 597a

בַּר I ("son") (Hebrew and Aramaic)
⟦ἄνθρωπος (בַּר אֱנָשׁ) 96b⟧
⟦παιδ(ε)ία 1046c⟧
τέκνον 1340c
υἱός 1384c

בַּר II ("crop")
γένημα 238c
⟦θησαυρός 651c⟧ → בּוֹר
σῖτος 1267b

בַּר III, בַּר ("pure")
ἄμεμπτος 65b
ἐκλεκτός 437a
#ἔξαλλος 487a (II Ki. 6.14)
εὐθύς (adj.) 571a
καθαρός 698c
τηλαυγής 1348b

בַּר IV ("field") (Aramaic)
ἄγριος 16c
ἀγρός 17a
γῆ 240c
ἔξω, ἐξωτέρω 501c

בֹּר
καθαριότης 698c
καθαρός 698c

בָּרָא I qal
⟦ἄρχειν 163a⟧
⟦δεικνύειν, δεικνύναι 286a⟧ → רָאָה I hi.
⟦διατάσσειν 313a⟧ → שִׂים I, שׂים qal
καταδεικνύναι 730b
κατασκευάζειν 744a
κτίζειν 795b, 182c
#κτίσις 182c (Si. 16.26)
ποιεῖν 1154a, 189b (+Si. 45.19)

בָּרָא I ni.
γεννᾶν 237b
γίνεσθαι 256b
ἐστί, ἔστι (= εἶναι II.3) 172b
κτίζειν 795b, 182c (+Si. 39.21, 29)
ποιεῖν 1154a

בָּרָא II pi.
ἐκκαθαίρειν 432a
ἐκκαθαρίζειν 432a
⟦ἑτοιμάζειν 563c⟧

בָּרָא III pi.
κατακεντεῖν 733b

בָּרָא IV hi.
⟦ἐνευλογεῖσθαι 473a⟧ → בָּרֵךְ pi.

בַּרְבֻּרִים
ἐκλεκτός 437a
ὄρνιθες ἐκλεκταί 1014b

בָּרָד
χάλαζα 1452b

בָּרָד
καταιγίς 731b
χάλαζα 1452b, 195a (+Si. 43.15)
#χιών 196a (Si. 43.13)

בָּרֹד
ποικίλος 1168c
σποδοειδὴς ῥαντός 1248a, 1285a

בָּרָה qal
βρῶσις 231c
⟦ἐκλέγειν 435a⟧ → בָּחַר qal
ἔσθειν, ἐσθίειν 554a
συνεσθίειν 1314a

בָּרָה hi.
παραδειπνίζειν 1057c
περιδειπνεῖν, περιδειπνίζειν 1122c
ψωμίζειν 1490c

בְּרוֹמִים
ἐκλεκτός 437a

בְּרוֹשׁ
ἀρκεύθινος 158a
ἄρκευθος 158a
κέδρινος 758a
κέδρος 758a
κυπάρισσος 799c
πεύκη (עֵץ בְּ׳) 1130a
πεύκινος 1130a
πίτυς 1139a

בְּרוֹת
κυπάρισσος 799c

בָּרוּת
βρῶμα 231b

בַּרְזֶל
⟦ἐπίλεκτος 525a⟧
⟦κασσίτερος 181a⟧
μάχαιρα 899c
σιδήριον 1266a
⟦σίδηρον 1266a⟧ → σιδήριον
σίδηρος 1266a, 191b
σιδηροῦς 1266b

בָּרַח qal
ἀναχωρεῖν 85c
ἀποδιδράσκειν 127b
ἐκχωρεῖν 446c
σῴζειν 1328b
φεύγειν 1428b
φυγή 1440b

בָּרַח hi.
ἀπωθεῖν 151a
διϊκνεῖσθαι 330b
διώκειν 338b
ἐκβράζειν 421b
ἐκδιώκειν 423b

בֶּרַח
see בָּרַח, בְּרִיחַ

בָּרִי
ἐκλεκτός 437a
⟦ἰσχυρός 693b⟧

בָּרִיא
ἀστεῖος 173b
ἐκλεκτός 437a
⟦ἕξις 496b⟧
ἰσχυρός 693b
παχύς 1112c

בִּרְיָה
βρῶμα 231b

בְּרִיָּה
κτίσις 182c

בָּרִיחַ
בָּרַח, בְּרִיחַ
#ἀποστάτης 141b (Jb. 26.13)
φεύγειν 1428b

בְּרִיחַ
βάλανος 189c
⟦θεμελιοῦν 629c⟧
κλεῖθρον 767b
μοχλός 936a, 185c

בְּרִית
διαθήκη 300c, 171a
⟦ἐντολή 479b⟧
*#ὁρκωμοσία 1013c (I Es. 9.93)
συνθήκη 1316a

בְּרִית
πόα, ποία 1153b

בָּרַךְ qal
ἐπευκτός 511a
εὐλογεῖν 572a
*εὐλογητός 574a
εὐλογία 574b
⟦κλαίειν 766a⟧ → בָּכָה qal
πίπτειν 1135c

בָּרַךְ ni.
ἐνευλογεῖσθαι 473a
εὐλογεῖν 572a

בָּרַךְ pi.
αἰνεῖν 33a
βλάσφημος (מְבָרֵךְ אֶת) 221a
εἰπεῖν/ἐρεῖν ῥῆμα εἰς/πρός 384a
ἐνευλογεῖσθαι 473a, 175b
⟦ἐννοεῖν κακά (חָטָא וּבֵרֵךְ) 475c⟧
ἐπεύχεσθαι 511a
*εὐλογεῖν 572a, 177c
εὐλογία 574b

בָּרַךְ pu.
⟦διατρέφειν 314a⟧
εὐλογεῖν 572a
⟦εὐλογία 574b⟧ → בְּרָכָה

בָּרַךְ hi.
κοιμίζειν 774c
#συγκάμπτειν 1299b (Ps. 68[69].10)

בָּרַךְ hithp.
ἐνευλογεῖσθαι 473a
ἐπιφημίζειν 538a
εὐλογεῖν 572a

בְּרַךְ pe. (Aramaic)
εὐλογητός 574a
κάμπτειν 718c
#πίπτειν 1135c (Da. LXX 6.10[11])

בְּרַךְ pa. (Aramaic)
εὐλογεῖν 572a

בֶּרֶךְ (Hebrew and Aramaic)
*γόνυ 274c, 170c
μηρός 923c

בְּרָכָה
#ἐγκωμιάζειν 367b (Pr. 29.2)
ἐγκώμιον 367b
εὐλογεῖν 572a, 177c
εὐλογητός 574a
εὐλογία 574b, 178a (+Si. 40.17; 44.22; 47.6)

בְּרֵכָה
κολυμβήθρα 777b
κρήνη 785c
λίμνη 878c

בְּרַם (Aramaic)
πλήν 1145c

בָּרַק qal
ἀστράπτειν 173c
#στίλβειν 1291b (Ez. 21.29[33])

בָּרָק
ἀστραπή 173c, 168c
⟦ἄστρον 173c⟧ → ἀστραπή
ἐξαστράπτειν 490a
κεραυνός 760b
στίλβωσις 1291c

בַּרְקָנִים
§βαρακηνειμ 190c
§βαρκηνιμ 190c
§βαρκομμειν 190c

בָּרֶקֶת
σμάραγδος 1278b, 191c

בָּרְקַת
#σμάραγδος 1278b (Ez. 28.13)

בָּרַר qal
διακρίνειν 304a
ἐκλέγειν 435a
ἐκλεκτός 437a
καθαρός 698c

בָּרַר ni.
ἀφορίζειν 185c
ἐκλεκτός 437a

בָּרַר pi.
ἐκλέγειν 435a

בָּרַר hi.
ἅγιος 12a
#εὐθύνειν 177c (Si. 6.17)
παρασκευάζειν 1064a

בָּרַר hithp.
ἁγιάζειν 10c
ἐκλέγειν 435a

בְּשׂרָה, בְּשׂוֹרָה
εὐαγγελία 568b
εὐαγγέλιον 568c

בֹּשֶׂם
εὐώδης 584c
ἥδυσμα 604c
θυμίαμα 660b
μύρον 937b

בֶּשֶׂם
ἄρωμα 169b
εὐώδης 584c
ἥδυσμα 604c
ὀσμή 1018c
ὀσμὴ ἡδεῖα 604c
σύνθεσις 1316a

בָּשַׂר pi.
ἀναγγέλειν 74a
εὐαγγελίζειν 568b

בָּשַׂר hithp.
εὐαγγελίζειν 568b

בָּשָׂר
ἄνθρωπος 96b, 167a
βροτός 231a
⟦δόξα 341b⟧
ζῶον 178c
κρέας 784c
μεγαλόσαρκος (גְּדָל בְּ׳) 902a
οὐδείς, οὐθείς (כָּל בְּ׳ + neg.) 187a
σάρκινος 1259b
σάρξ 1259b, 191a (+Si. 40.8)
ὁ οἰκεῖος τοῦ σπέρματος 1282b
σῶμα 1330a, 193c
χρηστοήθεια (טוֹב בְּ׳) 196b
χρώς 1480a

בְּשַׂר (Aramaic)
σάρξ 1259b

Column 1 (top)

בְּשׂרָה
see בְּשׂרָה, בְּשׂוֹרָה

בָּשַׁל qal
ἕψειν 592a
παριστάναι 1070c
#περκάζειν 188c (Si. 51.15)

בָּשַׁל pi.
*ἕψειν 592a
⟦μαγειρεῖον 891a⟧ → μάγειρος
μάγειρος 891b
*ὀπτᾶν 1004a

בָּשַׁל pu.
ἑφθός 585c
ἕψειν 592a

בָּשַׁל hi.
πέπειρος 1119b

בָּשֵׁל
ἑφθός 585c

Column 2 (top)

בָּשָׁן
πίων 1139a

בָּשַׁס polel
κατακονδυλίζειν 734a

בֹּשֶׁת
αἰσχύνειν 36c
*αἰσχύνη ('ב [also spelled בשאת],
('ב פָּנִים), 37a, 165c
καταισχύνειν 731c

בַּת I ("measure") (Hebrew and
Aramaic)
ἀποθήκη 128a
§βαδος 188c
§βάτος ("bath") 215a
κάδος 697a
κεράμιον 759c
κοτύλη 781a
*μετρητής 918a
μέτρον, μέτρος 918b
χοεύς 1472a

Column 3 (top)

χοῖνιξ 1472a

בַּת II ("daughter")
γυνή 278b
ἐνιαύσιος (בַּת־שָׁנָה) 474a
⟦ἐπιτηδεύειν εἰς (בַּעַל בַּת) 535b⟧
θῆλυς 650a
*θυγάτηρ 656b, 179c
κώμη 839c
ὅριον 1012a
περίοικος 1124c
περισπόρ(ε)ιον 1126a
σειρήν (בַּת יַעֲנָה) 1262a
στρουθός (בַּת־יַעֲנָה) 1297a
συγκυρεῖν 1300c

בְּתוּלָה
ἄφθορος 183b
#νεᾶνις 940b (Si. 20.4)
νύμφη 951a
παρθενικός 1070a
⟦παρθένιος 1070a⟧ →
παρθενικός

Column 4 (top)

*παρθένος 1070a, 188a

בְּתוּלִים
διαπαρθενεύειν (עָשָׂה דַּדֵּי ב' pi.)
307b
παρθέν(ε)ια 1069c, 188a
παρθένος 1070a

בָּתַק pi.
κατασφάζειν 746b

בָּתַר I qal
διαιρεῖν 302c
προαιρεῖν 1203c

בָּתַר I pi.
διαιρεῖν 302c

בָּתַר II (Aramaic)
see בְּאָתַר

בֶּתֶר
κοίλωμα 773c

בִּתְרוֹן
παρατείνειν 1065a

ג

Column 1 (bottom)

גֵּא
ὑβριστής 1380a

גָּאָה
⟦ἀγρεύειν 16c⟧
δοξάζειν 343b
ἐνδόξως 471a
ἐξυβρίζειν 501b
θάλλειν 623b
ὑπερηφανεύεσθαι 194b

גֵּאֶה
ὕβρις 1380a

גֵּאֶה
ὑβρίζειν 1379c
⟦ὕβρις 1380a⟧ → ὑβριστής
ὑβριστής 1380a
ὑπερήφανος 1410a, 194b
ὑψηλός 1419b

גַּאֲוָה
καύχημα 757c
κραταιότης 782b
μεγαλοπρέπεια, μεγαλοπρεπία
901c
μεγαλοπρεπής 901c
ὑβρίζειν 1379c
ὕβρις 1380a, 194a
ὑπερηφαν(ε)ία 1409c, 194b
ὑπερηφανεύεσθαι 1409b
ὑπερήφανος 194b

גְּאוּלִים
λύτρωσις 890c

גָּאוֹן
ἀγαλλίαμα 4c
⟦ἀδικία 25b⟧
δόξα 341b
⟦ἐξαίρειν 485a⟧
ἰσχύς 694b
καλλονή 715a
ὕβρις 1380a
ὑπερηφαν(ε)ία 1409c, 194b
ὕψος 1421b
ὑψοῦν 1422a
φρύαγμα 1440a

Column 2 (bottom)

גֵּאוּת
δόξα 341b
εὐπρέπεια, εὐπρεπία 576b
κράτος 784a
ὕβρις 1380a
ὑπερηφαν(ε)ία 1409c
ὑψηλός 1419b

גֵּאָיוֹן
ὑπερήφανος 1410a

גָּאַל I qal
#ἀγχιστεία 18b (Ne. 13.29)
ἀγχιστεύειν 18b
ἀγχιστεύς 18b
ἀγχιστευτής 18c
#ἀντιλαμβάνεσθαι 110c (Is.
49.26)
ἐκλαμβάνειν 435a
ἐκλύειν 438a
⟦ἐλεεῖν 449c⟧
ἐξαιρεῖν 484b
λύτρον 890a
λυτροῦν 890a
λυτρωτής 891a
ῥύεσθαι 1254b
σῴζειν 193c

גָּאַל I ni.
ἀπολυτροῦν 139a
λυτροῦν 890a

גָּאַל I pu.
ἀγχιστεύειν 18b

גָּאַל II ni.
μολύνειν 932c

גָּאַל II pi.
ἀλισγεῖν 54c

גָּאַל II pu.
ἀλισγεῖν 54c
*χωρίζειν 1482b (I Es. 5.39)

גָּאַל II hithp.
ἀλισγεῖν 54c
συμμολύνεσθαι 1304c

Column 3 (bottom)

גָּאַל
⟦ἀγχιστεία 18b⟧ → גָּאַל I qal

גְּאֻלָּה
ἀγχιστεία 18b
λύτρον 890a
λύτρωσις 890c
λυτρωτός 891a

גַּב (Hebrew and Aramaic)
?αὐχήν 179c
#ἐπάνω (עַל גַּבֵּי) 507b (Da. LXX
7.6)
νῶτον, νῶτος 956b
οἴκημα πορνικός 969b, 1195a
ὀφρύς (גַּב עַיִן) 1042c
πορνεῖον, πορνίον 1194c
#ὑπεράνω (עַל גַּבֵּי) 1408b (Da. TH
7.6)

גֵּב
§γηβειν (גֵּבִים) 255c

גֹּב
ἀκρίς 50c
βόθυνος 224b
φάτνωσις 1425c
φρέαρ 1438b

גֹּב (Aramaic)
λάκκος 841a

גָּבַהּ qal
ἀπέχειν 122a
δοξάζειν 343b
ἐπαίρειν 505a
μεγαλαυχεῖν 901b
μέγας γίνεσθαι 256c, 902c
ὑψηλός 1419b
ὑψοῦν 1422a

גָּבַהּ hi.
μετεωρίζειν 917b
ὑψηλός 1419b
ὑψηλὸν ποιεῖν 1154b, 1419b
ὕψος 1421b
ὑψοῦν 1422a

Column 4 (bottom)

גָּבֹהַּ
⟦ἕξις 496b⟧
μετέωρος 917c
ὑπερήφανος 1410a
ὑψηλὸς εἰς ὑπεροχήν ('ג 'ג) 1411a
ὑψηλοκάρδιος (גְּבַהּ־לֵב) 1419b
ὑψηλός 1419b
ὑψηλότερος 1419b
ὕψος 1421b

גֹּבַהּ
⟦δόξα 171d⟧
⟦δύναμις 350a⟧
#ἔνδοξος 175b (Si. 40.3)
εὔδοξος 177c
κακοφροσύνη (ג' רוּחַ) 712a
μέγεθος 907a
πλῆθος 1142c
ὑψηλός 1419b
ὕψος 1421b
ὑψοῦν 1422a

גַּבְהוּת
ὑψηλός 1419b

גַּבְהָן
θρασύς 179c (Si. 4.29)
⟦τραχύς 194a⟧ → θρασύς

גְּבוּל, גְּבֻל
⟦βάσις 214b⟧
γεῖσος 235b
γῆ 240c
διορίζειν 336b
κληρονομία 769a
⟦μερίζειν 910c⟧ → ὁρίζειν
ὁρίζειν 1011c
ὅριον 1012a
περίβολος 1122b

גְּבוּלָה
ὅριον 1012a

גִּבּוֹר, גְּבֹר
ἀνήρ 88a
γίγας 256b, 170b
⟦" (גִּ אַל) 256b⟧
δύναμις 350a

δύνασθαι 353a
δυναστ(ε)ία 354c
δυνάστης 355b
δυναστός 355c
υἱὸς δυναστός 355c
ἐξουσιαστής 501b
ἐπαίρειν 505a
ἰσχύειν (גּ׳ חַיִל, גּ׳) 692c
ἰσχυρός 693b
κραταιός 782a, 182b
μαχητής 901a
*#μεγιστάν 907a (I Es. 8.26)
ὀχυρός 1043b
πλεμιστής 1171c

גְּבוּרָה (Hebrew and Aramaic)
ἀνδραγαθ(ε)ία 86a
δύναμις 350a, 172b
δυναστ(ε)ία 354c, 172b
θαυμάσιος 179a
ἰσχύειν 692c
ἰσχύς 694b, 180c
μεγαλωσύνη 902c
μεγαλεῖος 184a (+Si. 43.15)
μέγας 184a
σθένος 1265c
⟦σύνεσις 1314a⟧ → δύναμις

גֶּבַח
ἀναφάλαντος 84c

גַּבַּחַת
ἀναφαλάντωμα 84c
⟦κρόκη 791b⟧ → עֶרֶב II
⟦φαλάντωμα 1423c⟧ → ἀναφαλάντωμα

גְּבִינָה
τυρός 1379b

גָּבִיעַ
κεράμιον 759c
κόνδυ 777c
κράτηρ 784a

גְּבִיר
κύριος 800b

גְּבִירָה
βασίλισσα 214a
δυναστεύειν 355a
ἡγεῖσθαι 602a
μείζων 902c

גָּבִישׁ
§γαβ(ε)ις 233a

גָּבַל qal
ἱστάναι, ἱστᾶν 689a
⟦ὁρίζειν 1011c⟧ → גָּבַל, גְּבוּל
ὅριον 1012a

גָּבַל hi.
ἀφορίζειν 185c

גְּבֻל
see גְּבוּל, גָּבַל

גַּבְלוּת
συμπλέκειν 1305b

גִּבֵּן
κυρτός 839a

גַּבְנֹן
τυροῦν 1379b

גִּבְעָה
βουνός 228b
θίς 652a
⟦νάπη 939c⟧
ὄρος 1014b

גְּבַעֹל
σπερματίζειν 1283c

גָּבַר, גָּבֵר qal
δυνατός 355c
δυνατὸς ἰσχύϊ 355c, 694b
ἐνισχύειν 475a
ἐπικρατεῖν 523b
εὐδοκιμεῖν 177c
κατισχύειν 751b
κραταιοῦν 782b
ὑπεράγειν 194b
ὑπερδυναμοῦν 1409a
ὑπερισχύειν 1410b
ὑψοῦν 1422a (Ge. 7.20, 24)

גָּבַר, גָּבֵר pi.
δυναμοῦν 353a
κατισχύειν 751b

גָּבַר, גָּבֵר hi.
δυναμοῦν 353a
δυναστεύειν 355a
εὐδοκιμεῖν 177c
κατισχύειν 751b
μεγαλύνειν 902a

גָּבַר, גָּבֵר hithp.
ἀνδρίζεσθαι 167a
ἰσχύειν 692c
ἰσχύς 694b
τραχηλιᾶν 1370b

גְּבַר (Aramaic)
ἀνήρ 88a
*ἄνθρωπος 96b
τακτικός 1333a

גֶּבֶר
ἀνδρεῖος 86b
ἀνήρ 88a, 167a
ἄνθρωπος 96b
ἄρσην, ἄρρην 160c
δυνατός 355c
δυνατὸς ἀνήρ 88a, 355c
⟦δυνατοῦν 356c⟧ → δυνατός
⟦κρείσσων, κρείττων, κράτιστος 785a⟧
μηδείς, μηθείς 185a

גְּבַר (Aramaic)
ἰσχυρός 693b

גָּבֹר
see גָּבֵר, גֶּבֶר

גְּבֶרֶת
ἄρχειν 163a
⟦ἰσχύς 694b⟧ → גְּבוּרָה
κυρία 799c

גָּג
δῶμα 358b
ἐσχάρα 557c
⟦ἐσχαρίς 558a⟧ → ἐσχάρα
ὕπαιθρος 1405c

גָּד
δαιμόνιον 283b
κύριον 780a
τύχη 1379c

גַּדְּבְרִין (Aramaic)
διοικητής 336b
τύραννος 1378c

גָּדַד qal
#ἐπισυνιστάναι 534b (Je. 20.10)
θηρεύειν 650b

גָּדַד hithpo.
#ἐκκόπτειν 434c
⟦ἐμφράσσειν 460c⟧ → גָּדַר hithp.

ἐντομίδας ποιεῖν 480c, 1154a
⟦καταλύειν 738b⟧ → גּוּר I qal
κατατέμνειν 746c
κόπτειν 779a
φοιβᾶν 1436c

גְּדַד pe. (Aramaic)
ἐκκόπτειν 434c
ἐκτίλλειν 443a
ἐξαίρειν 485a

גָּדָה
#κρηπίς 786a
#τεῖχος 1339c (Is. 8.7)

גְּדוּד
§γεδδουρ 235b
⟦γέν(ν)ημα 238c⟧
δύναμις 350a
⟦ἐμφραγμός 460c⟧ → גָּדַר
ἐξοδία 497b
#εὔζωνος 177c (Si. 36.31)
ἰσχυρός 693b
ληστήριον 876a
ληστής 876a, 183b
μονόζωνος 933a
πειρατήριον 1116a
πειρατής 1116a
συστρέμμα 1323c

גְּדוּדָה
⟦κόπτειν 779a⟧ → גָּדַד hithpo. ≈ ἐκκόπτειν

גָּדֹל, גָּדוֹל
⟦ἅγιος 12a⟧ → μέγας
ἀδρός 27c
δοξάζειν 343b
δυνάστης 355b, 172c
δυνατός 355c
⟦ἔσχατος 558a⟧
εὐγενής 569a
ἡγεῖσθαι 178c
ἰσχυρός 693b
κακόφρων (גְּדָל־חֵמָה) 712a
μεγαλεῖος, μεγαλίος 901b, 184a
μεγαλοπτέρυγος (גּ׳ כְּנָפַיִם) 901c
μεγαλορ(ρ)ήμων (מְדַבֵּר גְּדֹלוֹת) 901c
μεγαλύνειν 902a
*μεγάλως 902b
*#μεγαλωστί 902c (I Es. 5.65)
*μέγας 902c, 184a (+Si. 7.25)
⟦μέγεθος 907a⟧ → גָּדֹל
μεγιστάν 907a
μείζων 902c
ὀνομαστός (גּ׳ שֵׁם) 1000a
#πλούσιος 1150b (Es. 1.20)
πολυέλεος (גְּדָל־חֶסֶד) 1181a
πολύς, πλείων, πλεῖστος 1181b
πρεσβύτερος, πρεσβυτέρα 1201c
ὑπερέχειν 1409b
ὑπέρογκος 1410c
ὑψοῦν 1422a

גְּדֻלָּה, גְּדוּלָּה
δυναστ(ε)ία 354c
⟦εὐφροσύνη 582c⟧
μεγαλωσύνη 902c, 184a (Si. 44.2)
μέγας 902c
πλοῦτος 1150c
χάρις 1455a

גִּדּוּף
κονδυλισμός 777c
ὀνειδισμός 994c
⟦φαυλισμός 1425c⟧

גְּדוּפָה
⟦δείλαιος 286c⟧ → δηλαϊστός
δηλαϊστός 295b

גַּד
§υἱοὶ γαδ 1384c

גְּדִי
αἰγίδιον 30c
ἀρήν (= HR's ἀρνός) 159b
ἔριφος 547c, 177b

גְּדִיָּה
⟦κρηπίς 786a⟧ → גָּדָה

גְּדִילִים
στρεπτός 1296b

גָּדִיר
φραγμός 195b

גָּדִישׁ I
ἅλων, ἅλως 60a
θημωνία ἅλωνος 650b
σῖτος ὥριμος 1267b, 1494a
στοιβή, στυβή 1291c
σωρός 1331a

גָּדִישׁ II
#σορός 1278c (Jb. 21.32)

גָּדַל, גָּדֵל I qal
ἁδρύνειν 27c
αὐξάνειν, αὔξειν 178c
δεινὸς εἶναι 288a
ἐκτρέφειν 443c
κατισχύειν 751b
μεγαλύνειν 902a
μέγας 902c
μέγας γίνεσθαι 256c, 902c
μείζων εἶναι 902c
πληθύ(ν)ειν 189a
ὑπερέχειν (גּ׳ מִן) 1409b
*#ὑπερφέρειν 1411a
ὑψοῦν 1422a

גָּדַל, גָּדֵל I pi.
αὐξάνειν, αὔξειν 178c
γεννᾶν 237b
δοξάζειν 343b, 172a
ἐκπαιδεύειν 438c
ἐκτρέφειν 443c
μεγαλύνειν 902a, 184a (Si. 49.11)
μηκύνειν 921c
⟦περιτιθέναι 1127c⟧ → נָשָׂא qal
ποιεῖν πρωτεύειν 1235b
ποιεῖν αὐτὸν πρῶτον 1235c
συνεκτρέφεσθαι 1313c
τρέφειν 1371b
#ὑπερφέρειν 1411a (I Es. 8.75)
ὑψοῦν 1422a, 195c
#φύειν 1440c (Ca. 5.13)

גָּדַל, גָּדֵל I pu.
ἁδρύνειν 27c
⟦ἱδρύειν 678c⟧ → ἁδρύνειν

גָּדַל, גָּדֵל I hi.
κατισχύειν 751b
μεγαλορ(ρ)ημονεῖν (גּ׳ פֶּה hi., גּ׳ hi.) 901c
μεγαλύνειν 902a
μεγαλωσύνη 902c
μέγας 902c
ὑψοῦν 1422a

גָּדַל, גָּדֵל I hithp.
μεγαλύνειν 902a
ὑψοῦν 1422a

גָּדַל II
μεγαλόσαρκος (גָּדַל בָּשָׂר) 902a

μεγαλύνειν 902a
μέγας 902c
μείζων 902c

גָּדֵל
ἰσχύς 694b
μεγαλεῖος, μεγαλίος 901b
μεγαλωσύνη 902c, 184a
μέγας 902c
⟦ἡ ἰσχὺς ἡ μεγάλη 902c (De. 9.26)⟧
#μέγεθος 907a (Ex. 15.16)
ὑψηλός 1419b
ὕψος 1421b

גֹּדֶל
see גָּדֵל, גָּדוֹל

גְּדֻלָּה
see גְּדֻלָּה, גְּדוּלָּה, גְּדוֹלָה

גָּדַע qal
ἀπορρίπτειν 140b
#ἀφορίζειν 185c (Ma. 2.3)
ἐξολεθρεύειν, ἐξολοθρεύειν 497c
κατατέμνειν 746c
συγκλᾶν 1299c
συντρίβειν 1321a, 193a

גָּדַע ni.
ἀφαιρεῖν 180a
#διαθρύπτειν 171a (Si. 43.15)
ἐκκόπτειν 434c
ἐξαίρειν 485a
καταγνύναι 730a
κατασκάπτειν 743c
⟦κλᾶν 766c⟧ → συγκλᾶν
συγκλᾶν 1299c
συντρίβειν 1321a

גָּדַע pi.
ἐκκόπτειν 434c
κατακόπτειν 734b
κόπτειν 779a
συγκλᾶν 1299c
⟦συνθλᾶν 1316a⟧ → συγκλᾶν

גָּדַע pu.
ἐκκόπτειν 434c
κόπτειν 779a

גָּדַף pi.
βλασφημεῖν 221a
#βλάσφημος 169b (Si. 3.16)
⟦καταλαλεῖν 735a⟧ → παραλαλεῖν
ὀνειδίζειν 994b
παραλαλεῖν 1061b
παροξύνειν 1072a
παροργίζειν 1072b

גָּדַר qal
ἀναστρέφειν 82b
ἀνοικοδομεῖν 106a
οἰκοδόμος 973a
περιοικοδομεῖν 1124c
τειχιστής 1339c

גָּדַר hithp.
#ἐμφράσσειν 460c

גָּדֵר
#ἐμφραγμός 460c (Mi. 5.1 [4.14])
*#στερέωμα 1289b (I Es. 8.81)
τοῖχος 1362c
φραγμός 1438b, 195b

גְּדֵרָה, גְּדֵרֹת
ἀγέλη 10b
διάστεμα, διάστημα 311c

ἔπαυλις 508c
μάνδρα 895a
φραγμός 1438b

גָּהָה
διαπαύειν 307b

גֵּהָה
#ἀνίατος (מִבַּלְתִּי גֵּ) 102b (Je. 8.18)
εὐεκτεῖν ποιεῖν (יָטַב גֵּ hi.) 569c, 1154a

גָּהַר
διακάπτειν 303a
κύπτειν 799c
⟦συγκαλύπτειν 1299a⟧ → συγκάμπτειν
συγκάμπτειν 1299b

גֵּו I
⟦ἕξις (גֵּו) 496b⟧
σῶμα 1330a

גֵּו II (Hebrew and Aramaic)
#ἔγκατον 366b (Jb. 41.6[7])
μέσος 913a

גֵּו
ἐνδόσθια 175b
⟦μέσος 913a⟧ → μετάφρενον
μετάφρενον 917b
νῶτον, νῶτος 956b
σῶμα 1330a

גּוּב I hi.
#ἀποκρίνειν 168a (Si. 36[33].4)

גּוּב II
§γαβιν (גֵּבִים) 233a

גּוֹב
ἀκρίς 50c

גּוֹבַי
ἀκρίς 50c

גּוּד qal
πειρατεύειν 1116a

גֵּוָה (Hebrew and Aramaic)
ὕβρις 1380a
ὑπερηφαν(ε)ία 1409c
ὑπερηφανεύεσθαι 1409b

גּוּחַ qal
ἐκπερᾶν 439a
ἐπέρχεσθαι 509c

גּוֹזָל
ν(ε)οσσός 949c
περιστερά 1126c

גּוֹחַ
⟦κερατίζειν 760b⟧ → נָגַח qal

גּוֹי
ἄνθρωπος 96b
§γη 240c
§γωειμ (גּוֹיִם) 283b
*ἔθνος 368b, 172b
⟦ἐχθρός 589c⟧ → ἔθνος
λαός 853b, 183a
πάροικος 1071c
φυλή 1444b

גְּוִיָּה
⟦ἕξις 496b⟧
⟦ὀστοῦν 186d⟧
πτῶμα 1239a
σῶμα 1330a, 193c (+Si. 37.22)

גֹּלָה, גּוֹלָה
*αἰχμαλωσία 38b
αἰχμάλωτος 39b

ἀποικεσία 130c
ἀποικία 130c
ἀποικισμός 131a
μετοικεσία 917c
#μετοικία 917c (Je. 9.11[10])
*παροικία 1071c

גּוֹלָל
#τάφος 193a (Si. 30.18)

גּוּמָץ
βόθρος 224a

גָּוַע qal
ἀποθνήσκειν 128a, 168a
ἀπολλύειν, ἀπολλύναι 136c
ἀπολύειν 138c
ἀπώλεια, ἀπωλία 151c
γηράσκειν, γηρᾶν 256a
ἐκλείπειν 435c
ἐξαναλίσκειν 487b
θάνατος 179a
#κοιμᾶν 773c (Je. 51.33 [45.3])
⟦εἶναι ἐν κόποις 778c⟧ → יָגַע
νεκρός 185a
#πίπτειν 1135c (Jb. 14.10)
τελευτᾶν 1343b, 196b

גָּוַע hi.
#κλείειν 767a (Ne. 7.3)

גּוּפָה
σῶμα 1330a

גּוּר I qal
⟦γείτων 235b⟧ → גֵּר
διατρίβειν 314a
#ἐγκαθίζειν 364c (Ez. 35.5)
ἐνοικεῖν 476a
#ἐπιξενοῦσθαι 526a (Pr. 21.7)
καθίζειν 701c
#καταλύειν 738b (Je. 5.7)
κατοικεῖν 751c
*οἰκεῖν 968a
παρατάσσειν 1064c
παροικεῖν (בּוֹא לָגוּר גוּר qal, 1071b, 188a
παροικεσία (אֶרֶץ מְגוּרִים) 1071c
πάροικος 1071c
προσγεννᾶν 1212c
προσγίνεσθαι 1212c
προσέρχεσθαι 1213c
προσηλυτεύειν 1216a
προσήλυτος 1216a
προσκεῖσθαι 1216c
⟦προσοικεῖν 1218c⟧ → παροικεῖν
προσπορεύεσθαι 1219b
συμβόσκειν 1303c
σύσκηνος (גֵּר בַּיִת) 1323a
ὑποστέλλειν 1417a

גּוּר I hithpo.
⟦κατατέμνειν 746c⟧ → גָּדַד hithpo.
κατοικεῖν 751c

גּוּר II qal
ἀπέχειν 122a
εὐλαβεῖσθαι 572a, 177c
#προσέχειν 190b
#σαλεύειν 1257c (Ps. 32[33].8)
#φοβεῖν 1433b
#φόβος 1435c (Jb. 41.16[17])

גּוּר III qal
#ἐπιτιθέναι 535c (Ps. 58[59].3)

גּוּר IV
σκύμνος 1278a

גּוּר
σκύμνος 1278a

גּוֹרָל
κληρονομία 769a
κλῆρος 770a, 182a
κληρωτί (בְּגוֹ') 770c
ὅριον 1012a

גּוֹרֶן
see also גָּרוֹן
⟦φάρυγξ 1425b⟧ → גָּרוֹן

גּוּשׁ
βῶλαξ 232c

גֵּז
κουρά 781a
πόκος 1170b

גִּזְבָּר
*#γαζοφύλαξ 233b (I Es. 2.11)
§γασβαρηνος, γαρβαρηνος 234b

גִּזְבַּר (Aramaic)
γάζα 233a
*#γαζοφύλαξ 233b (I Es. 8.19)

גִּזָּה
πόκος 1170b

גָּזַז qal
κείρειν 758b

גָּזַז ni.
διαστέλλειν 311b

גָּזִית
ἀπελέκητος 120b
κολάπτειν 776b
λαξεύειν 853b
λαξεύειν λίθους (גָּ' בָּנָה) 853b, 876c
ξεστός 957a
ξυστός 959c
τμητός 1362b

גָּזַל qal
ἀναρπάζειν 82a
ἀποβιάζεσθαι 125c
ἅρπαγμα 159c
ἁρπάζειν 160a
ἀφαιρεῖν 180a
διαρπάζειν 308c

גָּזַל ni.
ἀφαιρεῖν 180a

גָּזֵל
ἁρπαγή 159c
ἅρπαγμα 159c, 168b
βία 169b

גְּזֵלָה
ἁρπαγή 159c
ἅρπαγμα 159c

גָּזָם
κάμπη 718b

גֶּזַע
ῥίζα 1251c
στέλεχος 1288a

גָּזַר qal
αἴρειν 34c
διαιρεῖν 302c
?ἐκκλ(ε)ίνειν 433c
⟦ἐκλείπειν 435c⟧ → גָּזַר ni.
καταδιαιρεῖν 730b
τέμνειν 1345a

גָּזַר ni.
ἀποσχίζειν 148c

ἀπωθεῖν 151a
διαφωνεῖν 315c
#ἐκλείπειν 435c (Hb. 3.17)
κατακρίνειν 734c

גְּזַר pe. (Aramaic)
γαζαρηνός 233a

גְּזַר ithpe. (Aramaic)
ἀποσχίζειν 148c
τέμνειν 1345a

גֶּזֶר
διαίρεσις 302c
διχοτόμημα 338a

גְּזֵרָה I
ἄβατος 1a

גְּזֵרָה II (Aramaic)
σύγκριμα 1300b

גִּזְרָה
ἀπόλοιπος 138c
ἀπόσπασμα 141a
διάστεμα, διάστημα 311c

גָּחָה qal
ἐκσπᾶν 441b

גָּחוֹן
κοιλία 773a
στῆθος 1290a

גַּחֶלֶת
ἄνθραξ 96a, 167a (Si. 8.10)
ἄνθραξ πυρός 96a
ἀνθρακιά 167a

גַּי
§γαι 233b
§γαιμελα (גֵּי־מֶלַח) 233b
§γεμελεδ (גֵּי־מֶלַח) 236a
§γη 240c
νάπη 939c
φάραγξ 1424b
χάος 1454b

גַּיְא, גֵּיא, גֵּיְא
αὐλών 178c
§γαι 233b
§γε (subst.) 235a
§γη 240c
§γησρασειμ (גֵּ חֲרָשִׁים) 256b
§γωληλα (גֵּ לַיְלָה) 283b
κοιλάς 772c
νάπη 939c
πολυάνδρ(ε)ιον 1181a
φάραγξ 1424b
χάος 1454b
χειμάρρους, χείμαρρος 1457a

גִּיד
νεῦρον 943a

גִּיחַ qal
#ἐκχεῖν 174a (Si. 6.11)
μαιμάσσειν 892a
⟦μαιοῦσθαι 892a⟧ →
    μαιμάσσειν
προσκορούειν 1217b

גִּיחַ hi.
ἐπέρχεσθαι 509c
παλαίειν 1051b

גִּיחַ aph. (Aramaic)
ἐμπίπτειν 458a
προσβάλλειν 1212b

גִּיל I qal
ἀγαλλίαμα εὑρίσκειν 4c
ἀγαλλιᾶσθαι 4c
δοξάζειν 172a

ἐμπίπλασθαι εὐφρασύνης 457a
ἐπαίρειν (גִּיל לֵב) qal) 505a
ἐπιχαίρειν 538b
εὐφραίνειν 581a, 178b
ἐμπλήθεσθαι εὐφροσύνης 582c
πανηγυρίζειν 1052c
χαίρειν 1452a

גִּיל I hi.
ἀνυψοῦν 167b

גִּיל II subst.
ἀγαλλίαμα 4c, 165a
ἀγαλλίασις 5b
εὐφραίνειν 581a
εὐφροσύνη 582c, 178b
περιχαρής (שָׂמַח אֱלֵי־גִיל) 1128b
χαρά 1454b

גִּיל III subst.
ἡλικία 606b
συνήλικος (כְּגִיל) 1315c
συντρέφεσθαι (כְּגִיל) 1321a

גִּילָה
ἀγαλλίαμα 4c

גִּיר, גִּר (Hebrew and Aramaic)
#κονία 777c (Jb. 28.4)
κονία λεπτή (אַבְנֵי־גִ) 777c
#κονίαμα 777c

גִּישׁ
βῶλαξ 232c

גַּל
ἀφανισμός 182a
βουνός 228b
κῦμα 799a
⟦μετοικία 917c⟧ → גָּלָה, גּוֹלָה
συναγωγή 1309b
#συναγωγὴ λίθων 876c, 1309b
    (Jb. 8.17)
σωρός 1331a
χελώνη 1467c
χῶμα 1480c

גֵּל
βόλβιτον 224b

גְּלָא pe. (Aramaic)
see גָּלָה, גְּלָא pe.

גְּלָא peil (Aramaic)
see גָּלָה, גְּלָא peil

גְּלָא aph. (Aramaic)
see גָּלָה, גְּלָא aph.

גַּלָּב
κουρεύς 781a

גַּלְגַּל (Hebrew and Aramaic)
§γελγελ 235c
τροχός 1376c, 194b (Si. 36[33].5)

גֻּלְגֹּלֶת
κεφαλή 760c
κρανίον 782a

גֶּלֶד
βύρσα 232b

גָּלָה qal
ἄγειν 9a
αἰχμαλωσία 38b
αἰχμαλωτεύειν 39a
αἰχμαλωτίζειν 39b
αἰχμαλώτισσα(?) 39b
αἰχμάλωτος 39b
αἰχμάλωτος γίνεσθαι 256c
ἀναγινώσκειν 75c
ἀνακαλύπτειν 78a
ἀνοίγειν 105b

ἀπέρχεσθαι 121a
#ἀποικεσία 130c (IV Ki. 19.25)
ἀποικία 130c
ἀποικίζειν 131a
ἀποκαλύπτειν 131c, 168a
εἰσακούειν (גִּ אֹזֶן qal) 408b
⟦ἑλκύειν 438a⟧ → גָּלַל qal ≈
    ἕλκειν, ἑλκύειν
ἐκτιθέναι 443a
ἐκφαίνειν 174a
⟦ἕλκειν, ἑλκύειν 453a⟧ → גָּלַל qal
μετοικεῖν 917c
μετοικεσία (יוֹם גָּלוֹת) 917c
μετοικίζειν 918a

גָּלָה ni.
ἄγειν 9a
αἰχμαλωτίζειν 39b
ἀνακαλύπτειν 78a
ἀνοίγειν 105b
ἀπέρχεσθαι 121a
ἀποκαλύπτειν 131c
δεικνύειν, δεικνύναι 286a
⟦ἐγκαλύπτειν 365a⟧ →
    ἐκκαλύπτειν
εἰσέρχεσθαι 410b
ἐκκαλύπτειν 432c
ἐπιβλέπ(τ)ειν 176c
ἐπιφαίνειν 537b
ὁρᾶν (including ὄπτεσθαι) 1005a
φαίνειν 1423a
φανερός 1424a

גָּלָה pi.
ἄγειν 9a
ἀνακαλύπτειν 78a
ἀνασύρειν 83a
ἀποκαλύπτειν 131c (+Ps. 36[37].5;
    Ca. 4.1), 168a
ἀφιστᾶν, ἀφιστάναι,
    ἀφιστάνειν 184b
ἐκμάσσειν 173c
φανεροῦν 1424b

גָּלָה pu.
#γινώσκειν 170b (Si. 16.15)

גָּלָה hi.
ἄγειν 9a
αἰχμαλωτεύειν 39a
*#ἀπάγειν 115b (I Es. 1.56)
ἀποικεῖν 130c
ἀποικίζειν 131a
#ἀποφέρειν 149c (Jb. 15.28)
⟦ἐπιφαίνειν 537c⟧ → גָּלָה ni.
§ι(ε)γλααμ, ιγααμ (הֶגְלָם) 669b
μεταίρειν 916a
μετοικία 917c
*μετοικίζειν 918a

גָּלָה ho.
ἄγειν 9a
αἰχμαλωτεύειν 39a
αἰχμάλωτος 39b
ἀπάγειν 115b
ἀποικία 130c
ἀποικίζειν 131a
⟦κατοικίζειν 755c⟧ → ἀποικίζειν

גָּלָה hithp.
γυμνοῦν 278b

גָּלָה, גְּלָא pe. (Aramaic)
⟦ἀνακαλύπτειν 78a⟧ → φωτίζειν
ἀποκαλύπτειν 131c
δηλοῦν 295c
ἐκφαίνειν 444c

#φωτίζειν 1451b (Da. LXX 2.28
    [𝔓967])

גְּלָא peil (Aramaic)
ἀποκαλύπτειν 131c
ἐκφαίνειν 444c

גְּלָא aph. (Aramaic)
*#αἰχμαλωτεύειν 39a (I Es. 6.16)
ἀποικίζειν 131a

גָּלָה
ἀνθέμιον 95b (+Ex. 38.16 [37.19])
γωλαθ (גָּלוֹת) 283b
λαμπάδιον, λαμπαδεῖον 852c
στρεπτός 1296b

גֻּלָּה
see גָּלָה, גּוֹלָה

גָּלוּ (Aramaic)
*#αἰχμαλωσία 38b

גּוֹלָל
⟦τάφος 193a⟧ → גֹּלֶל

גִּלּוּלִים
βδέλυγμα 215b
⟦διανόημα 306c⟧
⟦διάνοια 316c⟧
εἴδωλον 376a
⟦ἐνθύμημα 473c⟧
⟦ἐπιθύμημα 520c⟧
ἐπιτήδευμα 535b

גָּלוֹת, גָּלוּת
αἰχμαλωσία 38b
ἀποικεσία 130c
ἀποικία 130c
ἀποικίζειν 131a
μετοικεσία 917c

גָּלַח pi.
κείρειν 758b
ξυρᾶν 959c

גָּלַח pu.
ξυρᾶν 959c

גָּלַח hithp.
ξυρᾶν 959c

גִּלָּיוֹן
διαφανῆ λακωνικά 314b, 841c
τόμος 1363c

גָּלִיל
?κύβος 796a
στρέφειν 1296c
στροφεύς 1297b
⟦τορευτός 1367b⟧ → τορνευτός
#τορνευτός (Ca. 5.14)

גְּלִילָה
ὅριον 1012a

גָּלַל qal
⟦ἀποκαλύπτειν 131c⟧ → גָּלָה pi.
ἀποκυλίειν 136a (+Ge. 29.10)
ἀφαιρεῖν 180a
#ἕλκειν, ἑλκύειν 453a (Jb. 20.28)
⟦ἐλπίζειν 453c⟧
κυλίειν 798c
περιαιρεῖν 1121a

גָּלַל ni.
ἑλίσσειν 453a
#κατακυλίειν 734c (I Ki. 14.8)
κυλίειν 798c

גָּלַל pilp.
κατακυλίειν 734c

גָּלַל polal
#ἀποτείνειν 148c (Is. 9.4)

גָּלַל hi.
⟦ἀποκυλίειν 136a⟧ → גָּלַל qal

גָּלַל hithpo.
συκοφαντεῖν 1301c
συμφέρειν 192b
συμφύρειν 192b
φύρεσθαι 1446b

גָּלַל hithpalp.
φύρεσθαι 1446b

גָּלָל subst.
βόλβιτον 224b
κόπρος 779a

גָּלָל I
διά + gen. (בְּ׳) 171a
" + acc. (בְּ׳) 171a
⟦εἴσοδος 413c⟧

גָּלָל II (Aramaic)
⟦ἐκλεκτός 437a⟧
*#ξυστός 959c (I Es. 6.9, 25)

גֹּלֶם
εἰλεῖν 377c

גֹּלֶם
ἀκατέργαστος 44a

גַּלְמוּד
ἄγονος 16b
⟦θάνατος 623b⟧
χήρα (גַּלְמוּדָה) 1468a

גָּלַע hithp.
⟦ἔνδεια 469b⟧
*#ἐπονείδιστος 539a
⟦συμπλέκειν 1305b⟧

גָּלַשׁ
⟦ἀναβαίνειν 70a⟧ →
  ἀναφαίνειν
ἀναβαίνειν 70a
ἀναφαίνειν 84c
⟦ἀποκαλύπτειν 131c⟧ → גָּלָה pi.

גָּלֻת
see גּוֹלָה, גָּלוּת

גַּם
⟦ἀληθῶς 54b⟧
*#ἅμα 60b
κἄν (וְגַם אִם) 166b
ἔτι 561a
καὶ νῦν (וְגַם עַתָּה) 951c

גֹּמֶא
βίβλινος 218b
ἕλος 453b
πάπυρος 1054b

גֹּמֶד
σπιθαμή 1284b

גָּמָה pi.
ἀφανίζειν 181b

גָּמָה hi.
ποτίζειν 1197c

גְּמוּל
⟦αἴνεσις 33c⟧
ἀνταποδιδόναι 108c
ἀνταπόδομα 109b
ἀνταπόδοσις 109b
ἀπόδοσις 127c
δόμα 341a
ἔργον 541c, 177b

גְּמוּלָה
ἀνταποδιδόναι 108c
ἀνταπόδοσις 109b

גָּמַל qal
ἀγαθὸν ποιεῖν 2a, 1154a
ἀνθεῖν 95b
ἀνταποδιδόναι 108c
ἀπογαλακτίζειν 125c
βλαστᾶν, βλαστάνειν,
  βλαστεῖν 220c
βουλεύειν 227a
#γεννᾶν 170a (Si. 14.18)
ἐκτρέφειν 443c
ἐνδεικνύναι 469c
ἐνεργεῖν 473a
ἐξανθεῖν 487c
ἐπάγειν 503c
ἐπιχειρεῖν 538c
ἐργάζεσθαι, ἐργάζειν 540c
εὐεργετεῖν 569c
μνησικακεῖν 932a

גָּמַל ni.
ἀπογαλακτίζειν 125c

גָּמָל
*κάμηλος 717c

גָּמַר
ἐκλείπειν 435c
εὐεργετεῖν 569c
συντελεῖν 1319b

גְּמַר pe. (Aramaic)
τελεῖν 1342c

גַּן
ἄμπελος 66c
κῆπος 763a
παράδεισος 1057c

גָּנַב qal
κλέμμα 767b
κλέπτειν 767b
κλέπτης 767c
κλοπή 772b
#κρύπτειν (גָּנַב לֵב qal) 791c (Ge. 31.20)
ὑφαιρεῖν 1419a

גָּנַב ni.
κλέπτειν 767b

גָּנַב pi.
ἰδιοποιεῖσθαι 673b
κλέπτειν 767b

גָּנַב pu.
κλέπτειν 767b
κλοπή 772b

גַּנָּב
κλέπτειν 767b
κλέπτης 182a
κλοπή 772b

גְּנֵבָה
κλέμμα 767b

גַּנָּה
κῆπος 763a
παράδεισος 1057c

גִּנָּה
κῆπος 763a

גְּנַז (Aramaic)
*#γαζοφυλάκιον 233a

גִּנְזַיָּא (Aramaic)
*#βιβλιοφυλάκιον (בֵּית גִּ׳) 219b

גְּנָזִים
γαζοφυλάκιον 233a

θησαυρός 651c

גִּנְזִין (Aramaic)
§γάζα 233a

גֶּנֶךְ
§ζακχον 593a
§ζακχω 593a

גָּנַן qal
ὑπερασπίζειν 1408c

גָּנַן hi.
⟦ὑπερασπίζειν 1408c⟧ → גָּנַן qal

גָּעָה
ῥημνύναι φωνήν 1248c, 1447b

גָּעַל qal
ἀπωθεῖν 151a
ἀφιστᾶν, ἀφιστάναι,
  ἀφιστάνειν 184b
βδελύσσειν, βδελύττειν 216a
προσοχθίζειν 1218c

גָּעַל ni.
προσοχθίζειν 1218c
μισεῖν 185b

גָּעַל hi.
ὠμοτοκεῖν 1493b

גָּעַר
ἀπειλεῖν 120a
ἀπειλή 120a
ἀποσκορακίζειν 141a
⟦ἀφορίζειν 185c⟧ → גָּדַע qal
διαστέλλειν 311b
ἐπιτιμᾶν 537a
λοιδορεῖν 887b
⟦συλλοιδορεῖν 1302c⟧ →
  λοιδορεῖν

גְּעָרָה
ἀπειλή 120a
ἀποσκορακισμός 141a
ἐλεγμός 449a
ἐπιτίμησις 537b
#φωνή 1447b (Is. 30.17 bis)

גָּעַשׁ qal
σαλεύειν 1257c
ταράσσειν 1336a

גָּעַשׁ hithp.
κυμαίνειν 799a
σαλεύειν 1257c
σπαράσσειν 1281c
ταράσσειν 1336a

גָּעַשׁ hithpo.
?ἐξεμεῖν 491a

גַּף I
μόνος (בְּגַף + suf.) 933b

גַּף II (Aramaic)
πτερόν 1237c

גָּפָה
χεῖλος 195b

גֶּפֶן
ἄμπελος 66c
ἀμπελών 67a
ὄμφαξ πρὸ ὥρας (גֶּ׳ בֹּסֶר) 994a

גָּפְרִית
θεῖον 628a

גֵּר
#γείτων 235b (Jb. 19.5)
γειώρας 235b
ξένος 957a
πάροικος 1071c
προσήλυτος 1216a

גַּר
see גּוּר

גָּרָב
ἄγριος 16c
ψώρα ἀγρία 1490c
ψωραγριᾶν 1490c

גַּרְגְּרוֹת
τράχηλος 1370b

גָּרַד hithp.
⟦ἀποξεῖν 139b⟧ → ξύειν
ξύειν 957c

גָּרָה pi.
ἐγείρειν 364a
κρίνειν εἰκῇ (גָּ׳ מָדוֹן) 787b
⟦ὀρύσσειν 1017c⟧ → כָּרָה I qal
παρασκευάζειν 1064a

גָּרָה hithp.
ἀνθιστάναι 95c
ἐρεθίζειν 544b
ἐρίζειν 547b
#παροξύνειν 1072a (Da. LXX 11.11[10])
προσυμπλέκεσθαι 1222b
συμβάλλειν 1303a
συμπροσπλέκειν 1306a
συνάπτειν 1312b
συνάπτειν (εἰς) πόλεμον 1172a,
  1312b

גֵּרָה
μηρυκισμός 923c
ὀβολός 960a

גָּרוֹן
⟦ἰσχύς 694b⟧
λάρυγξ 862c
τράχηλος 1370b
φάρυγξ 1425b, 195a

גָּרַז ni.
ἀπορρίπτειν 140b

גַּרְזֶן
ἀξίνη 113a
πέλεκυς 1116b
σίδηρος 1266c

גָּרַל
⟦κακόφρων (גְּרַל־חֵמָה) 712a⟧ →
  גָּדֹל, גָּדוֹל

גָּרַם qal
?ὑπολείπειν 1415a

גָּרַם pi.
ἐκμυελίζειν, ἐκμυελεῖν 438b

גֶּרֶם (Hebrew and Aramaic)
§γαρεμ 234b
ὀστέον, ὀστοῦν 1021c
ῥάχις 1248b

גֹּרֶן
ἅλων, ἅλως 60a
εὐρύχωρος 580a

גָּרַס qal
#ἐπιθυμεῖν 520b (Ge. 49.14)
ἐπιποθεῖν 526c

גָּרַס hi.
ἐλβάλλειν 420c

גָּרַע qal
ἀπολείπειν 136b
ἀποστερεῖν 145a
ἀπωθεῖν 151a
ἀφαιρεῖν 180a

[ἀφικνεῖσθαι 184a] → נָגַע hi.
ἐξαίρειν 485a
ξυρᾶν 959c
συντελεῖν 1319b

גָּרַע ni.
ἀνθυφαιρεῖν 102b
ἀφαιρεῖν 180a
ἐξαλείφειν 486a
ὑστερεῖν 1418b, *194c* (Si. 13.4)

גָּרַע pi.
#ἐξανθεῖν (גזע pi.) 487c (Si. 51.18)

גָּרַף
ἐκβάλλειν 420c
ἐκσύρειν 441c

גָּרַר qal
ἀνάγειν 75b
ἕλκειν, ἑλκύειν 453a
[ἐπιξενοῦσθαι 526a] → גּוּר I qal

גָּרַר hithpo.
[στρέφειν 1296c] → חִיל, חוּל hithpo.

גֶּרֶשׂ
ἐρικτός 547b
#σύνοδος 1317b (De. 33.14)
χίδρον 1469a

גָּרַשׂ qal
[ἀφανίζειν 181b] → גָּרַשׁ pi.
ἐκβάλλειν 420c
ἐξαίρειν *175c* (Si. 16.9)
κλυδωνίζεσθαι 772b

גָּרַשׁ ni.
ἀπωθεῖν 151a

גָּרַשׁ pi.
ἀπολύειν 138c
[ἀπορρίπτειν 140b] → גָּרַשׁ hithp.
#ἀφανίζειν 181b (Ez. 36.5)

ἐκβάλλειν 420c
ἐκβολή 421b
ἐκριζοῦν 441a
ἐκρίπτειν, ἐκρίπτειν 441a
ἐξαίρειν 485a
ἐξαποστέλλειν 488a
μετοικίζειν 918a

גָּרַשׁ pu.
ἐκβάλλειν 420c (+Ps. 108[109].10)
#ἐξαίρειν 485a (Pr. 20.13)

גָּרַשׁ hithp.
#ἀπορρίπτειν 140b (Mi. 2.9)
#ἀφορίζειν 185c (II Ki. 8.1)

גְּרֻשָׁה
καταδυναστεία 731a

גֵּרְשֻׁנִּי
§δῆμος τοῦ γεδσων 296a
§υἱοὶ γηρσων, υἱοὶ γεδσθων, υἱοὶ γεδσωνι 1384c

גָּשַׁם pu.
ὑετὸς γίνεσθαι 256c, 1384a
ὑετὸς καταβαίνει 727a

גָּשַׁם hi.
ὑετίζειν 1384a

גֶּשֶׁם
βροχή 231b
ὑετός 1384a
*χειμερινός 1457c
*χειμών 1457c

גֶּשֶׁם (Aramaic)
σῶμα 1330a

גָּשַׁשׁ pi.
ψηλαφᾶν 1485b

גַּת
ληνός 875c

גִּתִּית
[ληνός 875c] → גַּת

ד

דָּאַב qal
ἀσθενεῖν 127a
#πεινᾶν 1115b (Je. 38[31].12, 25)

דָּאַב hi.
παρέλκειν *187c*

דְּאָבוֹן
τήκειν 1348a

דָּאג
ἰχθύς 696a

דָּאַג
δαψιλεύεσθαι 285b
λόγον ἔχειν 586c, 881c
μεριμνᾶν 911a
φοβεῖν 1433b
φροντίζειν 1439c, *195b*

דְּאָגָה
#ἀθυμεῖν 30a (Je. 30.12 [49.23])
ἔκθλιψις 432a
ἔνδεια 469b
εὐλάβεια, εὐλαβία 572a
θλῖψις 652c
θυμοῦν 662b
μέριμνα *184b*
ταραχή *193a*
#φοβερός 1435c (Pr. 12.25)
φοβερὸς λόγος 881c

דָּאָה I qal
ὅρμημα 1014a
πετάννυναι, πετάζειν 1128c

דָּאָה II subst.
γρύψ 278a
γύψ 283b

דֹּב, דּוֹב (Hebrew and Aramaic)
ἄρκ(τ)ος 158a, *168b*
λύκος 889a

דֻּבָּא
ἰσχύς 694b

דִּבָּה
γογγυσμός 170c
διαβολή *171a*
[ἔκσκασις 441b]
κατειπεῖν (דּ' יָצָא ho.) 749a

λαλιά *183a*
λοιδορία 887c
ὀνείδισμα 994c
ῥήματα πονηρά 1186c, 1249a
ψόγος 1485c

דְּבֹרָה, דִּבְרֵי
μέλισσα 909a, *184b*

דְּבַח I pe. (Aramaic)
*#ἐπιθύειν 520b (I Es. 6.24)
θυσιάζειν 666a

דְּבַח II subst. (Aramaic)
θυσίασμα 666a

דְּבִיֹנִים
[κόπρος περιστερῶν 779a] → חַרְאִים ≈ κόπρος

דְּבִיר, דָּבַר
§δαβ(ε)ιρ 283a
ναός 939a, *185a*
[χρηματιστήρι(?) 1474c] → δαβ(ε)ιρ

דְּבֵלָה
παλάθη 1051a

דָּבַק, דְּבַק qal
ἀκολουθεῖν 44c
ἅπτεσθαι 150b
ἔχειν 586c
καταλαμβάνειν 735a
κολλᾶν 776b
προσέχειν 1215b
προσκεῖσθαι 1216c
προσκολλᾶν 1217a
προστιθέναι 1221a

דָּבַק, דְּבַק pu.
κολλᾶν 776b
προσκολλᾶν 1217a

דָּבַק, דְּבַק hi.
[καταβαίνειν 727a]
καταδιώκειν 730b
καταλαμβάνειν 735a
καταφθάνειν 747b
κολλᾶν 776b
προσκολλᾶν 1217a
συνάπτειν 1312b

συνδεῖν 1312c
φθάν(ν)ειν 1429b

דָּבַק ho.
κολλᾶν 776b

דְּבַק pe. (Aramaic)
εὐνοεῖν 575a
ὁμονοεῖν 993c
προσκολλᾶν 1217a

דֶּבֶק
πνεύμων 1153b
σύμβλημα 1303b

דָּבַר qal
[γραμματεύς 275b]
διηγεῖσθαι 329c
ἡγεῖσθαι 602c
λαλεῖν 841c, *183a*
λέγειν 863c
λόγος 881c
παρεμβάλλειν ῥῆμα *191a*

דָּבַר ni.
καταλαλεῖν 735a
λαλεῖν 841c

דָּבַר pi.
ἀναγγέλειν 74a
ἀντειπεῖν, ἀντερεῖν 109c
[ἀπολλύειν, ἀπολλύναι 136c] → אָבַד pi.
*διαλέγεσθαι 304b
διηγεῖσθαι 329c
εἰπεῖν, ἐρεῖν 384a
[εἶτα 415c] → (אַחַר דָּבְרִי) *415c*
ἐντέλλεσθαι, ἐντελλέσθειν(?) 477a
καλεῖν 712c
καταλαλεῖν 735a
*λαλεῖν 841c, *183a*
λέγειν 863c
λόγος 881c
μεγαλορ(ρ)ήμων (מְדַבֵּר גְּדֹלוֹת) 901c
[μελετᾶν 908b] → λαλεῖν
ὁμιλεῖν 991a
παρεμβάλλειν *187c*
προσλαλεῖν 1218b

προστάσσειν, προστάττειν 1220c
ῥῆμα 1249a
συλλαλεῖν 1301c
συντάσσειν 1318b
φθέγγεσθαι 1429c, *195a*
χρηματίζειν 1474c
ψευδολογεῖν (pi. דָּ' כָּזָב) 1485a

דָּבַר pu.
λαλεῖν 841c

דָּבַר hi.
[πατάσσειν 1103b] → ὑποτάσσειν
ὑποτάσσειν 1417b

דָּבַר hithp.
λαλεῖν 841c

דָּבָר
§αβεδ(δ)ηριν (הַדְּבָרִים) 1a
ἀγγελία 7a
[ἄδικος 26c]
ἀναγγέλλειν (דָּ' שׁוּב hi.) 74a
ἀντιλογία 111b
ἀποκρίνειν (שׁוּב דָּ' hi.) *168a*
ἀπόκρισις 134b
βασιλικός (דְּבַר מַלְכוּת) 214a
βιβλιοθήκη (דִּבְרֵי הַיָּמִים) 218b
[βιβλίον, βυβλίον 218b]
γράμμα 300a
[διαθήκη 300c]
δίκη 335b
δόλος (דְּבַר מִרְמָה) 340b
[" (דָּ') 340b]
*εἰπεῖν, ἐρεῖν (דָּבָר דָּ', הָיָה דָּ') 384a
ἔκθεσις 431c
*ἐντέλλεσθαι, ἐντελλέσθειν (שִׂים דָּ' בְּפִי) 477a
ἐντολή (דִּבְרֵי דָּ', דָּ') 479b
ἐπερώτησις 511a
ἔργον 541c
[" *177b*]
ἱκανός (אִישׁ דְּבָרִים) 683c
*#ἱστορεῖν 692b (I Es. 1.42)
[τὸ καθῆκον, τὰ καθήκοντα 700a]

⟦κρίμα 786a⟧
κρίσις 789c
λαλεῖν (הָיָה דָּ׳, דָּ׳ הָיָה) 841c, 183a
λαλιά 846c
λέγειν 863c
λογεῖον, λόγιον 880c
⟦["] 183d⟧ → λόγος
λόγος 881c, 183c (–Si. 20.13; +36[33].3; 36.24; 39.17; 47.22)
μηδείς, μηθείς 920c, 185a
νόμος 947b
⟦ " 185b⟧
⟦ὁρισμός 1013b⟧
οὐδείς, οὐθείς (דּ׳ + neg.) 1028b
οὕτω(ς) (כַּדְּבָרִים הָאֵלֶּה) 1035c
πολυλογία (רֹב דְּבָרִים) 1181a
*πρᾶγμα 1199c
πραγματ(ε)ία 1200b
*πρόσταγμα 1219c
προστάσσειν, προστάττειν (יָצָא דָּ׳) 1220c
*ῥῆμα 1249a, 191a
ῥῆσις 1251c
ῥητός 1251c
⟦τὸ ἐξελθὸν ἐκ τοῦ στόματος 1292b⟧ → פֶּה ≈ στόμα
συντάσσειν 1318b
τις (כָּל דּ׳) 1354a
τρόπος 1375a
ὃν τρόπον (זֶה הַדּ׳ אֲשֶׁר) 1375a
φωνή 1447b
⟦χρῆμα 1474b⟧ → ῥῆμα

דָּבַר
#ἀποστολή 145a (Je. 39[32].36)
θάνατος 623b, 179a
θανατοῦν 625a

דֶּבֶר
κοίτη 775b

דְּבַר
see דְּבִיר

דִּבְרָה
#ἕνεκεν (עַל דִּבְרַת דִּי) 472b (Da. 2.30)
λόγος 881c

דִּבְרָה
ἐπικαλεῖν (שִׂים דּ׳ hi.) 521b
λαλιά 846c
λόγος 881c
τάξις 1334b

דַּבְרוֹת
σχεδία 1327c

דִּבְרֵי
see דְּבוֹרָה, דְּבוֹרָה

דְּבַשׁ
μέλι 908c, 184a
μελισσῶν 909b

דָּג
ἁλιεύς 54b
ἰχθυ(η)ρός 696a
ἰχθυϊκός 696a
ἰχθύς 696a
κῆτος 763c
ὄψος 1044c

דָּגָה I subst.
ἰχθύς 696a
κῆτος 763c

דָּגָה II qal
πληθύ(ν)ειν 1144b

דָּגַל qal
ἐκλοχίζειν 437c

#τάσσειν 1337a (Ca. 2.4)

דָּגַל ni.
τάσσειν 1337a

דֶּגֶל
ἡγεμονία 603c
τάγμα 1333a

דָּגָן
ἄρτος 161b
πυρός 1245b
σίτος 1267b
τροφή 1376b

דָּגַר qal
συνάγειν 1307b

דַּד
διαπαρθενεύειν (עָשָׂה דַּדֵּי בְתוּלִים pi.) 307b

דְּהַב (Aramaic)
*χρυσίον 1477a
χρυσός 1478c
*χρυσοῦς, χρύσεος 1478c

דָּהַר qal
διώκειν 338b
#σπεύδειν 1284a (Jd. 5.22B)

דַּהֲרָה
#σπουδή 1285c (Jd. 5.22B)

דּוּב qal
#μέριμνα 911a (Pr. 17.12)

דּוּב hi.
ἐκτήκειν 443a
καταρρεῖν 743b (I Ki. 2.33)

דּוֹב
see דֹּב, דּוֹב

דַּוָּג
ἁλιεύς 54b

דּוֹד
ἀγαπητός 7a
ἀδελφιδός 20a
ἀδελφός 20a
ἀδελφὸς τοῦ πατρός 20a, 1105a
#ἀνεψιός (בֶּן דּוֹד) 87c
καταλύειν 738b
μαστός, μασθός 898b
οἰκεῖος 968c
πατραδελφός 1111a
#συγγένεια 1298b (Is. 38.12)
⟦συγγενής 1298c⟧ → דּוֹדָה
φιλία 1430c

דּוּד
κάλαθος 712a
κάμινος 718a
κάρταλλος 725a
κόφινος 781b
*λέβης 863c

דּוֹדָה
τοῦ ἀδελφοῦ τοῦ πατρὸς θυγάτηρ 20a
θυγάτηρ τοῦ ἀδελφοῦ 656b
θυγάτηρ τοῦ ἀδελφοῦ τοῦ πατρός 1105a
συγγένεια, συγγενία 1298b
συγγενής 1298c

דּוּדַי
⟦κάλαθος 712a⟧ → דּוּד
μανδραγόρας, μανδραγόρος 895b
μῆλα μανδραγορῶν/ μανδραγόρου (דּוּדָאִים) 895b, 921c

דָּוָה qal
ἀποκαθημένη 131b
ἄφεδρος 182b

דָּוֶה
αἱμορροεῖν 33a
ὀδυνᾶν 967a
⟦ὀδύνη 967a⟧
ὀδυνηρός 967b
⟦ὀδύρεσθαι 967b⟧ → ὀδυνᾶν
#πεινᾶν 188b (Si. 4.2)

דָּוָה hi.
ἀναφέρειν 167a
ἀποκλύζειν 132c
ἐκκαθαρίζειν 432a
⟦ἔκρυσις 441b⟧
ἐξωθεῖν 502b
πλύνειν 1151b

דְּוַי
ἀπορεῖν 140a
λυπεῖν 889b
ὀδύνη 967a

דָּוֶךְ qal
τρίβειν 1372b

דּוּכִיפַת
ἔποψ 539b
⟦ὕποψ 1418b⟧ → ἔποψ

דּוּמָה
ᾅδης 24a

דּוּמִיָּה
πρέπειν 1201b
⟦ὑποτάσσειν 1417b⟧ → רָדַד qal

דּוּמָם
ἡσυχάζειν 620a
κατανύσσεσθαι 739c

דּוּן, דִּין
⟦καταμένειν 739a⟧ → דּוּר I qal

דּוּן
#λύπη 183c (+Si. 38.17)

דּוּנַג, דּוֹנַג
κηρός 763b

דּוּץ
⟦προτρέχειν 1231b⟧ → רוּץ qal
⟦τρέχειν 1371c⟧ → רוּץ qal

דּוּק hi.
#ἀριθμεῖν 156b (Ge. 14.14)

דּוּר I qal
#καταμένειν 739a (Ge. 6.3)
κατοικεῖν 751c, 181c
οἰκεῖν 968a

דּוּר II qal
#ὑποκαίειν 1413c (Ez. 24.5)

דּוּר III pe. (Aramaic)
κατοικ(ε)ία 755b
κατοικεῖν 751c
νοσσεύειν 949c

דּוֹר, דֹּר
γενεά 236a, 170a
γένεσις 237a, 170a
διὰ παντός (לְדוֹרוֹתָם) 171a
ἔκγονος 421c
ζωή 178b
ἡμέρα 179b
⟦τέκνον 1340c (Jo. 22.27)⟧ → γενεά

דּוּרָא (Aramaic)
#περίβολος 1122b (Da. LXX 3.1)

דּוּשׁ, דּוֹשׁ qal
ἀλοᾶν 59a
#κατάγειν 729b (Hb. 3.12)

καταγνύναι 730a
καταξαίνειν 740a
καταπατεῖν 740b
καταπάτησις 740c
νεῖκος 941b
#πρίειν, πρίζειν 1203a (Am. 1.3)
συμπατεῖν 1305a

דּוּשׁ, דּוֹשׁ ni.
καταπατεῖν 740b
πατεῖν 1105a

דּוּשׁ, דּוֹשׁ ho.
καθαίρειν 697c

דּוּשׁ, דּוֹשׁ pe. (Aramaic)
ἀναστατοῦν 82a

דָּחָה qal
ἀνατρέπειν 84b
ἐκθλίβειν 432a
ὑποσκελίζειν 1416c
ὠθεῖν 1492c

דָּחָה ni.
ἀπωθεῖν 151a
#προσαπωθεῖν 190a (Si. 13.21)
ὑποσκελίζειν 1416c

דָּחָה pu.
ἐξωθεῖν 502b

דַּחֲוָה (Aramaic)
ἔδεσμα 368a

דְּחִי
ὀλίσθ(ρ)ημα 987b

דָּחַל qal
#πτοεῖν 1238c (Ez. 2.5, 7 Aramaizing)

דְּחֵל pe. (Aramaic)
ὑπέρφοβος (דְּחִיל יַתִּיר) 1411b
φοβεῖν 1433b
φοβερός 1435c

דְּחֵל pa. (Aramaic)
εὐλαβεῖσθαι 572a
φοβερίζειν 1435b
φόβος ἐπιπίπτει 1435c

דֹּחַן
κέγχρος 757c

דָּחַף qal
#ἀναστρέφειν 166c (Si. 36[33].12)
διώκειν 338b
⟦ἐπιτελεῖν 535a⟧
σπεύδειν 1284a

דָּחַף ni.
σπεύδειν 1284a
ὑποστρέφειν 1417b

דָּחַק qal
ἐκθλίβειν 432a

דִּי
αὐτάρκης 169a
⟦ἑκούσιος 438c⟧ → נָדַב hithp.
ἱκανός (בְּדֵי, דַּי) 683c (Na. 2.12[13]; Hb. 2.13), 180a
ἱκανοῦσθαι 684a
ὅσος 1019a

דִּי (Aramaic)
καταχρύσεα (דִּי זָהָב) 748c
*ὅσος (מִן דִּי, דִּי) 1019a
ὅστις 1022b
ἐάν/εἰ τις (מָה דִי) 1354a
ὃν τρόπον (כָּל קֳבֵל דִּי) 1375a

דַּיָּג
ἁλιεύς 54b

דַּיָּה
ἔλαφος 448c

דִּין I qal
διακρίνειν 304a
δίκαιος 330c
κρίνειν 787b
κρίσις 789c
συνέδριον 1313a

דִּין I ni.
κρίνειν 787b

דִּין II pe. (Aramaic)
*#δικάζειν 330b (I Es. 8.23)
κρίνειν 787b

דִּין III subst. (Hebrew and Aramaic)
*#κολάζειν (דִּין אִתְעֲבֵד) 776a
(I Es. 8.24)
κρίμα 786b
κρίνειν 787b
κρίσις 789c
κριτήριον 791a
⟦λύπη 183d⟧

דַּיָּן (Hebrew and Aramaic)
*#δικαστής 335b (I Es. 8.23)
κρίνειν 787b
*κριτής 791a

דָּיֵק
βελόστασις 217b
περίτειχος 1127b
προμαχών 1207c
προφυλακή 1234a

דַּיִשׁ
ἀλοητός 59b (+Am. 9.13)

דִּישׁוֹן, דִּישֹׁן
πύγαργος 1240a
⟦πύδαργος 1240a⟧ → πύγαργος

דַּךְ
#ἀπορία 168a (Si. 4.2)
πένης 1117a
ταπεινός 1334b
ταπεινοῦν 1334c

דָּךְ, דַּךְ (Aramaic)
ἐκεῖνος 428a

דָּכָא ni.
συντρίβειν 1321a

דָּכָא pi.
ἀδικεῖν 24c
ἀτιμάζειν 175c
⟦καθαιρεῖν 697b⟧ → דְּכָא pa.
παίειν 1048c
ταπεινοῦν 1334c
τιτρώσκειν 1362a

דָּכָא pu.
κακοῦν 711b
μαλακίζεσθαι 894b

דָּכָא hithp.
κολαβρίζεσθαι 776a
⟦σκολαβρίζειν 1275a⟧ →
κολαβρίζεσθαι
ταπεινοῦν 1334c

דְּכָא pa. (Aramaic)
#καθαιρεῖν 697b (Jb. 19.2 Aramaizing)
#καθαρίζειν 698a (Is. 53.10 Aramaizing)

דַּכָּא
ὀλιγόψυχος (דַּ' וּשְׁפַל־רוּחַ) 987a
ταπεινός 1334b
ταπείνωσις 1335c

דָּכָה qal
ταπεινοῦν 1334c

דָּכָה ni.
ταπεινοῦν 1334c

דָּכָה pi.
ταπεινοῦν 1334c

דָּכָה
ταπεινοῦν 1334c

דַּכָּה
θλαδίας (פְּצוּעַ־דַּ') 652a

דְּכִי
ἐπίτριψις 537c

דָּכַךְ pulp.
#θλίβειν pass. (מִדְכַּדֵּךְ נֶפֶשׁ) 179c
(Si. 4.4)

דְּכַן (Aramaic)
ἐκεῖνος 428a

דְּכַר (Aramaic)
*κριός 788c

דִּכְרוֹן
ὑπόμνημα 1416b

דָּכְרוֹנָא (Aramaic)
*#ὑπομνηματίζεσθαι (כְּתָב דָּ')
1416b (I Es. 6.23)

דָּכְרָן (Aramaic)
*#ὑπόμνημα 1416b (I Es. 2.22)
ὑπομνηματισμός 1416b

דַּל I subst.
θύρα 662c

דַּל II adj.
⟦ἁδρός 27c⟧ → גָּדֵל, גָּדוֹל
ἀδύνατος 28a
?ἀσεβής 170b
ἀσθενεῖν 172a
ἀσθενής 172b
ἥσσων, ἥττων 620a
πένεσθαι 1117a
πένης 1117a
πενιχρός 1118b
πονηρός 1186c
πτωχός 1239b, 190c
ταπεινός 1334b, 193a

דָּלַל qal
#ἐφάλλεσθαι 585b (Ze. 1.9)

דָּלַל pi.
ἅλλεσθαι 55c
ἀφάλλεσθαι 169a
⟦⟦ἐφάλλεσθαι⟧ 178b⟧ →
ἀφάλλεσθαι
πηδᾶν 1131a
ὑπερβαίνειν 1409a

דָּלָה qal
ἀντλεῖν 112a
ἐξαντλεῖν 488a

דָּלָה pi.
ὑπολαμβάνειν 1414c

דָּלָה
κατάλοιπος 738a
πλόκιον 1150b
πτωχός 1239b

דָּלַח qal
⟦καταπατεῖν 740b⟧
ταράσσειν 1336a

דְּלִי
κάδος 697a

דָּלִית
κλάδος 766a
κλῆμα 767c

דָּלַל qal
ἀσθενεῖν 172a
ἐκλείπειν 435c
πτωχεία 190c

πτωχεύειν 1239b
ταπεινοῦν 1334c

דָּלַל ni.
ἔκλειψις 437a
πτωχεύειν 1239b

דָּלַף qal
νυστάζειν 956a
στάζειν 1286a

דֶּלֶף
σταγών 1286a

דָּלַק qal
⟦δόλιος 340b⟧ → חָלָק ≈ λεῖος
ἐκκαίειν 432b
ἐκκλ(ε)ίνειν 433c
⟦ἐκπέτεσθαι 439a⟧ → ἐξάπτειν
ἐμπυρίζειν 460a
ἐξάπτειν 489c
καίειν 705a
καταδιώκειν 730b

דָּלַק hi.
ἀνακαίειν 78a
ἐκκαίειν 432b, 173c
συγκαίειν 1299a

דְּלַק pe. (Aramaic)
#βαδίζειν 188a (Da. LXX 7.9
[967])
⟦καίειν 705a⟧
φλέγειν 1432c

דַּלֶּקֶת
ῥῖγος 1251c

דֶּלֶת
θύρα 662c
θύρωμα 664a
πύλη 1240b, 190c
σανίς 1259a
σελίς 1262c
τρώγλη 1378a

דָּם
αἷμα 31b, 165c
δόλιος (אֹרֵב־דָּם) 340b
ἔνοχος (דָּם בְּרֹאשׁ, דָּם) 476c
αἵματι ἔνοχος 476c
αἱμάτων μέτοχος 918a
φόνος 1437c

דָּמָה I qal
ὅμοιος 992b
ὅμοιος εἶναι 992b
#ὅμοιος γίνεσθαι 992b (Is. 23.2)
ὁμοιοῦν 993a
γίνεσθαι ὡς (דָּ' לְ qal) 170b, 196b

דָּמָה I ni.
⟦ἀπορρίπτειν 140b⟧ → רָמָה I ni.
ὁμοιοῦν 993a

דָּמָה I pi.
διαγινώσκειν 299c
(ἐ)θέλειν 628c
εἰπεῖν, ἐρεῖν 384a
ἐνθυμεῖσθαι 473c
παραλογίζεσθαι ἐξολεθρεῦσαι
497c
ὅμοιος εἶναι 992b
ὁμοιοῦν 993a
ὑπολαμβάνειν 1414c

דָּמָה I hithp.
ὅμοιος εἶναι 992b

דָּמָה II qal
ἀφαιρεῖν 180a
διαλείπειν 304b
σιγᾶν 1265c
⟦σιωπᾶν 1267c⟧ → σιγᾶν

דְּמָה pe. (Aramaic)
ὅμοιος 992b
ὁμοίωμα 993a
ὁμοίωσις 993b
#παραδειγματίζειν 1057c (Da.
LXX 2.5)

דָּמָה
⟦κατασιγᾶν 743c⟧

דְּמוּת
(ε)ἰδέα 374b, 669b
εἰκών 377b
ὅμοιος 992b
ὁμοίωμα 993a
ὁμοίωσις 993b

דִּמְיוֹן
ὑπόνοια 194c

דָּמִים ("price")
#καταλλαγή 738a (Is. 9.5[4])

דָּמַם qal
ἀπολιθοῦν (דָּ' כָּאֶבֶן qal) 136c
⟦ἀπορρίπτειν 140b⟧ → רָמָה I ni.
ἀφιστᾶν, ἀφιστάναι,
ἀφιστάνειν 184b
ἐᾶν 361a
ἐξαγορεύειν + neg. 484a
⟦ἐπαίρειν 505a⟧ → רוּם I qal
ἱστάναι, ἱστᾶν 689a
⟦κατάγειν 729b⟧
κατανύσσεσθαι 739c
#παῦσις 1112c (Je. 31[48].2)
#πίπτειν 1135c (Je. 30[49].26)
σιωπᾶν 1267c
⟦ὑποτάσσειν 1417b⟧ → דָּדַד qal

דָּמַם ni.
⟦ἀπορρίπτειν 140b⟧ → רָמָה I ni.
#κατανύσσεσθαι 739c (Is. 6.5)
παύειν 1112b

דָּמַם hi.
⟦ἀπορρίπτειν 140b⟧ → רָמָה I ni.

דְּמָמָה
αὔρα 179a

דֹּמֶן
κοπρία 778c
κόπριον 779a
κόπρος 779a
#παράδειγμα 1057b (Je. 8.2;
9.22[21]; 16.4)

דָּמַע qal
δακρύειν 284a, 170a

דָּמַע hi.
δακρύειν 170a

דֶּמַע
ληνός 875c

דִּמְעָה
δάκρυ(ον) 284a, 170a

דְּנָה, דֵּן (Aramaic)
ἔμπροσθε(ν) (מִן־קֳדָמַת דְּנָה) 459b
ἐπ' ἐσχάτων τῶν ἡμερῶν
(אַחֲרֵי דְנָה) 558a
οὕτω(ς) (כָּל־קֳבֵל דְּנָה, כִּדְנָה)
1035c
τάδε (כִּדְנָה) 960b
*#τοιοῦτος (כִּדְנָה) 1362b (I Es.
2.20)
τότε (כָּל־קֳבֵל דְּנָה) 1367c
*#ὑπογεγραμμένος 1412c (I Es.
2.16)

דַּע
εἰδεῖν, εἰδέναι 374b
ἐπιστήμη 530a, 174a

דֵּעָה
  γινώσκειν 267a
  γνῶσις 273c
  ἐπιστήμη 530a
  παιδ(ε)ία *187a*

דָּעַךְ qal
  σβέννυναι 1261a

דָּעַךְ ni.
  ἐκτίλλειν *174a*
  ἐπιγινώσκεσθαι + neg. 517c

דָּעַךְ pu.
  ⟦ἐκκαίειν 432b⟧ → בָּעַר I qal

דַּעַת
  ἀγνωσία (בְּלִי־דַ׳) 16b
  αἴσθησις 36b
  ἀκουσίως (בְּבְלִי־דַ׳) 50a
  ⟦ἀνήκοος (בְּלִי דַ׳) 88a⟧
  #ἀφροσύνη (חֹסֶר דַ׳) 169c (Si. 13.8)
  βουλή 227c
  βούλημα 228b
  γινώσκειν 267a
  γνῶσις 273c, *170c*
  εἰδέναι γνωστόν 274a, 374b
  γραμματικός (יְדַע דַ׳) 275c
  εἰδεῖν, εἰδέναι 374b
  ἔννοια 475c
  ἐπιγνώμων (יְדַע דַ׳) 518c
  ἐπίγνωσις 518c
  ἐπίστασθαι 529b
  ἐπιστήμη 530a, *177a*
  νοῦς ἐπιγνώμων 950c
  ⟦παιδ(ε)ία 1046c⟧ → σοφία
  σοφία 1278c
  #σοφός 1280b (Pr. 14.7)
  σύνεσις 1314a, *192c*
  φρόνησις 1439a

דְּפִי
  σκάνδαλον 1268b

דָּפַק qal
  καταδιώκειν 730b
  κρούειν 791c

דָּפַק hithp.
  κρούειν 791c

דַּק
  ἔφηλος 585b
  λεπτός 874a

דַּק
  καμάρα 717c

דָּקַק qal
  λεπτός 874a
  λεπτὸς γίνεσθαι 256c
  λεπτύνειν 874b

דָּקַק hi.
  κατατήκειν 746c
  #λε(ι)αίνειν 863c (Ps. 17[18].42)
  λεπτός 874a
  λεπτύνειν 874b

דָּקַק ho.
  #βιβρώσκειν 219c (Is. 28.28)
  καταπατεῖν 740b

דְּקַק pe. (Aramaic)
  λεπτὸς γίνεσθαι 256c, 874a
  λεπτύνειν 874b

דְּקַק aph. (Aramaic)
  θλᾶν 652a
  κατακόπτειν 734b
  καταλεαίνειν 736a
  καταλεῖν 736a

#καταλοᾶν (Da. LXX 2.34 [𝔓967])
  κοπανίζειν 778a
  λεπτύνειν 874b
  πατάσσειν 1103b
  συναλο(ι)ᾶν 1311a

דָּקַר qal
  ἀποκεντεῖν 132b
  ἐκκεντεῖν 432c
  συμποδίζειν 1305c

דָּקַר ni.
  ἡττᾶν 620b

דָּקַר pu.
  ἐκκεντεῖν 432c
  κατακεντεῖν 733b

דָּר (Aramaic)
  γενεά 236a

דֹּר
  see דּוֹר, דָּר

דְּרָאוֹן
  ⟦αἰσχύνη 37a⟧
  #διασπορά 311a (Da. LXX 12.2)

דָּרְבוֹן
  βούκεντρον 226a

דָּרְבָן
  δρέπανον 349a

דַּרְדַּר
  τρίβολος 1372b

דָּרוֹם
  §δαρομ 285b
  λίψ 879c
  νότος 949c
  #τρυγών 1377b (Ps. 83[84].3)

דְּרוֹר
  ἄφεσις 182b
  ἐκλεκτός 437a
  στρουθός 1297c

דֶּרֶךְ qal
  ⟦ἀνατέλλειν 83a⟧
  διατείνειν 313a
  διοδεύειν 336a
  ἐντείνειν 477a
  ⟦ἐπανιστάναι, ἐπανιστάνειν 506c⟧ → πατεῖν
  ἐπιβαίνειν 515c, *176c*
  ἐπιβιβάζειν 516c
  καταπατεῖν 740b
  #ὁδοιπόρος *186a* (Si. 42.3)
  ὁδός 962b
  πατεῖν 1105a
  πατητής, πατητός 1111a
  περιπατεῖν 1125a
  πιέζειν, πιάζειν 1132c
  τείνειν 1339c
  τοξότης (הָרַךְ קֶשֶׁת) 1364b
  τρυγᾶν 1377a

דֶּרֶךְ hi.
  ἀλοᾶν 59a
  διαπορεύεσθαι 308b
  ἐμβιβάζειν 455c
  ἐντείνειν 477a
  ἐπιβαίνειν *176c*
  ἐπιβιβάζειν 516c
  #ἐπιτυγχάνειν 537c (Pr. 12.27)
  εὑρίσκειν 576c,
  ⟦["] *178a*⟧ → καταλαμβάνειν
  καταλαμβάνειν *181b*
  καταπατεῖν 740b
  ὁδηγεῖν 962a
  πατεῖν 1105a

πατῆσαι ποιεῖν 1105a, 1154a

דֶּרֶךְ
  ⟦ἁμάρτημα 62a⟧ → רָכַב ≈ ἅρμα
  ⟦ἁμαρτία 62a⟧
  ⟦ἀνομία 106b⟧
  ἀτραπός 168c
  #βλέπειν εἰς (דַּרְכֵי) 221a (Pr. 16.25)
  βλέπειν πρός 221a
  βλέπειν κατά 221a
  ⟦γῆ 240c⟧
  ⟦δικαίωμα 334b⟧
  διοδος 336a
  ⟦ἐγγίζειν (בַּד׳ בְעוֹד) 362b⟧
  τὰ κατ᾽ ἐθισμόν 368b
  ἔννοια 475c
  ⟦ἔξοδος 497b⟧ → ὁδός
  ἔργον 541c
  ἔρχεσθαι 548b
  *#εὐοδία (דַ׳ יָשְׁרָה) 575b
  ⟦ζωή 599c⟧ → ὁδός
  ἡμέρα 607b
  ἴχνος 696b
  καθήκειν 700a
  κακία (דַ׳ רָעָה) 708a
  ⟦ " (דַ׳) 708a⟧
  ⟦καρδία 719a⟧
  καταβαίνειν 727a
  ⟦κατάβασις 729a⟧
  ὁδοποιεῖν (פִּנָּה דֶ׳) 962b
  ὁδός 962b, *186a* (+Si. 36[33].11)
  παράλιος (דֶ׳ הַיָּם) 1061c
  παριέναι ("to go past") (עָבַר דֶ׳) 1070b
  πάροδος 1071a
  περίπατος 1125b
  πλάσμα 1140b
  πολυοδία (רֹב דֶ׳) 1181a
  πρᾶξις 1200c
  πυθμήν 1240a
  σκολιαῖς ὁδοῖς πορεύεσθαι (נַעֲקֵשׁ דְּרָכַיִם) 1275b
  τρίβος 1372b

דַּרְכְּמוֹן
  §δραχμή 349a
  *μνᾶ 931a
  νόμισμα 947a

דְּרַע (Aramaic)
  βραχίων 230a

דָּרַשׁ qal
  *#ἀκούειν 45a (I Es. 5.66)
  ἀναζητεῖν 77a
  ἀνετάζειν 87b
  ἀντέχειν 109c
  δεῖσθαι 288a
  ⟦ἐκβάλλειν 420c⟧ → גָּרַשׁ pu.
  ἐκδικεῖν 422b
  ἐκζητεῖν 430c, *173c* (Si. 51.14)
  ἐλπίζειν 453c
  ἐξετάζειν 495a, *175c* (Si. 3.21c)
  ⟦ἐξιχνεύειν *176a*⟧
  ἐξιχνιάζειν 497a
  ἐπερωτᾶν 510b
  ἐπιζητεῖν 520a
  ἐπισκέπ(τ)ειν 527c
  ἐπισκοπεῖν 528c
  *ἐτάζειν *178a*
  *ζητεῖν 597a, *178a*
  κρίνειν 787b
  ⟦μηρύεσθαι 923c⟧
  προσαγορεύειν 1212a

πυνθάνεσθαι 1242b
  ⟦χρησμολογεῖν(?) 1474c⟧ → χρησμολογεῖν
  χρησμολογεῖν 1475a

דָּרַשׁ ni.
  ἀκριβάζειν 166a
  ἀποκρίνειν 133a
  ἐκζητεῖν 430c
  ἐμφανὴς γίνεσθαι 256c, 460c
  ἐπισκέπ(τ)ειν 527c
  ζητεῖν 597a
  ⟦ζήτημα τίθεσθαι 598c, 1348c⟧ → ζητεῖν

דָּרַשׁ pi.
  ⟦ἐκζητεῖν 430c⟧ → דָּרַשׁ qal

דָּשָׁא qal
  βλαστᾶν, βλαστάναι, βλαστεῖν 220c

דָּשָׁא hi.
  βλαστᾶν, βλαστάναι, βλαστεῖν 220c

דֶּשֶׁא
  ἄγρωστις 18b
  βοτάνη 225c
  πόα, ποία 1153b
  χλόη 1471c
  ⟦χλωροβοτάνη (יֶרֶק דֶּ׳) 1471c⟧ → βοτάνη
  χόρτος 1473a

דָּשֵׁן I qal
  τὸν καλυπτῆρα ἐπιτιθέναι 717b
  κορεννύναι 779c

דָּשֵׁן I pi.
  εὐφραίνειν *178b*
  #ἱλαροῦν *180a* (Si. 43.22)
  λιπαίνειν 879b, *183b*
  πιαίνειν 1132c, *188c* (Si. 26.13)

דָּשֵׁן I pu.
  ἐμπιπλᾶν, ἐμπι(μ)πλάναι, ἐμπλήθειν 457a

דָּשֵׁן I hothp.
  παχύνειν 1112c

דָּשֵׁן II adj.
  πίων 1139a
  πλησμονή 1149c

דֶּשֶׁן
  ἀγαθός 2a
  κατακάρπωσις 733a
  πιότης 1135b
  σποδιά 1284c
  σποδός 1285a

דָּת (Hebrew and Aramaic)
  γνώμη 273a
  γράφειν 276a
  δόγμα 339b
  δογματίζειν (דָּת, דָּתָא נְפָקַת) 339b
  ἔκθεμα 431c
  νόμιμος 946c
  νόμισμα 947a
  *#νόμος 947b (I Es. 8.9, 12, 19, 23, 24)
  ὁρισμός 1013b
  *πρόσταγμα 1219c

דֶּתֶא (Aramaic)
  χλόη 1471c

דְּתָבַר (Aramaic)
  οἱ ἐπ᾽ ἐξουσιῶν (דְּתָבְרַיָּא) 500c

ה

הַ (article)
#ὅσος 1019a

הָ (locative hēʾ)
ἐπί + acc. 176b

הָא (Aramaic)
ἰδού 673c
ὅδε 960b

הֵא
ἰδού 673c
⟦λαμβάνειν 847a⟧

הֶאָח
ἐπιχαίρειν (אָמַר הֶ) 538b
εὖγε 568c
ἡδύ μοι 604c
ὦ 196a

הַב
αἰτεῖν (אָמַר הָבוּ) 37c

הַבִּירָה
§αβειρ(ρ)α, αβιρα 1b

הָבַל qal
ἐπιβάλλειν κενά 516a
⟦ἐπιποθεῖν 526c⟧
κενὰ ἐπιβάλλειν 759a
ματαιοῦν 899b

הָבַל hi.
ματαιοῦν 899b

הֶבֶל
#ἀνομία 167b (Si. 49.2)
ἀτμός 176b
εἴδωλον 376a
καταιγίς 731b
κενός, καινός ("empty") 759a
μάταιος 898c
ματαιότης 899a
ματαίως 899b
μάτην 899c
οὐδείς, οὐθείς 1028b

הֶבֶל
ματαιότης 899a

הַבָּמָה
§αβ(β)αμα 1a

הַבָּר
ἀστρολόγος 173c

הָגָה hi.
⟦ἐκ/ἀπὸ τῆς κοιλίας φωνεῖν 773a⟧ → הָגָה qal

הָגָה qal
ἀναστρέφειν 166c
βοᾶν 222a
#ἐκ/ἀπὸ τῆς κοιλίας φωνεῖν 773a
⟦κτείνειν 793c⟧ → הָרַג qal
μελετᾶν 184a
⟦ " 908b⟧
⟦ὁμιλεῖν 186b⟧
φωνεῖν 1447b

הָגָה hi.
ἐκ τῆς κοιλίας φωνεῖν 1447b

הֶגֶה
μελετᾶν 908b
μελέτη 908c
μέλος 909b

הָגוּת
μελέτη 908c

הָגִיג
κραυ(γ)ή 784b
μελέτη 908c

הִגָּיוֹן
μελέτη 908c
#στεναγμός 1288a (Ge. 3.16)
ᾠδή 1492a

הָגִין
⟦κάλαμος 712b⟧

הֶגֶר
κυρτός 839a

הַדָּבְרִין (Aramaic)
δυνάστης 355b
μεγιστάν 907a
τύραννος 1378c
ὕπατος 1407b
#φίλος 1431b (I Es. 8.13)

הַדַדְרִמּוֹן
⟦ῥοῶν 1254b⟧ → רִמּוֹן

הָדָה
ἐπιβάλλειν + χεῖρα (= יָד) 516a

הֲדָם (Aramaic)
εἰς ἀπώλειαν εἶναι (הַדָּמִין עֲבַד) 151c
διαμελίζειν (הַדָּמִין עֲבַד) 305c

הֲדֹם
ὁ τόπος οὗ ἔστη 689a
στάσις 1286c
ὑποπόδιον 1416c

הֲדַס
μυρσίνη 937b

הֲדַס
#μυρσινών 937c (Jd. 1.35)

הָדַף qal
ἀναστρέφειν 166c
ἀνατρέπειν 84b
ἀπωθεῖν 151a
ἀφαιρεῖν 180a
διωθεῖν 338b
ἐκδιώκειν 423b
#ἐξαίρειν 175c (Si. 33[36].9; 47.5)
?ἐξαναλίσκειν 487b
ἐξολεθρεύειν, ἐξολοθρεύειν 497c
⟦[καταστρέφειν] 181d⟧ → ἀναστρέφειν
παραλύειν 1062a
προσανατρέπειν 190a
ὠθεῖν 1492c

הָדַר qal
δοξάζειν 172a
⟦ἐλεεῖν 449c⟧
θαυμάζειν 626c
⟦ὄρος 1014b (Is. 45.2)⟧ → הַר

τιμᾶν 1353a
ὡραῖος (הָ pass. ptc.) 1493c

הָדַר ni.
δοξάζειν 343b, 172a
ὡραῖος 196a

הָדַר hithp.
ἀλαζονεύεσθαι 52a

הֲדַר pa. (Aramaic)
δοξάζειν 343b
εὐλογεῖν 572a

הָדָר
δόξα 341b, 171c
*#δοξάζειν 343b
ἔνδοξος 470c
ἔπαινος 504c
εὐπρέπεια, εὐπρεπία 576b
κάλλος 715a
λαμπρότης 853a
μεγαλοπρέπεια, μεγαλοπρεπία 901c
τιμή 1353a
ὡραῖος 1493c
ὡραιότης 1494a

הֵדֶר
δόξα 341b

הֲדַר (Aramaic)
δόξα 341b

הֲדָרָה
⟦αἰνεῖν 33a⟧ → יָדָה hi.
αὐλή 177b
δόξα 341b
⟦ἐξομολογεῖν 499a⟧

הָהּ
ὦ, ὦ 1491a

הוֹ
οὐαί 1027c
ὦ 196a

הוּא (Hebrew and Aramaic)
ἄνθρωπος 96b
§αφφω (אַף־הוּא) 187b
ἐκεῖνος (הַהוּא, הַהִוא) 428a
ποῖος (מֶן־הוּא) 1170a
τοιοῦτος (הַהוּא, הַהִוא, כְּ ... הֲ) 1362b

הֱוָא pe. (Aramaic)
see הֲוָה pe.

הוֹד
⟦ἁγιωσύνη 15b⟧
ἀρεταλογία, ἀρεταλόγιον 168b
ἀρετή 156a
δόξα 341b, 171c (+Si. 42.25; 45.7; 51.17)
*#δοξάζειν 343b, 172a (Si. 3.20)
ἕξις 496b
ἐξομολόγησις 499c
⟦ " 176a⟧
εὐπρεπής 576b
⟦ζωή 599c⟧
ἰσχύς 694b
#κάλλος 180c (Si. 26.17)
κατάκαρπος 733a

μεγαλοπρέπεια, μεγαλοπρεπία 901c
τιμή 1353a
ὡραιότης 1494a

הוֹדָאָה
⟦δόξα 171d⟧
⟦δύναμις 172b⟧

הָוָה qal
*γίνεσθαι 256b

הֲוָה pe. (Aramaic)
*γίνεσθαι 256b
#εἶναι 378a

הַוָּה
ἀδικία 25b
⟦αἰσχύνη 37b⟧
ἀνομία 106b
#ἀπώλεια, ἀπωλία 151c (Pr. 11.6)
⟦ἀσέβεια, ἀσεβία 169c⟧ → ἀπώλεια, ἀπωλία
καταθύμιος 731b
#μάταιος 898c (Ps. 5.9)
ματαιότης 899a
ὀδύνη 967a
ταραχώδης 1337a

הֹוָה
οὐαί 1027c
#ταλαιπωρία 1333b (Is. 47.11)

הוֹי
οἴμ(μ)οι 983b
οὐαί 1027c
ὦ, ὦ 1491a, 196a

הוּךְ pe. (Aramaic)
*#συμπορεύεσθαι 1305c (I Es. 8.10)
*#συνεξορμᾶν 1313c (I Es. 8.11)

הוֹלֵלוֹת
⟦παραφορά 1065b⟧ → περιφορά
περιφέρεια 1128a
περιφορά 1128a

הוּם qal
ἀπολλύειν, ἀπολλύναι 136c

הוּם ni.
ἠχεῖν 620c

הוּם hi.
ἐξάλλεσθαι 487a
ταράσσειν 1336a

הוּן hi.
συναθροίζειν 1310b

הוֹן
ἀρκεῖν 158a
βίος (הוֹן בַּיִת) 220a
δόξα 341b
δύναμις 350a
θησαυρός 179b
ἱκανός 683c
ἰσχύς 694b
κτῆμα 793c
κτῆσις 795a
⟦κτίσις 795c⟧ → κτῆσις
πλούσιος 189a
πλουτεῖν 1150c

πλοῦτος 1150c
τιμή 1353a
ὕπαρξις 1406b
τὸ ὑπάρχον, (τὰ) ὑπάρχοντα
1406b
χρῆμα *196b*

הוֹר
〚ὄρος 1014b〛 → הַר

הוּת polel
ἐπιτιθέναι 535c

הָזָה qal
ἐνυπνιάζεσθαι 481b

הִי
οὐαί 1027c

הִיא
ἐκεῖνος (הַהִיא) 428a
τότε (בָּעֵת הַהִיא) 1367c

הָיָה qal
ἀνιστᾶν, ἀνιστάναι 102c
ἀποβαίνειν 125b
γεννᾶν 237b
*γίνεσθαι 256b, *170b*
διατελεῖν 313a
διδόναι 317b, *171b*
δοκεῖν (הָ כְ qal) 339b
δύνασθαι (הָ לְ qal) 353a
ἐγγίζειν (עוֹד הָ qal) 362b
〚 " (הָ לְ qal 362b)〛 →
    ἐκδιδόναι + ἀνδρί
ἐστί, ἔστι (= εἶναι II.3) *172b*
ᾖ (= εἶναι III) *172c*
εἴη (= εἶναι IV) *172c*
ἴσθι (= εἶναι V.1) *172c*
ἔστω (= εἶναι V.3) *172c*
ἔστωσαν (= εἶναι V.4) *172c*
ὤν, οὖσα, ὄντα, ὄντες (= εἶναι
    VI) *173a*
ἦν (= εἶναι VII.3) *173a*
ἔσῃ (= εἶναι VIII.2) *173a*
ἔσται (= εἶναι VIII.3) *173a*
ἔσονται (= εἶναι VIII.6) *173a*
εἰπεῖν, ἐρεῖν (הָ דָּבַר qal) 384a
ἐκδιδόναι + ἀνδρί (לְאִישׁ) 422a
〚ἐκτείνειν 442a〛
〚ἐμφύρεσθαι 461a〛 →
    συναναφύρεσθαι
ἐνεῖναι 472b
ἐπεῖναι 509b
〚ἐπιβαίνειν 515c〛 → ἀποβαίνειν
〚ἐπικληροῦν 523a〛 קָרָא I qal ≈
    ἐπικαλεῖν
ἔρχεσθαι 548b
ἔχειν (הָ לְ qal) 586c, *178c*
〚ζῆν 594c〛 → חַי
〚ἱστάναι, ἱστᾶν 689a〛
〚καθῆσθαι 700b〛 → ἦν (= εἶναι
    VII.3)
καθίζειν 701c
〚καλεῖν 712c〛
καταλείπειν 736a〛
κατοικεῖν 751c
κτᾶσθαι 793b
λογίζεσθαι 880a
〚μένειν 910a (Ez. 48.8 [A])〛
παραγίνεσθαι 1056c
〚περιτιθέναι 1127c〛
ποιεῖν 1154a (Ex. 26.24; II Ki. 8.7)
〚σκεπάζειν 1268c〛
συγγίνεσθαι (עִם הָ qal) 1298c
συμβαίνειν 1302c
#συμπίπτειν 1305b (I Ki. 1.18)

〚συμφύρειν 1306c〛 →
    συναναφύρεσθαι
συναναφύρεσθαι 1311a
συνοικεῖν (הָ לְ qal) 1317c
ὑπάρχειν 1406b
φαίνειν 1423a

הָיָה ni.
γίνεσθαι 256b
κοιμᾶν 773c
ἐσόμενα (= εἶναι VIII.8) *173a*
〚ἐπεῖναι *176b*〛

הַיָּה
〚ὀδύνη 967a〛 → הַוָּה

הֵיכָל
ἅλων, ἅλως 60a
βάρις 190c
βασίλειον 194b
〚θησαυρός 651c〛 → ναός
#ἱερός *180a* (Si. 50.2)
*ναός 939a, *185a* (+Si. 36.19)
*οἶκος 973a
ὀχύρωμα 1043c
τέμενος 1345a

הֵיכַל (Aramaic)
θρόνος 655c
*ναός 939a
*οἶκος 973a

הֵילֵל
ἑωσφόρος 593c

הִין
§(ε)ιν 378a
χοῦς ("liquid measure") 1473b

הָכַר hi.
ἐπίκεισθαι 523a

הַכָּרָה
αἰσχύνη 37a

הָלָא ni.
ἀπωθεῖν 151a

הָלְאָה
αἰών 39b
#αἰῶνος χρόνος 39b (Is. 18.7)
ἐκεῖ 423c
ἐπέκεινα (מֵהָ לְ, הָ) 509b
εἰς τὸν αἰῶνα χρόνον 1476b

הֹלְלִים
αἰνετός 34b
§ελλουλιμ 453b
χορός 1472c

הָלִיךְ, הָלִךְ
ὁδός 962b

הֲלִיכָה
ἀτραπός 176c
διατριβή 314a
πορ(ε)ία 1189a

הָלַךְ qal
ἄγειν 9a (+Ez. 30.18)
〚αἴρειν 34c〛 → ἄγειν
αἰχμαλωτίζειν 39b
ἀκολουθεῖν (הָ qal, לְרֶגֶל הָ qal)
    44c
ἀναβαίνειν, ἀναβέννειν 70a
ἀναστρέφειν 82b
ἀνέρχεσθαι 87b
ἀνταναιρεῖν 108c
ἀντέχειν 109c
ἀπαίρειν 115c
ἀπαλλάσσειν 116b
ἀπέρχεσθαι 121a
ἀποδιδράσκειν 127b

ἀποίχεσθαι 131a
*#ἀποκαθιστάναι 131b (Jb. 22.28)
ἀπολύειν 138c
ἀποστρέφειν 145b
ἀποτρέχειν 149b
*βαδίζειν 188a
〚γίνεσθαι 256b〛
δεῦρο 293a
δεῦτε 293a
διαβαίνω, διαβέννειν 298a
διαπορεύεσθαι 308b
διατρέχειν 314a
#διεξάγειν *171c* (Si. 3.17 [C])
διέρχεσθαι 328c
〚διώκειν 338b〛
〚ἐγείρειν 364a〛 → πορεύεσθαι
〚(ἐ)θέλειν 628b〛
〚εἰρήνη 401b〛
*εἰσέρχεσθαι 410b
εἰσπορεύεσθαι 414a
ἐκπορεύεσθαι 439c
ἔνθεν καὶ ἔνθεν (וַיֵּלֶךְ וַהֲלֹם)
    473b〛 → הֲלֹם ≈ ἔνθεν
ἐξακολουθεῖν (אַחַר הָ qal) 486c,
    175c
ἐξαποστέλλειν 488a
ἐξέρχεσθαι 491c
ἐπακολουθεῖν (אַחַר הָ qal, הָ qal)
    505b
ἐπανέρχεσθαι 506c
ἐπέρχεσθαι 509c
ἐπιβαίνειν 515c
ἐπιστρέφειν 531a
ἐπιφέρειν 538a
ἔρχεσθαι 548b
ἡγεῖσθαι (לִפְנֵי הָ qal) 602c
ἥκειν 605a
ἰέναι 678c
〚καθῆσθαι 700b〛 →
    πορεύεσθαι
〚καταβαίνειν 727a〛
〚καταδιώκειν 730b〛
κατακολουθεῖν 734b
κοιμᾶν 773c
〚μολύνειν 932c〛
ὁδεύειν 961c
〚ὁδηγεῖν 962a〛 → הָלַךְ hi.
*#οἴχεσθαι 985a
ὁμιλεῖν 991a
παραγίνεσθαι 1056c
παραπορεύεσθαι 1063b
παρέρχεσθαι 1068c
πατεῖν (בְּ הָ qal) 1105a
περιπατεῖν 1125a
〚 " *188d*〛
πορ(ε)ία 1189a
*πορεύεσθαι 1189a, *189c*
εἶναι πεπορευμένος 1189a
πόρευσις 1194b
πράσσειν, πράττειν 1201a, *190a*
προβαίνειν 1204a
προπορεύεσθαι (הָ qal, לִפְנֵי הָ
    qal) 1208c
προσέρχεσθαι 1213c
προσπορεύεσθαι ('הָ qal) 1219b
〚 " (לִפְנֵי הָ qal) 1219b〛 →
    προπορεύεσθαι
ῥεῖν 1248b
〚συμπροπορεύεσθαι 1306a〛 →
    συμπορεύεσθαι
συνέρχεσθαι 1314a

〚συνοδεύειν 1317b〛 →
    συνέρχεσθαι
#φθίνειν 1430a (Jb. 31.26)

הָלַךְ ni.
ἀντανα ιρεῖν 108c

הָלַךְ pi.
#ἀναστρέφειν 82b
διαπορεύεσθαι 308b
διέρχεσθαι 328c
κακὸς ὁδοιπόρος 709b
ὁδοιπόρος 962b
περιπατεῖν 1125a, *188c* (Si. 13.13)
πορεύεσθαι 1189a, *189c*
#πόρευσις 1194b (Ge. 33.14)
προπορεύεσθαι 1208c

הָלַךְ hi.
ἄγειν 9a
ἀνάγειν 75b
〚ἀναστρέφειν 82b〛 → הָלַךְ pi.
*ἀπάγειν 115b
ἀπαίρειν 115c
ἀποφέρειν 149c
?αὐλίζειν 178b
διάγειν 299c
〚διατηρεῖν 313a〛
διδόναι 317b
εἰσάγειν 407c
εἰσέρχεσθαι 410b
ἐξαποστέλλειν 488a
καθοδηγεῖν 704a
#κατάγειν 729b (Ho. 2.14[16])
ὁδηγεῖν 962a
περιάγειν 1121b
πορεύεσθαι 1189a
〚τάσσειν 1337a〛 → κατάγειν
ὑπάγειν 1405c

הָלַךְ hithp.
ἀναστρέφειν 82b
διαπορεύεσθαι 308b
διεξάγειν *171c* (Si. 3.17 [A])
διέρχεσθαι 328c
διοδεύειν 336a
ἑλίσσειν 453a
ἐμπεριπατεῖν 456c
εὐαρεστεῖν 568c, *177c*
#ἰέναι 678c (I Ki. 25.15)
〚κατακαυχᾶσθαι 733c〛 → הָלַל
    hithpo.
περιστάναι (בְּרַגְלַי הָ hithp.)
    1070c
περιοδεύειν 1124c
περιπατεῖν 1125a, *188c*
πορεύεσθαι 1189a
προπορεύεσθαι 1208c
συστρέφειν 1323c
χωροβατεῖν 1482c

הָלַךְ pe. (Aramaic)
ἀπέρχεσθαι 121a
ἀποφέρειν 149c
πορεύεσθαι 1189a

הָלַךְ pa. (Aramaic)
διαπορεύεσθαι 308b
περιπατεῖν 1125a

הָלַךְ aph. (Aramaic)
περιπατεῖν 1125a
πορεύεσθαι 1189a

הֵלֶךְ
πάροδος 1071a

Column 1

הָלַךְ (Aramaic)
*#κάθοδος ('הַ, הִלְכָה) 704a (I Es. 2.24)
μέρος 911c
φόρος 1438a

הָלַל qal
ἄνομος 107c
αὐγεῖν 176c
παρανομεῖν 1062b
παράνομος 1062b

הָלַל pi.
αἰνεῖν 33a (+Ps. 17[18].3; 112[113].3), 165c
αἴνεσις 33c
αἰνετός 34b
αἶνος 34b
§ἀλληλουια (הַלְלוּ-יָהּ) 55c
ἐγκωμιάζειν 367b
ἐξομολογεῖν 499a
ἐπαινεῖν 504c
*εὐλογεῖν 572c
#εὐφραίνειν 581a
⟦ἱλαρύνειν 180b⟧
καθυμνεῖν 704b
*ὑμνεῖν 1405a
*ὕμνος 1405b

הָלַל pu.
⟦αἰνεῖν 33a⟧ → הָלַל pi.
αἰνετός 34b
ἐγκωμιάζειν 367b
ἐπαινε(σ)τός 504c
#ἐπαινεῖν 504c (Ps 43[44].8)
⟦πενθεῖν 1117b⟧ → יָלַל hi.

הָלַל polel
ἐξιστᾶν, ἐξιστάναι 496c
ἐπαινεῖν 504c
περιφέρειν 1128a
περιφορά 1128a

הָלַל hi.
⟦διδόναι 317b⟧
ἐπιφαύσκειν 538a
⟦ἐπιφώσκειν 538b⟧ → ἐπιφαύσκειν
#ἱλαρύνειν 180b (Si. 36.27)

הָלַל hithp.
ἀγαλλιᾶσθαι 4c
αἰνεῖν 33a
ἐγκαυχᾶσθαι 366b
ἐνδοξάζεσθαι 470c
ἐπαινεῖν 504c
ἐπιχαίρειν 177a
καυχᾶσθαι 757b

הָלַל hithpo.
⟦ἐκμαίνεσθαι 438b⟧ → μαίνεσθαι
κατακαυχᾶσθαι 733a
μαίνεσθαι 892a
παραφέρειν 1065b
⟦προσποιεῖν 1219b (I Ki. 21.13[14])⟧
συγχεῖν 1301a

הָלַם qal
ἀποκόπτειν 133a
ἀποτέμνειν 148c
ἐλαύνειν 448c
ἐμπαίζειν 456b
ἐμποδίζειν 458c
καταπατεῖν 740b
καταράσσειν 743a
μεθύειν, μεθύσκειν 907c
παιδεύειν 1047a

Column 2

σφυροκοπεῖν 1327c

הָלֹם
⟦αἰών 39b⟧ → עוֹלָם
ἐκεῖ 423c
ἔνθεν 473b
ἐνταῦθα 476c
ὧδε 1491b

הַלְמוּת
ἀποτομή 149b
σφῦρα 1327b

הֵם
νῦν, νυνί (הַיָּמִים הָהֵם) 951c
τοιοῦτος (כָּהֵם) 1362b

הָמָה qal
ἀναπτεροῦν 81c
βοᾶν 222a
βομβεῖν 224c
#βρόμος 231a (Jb. 6.7)
ἐξιστᾶν, ἐξιστάναι 176a
⟦εὐφραίνειν 581a⟧
ἠχεῖν 620c
θρασύς 654b
θροεῖν 655b
κυμαίνειν 799a
?λιμώσσειν 879b
μαιμάσσειν 892a
⟦μάσσειν 898a⟧ → μαιμάσσειν
σπαράσσειν 1281c
στενάζειν 1288b
συνταράσσειν 1318a
ταράσσειν 1336a, 193a
ὑβριστικός 1380b

הֵמָּה
ἐκεῖνος pl. ('הֵ pl., הֵמָּה pl.) 428a

הָמוֹן
ἁρμονία 159a
βοή 222c
δύναμις 350a
ἔθνος 368b
ἐξηχεῖν 495c
ἦχος, ἠχώ 620c, 621b, 179c
θόρυβος 654a
ἰσχύς 694b
⟦λαός 853b⟧ → πλῆθος
μέγας 902c
ὄχλος 1043a
?παρεμβολή 1067b
πλῆθος 1142c, 189a
πλοῦτος 1150c
πολυάνδρ(ε)ιον 1181a
⟦πολυοχία(?) 1181b⟧ → πολυοχλία
πολυοχλία 1181b
πολύς, πλείων, πλεῖστος 1181b, 189b
πλῆθος πολύς 1181c
συναγωγή 1309b
ταράσσειν 1336a
⟦φωνή 1447b (I Ki. 4.14)⟧ → βοή

הֲמוֹנָה
πολυάνδρ(ε)ιον 1181a

הַמְנִיכָא (Aramaic)
see הַמְנִיכָא, הֲמוּנְכָא (Aramaic)

הֶמְיָה
#πολύς, πλείων, πλεῖστος 1181b (Is. 14.11)

הָמַם qal
ἀφανίζειν 181b
ἐκτρίβειν 174a

Column 3

ἐξαναλίσκειν 487b
ἐξιστᾶν, ἐξιστάναι 496c
συγχεῖν 1301a
συνταράσσειν 1318a

הָמָן
ἀφορμή 186b

הֲמוּנְכָא, הַמְנִיכָא (Aramaic)
μανιάκης 895c

הֵן
ἤ 602c
ἰδού 673c, 180a
ἴσως 695c
νῦν οὖν (לָהֵן) 951c

הֵנָּה I ("here, hither")
ἔνθα 473b
ἔνθεν 473b
ἐνταῦθα 476c
ἐντεῦθεν 479a
ἔτι (עַד-הֵ) 561a
νῦν, νυνί 951c
τὸ νῦν 951c
ὧδε 1491b

הֵנָּה II ("they")
ἐκεῖνος pl. (הֵ pl.) 428a
τοιοῦτος (כָּהֵ) 1362b

הִנֵּה
⟦γίνεσθαι 256b⟧
ἐκεῖνος 428a
ἐξαίφνης, ἐξέφνης (וְהִ) 486b
ἔρχεσθαι 548b
⟦ἔτι 561a⟧
εὐθύς (adv.) 571b
ἔχειν 586c
ἤδη 604b
ἰδεῖν 669b
ἰδού (הִ, הִנְ-נָא) 673c
ναί 939a
νῦν, νυνί (וְהִ, הִ/נָא) 951c
ὅδε 960b
οἴεσθαι 967c
ὁρᾶν 1005a
παρεῖναι 1065c
?πλήν 1145c (Ez. 16.49)
τίς 1355c

הֲנָחָה
ἄφεσις 182b

הַס
⟦εὐλαβεῖσθαι 572a⟧
σιγᾶν 1265c
σιωπᾶν 1267c
σιωπή 1268a

הָסָה hi.
κατασιωπᾶν 743c

הֲפֻגָה
ἔκνηψις 438b

הָפַךְ qal
ἀλλάσσειν 55b
ἀναστρέφειν 82b
⟦ἀπαλλοτριοῦν 167d⟧
ἀποστρέφειν 145b
ἐκστρέφειν 441c
ἐκτρέπειν 443c
ἐπιστρέφειν 531a
καθαιρεῖν 180a
καταστρέφειν 745c
μεταβάλλειν 915b
μεταστρέφειν 916c, 184b (-Si. 39.24)
στρέφειν 1296c

Column 4

στρόφος 192b

הָפַךְ ni.
ἀποστρέφειν 145b
#ἔσται (= εἶναι VIII.3) 173a (Si. 6.12)
ἐπανιστάναι, ἐπανιστάνειν 506c
ἐπιβαίνειν 515c
ἐπιστρέφειν 531a
εὐμετάβολος 575a
ἡγεῖσθαι 602c
καταστρέφειν 745c
μεταβάλλειν 915b
μετατιθέναι 184b (-Si. 49.14)
μεταστρέφειν 916c
σκολιάζειν 1275b
στρέφειν 1296c, 192b
τρέπειν 194a

הָפַךְ ho.
ἐπιστρέφειν 531a

הָפַךְ hithp.
διαστρέφειν 312a
κυλίειν 798c
στρέφειν 1296c

הֶפֶךְ, הֵפֶךְ
διαστρέφειν 312a
ἐκστρέφειν 441c

הֲפֵכָה
καταστροφή 746a

הֲפַכְפַּךְ
σκολιός 1275b

הַצָּלָה
⟦σκέπη 1269a⟧ → צָלַל III hi.

הַר
⟦βουνός 228b⟧
⟦γῆ 240c⟧
ἡ ὀρεινή 1010c
ὁ ἐν τῇ ὀρεινῇ 1010c
ὄρος 1014b, 186c

הֲרָאֵל
§αριηλ 156b

הַרְבֵּה
*#μέγας 902c (I Es. 8.91)

הָרַג qal
ἀναιρεῖν 77b
ἀναίρεσις 77c
ἀποκεντεῖν 132b (+Ze. 1.10)
ἀποκέντησις 132b
*ἀποκτείνειν, ἀποκτέννειν 135a
⟦ " 168a⟧
ἀπολλύειν, ἀπολλύναι 136c, 168a
ἀφανίζειν 181b
⟦διαπαρατηρεῖσθαι 307b⟧
⟦διαρπαγή 308c⟧
ἐκκεντεῖν 432c
θανατοῦν 625a
θνήσκειν 653a
κατασφάζειν 746b
#κτείνειν 793c (Pr. 25.5)
νεκρός 941b
σφαγή 1324a
σφάζειν 1324b
φονεύειν 1437a, 195b
φονευτής 1437b

הָרַג ni.
ἀναιρεῖν 77b
ἀποκτείνειν, ἀποκτέννειν 135a
πίπτειν 1135c

⟦φονεύειν 1437a⟧

הָרַג pu.
ἀφαιρεῖν 77b
θανατοῦν 625a

הָרַג
ἀναιρεῖν (הֲ׳ הֲרֻגִים) 77b
ἀπολλύειν, ἀπολλύναι 136c
κτείνειν 793c

הֲרֵגָה
ἀναιρεῖν 77b
σφαγή 1324a

הָרָה I qal
γαστήρ 234b
ἐν γαστρὶ λαμβάνειν 234b, 847a
ἐν γαστρὶ ἔχειν 586c
γεννᾶν 237b
θανατοῦν 625a
⟦κύειν, κυεῖν 796b⟧

συλλαμβάνειν 1301c
συλλαμβάνειν ἐν γαστρί 1301c
τίκτειν 1351c
ὠδίνειν 1492c

הָרָה II adj.
ἐν γαστρὶ ἔχειν 234b
συλλαμβάνειν 1301c
σύλληψις 1302c

הֵרוֹן
⟦στεναγμός 1288a⟧ → הִגָּיוֹן

הֲרִי
#ἰδού 673c (Jb. 3.3)

הֵרָיָה
γαστήρ 234b
ἐν γαστρὶ ἔχειν 586c

הֵרָיוֹן
κύησις 796b

σύλληψις 1302c

הֲרִיסָה
κατασκάπτειν 743c
καταστρέφειν 745c
οἰκόπεδον 186a

הֲרִיסוּת
τὰ πεπτωκότα (אֶרֶץ הֲ׳) 1135c

הָרַס qal
βιάζεσθαι 218a
⟦ἐγγίζειν 362b⟧
ἐξαίρειν 485a
καθαιρεῖν 697b
καταβάλλειν 728c
κατασκάπτειν 743c
κατασπᾶν 745a
καταστρέφειν 745c
συντρίβειν 1321a

הָרַס ni.
καθαιρεῖν 697b
κατασκάπτειν 743c
ῥηγνύναι 1248c
συμπίπτειν 1305b

הָרַס pi.
καθαιρεῖν 697b
καθαίρεσις 697c

הַשְׁגָּה
⟦αἵρεμα 165d⟧ → נָשָׁג hi. ≈ εὕρεμα

הַשָּׁגַת
⟦εὕρεμα 178a⟧ → נָשָׁג hi.

הִתּוּךְ
χωνεύειν 1480c

הָתַל pi.
#καταμωκᾶσθαι 181b (Si. 13.7)
μυκτηρίζειν 936c

ו

וּ, וְ
εἶτα 415c
ἤ 178a
ἵνα 180b
μηδέ 184c

οὕτω(ς) 1035c, 187b (–Si. 36.24)
τε 193a
εἴ τε 193a
ὡς 196a

וָו
ἀγκύλη 15b
κεφαλίς 763a
κρίκος 786a

וָלָד
οὐκ ἐτεκνοποίει (לָהּ וָ׳ + neg.) 1342a

וָתִיק
πολύπειρος 189b

ז

זְאֵב
λύκος 889a, 183c

זֹאת
ἐκεῖνος (זֹ׳, הַזֹ׳) 428a
ἐν τῷ νῦν καιρῷ (בַּפַּעַם הַזֹּ׳)
706a, 951c
οὕτω(ς) (זֹ׳, כָּזֹ׳, מִזֹּ׳) 1035c
⟦ " (בְּזֹ׳) 1035c⟧ → οὕτω(ς) (כָּזֹ׳)
τοιοῦτος (זֹ׳, כָּזֹ׳) 1362b
ὡσαύτως (כָּזֹ׳) 1495c

זָבַד qal
δωρεῖσθαι 359a, 172c

זֶבֶד
δῶρον 359a

זְבוּב
μυῖα 936b

זָבַח qal
⟦ἐκζητεῖν 430c⟧
*ἐπιθύειν 520b
θυάζειν(?) 656b
θύειν 659a
θῦμα 659c
⟦θυμιάζειν, θυμιᾶν 660a⟧
θυσία 664a
θυσιάζειν 666a
⟦προσφέρειν 1222c (De. 17.1)⟧ →
θύειν
σφάζειν 1324b

זָבַח pi.
θύειν 659a
⟦θυμιάζειν, θυμιᾶν 660a⟧
θυσιάζειν 666a

זֶבַח
θῦμα 659c
θυμίαμα 660b
θυσία 664a, 179c (+Si. 7.31)
θυσιάζειν 666a
θυσίασμα 666a
ὁλοκαύτωμα 987c
σφάγιον 1324b

זְבֻל qal
αἱρετίζειν 36a

זְבֻל
ἅγιος 12a
δόξα 341b
κατοικητήριον 755b
οἶκος 973a
τάξις 1334b

זְבֵן pe. (Aramaic)
ἐξαγοράζειν 484a

זָג
γίγαρτον 256b

זֵד
ἁμαρτωλός 166b
ἄνομος 107c, 167b (Si. 39.24)
#ἀσεβής 170b (Is. 25.2, 5; 29.5),
168c

θρασύς 654b
παράνομος 1062b
#πονηρός 1186c (Is. 25.4)
#ὑβριστής 1380a (Pr. 27.13)
ὑπερήφανος 1410a

זָדוֹן
ἀδικία 165b
ἁμαρτωλός 166b
ἀσέβεια, ἀσεβία 169c
ἀσεβής 168c
ἰταμία 696a
#παράνομος 1062b (Pr. 21.24)
σκληροκαρδία (זָ׳ לֵב) 191b
ὕβρις 1380a
ὑβριστής 194a
⟦ὑβρίστρια 1380b⟧ → ὑβρίστρια
ὑβρίστρια 1380b
ὑπερηφαν(ε)ία 1409c, 194b

זֶה
ἄλλος 56b
αὐτοῦ (adv.) (בָּזֶה) 179c
⟦δεύτερος (מִזֶּה) 293b⟧
διὰ τοῦτο (כִּי זֶה) 171a
εἰς 406c, 173b (+Si. 36[33].15)
ἐκεῖνος (הַזֶּה) 428a
ἔνθεν (מִזֶּה) 473b
ἐνταῦθα (מִזֶּה, בָּזֶה) 476c
ἐντεῦθεν (מִזֶּה, מִאֵת זֶה) 479a
⟦ἀπ᾽ ἐντεῦθεν (מִזֶּה) 479a⟧ →
ἐντεῦθεν
ἕτερος 560a

ἰδού 673c
τὰ μέν (שֶׁזֶּה) 184b
νῦν, νυνί (הַיּוֹם הַזֶּה) 951c
οὕτω(ς) (כָּזֶה, זֶה אֲשֶׁר) 1035c
ποῖος (אֵי זֶה) 1170a
τίς (מַה־זֶּה) 1355c
διὰ τί (לָמָּה זֶּה) 1355c
ἵνα τί (לָמָּה זֶּה) 1355c
τί ὅτι (לָמָּה זֶה, מַה זֶּה) 1355c
τί τοῦτο (מַה זֶּה) 1355c
*τοιοῦτος (אֲשֶׁר כָּזֶה, זֶה,
כָּזֹאת) 1362b
τότε (בָּזֶה) 1367c
ὃν τρόπον 1375a
*#τὸ ὑποκείμενον 1414b (I Es.
8.8)
ὧδε (בָּזֶה) 1491b

זֹה
οὕτω(ς) (כָּזֹה) 1035c

זָהָב
καταχρύσεα (זְ׳) 748c
νέφη χρυσαυγοῦντα 944a
περιχρυσοῦν (אֲפֶדַת זָ׳) 1128b
χρυσαυγεῖν 1477a
*χρυσίον 1477a, 196c
χρυσός 1478c, 196c
⟦χρυσοτορευτός (זְ׳ מִקְשָׁה)
1478c⟧ → χρυσοῦς, χρύσεος
*χρυσοῦς, χρύσεος 1478c, 196c
χρυσοχόος (צֹרֵף בַּזָּ׳) 1480a

*#χρύσωμα (זָ כְּפוֹר) 1480a (I Es. 8.56)

זָהִיר
παιδεύειν 187a
προσέχειν (זְ הָיָה) 190b

זְהִיר (Aramaic)
*#προνοεῖν 1207c (I Es. 2.24)
#φυλάσσειν, φυλάττειν 1441c

זָהֲרָה
#ἐκλάμπειν 173c (Si. 43.8)

זָהַר qal
#φωτίζειν 195c (Si. 42.16)

זָהַר ni.
διαστέλλειν 311b
προσέχειν 1215b
φυλάσσειν, φυλάττειν 1441c, 195c

זָהַר hi.
⟦ἀφιστᾶν, ἀφιστάναι, ἀφιστάνειν 184b⟧
διαμαρτύρεσθαι 305b
διαπειλεῖν 307c
διαστέλλειν 311b
ἐκλάμπειν 435a
⟦λάμπειν 853a⟧ → ἐκλάμπειν
προαπαγγέλλειν 1204a
σημαίνειν 1263a
φαίνειν 1423a
φυλάσσειν, φυλάττειν 1441c
φωτίζειν 195c

זֹהַר
αὔρα 179a
λαμπρότης 853a
φωστήρ 1451b

זוּב qal
γονορρυεῖν 274c
γονορρυής 274c
#πορεύεσθαι 1189a (La. 4.9)
ῥεῖν 1248b, 191a
ῥύσις 1255c

זוּב hi.
κατάγειν 181b

זוֹב
⟦γόνος 274c⟧ → רִיר
ῥύσις 1255c

זִיד, זוּד qal
ἀνθιστάναι 95c
ἐπιτιθέναι 535c
ἕψειν 592a

זִיד, זוּד hi.
ἀσεβεῖν 170a
ἐπιτιθέναι 535c
#καθυβρίζειν 704b (Je. 28[51].2)
παραβιάζεσθαι 1056a
ὑπερηφανεῖν 1409b
ὑπερηφανεύεσθαι 1409b

זוּד aph. (Aramaic)
ὑπερηφανεύεσθαι 1409b

זוּז hi.
#τίναγμα 1354a (Jb. 28.26)

זוּזִים
⟦ἔθνος ἰσχυρόν 368b⟧ → עֻזּוּז ≈ ἰσχυρός

זוּחַ
ἐξανιστάναι 175c

זָוִיה
καλλωπίζειν 715b

זוּל
συμβάλλειν 1303a

זוּלָה
ἐκτός 443c
πάρεξ, παρέξ 1068c
πλήν 1145c, 189a

זוּן I ho.
θηλυμανής 650a

זוּן II ithpe. (Aramaic)
τρέφειν 1371b
χορηγεῖν 1472b

זוּעַ I qal
προσκυνεῖν 1217b
σαλεύειν 1257c, 191a (+Si. 43.16)
τρομεῖν 1374c

זוּעַ I pilp.
ἐπίβουλος 517b

זוּעַ II pe. (Aramaic)
#τρέμειν 1371b

זוּעָה
ἀνάγκη 76a
⟦διασκορπισμός 310c⟧
⟦διασπορά 311a⟧
ἔκστασις 441b
ἐλπὶς πονηρά 454a

זוּר I, זוֹר qal
ἀλλογενής 55c, 166a
ἄλλος 56b
ἀλλότριος 57a, 166b
ἀπαλλοτριοῦν 116c
ἀποπιάζειν 139c
⟦ἀσεβής 170b⟧ → זֵד
γυνὴ πόρνη 278b
ἐγγίζειν + neg. 362b
ἐκπιέζειν, ἐκπιάζειν, ἐκπιεζεῖν 439a
ἑταιρίζεσθαι 177c
⟦παράνομος 1062b⟧ → זֵד
πρόσφατος 1222c
⟦σκορπίζειν 1275c⟧ → זָרָה pi.
στερεῖν 1288c

זוּר I, זוֹר ni.
ἀπαλλοτριοῦν 116c

זוּר I, זוֹר ho.
ἀπαλλοτριοῦν 116c

זוּר II qal
#συντρίβειν 1321a (Is. 59.5)

זוּרָה
⟦συντρίβειν 1321a⟧ → זוּר II qal

זָחַח ni.
χαλᾶν 1452c

זָחַל qal
ἡσυχάζειν 620a
σύρειν 1322c

זִיד qal
see זוּד, זִיד qal

זִיד hi.
see זוּד, זִיד hi.

זֵידוֹן
ἀνυπόστατος 112b

זִיו (Hebrew and Aramaic)
ἕξις 496b
μορφή 934b
ὅρασις 1007b
ὄψις 1044c
πρόσοψις 1219a
#ὡραιότης 1494a (Ps. 49[50].11)

זִין
?εἴσοδος 413c
μονιός 933a
⟦ὡραιότης 1494a⟧ → זִיו

זִיקוֹת
#ἀστραπή 168c (Si. 43.13)
φλόξ 1433a

זִיר
κόσμος 182b

זַיִת
ἐλαία 446c, 174a
ἐλάινος 446c
ἐλα(ιο)λογεῖν (זָ חָבַט) 447a
ἐλαιών 447c

זָךְ, זַךְ
ἁγνός 16b
ἀτρύγητος, ἄτρυγος 176c
διαφανής 314b
καθαρός 698c
ὅσιος 1018b
#φανερός 1424a (Pr. 16.2)

זָכָה qal
ἄμεμπτος 65b
ἀποκαθαρίζειν 131b
δικαιοῦν 334b
νικᾶν 945b

זָכָה pi.
ἁγνός 16b
δικαιοῦν 334b
ἁγνὸν ἔχειν 586c
κατορθοῦν 756b

זָכָה hithp.
καθαρὸς γίνεσθαι 256c, 698c

זָכוּ (Aramaic)
δικαιοσύνη 332c
εὐθύτης 571b

זְכוּכִית
ὕαλος 1379c

זָכוּר
ἀρσενικός 160b

זָכַךְ qal
ἄμεμπτος 65b
καθαριοῦν 698c
καθαρός 698c

זָכַךְ hi.
ἀποκαθαίρειν 131a

זָכַר qal
ἀναμιμνήσκειν 79c
μιμνήσκεσθαι 927c, 185a
μνεία 931a
μνείαν ποιεῖν 931a, 1154a
μνημονεύειν 931c
ὀνομάζειν 999c

זָכַר ni.
ἀναμιμνήσκειν 79c, 166c
⟦ἀρσενικός 160b⟧ → זָכָר
μιμνήσκεσθαι 927c
μνεία γίνεσθαι 256c, 931a
ἐστὶ μνεία 931a
μνημόσυνον 931c
μνημόσυνος 932a

זָכַר hi.
⟦ἀγαλλιᾶσθαι 4c⟧ → גָּדֵל I qal ≈ μεγαλύνειν
⟦ἀγαπᾶν 5b⟧
⟦ἄμνησις(?) 66b⟧ → ἀνάμνησις
ἀναμιμνήσκειν 79c
ἀνάμνησις 80a

ἀναφωνεῖν 85c
⟦εἰδεῖν, εἰδέναι 374b⟧
⟦ἐπικαλεῖν 521b⟧ → גָּדַל, גָּדֵל I qal ≈ μεγαλύνειν
ἐπονομάζειν 539a
καλεῖν 712c
μιμνήσκεσθαι 927c, 185a
μνημόσυνον 185b
διδόναι εἰς μνημόσυνον 317b, 931c
ὀνομάζειν 999c
ὑπομιμνήσκειν 1416a
ἐπὶ τῶν ὑπόμνημα 1416b
ὑπομνηματογράφος 1416b

זָכָר
*ἀνήρ 88a
ἄνθρωπος 167a
ἀρσενικός 160b
ἄρσην, ἄρρην 160c, 168b

זֵכֶר, זֶכֶר
μνεία 931a
μνήμη 931b
⟦μνημονεύειν 931c⟧ → זָכַר qal
μνημόσυνον 931c, 185b
ὄνομα 995b

זִכָּרוֹן
ἀγαύριαμα 7a
ἀνάμνησις 80a
μνήμη 931b
μνημοσύνη 185b
μνημόσυνον 931c, 185b
μνημόσυνος 932a
#ψαλμός 1483b (Za. 6.14)

זַלְזַל
βοτρύδιον μικρόν 226b

זָלַל qal
ἀνάξιος 80b
ἀσωτία 175a
ἀτιμοῦν 176a
συμβολοκοπεῖν 1303b, 192b
ταπεινοῦν 1334c

זָלַל ni.
τρόμος λαμβάνει 847a
σαλεύειν 1257c

זָלַל hi.
#καταφρονεῖν 748a (Je. 2.36)

זַלְעָפָה, זִלְעָפָה
ἀθυμία 30a
καταιγίς 731b, 181b

זִמָּה
ἀνόμημα 106b
ἀνομία 106b
ἄνομος 107c
ἀνόσιος 108b
ἀπαλλοτρίωσις 116c
ἀσέβεια, ἀσεβία 169c
ἀσεβεῖν 170a
ἀσέβημα 170b
⟦ἀφροσύνη 186b⟧
βδέλυγμα 169b
βρόμος 231a
⟦ξέμα 593b⟧
#ξέμμα 593b
κακός 709b
παρανόμως (בְּ) 1062c

זְמוֹרָה
κλῆμα 767c

זָמִיר I
τομή 1363c

Column 1

זָמִיר II
ψαλμός 1483b
ψαλτός 1484a

זְמִירָה
#φυλακή 1440c (Jb. 35.10)

זָמַם qal
ἀδικία 25b
βουλεύειν 227a
#διαλογίζεσθαι 304c (Ps. 139[140].9)
διανοεῖσθαι 306b, 171b (Si. 51.18)
ἐγχειρεῖν 367b
⟦ἐγχειρίζειν 367b⟧ → ἐγχειρεῖν
⟦ἐκτείνειν 442a⟧
ἐνθυμεῖσθαι 473c
ἐπιτιθέναι 535c
θεωρεῖν 649b
#ὁρμᾶν 1014a (Je. 4.28)
⟦παρατάσσειν 1064c⟧
παρατηρεῖν 1065a
πονηρεύεσθαι 1186a

זִמָּם
⟦διαλογίζεσθαι 304c⟧ → זָמַם qal

זָמַן pu.
συνταγή 1318a
⟦χρόνος 1476b⟧ → זְמָן

זְמָן
⟦ἐπιτελεῖν 535a⟧
#καιρός 706a, 180b (Si. 32[35].26)
ὅρος 1017c
χρόνος 1476b

זְמַן I aph. or ithpa. (Aramaic)
ποιεῖν 1154a
συνειπεῖν 1313b
συντιθέναι 1320c

זְמָן II (Aramaic)
καιρός 706a
τρίς (זִמְנִין תְּלָתָה) 1373a
*χρόνος 1476b

זָמַר I qal
τέμνειν 1345a

זָמַר I ni.
τέμνειν 1345a

זָמַר II pi.
ὑμνεῖν 1405a, 194a (Si. 51.11)
ψάλλειν 1483a
ψαλμός 1483b

זְמַר (Aramaic)
μουσικός 935c

זַמָּר (Aramaic)
ᾄδειν 19a
*#ἱεροψάλτης 683c (I Es. 8.22)

זֶמֶר
καμηλοπάρδαλις 717c

זִמְרָה I
καρπός ("fruit") 723c

זִמְרָה II
#αἴνεσις 33c
ψαλμός 1483b
#ὕμνησις 1405b

זִמְרָת
⟦αἴνεσις 33c⟧ → זִמְרָה II
⟦ὕμνησις 1405b⟧ → זִמְרָה II

זַן (Hebrew and Aramaic)
γένος 239b

Column 2

זָנָב pi.
καταλαμβάνειν τὴν οὐραγίαν 735a, 1031b
κόπτειν τὴν οὐραγίαν 779a, 1031b

זָנָב
κέρκος 760c
οὐρά 1031a

זָנָה qal
ἐκπορνεύειν 440c
ἐμπόριον εἶναι 459a
ἑταιρίζεσθαι 177c
πορν(ε)ία 1194c
πορνεύειν 1194c
πόρνη 1195a, 189c
πορνικός 1195a

זָנָה pu.
πορνεύειν 1194c

זָנָה hi.
ἐκπορνεύειν 440c
πορνεύειν 1194c

זְנוּנִים
πορν(ε)ία 1194c

זְנוּת
πορν(ε)ία 1194c, 189c (+Si. 42.8)

זָנַח qal
ἀποστρέφειν 145b
ἀποτρίβειν 149c
ἀπωθεῖν 151a

זָנַח hi.
ἐκβάλλειν 420c
ἐκλείπειν 435c
καταλείπειν 736a
μιαίνειν 925c

זָנַק pi.
ἐκπηδᾶν 439a

זֵעָה
ἱδρώς 678c

זַעֲוָה
ἀνάγκη 76a
⟦διασκορπισμός 310c⟧
⟦διασπορά 311a⟧
ἔκστασις 441b
ταραχή 1336c

זְעֵיר (Hebrew and Aramaic)
μικρός 926c

זָעַם qal
⟦ἀδικία 25b⟧
ἀπειλεῖν 120a
⟦ἐπάγειν ὀργήν 503c, 1008b⟧ → זַעַם ≈ ὀργή
ἐπικαταρᾶσθαι 522c
θυμοῦν 662b
καταρᾶσθαι 742c
μισεῖν 929a
μισητός 930a
ὀργίζειν 1010a
⟦παρατάσσειν 1064c⟧
⟦ὑπεριδεῖν 1410b⟧

זָעַם ni.
ἀναιδής 77b

זַעַם
⟦ἀπαιδευσία 115c⟧
ἀπειλή 120a
ἐμβρίμημα 456a
θυμός 660c
ὁπλομάχος (כְּלִי ז') 1003c
ὀργή 1008b, 186c

Column 3

πικρία 1132c

זָעַף qal
αἰτιᾶσθαι 38b
⟦ἀσθενής 172b⟧
διατρέπειν 314a
θυμοῦν 662b
σκυθρωπός 1277a
ταράσσειν 1336a

זָעֵף
ἐκλύειν 438a
ταράσσειν 1336a

זַעַף
ἀπειλή 120a
θυμός 660c
θυμοῦν 662b
ὀργή 1008b
ὀργίζειν (בְּז') 1010a
σάλος 1258a

זָעַק qal
ἀναβοᾶν 73c
ἀνακράζειν 78b
βοᾶν 222a
#γελᾶν 235b (Je. 20.8)
κράζειν 781b
στενάζειν 1288b

זָעַק ni.
⟦ἀναβαίνειν, ἀναβέννειν 70a⟧ → ἀναβοᾶν
ἀναβοᾶν 73c
βοᾶν 222a
κράζειν 781b

זָעַק hi.
ἀναβοᾶν 73c
βοᾶν 222a
καλεῖν 712c
κηρύσσειν 763c
κράζειν 781b
παραγγέλλειν 1056b

זְעֵק pe. (Aramaic)
βοᾶν 222a
καλεῖν 712c

זַעַק
ἀναβοᾶν 73c
κραυ(γ)ή 784b

זְעָקָה
βοᾶν 222a
βοή 222c
κραυ(γ)ή 784b
⟦φωνή 1447b⟧ → κραυ(γ)ή

זֶפֶת
ἀσφαλτόπισσα 174c
πίσσα 1137c, 188c

זִק
⟦ἀστραπή 168d⟧ → זִיקוֹת
πέδη 1113a
χειροπέδη 1467a

זָקָן
*πώγων 1246a
⟦φάρυγξ 1425b⟧

זָקֵן I qal
γηράσκειν, γηρᾶν 256a

זָקֵן I hi.
γῆρας ἄγειν 165a, 170b
γηράσκειν, γηρᾶν 256a, 170b

זָקֵן II adj.
⟦ἀνήρ 88a⟧
γερουσία 240a
γέρων 240a, 170a (Si. 35[32].9)

Column 4

*πρεσβύτερος, πρεσβυτέρα 1201c
πρεσβύτης 1202c
φύλαρχος (זְקַן שֵׁבֶט) 1441c

זֹקֶן
γῆρας 255c

זִקְנָה
γῆρας 255c
γηράσκειν, γηρᾶν 256a

זְקֻנִים
γῆρας 255c

זָקַף qal
ἀνορθοῦν 108b

זְקַף pe. (Aramaic)
*#κρεμάζειν 785c (I Es. 6.31)
ὀρθοῦν 1011a

זָקַק qal
διηθεῖν 330a
ἐπιχεῖν 538c

זָקַק pi.
⟦ἐκχεῖν, ἐκχέειν 445c⟧ → χεῖν
#χεῖν 1457c (Ma. 3.3)

זָקַק pu.
⟦δοκίμιον 340a⟧ → δόκιμος
δόκιμος 340a
καθαρίζειν, καθερίζειν 698a

זָר
#ἑταίρα 177b (Si. 41.20)
ἑταιρίζεσθαι (זוּר) 177c
ἕτερος 560a
ἐχθρός 589c
λαὸς ἀλλότριος 853b
ὁ/τὸ πέλας 1116b
γυνὴ πόρνη (זָרָה) 1195a

זֵר
κυμάτιον 799a
στεφάνη 1289c
στρεπτὸς κυμάτιον 1296b
στρεπτὸς στεφάνη 1296b

זָרָא
χολέρα 1472a, 196a

זָרַב pu.
τήκειν 1348a

זָרָה qal
διασκορπίζειν 310b
διασπείρειν 310c
καθαρός 698c
λεπτὸν ποιεῖν 874a, 1154a
λικμᾶν, λιχμᾶν 878b, 183b
σπείρειν 1282a

זָרָה ni.
διασκορπισμός 310c
λικμᾶν, λιχμᾶν 878b

זָרָה pi.
διασκορπίζειν 310b
διασπείρειν 310c
?ἐναντιοῦν 468c
ἐξιχνιάζειν 497a
⟦καθυβρίζειν 704b⟧ → זִיד, זוּד hi.
λικμᾶν, λιχμᾶν 878b
λικμήτωρ 878b
σκορπίζειν 1275c

זָרָה pu.
ἐκτείνειν 442a
κατασπείρειν 745b

זְרוֹעַ
ἀντίλημψις 111b

βραχίων 230a, *169c*
ἐπίχειρον 538c
#ὦμος 1493a (Ma. 2.3)

זָרוּעַ
σπέρμα 1282b
σπόριμος 1285b

זַרְזִיף
στάζειν 1286a

זַרְזִיר
ἀλέκτωρ 52c

זָרַח qal
ἀνατέλλειν 83a (Si. 26.16)
ἐξανατέλλειν 487c
#ἐξανθεῖν 487c (Ho. 7.9)
ἐπιφαίνειν 537c
φαίνειν 1423a
#φωτίζειν *195c* (Si. 42.16)

זֶרַח
λαμπρότης (נֹגַהּ ז') 853a

זָרַם qal
#βιαίως 218b (Je. 18.14)

[[ἐξουδένωμα 500c]]

זֶרֶם
ψεκάς 1484a

זִרְמָה
αἰδοῖον 30c

זָרַע qal
[[ἀνατέλλειν 83a]] → זָרַח qal
κατασπείρειν 745b
σπείρειν 1282a, *192a* (Si. 7.3)
σπέρμα 1282b
σπορά 1285b
σπόριμος 1285b
σπόρος 1285b

זָרַע ni.
ἐκσπερματίζειν 441b
σπείρειν 1282a

זָרַע pu.
σπείρειν 1282a

זָרַע hi.
#ἔγκυος γίνεσθαι 256c, 367a, *170b, 172b* (Si. 42.10)

σπείρειν 1282a
σπερματίζειν 1283c

זֶרַע
*γενεά 236a
γένος 239b
[[ἔθνος 368b]] → עַם, עַם I
καρποφόρος 724c
[[κυριεύειν 800a]]
σπείρειν 1282a
*σπέρμα 1282b, *192a* (+Si. 41.6; 44.12, 13)
σπόρος 1285b
#συγγενής 1298c (Ez. 22.6)
υἱός 1384c, *194a*
#φυτόν 1447a (Ez. 17.5)

זְרַע (Aramaic)
γένεσις 237a
σπέρμα 1282b

זֵרְעִים
[[ὄσπριον 1021c]] → זֵרֹעַ ≈
σπόριμος
σπέρμα 1282b

זֵרְעֹנִים
ὄσπριον 1021c
σπέρμα 1282b

זָרַק
[[δέχεσθαι 294c]]
διασκορπίζειν 310b
ἐκχεῖν, ἐκχέειν 445c
[[ἐξανθεῖν 487c]] → זָרַח qal
καταπάσσειν 740a
κατασκεδαννύναι 744a
πάσσειν 1102c
περιχεῖν 1128b
#προβάλλειν 1204a
προσχεῖν 1223c
ῥαίνειν, ῥανίζειν 1247c
ῥίπτειν, ῥιπτεῖν 1252b
σπείρειν 1282a

זֹרַק pu.
περιραντίζειν, περιρραντίζειν 1126a

זֶרֶת
σπιθαμή 1284b

ח

חֹב ("love")
#ἑκουσίως 438c (Jb. 31.33)

חָבָא ni.
[[ἐγκατακρύπτειν 365a]] →
ἐγκρύπτειν
ἐγκρύπτειν 367a
κατακρύπτειν 734c
καταφεύγειν 747b
[[κρυβῇ 791c]] → κρυφῇ
κρύπτειν 791c
κρυφῇ 793a

חָבָא pu.
κρύπτειν 791c

חָבָא hi.
[[κατακρύπτειν 734c]] →
κρύπτειν
κρύπτειν 791c
[[σκεπάζειν 1268c]]

חָבָא ho.
κρύπτειν 791c

חָבָא hithp.
§αχαβιν (מִתְחַבְּאִים) 187b
[[καταβαίνειν 727a]]
κατακρύπτειν 734c
κρύβειν 791c
κρύπτειν 791c
[[§μεθαχαβειν (מִתְחַבְּאִים) 907b]]

חֶבָא
#ἀγάπησις *165a* (Si. 11.15)

חָבַב qal
ἀγαπᾶν *165a*
#φείδεσθαι 1426a (De. 33.3)

חָבָה qal
ἀποκρύπτειν 134b

חָבָה ni.
κρύπτειν 791c
[[κρύφιος 793a]] → κρύπτειν

חֲבוּלָה (Aramaic)
ἁμαρτία 62a
παράπτωμα 1063c

חַבּוּרָה, חַבֻּרָה
μώλωψ 938a
ὑπώπιον 1418b

חָבַט qal
ἐλα(ιο)λογεῖν (חָ זַיִת qal) 447a
ῥαβδίζειν 1247a
[[συνταράσσειν 1318a]] → XXX ≈ συμφράσσειν

חָבַט ni.
ἐκτινάσσειν 443b
τινάσσειν 1354a

חָבִיר
see also חָבֵר
φίλος *195a*

חָבַל I qal
#ἀφανίζειν 181b
[[δεῖν ("to bind") (הָיָה חָבוּל) 170b]] → διδόναι
δεσμεύειν 292a
διαλύειν 305a
διάλυσις 305b
#διδόναι 317b
ἐνεχυράζειν 473a
ἐνεχύρασμα 473a
[[σχοίνισμα 1328a]] → חֶבֶל II

חָבַל I ni.
[[καταφρονεῖν 748a]]

חָבַל I pi.
διαφθείρειν 314c
καταφθείρειν 747c
#λυμαίνειν 889b (Pr. 27.13)
φθείρειν 1429c
ὠδίνειν 1492c

חָבַל I pu.
καταφθείρειν 747c
ὀλέκειν 986b

חָבַל II qal
δεῖν ("to bind") *170b* (Si. 34[31].6)

חָבַל I pa. (Aramaic)
ἀφανίζειν 181b
διαφθείρειν 314c
ἐκκόπτειν 434c
*#κακοποιεῖν 709a (I Es. 6.32)
λυμαίνειν, λοιμαίνειν 889b

חָבַל I ithpa. (Aramaic)
διαφθείρειν 314c
φθείρειν 1429c

חָבַל II subst. (Aramaic)
ἀφανισμός 182a
διαφθορά (חֲבָל, חַ) 315a

חֵבֶל
ὀδύνη 967a
ὁ πόνος τῶν ὠδίνων 1188b, 1492b
ὠδίν 1492b

חֶבֶל I
διαφθορά 315a
φθορά 1430a
φορβαία, φορβέα 1437c
χορός 1472c

חֶבֶל II
#δεσμός 170c
κλῆρος 770a
περίχωρος 1128b
σειρά 1262a
[[συγκυρεῖν 1300c]]
σχοινίον 1328a
[[παλαιὰ σχοινία 1328a]] → מֶלַח
II ≈ σχοινίον
σχοίνισμα 1328a
σχοινισμός 1328a

חֲבַל (Aramaic)
*#κακία 708a (I Es. 2.24)
φθορά 1430a

חֲבָל
ἐνεχύρασμα 473a

ἐνεχυρασμός 473a
ἐνέχυρον 473a

חֹבֵל
κυβερνήτης 796a
πρωρεύς (רַב חֹ, חֹ) 1235b

חַבְלָה
κλοιός *182a*

חַבָּלָה
ἐνεχυρασμός 473a

חֲבַצֶּלֶת
ἄνθος 96a
κρίνον 788c

חָבַק qal
[[περιβάλλειν 1121c]] →
περιλαμβάνειν
περιλαμβάνειν 1124b, *188b*

חָבַק pi.
περιβάλλειν 1121c
περιλαμβάνειν 1124b
περίλημμα, περίληψις 1124b
[[συνέρχεσθαι 1314a]] →
συνέχειν
συνέχειν 1315b

חִבֻּק
ἐναγκαλίζεσθαι 467b

חָבַר qal
ἐπάδειν, ἐπαείδειν 504c
ἐπαοιδός 508a, *176b*
ἔχειν 586c
κοινωνεῖν *182a*
κοινωνός *182a*
μέτοχος 918a
προσπορεύεσθαι *190b*
συζευγνύναι 1301a
συμπροσεῖναι 1306a
συμφωνεῖν 1306c
συνάπτειν 1312b
συνέχειν 1315b

#φαρμακεύειν ('ה act. ptc.) 1425a (Ps. 57[58].6)
φάρμακος 1425a
[φαρμακοῦν 1425a] → φάρμακος

חָבַר pi.
[δωρεῖσθαι 172d]
συνάπτειν 1312b

חָבַר pu.
ἐξαρτᾶν, ἐξαρτίζειν 490a
κοινωνεῖν 775a, 182a
μετοχή 918a
[μέτοχος 918a] → μετοχή
προσκολλᾶν 190b
συμπλέκειν 1305b

חָבַר hi.
ἐνάλλεσθαι 467c

חָבַר hithp.
[ἄγειν 9a]
ἀποσυμμιγνύναι 148b
κοινωνεῖν 775a, 182a
συμμιγνύναι 1304b
συνανάμιξις 1311a
συντάσσειν 1318b
φιλιάζειν 1431a

חָבַר (Aramaic)
συνέταιρος 1315a
φίλος 1431b

חָבֵר
[ἔθνος 368b]

חָבֵר
see also חָבִיר
[ἔρχεσθαι 548b]
ἑταῖρος 559c
κοινωνός 775a, 182a
μέτοχος 918a
#πλησίον 1148b (Jd. 4.11A)
προσκεῖσθαι 1216c
προστιθέναι 1221a
φίλος 195a

חֶבֶר
ἐπαοιδή, ἐπῳδή 508a
κοινός 775a
[φαρμακεύειν 1425a (Ps. 57[58].6)] → חֶבֶר qal

חֲבַרְבֻּרוֹת
ποίκιλμα 1168c

חַבְרָה (Aramaic)
ἄλλος 56b
#λοιπός 888a (Da. TH 7.20)

חֶבְרָה
κοινωνεῖν 775a

חֲבֶרֶת
κοινωνός 775a

חֲבֶרֶת
συμβολή 1303b

חָבַשׁ qal
ἀποκαθιστᾶν, ἀποκαθιστάναι 131b
ἀρχηγός 165a
δεῖν ("to bind") 287b
δύ(ν)ειν 350a
[ἐμπιπλᾶν, ἐμπι(μ)πλάναι, ἐμπλήθειν 457a]
ἐπισάσσειν 527b
ζωννύειν, ζωννύναι 601a
ἰᾶσθαι 668a
καταδεῖν 730b
μοτοῦν, μωτοῦν 935c

περιτιθέναι 1127c
συμπλέκειν 1305b

חָבַשׁ pi.
[ἀνακαλύπτειν 78a]
δεσμεύειν 292a

חָבַשׁ pu.
κατάδεσμος 730b

חֲבִתִּים
τήγανον 1347c

חַג
ἑορτάζειν (קָדֵשׁ חָג, חָגַג־חָג qal, חָגַג־חָג hithp.) 502c
*ἑορτή 503a, 176a (+Si. 43.7)

חָגָא
φόβητρον, φόβηθρον 1435c

חָגָב
ἀκρίς 50c

חָגַג qal
ἑορτάζειν ('ח qal, חָג 'ח qal) 502c
ταράσσειν 1336a

חָגוּ
ὀπή 1001b
σκέπη 1269a
τρυμαλιά 1377b

חֲגוֹר
διαζωννύναι 300b
ζωννύναι, ζωννύειν 601a

חֲגוֹר
ζώνη 601a
ζωννύναι, ζωννύειν 601a
περίζωμα 1123a
περιζωννύναι 1123b

חֲגוֹרָה
ζώνη 601a
παραζώνη 1059c
περίζωμα 1123a

חָגַר qal
ἀναζωννύειν 77a
ἀναλαμβάνειν 78c
ἐνδύ(ν)ειν 471a
ζωννύναι, ζωννύειν 601a
ζῶσις 601c
[κυρτός 839a] → חָגַר
περιζωννύναι 1123b
#συζωννύναι 1301b (Le. 8.7)
#χωλαίνειν 1480b (Ps. 17[18].46)

חָגָר
#κυρτός 839a (III Ki. 21[20].11)

חַד I
ἀκονᾶν 45a
ὀξύς 1001a

חַד II (Aramaic)
εἰσάπαξ (כַּחֲדָה) 410a
ἑπταπλασίως (חַד־שִׁבְעָה) 540b
*πρῶτος 1235c

חָדַד qal
ὀξύνειν 1001a
ὀξύς 1001a

חָדַד hi.
#ὀξύνειν 1001a (Za. 1.21 [2.4])
παροξύνειν 1072a

חָדַד ho.
ἐξακονεῖν 486c
ὀξύνειν 1001a

חָדַד hithp.
#ὀξύνειν 1001a (Ez. 21.16[21])

חָדָה
[ἐξιστᾶν, ἐξιστάναι 496c] → חָרַד I qal
#εὐφραίνειν 581a (Ps. 85[86].11)
#χαίρειν 1452a (Pr. 17.19; Je. 38[31].13)

חָדָה pi.
εὐφραίνειν 581a

חִדּוּד
#ὀξύς 1001a (Jb. 41.22)

חַדּוּדִים
ὀβελίσκος 960a

חֶדְוָה (Hebrew and Aramaic)
εὐφροσύνη 582c, 178b (Si. 34[31].31)
[καύχημα 757c]

חֲדִי (Aramaic)
στῆθος 1290a

חָדַל, חֲדֵל I qal
#ἀναπαύειν 80b (Jb. 10.20)
ἀνιέναι (= ἀνίημι) 102b
[ἀπείθειν(?) 119c] → ἀπειθεῖν
ἀπειθεῖν 119c
ἀπειπεῖν, ἀπερεῖν 120a
ἀπέχειν 122a
ἀπολείπειν 136b
ἀφιέν, ἀφιέναι 183b
*ἀφιστᾶν, ἀφιστάναι, ἀφιστάνειν 184b, 169b
βούλεσθαι + neg. 226b
διαλείπειν 304c
δύνασθαι + neg. 353a
ἐᾶν 361a
(ἐ)θέλειν + neg. 628b
?ἐκκαίειν 432b
ἐκλείπειν 435c
ἐκφεύγειν 445b
ἐνδιδόναι 470b
ἐπέχειν 511a
ἡσυχάζειν 620a
κοπάζειν 778a
[κοπᾶν 778b] → κοπάζειν
παρέρχεσθαι 1068c
παριέναι ("to allow") 1070b
παριέναι γῆν 1070b
παύειν 1112b, 188b
προσέχειν 1215b
σιωπᾶν 1267c
ὑστερεῖν 1418b

חָדֵל II adj.
ἀπειθεῖν 119c
ὑστερεῖν 1418b

חֵדֶק
ἄκανθα 43c

חֶדֶר
[ἐξιστᾶν, ἐξιστάναι 496c] → חָרַד I qal

חֶדֶר
ἀποθήκη 128a
κοιτών 775c
ταμ(ι)εῖον, ταμίον 1334a

חָדַשׁ pi.
ἀνακαινίζειν 78a
ἐγκαινίζειν 364c, 172a
ἐπανακαινίζειν 506b
ἐπισκευάζειν 528b
καινίζειν 705b

חָדַשׁ hithp.
ἀνακαινίζειν 78a

αὐξάνειν 169a

חָדָשׁ
#ἐγκαινίζειν 364c (Is. 16.11)
ἕτερος 560a
καινός, κενός ("new") 705b
#καινότης 705c (Ez. 47.12)
νέος 942a, 185a
πρόσφατος 1222c, 190b
προσφάτως 1222c

חֹדֶשׁ
ἑξάμηνον (שִׁשָּׁה חֳדָשִׁים) 487b
[ἑορτή 503a]
ἑπτάμηνος (שִׁבְעָה חֳדָשִׁים) 540a
ἡμέρα 607b
*μήν ("month") 922a, 185a
μηνιαῖος (בֶּן־חֹ') 923b
*νουμηνία, νεομηνία (ח, ח' לְחֹ', רֹאשׁ ח') 950b
νουμηνία τοῦ μηνός (ח' לְחֹ') 950b
τετράμηνον (אַרְבָּעָה חֳדָשִׁים) 1347b
τρίμηνον (שְׁלשָׁה חֳדָשִׁים, שְׁלשָׁה חֳדָשִׁים) 1373a

חֶדְשָׁה
κορύνη 780a

חֲדַת (Aramaic)
*#καινός 705b (I Es. 6.24)

חֲוָא pa. (Aramaic)
φράζειν 1438b

חֲוָא aph. (Aramaic)
κρίνειν (הַחֲוָא פְּשַׁר) 787b

חוֹב pi.
καταδικάζειν 730b
[κινδυνεύειν 765a]

חוֹב
ὀφ(ε)ίλειν 1039a

חוּג I qal
#περιστροφή 1127a, 188c (Si. 50.5)

חוּג II subst.
γῦρος 283b
γυροῦν 283b
θρόνος 655b
#κύκλωσις 798c, 182c (Si. 43.12)

חוּד qal
διηγεῖσθαι 329c
προβάλλειν 1204a

חָוָה pi.
ἀναγγέλλειν 74a
ἀπαγγέλλειν 167b
διδάσκειν 316c
#λαλεῖν (חָוָה דֵּעָה 'ח pi.) 841c (Jb. 32.18[17b])

חֲוָה pa. (Aramaic)
ἀναγγέλλειν 74a
ἀπαγγέλλειν 113c
γνωρίζειν 273a
δηλοῦν 295c
ὑποδεικνύειν, ὑποδεικνύναι 1413a

חֲוָה aph. (Aramaic)
ἀναγγέλλειν 74a
ἀπαγγέλλειν 113c
γνωρίζειν 273a
δηλοῦν 295c
δήλωσις 295c
διασαφεῖν 309c
εἰπεῖν, ἐρεῖν 384a

חַוָּה
ἀβουλία 1b
ἔπαυλις 508c
ζωή 599c
κώμη 839c

חוֹחַ
ἄκαν 43c
ἄκανθα 43c
§ακχουχ (הַחוֹחַ) 52a
§αχουχ (הַחוֹחַ) 187c
δεσμός 292a
κνίδη 772c
μάνδρα 895a
§χοζει 1472a

חוּט I aph. (Aramaic)
ἀνυφοῦν 112b

חוּט II noun
περίμετρον 1124c
ῥάμμα 1248a
σπαρτίον 1281c

חִיל, חוּל qal
ἀλγεῖν 52b
ἀνθεῖν 95b
εὐλαβεῖσθαι 572a
ἥκειν 605a
καταντᾶν 739c
#κοπάζειν 778a
⟦κοπιᾶν 778b⟧ → κοπάζειν
ὀδυνᾶν 967a
ὀδύνη 967a
ὀδύνη λαμβάνει 847a, 967a
πονεῖν 1186a
σαλεύειν 1257c
συμφοράζειν 1306b
συντρίβειν 1321a
ταράσσειν 1336a
ταραχή 1336c
⟦τραυματίζειν 1370b⟧ → חָלַל II
ni.
φοβεῖν 1433b
χορεύειν 1472b
ὠδῖνας ἔχειν 586c, 1492b
ὠδίνειν 1492c, 196a

חִיל, חוּל polel
γεννᾶν 237b
ἐξεγείρειν 490b
καταρτίζειν 743b
μαιοῦσθαι 892a
πηγνύναι 1130c
πλάσσειν 1140b
συλλαμβάνειν 1301c
#ταράσσειν 1336a (Ps. 108[109].22)
τρέφειν 1371b
χειμάζειν 1457a
χορεύειν 1472b
ὠδίν 1492b
ὠδίνειν 1492c

חִיל, חוּל hi.
ἀλγεῖν 52b
⟦ἐπέχειν 511a⟧ → יָחַל ni.
προσμένειν 1218c
συσσείειν 1323b
⟦ὑπομένειν 1415c⟧ → יָחַל hi.

חִיל, חוּל ho.
ὠδίνειν 1492c

חִיל, חוּל hithpo.
ἱκετεύειν 684a
#σαλεύειν 1257c (Je. 28[51].7)
#στρέφειν 1296c (Je. 37[30].23)
συστρέφειν 1323c

#φροντίζειν 1439c (Jb. 15.20)

חוּל hithpalp.
ταράσσειν 1336a

חוֹל
ἄμμος 66a
παράλιος 1061c
⟦χρῆμα 1968⟧ → חַיִל

חֲלִי
see חֲלִי, חֱלִי

חוּם
⟦λευκός 874c⟧ → φαιός
⟦ποικίλος 1168c⟧ → נָקֹד
φαιός 1423b

חוֹמָה
ἀτείχιστος ('חֹ + neg.) 175b
ὅρμος 1014a
περίβολος 1122b
προτείχισμα 1230b
τειχήρης 1339c
τειχίζειν 1339c
*τεῖχος 1339c
τοῖχος 1362c

חוּס qal
#ἐλεεῖν 449c (Ez. 24.14)
φείδεσθαι 1426a

חוֹף
αἰγιαλός 30c
ὅρμος 1014a
παραθαλάσσιος (חוֹף הַיָּם) 1059c
παράλιος (חוֹף הַיָּם, לְחוֹף,
חוֹף יַמִּים) 1061c

חוּץ
#αἴθριος (בַּחוּץ) 30c
ἀοίκητος 113c
διόδος 336a
ἔξοδος 497b
ἔξω, ἐξωτέρω (כַּחוּץ, בַּחוּץ, חוּץ,
אֶל־מֵחוּץ לְ־, מֵחוּץ לְ־, לַחוּץ,
הַחוּץ, חוּצָה, הַחוּצָה, חוּצָה לְ־)
501c
ἕως ἔξω (הַחוּצָה) 501c
ἐξωτέρω (מֵחוּץ, חוּץ) 501c
ἔξωθεν (בַּחוּץ, אֶל־הַחוּץ, חוּץ,
מִן הַחוּץ, מֵחוּץ, מֵחוּץ לְחוּץ,
מֵחוּץ לְ־) 502b
ἔξωθεν οὐ (מֵחוּץ) 502b
ὁ ἐξώτερος (לַחוּץ) 502c
⟦ἔπαυλις 508c⟧ → חָצֵר
ὁδός 962c
τὰ ὑπ' οὐρανόν (חוּצוֹת) 1031b
πανταχῇ (בְּחוּצוֹת) 1053b
#πάρεξ (חוּץ מִן) 1068c (Ec. 2.25)
⟦παρέξω (מֵחוּץ לְ־) 1068c⟧
πλατεῖα (subst.) 1140c

חֹק
διαθήκη 171a
⟦κόλπος 777a⟧ → חֵק, חֹק

חוּק
⟦κύκλωσις 182d⟧

חָוַר qal
μεταβάλλειν 915b

חוּר, חָר
ἀέρινος 28c
⟦κοσμεῖν 780b⟧

חֹר, חוּר
ἔντιμος 479a
ὀπή 1001b

חִוָּר (Aramaic)
λευκός 874c

חוֹרִי
βύσσος 232b

חִישׁ, חוּשׁ qal
βοηθεῖν 223b
εἰσακούειν 408b
⟦ἑτοιμάζειν 563c⟧
ὀξέως 1001a
παρεῖναι 1065c
πρόθυμος 1206c
προσέχειν 1215b
⟦σπεύδειν 1284c⟧
#σπουδάζειν 1285c (Jb. 31.5)
⟦συνιεῖν, συνιέναι 1316b⟧ →
בִּינָה

חִישׁ, חוּשׁ hi.
ἐγγίζειν 362b
κινεῖν 765b
ὁρμᾶν 1014a
σπεύδειν 192a
συνάγειν 1307b

חֹתָם, חוֹתָם
ἀποσφράγισμα 148c
δακτύλιος 284b
σφραγίς 1327b, 193b

חֲזָא pe. (Aramaic)
see חֲזָה, חֲזָא pe.

חָזָה qal
ἀναγγέλλειν 74a (–Is. 30.10b)
#ἀπαγγέλλειν 113c, 167b (Si. 44.3)
ἀνακρούειν 78c
βλέπειν 221a, 169b
⟦γίνεσθαι 256b⟧
γινώσκειν 267a
εἰδεῖν, εἰδέναι 374b
ἐνυπνιάζεσθαι 481b
ἐφορᾶν 586b
θεωρεῖν 649b, 179b (Si. 42.22)
ἰδεῖν 669b, 179c
ἰδού 673c
μαντ(ε)ία 896a
ὁρᾶν 1005a, 186b
ὅρασις 1007b
ὁρατικός 1008a
σκέπτεσθαι 1269b
συνεπίστασθαι 1313c

חֲזָה, חֲזָא pe. (Aramaic)
βλέπειν 221a
δεῖν ("to be necessary") + inf. ('ח
pe. + לְ־ + inf.) 287a
εἰδεῖν, εἰδέναι 374b
θεωρεῖν 649b
ἰδεῖν 669b
κατανοεῖν 739c
ὁρᾶν 1005a
*#ὑπεριδεῖν 1410b (I Es. 2.18)

חָזֶה
⟦ἧπαρ 619c⟧
στηθύνιον 1290a

חֹזֶה
προφήτης 1232b, 190c
συνθήκη 1316a

חֶזְוָא (Aramaic)
ὅραμα 1004c
ὅρασις 1007b
πρόσοψις 1219a
ὕπνος 1411c

חִזָּיוֹן
ἐξηγητής 495b
ὅραμα 1004c
ὅρασις 1007b, 186b
προφητ(ε)ία 1231c, 190c
προφήτης 190c
ὕπνος 1411c

חָזוֹת (Hebrew and Aramaic)
⟦κύτος 839a⟧
ὅρασις 1007b

חָזוּת
⟦ἐλπίς 454a⟧
θεωρητός 649c
⟦κέρας 759c⟧
ὅραμα 1004c

חִזָּיוֹן
θαῦμα 626c
⟦μελέτη 908c⟧ → הִגָּיוֹן
ὅραμα 1004c
ὅρασις 1007b
φάντασμα 1424b
φάσμα 1425b

חֲזִיז, חָזִיז
κυδοιμός (חֲ קֹלוֹת) 796a
⟦τίναγμα 1354a⟧ → זוּעַ hi.
φαντασία 1424b
ὑετός 194a

חֲזִיר
σῦς 1323a
ὕειος, ὕϊος 1384a
ὗς 1418b

חָזַק qal
ἀνδρίζεσθαι 86b
ἀνιστᾶν, ἀνιστάναι 102c
βαρύνειν 191a
ἐνισχύειν 475a, 175b
ἐπικρατεῖν 523b
⟦ζῆν 594c⟧
*ἰσχύειν 692c
προσέχειν ἰσχυρῶς 694b, 1215b
*#ἰσχύς 694b (I Es. 8.91)
διδόσθαι ἰσχύν 317c, 694b
καθιστάναι 702c
καταβιάζεσθαι 729a
κατισχύειν 751b
κραταιός 782a
κραταιοῦν 782b
κρατεῖν 783a
⟦κρεμάζειν, κρεμᾶν,
κρεμαννύναι 785c⟧
περιπλέκειν 1125b
σκληρύνειν 1275a
στερεοῦν 1289a
⟦ " 192a⟧ → חָזַק pu.
ὑπερισχύειν 1410b
ὑπερκρατεῖν 1410b

חָזַק pi.
ἀντιλαμβάνεσθαι 110c
*#βοηθεῖν (יד 'ח pi., בְּיַד 'ח pi.)
223b (I Es. 2.8)
⟦διδόναι 317b⟧
δοξάζειν 172a
ἐνισχύειν 475a, 175b
ἐπισκευάζειν 528b
ἰσχύειν 692c, 180c (Si. 43.15)
#ἰσχυρός 693b (Pr. 8.29)
ἰσχυροῦν 694a
καθυστερεῖν + neg. 704c
κατακρατεῖν 734b
κατέχειν 750c
*κατισχύειν 751b
κραταιοῦν 782b
κρατεῖν 783a

#κράτος 784a (Is. 22.21)
ὀχυροῦν 1043c, *187c*
παρακαλεῖν 1060a
σκληρύνειν 1275a
στερεοῦν 1289a
*#στολίζειν 1292b (I Es. 1.2)

חָזַק pu.
#στερεοῦν 1289a, *192a* (Si. 50.1)

חָזַק hi.
ἀνταπόδοσις 109c
ἀντιλαμβάνεσθαι 110c
ἀσφαλίζειν 174b
βιάζεσθαι 218a
⟦δέχεσθαι 294c⟧
ἐγκρατεῖν 366c
#ἐγκρατὴς γίνεσθαι 256b, 367a, *170b, 172a* (Si. 6.27)
?εἰσάγειν 407c
ἐνισχύειν 475a
ἐπιλαμβάνειν 523c
ἐφιστάναι 585c
ἔχειν 586c
καρτερεῖν 725a
καταδυναστεύειν 731a
κατακρατεῖν 734b
καταλαμβάνειν 735a
κατέχειν 750c
κατισχύειν 751b
κραταιοῦν 782b
κρατεῖν 783a
κράτος 784a
λαμβάνειν 847a, *183a*
παρασφαλίζεσθαι 1064a
⟦προέχειν 1206b⟧ → προσέχειν
προσέχειν 1215b
στερεοῦν *192a*
στηρίζειν *192b*
συνέχειν 1315b
ὁ χειραγωγῶν (מַחֲזִיק בְּיַד) 1467a
χωρεῖν 1482b

חָזַק hithp.
ἀνθιστάναι 95c
ἀνταπόδοσις 109c
⟦ἀντιλαμβάνεσθαι *167b*⟧
βοηθεῖν 223b
⟦ἐγκρατὴς γίνεσθαι *170b, 172a*⟧
ἐνισχύειν 475a
*#ἐπιχειρεῖν 538c (I Es. 1.26)
*#γίνεσθαι εὐθαρσήν 570a (I Es. 8.27)
ἰσχύειν 692c
κατενισχύειν 749a
κατισχύειν 751b
κραταιοῦν 782b
κρατεῖν 783a
προσκαρτερεῖν 1216c
στηρίζειν *192b*

חָזָק
βαρύς *169a*
δυνάστης 355b
δυνατός 355c
⟦ἠχεῖν 620c⟧
ἰσχύειν 692c
ἰσχυρός 693b, *180c*
ἰσχύς 694b
κατισχύειν 751b
κραταιός 782a
στερεοκάρδιος (חֲזַק־לֵב) 1289a
στερεός 1289a
σφοδρός (חָ' מְאֹד) 1327a
ὑπερισχύειν 1410b
⟦ὑψηλός 1419b⟧

φιλόνεικος (חֲזַק־מֵצַח) 1431a

חֹזֶק
ἰσχυρός 693b
⟦κραταιοῦν 782b⟧ → חָזַק qal

חֵזֶק
ἰσχύς 694b

חֹזֶק
δύναμις 350a
ἰσχύς 694b
κραταιός 782a
#μόλις (בְּחֹ') 932c, *185b* (Si. 35[32].7)

חֶזְקָה
ἰσχυρός 693b
κατακρατεῖν 734b
κατισχύειν 751b
κρατεῖν 783a

חָזְקָה
ἐκτενῶς (בְּחָ') 443a
⟦ἰσχυρός 693b⟧ → חָזַק qal
ἰσχυρῶς (בְחָ') 694b
κραταιῶς (בְחָ') 783a
κράτος 784a

חָזַר qal
#στρέφειν 1296c, *192b* (Si. 36[33].5)

חָח
ἄγκιστρον 15b
⟦γαλεάγρα 233c⟧ → סוּגַר ≈ γαλέαγρος
κημός, κιμός 763a
παγίς, πακίς 1044b
σφραγίς 1327b
φιμός 1432c

חֵטְא
ἁμαρτία *166b*

חָטָא qal
⟦ἀγαπᾶν 5b⟧
ἀδικεῖν 24c
ἁμαρτάνειν 60c, *166b*
ἁμαρτία 62a, *166b*
ἁμαρτωλός 64b, *166b*
⟦ἀνομεῖν 106b⟧ → רָשַׁע qal
ἀσεβεῖν *168c*
ἀσεβής 170b
⟦ἐννοεῖν κακά (חָ' וּבְרָךְ qal) 475c⟧
ἐξαμαρτάνειν 487a
⟦ποιεῖν 1154a (Ez. 33.16)⟧ → ἁμαρτάνειν

חָטָא pi.
ἀναφέρειν ἁμαρτίαν 84c
ἀποτιννύειν 149b
ἀφαγνίζειν 180a
ἐξιλάσκειν 495c
ἐξιλασμός 496b
καθαρίζειν, καθερίζειν 698a
ῥαντίζειν 1248a

חָטָא hi.
ἁμαρτάνειν 60c
διαμαρτάνειν 305b
ἐκκλ(ε)ίνειν 433c
ἐξαμαρτάνειν 487a, *175c*
ἐφαμαρτάνειν 585b
μιαίνειν 925c
ἁμαρτεῖν ποιεῖν 1154a

חָטָא hithp.
ἁγνίζειν 15c
ἀφαγνίζειν 180a

חֵטְא
ἁμαρτάνειν 60c
ἁμάρτημα 62a
ἁμαρτία 62a, *166b*

חֵטְא
ἁμαρτάνειν 60c
ἁμαρτωλός 64b
ἄνομος 107c
ἀσεβής 170b
ἀνὴρ ἀσεβής 170b

חֲטָאָה
ἁμαρτία 62a

חַטָּאָה
ἁμαρτία 62a
ἁμαρτωλός 64b
ἀνομία 106b

חַטָּאת
ἅγνισμα 16a
ἁγνισμός 16a
ἀδικία 25b
ἁμαρτάνειν 60c
ἁμάρτημα 62a
ἁμαρτία 62a, *166b*
ἀνόμημα 106b
ἀνομία 106b
ἀσέβεια, ἀσεβία 169c
ἀσέβημα 170b
ἐξιλασμός 496b
ἱλασμός 684c
κακία 708a
⟦καρδία 719a⟧
⟦μάταιος 898c⟧ → הֶבֶל
μετακίνησις 916a

חָטַב qal
ἀμφίταπος 68a
⟦ἐργάζεσθαι, ἐργάζειν 540c⟧
κόπτειν 779a
ξυλοκόπος (חֹטֵב עֵ') 958a
συνάγειν 1307b

חָטַב pu.
περικοσμεῖν 1124a

חִטָּה
πυρός 1245b, *191c* (Si. 39.26)
σῖτος 1267b

חֲטִי (Aramaic)
#ἁμαρτία 62a (I Es. 7.8)

חֲטָיָא (Aramaic)
⟦ἁμαρτία 62a (I Es. 7.8)⟧ → חֲטִי

חָטַם qal
ἐπάγειν 503c

חָטַף qal
ἁρπάζειν 160a
#συντόμως 1321a (Pr. 23.28)

חֹטֶר
βακτηρία 189c
#ἱμάς 685a, *180b* (Si. 30[33].35)
ῥάβδος 1247a

חַי (Hebrew and Aramaic)
ἀέν(ν)αος 28b
ἄνθρωπος (אֶרֶץ חַיִּים, חַי) 96b, *167a*
βίος (יְמֵי חַיִּים, חַי) 220a, *169b*
⟦ἐξεγείρειν 490b⟧ → חָיָה pi.
ζῆν 594c, *178a* (+Si. 30[33].29; 44.14)
ζωγρεῖν (שָׂבֶה חַיִּים) 599b
*ζωή (חַיִּים) 599c, *178b*
ζῷον 601b, *178c*
θηρίον 650c

θνητός 654a
ἰσχύειν *180c*
σάρξ *191a*
ὑγ(ε)ία, ὑγίεια *194a*
νὴ τὴν ὑγίειαν (חֵי, חַי) 944b, 1380b
ὑγιής 1380c, *194a*
#ὑπάρχειν 1406b (Ps. 145[146].2)
ψυχή (חַיִּים) 1486a, *196b*

חַיָּא pe. (Aramaic)
see חָיָה, חֲיָא pe.

חָיָב
⟦ἐπιτίμιον *177a*⟧ → ἐπίτιμος
#ἐπίτιμος *177a*

חִידָה
αἴνιγμα 34b
διήγημα 330a
διήγησις 330a
παραβολή *187b*
παροιμία *188a*
πρόβλημα 1205c

חָיָה qal
ἀναζωπυρεῖν, ἀναζωπυρίζειν 77a
ἀναψύχειν 86a
ἀνιστᾶν, ἀνιστάναι 102c
βιοῦν 220b, *169b*
⟦γίνεσθαι 256b⟧ → הָיָה qal
⟦ἐκτρέφειν 443c⟧
ἐπιζῆν 520a
ζῆν 594c
ζωή 599c
ζωὴν ἰδεῖν/εἰδέναι 599c
?καταπαύειν 740c
περιποιεῖν 1125c
σώζειν 1328b
ὑγιάζειν 1380b
ὑγιὴς εἶναι 1380c

חָיָה pi.
διασῴζειν 312b
διατρέφειν 314a
⟦διδάσκειν 316c⟧ → חָוָה pi.
ἐκτρέφειν 443c
ἐξανιστάναι 487c
#ἐξεγείρειν 490b (Is. 38.16)
ζῆν 594c
ζῆν ποιεῖν 594c, 1154a
ζωγρεῖν 599b
⟦ζώειν 599c⟧ → ζῆν
ζωογονεῖν 601b
⟦ζῷον 601b⟧ → חַי
ζωοποιεῖν 601c
ζωοῦν 601c
⟦περιβιοῦν 1122a⟧ → περιποιεῖν
περιποιεῖν 1125c
#ποίησις 1168c, *189b* (Si. 16.26)
σῴζειν 1328b
τρέφειν 1371b
ὑγιάζειν 1380b
φυλάσσειν, φυλάττειν 1441c

חָיָה hi.
διατρέφειν 314a
ἐκτρέφειν 443c
ζῆν 594c
ζωγρεῖν 599b
διδόναι ζωήν 599c
ζωογονεῖν 601b
ζωοποιεῖν 601c
ζωπυρεῖν 601c
περιποιεῖν 1125c

σῴζειν 1328b
τρέφειν 1371b

חָיָא, חֲיָה pe. (Aramaic)
ζῆν 594c

חָיָה
[ἑρπετός 548a]
ζῆν 594c
ζωή 599c, *178b*
ζωογονεῖν 601b
ζῷον 601b
θήρ 650b
θηρίον 650c, *179b*
κτῆνος 794a
τάγμα 1333a
τετράπους 1347b
ψυχή 1486a

חַיָּא (Aramaic)
θηρίον 650c

חַיּוּת
[ζῆν 594c] → חַי

חֵיךְ
λάρυγξ *183a*
φάρυγξ *195a*

חַיִל (Hebrew and Aramaic)
ἀνδρεῖος 86b, *167a*
δύναμις 350a
υἱοὶ δυνάμεων 350a, 353a
δυνάστης (חֵיל אִישׁ, אֱנוֹשׁ) 355b
δυνατός (חֵיל, בְּנֵי חַיִל) 355c
δυνατὸς ἰσχύι 355c, 694b
[ἔθνος 368b]
[ἐξισχύειν *176a*]
εὐπορία 576c
ἰσχύειν (חֵיל, חַיִל גִּבּוֹר) 692c, *180c*
ἰσχύς 694b, *180c* (Si. 3.13)
*ὄχλος 1043a
παῖς 1049a
παράταξις 1064b
*#πεζός 1114b (I Es. 8.51)
#πλῆθος 1142c, *189a* (Si. 16.3)
πλούσιος *189a*
πλοῦτος 1150c
πόλεμος 1172a
στρατ(ε)ία 1295c
στρατόπεδον 1296a
συναγωγή 1309b
σῶμα 1330a
τὸ ὑπάρχον, (τὰ) ὑπάρχοντα 1406b
χρῆμα *196b*

חֵיל
ἀρχή 163c
δύναμις 350a

חִיל I subst.
[ὀδύνη 967a]
ὠδίν 1492b

חִיל II qal
see חוּל, חִיל qal

חִיל II polel
see חוּל, חִיל polel

חִיל II hi.
see חוּל, חִיל hi.

חִיל II ho.
see חוּל, חִיל ho.

חִיל II hithpo.
see חוּל, חִיל hithpo.

חִיל II hithpalp.
see חוּל, חִיל hithpalp.

חִין
ἐλεεῖν 449c

חַיִץ
τοῖχος 1362c

חִיצוֹן
ἔξω, ἐξωτέρω (חִ, לְ־) 501c
τὸ ἔξωθεν 502b
ἐξώτερος, ἐξώτατος 502c
[ἐσώτερος, ἐσώτατος 559a] → ἐξώτερος, ἐξώτατος

חֵק, חֵיק
ἀγκάλη 15b
βάθος 189a
κόλπος 777a, *182b*
κόλπωμα 777b
κύκλωμα 798c
σύγκοιτος (חֵ) (שֹׁכֶבֶת חֵ) 1300a

חִישׁ qal
see חוּשׁ, חִישׁ qal

חִישׁ hi.
see חוּשׁ, חִישׁ hi.

חֵךְ
λάρυγξ 862c
στόμα *192b*
φάρυγξ 1425b, *195a*

חָכָה qal
ἐμμένειν 456a

חָכָה pi.
ἐμμένειν 456a
[ἱμείρεσθαι 686a] → ὁμείρεσθαι
μένειν 910a
ὁμείρεσθαι 991a
ὑπομένειν 1415c, *194c* (Si. 51.8)

חַכָּה
ἄγκιστρον 15b

חַכִּים (Aramaic)
σοφιστής 1280b
σοφός 1280b

חַכְלִיל
χαροποιός 1456a

חַכְלִלוּת
[μέλας 908b] → πέλειος, πελιός
πέλειος, πελιός 1116b
[πελιδνός 1116b] → πέλειος, πελιός

חָכַם qal
ἄφρων (חָ + neg.) 186c
πανουργότερος γίνεσθαι 256c
σοφὸς γίνεσθαι 256c, 1280b
γίνεσθαι σοφώτερος 256c, 1280b
[παιδεύειν *187a*]
πανοῦργος 1053a
σοφίζειν 1280a, *192a*
σοφός *192a*
σοφὸς εἶναι 1280b
σοφώτερος εἶναι 1280b
φρονεῖν 1439a

חָכַם ni.
παιδευτής *187a*

חָכַם pi.
#παιδεύειν 1047a, *187a* (Si. 37.23)
#σοφία 1278c, *191c* (Si. 6.37)
σοφίζειν 1280a

חָכַם hi.
σοφίζειν 1280a

חָכַם hithp.
κατασοφίζεσθαι 745a
παιδεύειν *187a*

σοφίζειν 1280a, *192a*

חָכָם
[ἀληθής 53c]
βουλή *169c*
εἰδεῖν, εἰδέναι 374b
ἐπιστήμων *177a*
πανοῦργος 1053a, *187b*
σοφία *191c*
σοφιστής 1280b
σοφός 1280b, *192a*
σοφῶς 1281b
συνετός (חָ) (חֲכַם־לֵב) 1315a
[συνετός 1315b]
φρόνιμος (חָ) (חֲ־לֵב) 1439b

חָכְמָה (Hebrew and Aramaic)
αἴσθησις 36b
#γνῶσις 273c, *170c* (Si. 36[33].8)
διανόημα *171b*
ἐπιστήμη 530a, *177a* (Si. 36[33].11)
[ζωή 599c]
προσεχόντως (בְּחָ) 1215c
*σοφία 1278c, *191c*
σοφός *192a*
σοφῶς (בְּחָ) 1281b
σύνεσις 1314a
τέχνη 1347c
φρόνησις 1439a
φρόνιμος 1439b

חֹל
ἀρχή 163c
περίτειχος 1127b
προτείχισμα 1230b

חֹל
βέβηλος 216b

חָלָא qal
μαλακίζεσθαι 894b

חָלָא hi.
ἰοῦσθαι *180b*

חֶלְאָה
ἰός 687a

חָלָב
γάλα 233b, *170a*
γαλαθηνός 233c, *170a*
[πιότης 1135b] → חֵלֶב, חָלָב

חֵלֶב, חֶלֶב
ἀπαρχή 118b
[γάλα 233b] → חָלָב, חֵלֶב
[θυσία 664a]
μυελός 936b
#πιότης 1135b (Ez. 25.4)
*στέαρ 1287b, *192a*

חֶלְבְּנָה
χαλβάνη 1452c

חֶלֶד
γῆ 240c
ἡ οἰκουμένη 968a
ὑπόστασις 1417a

חֹלֶד
γαλῆ 233c

חָלָה qal
ἀρρωστεῖν 160b
ἀρρωστία (חָ qal, רָעָה חוֹלָה) 160b
ἄρρωστος 160b
ἀσθενεῖν 172a
ἐκλείπειν 435c
ἐνοχλεῖν 476c
κακῶς ἔχειν 586c, 712a
[καταδεῖσθαι 730b] → חָלָה pi.

κοπιᾶν 778b
μαλακίζεσθαι 894b
μετριάζειν 918a
πονεῖν 1186a
τιτρώσκειν 1362a

חָלָה ni.
ἀλγηρός 52c
ἀσθενεῖν 172a
ἐκλείπειν 435c
μαλακίζεσθαι 894b
ὀδυνηρός 967b
πάσχειν 1103a
φλεγμαίνειν 1432c

חָלָה pi.
[ἀποστέλλειν 141b]
δεῖσθαι (חָ פָּנִים pi.) 288a, *170b* (Si. 30[33].28, 30)
ἐκζητεῖν 430c
ἐξιλάσκειν 495c
ζητεῖν 597a
θεραπεύειν 648a
#θεράπων 648b (Pr. 18.14)
#καταδεῖσθαι 730b
λιτανεύειν 879c

חָלָה pu.
[ἁλίσκειν, ἁλίσκεσθαι 54c]

חָלָה hi.
*#ἀσθενεῖν 172a (I Es. 1.28)

חָלָה ho.
πονεῖν 1186a
τιτρώσκειν 1362a

חָלָה hithp.
ἀρρωστεῖν 160b
μαλακίζεσθαι 894b

חַלָּה
ἄρτος (חָ, חַלַּת לֶחֶם) 161b
κολλυρίς 776c
λάγανον, λάγανος(?) 840b

חֲלוֹם
ἐνυπνιάζεσθαι 481b
ἐνυπνιαστής (בַּעַל חֲלֹמוֹת) 481b
ἐνύπνιον 481b, *175c* (Si. 31[34].1)
ὅραμα 1004c
ὕπνος 1411c

חַלּוֹן
διόρυγμα 336c
θυρίς 663c, *179c*

חָלוּק
λεῖος 872b

חֲלוּשָׁה
τροπή 1375a

חַלְחָלָה
ἔκλυσις 438a
ταραχή 1336c
ὠδίν 1492b

חָלַט hi.
ἀναλέγειν 79a

חֲלִי
ὁρμίσκος 1014a

חֳלִי, חֹלִי
[ἁμαρτία 62a]
ἀρρώστημα *168b*
ἀρρωστία 160b
μαλακία 894b
μαλακίζεσθαι 894b
νόσος 949b, *185c*
πόνος 1188b, *189c*
τραῦμα 1369c

חֶלְיָה
καθόρμιον 704b

חָלִיל I adj.
γίνεσθαι + neg. 256b
ἵλεως 684c
μηδαμῶς
(חָלִילָה מִן ,חָלִילָה מִן) 920b

חָלִיל II subst.
αὐλός 178c, *169a*

חֲלִיפָה ,חֲלִיפָא
ἀλλάσσειν 55b
ἀντάλλαγμα 108c
δισσός 337b
ἐξαλλάσσειν 487a
⟦ἐπάγειν 503c⟧ → חָלַף hi.
#πάλιν 1051c (Jb. 14.14)
παρέρχεσθαι (חֲלִיפוֹת) *187c*
στολή 1291c

חֲלִיצָה
ἱμάτιον 685a
πανοπλία 1053a
στολή 1291c

חֶלְכָה
πένης 1117c
πτωχός 1239b

חָלַל I ni.
βεβηλοῦν 216b, *169b* (Si. 42.10)
βεβήλωσις 217a
⟦εἰσβεβηλοῦν 410a⟧ →
βεβηλοῦν
μιαίνειν 925c
⟦ταράσσειν 1336a⟧ → חוּל ,חִיל polel

חָלַל I pi.
βεβηλοῦν 216b
⟦ἐκβεβηλοῦν 421b⟧ → βεβηλοῦν
⟦εὐφραίνειν 581a⟧
μιαίνειν 925c
⟦στρωννύειν, στρωννύναι
1297b⟧ → חָלַל II pi. ≈
τιτρώσκειν
τρυγᾶν 1377a

חָלַל I pu.
βεβηλοῦν 216b

חָלַל I hi.
*ἄρχειν, ἄρχεσθαι 163a
βεβηλοῦν 216b
ἐνάρχεσθαι 469a
⟦ἔρχεσθαι 548b⟧ → ἄρχειν,
ἄρχεσθαι

חָלַל I ho.
⟦ἐλπίζειν 453c⟧ → יָחַל hi.

חָלַל II qal
εὐφραίνειν 581a⟧ חָלַל pi.
⟦κοπιᾶν 778b⟧ → חָדַל ,חָלַל I qal
≈ κοπάζειν

חָלַל II ni.
#τραυματίζειν 1370b (I Ki. 31.3)

חָלַל II pi.
⟦ἀναβαίνειν, ἀναβέννειν 70a⟧
#τιτρώσκειν 1362a (Ez. 28.7)
τραυματίζειν 1370b

חָלַל II pu.
⟦τραυματίας 1369c⟧ → חָלַל II polel

חָלַל II polel
θανατοῦν 625a
τραυματίζειν 1370b

חָלָל
βέβηλος 216b
βεβηλοῦν 216b
θνήσκειν 653c
νεκρός 941b
#πτῶμα 1239a, *190c* (Si. 34[31].6)
τιτρώσκειν 1362a
τραῦμα 1369c
τραυματίας (חָ ,חֲלַל חֶרֶב) 1369c
τραυματίζειν 1370b
τροποῦν 1376a

חָלַם I qal
ἐμπίπτειν εἰς ὁράματα καὶ
ἐνύπνια (חָ חֲלֹמוֹת qal) 458a
ἐνυπνιάζεσθαι 481b
ἐνύπνιον 481b
ἰδεῖν ἐνύπνιον 481b
ἰδεῖν 669b
#ὁρᾶν + ἐνύπνιον (= חֲלֹום) 1005a
(Ge. 41.15; Da. LXX 2.3)
ὕπνος 1411c

חָלַם I hi.
ἐνυπνιάζεσθαι 481b
⟦παρακαλεῖν 1060a, *187d*⟧ → נָחַם pi.

חָלַם II qal
#ἀπορρήσσειν 140a (Jb. 39.4)

חֲלַם (Aramaic)
ἐνύπνιον 481b
ὅραμα 1004c

חַלָּמִישׁ
ἀκρότομος 51c
στερεός 1289a
στερεὰ πάτρα 1129c, 1289a

חָלַף qal
ἀλλάσσειν 55b
ἀπέρχεσθαι 121a
ἀφαιρεῖν 180a
διελαύνειν 328b
διέρχεσθαι 328c, *171c*
διπλοῦν 330a
ἐπέρχεσθαι 509c
⟦κατακρύπτειν 734c⟧
⟦καταστρέφειν 745c⟧
⟦κρύπτειν *182b*⟧
μεταβάλλειν 915b
παρέρχεσθαι 1068a, *187c* (Si.
11.19; 42.20)
#πορεύεσθαι 1189a (Jb. 29.20)
τιτρώσκειν 1362a

חָלַף pi.
ἀλλάσσειν 55b

חָלַף hi.
ἀλλάσσειν 55b
ἀνθεῖν 95b
ἀντικαταλλάσσειν *167b*
διάδοχος *171a*
⟦ἑλίσσειν 453a⟧ → ἀλλάσσειν
#ἐπάγειν 503c (Jb. 10.17)
#ἐπανθεῖν + subj. δένδρον (= עֵץ)
506c (Jb. 14.7)
παραλογίζεσθαι 1062a

חֲלַף pe. (Aramaic)
ἀλλάσσειν 55b
ἀλλοιοῦν 56a

חָלַץ qal
#ἀποπίπτειν 139c
δύναμις 350a
δυνατός 355c
ἐκδύ(ν)ειν 423c

ἐκκλ(ε)ίνειν 433c
ἐνοπλίζειν 476b
εὔζωνος 570a
μάχιμος 901b
⟦ὁπλιστής (חָלוּץ) 1003b⟧ →
ὁπλίτης
ὁπλίτης (חָלוּץ) 1003b
ὑπολύειν 1415c

חָלַץ ni.
⟦δύ(ν)ειν 350a⟧ → ἐκδύ(ν)ειν
ἐκδύ(ν)ειν 423c
ἐνοπλίζειν 476b
ἐξοπλίζειν 500a
εὔοδος 575c
ῥύεσθαι 1254b

חָלַץ pi.
⟦ἀποπίπτειν 139c⟧ → חָלַץ qal
ἐξαιρεῖν 484b
⟦θλίβειν 652b⟧
ῥύεσθαι 1254b

חָלַץ hi.
πιαίνειν 1132c

חָלָץ
ὀσφύς 1023c
πλευρά 1142a
πολεμιστής 1171c

חָלַק qal
ἀπονέμειν 139a
διαιρεῖν 302c
διαμερίζειν 305c
διανέμειν 306a
διαστέλλειν 311b
ἐπιμερίζειν 525c
⟦κατακληρονομεῖν (חָ נַחֲלָה qal)
733b⟧ → κληρονομεῖν
κατέχειν 750c
κληρονομεῖν (חָ נַחֲלָה qal) 768a
κτίζειν *182c*
⟦λαμβάνειν 847a (II Ch. 28.21)⟧
→ לָקַח qal
μερίζειν 910c, *184b*

חָלַק ni.
⟦ἀποστέλλειν *168b*⟧
διαιρεῖν 302c
#διαστέλλειν 311b, *171b* (Si. 15.9)
⟦ἐκπορεύεσθαι 439c⟧
?ἐπιπίπτειν 526b
κτίζειν *182c*
μερίζειν 910c

חָלַק pi.
ἀπομερίζειν 139a
διαδιδόναι 300b
διαιρεῖν 302c
διαμερίζειν 305c
⟦διαμεριεῖν 306a⟧ →
διαμερίζειν
διδόναι 317b
διιστάνειν, διιστάναι 330b
ἐμβατεύειν 455c
⟦ἔχειν 586c⟧
καταδιαιρεῖν 730b
κληρονομεῖν 768a
μερίζειν 910c
μερίς 911a

חָלַק pu.
διαμερίζειν 305c
καταμετρεῖν 739c
παραδιδόναι 1058a

חָלַק hi.
ἀγοράζειν 16b
γλωσσοχαριτοῦν (חָ לָשׁוֹן hi.)
272b
δολιοῦν 340b
δολοῦν 340c
λόγοις τοῖς πρὸς χάριν
ἐμβάλλεσθαι (חָ אֲמָרִים hi.)
455a
⟦παρασκευάζειν 1064a⟧
τύπτειν 1378b

חָלַק hithp.
διαιρεῖν 302c

חָלָק
ἄστεγος 173b
λεῖος 872b
⟦λιπαίνειν 879b⟧ → שָׁמֵן I hi.
τὰ πρὸς χάριν 1455a

חֲלָק (Aramaic)
μερίς 911a
⟦νέμειν 941c⟧

חֵלֶק
⟦βρόχος 231b⟧
διαμερίζειν 305c
ἐπιμερίζειν 525c
#κληροδοσία 768a (Da. LXX 11.21,
32, 34)
κληρονομία 769a
κλῆρος 770a
κρίμα *182b*
μερίζειν 910c, *184b*
μερίς 911a, *184b* (+Si. 11.18; 14.14;
26.3)
μέρος 911c

חֶלְקָה I ("smoothness")
γυμνός 278a
διαβολή 299a
δόλιος 340b
δολιότης 340b

חֶלְקָה II ("portion of field")
μερίζειν 910c
μερίς 911a

חֲלֻקָּה
μερίς 911a

חֲלָקּוֹת
ὀλίσθ(ρ)ημα 987b

חֲלַקְלַקּוֹת
ὀλίσθ(ρ)ημα 987b

חָלַשׁ qal
?οἴχεσθαι 985a
τρέπειν 1371b

חַלָּשׁ
ἀδύνατος 28a

חָם I ("husband's father")
πενθερός 1117c

חֹם II ("heat")
θερμός 649b

חֹם
εὐδία *177c*
ἡμέρα 607b
θερμαίνειν 649a
θερμός 649b
καῦμα 757a
μεσημβρία (חֹם הַיֹּום) 912c

חֵמָא
θυμός 660c

חֵמָא ,חֵמָה (Aramaic)
θυμός 660c

ὀργή 1008b

חֶמְאָה
- βούτυρον 229c

חָמַד qal
- βούλεσθαι 226b
- ἐνθυμεῖσθαι 473c
- ἐπιθυμεῖν 520b
- #ἐπιθύμημα 520c (Nu. 16.15)
- εἶναι ἐπιθυμητής 520c
- ἐπιθυμία 521a, 176c (Si. 14.14)
- #ἐπιποθεῖν 526c (Si. 25.21)
- εὐδοκεῖν 569a
- κάλλος 715a
- καταθύμιος 731b
- 〚νικᾶν 945b〛

חָמַד ni.
- #ἐπιθύμημα 520c (Ps. 18[19].10)
- ἐπιθυμητός 520c
- 〚καλός 181a〛
- ὡραῖος 1493c

חָמַד pi.
- ἐπιθυμεῖν 520b

חָמַד hi.
- ἐπιθυμεῖν 176c

חֶמֶד
- ἐπιθύμημα 520c
- ἐπιθυμητός 520c
- ἐπίλεκτος 525a
- #καλός 715b (Ge. 49.14)

חֶמְדָּה
- ἐκλεκτός 437a
- ἔπαινος 504c
- ἐπιθύμημα 520c
- ἐπιθυμητός 520c
- ἐπιθυμία 521a
- κάλλος 715a
- ὡραῖος 1493c

חֲמֻדוֹת
- ἐλεηνός 451a
- ἐπιθύμημα 520c
- ἐπιθυμητός 520c
- ἐπιθυμία 521a
- καλός 715b

חָמָה qal
- #ὑποβλέπεσθαι 1412c, 194b (Si. 37.10 Aramaizing)

חַמָּה
- ἥλιος 606b
- θέρμη 649b

חֵמָה I ("anger")
- ἄκρατος 50b
- ἐνθύμιον 474a
- θολερός 654a
- θυμός 660c
- θυμὸς ὀργή 660c
- θυμὸς πλάγιος (חֲמַת־קְרִי) 660c
- *θυμοῦν (עָלְתָה חֵ) 662b (I Es. 1.49)
- θυμώδης 662c
- ἰός 687a
- κακόφρων (גְּדָל־חֵ) 712a
- 〚 " (גְּדָל־חֵ) 712a〛
- ὀργή 1008b, 186c
- ὀργὴ θυμοῦ 1008b
- ὀργίζειν (בָּעֲרָה חֵ) 1010a
- ὀργίλος 1010b
- ὁρμή 1014a

חֵמָה II ("curd")
- βούτυρον 229c

חֲמוּדָה
- ἐλεηνός 451c
- ἐπιθυμία 176c

חָמוֹץ
- ἀδικεῖν 24c

חַמּוּק
- ῥυθμός 1255b

חֲמוֹר, חֲמֹר
- 〚ἐξαλείφειν 486c〛 → מָחָה qal
- ὄνος 1000a, 186b (Si. 30[33].33)
- *ὑποζύγιον 1413b

חֲמוֹרָה
- 〚ἐξαλείφειν 486c〛 → מָחָה qal

חָמוֹת
- πενθερά 1117c

חֹמֶט
- σαύρα 1261a

חָמִיץ
- 〚ἀναποιεῖν 81b〛 → בְּלִיל

חֲמִשִׁי, חֲמִישִׁי
- ἐπίπεμπτος 526b
- τὸ πέμπτον μέρος 911c, 1116c
- *πέμπτος 1116c
- πεντεκαιδέκατος (חֲמִשָּׁה עָשָׂר) 1118c

חָמַל qal
- αἱρετίζειν 36a
- ἐλεεῖν 449c, 174a
- ἐπιποθεῖν 526c
- #πάσχειν 1103a (Za. 11.5; Ez. 16.5)
- περιποιεῖν 1125c
- 〚πονεῖν 1186a (I Ki. 23.21)〛 → עָמַל qal
- *φείδεσθαι 1426a, 195a

חֶמְלָה
- φείδεσθαι 1426a

חָמַם qal
- διαθερμαίνειν 300c
- 〚ἐκκαίειν 432b〛 → προσκαίειν
- θερμαίνειν 649c
- θερμασία 649c
- θέρμη 649b
- θέρμη γίνεται 649b
- θερμὸς γίνεσθαι 256c
- παραθερμαίνειν 1059c
- προσκαίειν 1216b

חָמַם pi.
- θάλπειν 623b

חָמַם hi.
- #θερμαίνειν 649a, 179b (Si. 38.17)

חָמַם hithp.
- θερμαίνειν 649c

חָמָן
- βδέλυγμα 215b
- εἴδωλον 376a
- τὸ ξύλινον χειροποίητον 957c
- τέμενος 1345a

חָמַס qal
- ἀθετεῖν 29b
- ἀσεβεῖν 170a
- 〚διαπετάζειν, διαπετανννύειν, διαπετανννύναι 307c〛 → διασπᾶν
- #διασπᾶν 310c (La. 2.6)
- ἐπίκεισθαι 523a
- 〚τρυγᾶν 1377a〛

חָמַס ni.
- παραδειγματίζειν 1057c

חָמָס
- ἀδικεῖν 24c
- ἀδίκημα 25a
- ἀδικία 25b, 165b
- ἄδικος 26c
- ἀθεσία 29b
- ἁμαρτωλός 166b
- ἀνομία 106b
- ἄνομος 167b
- #ἀπειθής 119c, 167c (Si. 47.21)
- ἀπώλεια, ἀπωλεία 151c
- ἀσέβεια, ἀσεβία 169c
- ἀσεβής 170b, 168c
- #μόχθος 935c (Je. 28[51].35)
- ὄνειδος 995a
- παράνομος 1062b
- #ψευδής 1484b (Am. 6.3)

חָמֵץ I qal
- ἀδικεῖν 24c
- ζυμοῦσθαι 599b

חָמֵץ I hithp.
- ἐκκαίειν 432b

חָמֵץ II subst.
- ἐρύθημα 548a
- 〚ἐρύθρημα 548a〛 → ἐρύθημα
- ζύμη 599b
- ζυμίτης 599b
- ζυμοῦσθαι 599b
- ζυμωτός 599b

חֹמֶץ
- ὄμφαξ 994a
- ὄξος 1001a

חָמַק qal
- παρέρχεσθαι 1068c

חָמַק hithp.
- ἀποστρέφειν 145b

חָמַר I qal
- ἄκρατος 50b
- καταχρίειν 748c
- ταράσσειν 1336a

חָמַר I hi.
- 〚προσταράσσειν 190b〛

חָמַר I pealal
- συγκαίειν 1299a
- ταράσσειν 1336a

חָמַר II qal
- #καταχρίειν 748c (Ex. 2.3)

חֵמָר
- ἀσφαλτόπισσα 174c
- ἄσφαλτος 174c

חֶמֶר
- μέθη 184a
- οἶνος 983c

חֲמַר (Aramaic)
- *οἶνος 983c

חֹמֶר I ("homer")
- ἀρτάβαι ἕξ 161b
- ἄχυρον, ἄχυρος 188a
- §γομορ 274b
- κόρος ("cor") 780a
- 〚ταράσσειν 1336a〛 → חָמַר I qal

חֹמֶר II ("clay")
- κονιορτός 777c
- πήλινος 1131a
- πηλός 1131a

חֹמֶר III ("heap")
- θημωνία, θ(ε)ιμωνία 650b

חֲמֹר
- see חֲמוֹר, חֲמֹר

חָמַשׁ qal
- πέμπτη γενεά (חֲמִשִׁים) 236a (Ex. 13.18)
- διασκευάζειν (חֲמֻשִׁים) 310a (Jo. 4.12)
- εὔζωνος (חֲמֻשִׁים) 570a (Jo. 1.14)

חָמַשׁ pi.
- ἀποπεμπτοῦν 139b

חָמֵשׁ
- πέμπτος 1116c
- πενταετής (בֶּן־חָ שָׁנִים) 1118b
- πεντεκαιδέκατος (חֲמִשָּׁה עָשָׂר, חֵ עֶשְׂרֵה) 1118c
- πεντάκις (חָ פְּעָמִים) 1118b
- πεντάπηχυς (חָ בָּאַמָּה) 1118c
- πενταπλασίως (חָ יָדוֹת) 1118c
- πεντηκονταετής (בֶּן־חֲמִשִּׁים שָׁנָה) 1119a
- πεντηκόνταρχος (שַׂר־חֲמִשִּׁים) 1119a
- πεντηκοστός (חֲמִשִּׁים) 1119a

חֹמֶשׁ I ("fifth")
- ἀποπεμπτοῦν 139b

חֹמֶשׁ II ("abdomen")
- ψόα, ψοιά 1485c

חֲמִישִׁי
- see חֲמִשִׁי, חֲמִישִׁי

חֲמִשִּׁים
- 〚πέμπτη γενεά 1116c〛 → חֲמִישִׁי, חֲמִשִׁי ≈ πέμπτος

חֵמֶת
- ἀσκός 172c

חֵן
- ἀρέσκεια 155b
- #δεκτός 289c (Pr. 22.11)
- ἔλεος, ἔλαιος 451a
- #ἐπιχαρής 538c (Na. 3.4)
- 〚ἐπίχαρις 538c〛 → ἐπιχαρής εὔλαλος (שְׂפַת חֵן) 177c
- εὔμορφος 178a
- εὐχάριστος 583c
- χάρις 1455a, 195a (+Si. 3.18; 7.33; 26.15)

חָנָה qal
- ἔγκάθετος 364b
- ἐπιβαίνειν 515c
- καταλύειν 738b, 181b
- κατασκηνοῦν 181c
- καταστρατοπεδεύειν 745c
- κυκλοῦν (חָ qal, חָ סָבִיב qal) 798b
- παρατάσσειν 1064c
- *παρεμβάλλειν 1066b
- παρεμβολή 1067b
- περικαθίζειν 1123c
- περιχαρακοῦν 1128b
- στρατοπεδεύειν 1296a

חַנּוּן
- ἐλεήμων 450c
- οἰκτ(ε)ίρμων 983a

חָנַט qal
- 〚ἐκφέρειν 444c〛
- ἐνταφιάζειν 477a
- θάπτειν 625c

חֲנֻטִים
- ταφή 1338a

חֲנָטִין (Aramaic)
*πυρός 1245b

חָנִיךְ
ἴδιος 673b

חֲנִינָה
ἔλεος, ἔλαιος 451a

חֲנִית
δόρυ 344b, 172b
ζιβύνη, σιβύνη 598c
[μάχαιρα 899c]
ὅπλον 1003c
?ῥομφαία 1253a
σειρομάστης 1262a

חָנַן qal
ἐγκαινίζειν, ἐγκενίζειν 364c

חֲנֻכָּה (Hebrew and Aramaic)
*ἀγκαινισμός, ἐγκαινισμός(?) 15b
ἐγκαίνια 364c
ἐγκαίνισις 364c
ἐγκαινισμός 364c
ἐγκαίνωσις 364c

חִנָּם
ἀδίκως 27b
δωρεά 358c (Si. 20.23)
διὰ κενῆς 759a
μάταιος 898c
#ματαίως 899b (Ps. 3.8)
μάτην 899c
#ψευδής 1484b (Pr. 24.28[43])

חֲנָמַל
πάχνη 1112c

חָנַן qal
δεῖσθαι 288a
ἐλεᾶν 449a
ἐλεεῖν 449c, 174a
ἔλεος ποιεῖν 451a, 1154a
οἰκτείρειν 982c
οἰκτ(ε)ίρμων 983a
#προσκαλεῖν 1216c (Jb. 19.17)

חָנַן ni.
[καταστενάζειν 745c] → אנח ni.

חָנַן pi.
δεῖσθαι 288a

חָנַן polel
ἐλεᾶν 449a

חָנַן ho.
ἐλεᾶν 449a
[ἐλεεῖν 174a]

חָנַן hithp.
ἀξιοῦν 113b
δεῖσθαι 288a
καταδεῖσθαι 730b
παραιτεῖσθαι 1060a
προσδεῖν ("to be needy") 190a

חֲנַן pa. (Aramaic)
οἰκτ(ε)ιρμός 983a

חֲנַן ithpe. (Aramaic)
δεῖσθαι 288a
εὔχεσθαι 583c

חָנֵף I qal
ἀνομεῖν 106b
μιαίνειν 925c
μολύνειν 932c
φονοκτονεῖν 1437b

חָנֵף I hi.
[ἐξάγειν 483a]
[ἐπάγειν 503c]

μιαίνειν 925c
φονοκτονεῖν 1437b

חָנֵף II
#ἀκάθαρτος 42c, 165c (Si. 40.15)
ἁμαρτωλός 64b
ἄνομος 107c
ἀπειθής 167c
ἀσεβής 170b, 168c
δόλος 340b
παράνομος 1062b
ὑποκριτής 1414c

חָנֵף
ἄνομος 107c

חֲנֻפָה
μολυσμός 932c

חָנַק ni.
ἀπάγχεσθαι 115c

חָנַק pi.
ἀποπνίγειν 139c

חָסַד I pi.
#καταγινώσκειν 730a, 181b (Si. 14.2)
[ὅσιος εἶναι 1018b] → ὁσιοῦν
ὁσιοῦν 1018c

חָסַד II pi.
ἐπονείδιστος γίνεσθαι 256c, 539a
#ὀνειδίζειν 994b (Pr. 25.10)

חֶסֶד I ("grace")
ἀντιλήπτωρ (מְשַׂךְ חֶ) 111a
δίκαιος 330c
δικαιοσύνη 332c
δόξα 341b
ἐλεημοσύνη 450b
ἐλεήμων 450c
ἔλεος, ἔλαιος 451a, 174a
?ἐλπίς 454a
#εὐεργεσία 569c (+Si. 51.8)
εὐσέβεια 178b
#εὐχαριστία (גְּמִילוּת חֶ, תַּגְמוּל חֶ) 583c, 178b (Si. 37.11)
[ζωή 599c]
οἰκτείρημα, οἰκτιρμα(?) 983a
ὀνειδισμός 186b
ὅσιος 1018b
πολυέλεος (רַב־חֶ, גְּדָל־חֶ) 1181a
*#τιμᾶν (נָטָה חֶ hi.) 1353a (I Es. 8.26)
*χάρις 1455a, 195a

חֶסֶד II ("disgrace")
ὄνειδος 995a

חָסָה qal
ἀντέχειν 109c
ἐλπίζειν 453c
εὐλαβεῖσθαι 572a
πείθειν 1114b
πεποιθὼς εἶναι 1114b
σκεπάζειν (חָ qal, בְּצֵל חָ qal) 1268c
σῴζειν 1328b
σκεπάζειν 191b
#ὑφιστάναι 1419a (Jd. 9.15B)

חָסוֹן
ἰσχυρός 693b
ἰσχύς 694b

חָסוּת
πείθειν 1114b

חָסִיד
ἐλεεῖν 449c

ἐλεήμων 450c
εὐλαβεῖσθαι 572a
εὐλαβής 572a
[εὐσεβής 580b] → εὐλαβής
ὅσιος 1018b

חֲסִידָה
§ασιδα 172c
ἔποψ 539b
ἐρωδιός, ἀρωδιός 169b, 553b
πελεκάν 1116b
[ὕποψ 1418b (Le. 11.19 variant reading)]

חָסִיל
βροῦχος 231a
ἐρυσίβη, ἐρισύβη 548b

חָסִין
δυνατός 355c

חַסִּיר (Aramaic)
ὑστερεῖν 1418b

חָסַל qal
κατέσθειν, κατεσθίειν 749b

חָסַם qal
[οἰκοδομεῖν 186a]
#περιστόμιον 1127a (Ez. 39.11)
φιμοῦν 1432c

חָסַן ni.
συνάγειν 1307b

חֲסַן aph. (Aramaic)
κατέχειν 750c

חַסִּין adj. (Aramaic)
ἰσχυρός 693b
ἰσχύς 694b
κράτος 784a

חֹסֶן
#δυναστεία 354c (Ez. 22.25)
θησαυρός 651c
ἰσχύς 694b
κράτος 784a

חָסַף qal
ἀποκάλυψις 132b, 168a (Si. 42.1)

חֲסַף (Aramaic)
ὀστράκινος 1023b
ὄστρακον 1023b
[πήλινος 1131a] → טין

חַסְפַּס
κόριον 780a

חָסֵר I qal
ἀπολείπειν 168a
ἀπορεῖν 140a, 168a (Si. 3.25)
ἐλαττονεῖν 448a
ἐλαττονοῦν, ἐλασσονοῦν 448a
ἐνδεής 469b
ἐνδεὴς γίνεσθαι 256c, 469b
ἐνδεῖν 469c
ἐπιδεῖν ("to lack") 519a
προσδεῖν ("to be needy") 1212c
ὑστερεῖν 1418b, 194c

חָסֵר I pi.
ἐλαττονοῦν 174a
στερίσκειν 1289c

חָסֵר I hi.
ἐλαττονεῖν 448a
κενὸν ποιεῖν 759a, 1154a

חָסֵר II adj.
ἀκάρδιος (חֲסַר־לֵב) 43c, 166a
ἄφρων (חֲסַר־לֵב) 186c
ἐλαττονοῦν 174a
ἐλαττοῦν, ἐλασσοῦν 174a

[ἐλάττωσις 174a]
ἐνδεής 469b
[ἔνδεια (חֶ־לֵב) 469b] → חֶסֶר
ὑστερεῖν 1418b, 194c

חֶסֶר
ἔνδεια 469b

חֹסֶר
ἔκλειψις 437a
#ἐλάττωσις 174a
ἔνδεια 469b

חֶסְרוֹן
ὑστέρημα 1418c

חַף
ἄμεμπτος 65b

חֹף
#ἄπις 122c

חָפָא pi.
ἀμφιάζειν, ἀμφιέζειν 67c

חָפָה qal
[διατρέπειν 314a] → חָפֵר qal
ἐπικαλύπτειν 522b
καλύπτειν 181a
κατακαλύπτειν 732c

חָפָה ni.
περιαργυροῦν (חָ בַכֶּסֶף ni.) 1121c
#σκεπάζειν 1268c (I Ki. 23.26)

חָפָה pi.
καταχρυσοῦν 748c
[ξυλοῦν 959b]
χρυσοῦν 1478c

חֻפָּה
παστός 1102c
σκεπάζειν 1268c

חָפַז qal
[αἰσθάνεσθαι 36b]
ἔκστασις 441b
θαμβεῖν 623b
θραύειν 654b
σπεύδειν 1284a

חָפַז ni.
δειλιᾶν 287a
θαμβεῖν 623b
σαλεύειν 1257c

חִפָּזוֹן
σπουδή 1285c
ταραχή 1336c

חֹפֶן
δράξ 348c
κόλπος 777a
χείρ 1457c

חָפַף qal
σκιάζειν 1274b

חָפֵץ I qal
ἀγαπᾶν 5b
αἱρεῖν 36a
αἱρετίζειν 36b
ἀξιοῦν 167b
βούλεσθαι 226b
βουλεύειν 227a
ἐγκεῖσθαι 366b
(ἐ)θέλειν 628b, 179a
ἐπιθυμεῖν 520b
εὐδοκεῖν 569a, 177c
χρείαν ἔχειν 586c, 1474a (Pr. 18.2; Is. 13.17)
θέλημα 629a
[ἱστάναι, ἱστᾶν 689a]

חָפֵץ II adj.
βούλεσθαι 226b
(ἐ)θέλειν 628b
θέλημα 629a
θέλησις 629b
θελητής 629b

חֵפֶץ
[[ἀρέσκεια] 168b]]
ἄχρηστος ('ח + neg.) 187c
βούλεσθαι 226b
βουλεύειν 227a
(ἐ)θέλειν 628b
ἐκλεκτός 437a
εὔχρηστος 584c
θέλημα 629a
θελητός 629b
μέλειν 908b
ὅσα βεβούλευμαι 1019a
πολυτελής 189c
πρᾶγμα 1199c
τίμιος 1353c
#χρεία 1474a (Je. 22.28; 31[48].38), 196a (Si. 11.23; 15.12)

חָפַר qal ("to dig")
ἀνασκάπτειν 82a
ἀνορύσσειν 108b
ἐφοδεύειν 586b
ζητεῖν 597a
κατασκοπεύειν 745a
ὀρύσσειν 1017c

חָפֵר qal ("to feel shame")
αἰσχύνειν 36c
#διατρέπειν 314a (Es. 7.8)
ἐντρέπειν 480c
ἐπαισχύνεσθαι 505b
καταγελᾶν 729c
καταισχύνειν 731c
[[ὀνειδίζειν 994b]] → חָרֵף I pi. or pu.

חָפֵר hi. ("to feel shame")
αἰσχύνειν 36c
ἐπονείδιστος εἶναι 539a
ἔχειν παρρησίαν ('ח hi. + neg.) 586c
καταισχύνειν 181b
ὀνειδίζειν 994b

חָפַשׂ qal
ἐξερευνᾶν, ἐξεραυνᾶν 491b
ἐρευνᾶν 544c

חָפַשׂ ni.
ἐξερευνᾶν, ἐξεραυνᾶν 491b

חָפַשׂ pi.
[[εἰσηγορεῖσθαι 173b]] → ἰσηγορεῖσθαι
ἐξερευνᾶν, ἐξεραυνᾶν 491b
ἐρευνᾶν 544c
ἰσηγορεῖσθαι 180b
σκάλλειν 1268a

חָפַשׂ pu.
[[ἁλίσκειν, ἁλίσκεσθαι 54c]] → חָפַשׂ ni.
ἐξερευνᾶν, ἐξεραυνᾶν 491b

חָפַשׂ hithp.
[[καταδεῖν 730b]] → עָמַשׂ qal
κατακαλύπτειν 732c
[[κραταιοῦν 782c]] → חָזַק hithp.
[[περικαλύπτειν 1124a]] → συγκαλύπτειν
συγκαλύπτειν 1299a

חֵפֶשׂ
ἐξερεύνησις, ἐξεραύνησις 491b

חָפְשִׁי
ἄφεσις 182b
δεῖδειν ('ח + neg.) 286a
ἐλεύθερος 452b

חָפַשׁ pi.
εἰσηγορεῖσθαι 173b

חָפַשׁ pu.
ἀπελευθεροῦν 120b

חָפַשׁ
[[ἐκλεκτός 437a]]
ἐλευθερία 174b

חֻפְשָׁה
ἐλευθερία 452b

חָפְשִׁוּת
§σαπφουσωθ 151a
§σαπφουσιων 187b

חָפְשִׁית
§σαπφουσωθ 151a
§σαπφουσωθ 187b

חֵץ
βέλος 217a
βολίς 224b (Si. 51.6)
[[γούζαν (חִצִּים) 275a]] → σχίζα
κοντός 778a
σχίζα 1327c
τόξευμα 1363c
[[τόξον 1363c]] → קֶשֶׁת

חָצַב, חָצֵב qal
ἀποθερίζειν 128a
διακόπτειν 303c
ἐκλατομεῖν 435a
κόπτειν 779a
λατομεῖν 862c
λατόμος 862c
μεταλλεύειν 916b
ὀρύσσειν 1017c, 186c
ποιεῖν + μνημεῖον acc. (= קֶבֶר) 1154a (Is. 22.16)
[[τεχνίτης 1347c]]
[[ὑπερεῖδειν 1409b]] → נָצַב hi.

חָצַב, חָצֵב ni.
ἐγγλύφειν 363b

חָצַב, חָצֵב pu.
λατομεῖν 862c

חֹצֵב
*#λατόμος 862c

חָצָה qal
διαιρεῖν 302c
ἐπιδιαιρεῖν 519b
ἡμισεύειν 618c
[[μερίζειν 910c]] → μεριτεύεσθαι
μεριτεύεσθαι 911c

חָצָה ni.
διαιρεῖν 302c
διαρρηγνύειν, διαρρηγνύναι, διαρρήσσειν 309a
μερίζειν 910c

חֲצוֹצְרָה
see חֲצֹצְרָה, חֲצֹצְרָה

חָצוֹת
μεσονύκτιον (חֲ-/לַיְלָה) 912c
μέσος 913a

חֲצִי, חֵצִי
βέλος 217a
ἥμισυς 618c
μεσονύκτιον (חֲ-/לַיְלָה) 912c

μέσος 913a
μεσοῦν 913c
σχίζα 1327c

חָצִיר
[[αὐλή 177b (Is. 34.13)]] → חָצֵר
βοτάνη 225c
πράσον 1200c
χλόη 1471c
χλωρός 1471c
χόρτος 1473a, 196a (Si. 40.16)

חֹצֶן
ἀναβολή 73c
κόλπος 777a

חֲצַף aph. (Aramaic)
ἀναιδής 77b
ἐπείγειν 509a
#πικρῶς 1133b (Da. LXX 2.15)
ὑπερισχύειν 1410b

חָצַץ pi.
[[ἀνακρούειν 78c]] → חצצר pi.

חָצַץ pu.
διαιρεῖν 302c

חָצָץ
ψῆφος 1485c

חִצְצֵר pi.
#ἀνακρούειν 78c (Jd. 5.11)
σαλπίζειν 1258c

חֲצוֹצְרָה, חֲצֹצְרָה
ἠχεῖν 620c
*σάλπιγξ 1258b, 191a

חָצֵר
αὐλή 177b
ἐξέδρα 490c
ἐξώτερος, ἐξώτατος 502c
ἔπαυλις 508c
κώμη 839c
οἰκία 969b
περίπατος 1125b
σκηνή 1271a

חֲצֵרָה, חֲצֵרוֹת
[[αὐλών 178c]] → חָצֵר ≈ αὐλή

חֹק
ἀκριβασμός 50c
#ἀκρίβεια 50c (III Ki. 11.33)
ἀριθμεῖν 156b
αὐτάρκης 179b
διαθήκη 171a
[[διακρίβεια 304a]] → ἀκρίβεια
*δικαίωμα 334b
δόσις 344c
ἐντολή 479b
[[ἔργον 541c]]
[[κρίμα 786b, 182b (+Si. 42.15)]]
νόμιμος 946c
νόμος 947b
ὅριον 1012a
πρόσταγμα 1219c
σύνταξις 1318a
#χρόνος 1476b (Jb. 14.5, 13)

חֵק
see חֵיק, חֵק

חָקָה pu.
διαγράφειν 300a
ἐκτύπωσις 444b
ζωγραφεῖν 599b

חָקָה hithp.
ἀφικνεῖσθαι 184a

חֻקָּה
[[διαθήκη 171a]]
διαστολή 311c
δικαίωμα 334b
ἐντολή 479b
[[κρίμα 786b]]
νόμιμος 946c
νόμος 947b
πρόσταγμα 1219c

חָקַק qal
ἀφορίζειν 185c
γράφειν 276a
διαγράφειν 300a
διατάσσειν 313a
ζωγραφεῖν 599b
[[ἰσχυρὸν ποιεῖν 693b, 1154a (Pr. 8.29)]]

חָקַק polel
ἄρχων 166b
βασιλεύς 197a
γραμματεύς 170c
γράφειν 276a
[[ἐξερευνᾶν, ἐξεραυνᾶν 491b]] → חָקַר qal
ἡγεῖσθαι 602c

חָקַר qal
ἀνακρίνειν 78c
#ἀφικνεῖσθαι 169b (Si. 43.30)
δοκιμάζειν 339c
ἐκζητεῖν 430c, 173c
ἐλέγχειν 449b
ἐξακριβάζεσθαι 486c
ἐξερευνᾶν, ἐξεραυνᾶν 491b
ἐξετάζειν 175c
ἐξιχνεύειν 497a, 176a (+Si. 6.27)
ἐξιχνιάζειν 497a
ἐρευνᾶν 544c
ἐρωτᾶν 553b
ἐτάζειν 559b
[[ἐφικνεῖσθαι 178b]] → ἀφικνεῖσθαι
ζητεῖν 597a, 178a (+Si. 3.21 [C]; -6.27)
ἰχνεύειν 696b
ἰχνευτής 180c
καταγινώσκειν 730a

חָקַר ni.
εἰκάζειν 376c
?ἐκλείπειν 435c
εἶναι τέρμα 1345c

חָקַר pi.
ἐξιχνιάζειν 497a

חֵקֶר
ἀνεξέλεγκτος ('ח + neg.) 87b
ἀνεξιχνίαστος ('ח + neg.) 87b
ἀπέρα(ν)τος ('ח + neg.) 120c
ἐξετασμός 495a
ἐξεύρεσις 495a
ἐξιχνιάζειν 497a
ἐξιχνιασμός 497a
ἴχνος 696b, 180c
πέρας 1120a

חֹר I
ν(ε)οσσ(ε)ία 949b
ὀπή 1001b
τρώγλη 1378a

חֹר II, חֻר
ἄρχων 166b
ἐλεύθερος 452b
ὁ υἱὸς ὁ ἐλεύθερος 452b

חֹר III
see חוֹר, חֹר
חָר
see חוֹר, חֹר
חֲרָאִים
κόπρος 779a
חָרֵב I qal
ἀναξηραίνειν 80b
ἐκλείπειν 435c
ἐξερημοῦν 491c
⟦ἐξολεθρεύειν, ἐξολοθρεύειν 497c⟧
ἐρημοῦν 546c, 177b
ξηραίνειν 957a
חָרֵב I ni.
ἐρημοῦν 546c
⟦ " 177b⟧
חָרֵב I pu.
διαφθείρειν 314c
ἐρημοῦν 546c
חָרֵב I hi.
ἐξερημοῦν 491c
ἐρημοῦν 546c
ὄλεθρος 186a
חָרֵב I ho.
ἐρημοῦν 546c
חָרֵב II adj.
μὴ ἀναποιεῖν 81b
ἐρημία 545a
ἔρημος 545a
ἐρημοῦν 546c
חֲרֵב hoph. (Aramaic)
*ἐρημοῦν 546c
חֶרֶב
⟦ἄγγελος 7b⟧
ἐγχειρίδιον 367b
⟦λόγχη 887b⟧
μάχαιρα 899c
ξίφος 957c
πόλεμος 1172a
*ῥομφαία 1253a, 191c
σίδηρος 1266a
σφαγή 1324a
τραυματίας (חָלָל ') 1369c
φόνος 1437c
חָרֵב
διψᾶν (= HR's διψῆν) 338a
ἔρημος 545a, 177b
#εὐδία 569a, 177c (Si. 3.15)
καῦμα 757a, 181c
⟦καύσων 757b⟧ → καῦμα
ξηρασία 957b
חׇרְבָּה
ἐξερημοῦν 491c
ἐρημία 545a
*ἔρημος 545a
ἐρημοῦν 546c
ἐρήμωσις 547a
⟦νάπη 939c⟧
οἰκόπεδον 973a
τείχη πεπτωκότα (ח' pl.) 188c, 193a
#συμπίπτειν (הָיָה לְח') 1305b (Is. 64.11[10])
חׇרְבָּה
γῆ 240c
ἔρημος 545a
ξηρός 957b

חַרְגֹּל
ὀφιομάχης 1042b
חָרַד I qal
⟦ἐκπέτεσθαι 439a⟧ → ἐξιστᾶν, ἐξιστάναι
ἐξιστᾶν, ἐξιστάναι 496c
πτοεῖν 1238c
ταράσσειν 1336a
τρέμειν 1371b
φοβεῖν 1433b
φόβος 1435c
φόβος λαμβάνει 847a, 1435c
חָרַד I hi.
ἀποσοβεῖν 141a
διώκειν 338b
ἐκτρίβειν 444a
ἐκφοβεῖν 445b
ἐξιστᾶν, ἐξιστάναι 496c (+Is. 41.2)
παρενοχλεῖν 1068c
#φοβερίζειν 1435b (II Es. 10.3)
חָרֵד II adj.
δειλός 287a
διώκειν 338b
ἐξιστᾶν, ἐξιστάναι 496c
*#ἐπικινεῖν 523a (I Es. 8.69)
*#πειθαρχεῖν 1114b (I Es. 8.90)
חֲרָדָה
⟦αἰσχύνειν 36c⟧
ἔκστασις 441b
φόβος 1435c
חָרָה qal
ἀθυμεῖν, ἀθυμοῦν 30a
σκληρῶς ἀποκρίνεσθαι 133a
βαρέως φέρειν (בְּעֵינֵי ' qal) 190c, 1426c
βαρυθυμεῖν 191a
⟦γίνεσθαι 256b⟧
#διαμαχίζεσθαι 305c, 171b (Si. 51.19)
ἐκκαίειν 432b
ἐπισυνιστάναι 177a
θυμοῦν (ח' qal, אַף ח' qal) 662b
λυπεῖν 889b
λυπηρὸς εἶναι 890a
⟦ὀργή 1008b (Nu. 12.9)⟧ → חָרָה
ὀργίζειν (ח' qal, אַף ח' qal) 1010a
παροξύνειν 1072a
περίλυπος γίνεσθαι (לְ ח' qal) 256c, 1124c
πονηρὸν φαίνεσθαι 1186c, 1423a (Ne. 4.7[1])
σκληρὸν φαίνεσθαι (ח' בְּעֵינֵי qal) 1274b, 1423a
σκληρῶς 1275a
συγχεῖν 1301a
πονηρὸν εἶναι 1423a
חָרָה ni.
ἀντίκεισθαι 110c
⟦μάχεσθαι 900c⟧ → חָרָה ni.
חָרָה hi.
δεινῶς χρᾶσθαι 288a
חָרָה tiph.
παροξύνειν 1072a
חָרָה hithp.
παραζηροῦν 1059c
חֲרוּזִים
ὁρμίσκος 1014a
חָרוּל
φρύγανα ἄγρια 16c

φρύγανον 1440a
חָרוֹן
θυμός (ח', אַף ח') 660c, 179c
*ὀργή (אַף ח') 1008b
חָרוּץ I ("decided")
δίκη 335b
חָרוּץ II ("gold")
χρυσίον 1477a, 196c
χρυσός 1478c
χρῆμα 196b
חָרוּץ III ("threshing sledge")
⟦ἀλοᾶν 59a⟧
πρίων 1203a
σκληρότης 1274c
חָרוּץ IV ("moat")
⟦περίτειχος 1127b⟧ → τεῖχος
τεῖχος 1339c
חָרוּץ V ("diligent")
ἀνδρεῖος 86b
⟦ἐκλεκτός 437a⟧
חַרְחוּר
ἐρεθισμός 544b
חֶרֶט
γραφίς 278a
חַרְטֹם (Hebrew and Aramaic)
ἐξηγητής 495b
ἐπαοιδός 508a
σοφιστής 1280b
σοφός 1280b
φάρμακος 1425a
חֳרִי
θυμός (ח', אַף ח') 660c
ὀργή 1008b
חֹרִי
χονδρίτης 1472b
חֲרִי
⟦κόπρος (חֲרֵי יוֹנִים ') 779a⟧ → חֲרָאִים
חָרִיט
θύλακος 659c
חָרִיץ
σκέπαρνον 1269a
στρυ(ν)φαλίς 1297b
τρίβολος 1372b
חָרִישׁ
ἀροτρίασις 159c
θερισμός 649a
σπόρος 1285b
חֲרִישִׁי
συγκαίειν 1299a
חָרַךְ
⟦ἐπιτυγχάνειν 537c⟧ → דָּרַךְ hi.
חֲרַךְ ithpa. (Aramaic)
κατακαίειν 732b
φλογίζειν 1432c
חֲרַכִּים
δίκτυον 335c
חָרַם I hi.
ἀνάθεμα, ἀνάθημα 77a
ἀναθεματίζειν 77a
ἀναιρεῖν 77b
ἀνατιθέναι 83b
ἀποκτείνειν, ἀποκτέννειν 135c
ἀπολλύειν, ἀπολλύναι 136c
ἀφανίζειν 181b
ἀφανισμός 182a
#ἀφορίζειν 185c (Is. 45.24)

⟦ἐνθυμεῖσθαι 473c⟧ → חָמַד qal
⟦ἐξερημοῦν 491c⟧ → חָרֵב I hi.
ἐξολεθρεύειν, ἐξολοθρεύειν 497c
ἐρημοῦν 546c
§ηρειμ 619c
§ιεερειμ (הַחֳרָמִים) 678c
§ιερ(ε)ιμ (ח' hi., הַחֳרָמִים) 679a
ὄλεθρος 186a
φονεύειν 1437a
חָרַם I ho.
ἀναθεματίζειν 77a
ἀνατιθέναι 83b
*#ἀνιεροῦν 102c (I Es. 9.4)
ἐξολεθρεύειν, ἐξολοθρεύειν 497c
θανάτῳ ὀλεθρεύεσθαι 986a
חָרַם II qal
κολοβοῦν 776c
חֵרֶם I, חֶרֶם I ("ban")
ἀνάθεμα, ἀνάθημα 77a
ἀναθεματίζειν 77a
ἀπολλύειν, ἀπολλύναι 136c
ἀπώλεια, ἀπωλία 151c, 168b
ἄρδην 155b
ἀφορίζειν 185c
ἀφόρισμα 186a
⟦ἐκθλιβή 432a⟧
ἐξολέθρευμα, ἐξολόθρευμα 499a
ὀλέθριος 986a
חֵרֶם II ("net")
ἄγκιστρον 15b
ἀμφίβληστρον 67c
σαγήνη 1257a
חׇרְמָה
ἀνάθεμα, ἀνάθημα 77a
ἐξολέθρευσις, ἐξολόθρευσις 499a
חֶרְמֵשׁ
δρέπανον 349a
חֶרֶס
ἥλιος 606b
κνήφη 772c
ὀστρακώδης 1023b
חַרְסוּת
⟦θάρσεις, θαρσίς (ח', חַרְסִית) 626c⟧
⟦§χαρσ(ε)ιθ (ח', חַרְסִית) 1456a⟧
חָרַף I qal
⟦ἄτοπος 176b⟧ → חָרַף I pi. ≈ ἄτοπον πράττειν
ἐξουδενεῖν, ἐξουθενεῖν 176a
ἐξουδενοῦν 176a
ἐπονείδιστος 539a
⟦ἥκειν 605a⟧
ὀνειδίζειν 994b
חָרַף I pi.
#ἀτιμάζειν 175c (Pr. 27.22)
#ἄτοπον πράττειν 176b (Jb. 27.6)
καταισχύνειν 181b
ὀνειδίζειν 994b, 186b (Si. 41.22)
διδόναι εἰς ὄνειδος 995a
παροξύνειν 1072a
חָרַף I pu.
#ὀνειδίζειν 994b (Pr. 20.4; Je. 15.9)

חָרַף II ni.
διαφυλάσσειν, διαφυλάττειν 315c

חֹרֶף
ἔαρ 361b
〚ἐπιβρίθειν 517c〛
χειμερινός 1457c

חֶרְפָּה
αἰσχύνη 37a
〚διασπορά 311a〛 → דְּרָאוֹן
κατάγνωσις 181b
ὀνειδισμός 994c, *186b*
ὄνειδος 995a, *186b* (+Si. 41.6)

חָרַץ qal
γλωσσότμητος 272b
γρύζειν 278a
〚καταβαίνειν 727a〛
συντέμνειν 1320b

חָרַץ ni.
?συντέλεια 1318c
συντέμνειν 1320b

חֲרַץ (Aramaic)
ὀσφύς 1023c

חַרְצֻבּוֹת
ἀνάνευσις 80a
σύνδεσμος 1312c

חַרְצָן
στέμφυλ(λ)ον 1288a

חָרַק qal
βρύχειν 231b

חָרַר qal
θερμαίνειν 649a
〚συμφρύγειν 1306c〛

חָרַר ni.
βραγχ(ν)ιᾶν 229c
ἐκλείπειν 435c
#μάχεσθαι 900c (Ca. 1.6)
συμφρύγειν 1306c
〚συμφρυγίζειν 1306c〛 → συμφρύγειν

חָרַר pilp.
ταραχή 1336c

חֲרֵרִים
ἅλιμον 54b

חֶרֶשׂ
αὐχμός 180a
§κειράδες (קִיר־חֶ) 758b
〚ὀξύς 1001a〛 → חַדּוּד
ὀστράκινος 1023b
ὄστρακον 1023b

חָרַשׂ I qal
〚αἰσχύνειν 36c〛
〚ἀλοητός 59b〛 → דִּישׁ
〚ἁμαρτωλός 64b〛 → רָשָׁע
ἀροτριᾶν 159b, *168b*
θερίβειν 648c
καταδαμάζειν 730a
〚κατασκευάζειν 744a〛 → τεκταίνειν
λιθουργικὸς τέχνη (חָ אֶבֶן qal) 878b
τεκταίνειν 1342b
τέκτων 1342b

חָרַשׁ I ni.
ἀροτριᾶν 159b

חָרַשׂ II qal
ἀποκωφοῦν 136a
παρασιωπᾶν 1063c

σιγᾶν 1265c

חָרַשׁ II hi.
ἀποσιωπᾶν 140c
ἡσυχάζειν 620a
ἡσυχίαν ἄγειν 9a, 620b
κωφεύειν 840c
παρακούειν 1061b
παρασιωπᾶν 1063c
σιγᾶν 1265c, *191b*
σιωπᾶν 1267c, *191b*
σιωπή 1268a, *191b*

חֶרֶשׁ II hithp.
κωφεύειν 840c

חֶרֶשׁ
§αρασιμ (חֲרָשִׁים) 152c
ἀρχιτεκτονεῖν 166a
ἀρχιτέκτων 166b
§γησρασειμ (גֵּיא חֲרָשִׁים) 256b
οἰκοδόμος 973a
§ρασ(ε)ιμ, ρασσειμ (חֲרָשִׁים) 1248a
〚τεκταίνειν 1342b〛 → חָרַשׁ I qal
*τέκτων 1342b
ἀνὴρ τέκτων 1342b
τέκτων σιδήρου 1266a
#τέχνη 1347c (Ex. 28.11)
τεχνίτης 1347c
χαλκεύς 1453a

חֵרֵשׁ
κωφός 840c

חָרָשׁ
χαλκεύς 1453a

חֹרֶשׁ
#αὐχμώδης 180a (I Ki. 23.14, 15)
δρυμός 349b
πυκνός 1240a

חֲרֹשֶׁת
δρυμός 349b
κατεργάζεσθαι 749b
λιθουργεῖν 878b
τὰ λιθουργικά (חֲ אֶבֶן) 878b
τὰ ἔργα τὰ τεκτονικά 1342b

חָרַת qal
κολάπτειν 776b, *182b*

חָשַׂף, חָשִׂיף
ποίμνιον 1169c

חָשַׂךְ qal
ἀπόκεισθαι 132b
ἀφειδῶς (חָ qal + neg.) 182b
*κουφίζειν (חָ לְמַטָּה מִן qal) 781a
περιποιεῖν 1125c
συνάγειν 1307b
ὑπεξαιρεῖσθαι 1407c
ὑπεξερεῖσθαι 1407c
φείδεσθαι 1426a

חָשַׂךְ ni.
ἀλγεῖν (חָ ni. + neg.) 52b
κουφίζειν 781a

חָשַׂף qal
〚ἀνακαλύπτειν 78a〛 → ἀποκαλύπτειν
ἀποκαλύπτειν 131c, *168a*
#ἀποκάλυψις (חֶשֶׂף) 132b, *168a* (Si. 42.1)
#ἀποσύρειν 148c (Is. 30.14)
ἐξαντλεῖν 488a
〚ἐξερευνᾶν, ἐξεραυνᾶν 491b〛 → חָפַשׂ pi.
〚ἐρευνᾶν 544c〛 → חָפַשׂ pi.

κατασύρειν 746b
〚κατερευνᾶν 749b〛 → κατασύρειν

חָשַׁב qal
#ἄγειν 9a, *165a* (Si. 30[33].39)
ἀρχιτεκτονεῖν 166a
ἀρχιτεκτονία 166b
βουλεύειν 227a, *169c*
διαλογίζεσθαι 304c
διανοεῖσθαι 306b, *171b*
δοκεῖν 339b
〚ἐπιστρέφειν 531a〛 → שׁוּב hi.
ἐπιχειρεῖν 538c
εὐλαβεῖσθαι 572a
ἡγεῖσθαι 602c
〚λαλεῖν 841c〛
λογίζεσθαι 880a
λογισμός 881a
λογιστής 881c
μνησικακεῖν 932a
〚ποιεῖν 1154a〛
ποικιλία 1168c, *189b* (Si. 38.27)
ποικιλτής 1169a, *189b*
〚[συμβουλεύειν] *192b*〛 → βουλεύειν
ὑφάντης 1419a
ὑφάντις 1419a
φροντίζειν 1439c

חָשַׁב ni.
δοκεῖν 339b
ἐκλογίζεσθαι 437c
εὑρίσκειν 178a
λογίζεσθαι 880a, *183c* (Si. 40.19)
προσλογίζεσθαι 1218b

חָשַׁב pi.
διαλογίζεσθαι 304c
διανοεῖσθαι 306b
ἐκλογίζεσθαι 437c
κινδυνεύειν 765a
λογίζεσθαι 880a
προσλογίζεσθαι 1218b
συλλογίζειν 1302c
ὑπολαμβάνειν 1414c

חָשַׁב hi.
προσλογίζεσθαι *190b*

חָשַׁב hithp.
συλλογίζεσθαι 1302c

חֲשַׁב pe. (Aramaic)
λογίζεσθαι 880a

חֵשֶׁב
ποίησις 1168c
συννυφή 1322c
ὕφασμα 1419a

חֶשְׁבּוֹן
λογισμός 881a, *183c* (+Si. 27.6; 42.3)
λόγος *183c*
ψῆφος 1485c

חִשָּׁבוֹן
διαλογισμός *171a*
〚ἐνθύμημα *175b*〛
λογισμός 881a
μηχανή 925c

חָשָׂה qal
#ἀφαίρεσις 181b, *169a* (Si. 41.21)
παρασιωπᾶν 1063c
σιγᾶν 1265c
σιωπᾶν 1267c
〚σπουδάζειν 1285c〛 → חוּשׁ, שִׁיח qal

חָשָׂה hi.
ἡσυχάζειν 620a
κατασιωπᾶν 743c
σιγᾶν 1265c
σιωπᾶν 1267c

חֲשׁוֹךְ (Aramaic)
σκότος 1276b

חֲשַׁח pe. (Aramaic)
χρείαν ἔχειν 586c, 1474a
εἶναι ὑστέρημα 1418c

חַשְׁחוּ (Aramaic)
*χρεία 1474a

חֲשֵׁיכָה
σκότος 1276b

חָשַׁךְ qal
σκοτάζειν 1276a
〚σκοτία 1276b〛 → חֲשֵׁכָה
σκοτίζειν 1276b
〚σκότος 1276b〛 → חֹשֶׁךְ
σκοτοῦν 1277a
συσκοτάζειν 1323b

חָשַׁךְ hi.
κρύπτειν 791c
σκοτάζειν 1276a
σκοτίζειν 1276b
συσκοτάζειν 1323b

חָשֵׁךְ hi.
ἀνὴρ νωθρός 956b

חֹשֶׁךְ
γνόφος 272c
ὁμίχλη 991b
σκοτ(ε)ινός 1276a
[σκότος] 1276b, *191c* (+Si. 16.16)

חֲשֵׁכָה
σκοτεινός 1276a
#σκοτία 1276b (Mi. 3.6)
σκότος 1276b

חָשַׁל ni.
κοπιᾶν 778b

חֲשַׁל pe. (Aramaic)
〚δαμάζειν 284c〛
#πρίειν, πρίζειν 1203a (Da. LXX 2.40 [𝔓967])

חַשְׁמַל
ἤλεκτρον 606a

חַשְׁמָן
#πρέσβυς 1201b (Ps. 67[68].32)

חֹשֶׁן
λογεῖον, λόγιον 880a, *183c*
περιστήθιον 1127a
ποδήρης 1153c

חָשַׁק qal
αἱρεῖν 36a
ἐλπίζειν 453c
ἐνθυμεῖσθαι 473c
ἐπιθυμεῖν 520b
πραγματεύεσθαι 1200b
προαιρεῖν 1203c

חָשַׁק pi.
κατακοσμεῖν 734b

חָשַׁק pu.
καταργυροῦν 743a
περιαργυροῦν (מְחֻשָּׁק כֶּסֶף) 1121c

חֵשֶׁק
ἐπιθυμία 521a
πραγματ(ε)ία 1200b

חֲשֻׁקִים
ψαλίς 1483a

חַת
ἀσθενεῖν 172a
πτοεῖν 1238c
φόβος 1435c

חָתָה qal
αἴρειν 34c
ἀποδεῖν 126a
ἐκτίλλειν 443a
σωρεύειν 1331a

חִתָּה
§ἀγαθ 1c

חִתָּה
φόβος 1435c

חִתּוּל
μάλαγμα 894b

חִתְחַת
θάμβος 623b

חֲתִית
⟦ἐκφοβεῖν 445b⟧ → חָתַת pi.
φόβος 1435c

חָתַךְ ni.
κρίνειν 787b
συντέμνειν 1320b

חָתַל pu.
σπαργανοῦν 1281c

חָתַל ho.
σπάργανον 1281c

חֲתֻלָּה
σπαργανοῦν 1281c

חָתַם qal
⟦ἀποσφράγισμα 148c⟧ → חוֹתָם, חָתַם
⟦διασφραγίζεσθαι 312b⟧ → σφραγίζειν
ἐπισφραγίζειν (עַל הֶחָתוּם) 534b
κατασφραγίζειν 746b
συντελεῖν 1319b
σφραγίζειν 1327a

חָתַם ni.
σφραγίζειν 1327a

חָתַם pi.
σφραγίζειν 1327a

חָתַם hi.
σφραγίζειν 1327a

חָתַם pe. (Aramaic)
σφραγίζειν 1327a

חֹתָם
see חוֹתָם, חָתַם

חֹתֶמֶת
δακτύλιος 284b

חָתָן qal
ἀδελφὴ τῆς γυναικός 19b

γαμβρός 234a
γυνή (חֹתֶנֶת) 278b
πενθερά (חֹתֶנֶת) 1117c
πενθερός (חֹתֵן) 1117c

חָתַן hithp.
γαμβρεύειν 234a
ἐπιγαμβρεύειν 517c
ἐπιγαμίαν ποιεῖν 517c, 1154a
*#ἐπιμιγνύναι 525c (I Es. 8.84)

חָתָן
γαμβρός 234a
νυμφίος 951b

חֲתֻנָּה
νύμφευσις 951a

חָתַף qal
#ἀπαλλάσσειν 116b (Jb. 9.12)

חָתַר qal
διορύσσειν 336c
⟦κατακρύπτειν 734c⟧ → κατορύσσειν
κατορύσσειν 756b
ὀρύσσειν 1017c
παραβιάζεσθαι 1056a

חָתַת qal
ἐκλείπειν 435c
ἡττᾶν 620b
κατακρύπτειν 734c

⟦καταλλάσσειν 738a⟧ → יָלַל hi. ≈ ἀλαλάζειν
⟦παραδιδόναι 1058a⟧ → παραλύειν
⟦παραλύειν 1062a⟧ → לָאָה ni.
πτήσσειν 1238b
πτοεῖν 1238c
συντρίβειν 1321a

חָתַת ni.
⟦ἀσθενῆ ποιεῖν 172b, 1154a⟧ → חָתַת hi.
δειλιᾶν 287a
ἐκλείπειν 435c
ἐξιστᾶν, ἐξιστάναι 496c
ἡττᾶν 620b
#καταπτήσσειν 742b (Pr. 29.9)
πτοεῖν 1238c
στέλλεσθαι 1288a
συντρίβειν 1321a
φοβεῖν 1433b

חָתַת pi.
ἐκφοβεῖν 445b
πτοεῖν 1238c

חָתַת hi.
#ἀσθενῆ ποιεῖν 172b, 1154a
διασκεδάζειν, διασκεδαννύειν, διασκεδαννύναι 309c
πτοεῖν 1238c

ט

טְאֵב pe. (Aramaic)
ἀγαθύνειν 4b

טָב (Aramaic)
ἀγαθός 2a
⟦καθαρός 698c⟧ → χρηστός
*#κρίνειν 787b (I Es. 6.20)
χρηστός 1475a

טְבוּלִים I ("dipped")
⟦παραβαπτά (סְרוּחֵי ט') 1056a⟧ → טָבַל qal ≈ βαπτός

טְבוּלִים II ("tiara")
#τιάρα 1348c (Ez. 23.15)

טַבּוּר
ὀμφαλός 994a

טָבַח qal
θύειν 659a
μαγειρεύειν 891b
σφαγή 1324a
σφάζειν 1324b

טַבָּח (Hebrew and Aramaic)
ἀρχιδεσμοφύλαξ (שַׂר טַבָּחִים) 165b
ἀρχιδεσμώτης (שַׂר טַבָּחִים) 165b
ἀρχιμάγειρος (שַׂר טַבָּחִים, רַב טַבָּחַיָּא) 165c
μάγειρος 891b

טֶבַח
θῦμα 659c
σφαγή 1324a
σφάγιον 1324b

טִבְחָה
μαγείρισσα 891b

טִבְחָה
θῦμα 659c
σφαγή 1324a

טָבַל qal
βάπτειν 190b
βαπτίζειν 190b
βαπτός 190b
μολύνειν 932c

טָבַל ni.
βάπτειν 190b

טָבַע qal
διαδύειν 300b
ἐμπηγνύναι 456c

טָבַע pu.
⟦καταπίνειν 741c⟧ → καταποντίζειν
καταποντίζειν 742a

טָבַע hi.
#καταδύ(ν)ειν 731a (Je. 45[38].22)

טָבַע ho.
ἑδράζειν 368a
⟦καταλύειν 738b⟧ → טָבַע hi. ≈ καταδύ(ν)ειν
πηγνύναι 1130c

טַבַּעַת
δακτύλιος 284b
σύμβλησις 1303b
⟦συμβολή 1303b⟧ → σύμβλησις

טָהוֹר
ἅγιος 12a
*#ἁγνίζειν 15c
ἁγνός 16a

δίκαιος 330c
δόκιμος 340a
καθαρίζειν, καθερίζειν 698a
καθαρός 698c

טָהֵר qal
⟦ἀκάθαρτος 42c⟧
ἄμεμπτος 65b
καθαρίζειν, καθερίζειν 698a
καθαρὸς εἶναι 698c

טָהֵר pi.
ἁγνιασμός 15c
ἁγνίζειν 15c
ἁγνισμός 16a
ἀφαγνίζειν 180a
καθαρίζειν, καθερίζειν 698a, 180a
καθαρὸς εἶναι 698c

טָהֵר pu.
⟦βρέχειν 230c⟧ → מָטַר ho.

טָהֵר hithp.
*ἁγνίζειν 15c
καθαρίζειν, καθερίζειν 698a
καθαρὸς εἶναι 698c

טֹהַר
καθαριότης 698c, 180a
καθάρισις 698c
καθαρότης 699c
κάθαρσις 699c

טֹהַר
καθαρισμός 698c

טָהֳרָה
ἁγνεία 15c

⟦ἀκάθαρτος 42c⟧
καθαρίζειν, καθερίζειν 698a
καθαρισμός 698c, 180a

טוֹב I qal
ἀγαθύνειν 4b
εὖ εἶναι 568a
ἡδέως γίνεσθαι 256c
καλλιοῦσθαι 715a
καλός 715b
καλῶς 717b
συμφέρειν 1306b

טוֹב I hi.
ἀγαθοῦν 4b
ἀγαθύνειν 4b
εὐάρμοστος (מֵיטַב נַגֵּן) 568c
καλῶς 717b
καλῶς ποιεῖν 717b, 1154a
εὖ ποιεῖν 1154a
#τέρπειν 1345c (Si. 26.13)
χρηστότης 1475a

טוֹב II adj.
ἀγαθοποιός 165a
*ἀγαθός 2a, 165a
ἀγαθῶς 4b
ἀγαθωσύνη, ἀγαθοσύνη 4c
⟦ἅγιος 12a⟧ → ἀγαθός
αἱρετός 36b
⟦ἀληθής 53c⟧ → ἀληθινός
ἀληθινός 54a
ἀρέσκειν (טוֹב בְּעֵינֵי, טוֹב) 155c
ἀρεστός (טוֹב בְּעֵינֵי, טוֹב) 156a, 168b
ἀστεῖος 173b
βελτίων, βέλτιστος 217b

βούλεσθαι (טוֹב בְּעֵינַיִם) 226b
δικαιοσύνη 332c
δοκεῖν (טוֹב בְּעֵינֵי, טוֹב) 339b
[[ἐκλεκτός 437a]]
ἐλεεῖν (טוֹב עַיִן) 449c
ἐναντίος (טוֹב + neg.) 468b
εὖ ποιεῖν 568b, 1154a, 177c, 189b
εὐειδής (טוֹב מַרְאֶה) 569c
εὐθής 570b
εὔρωστος 178b
εὐσεβής 580b, 178b (+Si. 12.4)
εὐφραίνειν (טוֹב לֵב) 581a
εὐφροσύνη (טוֹב לֵב) 582c
ἡδέως γίνεσθαι (טוֹב לֵב) 604a
καθαρός 698c
[[καλλονή 180d]]
καλός (טוֹב מַרְאֶה, טוֹב) 715b, 181a
καλῶς 717b
κιν(ν)άμωμον (קְנֵה הַטּוֹב) 765c
κρείσσων, κρείττων, κράτιστος 785a, 182b (+Si. 30[33].30; −16.3)
λαμπρός 853a, 183a (+Si. 33.13 [30.25])
μύρον (שֶׁמֶן טוֹב) 937b
ὀρθῶς 1011c
[[πιότης 1135b]] → χρηστότης
#πρέπειν 1201b, 190a (Si. 35[32].3)
συμφέρειν 192b
[[χαρά 195a]] → טוֹב I
χάρις 1455a, 195a
#χρήσιμος 1474c (Za. 6.10, 14)
χρηστοήθεια 196b
*χρηστός 1475a
*χρηστότης 1475a
ὡραῖος 1493c

טוֹב I
#ἀγαθοποιός 165a
ἀγαθός 2a, 165a (+Si. 42.25)
ἀγαθωσύνη, ἀγαθοσύνη 4c
δόξα 341b
εὐφροσύνη (טוֹב לֵב) 582c
#καλλονή 715a, 180c (Si. 34[31].23)
καλός 715b
#χαρά 1454b, 195a (Si. 30.16)
χρηστότης 1475a

טוֹב II pa. (Aramaic)
#ἑτοιμάζειν 563c (Mi. 7.3 Aramaizing; Na. 3.8 Aramaizing)

טוֹבָה
ἀγαθός 2a, 165a
ἀγαθοῦν 4b
ἀγαθωσύνη, ἀγαθοσύνη 4c
*#ἐπανόρθωσις 507a (I Es. 8.52)
εὐφροσύνη 178b
καλλονή 180c
καλός 715b
συμφέρειν 1306b
χάρις 195a
χρῆμα 196b
χρηστότης 1475a

טָוָה qal
νήθειν 944b

טוּחַ qal
ἀλείφειν 52c
[[ἀπαμαυροῦν 116c]] → טָחַח qal
ἐξαλείφειν 486c

טוּחַ ni.
ἐξαλείφειν 486c

טוֹטָפוֹת
ἀσάλευτος 169c

טוּל pilp.
ἐκβάλλειν 420c

טוּל hi.
αἴρειν 34c
ἀπορρίπτειν 140b
βάλλειν 189c
ἐκβάλλειν 420c
ἐκβολὴν ποιεῖσθαι 421b, 1154a
ἐμβάλλειν 455a
ἐξεγείρειν 490b
ἐπαίρειν 505a
[[παραδιδόναι 1058a]] → ἀπορρίπτειν

טוּל ho.
ἐκρίπτειν, ἐκριπτεῖν 441a
[[ἐπέρχεσθαι 509c]]
[[θαυμάζειν 626c]]
καταράσσειν 743a

טוּר I
γένος 239b
ἐξέδρα 490c
στίχος 1291b

טוּר II (Aramaic)
ὄρος 1014b

טוּשׂ qal
πετόμενος ζητῶν 1129b

טְוָת (Aramaic)
ἄδειπνος 19b
νήστης, νῆστις 945b

טָחָה pilp.
βολή 224b

טְחוֹן
#μύλος 936c (La. 5.13)

טְחוֹרִים
ἕδρα 368a
ναῦς 940a

טָחַח qal
#ἀπαμαυροῦν 116c (Is. 44.18)

טָחַן qal
ἀλεῖν 52c
ἀλήθειν 53c
καταισχύνειν 731c
καταλεῖν 736a
[[καταλαύνειν 749a]] → καταλεῖν

טַחֲנָה
ἀλήθειν 53c

טֵיב
#ἀγαθοποιός 165a

טִיחַ
ἀλοιφή 59b

טִיט
βόρβορος 224c
πηλός 1131a

טִין (Aramaic)
#πήλινος 1131a (Da. LXX 2.41, 43)

טִירָה
ἀπαρτία 118a
ἐξέδρα 490c
ἔπαυλις 506b
ἔπαυλις 508c
κώμη 839c

טַל (Hebrew and Aramaic)
δρόσος 349b, 172b
[[ἴαμα 668a]]

טָלָא qal
διάλευκος 304c
διάραντος 308c
ῥαπτός 1248a
σποδοειδὴς ῥαντός 1248a, 1285a

טָלָא pu.
καταπελματοῦσθαι 741b

טָלֶה
ἀρήν (= HR's ἀρνός) 159b, 168b

טַלְטֵלָה
ἐκτρίβειν 444a

טְלִי
[[ἀρήν (= HR's ἀρνός) 159b]] → טָלֶה

טְלַל aph. (Aramaic)
κατασκηνοῦν 744b
σκιάζειν 1274b

טָמֵא I qal
ἀκαθαρσία 42b
ἀκάθαρτος 42c
ἀκάθαρτος γίνεσθαι 256c
ἐκμιαίνεσθαι 438b
μιαίνειν 925c

טָמֵא I ni.
ἀκάθαρτος 42c
μιαίνειν 925c

טָמֵא I pi.
ἀκαθαρσία 42b
βεβηλοῦν 216b
[[ἐξαίρειν 485a]]
*μιαίνειν 925c
μίανσις 926b

טָמֵא I pu.
μιαίνειν 925c

טָמֵא I hithp.
μιαίνειν 925c

טָמֵא I hothp.
μιαίνειν 925c

טָמֵא II adj.
ἀκαθαρσία 42b
ἀκάθαρτος 42c
ἀποκαθημένη 131b
μιαίνειν 925c
ῥύπος 1255b

טֻמְאָה
ἀκαθαρσία 42b

טֻמְאָה
ἀκαθαρσία 42b
ἀκάθαρτος 42c
ἁμαρτία 62a
*#βδέλυγμα 215b (I Es. 7.13)
μιαίνειν 925c

טָמַן qal
ἐγκρύπτειν 367a
[[ἐκπορεύεσθαι 439c]]
κατακρύπτειν 734c
[[κατορύσσειν 756b]] → κατακρύπτειν
κρύπτειν 791c, 182b
ὑπομένειν 1415c

טָמַן ni.
κρύπτειν 791c

טָמַן hi.
#ἀποκρύπτειν 134b, 168a (Si. 41.15)
κατακρύπτειν 734c
κρύπτειν 791c

טְנֵא
ἀποθήκη 128a
κάρταλλος 725a
τρύβλιον 194b

טָנַף pi.
μολύνειν 932c

טַס
#κατασκεύασμα 744b, 181c (Si. 35.6 [32.8])

טָעָה hi.
πλανᾶν 1139b

טָעַם qal
γεύειν 240a, 170a (Si. 36.24)

טְעַם pa. (Aramaic)
ψωμίζειν 1490c

טַעַם
ἀγγελία 7b
ἀκουσίως (בְּלֹא טַ) 166a
γεῦμα 240b
ἡδονή 604b
κακόφρων (סָרַת טַ) 712a
λόγος 881c
παιδ(ε)ία 1046c
σύνεσις 1314a
τρόπος 1375a

טְעֵם (Aramaic)
*#ἀποσημαίνειν (טַ הֲךָ) 140c
§βααλ (בְּעֵל־טְ) 188a
§βααλταμ (בְּעֵל־טְ) 188a
§βαδαταμεν (בְּעֵל־טְ) 188a
§βαλγαμ (בְּעֵל־טְ) 189c
§βαλταμ (בְּעֵל־טְ) 190b
γεῦσις 240b
*γνώμη 273a
*#γράφειν (טְ שִׂים) 276a (I Es. 6.17)
δόγμα 339b
*#δογματίζειν (טְ שִׂים) 339b (I Es. 6.34)
ἐντολή 479b
*#ἐπιτάσσειν (טְ שִׂים) 534c (I Es. 2.26, 28; 6.28)
κρίνειν (טְ שִׂים) 787b
*νόμος 947b
#ὁ (supply γράφων) τὰ προσπίπτοντα (בְּ־טְעֵם) 1219a (I Es. 2.17, 25)
*#πρόσταγμα 1219c (I Es. 7.4)
*#προστάσσειν, προστάττειν (טְ שִׂים) 1220c
*#συντάσσειν (טְ שִׂים) 1318b (I Es. 2.30)
ὑπακούειν (טְ שִׂים) 1405c

טָעַן I pu.
ἐκκεντεῖν 432c

טָעַן II qal
γεμίζειν 236a

טַף
ἀπαρτία 118a
ἀποσκευή 140c
ἔκγονος 421c
[[λαός 853b]]
#λοιπός 888a (Je. 50[43].6)
νήπιος 944b
οἰκία 969b
ὄχλος 1043a

παιδίον 1047c
πανοικ(ε)ία 1052c
συγγέν(ε)ια 1298b
σῶμα 1330a
*τέκνον 1340c

מָחַף pi.
ἐπικρατεῖν 523b
στερεοῦν 1289a

מֶחְפֶּה
γεῖσος 235b
παλαιστή(ς) 1051c

מֶחְפָּח
παλαιστή(ς) 1051c

מֶחְפָּחִים
⟦θηλάζοντα μαστούς 650a⟧

מָחַל qal
ἐπισημαίνειν 527b

מַחְסָר
βελόστασις 217b

מָחַר (Aramaic)
ὄνυξ 1000c

מְשַׁשׁ qal
τυροῦν 1379b

מָרַד qal
ἀδολεσχεῖν 165b
ἐκβάλλειν 420c

מְרַד pe. (Aramaic)
ἀπάγειν 115b
#ἀποστέλλειν 141b (Da. LXX 4.22)
ἐκδιώκειν 423b

מְרָה pe. (Aramaic)
#ἐκρίπτειν, ἐκριπτεῖν 441a (Jd. 15.15B Aramaizing)
#ῥίπτειν 1252b (Jd. 15.15B Aramaizing)

מָרַח hi.
⟦καταπλάσσειν 741c⟧ → מָרַח qal
⟦καταπλήσσειν 742a⟧ → מָרַח qal
≈ καταπλάσσειν

מֹרַח
κόπος 778c
⟦πλησμονή 1149c⟧

מְרִי
⟦ἐκρίπτειν, ἐκριπτεῖν 441a⟧ → מָרָה pe.
φλεγμαίνειν 1432c

מֶרֶם
οὐδέπω 1029c
πρίν ('מ, בְּטֶ) 190a
πρὶν ἤ (בְּטֶ, 'מ) 602a, 1203a, 178a, 190a (+Si. 51.13)

מֶרֶף qal
ἅρπαξ 160a
ἁρπάζειν 160a
θήρα 650b
θηριόβρωτος γίνεσθαι 256c
θηριόβρωτος (מֶרֶף טָרֹף) 650c
θηριόβρωτος γίνεσθαι 256c
συντρίβειν 1321a

מֶרֶף ni.
#ἐξιστᾶν, ἐξιστάναι 496c (Jd. 5.4A)
θηριάλωτος γίνεσθαι 256c, 650c
θηρεύειν 650b

מֶרֶף pu.
ἁρπάζειν 160a
θηριόβρωτος γίνεσθαι 256c

מֶרֶף hi.
συντάσσειν 1318b

מֶרֶף
κάρφος 725b

מֶרֶף
ἅρπαγμα 159c
ἁρπάζειν 160a
βλαστός 220c
βορά 224c
βρῶμα 231b
διαρπαγή 308c
θήρα 650b
#θηρίον 650c (Ge. 37.33)
προανατέλλειν (מ' צֶמַח) 1204a
τροφή 1376b

מֶרֶפָּה
ἁρπαγή 159c
θήρα 150b
θηριάλωτος 150c

י

יי, ייי, יי׳, ייי׳ (the theophoric name in Sirach manuscripts)
see also יְהֹוָה, יֱהֹוָה, יָהּ
θεός 630a, 179b
κύριος 800b, 182c (+Si. 26.3; 36[33].11)
κύριος (ὁ) θεός 630a, 800b, 179b, 182c
⟦ὕψιστος 1420b, 194d⟧ → עֶלְיוֹן

יָאַב
ἐπιποθεῖν 256c

יָאוֹר
see יְאֹר

יָאַל I ni.
ἀγνοεῖν 16a
ἄχρηστος 169c
⟦δύνασθαι + neg. 353a⟧ → לָאָה ni.
?ἐκλείπειν 435c

יָאַל II hi.
ἄγειν 9a
ἄρχειν 163a
ἐπιεικῶς, ἐπιεικέστερον 519c
ἔχειν 586c
⟦καταμένειν 739a⟧
⟦κοπιᾶν 778b⟧ → לָאָה ni.

יְאֹר
διῶρυξ, διώρυγος, διώρυχος 339a
ποταμός 1196a, 189c

יָאַשׁ ni.
⟦ἀνέχειν 87c⟧
ἀνιέναι (= ἀνίημι) 102b
⟦ἔρχεσθαι 548b⟧ → ἀνιέναι

יָאַשׁ pi.
ἀποτάσσειν 148c

יָבַב pi.
καταμανθάνειν 739a

יְבוּל
γέν(ν)ημα 238c
ἐκφόριον 445c
ἰσχύς 694b
καρπός ("fruit") 723c
σπόρος 1285b

יָבַל hi.
ἀνάγειν 75b
ἀπάγειν 115b
φέρειν 1426c

יָבַל ho.
ἄγειν 9a
ἀναφέρειν 84c
ἀπάγειν 115b
ἀπαλλάσσειν 116b
ἀποφέρειν 149c
#διάγειν 299c (Is. 55.12)
ἐμπορεύεσθαι 459a
#φέρειν 1426c (Jb. 17.1)

יְבַל aph. (Aramaic)
*#ἀπερείδεσθαι 120c
*ἀποφέρειν 149c
κομίζειν 777b

יָבָל
διαπορεύεσθαι (יְ פֶּלֶג) 308b
ἔξοδος 176c
παραρρεῖν 1063c

יַבֶּלֶת
μυρμηκιᾶν 937b

יָבָם pi.
ἀδελφὸς τοῦ ἀνδρός 20a
γαμβρεύειν 234a
ἐπιγαμβρεύειν 517c
συνοικεῖν 1317c

יָבָם
ἀδελφὸς τοῦ ἀνδρός 20a, 88a

יְבָמָה
⟦γυνή 278b⟧
γυνὴ τοῦ ἀδελφοῦ 20a, 278b

σύννυμφος 1317b

יָבֵשׁ I qal
ἀποξηραίνειν 139b
ξηραίνειν 957a
ξηρασία 957b
ξηρὸς γίνεσθαι 256c, 957b

יָבֵשׁ I pi.
μαραίνειν 896a
ξηραίνειν 957a

יָבֵשׁ I hi.
#ἀναξηραίνειν 80b
ἀποξηραίνειν 139b
⟦ἐξαίρειν 485a⟧ → ξηραίνειν
καταξηραίνειν 740a
ξηραίνειν 957a

יָבֵשׁ II adj.
κατάξηρος 740a
ξηρασία 957b
ξηρός 957b, 185b
σταφίς (עֵנָב 'י) 1287a

יַבֶּשֶׁת (Aramaic)
#γῆ 240c (Da. LXX 2.10)
#ξηρός 957b (Da. TH 2.10)

יַבָּשָׁה
ἄνυδρος 112a
γῆ 240c
ξηρασία 957b
ξηρός 957b

יַבֶּשֶׁת
⟦γῆ 240c⟧ → יַבָּשָׁה
⟦ξηρός 957b⟧ → יַבָּשָׁה

יָגַב qal
§γαβιν (יוֹגְבִים) 233a
γεωργός 240b
§γηβειν (יוֹגְבִים) 255c

יָגָה ni.
⟦ἄγειν 9a⟧ → נָהַג qal

יָגָה pi.
ταπεινοῦν 1334c

יָגָה hi.
ἀδικεῖν 24c
ἔγκοπον ποιεῖν 366c, 1154a
#ἐξουδενεῖν 500b, 176a (Si. 34[31].31)
καταδυναστεύειν 731a
ταπεινοῦν 1334c
⟦φθάν(ν)ειν 1429b⟧ → נָגַע hi.

יָגוֹן
κόπος 778c
λύπη 889c
⟦μόχθος 935c⟧ → πόνος
ὀδύνη 967a
πένθος 1118a
πόνος 1188b

יָגִיעַ
κατάκοπος 734a
κοπιᾶν 778b
#εἶναι ἐν κόποις 778c (Ps. 87[88].15)

יָגִיעַ
ἔργον 541c
καρπός ("fruit") 723c
κόπος 778c, 182b
μόχθος 935c
πόνος 1188b

יְגִיעָה
κόπωσις 779c

יָגַע qal
ἐκλείπειν 435c
⟦κοιμᾶν 773c⟧ → נָגַע qal
κοπιᾶν 778b, 182b
⟦μανθάνειν 895b⟧
μοχθεῖν 935c
παρεκτείνειν 1066b
ποιεῖν ἐπίασαι 1154a

Column 1

יָגַע pi.
⟦κακοῦν 711b⟧ → κοποῦν
κοποῦν 778c

יָגַע hi.
ἔγκοπον ποιεῖν 366c
παροξύνειν 1072a

יָגַע
κοπιᾶν 778b

יָגַע
ἔγκοπος 366c
κοπιᾶν 778b
πονεῖν 189c

יְגַר (Aramaic)
βουνός 228b

יָגֹר
δειδεῖν 286a
διευλαβεῖσθαι 329c
ἔκφοβος εἶναι 445c
εὐλαβεῖσθαι 572a
ὑποπτεύειν 1416c
φοβεῖν 1433b

יָד
⟦ἄγγελλος 7b⟧
ἀγκών 15c
ἀγκωνίσκος 15c
ἀδικεῖν (יָד הָיְתָה) 24c
ἀμέτρητος (רְחַב יָדַיִם) 65c
ἀμφοτεροδέξιος (אִטֵּר יַד-יְמִינוֹ) 68a
⟦ἀνάγκη (יַד עָמֵל) 76a⟧ → עָמֵל
#διδόναι ἄνεσιν (שִׂים יָדַיִם) 87b (II Ch. 23.15)
*#ἀντίλη(μ)ψις 111b (I Es. 8.27)
ἀποκτείνειν, ἀποκτέννειν (שָׁלַח יָד) 135a
ἅπτεσθαι (שָׁלַח יָד) 150b
αὐτάρκης (לְאֵל יָד) 169a
βουλή 169c
βραχίων 230a, 169c (Si. 7.31)
βρόχος 231b
⟦γνωρίζειν (נָשָׂא יָד) 273a⟧
⟦δάκτυλος 284b⟧
δεκαπλασίων (עֶשֶׂר יָדוֹת) 289a
δεκαπλασίως (עֶשֶׂר יָדוֹת) 289a
δεξιός (יַד יָמִין) 290a
διάδοχος (לְיַד) 300b
διακινεῖν (שִׁית יַד hi.) 304a
⟦διακρίνειν (שִׁית יַד) 304a⟧ → διακούειν
διαρπάζειν (שָׁלַח יָד) 308c
#διδόναι δόξαν (נָתַן יָד) 341b (II Ch. 30.8)
δύναμις 350a
⟦[εἰς] (עַל יְדֵי) 173a⟧ → לְ
⟦ἐντολή 479b⟧
ἔργον (מִשְׁלַח יָד) 541c
εὐρύχωρος (רְחַב יָדַיִם) 580a
ἔχειν (עַל יַד, לְיַד, בְּיָדֵי, אֶל יַד) 586c
(הָיָה... יָדַיִם) 586c
⟦ " (בְּעַד יָד) 586c⟧
ἕως ἐχόμενον (עַל יְדֵי) 586c
*#ἰσχύς 694b, 180c (I Es. 8.52; Si. 3.13)
καρπός ("wrist") 724b
⟦κινύρα 765c⟧
#κλοπή 772b, 182a (Si. 41.19)
κοινωνία (תְּשׂוּמֶת יָד) 775a
*#μεγαλειότης 901b (I Es. 1.5)
μέρος 911c
*#μετέχειν (הָיְתָה יָד) 917b (I Es. 8.70)
⟦μέτρον, μέτρος 918b⟧ → μέρος

Column 2

ὅμορος (אֲשֶׁר עַל-יָד) 993c
ὅριον 1012a
παραλύειν (אָלַת יָד) 1062a
πενταπλασίως (חָמֵשׁ יָדוֹת) 1118c
πῆχυς 1131b
πλατύς (רְחַב יָדַיִם) 1141b
πλησίον, πλησιέστερον (עַל-יָד) 1148b
πληγεὶς ὑπό (בְּיַד) 1149c
συγκατατίθεσθαι (שִׁית יַד) 1299b
συγκυρεῖν 1300c
τελειοῦν (מָלֵא אֶת-יָדוֹ pi.) 1343a
τόπος 1364b (De. 23.13; Is. 56.5)
ὑποτάσσειν (נָתַן יָד-תַּחַת) 1417b
ὑποχείριος (בְּיַד) 1418a
ἃ ἔφερεν (הֵבִיא בְּיָדוֹ) 1426c
⟦χεῖλος 1456a⟧
*χείρ 1457c, 195b (Si. 30[33].30)
ὁ χειραγωγῶν (מַחֲזִיק בְּיַד) 1467a
χειροῦσθαι (שָׁלַח יַד) 1467a

יַד (Aramaic)
*χείρ 1457c

יְדָא aph. (Aramaic)
ἐξομολεγεῖν 499a

יָדַד qal
βάλλειν 189c
διαίρεσις 171a

יָדָה qal
τοξεύειν 1363c

יָדָה pi.
ἐπιτιθέναι 535c

יָדָה hi.
αἰνεῖν 33a, 165c (+II Ch. 20.21)
αἴνεσις 33c
ἀνθομολογεῖσθαι 96a
ἀνθομολόγησις 96a
ἐξαγορεύειν 484a
⟦ἐξηγεῖσθαι 495b⟧ → יָרָה hi.
ἐξομολογεῖσθαι 499a, 176a
ἐξομολόγησις 499c, 176a (Si. 47.8)
εὐλογεῖν 572a
*ὁμολογεῖν 993c
ὑμνεῖν 1405a

יָדָה hithp.
*#ἀνθομολογεῖσθαι 96a (I Es. 8.9)
ἐξαγορεύειν 484a
ἐξομολογεῖν 499a
⟦προσαγορεύειν 1212a⟧ → ἐξαγορεύειν

יָדִיד
ἀγαπᾶν 5b
ἀπαγητός 7a

יְדִידוּת
ἀγαπᾶν 5b

יָדַע qal
αἰσθάνεσθαι 36b
αἴσθησις 36b
αἰσθητικός 36c
⟦ἀκούειν 45a⟧
ἀπογινώσκειν (יָדַע qal + neg.) 126a
γινώσκειν 267a, 170b
γνωρίζειν 273a
γνῶσις 273c
γνωστῶς 274a
γραμματικός (יָדַע דַּעַת qal) 275c
⟦δεικνύειν, δεικνύναι 286a⟧ → יָדַע hi.
δηλοῦν 295c
διαγινώσκειν 299c

Column 3

δυνατὸς ἐν 172c
⟦ἐγείρειν 364a⟧ → עוּר I ni.
εἰδεῖν, εἰδέναι 374b, 172b
⟦εἰπεῖν, ἐρεῖν 384a⟧ → יָדַע hi.
ἐπιγινώσκειν 517c, 176c
ἐπιγνώμων (יָדַע דַּעַת qal) 518c
ἐπισκοπεῖν 528c
ἐπίστασθαι 529b
ἐν ἐπιστήμῃ εἶναι (יָדַע בִּינָה qal) 530a
ἐπιστήμων 530b, 177a
εὔγνωστος 569a
ἰδεῖν 669b, 179c
#καταλαμβάνειν 735a (Jb. 34.24)
κληρονομεῖν 768a
μανθάνειν 895b
νοεῖν 185b
⟦οἰκτείρειν 982c⟧
πανοῦργος 1053a
⟦προσέχεσθαι 1215b⟧ → γινώσκειν
συγγίνεσθαι 1298c
συνειδέναι 1313b
συνετός 1315a
συνίειν, συνιέναι 1316b
⟦σῴζειν 1328b⟧
#φρονεῖν 1439a (Is. 44.28)

יָדַע ni.
γινώσκειν 267a, 170b
γνωρίζειν 273a
γνωστός 274a
δηλοῦν 295c
διαγινώσκειν 299c
διάδηλος γίνεσθαι 256c, 300a
εἰδεῖν, εἰδέναι 374b
ἐμφανὴς γίνεσθαι 460c
ἐξαγγέλλειν 483a
ἐξιλάσκειν 495c
ἐπιγινώσκειν 517c
περίβλεπτος γίνεσθαι 256c, 1122b

יָדַע pi.
⟦ἐπιδεῖν, ἐφιδεῖν ("to see") 519a⟧ → ἰδεῖν
ἰδεῖν 669b

יָדַע pu.
ἀναγγέλλειν 74a
⟦γνώριμος 273b⟧ → מוֹדָע
⟦γνώστης 274a⟧ → γνωστός
γνωστός 274a
εἰδέναι τὸ ὄνομα 374b
⟦ἰδεῖν 669b⟧ → εἰδέναι τὸ ὄνομα
φίλος 1431b

יָדַע hi.
ἀναγγέλλειν 74a
ἀναδεικνύειν 76c
ἀπαγγέλλειν 113c
ἀποκρίνειν 133a
γινώσκειν 267a, 170b
γνωρίζειν 273a
δεικνύειν, δεικνύναι 286a
δηλοῦν 295c
διαμαρτύρεσθαι 305b
διαστέλλειν 311b
*διδάσκειν 316c
εἰδεῖν, εἰδέναι 374b
#εἰπεῖν, ἐρεῖν 384a (Is. 19.12)
ἐμφανίζειν 460c
ἐπιγινώσκειν 517c
παραδεικνύναι 1057c
σημαίνειν 1263a
συμβιβάζειν 1303b
⟦ὑμνεῖν 1405a⟧ → יָדָה hi.

Column 4

φανερὸς εἶναι 1424a

יָדַע ho.
ἀναγγέλλειν 74a
γινώσκειν 267a

יָדַע hithp.
ἀναγνωρίζειν 76b
γινώσκειν 267a

יְדַע pe. (Aramaic)
γινώσκειν 267a
γνῶσις 273c
*γνωστός 274a
εἰδεῖν, εἰδέναι 374b
ἐπιγινώσκειν 517c
*#ἐπίστασθαι 529b (I Es. 8.23)
φανερὸς εἶναι (יְדִיעַ לֶהֱוֵא) 1424a

יְדַע aph. (Aramaic)
ἀναγγέλλειν 74a
ἀπαγγέλλειν 113c
*γνωρίζειν 273a
δηλοῦν 295c
*#διδάσκειν 316c (I Es. 9.48)
*#λέγειν 863c
*#προσφωνεῖν 1223c (I Es. 2.21)
σημαίνειν 1263a
*ὑποδεικνύειν, ὑποδεικνύναι 1413a

יִדְּעֹנִי
γνωριστής 273b
γνώστης 274a
ἐγγαστρίμυθος 362b
ἐπαοιδός 508a
τερατοσκόπος 1345a

יָהּ
§αλληλουια (הַלְלוּ-יָהּ) 55c
θεός 630a
κύριος 800b

יָהַב qal
#ἀποδιδόναι 126b (Ge. 29.21)
δεῦτε 293a
διδόναι 317b
ἐάν 361a
⟦εἰσάγειν 407c⟧ → בּוֹא hi.
#ἐπιδιδόναι 519b (Am. 4.1)
φέρειν 1426c

יְהַב pe. (Aramaic)
ἀποδιδόναι 126b (Da. TH 6.2[3])
διδόναι 317b
*#ἐμβάλλειν 455a (I Es. 6.20)
*παραδιδόναι 1058a
*#ὑποβάλλειν 1412c (I Es. 2.18)

יְהַב peil (Aramaic)
διδόναι 317b

יְהַב ithpe. (Aramaic)
*διδόναι 317b
παραδιδόναι 1058a
*#φορολογεῖν (מִדָּה הִתְיְהֲבַת) 1438a (I Es. 2.27)

יָהָב
μέριμνα 911a

יָהַד hithp.
ἐνιουδαΐζειν 475a
ἰουδαΐζειν 687a
περιτέμνειν 1127b

יְהוּדִית
ἰουδαϊστί 687a

יְהֹוָה, יְהוִה, יְהֹוָה
see also יְיָ, יְיִי, יְיָי
δεσπότης 292c
εὐσέβεια, εὐσεβία (יְרֵאת יי) 580a

*θεός 630a
*κύριος (י׳, אֲדֹנָי י׳, י׳ צְבָאוֹת) 800b
ἄγγελος κυρίου 800b
κύριος ὁ θεός, (ὁ) κύριος θεός 630a, 800b
ὁ λόγος κυρίου 800b
τὸ ὄνομα κυρίου 800b
τὸ πρόσωπον κυρίου 800b
τὸ στόμα κυρίου 800b
παντοκράτωρ 1053c

יָהִיר
ἀλαζών 52a
αὐθάδης 176c

יַהֲלֹם
ἴασπις 669a
[σμάραγδος 1278b] → בָּרֶקֶת

יוֹבֵל
[ἀφαίρεσις 181b] → ἄφεσις
ἄφεσις 182b
ἀφέσεως σημασία 182b, 1263b
ἐνιαυτὸς ἀφέσεως 182b
[ἱερός 683a]
σάλπιγξ 1258b
σημασία 1263b

יוּבַל
ἰκμάς 684b

יוֹם (Hebrew and Aramaic)
ἀδύνατος (קְשֵׁה יוֹם) 28a
ἀνδροῦν (יְמֵי עֲלוּמִים) 86b
ἀρχή (יְמֵי־קֶדֶם) 163c
[" (יוֹם) 163c]
ἀτυχεῖν (בְּיוֹם אֵיד) 176c
αὐθημερινός 177a
αὐθημερόν (בְּיוֹמוֹ) 177a
αὔριον (יוֹם מָחָר) 179a
ἄωρος (עוּל יָמִים) 188c
βιβλιοθήκη (דִּבְרֵי הַיָּמִים) 218b
βίος (יְמֵי חַיִּים, יוֹם) 220a
πολὺν χρόνον βιοῦν (רַבָּה יָמִים hi.) 220b
γενεά 236a
δειλινός (רוּחַ הַיּוֹם) 287a
[ἡ ἐπιοῦσα 520a]
ἔτος 565a
εὐφροσύνη 582c
μακρὸν χρόνον ζῆν (אָרֵךְ יָמִים hi.) 594c, 893c
ζωή (יוֹם pl.) 599c
*ἡμέρα 607b, 179b (+Si. 36[33].7, 9, 32; 50.23)
ἑκάστη ἡμέρα (יוֹם בְּיוֹם) 418a
ἡμέραν καθ᾽ ἡμέραν 607b
*ἡ σήμερον ἡμέρα (הַיּוֹם) 607b, 1264a
καθ᾽ ἑκάστην ἡμέραν (יוֹם בְּיוֹם, אִישׁ יוֹמוֹ, כָּל־יוֹם וָיוֹם) 418a, 607b
καθ᾽ ἡμέραν (יוֹם יוֹם, יוֹם בְּיוֹם, כָּל־יוֹם, תָּמִיד יוֹם בְּיוֹמוֹ) 607b, 181a (I Es. 5.51; 6.30)
τὸ καθ᾽ ἡμέραν 607b
[καθήκειν 700a]
καιρός 706a, 180b
μακρόβιος (אָרֵךְ יָמִים hi.) 893a
μακροημερεύειν (אָרֵךְ יָמִים hi., רַבּוּ יָמִים) 893a
μακροήμερος γίνεσθαι (אָרֵךְ יָמִים hi.) 256c, 893b
μακροχρονίζειν (אָרֵךְ יָמִים hi.) 894a

μακροχρόνιος γίνεσθαι (אָרֵךְ יָמִים hi.) 256c, 894a
μακροχρόνιος εἶναι (אָרֵךְ יָמִים hi.) 894a
μεσημβρία (כְּחֹם הַיּוֹם) 912c
μετοικεσία (יוֹם גָּלוּת) 917c
νῦν, νυνί (הַיָּמִים הָהֵם, הַיּוֹם הַזֶּה) 951c
[ὁδός 962b]
ὀλιγόβιος (קְצַר יָמִים) 986b
οὐδέποτε (מִיָּמָיו + neg.) 1029c
διὰ παντός (כָּל־הַיּוֹם) 1073a
πολυημερεύειν (רַבּוּ יָמִים) 1181a
πολυήμερος γίνεσθαι (אָרֵךְ יָמִים hi.) 256c, 1181a
πολυήμερος εἶναι (אָרֵךְ יָמִים hi.) 1181a
γίνεσθαι πολυχρόνιος (אָרְכוּ הַיָּמִים) 1185c
πώποτε (מִיָּמִים) 1246b
σήμερον (הַיּוֹם הַזֶּה, כַּיּוֹם הַזֶּה, בַּיּוֹם) 1264a, 191b
*ἐν τῇ σήμερον (הַיּוֹם הַזֶּה, הַיּוֹם) 1264a
ἐν ταῖς σήμερον ἡμέραις (הַיּוֹם) 1264a
ἐν τῇ σήμερον ἡμέρα (הַיּוֹם) 1264a
ἡ ἡμέρα ἡ σήμερον (הַיּוֹם הַזֶּה) 1264a
ἡ σήμερον (הַיּוֹם הַזֶּה, הַיּוֹם) 1264a
καθὰ καὶ σήμερον (בַּיּוֹם הַזֶּה) 1264a
καθὼς ἔχεις σήμερον (כַּיּוֹם הַזֶּה) 1264a
τὸ τῆς σήμερον (הַיּוֹם) 1264a
ὡς σήμερον (כַּיּוֹם הַזֶּה, כַּיּוֹם) 1264a
ὥσπερ καὶ σήμερον (כְּהַיּוֹם הַזֶּה) 1264a
εἰς τέλος ἡμέρας μιᾶς (כַּיּוֹם תָּמִים) 1344a
τριμερία (שְׁלֹשֶׁת יָמִים) 1373a
τριταῖος (שְׁלֹשֶׁת הַיָּמִים) 1373c
*χρόνος 1476b
#ὥρα 1493b (Jb. 15.32)

יוֹמָם
ἡμέρα 607b
ἐν ἡμέρα 607b
ἡμέραν 607b
ἡμέρας (בְּיוֹ, יוֹ׳) 607b

יָוֵן
ἰλύς 685a
[ὕλη 1405a] → ἰλύς
[ὕλις(?) 1405a] → ἰλύς

יוֹנָה
περιστερά (בֶּן יוֹ׳, יוֹ׳) 1126c

יוֹנֶקֶת
βλαστός 220c
κλάδος 766a
παραφυάς 1065b
ῥάδαμνος 1247c

יֹפִי
ὡραῖος 196a

יוֹרָה
πρώιμος, πρόιμος 1235a

יוֹשֵׁר
see יָשָׁר, יֹשֶׁר

יוֹתֵר
περισσ(ε)ία 1126b
περισσεύειν 1126b

περισσός, περιττός 1126c, 188c

יוֹתֶרֶת
λαβός 880a

יָזַן pu.
θηλυμανής 650a

יֶזַע
βία 218a

יָחַד pi.
[εὐφραίνειν 581a] → חָדָה qal
#συνθλίβειν 1316b, 192c (Si. 34[31].14)

יַחַד
ἅμα 166b
ἀμφότεροι 68a
*#μόνος 933b (I Es. 5.71)
κατὰ μόνας 933b
ὁμοθυμαδόν 992b
ὁμοῦ 994a
πᾶς 188a

יַחְדָּיו, יַחְדָּו
κοινῇ 182a
ὁμοθυμαδόν 992b
ὡσαύτως 1495c

יָחַל ni.
ἐπέχειν 511a

יָחַל pi.
διαλείπειν 304b
[ἐγγίζειν 362b] → ἐλπίζειν
ἐλπίζειν 453c
ἐπελπίζειν 509c
προσδέχεσθαι 1212c
#προσμένειν 1218c (Jd. 3.25A)
ὑπομένειν 1415c
ὑφιστάναι 1419a

יָחַל hi.
[ἀκούειν 45a]
διαλείπειν 304b
ἐλπίζειν 453c
[ἐνωτίζεσθαι 482b]
μένειν 910a
ὑπομένειν 1415c

יָחַם qal
ἐγκισσᾶν 366b

יָחַם pi.
ἐν γαστρὶ λαμβάνειν 234b
ἐγκισσᾶν 366b
κισσᾶν 765c

יַחְמוּר
βούβαλος 226a

יָחֵף
ἀνυπόδετος, ἀνυπόδητος 112b

יָחַר pi.
[χρονίζειν 1476a] → אָחַר hi.

יָחַר hi.
[χρονίζειν 1476a] → אָחַר hi.

יַחַשׂ
συνοδ(ε)ία 1317b

יָחַשׂ hithp.
ἀριθμός 156c
γενεαλογεῖσθαι 237a
*#γενικός 237b (I Es. 5.39)
ἐγκαταλοχίζειν 366b
καταλοχία 738b
*καταλοχισμός 738b
καταριθμεῖν 743a
§μεθωσεειμ (מִתְיַחְשִׂ) 908a
*#μεριδαρχία 910c (I Es. 8.28)
συλλοχισμός 1302c

συνοδ(ε)ία 1317b

יָטַב qal
ἀγαθός 2a
ἀγαθύνειν 4b
ἀρέσκειν (י׳ בְּעֵינֵי qal, י׳ לִפְנֵי qal) 155c
ἀρεστός (י׳ בְּעֵינֵי qal) 156a
βελτίων, βέλτιστος 217b
βελτίων γίνεσθαι 256c
εὖ γίνεσθαι 256c, 568a
σαυτοῦ γίνεσθαι (י׳ לְבֵךְ qal) 256c
εὖ εἶναι 568a
καλῶς εἶναι 717b
χαίρειν (י׳ בְּעֵינֵי qal) 1452a

יָטַב hi.
ἀγαθοποιεῖν 1c
ἀγαθοποιός 165a
ἀγαθός 2a, 165a
ἀγαθὸς ἔσται (= εἶναι VIII.3) 165a, 173a
ἀγαθοῦν 4b
ἀγαθύνειν 4b
ἀκριβῶς 50c
βελτίων, βέλτιστος 217b
βελτίονα ποιεῖν 1154a
διορθοῦν 336b
ἐλεεῖν 449c
καλὸν ἐπιτηδεύειν 535b, 715b
ἐποικτείρειν 539a
[ἑτοιμάζειν 563c] → שׁוֹב II pa.
εὖ ποιεῖν 568b, 1154a, 177c, 189b
εὖ χρᾶσθαι 568b, 1473c
εὐεκτεῖν ποιεῖν (יְטֵה י׳ hi.) 569c, 1154a
εὐόδως 576a
θάλλειν 623b
καλλίονα ποιεῖν 1154a
καλός 715b, 181a
καλὸν/κάλλιον ποιεῖν 715b, 1154a
καλὸς εἶναι 715b
καλῶς 717b
καλῶς εἶναι 717b
καλῶς ποιεῖν 1154a
ὀρθῶς 1011c
ποιεῖν + ἀγαθά acc. (= טוֹבָה) 1154a (Je. 18.10)
[" 189b]
σφόδρα 1325a
#τέρπειν 1345c (Si. 26.13)

יְטַב pe. (Aramaic)
ἀγαθύνειν 4b
*#βούλεσθαι 226b

יַיִן
γλεῦκος 270c
#κατοινοῦσθαι (Hb. 2.5)
οἰνοπότης (סֹבֵא־יַיִן) 983c
οἶνος 983c, 186a
συμπόσιον (מִשְׁתֵּה י׳) 1306a

יָכַח ni.
ἀληθεύειν 53c
διελέγχειν 328b
ἔλεγχος 449c

יָכַח hi.
βλασφημεῖν 221a
διελέγχειν 328b
ἐλεγμός 449a
ἐλέγχειν 449b, 174a (Si. 34[31].31)
ἔλεγχος 449c
ἐνάλλεσθαι 467c
[ἐξελέγχειν 491a] → ἐλέγχειν

[[ἑτοιμάζειν 563c]]
#μαστιγοῦν 898a (Pr. 3.12)
ὀνειδίζειν 994b
παιδεύειν 1047a

יָכַח ho.
ἐλέγχειν 449b

יָכַח hithp.
διελέγχειν 328b

יָכֹל qal
ἀνέχειν 87c
βλέπειν (לִרְאוֹת י׳ qal) 221a
[[γίνεσθαι 256b]]
*δύνασθαι 353a, 172b
δυναστεύειν 172c
δυνατός 355c
ἐκποιεῖν 439b
#ἱκανός 683c (Jl. 2.11)
ἰσχύειν 692c
[[ποιεῖν 1154a (II Ch. 7.7)]] →
  ἐκποιεῖν
#ὑποφέρειν 1418a (Jb. 4.2; 31.23)
[[χωρεῖν 1482b]] → δύνασθαι

יָכֹל hi.
[[δύνασθαι 353a]] → יָכֹל qal

יָכֹל ho.
[[ὑποφέρειν 1418a]] → יָכֹל qal

יְכֵל, יְכִל pe. (Aramaic)
δύνασθαι 353a
δυνατός 355c
ἰσχύειν 692c
τροποῦν 1376a

יָלַד qal
#ἀποβαίνειν 125b (Jb. 15.35)
γένημα 170a
γεννᾶν 237b
[[γεννητής(?) 239b]] → γεννητός
γεννητός 239b
γίνεσθαι 256b
γυνὴ τίκτουσα 278b
#ἐκγεννᾶν 421c (Ps. 109[110].3)
κτᾶσθαι 793b
μήτηρ 924a
παιδίον 1047c
[[τέκνα ποιεῖν 1154b, 1340c]] →
  τεκνοποιεῖν
τεκνοποιεῖν 1342a
τίκτειν 1351c, 193b
τοκετός 1363b
ὠδίν 1492b

יָלַד ni.
εἶναι ἀπόγονος 126a
γένεσις 237a
γεννᾶν 237b
γέννησις 239b
γεννητός 239b
γίνεσθαι 256b, 170b
*#τέκνον 1340c (I Es. 8.93)
τίκτειν 1351c

יָלַד pi.
μαῖα 892a
μαιοῦσθαι 892a

יֻלַּד pu. (= qal pass.)
ἀπόγονος 126a
γεννᾶν 237b
γίνεσθαι 256c (Ps. 89[90].2)
[[ἑδράζειν 368a]] → γίνεσθαι
τίκτειν 1351c

יָלַד hi.
γεννᾶν 237b, 170a
γεννῶσαν ποιεῖν 1154a

γίνεσθαι 256b
ἐκτίκτειν 443a
τεκνοποιεῖν 1342a
τεκταίνειν 193b
τίκτειν 1351c

יֶלֶד ho.
γένεσις (הֻלֶּדֶת) 237a
τίκτειν 1351c

יֶלֶד hithp.
ἐπαξονεῖν 508a
[[ἐπισκέπ(τ)ειν 527c]] →
  ἐπαξονεῖν

יֶלֶד
ἄρσην, ἄρρην 160c
*νεανίας 940a
νεανίσκος 940b
ν(ε)οσσός 949c
νεώτερος 942a
παιδάριον 1045c
παιδίον 1047c
παῖς 1049a
τέκνον 1340c, 193a
υἱός 1384c

יַלְדָּה
κοράσιον 779c
#νεᾶνις 940b (Da. TH 11.6)
παιδίσκη 1048b
παῖς 1049a

יַלְדוּת
[[γεννᾶν 237b]] → יָלַד qal
[[ἐκγεννᾶν 421c]] → יָלַד qal
νεότης 942c

יִלּוֹד
γεννᾶν 237b
τίκτειν 1351c

יֶלֶד
γενεά 236a
ἔγγονος 363b
ἔκγονος 421c
οἰκογενής (י׳ בַּיִת י׳) 970c
υἱός 1384c

יָלַל hi.
ἀλαλάζειν 52a
θρηνεῖν 654c
ὀλολύζειν 989b
#πενθεῖν 1117b (Ps. 77[78].63)

יְלֵל
[[καῦμα 757a]]

יְלָלָה
ἀλαλαγμός 52a
θρηνεῖν 654c
ὀλολυγμός 989b

יַלֶּפֶת
λ(ε)ιχήν 873c
λειχῆνας ἔχων 586c, 873c

יֶלֶק
ἀκρίς 50c
βροῦχος 231a

יַלְקוּט
συλλογή 1302c

יָם
δυσμή 357b
θάλασσα 621a, 179a (+Si. 50.3)
*#λιμήν 878c (I Es. 5.55)
λουτήρ 888c
παραθαλάσσιος (חוֹף הַיָּם, יָם) 1059c (עַל שְׂפַת הַיָּם)
παράλιος (מִיָּם, חוֹף הַיָּם, יָם, לְחוֹף יַמִּים) 1061c (דֶּרֶךְ הַיָּם)

ποντοπορεῖν (בְּלֶב־יָם) 1189a

יַם (Aramaic)
θάλασσα 621a

יַמִּים
§ιαμ(ε)ιν 668a

יֶמֶמָה
ἡμέρα 607b

יָמִין
*δεξιός (יד, י׳, י׳) 290a, 170c
χεὶρ δεξιά 290a
ἡ χεὶρ ἡ δεξιά, ἡ δεξιὰ χείρ 1457c
ἐπιδέξιος 519b
[[θάλασσα 621a]] → יָם

יְמִינִי
ἀμφοτεροδέξιος (אִטֵּר יַד־יְמִינוֹ) 68a

יָמַן hi.
δεξιός 290a

יָמַר hithp.
θαυμάζειν 626c

יָמַשׁ hi.
ποιεῖν ψηλαφᾶν 1154b
ψηλαφᾶν 1485b

יָנָה hi.
θλίβειν 652b
κακοῦν 711b

יָנִקָה
[[ἁπαλότης 116c]]
#κλάδος 766a, 182a (Si. 40.15)
#παιδίον 1047c (Is. 66.12)

יָנַק qal
ἔσθειν, ἐσθίειν 554a
θηλάζειν 650a
παιδίον νήπιος 944b

יָנַק hi.
θηλάζειν 650a
τροφεύειν 1376b
τροφός 1376c

יַנְשׁוֹף
ἴβης, ἴβις, ἶβις 374b, 669a
κύκνος 798c

יַנְשׁוֹף
ἴβης, ἴβις, ἶβις 669a

יָסַד qal
θεμέλιον, θεμέλιος 629b
θεμελιοῦν 629c
θεμελίωσις 630a
*#οἰκοδομή 972c (I Es. 5.64)

יָסַד ni.
ἐπισυνάγειν 534a
θεμελιοῦν 629c
κτίζειν 795b
συνάγειν 1307b

יָסַד pi.
(ἐ)θέλειν 628b
εἰς τὰ θεμέλια ἐμβάλλειν 455a, 629b
ἐπιτάσσειν 534c
θεμέλιον, θεμέλιος 629b
*θεμελιοῦν 629c
ἱστάναι, ἱστᾶν 689a
καταρτίζειν 743b
*#οἰκοδομεῖν 970c (I Es. 5.58)
στηρίζειν 192b

יָסַד pu.
θεμελιοῦν 629c
*#οἰκοδομεῖν 970c (I Es. 5.53)

יָסַד ho.
ἄρχειν 163a
*#ἔγερσις 364b (I Es. 5.62)
θεμέλιον, θεμέλιος 629b
θεμελίωσις 630a

יָסַד
θεμελιοῦν 629c

יְסוֹד
βάσις 214b
διάστεμα, διάστημα 311c
θεμέλιον, θεμέλιος 629b, 179b
#ὑπόστασις 1417a (Je. 23.22)
#ὑπόστημα, ὑπόστεμα 1417a (Je. 23.18)

יְסוּדָה
θεμέλιον, θεμέλιος 629b

יִסּוֹר
#παιδ(ε)ία 1046c, 187a (Si. 4.17)
#πικρία 1132c (Je. 2.21)

יָסַךְ
[[χρίειν 1475b]] → סוּךְ qal

יָסַף qal
[[γίνεσθαι 256b]]
προστιθέναι 1221a
#πρόσθεσις 1216b (Ez. 47.13)

יָסַף ni.
πλείονα ποιεῖν 1181b
προστιθέναι 1221a

יָסַף hi.
ἀναλαμβάνειν 78c
[[ἀναλίσκειν 79b]] → סוּף I qal
διδόναι 317b
[[δύνασθαι 353a]]
[[ἔρχεσθαι 548b]]
οὐκέτι 1030a
οὐκέτι μή (י׳ hi. + neg.) 1030b
πάλιν (יָסַף hi. + inf.) 1051c
πλεῖον ποιεῖν 1154a
πλεῖον, πλείων, πλέον 1181b
πρόσθεμα 1216b
*προστιθέναι 1221a, 190b
[[προτιθέναι 1231a]] →
  προστιθέναι
σοφώτερος εἶναι (לָקַח י׳ hi.) 1280b
[[συνάγειν 1307b]] → אָסַף ni.
ὑπερβαίνειν 1409a
φορεῖν 1437c

יְסַף hoph. (Aramaic)
προστιθέναι 1221a

יָסַר qal
[[ἄρχων 166b]]
παιδεύειν 1047a
[[" 187a]]

יָסַר ni.
παιδεύειν 1047a
σοφὸς εἶναι 192a

יָסַר pi.
νουθετεῖν 950b
#παιδ(ε)ία 1046c (Am. 3.7; Hb. 1.12)
παιδεύειν 1047a, 187a
#παιδευτής 1047c (Ho. 5.2)

יָסַר pu.
#παιδεύειν 1047a (Ho. 7.15)
#ὑπήκοος 1411c (Pr. 13.1)

יָסַר hi.
παιδεύειν 1047a

Column 1

יָסַר nith.
παιδεύειν 1047a

יָעָה
ἀναλημπτήρ, ἀναλή(μ)πτωρ 79b
θερμαστρίς 649a
§ιαμ(ε)ιν (יע״ם) 668a
καλυπτήρ 717b
κρεάγρα 784c

יָעַד qal
καθομολογεῖν 704b
[[κοσμεῖν 780b]] → עָדָה qal
τάσσειν 1337a

יָעַד ni.
[[γινώσκειν 267a]] → יָדַע ni.
[[γνωρίζειν 273a]] → יָדַע ni.
ἐπισυνάγειν 534a
ἐπισυνιστάναι 534b
προσέρχεσθαι 1213c
συνάγειν 1307b
συναθροίζειν 1310b
συνέρχεσθαι 1314a
συντάσσειν 1318b
τάσσειν 1337a

יָעַד hi.
ἀνθιστάναι 95c

יָעַד ho.
[[ἐξεγείρειν 490b]] → עוּר I ho.
κεῖσθαι 758b

יְעוֹרִים
[[δρυμός 349b]] → יַעַר

יָעַט qal
#περιτιθέναι 1127c (Is. 61.10)

יְעַט pe. (Aramaic)
*#συμβουλευτής (יעט act. ptc.) 1303c
σύμβουλος 1304a
#φίλος 1431b (I Es. 8.13)

יְעַט ithpa. (Aramaic)
συμβουλεύειν 1303c

יָעַל hi.
ἀνωφελής (hi. בִּלְתִּי, י׳ hi. + neg.) 113a
ὄφελος 1039b
περαίνειν 1119b
[[ποιεῖν 1154a]]
#συμφέρειν 1306b, 192b (Si. 30.19)
ὠφέλεια, ὠφελία 1497a
ὠφελεῖν 1497b, 196c
ὠφέλημα 1497c

יָעֵל
ἔλαφος 448c
τραγέλαφος 1369a

יַעֲלָה
πῶλος 1246b

יָעֵן
στρουθίον 1297a

יַעֲנָה
σειρήν (י׳, בַּת) 1262a
στρουθός (י׳, בַּת) 1297a

יָעֵף I qal
#ἀπορεῖν 140a (Is. 8.22)
ἐκλείπειν 435c
ἐκλύειν 438a
κοπιᾶν 778b
ὀλιγοψυχεῖν 987a
πεινᾶν 1115b

יָעֵף I ho.
[[φέρειν 1426c]] → עוּף I qal

Column 2

יָעֵף II
πεινᾶν 1115b

יָעֵף
τάχος 1338c

יָעַץ qal
ἀναγγέλλειν 74a
[[βούλεσθαι 226b]] → βουλεύειν
βουλεύειν 227a, 169c
βουλευτής 227c
βουλευτικός 227c
βουλή 227c
*#ἐπιβουλή 517b (I Es. 5.73)
[[ἐπιστηρίζειν 530b]] → עָצָה qal
*συμβουλεύειν 1303c, 192b
*σύμβουλος 1304a, 192b
συνετίζειν 1315a

יָעַץ ni.
[[ἀπαγγέλλειν 113c]]
[[βούλεσθαι 226b]] → βουλεύειν
βουλεύειν 227a, 169c (Si. 37.10)
[[γινώσκειν 267a]] → יָדַע qal
ἐπιγνώμων 518c
παραγγέλλειν 1056b
συμβουλεύειν 1303c
[[["] 192b]] → βουλεύειν

יָעַץ hithp.
βουλεύειν 227a

יַעַר
ἀγρός 17a
δρυμός 349b
κηρίον 763b

יָפֶה qal
καλλιοῦσθαι 715a
καλὸς γίνεσθαι 256c, 715b
ὡραιοῦσθαι 1494a
#ὡραῖος κάλλει (י׳ qal) 1493c (Ps. 44[45].2)

יָפָה pi.
καλλωπίζειν 715b

יָפָה pealel
[[ὡραῖος κάλλει 715a, 1493c]] → יָפָה qal and י׳, יְפִי ≈ κάλλος

יָפָה hithp.
ὡραϊσμός 1494a

יָפֶה
ἀγαθός 2a
βελτίων, βέλτιστος 217b
εὐπρόσωπος (יְפַת-מַרְאֶה) 576b
εὔριζος (יְפֵה-נוֹף) 576c
ἡδύφωνος (יְפֵה קוֹל) 604c
κάλλος 715a, 180c (Si. 26.16)
καλλωπίζειν (יָפֶה-פִּיָּה) 715b
καλός (י׳) 715b
καλὸς τῷ εἴδει 375c, 715b
ὡραῖος 1493c

יָפַח hithp.
ἐκλύειν 438a

יְפִי, יֳפִי
δόξα 341b
κάλλος 715a (Ps. 44[45].2), 180c
καλός 715b
ὡραιότης 1494a

יָפַע hi.
ἐμφαίνειν 460c
ἐμφανῶς 460c
ἔρχεσθαι 548b
[[κατασπεύδειν 745b]]
#ὀπτασία 1004b, 186b (Si. 43.2)
παρρησιάζεσθαι 1073a

Column 3

#ποιεῖν + φῶς acc. (= אוֹר) 1154a (Jb. 37.15)
[[προσέχειν 1215b]]
εἶναι φέγγος 1426a

יִפְעָה
κάλλος 715a

יָצָא qal
ἄγειν 9a
[[ἀκούειν 45a]]
[[ἀνάπτειν 81c]]
ἀναστρέφειν 82b
ἀνατέλλειν 83a
ἀνατολή 83c
ἀναφύειν 85c
ἀνθεῖν 95b
#ἀξία (יוֹצֵא) 113a, 167b (Si. 10.28)
#ἀπαίρειν 115c, 167c (Si. 30.40 [33.32])
ἀπέρχεσθαι 121a
ἀποβαίνειν 125b
ἀποτρέχειν 149c
ἀφίειν, ἀφιέναι 183b
γέν(ν)ημα 238c
γίνεσθαι 256b
διαπορεύεσθαι 308b
διεκβάλλειν 328a
#διεκβολή 328b (Ez. 47.11)
διεξάγειν 328b
διεξέρχεσθαι 328b
διέξοδος 328b
διέρχεσθαι 328c
#διηγεῖσθαι 329c (Es. 1.17)
[[εἰσέρχεσθαι 410b]]
[[εἴσοδος 413c]]
[[εἰσπορεύεσθαι 414a]]
ἐκβαίνειν 173b
ἐκνήφειν + οἶνος (= יַיִן) 438b
ἐκπηδᾶν 439a
ἐκπορεύεσθαι 439c, 173c
ἐκστρατεύειν 441c
ἐκφέρειν 444c
ἐκφεύγειν 445b, 174a
[[ἐμπορεύεσθαι 459a]] → ἐκπορεύεσθαι
ἐξάγειν 483a
ἐξαιρεῖν 485a
ἐξαποστέλλειν 488a
ἐξεῖναι 490c
*ἐξέρχεσθαι 175c (–Si. 42.13)
[[" 491c]]
ἐξέχειν 495b
ἐξιέναι 495c
ἐξιστάν/ἐξιστάναι + καρδία (= לֵב) 496c
ἐξοδία 497b
ἐξοδιάζειν 497b
ἔξοδος 497b, 176a
ἐπάγειν (י׳ לִפְקוֹד qal) 503c
ἐπέρχεσθαι 509c
[[ἐπιδιηγεῖσθαι 519c]] → διηγεῖσθαι
ἔρχεσθαι 548b]] → ἐξέρχεσθαι
ἥκειν 605a
[[ἱστάναι, ἱστάν 689a]]
[[καταδιώκειν 730b]]
[[κατασπεύδειν 745b]]
κατισχύειν 751b
[[μένειν 910a]]
παρέρχεσθαι 1068c
[[ποιεῖν 1154a]]
πορεύεσθαι 1189a
#πορνεύειν 1194c (Jd. 2.15A)
προσπίπτειν 1219a

Column 4

προστάσσειν, προστάττειν 1220c
στρατεύειν 1295a
συνεκπορεύεσθαι 1313b
συνεξέρχεσθαι 1313c

יָצָא hi.
ἀναγγέλλειν 74a
ἀνάγειν 75b
αὐξάνειν, αὔξειν 178c
δεικνύειν, δεικνύναι 286a
διανοίγειν 307b
[[διδάσκειν 316c]]
[[διεξάγειν 328b]] → יָצָא ho.
[[εἰσάγειν 407c (Ez. 42.1; Jo. 2.3)]] → ἐξάγειν
*ἐκβάλλειν 420c
ἐκδιδόναι 422a, 173b
ἐκπορεύεσθαι 439c
ἐκπᾶν 441b
*ἐκφέρειν 444c
ἐξάγειν 483a, 175c
ἐξαιρεῖν 484b
ἐξαίρειν 485a
[[ἐξανθεῖν 487c]] → ἐκφέρειν
ἐξαποστέλλειν 488a
[[ἐξάπτειν 175c]]
ἐξέρχεσθαι 491c
ἔξοδος 497b
καταφέρειν 747b
κατειπεῖν (י׳ דִּבָּה hi.) 749a
κτίζειν 182c
λαμβάνειν 847a
ὁδηγεῖν 962a
[[συνάγειν 1307b (II Ki. 10.16)]]
φέρειν 1426c

יָצָא ho.
ἄγειν 9a
διεκβολή 328b
#διεξάγειν 328b (Ez. 12.5)
τὸ ὕδωρ τῆς ἐκβολῆς 421b
ἐξάγειν 483a
ἐξέρχεσθαι 491c

יְצָא shaph. (Aramaic)
*#συντελεῖν 1319b (I Es. 7.5)
τελεῖν 1342c

יָצַב hithp.
ἀνθιστάναι 95c, 167a
ἀνιστᾶν, ἀνιστάναι 102c
διαμένειν 305c
ἐπιβαίνειν 515c
ἐφιστάναι 585c
ἱστάναι, ἱστάν 689a, 180b
καθιστάναι 702c
[[κατασκοπεύειν 745a]]
λειτουργεῖν 183b
παριστάναι 1070c
[[στήκειν 1290b]] → ἱστάναι, ἱστάν
στηλοῦν 1290b
στηρίζειν 192b
συμπαριστάναι 1304c
συνάγειν 1307b

יְצַב pa. (Aramaic)
ἀκριβῶς 50c
ἐξακριβάζεσθαι 486c
ἐξακριβοῦσθαι 486c]] → ἐξακριβάζεσθαι

יָצַג hi.
ἀνατιθέναι 83b
ἀπερείδεσθαι 120c
ἀποκαθιστᾶν, ἀποκαθιστάναι 131b

βαίνειν 189b
ἱστάναι, ἱστᾶν 689a
καταλείπειν 736a
παρατιθέναι 1065a
παριστάναι 1070c
τιθέναι 1348c

יָצַג ho.
#παράκεισθαι 1061a, *187c* (Si. 30.18)
#παρατιθέναι 1065a, *187c* (Si. 15.16)
ὑπολείπειν 1415a

יִצְהָר
ἔλαιον, ἔλεον 447a, *174a*
⟦καρπός ("fruit") 723c⟧
πιότης 1135b

יָצוּעַ
ἔνδεσμος 470a
κοίτη 775b, *182b* (+Si. 41.22)
μέλαθρον 908b
πλευρά 1142a
στρωμνή 1297b

יָצִיא
ἐξέρχεσθαι 491c

יַצִּיב (Aramaic)
ἀκρίβεια 50c
ἀκριβής 50c
ἀλήθεια 53a
ἀληθινός 54a
ἀληθῶς 54b

יָצִיעַ
ἔνδεσμος 470a
μέλαθρον 908b
πλευρά 1142a

יָצַע hi.
⟦καταβαίνειν 727a⟧
ὑποστρωννύναι 1417b, *194c* (Si. 4.27)

יָצַע ho.
στρωννύειν, στρωννύναι 1297b
⟦ὑποστρωννύναι 1417b⟧ → στρωννύειν, στρωννύναι

יָצַק qal
ἀποχεῖν, ἀποχύνειν 150a
διδόναι 317b
ἐγχεῖν 367b
ἐκπορεύεσθαι 439c
ἐκχεῖν, ἐκχέειν 445c
ἐλαύνειν 448c
ἐπιτιθέναι 535c
ἐπιχεῖν 538c
ἱστάναι, ἱστᾶν 689a
κατακενοῦν 733a
κατατιθέναι 746c
καταχεῖν 748c
πηγνύναι 1130c
χεῖν 1457c
χωνεύειν 1480c
χώνευσις 1481a

יָצַק pi.
⟦ἐπιχεῖν 538c⟧ → יָצַק hi.

יָצַק hi.
⟦ἀδικεῖν 165b⟧ → צוק hi.
ἐπιχεῖν 538c
ἱστάναι, ἱστᾶν 689a
τιθέναι 1348c (Jo. 7.23)

יָצַק ho.
⟦ἀδικεῖν 165b⟧ → צוק ho.
ἐκχεῖν, ἐκχέειν 445c
⟦ἐπείσχυσις(?) 509b⟧ → ἐπίχυσις

ἐπιρρεῖν 527a
ἐπιχεῖν 538c
ἐπίχυσις 539a
⟦παρατιθέναι *187d*⟧
στρωννύειν, στρωννύναι 1297b
χυτός 1480b

יְצֻקָה
χύσις 1480b

יָצַר qal
διαβούλιον *171a*
⟦ἐπιγονή 518c⟧ → יֵצֶר
⟦ἱστάναι, ἱστᾶν 689a⟧ → XXX ≈ τετραίνειν
καταδεικνύναι 730b
κατασκευάζειν 744a
κεραμεύς 759b, *182a* (+Si. 36[33].13)
κέραμος 759c
κτίζειν 795b
#κτίστης 796a (II Ki. 22.32)
#περιποιεῖν 1125c (Is. 43.21)
πλάσσειν 1140b
ποιεῖν 1154a, *189b* (Si. 4.6)
⟦προσπλάσσειν 1219b⟧
#στερεοῦν 1289a (Am. 4.13)
συντάσσειν 1318b

יָצַר ni.
γίνεσθαι 256b
#ἐγκυλίειν *172a* (Si. 37.3)
κτίζειν 795b, *182c* (+Si. 36[33].10; -39.29)
⟦⟦κυλίειν⟧ *182d*⟧ → ἐγκυλίειν
[συγκτίζειν] *192b*

יָצַר pu.
πλάσσειν 1140b

יָצַר ho.
σκευαστός 1269b
χωνευτός 1481a

יֵצֶר
#διαβούλιον 299b, *171a* (Si. 15.14)
διανοεῖσθαι (יֵ׳ מַחֲשָׁבוֹת) 306b
διάνοια (יֵ׳ מַחֲשָׁבוֹת) 306c
ἔγκεισθαι 366b
ἐνθύμημα (יֵ׳ מַחֲשָׁבוֹת) 473c, *175b* (Si. 27.6)
#ἐπιγονή 518c (Am. 7.1)
πλάσμα 1140b
πονηρία 1186b

יָצַת qal
ἐμπυρίζειν 460a
καίειν 705a
κατακαίειν 732b

יָצַת ni.
ἀνάπτειν 81c
διδόναι 317b
ἐκκαίειν 432b, *173c*
ἐκλείπειν 435c
⟦ἐκχεῖν, ἐκχέειν 445c⟧ → ἐκκαίειν
ἐμπιπρᾶναι, ἐμπρήθειν 457c
#ἐμπυρίζειν 460a (Je. 4.26)
#καίειν 705a (Je. 26[46].19)
κατασκάπτειν 743c

יָצַת hi.
ἀνάπτειν 81c
ἐμπιπρᾶναι, ἐμπρήθειν 457c, *174b*
ἐμπυρίζειν 460a, *174b*
#ἐξάπτειν 489c, *175c* (Si. 35[32].16)
καίειν 705a
κατακαίειν 732b

יֶקֶב
⟦ἀπολήνιον 136c⟧ → ὑπολήνιον
ληνός 875c
⟦οἶνος 983c⟧ → ληνός
προλήνιον 1207c
ὑπολήνιον 1415c

יָקַד qal
καίειν 705a
ἐκκαίειν *173c*

יָקַד ni.
#συγκαίειν 1299a (Jb. 30.17)

יָקַד ho.
καίειν 705a

יְקַד pe. (Aramaic)
καίειν 705a

יְקֵדָא (Aramaic)
καῦσις 757a

יָקְהָה
γῆρας 255c
προσδοκία 1213a

יְקוֹד
καίειν 705a

יְקוּם
ἀνάστημα, ἀνάστεμα 82b
#ἐξανάστασις (Ge. 7.4)
ὑπόστασις 1417a

יָקוֹשׁ
θηρευτής 650c
παγίς, πακίς 1044b

יָקִיר (Hebrew and Aramaic)
ἀγαπητός 7a
βαρύς 191a
τίμιος 1353c

יָקַע qal
ἀφιστᾶν, ἀφιστάναι, ἀφιστάνειν 184b
ναρκᾶν 939c

יָקַע hi.
ἐξηλιάζειν 495c
παραδειγματίζειν 1057c

יָקַע ho.
ἐξηλιάζειν 495c

יָקַץ qal
ἐγείρειν 364a
ἐκνήφειν 438b
ἐξανιστάναι 487c
ἐξεγείρειν 490b
ἐξυπνίζειν 501b

יָקַר qal
δοκιμάζειν 339c
ἔντιμος 479a
ἔντιμος γίνεσθαι 256c
ἐντιμοῦν 479b
τιμᾶν 1353a
⟦τιμή 1353a⟧ → τιμᾶν

יָקַר hi.
ἔντιμος εἶναι 479a
#εὖ ποιεῖν 1154a, *189b* (Si. 12.5)
σπάνιον εἰσάγειν 407c, 1281c
#τιμᾶν 1353a (Pr. 25.2, 27)

יָקָר
⟦ἐκλεκτός 437a⟧ → χρηστός
ἔντιμος 479a
#πληθύ(ν)ειν 1144b (Ps. 35[36].7 Aramaizing?)
πολυτελής 1185c
τιμή 1353a
τίμιος 1353c

χρηστός 1475a

יְקָר (Hebrew and Aramaic)
⟦δοκίμιον 340a⟧ → δόκιμος
δόκιμος 340a
δόξα 341b
δοξάζειν (עָשָׂה יְ׳) 343b
ἔντιμος 479a
τιμή 1353a
τίμιος 1353c

יָקֹשׁ qal
ἐπιτιθέναι 535c
θηρευτής (יֹקֵשׁ) 650c
συνιστάναι, συνιστᾶν 1317a

יָקֹשׁ ni.
⟦ἐγγίζειν 362b⟧ → נָגַשׁ ni.
⟦κινδυνεύειν 765a⟧
παγίς, πακίς 1044b
πρόσκομμα *190b*
⟦προσκρούειν *190b*⟧
πταίειν 1237a
#σκανδαλίζειν *191b*
#συλλαμβάνειν 1301c (Ps. 9.16)

יָקֹשׁ pu.
ἁλίσκεσθαι *166a*
παγιδεύειν, πακιδεύειν 1044a

יָקֹשׁ ho.
⟦σκανδαλίζειν *191b*⟧ → יָקֹשׁ ni.

יָרֵא I qal
ἀγωνιᾶν 18c
ἐξιστᾶν, ἐξιστάναι 496c
εὐλαβεῖσθαι 572b
εὐλογεῖν 572b
θαρρεῖν, θαρσεῖν (יָ׳ qal + neg.) 626c
πτοεῖν 1238c
σέβειν 1261c
φοβεῖν 1433b
εἶναι φοβούμενος 1433b
φροντίζειν 1439c

יָרֵא I ni.
δοξάζειν *172a*
ἔνδοξος 470c
#ἐντρέπειν 480c (Is. 16.12)
⟦ἐπιφέρειν 537c⟧ → רָאָה I ni.
⟦ἐπιφάνεια, ἐπιφανία 537c⟧ → רָאָה I ni.
⟦ἐπιφανής 538a⟧ → רָאָה I ni.
⟦ἐπιφανής εἶναι 538a⟧ → רָאָה I ni. ≈ ἐπιφαίνειν
θαυμαστός 627b, *179a*
⟦⟦θαυμαστοῦν⟧ *179a*⟧ → θαυμαστῶς
θαυμαστῶς 627c, *179a*
κραταιός 782a
μέγας 902c
φοβερός 1435c, *195b*
χαλεπός 1453a

יָרֵא I pi.
#φοβεῖν 1433b (II Ch. 32.18)
φοβερίζειν 1435b
⟦φοβεροῦν(?) 1435c⟧ → φοβερίζειν

יָרֵא I hithp.
φαντασιοκοπεῖν *195a*
#φυλάσσειν, φυλάττειν 1441c, *195c* (Si. 12.11)

יָרֵא II adj.
⟦δειλός 287a⟧
θεοσεβής (יְ׳ אֱלֹהִים) 648a
σέβειν 1261c

φοβεῖν (י׳, הָיָה י׳) 1433b, *195b* (+Si. 26.3)

יָרֵא
⟦ἐπισκοπή 528c⟧
εὐσέβεια, εὐσεβία (י׳, יִרְאַת יְהוָה) 580a
σέβειν 1261c
φοβεῖν 1433b
φόβος 1435c, *195b* (+Si. 50.29)

יָרַד qal
ᾅδης (יוֹרֵד־בּוֹר) 24a
⟦ἀναβαίνειν, ἀναβέννειν 70a⟧ → ἐμβαίνειν and καταβαίνειν
⟦διαβαίνειν, διαβέννειν 298a⟧
διέρχεσθαι 328c
⟦εἰσέρχεσθαι 410b⟧
⟦εἰσπορεύεσθαι 414a⟧
⟦ἐκκλ(ε)ίνειν 433c⟧
ἐμβαίνειν 455a
ἔρχεσθαι 548b
καθαιρεῖν 697b
*καταβαίνειν 727a, *181b*
κατάβασις 729a, *181b*
καταβιβάζειν 729a
κατάγειν 729b
καταδύ(ν)ειν 731a
καταπηδᾶν 741b
#καταρρεῖν 743b (I Ki. 21.13[14])
κατασπᾶν 745a
κλίνειν 771a
πίπτειν 1135c
πλεῖν *189a*
πορεύεσθαι 1189a
προβαίνειν 1204a
⟦προσκαταβαίνειν 1216c⟧ → καταβαίνειν
συγκαταβαίνειν 1299b
συμπίπτειν 1305b

יָרַד hi.
ἄγειν 9a
⟦ἀναβιβάζειν 73a⟧
ἀναφέρειν 84a
ἀποστέλλειν 141b
ἀφαιρεῖν 180a
βρέχειν 230c
διδόναι 317b
⟦ἐπεγείρειν 509a⟧
⟦ἐπιβιβάζειν 516c⟧
καθαιρεῖν 697b
καταβιβάζειν 729a
κατάγειν 729b, *181b*
⟦καταρρεῖν 743b⟧ → יָרַד qal
καταφέρειν 747b
καταχαλᾶν 748b
παιδεύειν 1047a
παραδιδόναι 1058a
#ταπεινοῦν 1334c (Jd. 5.13A)
φέρειν 1426c

יָרַד ho.
ἀφαιρεῖν 180a
καθαιρεῖν 697b
καταβαίνειν 727a
καταβιβάζειν 729a
κατάγειν 729b

יָרָה qal
ἀκοντίζειν 45a
βάλλειν 189c
⟦βολίς 224b⟧
ἐκφέρειν 444c
κατατοξεύειν 747a
προβάλλειν 1204a

ῥίπτειν, ῥιπτεῖν 1252b
ῥοιζεῖν, ῥοίζεσθαι 1253a
τοξεύειν 1363c
τοξότης 1364b

יָרָה ni.
κατατοξεύειν 747a

יָרָה hi.
ἀκοντίζειν 45a
ἀκοντιστής 45a
ἀναγγέλλειν 74a
ἀποκρίνειν 133a
?γέν(ν)ημα 238c
δεικνύειν, δεικνύναι 286a
δηλοῦν 295c
διδάσκειν 316c
⟦δυνάστης 355b⟧ → מוֹרֶא
εἰπεῖν, ἐρεῖν 384a
ἐξηγεῖσθαι 495b
ἡγεῖσθαι 602c
κατατοξεύειν 747a
νομοθετεῖν 947a
#νομοθέτης 947b (Ps. 9.20)
ὁδηγεῖν 962a
παιδεύειν 1047a
προβιβάζειν 1205c
πρώϊμος, πρόϊμος 1235c
ῥοιζεῖν, ῥοίζεσθαι 1253a
συμβιβάζειν 1303b
τοξεύειν 1363c
τοξότης 1364b
ὑποδεικνύειν, ὑποδεικνύναι 1413a
φράζειν 1438b
φωτίζειν 1451b

יָרֹק
χλωρός 1471c

יֶרַח
σελήνη 1262b, *191a*

יֶרַח
μήν ("month") 922a

יְרַח (Aramaic)
δωδεκάμηνον (יַרְחִין תְּרֵי עֲשַׂר) 358b
*μήν ("month") 922a

יָרַט
οὐκ ἀστεῖος 173b
ῥίπτειν, ῥιπτεῖν 1252b

יָרִיב
ἀδικεῖν 24c
⟦δικαίωμα 334b⟧ → רִיב II subst.
⟦κρίσις 789c⟧ → רִיב II subst.

יְרִיעָה
αὐλαία 177a
δέρρις 291c
ἱμάτιον 685a
#σκηνή 1271a (II Ki. 7.2)

יָרֵךְ
⟦ἡμέρα 607b⟧
καυλός 757a
κλίτος 771c
μηρός 923c
πλάγιος 1139b
πλευρόν 1142b
σκέλος 1268c

יַרְכָה
ἄκρος 51b
βάθος 189a
ἔσχατος 558a
ἐσώτερον (בְּיַרְכְּתֵי) 558c
θεμέλιον, θεμέλιος 629b

κλίτος 771c
⟦κλιτύς 772a⟧ → κλίτος
κοῖλος 773c
μέρος 911c
ὄπισθος 1001c
ὁ/τὸ/τὰ ὀπίσω (יַרְכָתִי) 1001c
παρατείνειν 1065a

יַרְכָה (Aramaic)
μηρός 923c

יָרַק qal
ἐμπτύειν 460a
πτύειν 1238c

יָרָק
λαχαν(ε)ία 863b
λάχανον 863b
⟦χλωροβοτάνη 1471c⟧ (יְרַק דֶּשֶׁא) → χλωρός
χλωρός 1471c

יֶרֶק
λάχανον 863b
χλωρός 1471c

יֵרָקוֹן
ἀνεμοφθορία 87a
ἴκτερος 684b
ὤχρα 1497c

יְרַקְרַק
χλωρίζειν 1471c
χλωρότης 1471c

יָרַשׁ qal
ἀγχιστεύειν 18b
ἀπολλύειν, ἀπολλύναι 136c
⟦ἀρχή 163c⟧ → רֹאשׁ
ἐκβάλλειν 420c
ἐκβιάζειν 421b
⟦ἐκζητεῖν 430c⟧ → דָּרַשׁ qal
ἐκτρίβειν 444a
κατακληρονομεῖν 733b
κατακυριεύειν 735a
κατέχειν 750c, *181c*
κατοικεῖν 751c
*κληρονομεῖν 768a
κληρονομία 769a
κληρόνομος 770a
κλῆρος 770a
κτῆσις 795a
κυριεύειν 800a
λαμβάνειν 847a
παραλαμβάνειν 1061b
⟦προνομεύειν 1207c⟧ → κληρονομεῖν
⟦πτωχεύειν 1239b⟧ → יָרַשׁ hi.

יָרַשׁ ni.
ἐκτρίβειν 444a
ἐξαίρειν 485a
πένεσθαι 1117a
πτωχεύειν 1239b

יָרַשׁ pi.
ἐξαναλίσκειν 487b

יָרַשׁ hi.
ἀπολλύειν, ἀπολλύναι 136c, *168a* (Si. 20.22)
διδόναι 317b
ἐκβάλλειν 420c
ἐκτρίβειν 444a
ἐξαίρειν 485a, *175c*
ἐξέλκειν, ἐξελκύειν 491a
ἐξολεθρεύειν, ἐξολοθρεύειν 497c
*κατακληρονομεῖν 733b, *181b*
κληροδοτεῖν 768a
κληρονομεῖν 768a, *182a*

κυριεύειν 800a
ὀλεθρεύειν, ὀλοθρεύειν 986a
⟦ὀλέθρευσις 986a⟧ → ἐξολεθρεύειν, ἐξολοθρεύειν
?περιτιθέναι 1127c
#πτωχεύειν 1239b
πτωχίζειν 1239b

יְרֻשָּׁה
κληρονομία 769a

יְרֵשָׁה
κληρονομεῖν 768a
κληρονομία 769a
κλῆρος 770a
⟦παραλαμβάνειν 1061b⟧ → κτᾶσθαι

יִשְׂחָק
γέλως, γέλος(?) 235c

יָשַׂם qal
⟦παρατιθέναι 1065a⟧
τιθέναι 1348c

יֵשׁ
⟦ἀποκρίνειν 133a⟧
ἐστί, ἔστι (= εἶναι II.3) 378c, *172b* (+Si. 4.21)
εἰσίν (= εἶναι II.6) *172c*
ἔχειν 586c, *178c* (+Si. 13.5)
ἰσχύειν (יֶשׁ־לְאֵל) 692c
⟦καταβαίνειν 727a⟧
⟦κατοικεῖν 751c⟧ → יָשַׁב qal
ποιεῖν (יֶשׁ עֹשֶׂה) 1154a
σώζειν (יֶשׁ מוֹשִׁיעַ) 1328b
τις (יֶשׁ מִן) *193c*
ὑπακούειν (יֶשׁ עֹנֶה) 1405c
ὕπαρξις 1406b
ὑπάρχειν 1406b
τὸ ὑπάρχον, (τὰ) ὑπάρχοντα (אֲשֶׁר יֶשׁ־לְ) 1406b
ὑπερέχειν (יֶשׁ עוֹד) *194b*
ὑπόκεισθαι 1414b

יָשַׁב qal
⟦ἀναπαύειν 80b⟧ → שָׁבַת qal
ἀναπίπτειν *166c*
ἀοίκητος (י׳ qal + neg.) 113c
⟦ἀποκαθιστᾶν, ἀποκαθιστάναι 131b⟧ → שׁוּב qal
⟦ἀποστρέφειν 145b⟧ → שׁוּב qal
βασιλεύειν 194c
διακαθιζάνειν 303a
διαμένειν 305c
διατρίβειν 314a
ἐγκαθῆσθαι 364b
ἐγκαθίζειν 364c
⟦ἐγκαταλείπειν 365a⟧ → ἐγκαθῆσθαι
⟦ἐδαφίζειν 367c⟧
⟦εἰσέρχεσθαι 410b⟧
ἐνθρονίζεσθαι (עַל כִּסֵּא מַלְכוּת . . . י׳ qal) 473c⟧ → θρονίζειν
ἐνοικεῖν 476a
ἔνοικος 476b
ἐπικαθίζειν 521b
#ἐρείδειν 544c (Jb. 17.10)
⟦ἔρχεσθαι 548b⟧ → שׁוּב qal
ἡσυχάζειν 620a
θεραπεύειν 648a
θρονίζειν (עַל כִּסֵּא י׳ qal) 655b
ἱστάναι, ἱστᾶν 689a
καθέδρα (י׳ qal, שֶׁבֶת) 699c
καθέζεσθαι 699c
καθεύδειν 700a

*καθῆσθαι 700b, *180a*
*καθίζειν 701c, *180a*
καταγίνεσθαι 730a
καταλύειν 738b
καταμένειν 739a
⟦καταπαύειν 740c⟧ → שָׁבַת qal
κατασκηνοῦν 744b
κατέχειν (עַל) qal) 750c
κατοικ(ε)ία 755b
*κατοικεῖν 751c, *181c*
κατοίκησις 755b
κατοικητήριον 755b
*κατοικίζειν 755c
κάτοικος 756a
⟦κοιμᾶν 773c⟧ → שָׁכַב qal
κωθωνίζεσθαι (לִשְׁתּוֹת י qal) 839b
μένειν 910a
οἰκεῖν 968a
#οἰκίζειν 970c (Jb. 22.8)
ἡ οἰκουμένη 968b
παρακαθῆσθαι 1060a
παρακαθίζειν 1060a
παραμένειν 1062a
παροικεῖν 1071b
συγκαθῆσθαι 1299a
*συγκαθίζειν 1299a
συνοικίζειν *192c*
ὑπομένειν 1415c

יָשַׁב ni.
⟦καταλύειν 738b⟧ → שָׁבַת ni.
κατοικεῖν 751c
κατοικίζειν 755c
οἰκεῖν 968a
οἰκίζειν *186a*

יָשַׁב pi.
⟦κατασκηνοῦν 744b⟧ → יָשַׁב qal

יָשַׁב hi.
ἀντικαθίζειν 110c
⟦ἀποκαθιστᾶν, ἀποκαθιστάναι 131b⟧ → שׁוּב hi.
ἐγκαθίζειν 364c, *172a*
*#ἔχειν 586c (I Es. 9.12, 18)
καθίζειν 701c, *180a*
κατοικεῖν 751c
κατοικίζειν 755c
⟦λαμβάνειν 847a (II Es. 10.2, 10, 14, 18)⟧ → καθίζειν
*#συνοικίζειν 1317c (I Es. 8.93; 9.7)
τιθέναι 1348c

יָשַׁב ho.
κατοικεῖν 751c
οἰκεῖν 968a

יָשׁוּב
*#κατοίκησις 755b (I Es. 1.21)

יְשׁוּעָה
ἔλεος *174a*
σῴζειν 1328b
σωτήρ 1331a
σωτηρία 1331b
σωτήριον 1332a

יָשַׁשׁ hi.
⟦αἴρειν 34c⟧
ἐκτείνειν 442a, *173c*

יְשִׁימוֹן, יְשִׁימֹן
γῆ ἄνυδρος 112a, 240c
⟦γῆ διψῶσα 240c, 338a⟧
ἔρημος 545a

יָשֵׁשׁ
γῆρας *170b*

ἐσχατογήρως
(וְ) [margin [כּוֹשֵׁל] (שָׁב) *177b*
παλαιός 1051b
πρεσβύτερος, πρεσβυτέρα 1201c, *190a* (Si. 25.20)
πρεσβύτης 1202c
πολὺς χρόνος 1181b, 1476b (Jb. 12.12)

יָשֵׁן
ἀφανίζειν 181b
ἐρημοῦν 546c

יָשֵׁן I, יָשַׁן qal
⟦ἐξυπνοῦν 501c⟧ → ὑπνοῦν
καθεύδειν 700a
κοιμᾶν 773c
ὑπνοῦν 1412a

יָשֵׁן I, יָשַׁן pi.
κοιμίζειν 774c

יָשֵׁן II adj.
ὕπνος 1411c
ὑπνοῦν 1412a

יָשֵׁן III, יָשַׁן ni. ("to be old")
παλαιὰ παλαιῶν 1051b
παλαιοῦν 1051b
χρονίζειν 1476a

יָשֵׁן III, יָשַׁן hithp. ("to be old")
παλαιοῦν *187a*

יָשָׁן
ἀρχαῖος 162c, *168c*
παλαιός 1051b
παλαιοῦν *187a*

יְשָׁנָה
⟦§ίσανα 688b⟧

יָשַׁע ni.
βοηθεῖν 223b
διασῴζειν 312b
σῴζειν 1328b

יָשַׁע hi.
ἀμύνειν 67c
ἀνασῴζειν 83a
βοηθεῖν 223b
βοηθός 223c
διασῴζειν 312b
⟦εἰσακούειν 408b⟧
ἐλεεῖν *174a*
ἐξαιρεῖν 484b, *175c*
λυτροῦν *183c*
#ποιεῖν + σωτηρίαν (= תְּשׁוּעָה) 1154a (I Ch. 11.14)
ῥύεσθαι 1254b
σῴζειν (י hi., יֵשׁ מוֹשִׁיעַ) 1328b
σωτήρ 1331a
σωτηρία 1331b
σωτήριον 1332a

יֶשַׁע, יֵשַׁע
ἔλεος, ἔλαιος 451a
σῴζειν 1328b
σωτήρ 1331a, *193c*
σωτηρία 1331b
σωτήριον 1332a

יָשְׁפֶה, יָשְׁפֵה
ἴασπις 669a
ὀνύχιον 1000c

יָשַׁר qal
ἀρέσκειν (י qal, י בְּעֵינֵי qal) 155c
δοκεῖν 339b
εὐδοκεῖν 569a
εὐθής 570b
εὐθύνειν 570c
εὐθύς (adj.) 571a, *177c*

κατευθύνειν 750b

יָשַׁר ni.
⟦ἐπαινεῖν *176a*⟧ → שִׁיר I ho.

יָשַׁר pi.
⟦ἀρχή (י pi., שָׂרָה) 163c⟧
εὐθύς (adj.) 571a
εὐθὺ ποιεῖν 571a, 1154a
κατευθύνειν 750b
κατορθοῦν 756b
ὁμαλίζειν 990c
ὀρθοτομεῖν 1011a

יָשַׁר pu.
κατάγειν 729b

יָשַׁר hi.
νεύειν δίκαια (י נֶגֶד hi.) 330c
κατευθύνειν 750b
ὁμαλίζειν 990c

יָשָׁר
ἀγαθός 2a
ἀλήθεια 53a
ἀληθινός 54a
ἄμεμπτος 65b
?ἀνδρεῖος 86b
ἀρεστός 156a
βελτίων, βέλτιστος 217b
δίκαιος 330c
δοκεῖν (י בְּעֵינֵי) 339b
ἐκτείνειν 442a
εὐθής 570b
εὐθύς (adj.) 571a
εὐθύτης 571b
*#εὐοδία (דֶּרֶךְ יְשָׁרָה) 575b (I Es. 8.50)
[καλός *181a*]
[" 715b]
κατευθύνειν 750b
κατορθοῦν 756b
ὀρθ(ρ)ός 1010c
ἀνὴρ ὀρθ(ρ)ός 1010c
ὅσιος 1018b, *186c*
προθύμως (יִשְׁרֵי לֵבָב) 1206c
συνθήκη 1316a
χρηστός 1475a

יֹשֶׁר, יֵשֶׁר
ἀληθινός 54a
ἁπλότης 122c
ἀρεστός *168b*
δίκαιος 330c
εὐθύς (adj.) 571a
εὐθύτης 571b
καθαρός 698c
ὀρθ(ρ)ός 1010c
ὀρθῶς (בְּיָשְׁרוֹ) 1011c
ὁσιότης 1018c

יְשָׁרָה, יִשְׁרָה
εὐθύτης 571b

יָשֵׁשׁ
πρεσβύτερος, πρεσβυτέρα 1201c

יְתַב pe. (Aramaic)
καθῆσθαι 700b
καθίζειν 701c
*οἰκεῖν 968a

יְתַב aph. (Aramaic)
κατοικίζειν 755c

יְתֵד
⟦ἄνθρωπος 96b⟧
⟦ἄρχων 166b⟧
πάσσαλος 1102c, *188a* (Si. 14.24)
στήριγμα, στήρισμα 1290c

⟦σωτηρίαγμα(?) 1332a⟧ → στήριγμα, στήρισμα
⟦σωτήρισμα(?) 1332c⟧ → στήριγμα, στήρισμα

יָתוֹם
ὀρφανός 1018a, *186c*

יָתוּר
κατασκέπτεσθαι, κατασκέπτειν 744a

יַתִּיר (Aramaic)
⟦ἅγιος 12a⟧
περισσός, περιττός 1126c
ἐκ περισσοῦ (יַתִּירָה) 1126c
περισσότερος 1126c
περισσῶς (יַתִּירָה) 1126c
#σκληρός 1274b (Ex. 1.14)
ὑπερφέρειν 1411a
ὑπερφερής 1411b
ὑπέρφοβος (דְּחִיל י) 1411b

יָתַר qal
λοιπός 888a
περισσεύειν *188c*

יָתַר ni.
ἀπολείπειν 136b
ἐγκαταλείπειν 365a
ἐπίλοιπος 525a
⟦εὑρίσκειν 576c⟧
καταλείπειν 736a
κατάλοιπος 738a
λοιπός 888a
περισσεύειν 1126b
περισσός, περιττός 1126c
⟦ὑπολαμβάνειν 1414c⟧ → ὑπολείπειν
ὑπολείπειν 1415a
⟦ὑπόλοιπος 1415c⟧ → ἐπίλοιπος

יָתַר hi.
ἀπολείπειν 136b
ἐγκαταλείπειν 365a
ἐκζεῖν 430c
#ἐπαίρειν 505a, *176a* (Si. 35[32].1)
⟦εὐλογεῖν 572b⟧ → πολυωρεῖν
καταλείπειν 736a
περιποιεῖν 1125c
#περισσεύειν 1126b, *188c* (Si. 30[33].38)
πληθύ(ν)ειν 1144b
πολυωρεῖν 1186a
προσκαταλείπειν 1216c
ὑπολείπειν 1415a

יֶתֶר I ("remainder")
ἔλλειμμα 453b
ἐπίλοιπος 525a
κατάλ(ε)ιμμα 736a
καταλείπειν 736a
κατάλοιπος 738a
#λεῖμμα 872b (II Ki. 21.2)
λοιπός 888a
νευρά, νευρέα 943a
περισσός, περιττός 1126c
περισσῶς (עַל־י) 1126c
⟦πιστός 1138c⟧
πλεόνασμα 1142a
ὑπολείπειν 1415a
⟦ὑπόλοιπος 1415c⟧ → ἐπίλοιπος

יֶתֶר II ("quiver")
φαρέτρα 1425a

יִתְרָה
ἃ περιεποιήσατο 1125c

יִתְרוֹן
περισσ(ε)ία 1126b

כ

כְּ (Hebrew and Aramaic)
*#ἀκολούθως 45a (I Es. 5.48, 68; 7.9; 8.12)
*#ἅμα 60b (I Es. 8.68)
εἰς 173a
ἐν 174b
καθώς 704c, 180b
κατά + acc. 181a
οἷος 186a
*ὁμοίως 993b (+I Es. 5.66)
πρός + acc. 190a
*τοιοῦτος 1362b (+I Es. 1.19)
ὡς 1494b, 196a (+Si. 3.16)
ὡσεί 196c
ὥσπερ 196c

כָּאַב qal
ἀλγεῖν 52b
#ἄρρωστος 160b, 168b (Si. 7.35)
προσμίγνυται λύπη 889c
πονεῖν 189c
ἐν τῷ πόνῳ ('כ ptc.) 1188b

כָּאַב hi.
ἀλγεῖν 52b
ἀλγεῖν ποιεῖν 1154a
ἀχρειοῦν 187c
?διαστρέφειν 312a
ὀδύνη 967a
#προσταράσσειν 1220b, 190b (Si. 4.3)

כְּאֵב
ἄλγημα 52c
ἀρρώστημα 168b
λυπεῖν 889b
πικρία 188c
πληγή 1142b
πόνος 1188b, 189c

כָּאָה ni.
ἐξωθεῖν 502b
κατανύσσεσθαι 739c
ταπεινοῦν 1334c

כָּאָה hi.
?διαστρέφειν 312a

כָּאֲדָ
*#ἅμα 60b

כָּאַף hi.
ταπεινοῦν 193a

כָּבֵד I qal
βαρεῖσθαι 190c
βαρύνειν 191a, 169a (Si. 3.27)
βαρύς 191b
βαρὺς γίνεσθαι 256c
βαρυωπεῖν 191c
γνοφώδης 273a
δοξάζειν 343b
ἐνισχύειν 475a
καταβαρύνειν 728c
κατισχύειν 751b
μέγας 902c
εἶναι πλούσιος 1150b
πολύς, πλείων, πλεῖστος 1181b

כָּבֵד I ni.
δοξάζειν 343b, 172a
ἐνδοξάζεσθαι 470c
ἔνδοξος 470c, 175b
ἔντιμος 479a, 175b

ἐντιμότερος (נִכְבָּד מִן) 479a
μεγαλύειν 184a

כָּבֵד I pi.
βαρύνειν 191a
δόξα 341b
δοξάζειν 343b, 172a (+Si. 47.6)
ἔντιμος 479a
εὐλογεῖν 572b
τιμᾶν 1353a, 193b
#φοβεῖν 1433b, 195b (Si. 7.31)

כָּבֵד I pu.
δοξάζειν 343b
τιμᾶν 1353a

כָּבֵד I hi.
βαρέως ἀκούειν 45a, 190c
βαρύνειν 191a, 169a
βαρύς 191b
καταβαρύνειν 181b
πλεονάζειν 1141c
σκληρύνειν 1275a

כָּבֵד I hithp.
βαρύνειν 191a
δοξάζειν 172a
τιμὴν ἑαυτῷ περιτιθέναι 1127c, 1353a

כָּבֵד II adj.
[βαθύγλωσσος (עִמְקֵי שָׂפָה וְכִבְדֵי לָשׁוֹן) 189a] → βαρύγλωσσος
βάρος 169a
βαρύγλωσσος (כִּבְדֵי לָשׁוֹן) 191a
#βαρυκάρδιος (כְּבַד לֵב) 191a (Ps. 4.2)
βαρύς 191b, 169a
βραδύγλωσσος (כְּבַד לָשׁוֹן) 229c
ἔνδοξος 470c
ἰσχνόφωνος (כְּבַד־פֶּה) 692c
ἰσχυρός 693b
μέγας 902c
πλῆθος 1142c
πλήρης 1147a
πολύς, πλείων, πλεῖστος 1181b, 189b
σκληρός 191b
στιβαρός 1291a

כָּבֵד III subst.
ἧπαρ 619c
ἡπατοσκοπεῖσθαι (רָאָה בַּכ') 619c

כֹּבֶד
βάρος 190c
βαρύνειν 191a
δόξα 341b
ἔνδοξος 470c
[στρωννύειν, στρωννύναι 1297b] → רָבַד qal

כָּבֹד
βαρύς 191b
δόξα 341b

כְּבֵדָה
βία 218a

כָּבָה qal
ἀποσβεννύναι 140c
[ἐπισκευάζειν 528b]
σβεννύναι 1261a

כָּבָה pi.
ἀποσβεννύναι 140c, 168b (+Si. 43.21)
σβεννύναι 1261a

כָּבוֹד
[γλῶσσα, γλῶττα 271b]
δόξα 341b, 171c (+Si. 44.13)
δοξάζειν 343b
[δόξις(?) 344a] → δόξα
[δύναμις 350a] → δόξα
ἔνδοξος 470c
λόγοι ἔνδοξοι 470c
τὸ ὄνομα τὸ ἔνδοξος 470c
[εὐκοσμία 177d]
καλός 715c
πλοῦτος 1150c
τιμή 1353a, 193b
§χαβωθ 1452a

כַּבִּיר
ἀναρίθμητος 81c
[βαρύς 191b] → כָּבֵד I qal
δυνατός 355c
?ἔνδοξος 470c
ἔντιμος 479a
πλῆθος 1142c
πολυρρήμων (כ' אֲמָרִים) 181b
πολύς, πλείων, πλεῖστος 1181b
[πρεσβύτερος, πρεσβυτέρα 1201c] → כָּבֵד II adj. ≈ βαρύς

כֶּבֶל
πέδη 1113a
χειροπέδη 1467a

כָּבַס qal
γναφεύς, κναφεύς 272c

כָּבַס pi.
[ἀποκρύνειν(?) 134b] → ἀποπλύνειν
ἀποπλύνειν 139c
πλύνειν 1151b

כָּבַס pu.
πλύνειν 1151b

כָּבַס hothp.
πλύνειν 1151b

כָּבַס hi.
βαρύνειν 191a
ἰσχύειν 692c

כְּבָר adv.
ἤδη 604b

כְּבָרָה
λικμός 878b

כִּבְרָה
§χαβραθα (כִּבְרַת) 1452a

כֶּבֶשׂ
ἀμνάς 66a
ἀμνός 66b, 166b
*ἀρήν (= HR's ἀρνός) 159b
ἀρνίον 159b
πρόβατον 1204b

כַּבְשָׂה, כִּבְשָׂה
ἀμνάς 66a
πρόβατον 1204b

כָּבַשׁ qal
βιάζεσθαι 218a

#διαρπάζειν 308c (Is. 5.17)
ἐκβιάζειν 421b
καταδυναστεύειν 731a
καταδύ(ν)ειν 731a
κατακτᾶσθαι 734c
κατακυριεύειν 735a
καταχωννύναι 748c

כָּבַשׁ ni.
καταδυναστεύειν 731a
κατακυριεύειν 735a
[κραταιοῦν 782c] → κρατεῖν
κρατεῖν 783a
ὑποτάσσειν 1417b

כָּבַשׁ pi.
καταδυναστεύειν 731a

כָּבַשׁ hi.
#ὠθεῖν 1492c (Je. 41[34].11)

כִּבְשָׁן
καμιναῖος 718a
κάμινος 718a, 181a

כַּד
ὑδρ(ε)ία 1381a

כְּדָבָה, כְּדַב (Aramaic)
ψευδής 1484b

כְּדִי
τόσῳ μᾶλλον (כ' כֵן) 184a

כְּדִי (Aramaic)
τόσῳ μᾶλλον (כ' כֵן) 193c
τοσούτῳ μᾶλλον (כ' כֵן) 193c

כַּדְכֹּד
ἴασπις 669a

כֹּה
ἐντεῦθεν 479a
[ἰδού 673c]
*ὅδε 960b
κατὰ τάδε 960b
οὕτω(ς) (כֹּה, בְּכֹה) 1035c
[οὐχ οὕτω(ς) 1035c] → οὕτω(ς)
ὧδε 1491b

כָּה (Aramaic)
ὧδε 1491b

כָּהָה qal
ἀμαυροῦν 65a
ἀμβλύνειν 65b
ἀναλάμπειν ('כ qal + neg.) 79a
ἐκτυφλοῦν 444c
[πηροῦν 1131b] → πωροῦν
πωροῦν 1246c

כָּהָה pi.
ἀμαυρός 65a
ἀμαυροῦν 166b
ἐκψύχειν 446c
νουθετεῖν 950b

כֵּהֶה
ἀκηδία 44a
αὐγάζειν 176c
βαρύνειν 191a
[καπνίζειν 718c]

כֵּהָה
ἴασις 668c

כְּהֻנָּה
see כְּהֻנָּה, כְּהֻנָּה

כְּהַל pe. (Aramaic)
δύνασθαι (כ׳, כ׳ אִיתַי) 353a

כָּהֵן qal (always as ptc.) (כֹּהֵן)
⟦ἀδελφός 20a⟧
*ἀρχιερεύς 165b
αὐλάρχης 177a
ἱερατεύειν 679a
ἱεράτευμα 679a
*ἱερατικός 679a
*ἱερεύς 679a, 180a
ἱερωσύνη 683c

כָּהֵן pi.
ἱερατ(ε)ία 678c
ἱερατεύειν 679a, 180a
λειτουργεῖν 872c
⟦περιτιθέναι 1127c⟧ → יעט qal

כָּהֵן (Aramaic)
*ἱερεύς 679a

כְּהֻנָּה, כְּהֻנָה
ἱερατ(ε)ία 678c
*ἱερατεύειν 679a
ἱερωσύνη 180a

כּוֹבַע
περικεφαλαία 1124a

כָּוָה ni.
κατακαίειν 732b

כַּוָּה (Aramaic)
θυρίς 663c

כְּוִיָּה
κατάκαυμα 733a

כּוֹכָב
ἀστήρ 173b, 168c
ἄστρον (כּוֹכְבֵי בֹקֶר) 173b, 168c

כּוּל pilp.
ἀρκεῖν 158a
διατρέφειν 314a
διοικεῖν 336a
ἐκτρέφειν 443c
ἐμμένειν 174b
ἐπιχορηγεῖν 177a
κατευθύνειν 750b
οἰκονομεῖν 973a
πραΰνειν 1201a
σιτομετρεῖν 1267b
τρέφειν 1371b
ὑπομένειν 1415c
φέρειν 1426c
χορηγεῖν 1472b

כּוּל hi.
δέχεσθαι 294c
δύνασθαι 353a
δύνασθαι συνέχειν 1315b
⟦ἱκανὸς εἶναι 683c⟧ יכל qal ≈ ἱκανός
⟦συντέλεια 1318c⟧ → כָּלָה II subst.
ὑποφέρειν 1418a
χωρεῖν 1482b

כּוּל hithpal.
καρτερεῖν 181a
ὑφιστάναι 194c

כּוּמָז
ἐμπλόκιον 458c
#σφραγίς 1327b, 193b (Si. 35.5 [32.7])

כּוּן qal
γίνεσθαι 256b
διαμένειν 171b
συνιέναι, συνιέναι 1316b

כּוּן ni.
ἀγαθός 2a
ἀλήθεια 53a
ἀληθής 53c
ἀνορθοῦν 108b
*γίνεσθαι 256b
δυνατός 355c
ἑδράζειν 368a
ἐμφανής 460c
ἐπιστηρίζειν 530b
ἑτοιμάζειν 563c
ἕτοιμος 564c, 177c (Si. 48.10)
εὐθής 570b
εὐθύς (adj.) 571a
εὐφραίνειν 581a
ἔχειν 586c
ἱστάναι, ἱστᾶν 689a
καθιστάναι 702c
καταρτίζειν 743b
κατευθύνειν 750b
κατορθοῦν 756b
μένειν 910a, 184b
⟦ὄρθρος, ὀρθός⟧ 186c
ὀρθοῦν 1011a
⟦παιδεύειν 187a⟧
σαφῶς 1261a
στερεοῦν 1289a
στήκειν 1290b
συναντιλαμβάνεσθαι 1312a
⟦συνετός 192d⟧ → בִּין hi.
*#συντελεῖν 1319b (I Es. 1.17)

כּוּן pu.
κατευθύνειν 750b
κτίζειν 795b

כּוּן polel
ἀνορθοῦν 108b
βουλεύειν 227a
διορθοῦν 336b
διορίζειν 336b
ἑτοιμάζειν 563c, 177c
θεμελιοῦν 629c
καταρτίζειν 743b
κατευθύνειν 750b
κτίζειν 795b
πλάσσειν 1140b
συνιστάναι, συνιστᾶν 1317a

כּוּן hi.
ἀνορθοῦν 108b
⟦διδόναι 317b⟧
διορθοῦν 336b
⟦δρᾶν 348c⟧
⟦ἔνδοξος 470c⟧
*ἑτοιμάζειν 563c, 177c (Si. 47.13)
ἑτοιμασία 564c
ἕτοιμος 564c
εὐθύνειν 177c
ἱστάναι, ἱστᾶν 689a, 180b (+Si. 37.13)
καθαρὸν τιθέναι 698c, 1348c
καθιστάναι 180a
καταρτίζειν 743b
κατευθύνειν 750b
*κατορθοῦν 756b
κρίνειν 787b
#περιποιεῖν 1125c (Jb. 27.17)
#στηρίζειν 1290c, 192b (Si. 6.37)
στοχάζεσθαι 1295a
#συνιστάναι 1317a (Jb. 28.23)
τιθέναι 1348c
⟦ὑποφέρειν 1418a⟧ → כּוּל hi.
⟦φέρειν 1426c⟧ → כּוּל hi. ≈ ὑποφέρειν

כּוּן ho.
διορθοῦν 336b
ἑτοιμάζειν 563c
#εἰς ὀχείαν (כּוּן ptc.) 1042c (Si. 36[33].6)

כּוּן hithpo.
ἀνορθοῦν 108b
κατασκευάζειν 744a
κατευθύνειν 750b
οἰκοδομεῖν 970c

כֵּן
§χαυβων 1456a
§χαυων 1456a

כּוֹס
ἐρωδιός, ἀρωδιός 553b
⟦κόνδυ 777c⟧ קֻבַּעַת
νυκτικόραξ 951a
ποτήριον 1197b
φιάλη 1430a

כּוּר
κάμινος 718a, 181a
πύρωσις 1246a
χωνευτήριον 1481a

כּוֹשָׁרָה
#ἀνδρεία 86a (Ps. 67[68].6)

כּוֹתֶרֶת
γεῖσος 235b

כָּזַב qal
ψεύστης 1485b

כָּזַב ni.
#διαρτᾶν 309c
ψευδὴς γίνεσθαι 256c, 1484b

כָּזַב pi.
⟦ἀποφθέγγεσθαι 150a⟧
⟦διαρτᾶν 309c⟧ → כָּזַב ni.
διαψεύδεσθαι 316b
ἐκλείπειν 435c
κενός, καινός ("empty") 759a
ψεύδεσθαι 1484b

כָּזַב hi.
⟦ὁ λέγων ψευδῆ με λέγειν 863c (Jb. 24.25)⟧ → φάναι ψευδῆ με λέγειν
φάναι ψευδῆ με λέγειν 1423c
ὁ φάμενος (λέγων) ψευδῆ με λέγειν 1484b

כָּזָב
ἀδίκως 27b
κακία 708a
κενός, καινός ("empty") 759a
μάταιος 898a
μάταιον ἀπόφθεγμα 150a, 898c
ψευδής 1484b, 196a (+Si. 31[34].1)
ψευδολογεῖν (pi.) (כ׳ דִּבֶּר) 1485a
ψεῦδος 1485a, 196a
ψεύστης 1485b, 196b

כֹּ
ἀσθενεῖν (כֹ + neg.) 172a
#βία 218a (Is. 63.1)
*δύναμις 350a
δυνατῶς (בְּכֹ) 356c
⟦θυμός 660c⟧
*ἰσχύς (עֶצֶר כֹ) 692c, 180c (Si. 41.1)
ἰσχύς 694b, 180c
κατισχύειν (עֶצֶר כֹ) 751b
χαμαιλέων 1454b
⟦χείρ 1457c (Nu. 14.17)⟧ → ἰσχύς

כָּחַד ni.
ἀπεῖναι 120a
⟦ἀποκρύπτειν 134b⟧ → κρύπτειν
ἀπολλύειν, ἀπολλύναι 136c
ἀφανίζειν 181b
ἀφιστᾶν, ἀφιστάναι, ἀφιστάνειν 184b
ἐκλείπειν 435c
ἐκλιμπάνειν 437c
ἐκτρίβειν 444a
ἔρημος 545a
κρύπτειν 791c
λανθάνειν 853a

כָּחַד pi.
⟦διακρύπτειν 304b⟧ → κρύπτειν
⟦ἐκτρίβειν 444a⟧ → כָּחַד ni.
ἐμφανίζειν (כ׳ pi. + neg.) 460c
κρύπτειν 791c
ψεύδεσθαι 1484b

כָּחַד hi.
ἐκτρίβειν 444a
ἐξαίρειν 485a
ἐξολεθρεύειν, ἐξολοθρεύειν 497c
κρύπτειν 791c
ὄλεθρος 986a

כָּחַל qal
στιμ(μ)ίζεσθαι, στιβίζεσθαι 1291b

כָּחַשׁ qal
ἀλλοιοῦν 56a

כָּחַשׁ ni.
ψεύδεσθαι 1484b

כָּחַשׁ pi.
ἀρνεῖσθαι 159b
ψεύδεσθαι 1484b, 196a
ψευδὴς γίνεσθαι 256c, 1484b
ψεῦδος 1485a

כָּחַשׁ hithp.
ψεύδεσθαι 1484b

כַּחַשׁ
ψευδής 1484b
ψεῦδος 1485a, 196a

כִּי
see also אַף כִּי
ἄν (וְאַף כִּי) 166b
διὰ τοῦτο (כִּי זֶה) 171a
δικαίως (הֲכִי) 335a
ἐάν 172a
εἶτα (כִּי־אָז) 415c
⟦ " ⟧ (אָמְנָם כִּי) 415c
ἦ μήν 602c
⟦ναὶ μήν 939a⟧ → מָה et al. ≈ καὶ τίς
νῦν, νυνί (כִּי עַתָּה) 951c
καὶ νῦν (אַף כִּי) 951c
νῦν/νυνὶ δέ (כִּי עַתָּה) 951c
νῦν οὖν 951c
ὅστις 1022a
#ὅστις ἄν 1022b (Ex. 22.9[8]; Nu. 5.6; IV Ki. 4.24)
ὅτι 186c
οὕτω(ς) 1035c, 187b

כִּי אִם
ἀλλά 166a
πλήν 1145c

כִּיד
σφαγή 1324a

כִּידוֹד
ἐσχάρα 557c

כִּידוֹן, כִּידֹן
ἀσπίς ("shield") 173a
γαῖσος, γαισός 233b
ἐγχειρίδιον 367b
ζιβύνη, σιβύνη 598c
πυρφόρος 1246a
ῥομφαία 191c

כִּיּוֹר
βάσις 214b
δαλός 284c
⟦λέβης 863c (III Ki. 7.40)⟧ → סִיר
λουτήρ 888c
χυτρόκαυλος, χυτρόγαυλος 1480b

כִּילַי
ὑπηρέτης 1411c

כִּילַפּוֹת
λαξευτήριον 853b

כִּיס
βαλ(λ)άντιον 189c
⟦ " 169a⟧
μαρσίππιον, μαρσύππιον 896b, 184a
μάρσιππος 896b
ποτήριον 1197b
⟦φιάλη 1430a⟧ → כּוֹס
χυτρόπους, κυθρόπους 1480b

כִּיר
λουτήρ 888c

כָּךְ
#οὕτω(ς) 1035c, 187b (Si. 13.17)

כָּכָה
ὅδε 960b
οὕτω(ς) 1035c

כִּכָּר
ἀγγεῖον 7b
ἄρτος (כִּכַּר לֶחֶם) 161b
§αχεχαρ, αχχεχχαρ (הַכִּ') 187c
διτάλαντον (כִּכָּרַיִם) 337c
§καιχαρ, κεχαρ 708a
περίοικος 1124c
περίχωρος (כִּכַּר בִּקְעָה) 1128b
*τάλαντον 1333c
§χεχαρ 1468a

כַּכָּר (Aramaic)
τάλαντον 1333c

כֹּל (Hebrew and Aramaic)
⟦ἄλλος 56b⟧
ἀμφότεροι 68a
*ἅπας 118c
⟦εἷς 173b⟧
οὐδὲ εἷς 173b
ἕκαστος (כָּל־אִישׁ) 418a, 173b
καθ᾿ ἑκάστην ἡμέραν (כָּל־הַיּוֹם), 418a, 607b
(כָּל־יוֹם וָיוֹם)
ἐπάν (בְּכָל־עֵת אֲשֶׁר) 506b
ἕτερος 560a
εὐτάκτως (כְּלֹה) 580c
καθ᾿ ἡμέραν (כָּל־יוֹם) 181a
κυκλόθεν (כָּל מֵעֵבֶר) 796b
λοιπός 888a
μηδείς, μηθείς (כֹּל + neg.) 920c
*ὅλος 989b, 186b
*ὅσος (כָּל־אֲנָשׁ כָּל־אֲשֶׁר כָּל) 1019a, 186c (I Es. 6.32)
καθ᾿ ὅσον (בְּכֹל) 181a, 186c

πάντες ὅσοι, πάντα ὅσα 1019a
ὅστις (כָּל־הַ) 1022b
οὐδείς, οὐθείς (כֹּל + neg., כָּל בָּשָׂר) 1028b, 187a
οὕτω(ς) (כָּל־קֳבֵל דְּנָה) 1035c
πανταχοῦ (כָּלֵם) 1053b
πάντοθεν (כָּלֹה כֹל) 1053b (Je. 20.9)
*πᾶς (כָּל אִישׁ, כָּל־אִישׁ, כֹּל) 1073a, 188a (-Si. 3.12; +36[33].15; 30[33].26, 29, 31, 38; 40.8; 42.17, 22, 23)
διὰ παντός (כָּל־הַיּוֹם) 1073a
πάντες (כָּל הָאֲנָשִׁים, כָּל־אִישׁ) 1073a
πᾶς τόπος 1073a
σύμπας 1305a
⟦συντέλεια 1318c⟧ → כָּלָה I pi.
⟦συντελεῖν 1319b⟧ → כָּלָה I pi.
εἰς (τὸ) τέλος (כָּלֹה) 1344a
τις (כָּל־דָּבָר) 1354a
τότε (כָּל־קֳבֵל דְּנָה) 1367c
ὃν τρόπον (בְּכֹל אֲשֶׁר) 1375a
(כָּל־קֳבֵל דִּי)
⟦χλόη 1471c⟧ → XXX ≈ μολόχη

כָּלָא qal
ἀνέχειν 87c
ἀποκωλύειν 136a
ἐμποδίζειν 174b
κατακλείειν 733b
κωλύειν 839b
μακρύνειν 894a
παραδιδόναι 1058a
ὑποστέλλειν 1417a
φυλάσσειν, φυλάττειν (הָיָה כְלוּא) 1441c

כָּלָא ni.
κωλύειν 839b
συνέχειν 1315b

כְּלָא
φυλακή 1440c

כִּלְאַיִם
διάφορος 315b
⟦διάφορος 337c⟧ → διάφορος
ἑτερόζυγος 560a
ἐκ δύο ὑφασμένος 1419a

כֶּלֶב
#κυνικός 799b (I Ki. 25.3)
κύων 839a, 183c

כָּלָה I qal
ἀναλίσκειν 79b
#ἀπέχειν 122a (Ma. 3.6)
ἀποκαθαίρειν 131a
ἀπολλύειν, ἀπολλύναι 136c
ἀφανίζειν 181b
γινώσκειν 267a
διατελεῖν 313a
ἐκλείπειν 435c
ἐκτελεῖν 442a
ἐπιτελεῖν 535a
κατατρίβειν 747a
#κοπάζειν 778a (II Ki. 13.39)
παρέρχεσθαι 1068a
παύειν 1112b
πληροῦν 1147c
σήπειν 1265d
*#συντέλεια 1318c (I Es. 2.1)
συντελεῖν 1319b, 192c
συντέμνειν 1320b
τελεῖν 1342c
τελειοῦν 1343a

τήκειν 1348a

כָּלָה I pi.
ἀναλίσκειν 79b
*ἀπολλύειν, ἀπολλύναι 136c
διδόναι 317b
⟦δύνασθαι 353a⟧ → יכל qal
ἐκλείπειν 435c
ἐκτήκειν 443a
ἐκτρίβειν 444a
ἐξαναλίσκειν 487b
ἐξολεθρεύειν, ἐξολοθρεύειν 497c
ἐπιτελεῖν 535a
καταπαύειν 740c
κατέσθειν, κατεσθίειν 749b
⟦κοπάζειν 778a⟧ → כָּלָה I qal
παύειν 1112b
*#ἄγειν ἐπὶ πέρας 1120a (I Es. 9.17)
πληροῦν 1147c
συντέλεια 1318c, 192c
*συντελεῖν 1319b, 192c
σφακελίζειν 1324c
*τελεῖν 1342c
εἰς (τὸ) τέλος (כָּלֹה) 1344a
ἕως εἰς (τὸ) τέλος (עַד־לְכַלֵּה) 1344a
⟦τήκειν 1348a⟧ → ἐκτήκειν
χόρτασμα 196a

כָּלָה I pu.
ἐκλείπειν 435c
ἐξαναλίσκειν 487b
⟦ἐξολεθρεύειν, ἐξολοθρεύειν 497c⟧ → ἐξαναλίσκειν
συντελεῖν 1319b

כָּלָה II subst.
ἐκλείπειν 435c
ὀργή 186c
σὺν παντί 1073a
συντέλεια 1318c
συντελεῖν 1319b
εἰς (τὸ) τέλος (לְכ׳) 1344a

כָּלָה
σφακελίζειν 1324c

כָּלֶה
τέλος 193b

כַּלָּה
νύμφη 951a

כְּלוּא
φυλακή 1440c
#φυλάσσειν, φυλάττειν 1441c (Je. 52.31)

כְּלוּב
ἄγγος 9a
κάρταλλος 181a
παγίς, πακίς 1044b

כְּלִי
ἀγγεῖον 7b
ἄγγος 9a
⟦ἀποσκευή 140c⟧ → κατασκευή
βουλή 227c
διασκευή 310a
⟦ἐπιστολή 530c⟧
ἐργαλεῖον 541b
ἔργον 541c
κάδιον 697a
κατασκευή 744b
κόσμος 780c
κυλίκιον 799a
ὁπλομάχος (כְּלֵי זַעַם) 1003c

ὅπλον 1003c
ὄργανον (כְּלֵי שִׁיר, כְּלֵי עֹז) 1008b
πέλεκυς 1116b
πέλυξ (כְּלֵי מַפָּץ) 1116b
ποτήριον 1197b
*σκεῦος 1269b, 191b (+Si. 43.2; 45.8)

כְּלִיא
φυλακή 1440c

כִּלְיָה
νεφρός 944a

כִּלָּיוֹן
ἐκλείπειν 435c
συντελεῖν 1319b

כָּלִיל
ἅπας 118c
ἐνδελεχῶς 175b
ὁλοκαρποῦσθαι (כְּלִיל נִקְטָר) 186b
ὁλόκαυτος 987c
ὁλοκαύτωμα 987c
ὅλος 989b
πανδήμε(ε)ί 1052c
πᾶς 1073a
διὰ παντός 1073a
σὺν παντὶ τῷ λαῷ 1073a
⟦περιτιθέναι 1127c⟧ → כָּלַל pi.
στέφανος 1289c
συντέλεια 1318c, 192c (+Si. 50.11)
συντελεῖν 1319b
#τελείωσις 1343a (Je. 2.2)

כָּלַל qal
⟦περιτιθέναι 1127c⟧ → כָּלַל pi.
τελειοῦν 1343a

כָּלַל pi.
κεφαλαιοῦν 182a
#περιτιθέναι 1127c (Ez. 27.3, 4)

כָּלַל shaph. (Aramaic)
*#ἐπιτελεῖν 535a (I Es. 6.4, 14)
*#θεραπεύειν 648a (I Es. 2.18)
καταρτίζειν 743b
*#συντελεῖν 1319b

כָּלַל ishtaph. (Aramaic)
*#ἀνιστάναι 102c
καταρτίζειν 743b
*#συντελεῖν 1319b

כָּלַם ni.
αἰσχύνειν 36c
#αἰσχύνη 165c (Si. 20.23)
ἀπαναισχυντεῖν (מִן + הִכָּלֵם + neg.) 117a
ἀτιμάζειν 175c
ἀτιμοῦν 176a
⟦ἐκκλ(ε)ίνειν 433c⟧
*ἐντρέπειν 480c, 175b
ἐξατιμοῦν 490a
καταισχύνειν 731c
λαμβάνειν τὴν κόλασιν 776b
⟦κοπάζειν 778a⟧ → כָּלָה I qal
#ὑπείκειν 1407b (Je. 38[31].19)

כָּלַם hi.
ἀντικρίνεσθαι 110c
⟦ἀποκωλύειν 136a⟧ → כָּלָא qal
ἀτιμάζειν 175c, 168c
ἀτιμία 175c
#διατρέπειν 314a (Jd. 18.7B)
κατασχύνειν 731c
καταλαλεῖν 735a
ὀνειδίζειν 994b, 186b

כָּלַם ho.
⟦ἀποκωλύειν 136a⟧ → כָּלָא qal

כְּלִמָּה
αἰσχύνη 37b
ἀτιμία 175c
βάσανος 191c
ἐντροπή 481a
ὀνειδισμός 994c
ὄνειδος 995a

כְּלִמּוּת
ἀτιμία 175c

כְּמָה
#ποσαπλῶς 1195c (Ps. 62[63].1)

כְּמוֹ
ὅμοιος 186b

כְּמוֹ
κατά 181a
οἷος (כָּמֹנִי) 984c
οἷος ἐγώ (אֲשֶׁר כָּמֹנִי) 984c
ὅμοιος 992b
οὕτω(ς) 1035c
*τοιοῦτος (כָּמֹהוּ) 1362b
τρόπος 1375a
ὡς 196b
ὡσαύτως (כָּמוֹהָ, כָּמֹהוּ) 1495c

כַּמֹּן
κύμινον 799b

כָּמַס qal
συνάγειν 1307b

כָּמַר ni.
πελιοῦσθαι 1116b
συνταράσσειν 1318a
συστρέφειν 1323c
ταράσσειν 1336a

כֹּמֶר
#ἱερεύς 679a (Ze. 1.4)
§χωμαρειμ (כְּמָרִים) 1480c

כֵּן I (Hebrew and Aramaic)
διὰ τοῦτο (בַּעֲבוּר כֵּן, עַל כֵּן) 171a
[ἐπ᾽ ἐσχάτῳ (בְּכֵן) 177b]
ἐκεῖνος 428a
μετὰ ταῦτα (בְּכֵן) 184b
μηδέ (וְכֵן) 184c
*#ὅδε 960b (I Es. 6.23)
ὅμοιος 992b, 186b
ὅμοιος εἶναι 992b
ὀπίσω αὐτοῦ (אַחֲרֵי־כֵן) 1001c
ὀρθῶς 1011c
*οὕτω(ς) (עַל כֵּן, בְּכֵן) 1035c, 187b
  (+Si. 20.4; 36.24)
[τοῖος 1362b] → τοιόσδε
τοιόσδε 1362b
τοιοῦτος 1362b
τόσῳ μᾶλλον (כְּדִי כֵן) 184a, 193c
τοσοῦτος 1367b, 193c (Si. 3.18)
τοσούτῳ μᾶλλον (כְּדִי כֵן) 193c
τότε (כֵּן, בְּכֵן) 1367c
ὡσαύτως 1495c, 196c

כֵּן II
ἀσφαλής 174b
εἰρηνικός 402c

כֵּן III
ἀρχή 163c
[ἀρχιοινοχοΐα 166a]
βάσις 214b
ἑτοιμασία 564c
ῥίζα 1251c
τόπος 1364b

כָּנָה pi.
αἰνεῖν 165c
βοᾶν 222a

ἐντρέπειν 480c
θαυμάζειν πρόσωπον 626c

כִּנָּה
σκνίψ 1275a

כִּנּוֹר
κιθάρα 765a
§κινύρα 765c
ὄργανον 1008b
ψαλτήριον 1483c

כִּנָּם
σκνίψ 1275a

כִּנְמָא (Aramaic)
#ὅδε 960b (II Es. 4.9)
οὕτω(ς) 1035c
τοιοῦτος 1362b

כּוּן
[καταρτίζειν 743b] → כּוּן polel

כָּנַס qal
ἐκκλησιάζειν 433b
συνάγειν 1307b

כָּנַס pi.
ἐπισυνάγειν 534a
#συνάγειν 1307b (Ez. 22.20)

כָּנַס hithp.
συνάγειν 1307b

כָּנַע qal
ἐκτρίβειν 174a

כָּנַע ni.
αἰσχύνειν 36c
*ἐντρέπειν 480c, 175b (Si. 4.25)
ἐπιστρέφειν 531a
κατανύσσεσθαι 739c
συστέλλειν 1323b
ταπεινοῦν 1334a
[τρέπειν 1371b] → ἐντρέπειν

כָּנַע hi.
ἀποστρέφειν 145b
ἐκτρίβειν 444a, 174a (+Si. 33[36].9)
ἐξαίρειν 175c
ταπεινοῦν 1334c
τροποῦν 1376a

כְּנָעָה, כִּנְעָה
ὑπόστασις 1417a

כָּנַף ni.
[ἐγγίζειν 362b]

כָּנָף
ἄκρος 51b
ἀναβολή 73c
[ἱεράξ 683a]
κράσπεδον 782a
μεγαλοπτέρυγος (גְּדוֹל כְּנָפַיִם) 901c
πετεινός 1129a
πτερύγιον 1238a
πτέρυξ 1238a
πτερωτός (בַּעַל כָּנָף) 1238b
συγκάλυμμα 1299a

כְּנַשׁ pe. (Aramaic)
ἐπισυνάγειν 534a
συνάγειν 1307b

כְּנַשׁ ithpe. (Aramaic)
συνάγειν 1307b

כְּנָת (Aramaic)
*#βουλή 227c (I Es. 2.17)
σύνδουλος 1313a
*#συνέταιρος 1315a (I Es. 6.3, 7, 27; 7.1)

*#ὁ συντασσόμενος 1318b (I Es. 2.16, 25, 30)

כִּסֵּא
δίφρος 337c
ἐνθρονίζεσθαι (יָשַׁב...עַל כִּסֵּא מַלְכוּת) 473c
ἡγεῖσθαι (מֵעַל כִּסֵּא) 602c
θρονίζειν (יָשַׁב עַל כִּסֵּא) 655b
θρόνος 655b, 179c
πρωτοβαθρεῖν (שׂוֹם אֶת כִּסְאוֹ מֵעַל) 1235b

כָּסָה qal
ἐπικαλύπτειν 522b, 176c
κρύπτειν 791c
#κρυφαῖος 793a (Ex. 17.16)

כָּסָה ni.
καλύπτειν 716c
κατακαλύπτειν 732c

כָּסָה pi.
ἐπικαλύπτειν 522b
ἐφιστάναι 585c
καλύπτειν 716c
κατακαλύπτειν 732c
καταφεύγειν 747b
κρύπτειν 791c
κρυπτός 792c
περιβάλλειν 1121c
περικαλύπτειν 1124a
σκεπάζειν 1268c
στέγειν 192a
συγκαλύπτειν 1299a

כָּסָה pu.
ἀναπτύσσειν 81c
ἐπικαλύπτειν 522b
καλύπτειν 716c
κρύπτειν 182b
περιβάλλειν 1121c

כָּסָה hithp.
κρύπτειν 791c
περιβάλλειν 1121c

כָּסָה
εὔσημος 580c

כִּסֶּה
θρόνος 655b

כְּסוּי
κάλυμμα 716c
κατακάλυμμα 732c

כְּסוּת
ἀμφιάζειν, ἀμφιέζειν 67c
ἀμφίασις 67c
ἱματισμός 686a
περιβόλαιον 1122b

כָּסַח qal
ἀνασκάπτειν 82a
ῥίπτειν, ῥιπτεῖν 1252b

כְּסִיל
#ἄνους 108b (Ps. 48[49].10)
ἀπαίδευτος 115c
ἀσεβής 170b
ἀσύνετος 174a
ἀφροσύνη 186b
ἄφρων 186c, 169c
ἐνδεὴς φρενῶν 469b, 1438c
ἕσπερος 557c
μωρός 185c
παράνομος 1062b

כְּסִילוּת
ἄφρων 186c

כֶּסֶל, כֵּסֶל
ἀφροσύνη 186b
ἐλπίς 454a
#ἰσχύς 694b (Jb. 31.24)
λαγών 183a
μηρίον 923b
[μηρός 923c] → μηρίον
[σκάνδαλον 1268b] → מִכְשׁוֹל
[σπλάγχνον] 192a
ψύα 1485c

כִּסְלָה
ἀφροσύνη 186b

כֻּסֶּמֶת
ζέα 593a
ὄλυρα 990c

כָּסַס qal
συναριθμεῖν 1312b

כָּסַף qal
μὴ ἀποποιεῖσθαι 139c
?ἕτοιμος 564c

כָּסַף ni.
ἐπιθυμεῖν 520b
ἐπιθυμία 521a
ἐπιποθεῖν 526c

כֶּסֶף
*ἀργύρεος, ἀργυροῦς 153a
*ἀργύριον 153b, 168b
ἄργυρος 155b
ἀργυρώνητος (מִקְנַת כֶּסֶף) 155b
δίδραγμον, δίδραχμον, δίδραχμα 328a
περιαργυροῦν (מְחֻשָּׁק כֶּסֶף, נֶחְפֶּה בַכֶּסֶף) 1121c
τιμή 1353a
χρῆμα 1474b

כְּסַף (Aramaic)
ἀργύρεος, ἀργυροῦς 153a
ἀργύριον 153b
ἄργυρος 155b

כַּסְפָּא (Aramaic)
*#γαζοφυλάκιον 233a (I Es. 8.45)
*#γαζοφύλαξ (נְתִינִים בְּכַ׳) 233b (I Es. 8.46)

כֶּסֶת
προσκεφάλαιον 1217a

כְּעַן (Aramaic)
*νῦν, νυνί 951c
καὶ νῦν 951c
τὸ νῦν 951c

כְּעֶנֶת (Aramaic)
*#νῦν 951c (I Es. 2.18, 28)

כָּעַס qal
θυμός 660c
θυμοῦν 662b
μεριμνᾶν 911a
ὀργίζειν 1010a

כָּעַס pi.
[παροξύνειν 1072a] →
  παροργίζειν
παροργίζειν 1072b

כָּעַס hi.
ἀθυμεῖν, ἀθυμοῦν 30a
ἐκπικραίνειν 439a
θυμοῦν 662b
παραπικραίνειν 1063a
παροξύνειν 1072a
παροργίζειν 1072b, 188a
[πικραίνειν 1132c] →
  παραπικραίνειν

כַּעַס
ἀθυμία 30a
ἀντίπτωμα *167b*
γλωσσώδης 272b
[[γνῶσις 273c]]
θυμός 660c
ὀργή 1008b
ὀργίλος 1010b
παρόργισμα 1072c
παροργισμός 1072c

כַּעַשׂ
ὀργή 1008b

כְּעֵת (Aramaic)
*#τὰ ὑπογεγραμμένα 1412c (I Es. 2.25)
#φάναι 1423c (II Es. 4.17)

כַּף
δάκτυλος 284b
δράξ (מְלֹא כַף, כַּף) 348c
ἐπικροτεῖν (תָּקַע כַּף, מָחָא כַף) 523c
θυίσκη 659c
ἴχνος 696b
κάλυνθρον 715b
καρπός ("wrist") 724b
κλάδος 766a
[[πῆχυς 1131b]] → χείρ
πλάτος 1141a
πούς (כַּף רֶגֶל) 1198b
ταρσός 1337a
τρυβλίον 1377a
χείρ 1457c, *195b* (+Si. 38.10)

כֵּף
πέτρα 1129c

כָּפָה qal
ἀνατρέπειν 84b

כִּפָּה
ἀρχή 163c
ῥάδαμνος 1247c

כְּפוֹר
§καφουδηθ, καφουρη (כְּפוֹרֵי) 757c
§κεφ(φ)ουρε (כְּפוֹרֵי) 763a
§κεφ(φ)ουρης (כְּפוֹרֵי) 763a
ὀμίχλη 991b
παγετός *187a*
πάγος 1045a
πάχνη 1112c, *188b*
*#φιάλη 1430a (I Es. 2.13)
§χαφουρη (כְּפוֹרֵי) 1456a
§χεφουρη (כְּפוֹרֵי) 1468a

כְּפִיס
κάνθαρος 718c

כְּפִיר
[[δράκων 348b]]
[[κώμη 839c]] → כְּפַר, כֹּפֶר
λέων 874c, *183b*
σκύμνος λέοντος 874c, 1278a
[[πλούσιος 1150b]]
σκύμνος 1278a

כָּפַל qal
διπλοῦς 337a
ἐπιδιπλοῦν 519c

כָּפַל ni.
διπλασιάζειν 337a

כֶּפֶל
διπλάσιος 171c
διπλοῦς 337a
πτύξις 1238c

כָּפָן
λ(ο)ιμός 878c

כָּפַף qal
κάμπτειν 718b, *181a* (+Si. 30.12)
κατακάμπτειν 733a
καταράσσειν 743a

כָּפַף ni.
ἀντιλαμβάνεσθαι 110c

כָּפַר qal
ἀσφαλτοῦν 174c

כָּפַר pi.
ἁγιάζειν 10c
ἀθωοῦν 30b
ἀπαλείφειν 116b
ἐκκαθαρίζειν 432a
ἐξιλάσκεσθαι 495c, *175c*
ἱλάσκεσθαι, ἱλάζειν 684b
ἵλεως γίνεσθαι 256c, 684c
καθαρίζειν, καθερίζειν 698a
καθαρὸς γίνεσθαι 256c, 698c

כָּפַר pu.
ἁγιάζειν 10c
ἀποκαθαίρειν 131a
ἀφαιρεῖν 180a
ἀφίειν, ἀφιέναι 183b
ἐξιλάσκειν 495c
περικαθαρίζειν 1123c

כָּפַר hithp.
ἐξιλάσκειν 495c

כָּפַר nith.
ἐξιλάσκειν 495c

כָּפָר
ἐποίκιον 539a
κώμη 839c

כֹּפֶר I ("redemption")
ἄλλαγμα 55b
ἀλοιφή 59b
ἀντάλλαγμα 108c
ἄσφαλτος 174c
#δῶρον 359a (Jb. 36.18)
ἐξίλασμα 496b
κύπρος 799c
λύτρον 890a
περικάθαρμα 1123c

כֹּפֶר II ("village")
κώμη 839c

כַּפָּרָה
#ἐξιλασμός 496b (Ez. 7.25)

כִּפֻּרִים
εἰσφορά 415c
ἐξίλασις 496b
ἐξιλασμός 496b
ἱλασμός 684c
καθαρισμός 698c

כַּפֹּרֶת
ἐξιλασμός 496b
ἱλαστήριον 684c

כְּפַת peil (Aramaic)
πεδᾶν 1113a
συμποδίζειν 1305c

כְּפַת pa. (Aramaic)
πεδᾶν 1113a
συμποδίζειν 1305c

כַּפְתּוֹר
σφαιρωτήρ, σφυρωτήρ 1324c

כַּר
ἀρήν (= HR's ἀρνός) 159a
βελόστασις 217b

ἔριφος 547c
ἑρπετός 548a
κριός 788c
σάγμα 1257a
[[τόπος 1364b (Is. 30.23)]]
χάραξ 1454c

כֹּר (Hebrew and Aramaic)
[[βαίθ 189b]]
[[βέθ 217a]]
*κόρος ("kor") 780a

כְּרָא ithpe. (Aramaic)
ἀκηδιᾶν 44a
φρίττειν 1439a

כַּרְבֵּל pu.
περιζωννύναι 1123b

כַּרְבְּלָא (Aramaic)
περικνημίς 1124a
τιάρα 1348c

כָּרָה I qal
[[ἐγχειρεῖν 367b]]
[[ἐγχειροῦν 367b]] → ἐγχειρεῖν
ἐκλατομεῖν 435a
ἐνάλλεσθαι 467c
λατομεῖν 862c (Si. 50.3)
μισθοῦσθαι 930b
ὀρύσσειν 1017c
παρατιθέναι 1065a

כָּרָה I ni.
ὀρύσσειν 1017c

כָּרָה II
[[διηγεῖσθαι 329c]]

כָּרָה
παράθεσις 1059c

כְּרוּב
§χερουβ 1467b
§χερουβ(ε)ιμ, χερουβ(ε)ιν (כְּרֻבִים, כְּרוּבִים) 1467c

כָּרוֹז (Aramaic)
κῆρυξ 763c

כְּרַז aph. (Aramaic)
κηρύσσειν 763c

כְּרִי
§χορρ(ε)ι 1472c

כְּרִיתָה, כְּרִיתֻת
ἀποστάσιον 141b

כַּרְכֹּב
ἐσχάρα 557c

כַּרְכֹּם
κρόκος 791b

כֶּרֶם
ἄμπελος 66c
ἀμπελών 67a
κτῆμα 793c, *182c*
#φυτόν 1447a (Jb. 24.18)
§χαρμειν, χαρμιμ (כְּרָמִים) 1455c
χωρίον 1482c

כֹּרֵם
ἀμπελουργός 67a
[[κτῆμα 793c]] → כֶּרֶם

כַּרְמִיל
κόκκινος 775c

כַּרְמֶל
ἀμπελών 67a
§χερμελ 1467b

כָּרְסֵא (Aramaic)
θρόνος 655b

כַּרְסֵם pi.
λυμαίνειν, λοιμαίνειν 889b

כָּרַע qal
ἀδυνατεῖν 27c
ἀναπίπτειν 81b
[[ἐκτρέφειν 443c]]
[[ἐμπίπτειν 458a]]
[[ἰσχύειν + neg. 692c]]
*κάμπτειν 718b
κατακλίνειν 733c
κατακυλίνειν 734c
[[κλαίειν 766a]] → ὀκλάζειν
κλίνειν 771a
ὀκλάζειν 985b
πίπτειν 1135c
προπίπτειν 1208b
προσκυνεῖν 1217b
προσπίπτειν 1219a
συγκάμπτειν 1299b
συμποδίζειν 1305c
ταπεινοῦν 1334c

כָּרַע hi.
ἐμποδοστατεῖν(?) 458c
κάμπτειν 718b
συμποδίζειν 1305c
ταράσσειν 1336a
ταραχή 1336c
ὑποσκελίζειν 1416c

כְּרָעַיִם
ἀκρωτήριον 51c
πούς 1198b
σκέλος 1268c

כַּרְפַּס
βύσσινος 232b
καρπάσι(ν)ος 723c

כָּרַר pilp.
ἀνακρούειν 78c
ὀρχεῖσθαι 1018a

כָּרֵשׂ
κοιλία 773a, *182a* (Si. 36.23)

כָּרַת qal
ἀποκόπτειν (כְּ qal, שָׁפְכָה כְּ qal) 133a
ἀποσπᾶν 141a
ἀφαιρεῖν 180a
διατιθέναι 313b
ἐκκόπτειν 434c
ἐκτρίβειν 444a
ἐξαίρειν 485a
ἐξολεθρεύειν, ἐξολοθρεύειν 497c
ἱστάναι, ἱστᾶν 689a, *180b*
κατακόπτειν 734b
#κατεργάζεσθαι 749b
κόπτειν 779a
ὀλεθρεύειν, ὀλοθρεύειν 986a
περιτέμνειν 1127b
ποιεῖν + διαθήκην (בְּרִית) 1154a (Is. 28.15; Je. 41[34].18b)
συγκατατίθεσθαι 1299b
συντελεῖν 1319b
τιθέναι 1348c, *193b*

כָּרַת ni.
[[ἀναλίσκειν 79b]] → ἐξαίρειν
ἀποθνῄσκειν 128a
ἀπολλύειν, ἀπολλύναι 136c
ἀφιστᾶν, ἀφιστάναι, ἀφιστάνειν 184b
ἐγκαταλείπειν 365a
ἐκκόπτειν 434c
ἐκλείπειν 435c

ἐκτρίβειν 444a
ἔκτριψις 444b
⟦ἐξάγειν 483a⟧ → ἐξαίρειν
ἐξαίρειν 485a
ἐξαλείφειν 175c
ἐξολεθρεύειν, ἐξολοθρεύειν 497c
ἐξολλύειν, ἐξολλύναι 499a
ἱστάναι, ἱστᾶν 180b
ὀλλύναι 987b
τιθέναι 193b

כָּרַת pu.
ἐκκόπτειν 434c
ὀλεθρεύειν, ὀλοθρεύειν 986a

כָּרַת hi.
ἀπολλύειν, ἀπολλύναι 136c
ἀφαιρεῖν 180a
ἀφανίζειν 181b
ἐκκόπτειν 434c
ἐκτρίβειν 444a
ἐξαίρειν 485a
ἐξαναλίσκειν 487b
ἐξολεθρεύειν, ἐξολοθρεύειν 497c
ἐξολέθρευσις, ἐξολόθρευσις 499a
καθαιρεῖν 697b
κατασπᾶν 745a
κόπτειν 779a
ὀλεθρεύεσθαι, ὀλοθρεύεσθαι 986a
πλήσσειν 1149c
τύπτειν 1378b

כָּרַת ho.
ἐξαίρειν 485a
⟦ἐξέρχεσθαι 491c⟧ → ἐξαίρειν

כְּרֻתוֹת
⟦κατεργάζεσθαι 749b⟧ → כרת qal
κολάπτειν 776b

כֶּשֶׂב
ἀμνός 66b
ἀρήν (= HR's ἀρνός) 159b
πρόβατον 1204b

כִּשְׂבָּה
ἀμνάς 66a

כָּשָׂה qal
πλατύνειν 1141b

כַּשִּׁיל
πέλεκυς 1116b

כָּשִׁיר
#ἀνδρεῖος 86b (Ec. 10.10)

כָּשַׁל qal
ἀδυνατεῖν 27c
ἀνιέναι (= ἀνίημι) 102b
ἄνισχυς εἶναι 105a
ἀσθενεῖν 172a

ἐσχατογήρως ('פּ qal, [margin כּוֹשֵׁל] (שָׁב וְישִׁישׁ) 177b
θλίβειν 179c
καταναλίσκειν 739b
κοπάζειν 778b
παραλύειν 1062a
πίπτειν 1135c
πταίειν 190c
συντρίβειν 1321a

כָּשַׁל ni.
ἄνισχυς εἶναι 105a
ἀπολλύειν, ἀπολλύναι 136c
ἀσθενεῖν 172a
⟦διανοεῖσθαι 306b⟧ → שָׂכַל I hi.
⟦κακοῦν 711b⟧ → כָּשַׁל hi.
κοπάζειν 778b
πλανᾶν 1139b
προσκόπτειν 1217b
σκανδαλίζειν 1268b
συντρίβειν 1321a
ὑποσκέλισμα 1416c

כָּשַׁל pi.
⟦ἀτεκνοῦν 175b⟧ → שָׁכֹל, שָׂכַל pi.

כָּשַׁל hi.
ἀπολλύειν, ἀπολλύναι 168a
ἀσθενεῖν 172a
ἐξασθενεῖν 490a
⟦ἐξουδενεῖν, ἐξουθενεῖν 500b⟧ → ἐξασθενεῖν
θλίβειν 179c
#κακοῦν 711b (Ez. 33.12)
σκῶλον 1278b
τροποῦν 1376a

כָּשַׁל ho.
ἀσθένεια 172a
#ἀσθενεῖν 172a (Ez. 21.15[20])

כִּשָּׁלוֹן
παραλύειν 187c
πτῶμα 1239a

כָּשַׁף pi.
φαρμακεύειν 1425a
φάρμακος 1425a

כֶּשֶׁף
φαρμακ(ε)ία 1425a
φάρμακον 1425a

כַּשָּׁף
φάρμακος 1425a

כָּשַׁר qal
εὐθής 570b
στοιχεῖν 1291c
#συμφέρειν 1306b (Pr. 31.19)
χρησιμεύειν 196b

כִּשְׁרוֹן
ἀνδρ(ε)ία 86a

כָּתַב qal
*#ἀναγράφειν 76b

ἀπογράφειν 126a
γράμμα 275a
*γράφειν 276a
γραφή 277c
*#διαγορεύειν 300a
διαγράφειν 300a
⟦διαθήκη 300c⟧
ἔγγραπτος 363b
ἐγγράφειν 363b
ἐπιγράφειν 518c
*#ἐπιτάσσειν 534c
⟦ἔχειν 586c⟧
*#ἱστορεῖν 692b (I Es. 1.33)
*καταγράφειν ('פּ qal, כְּ שֻׁמְנָה qal) 730a, 181b
⟦μερίζειν 910c⟧
χωροβατεῖν 1482c

כָּתַב ni.
*γράφειν 276a
δογματίζειν 339b
ἐγγράφειν 363b
καταχωρίζειν 748c
πέμπειν 1116b

כָּתַב pi.
γράφειν 276a

כְּתַב pe. (Aramaic)
*γράφειν 276a
#ἐπιτάσσειν 534c (I Es. 5.51)

כְּתָב (Hebrew and Aramaic)
ἀπογραφή 126a
γράμμα 275a
γράφειν 276a
*γραφή 277c, 170c
δόγμα 339b
ἐπιστολή 530c
λέξις 873c
ὁρισμός 1013b

כְּתֹבֶת
γράμμα 275a

כָּתִית
κόπτειν 779a

כֹּתֶל
τοῖχος 1362c

כְּתַל (Aramaic)
*τοῖχος 1362c

כֶּתֶם ni.
κηλιδοῦσθαι 763a

כֶּתֶם
ἀργύριον 153b
⟦ἱματισμός 686a⟧
λίθος 876c
λίθος πολυτελής 876c, 1185c
πολυτελής 1185c
χρυσίον 1477a

כֻּתֹּנֶת, כְּתֹנֶת
ἱμάτιον 685a

§κοθωνος 772c
⟦§μεχωνωθ (כָּתְנֹת, כְּתֹנֶת) 918c⟧ → χοθωνωθ, χωθωνωθ
ποδήρης 189b
*στολή 1291c
χιτών 1471a
§χοθωνωθ, χωθωνωθ (כְּתֹנוֹת) 1472a

כָּתֵף
γωνία 283c
ἐπωμίς 540b
κλίτος 771c
⟦νότος 949c⟧ → νῶτον, νῶτος
νῶτον, νῶτος 956b
ὀρόφωμα 1017c
ὠμία 1492c
⟦ὠμίς 1493a⟧ → ὠμία
*ὦμος 1493a

כָּתַר pi.
μένειν 910a
περιέχειν 1123a
#ὑπομένειν 1415c (Ps. 141[142].7)

כָּתַר hi.
καταδυναστεύειν 731a
κρατεῖν 783a

כֶּתֶר
διάδημα 300a

כֹּתֶרֶת
γεῖσος 235b
γλυφή 271b
ἐπίθεμα 520a
κεφαλίς 763a
μέλαθρον 908b
στῦλος 1297c
§χωθαρ 1480b
§χωθαρεθ (כֹּתָרֹת) 1480b

כָּתַשׁ qal
μαστιγοῦν 898a

כָּתַשׁ pu.
#κατακόπτειν 734b (Ze. 1.11)

כָּתַת qal
ἐκθλίβειν 432a
λεπτός 874a
συγκόπτειν 1300b
⟦συντρίβειν 1321a⟧ → συγκόπτειν

כָּתַת pi.
κατακόπτειν 734b
συγκόπτειν 1300b

כָּתַת hi.
κατακόπτειν 734b

כָּתַת ho.
ἀπολλύειν, ἀπολλύναι 136c
κατακόπτειν 734b
κόπτειν 779a
οὐκέτι εἶναι 1030a

ל

ל (Hebrew and Aramaic)
⟦βοηθός (לִי) 223c⟧
εἰς 403a, 173a (-Si. 39.24)
εἰς τό + inf. (בַּעֲבוּר לְ + inf.) 173a

ἐκ 173b
⟦ἕκαστος (לֹ) 418a⟧ → XXX ≈ αὐτῷ
ἐν 174b

ἔναντι 175a
ἐπί + gen. 176b
" + dat. 176b
" + acc. 176b

⟦ἔσω 558c⟧
ἔχειν (הָיָה לְ) 178c
ἕως 178c
ἵνα 180b

Column 1

[ἴσος 688c]
κατά + acc. 181a
ὅπως 186b
[παῖς 1049a]
περί + gen. 188b
πρός + acc. 190a
[σύν] 192c
ὑπέρ + gen. 194b
ὑπό + gen. 194b
ὡς 196b
γίνεσθαι ὡς (דָּמָה לְ) 196b

לוֹא ,לֹא
ἀδιάλυτος (לֹא־יִקָּרֵעַ) 24b
ἄκαυστος (pu. לֹא נֻפָּח) 44a
ἀκίνητος (qal לֹא סוּר) 44a
ἄκλητος (אֲשֶׁר לֹא יִקָּרֵא) 44b
ἀκουσίως (בְּלֹא דַעַת) 166a
ἀλλότριος (לֹא לְךָ, לֹא־לוֹ) 57a, 166b
ἀμνήστευτος (pu. לֹא אֹרָשָׂה) 66b
ἀναλάμπειν (qal לֹא כָבָה) 79a
ἀναρίθμητος (לֹא סֻפַּר וְלֹא מָנָה ni.) 81c
ἄνευ (בְּלֹא) 167a
ἀνήκοος (qal לֹא שָׁמַע) 88a
ἀνωφελής (hi. לֹא יַעַל) 113c
ἀοίκητος (qal לֹא יֵשֵׁב) 113c
ἀπειθεῖν (qal לֹא שָׁמַע, לֹא אָבָה) 119c
ἀπερίτμητος (qal לֹא מוּל) 120c
ἀπληστία (לֹא מוֹסָר) 167c
ἄπληστος (qal לֹא שָׂבַע) 122c
ἀπογινώσκειν (לֹא יָדַע) 126a
ἄσβεστος (pu. לֹא נֻפָּח) 169c
ἄσηπτος (qal לֹא יִרְקַב) 171c
ἀφειδῶς (qal לֹא חָשַׂךְ) 182b
ἄφοβος (qal לֹא פָחַד) 185c
ἄφρων (qal לֹא חָכַם) 186c
ἄωρος (לֹא־עֵת) 188c
δεῖν ("to bind") (ni. לֹא פָתַח) 287b
[διαλύειν (qal לֹא שָׁבַע) 305a]
εἰ μή (אִם לֹא) 172b
ἐμφανίζειν (pi. לֹא כָחַד) 460c
ἐναντίος (לֹא טוֹב) 468b
εὐλαβεῖσθαι (qal לֹא נוּד) 572a
ἦ μήν (אִם־לֹא) 602c
ἦ μὴν μή (אִם לֹא) 602c
ἰδού (הֲלֹא) 673c
κενός, καινός ("empty") (qal לֹא סָכַן) 759a
[" (pu. לֹא רָאָה) 759a]
μή 184c
*μηδείς, μηθείς 920c
μηκέτι 921b
νῦν οὖν (הֲלֹא) 951c
οὐ 1026c
οὐδὲ μή 187a
οὐδείς, οὐθείς 1028b, 187a
οὐδέποτε 1029c
οὐκέτι 1030a
οὐκέτι οὐ (לֹא עוֹד לֹא, hi. לֹא יָסַף) 1030b
[οὐκέτι οὐ μή (לֹא עוֹד לֹא) 1030c]
οὔτε (וְלֹא . . . לֹא) 187b
οὔτε μή (וְלֹא) 187b
[ἐν πενθικοῖς (לֹא שָׁתוּ) 1118a]
συντόμως (בְּלֹא מִשְׁפָּט) 1321a
ὡς (הֲלֹא) 1494b, 196a (Si. 42.22)

לָא (Aramaic)
οὐ 1026c
οὐδείς, οὐθείς (לָא אֱנָשׁ) 1028b
(אָחֳרָן לָא) 1028b

Column 2

*οὐκέτι 1030a
לָאָה qal
#κόπος 778c (Jb. 4.2)
παραλύειν 1062a
#πόνος 1188b (Jb. 4.5)
לָאָה ni.
ἀσθενεῖν 172a
#διαλείπειν 304b (Je. 9.5[4])
δύνασθαι + neg. 353a
ἐπέχειν 511a
κοπιᾶν 778b, 182b
#παραλύειν 1062a
παριέναι ("to allow") 1070b
לָאָה hi.
ἀγῶνα παρέχειν 18c, 1069c
ἐκλύειν 438a
κατάκοπον ποιεῖν 734a, 1154a
λυπεῖν 889a
παρενοχλεῖν 1068c
לָאַט qal
[ἐπικρύπτειν 523c] → κρύπτειν
κρύπτειν 791c
φείδεσθαι 1426a
לָאַט ,לָאֵט
ἡσυχῇ 620b
לָאט
ἡσυχῇ (בַּלָּאט) 620b
ἐν κρυφῇ (בַּלָּאט) 793a
לְאֹם
[ἄρχων 166b]
ἔθνος 368b
λαός 853b
φυλή 1444b
לֵב (Hebrew and Aramaic)
ἀκάρδιος (לֵב + neg., לֵב + neg., חֲסַר־לֵב) 43c, 166a
#ἀσύνετος (אֹבֵד לֵב) 174a (Ps. 75[76].5)
ἄφρων (חֲסַר־לֵב) 186c
#βαρυκάρδιος (כְּבֵד לֵב) 191a (Ps. 4.2)
βούλεσθαι (שִׂים לֵב qal) 226b
ἑκουσίως βούλεσθαι (נָשָׂא לֵב qal) 226b, 438c
*#βουλή 227c (I Es. 7.15)
σαυτοῦ γίνεσθαι (יָשַׁב לְבֶךָ qal) 256c
διανοεῖσθαι (עָצַב אֶל לֵב, אֶל לֵב hithp.) 306b
διάνοια 306c
ἔνδεια (חֲסַר לֵב) 469b
ἐπαίρειν (גִּיל לֵב qal) 505a
[ἐπέρχεσθαι (בְּלִבִּי) 509c]
#ἐπιμελεῖσθαι (עָלָה עַל לֵב hi.) 525b, 177a (Si. 33[30].13)
ἔσθειν, ἐσθίειν (סָעַד לֵב qal) 554a → סָעַד qal
#ἑτεροκλινῶς (בְּלֹא לֵב וְלֵב ni.) 471a (I Ch. 12.34)
εὐφραίνειν (טוֹב לֵב) 581a
εὐφροσύνη (טוֹב לֵב) 582c
ἡδέως γίνεσθαι (טוֹב לֵב qal) 604a
θρασυκάρδιος (סוּג לֵב qal, רְחַב־לֵב) 654b
*καρδία 719a, 181a (+Si. 13.25; 51.15)
τὰ ἀπὸ καρδίας 719a
κατανοεῖν (שִׂים עַל לֵב qal) 739c
νοῦς 950c
νωθροκάρδιος (נְעַוֵּה־לֵב) 956b

Column 3

ἐν ὁμονοίᾳ 993c
ποντοπορεῖν (בְּלֶב־יָם) 1189a
προσέχειν (שׂוּם לֵב qal) 1215b
σκληροκαρδία (זָדוֹן לֵב) 191b
σκληροκάρδιος, (עִקֵּשׁ־לֵב, קְשֵׁה־לֵב) 1274b
#σπλάγχνον 1284c, 192a (Si. 36[33].5)
στερεοκάρδιος (חֲזַק־לֵב) 1289a
στῆθος 1290a
συνετός (חֲכַם־לֵב) 1315a
τολμᾶν (מָלֵא לֵב qal) 1363b
ὑψηλοκάρδιος (גְּבַהּ־לֵב) 1419b
φρήν 1438c
φρόνησις 1439a
φρόνιμος (חֲכַם לֵב) 1439b
ψυχή 1486a, 196b
לֵבָא
#σκύμνος 1278a (Ps. 56[57].4)
לָבִא
λέων 874c (Na. 2.12[13])
לֵבָב pi.
καρδιοῦν 723c
κολλυρίζειν 776c
לֵבָב
διάνοια 306c
ἐπιθυμία 521a
*καρδία 719a, 181a
νοῦς 950c
προθύμως (יִשְׁרֵי לְ) 1206c
σκληροκαρδία (עָרְלַת לְ) 1274b
συνετὸς καρδίας/καρδία (אִישׁ לְ) 1315a
ψυχή 1486a, 196b
לְבַב (Aramaic)
καρδία 719a
לְבַד
ἐκτός (מִלְּ, לְ, מִן) 443c
#ἴδιος 673b (Pr. 5.18)
μόνον (לְ + suf.) 933a
μόνος (לְ + suf.) 933b, 185c (Si. 30[31].26)
κατὰ μόνας (לְ, לְ, + suf.) 933b
μονώτατος (לְ + suf.) 933b
πάρεξ, παρέξ (מִלְּ, לְ, עַל, לְ, מִן) 1068c, 187c
πλήν (מִלְּ, לְ, מִן, לְ) 1145c
לַבָּה
[πῦρ 1242b] → φλόξ
φλόξ 1433a
לְבוֹנָה
λίβανος 876b, 183b
λιβανωτός 876b
לְבוּשׁ (Hebrew and Aramaic)
see also לָבֵשׁ
[ἀδίκως (בְּלִי־לְ) 27b]
γυμνός (בְּלִי־לְ) 278a
ἐδύ(ν)ειν 471a
ἔνδυμα 471a
ἔνδυσις 472a
[ἐνθύμημα 473c] → ἔνδυμα
[ἔχειν 586c] → לָבֵשׁ ,לָבַשׁ qal
ἱμάτιον 685a
ἱματισμός 686a
περιβόλαιον 1122b
περιβολή 1122b
στολή 1291c
לָבַשׁ ni.
[εἰρηνοποιεῖν 403a]
συμπλέκειν 1305b

Column 4

ὑποσκελίζειν 1416c
לְבִי
[λέων 874c] → לָבִיא
[σκύμνος 1278a] → לֵבָא
לָבִיא
λέων 874c
σκύμνος 1278a
לְבִיָּא
σκύμνος 1278a
לְבִיבוֹת
κολλύρα 776c
κολλυρίς 776c
לָבֵן qal
πλινθ(ε)ία 1150a
πλινθεύειν 1150a
πλινθουργία (לְ לְבֵנִים qal) 1150a
לָבֵן hi.
#ἀποκαλύπτειν 131c (Da. TH 11.35)
καθαρίζειν, καθερίζειν 698a
λευκαίνειν 874b
לָבֵן hithp.
ἐκλευκαίνειν 437c
לָבָן adj.
ἔκλευκος 437c
λευκαθίζειν 874b
λευκαίνειν 874b
[λευκανθίζειν 874b] → λευκαθίζειν
λευκός 874c
χλωρός 1471c
לֹבֶן
#λευκότης 874c, 183b (Si. 43.18)
לְבָנָה
[λευκότης 183b]
σελήνη 1262b
לִבְנֶה
πλινθ(ε)ία 1150a
πλίνθος 1150a
πλινθουργία (לְבֵן לְבֵנִים qal) 1150a
[" (לְ) 1150a] → πλινθ(ε)ία
לִבְנֶה
λεύκη 874b
στυράκινος 1298b
לְבוֹנָה
λίβανος 876b
לָבֵשׁ ,לָבַשׁ qal
ἀμφιάζειν, ἀμφιέζειν 67c
ἐνδιδύσκειν 470b
ἐνδύ(ν)ειν 471a, 175b
ἐνδυναμοῦν 472a
ἐξιστᾶν/ἐξιστάναι + ἐκστάσει (= חֲרָדָה) 496c
#ἔχειν 586c (Es. 4.2)
περιβάλλειν 1121c
φύρεσθαι 1446b
לָבֵשׁ ,לָבַשׁ pu.
ἐνδύ(ν)ειν 471a
ἔνοπλος (מִלְבָּשׁ בְּגָדִים) 476b
*στολίζειν 1292b
לָבֵשׁ ,לָבַשׁ hi.
ἐνδιδύσκειν 470b
ἐνδύ(ν)ειν 471a, 175b
περιβάλλειν 1121c
περιτιθέναι 1127c
στολίζειν 1292b
#στολιστής (לְ ptc.) 1292b (IV Ki. 10.22)

לָבֵשׁ, לָבַשׁ hithp.
  ἐνδιδύσκειν 175b
לְבַשׁ pe. (Aramaic)
  ἐνδύ(ν)ειν 471a
  στολίζειν 1292b
לְבַשׁ aph. (Aramaic)
  ἐνδύ(ν)ειν 471a
לְבֻשׁ
  see also לְבוּשׁ
  ἀμφίασις 67c
  στολή 1291c
לֹג
  κοτύλη 781a
לֵדָה
  τίκτειν 1351c
  τόκος 1363b
לָה (Aramaic)
  see also לֹא
  οὐδείς, οὐθείς 1028b
לֹה
  see also לֹא, לוֹא
  ἰδού (הֲלֹה) 673c
לַהַב
  [ὀξυσθενής 1001a]
  στίλβειν 1291b
  [φλέξ(?) 1432c] → φλόξ
  φλέψ 1432c
  φλόξ 1433a
לֶהָבָה
  καίειν 705a
  καταφλέγειν 748a
  πῦρ 1242b, 190c
  φέγγος 1426a
  φλόξ 1433a
לַהֶבֶת
  λόγχη (לְ׳ חֲנִית) 887b
  φλόξ 1433a
לַהַג
  μελέτη 908c
לָהַה qal
  ἐκλείπειν 435c
לָהַהּ hithpalp.
  ὑποκρίνεσθαι 194c
לָהַט qal
  [ταράσσειν 1336a]
  φλέγειν 1432c
  [φλέξ(?) 1432c] → φλέγειν
  φλογίζειν 195b
לָהַט pi.
  #ἀνακαίειν 166c
  ἀνάπτειν 81c
  κατακαίειν 732b
  καταφλέγειν 748a
  συμφλέγειν 1306b
  φλέγειν 1432c
  φλογίζειν 1432c
לַהַט
  φλόξ 1433a
לְהָטִים
  φαρμακ(ε)ία 1425a
לָהַם hithp.
  μαλακός (כְּמִתְלַהֲמִים) 894b
לָהֵן (Aramaic)
  πλήν 1145c
לְהָקָה
  ἐκκλησία 433a

לוּ
  ὀφ(ε)ίλειν 1039a
לוֹא
  see לֹא, לוֹא
לֹא, לוֹא
  see לֹא
לָוָה I qal ("to borrow")
  δαν(ε)ίζειν 285a
  [" 170a]
לָוָה hi. ("to borrow")
  δαν(ε)ίζειν 285a, 170a
  ἐκδαν(ε)ίζειν 421c
  κιχρᾶν 765c
לָוָה II qal ("to accompany")
  διαμένειν 171b
  συμπροσεῖναι 1306a
לָוָה II ni. ("to accompany")
  ἐπισυνάγειν 534a
  καταφεύγειν 747b
  προσκεῖσθαι 1216c
  προστιθέναι 1221a
  [προτιθέναι 1231a]
  συμπαραγίνεσθαι 1304c
לוּז I ni.
  γογγύζειν 274a
  καμπύρος 718b
  παράνομος 1062b
  πορεύεσθαι 189c
  σκολιάζειν 1275b
לוּז I hi.
  [ἐκλείπειν 435c]
  λείπειν 872c
לוּז II subst.
  καρύϊνος 725a
  παραρρεῖν 1063c
לוּחַ
  [ἀρχή 163c]
  πλάξ 1140b
  πλάτος 1141a
  πυξίον 1242b
  σανιδωτός 1259a
  σανίς 1259a
לוּט qal
  [εἰλεῖν 377c] → ἐνειλεῖν
  ἐνειλεῖν 472b
לוּט hi.
  ἐπικαλύπτειν 522b
לִויָה
  στέφανος 1289c
לִויָתָן
  δράκων 348b
  κῆτος 763c
  τὸ μέγας κῆτος 902c
לוּל
  [εἱλικτός 377c] → ἑλικτός
  ἑλικτός 453a
לִין, לוּן qal
  #ἀποπαρθενοῦν 139b (Si. 20.4)
  *αὐλίζειν 178b, 169a
  [γογγύζειν 274a] → לִין, לוּן hi.
  ἐπικοιμᾶσθαι 523b
  καταλύειν 738b
  κατάλυμα 738c
  καταπαύειν 740c
  κοιμᾶν 773c
  κοιτάζεσθαι 775b
  μένειν 910a
  παρεμβάλλειν 1066b
  ὑπάρχειν 1406b
  ὑπνοῦν 1412a

לִין, לוּן ni.
  γογγύζειν 274a
  διαγογγύζειν 299c
לִין, לוּן hi.
  γογγύζειν 274a
  διαγογγύζειν 299c
  κοιμίζειν 774c
לִין, לוּן hithpo.
  αὐλίζειν 178b, 169a
לוֹעַ
  καταβαίνειν 727a
  εἶναι φαῦλος 1425c
לִיץ, לוּץ qal
  ἀκόλαστος 44c
  ἀλαζών 52a
  ἀπαίδευτος 115c
  ἄφρων 186c
  κακός 709b
  κακὸς ἀποβαίνειν 709b
  #λοιμεύεσθαι 887c (Pr. 19.19)
  λοιμός (adj.) 887c
  ὑβριστής 194a
  ὑπερήφανος 1410a, 194b
לִיץ, לוּץ polel
  λοιμός (adj.) 887c
לִיץ, לוּץ hi.
  [ἀντιτάσσεσθαι 112a]
  [ἄρχων 166b]
  ἑρμηνευτής 547c
  καθυβρίζειν 704b
  λειτουργός 183b
  παρανομεῖν 1062b
  πρεσβευτής 1201b
  πρεσβύτης 1202c
לִיץ, לוּץ hithp.
  εὐφραίνειν 581a
לוּשׁ qal
  τρίβειν 1372b
  φυρᾶν 1446b
  φύρασις 1446b
לָז
  ἐκεῖνος (הַלָּז) 428a
לָזֶה
  ἐκεῖνος (הַלָּז) 428a
לֵזוּ
  ἐκεῖνος (הַלָּז) 428a
לֵזוּת
  ἄδικος 26c
לַח
  πρόσφατος 1222c
  ὑγρός 1380c
  χλωρός 1471c
לְחוּם
  σάρξ 1259b
לְחִי
  σιαγόνιον 1265c
  σιαγών 1265c, 191b
  ?χεῖλος 1456a (Jb. 40.26)
לָחַךְ qal
  ἐκλείχειν 437a
לָחַךְ pi.
  ἐκλείχειν 437a
  λείχειν 873a
לָחַם I qal ("to eat")
  βρῶσις 231c
  δειπνεῖν 288a
  #ἔσθειν 554a (Pr. 9.5)

  σιτοῦν 1267c
  συνδειπνεῖν (לְ׳ אֶת־לֶחֶם qal) 1312c
לָחַם II qal ("to fight")
  [ἐνδυάζειν 471a] → συνδυάζειν
  πολεμεῖν 1170b
  [συνδοιάζειν 1313a] → συνδυάζειν
  συνδυάζειν 1313a
לָחַם II ni. ("to fight")
  διαμάχεσθαι 305c
  ἐκπολεμεῖν 439b
  ἐκπολιορκεῖν 439c
  ἐφιστάναι 585c
  καταπολεμεῖν 742a
  μάχεσθαι 900c
  μονομαχεῖν 933a
  παράταξις 1064b
  παρατάσσειν 1064c
  πατάσσειν 1103b
  περικαθίζειν 1123c
  [ποιεῖν 1154a]
  *πολεμεῖν 1170b, 189b
  *πόλεμος 1172a
  *#πόλεμον ἐγείρειν 1172a (I Es. 1.25)
  πολιορκεῖν (לְ׳ ni. + prep.) 1173c
  συμπολεμεῖν 1305c
  συνεκπολεμεῖν 1313b
לֶחֶם
  [πολεμεῖν 1170b] → לָחַם II qal
לֶחֶם
  ἄριστον 158a
  ἀρσιτᾶν (אָכַל לְ׳ qal) 157b
  *ἄρτος (כִּכַּר לְ׳, חַלַּת לְ׳, פַּת־לְ׳) 161b, 168b
  βίος 220a
  βρωτὸν σίτου 232a
  τὰ δέοντα 287b
  δῶρον 359a
  καταβιοῦν (אָכַל לְ׳ qal) 729a
  κατάβρωμα 729a
  μασ(σ)ᾶν 898a
  σιτίον 1267b
  σῖτον 1267b
  συνδειπνεῖν (אָכַל אֶת־לֶ׳ qal) 1312c
  σύνδειπνος 192c
  τράπεζα 1369b
  τροφή 1376b
  ψωμός 1490c
לֶחֶם (Aramaic)
  δεῖπνον 288a
  δοχή 348b
  ἑστιατορ(ε)ία 557c
  ζωή 599c
לְחֵנָה (Aramaic)
  παράκοιτος 1061a
לָחַץ qal
  ἀποθλίβειν 128a
  ἐκθλίβειν 432a
  θλίβειν 652b
  [κακοῦν 711b]
  παραθλίβειν 1059c
  πολιορκεῖν 1173c
לָחַץ ni.
  προσθλίβειν 1216b
לָחַץ
  ἐκθλίβειν 432a
  θλιμμός 652c

θλῖψις 652c
στενός 1288c

לַחַשׁ qal
ψιθυρίζειν 196b

לָחַשׁ pi.
ἐπάδειν, ἐπαείδειν 504c

לָחַשׁ hithp.
ψιθυρίζειν 1485c

לַחַשׁ
ἀκροατής 51a
διαψιθυρίζειν 171b
ἐπάδειν, ἐπαείδειν 504c
[[ἐπιλαλεῖν 523c]] → ἐπάδειν, ἐπαείδειν
ψιθυρισμός 1485c

לָט
[[ἐπαοιδή, ἐπῳδή 508a]] → φαρμακ(ε)ία
[[κρυβῇ (בַּלָּט) 791c]] → ἐν κρυφῇ
ἐν κρυφῇ (בַּלָּט) 793a
λάθρα (בַּלָּט) 840c
λαθραίως (בַּלָּט) 841a
φαρμακ(ε)ία 1425a

לֹט
στακτή 1286c

לְטָאָה
καλαβώτης 712a
[[χαλαβώτης 1452b]] → καλαβώτης

לָטַשׁ qal
ἀκίς 44b
ἀκίσιν ἐνάλλεσθαι 467c
στιλβοῦν 1291b
σφυροκόπος 1327c
χαλκεύειν 1453a

לָטַשׁ pu.
ἀκονᾶν 45a
ἐξακονεῖν 486c

לִיָּה
προσκεῖσθαι 1216c

לַיִל
§γωληλα (גַּיְא לַיְלָה) 283b
μεσονύκτιον (חֲצוֹת־לַיְלָה, חֲצִי לַיְלָה) 912c
νυκτερινός 951a
νύξ 954c

לַיְלָה
*#ἀωρία 188c (I Es. 1.14)
νύκτωρ 185c
νύξ 185c

לֵילֵי (Aramaic)
νύξ 954c

לִילִית
ὀνοκένταυρος 995b

לִין qal
see לוּן, לִין qal

לִין ni.
see לוּן, לִין ni.

לִין hi.
see לוּן, לִין hi.

לִין hithpo.
see לוּן, לִין hithpo.

לִין qal
see לוּן, לִין qal

לִין polel
see לוּן, לִין polel

לִין hi.
see לוּן, לִין hi.

לִין hithp.
see לוּן, לִין hithp.

לַיִשׁ
σκύμνος λέοντος 874c, 1278a
μυρμηκολέων 937b

לָכַד qal
ἀγρεύειν 16c
ἁρπάζειν 160a
δεικνύειν, δεικνύναι 286a
ἐνδεικνύναι 469c
κατακληροῦσθαι 733c
κατακρατεῖν 734b
καταλαμβάνειν 735a
κατέχειν 750c
κληρονομεῖν 768a
κρατεῖν 783a
[[λαγχάνειν 840b]]
λαμβάνειν 847a
πατάσσειν 1103b
προκαταλαμβάνειν 1207a
συλλαμβάνειν 1301c
σύλληψις 1302c

לָכַד ni.
ἁλίσκειν, ἁλίσκεσθαι 54c
ἐνδεικνύναι 469c
κατακληροῦσθαι 733c
κληροῦν 770c
λαμβάνειν 847a
πιέζειν, πιάζειν 188c
προκαταλαμβάνειν 1207a
συλλαμβάνειν 1301c
συνέχειν 1315b

לָכַד hithp.
#συμποδίζειν 1305c (Pr. 20.11)
συνέχειν 1315b

לֶכֶד
[[σαλεύειν 1257c]]

לָכֵן
διὰ τοῦτο 171a
οὕτω(ς) 1035c
[[οὐδ' οὕτω(ς) 1035c]] → כֵּן I ≈ οὕτω(ς)
[[οὐχ οὕτω(ς) 1035c]] → כֵּן I ≈ οὕτω(ς)

לִלְאֹת
ἀγκύλη 15b

לָמַד qal
διδάσκειν 316c
μανθάνειν 895b, 184a

לָמַד pi.
δεικνύειν, δεικνύναι 286a
*διδάσκειν 316c, 171b
διδαχή 316c
#εὐοδοῦν 575c, 178a (Si. 15.10)
μανθάνειν 895b

לָמַד pu.
διδασκαλία 316c
διδάσκειν 316c

לָמָה, לָמֶה
ἵνα μή 180b
τίς 1355c
διὰ τί (לָמֶה־זֶּה, לָמֶה) 1355c
εἰς τί 1355c, 173a, 193c
ἵνα τί (לָמֶה־זֶּה, לָמֶה) 1355c
ἵνα τί τοῦτο 1355c
κατὰ τί 1355c

τί ὅτι (לָמֶה־זֶּה) 1355c

לְמָה (Aramaic)
#ὅπως μή 1004b (I Es. 2.24)

לִמּוּד
διδακτός 316c
μανθάνειν 895b
παιδ(ε)ία 1046c, 187a

לְמַעַן
διά + acc. 171a
διὰ τοῦτο 171a
ἵνα 180b
ὅπως 186b
τότε 1367c
χάριν 195a

לָעַב hi.
μυκτηρίζειν 936c

לָעַג qal
ἐκμυκτηρίζειν 438b
ἐξουδενοῦν, ἐξουθενοῦν 500b, 176a (Si. 34[31].22)
καταγελᾶν 729c
καταχαίρειν 748b
μυκτηρίζειν 936c
μυκτηρισμός 936c

לָעַג ni.
#φαυλίζειν 1425c (Is. 33.19)

לָעַג hi.
ἐκγελᾶν 421c
ἐκμυκτηρίζειν 438b
#ἐξουδενοῦν, ἐξουθενοῦν 500b, 176a (Si. 34[31].22)
καταγελᾶν 729c
καταμωκᾶσθαι 739b

לָעַג hithp.
#ἐμπαίζειν 456b (Na. 2.3[4])

לַעַג
καταπάτημα 740b
#μυκτηρισμός 936c
ὄνειδος 995a
φαυλισμός 1425c

לָעֵג
[[ἐκμυκτηρίζειν 438b]] → לָעַג qal
[[φαυλισμός 1425c]] → לָעַג qal

לָעַז qal
βάρβαρος 190c

לָעַט hi.
γεύειν 240a

לַעֲנָה
ἀνάγκη 76a
ὀδύνη 967a
πικρία 1132c
χολή 1472a

לָעַס qal
#διαμασᾶσθαι 305c, 171b (Si. 34[31].16)

לָעַע qal
#ἀπληστεύεσθαι 122c, 167c (Si. 34[31].17)

לַפִּיד
λαμπάς 852c

לִפְנֵי
*#αὐλή 177b
*#ἔμπροσθεν 459b
ἐν 174b
ἐν ἡμέραις 174b
ἔναντι 175a
ἐναντίον 175a
ἐνώπιον 175c

ἐπί + dat. 176b
ἤ 178a
κατέναντι 181c
πρὶν ἤ 190a
πρό 190a
πρός + acc. 190a
*#πρὸς τῇ/τὰς ἀνατολῇ 83c
*#κατὰ πρόσωπον 1223c
ὑπό + gen. 194b

לָפַת qal
περιλαμβάνειν 1124b

לָפַת ni.
[[καταλείπειν 736a]]
ταράσσειν 1336a

לָצוֹן
ἄνομος 107c
[[θλίβειν 652b]]
λοιμός (adj.) 887c
ὕβρις 1380a

לְקַבֵל (Aramaic)
*#κατακολουθεῖν 734a

לָקַח qal
ἄγειν 9a
ἀγοράζειν (לְ qal, לְ בִּמְחִיר qal) 16a
αἴρειν 34c
αἰχμαλωτεύειν 39a
#ἀκούειν 45a (Pr. 16.21)
ἀναιρεῖν 77b
*ἀναλαμβάνειν 78c
ἀνασπᾶν 82a
ἀνταναιρεῖν 108c
ἀπολαμβάνειν 136a
[[ἀπολλύειν, ἀπολλύναι 136c]]
ἀποφέρειν 149c
ἀφαιρεῖν 180a, 169a
[[γινώσκειν 267a]]
δέχεσθαι 294c, 171a
[[ἐγείρειν 364a]] → קוּם I hi.
εἰσάγειν 407c
[[ἐκβάλλειν 420c]] → ἐκλαμβάνειν
ἐκδέχεσθαι 173b
ἐκλαμβάνειν 435a (+Je. 23.31; 39[32].33)
ἐκλέγειν 435a, 173c
ἐκφέρειν 444c
ἐξάγειν 483a
#ἐξαίρετος εἶναι 486b
[[ἐξέρχεσθαι 491c]]
ἐξωθεῖν 502b
[[ἐπιτιθέναι 535c]]
[[ἔρχεσθαι 548b]]
ἔχειν 586c
[[ἰδεῖν 669b]]
[[καλεῖν 712c]]
[[καταβάλλειν 728c]] → καταλαμβάνειν
καταλαμβάνειν 735a
κομίζειν 777b
κτᾶσθαι 793c
*λαμβάνειν 847a, 183a (+Si. 14.16)
μανθάνειν 184a
μεταπέμπεσθαι 916c
μετατιθέναι 917a
νοσφίζεσθαι 949c
[[παιδεύειν 1047a]]
παραλαμβάνειν 1061b
πρίασθαι 1203a
προσάγειν 1211a
προσδέχεσθαι 190a
προσκαθιστάναι 1216b

προσλαμβάνειν 1218b
προχειρεῖν, προχειρίζειν 1234a
*συλλαμβάνειν 1301c
συλλέγειν 1302b
συναπάγειν 1312a
συναρπάζειν 1312c
[τολμᾶν 1363b]
?φέρειν 1426c (IV Ki. 2.20)

לָקַח ni.
ἄγειν 9a
ἀγρεύειν 16c
ἀναλαμβάνειν 78c, 166c
εἰσέρχεσθαι 410b
[ἐξαιρεῖν 484b] → ἐξαίρετος εἶναι
#ἐξαίρετος εἶναι 486b
λαμβάνειν 847a
μετατιθέναι 184b

לָקַח pu.
ἄγειν 9a
ἀναλαμβάνειν 78c
γίνεσθαι 256b
λαμβάνειν 847a

לָקַח ho.
εἰσάγειν 407c
λαμβάνειν 847a

לָקַט hithp.
ἐξαστράπτειν 490a
φλογίζειν 1432c

לֶקַח
[ἀκούειν 45a] → לָקַח qal
ἀπόφθεγμα 150a
δῶρον 359a
[εἰρήνη 401b]
ἐπιγνωμοσύνη 518c
[ἔργον 541c]
λῆψις 183b
ὁμιλία 991a
παιδ(ε)ία 1046c, 187a (+Si. 51.16)
[σοφία 191d] → παιδ(ε)ία
σοφώτερος εἶναι (יסף ל' hi.) 1280b

לָקַט qal
[εἰσφέρειν 415a] → συνάγειν
συλλέγειν 1302b
συνάγειν 1307b

לָקַט pi.
ἀναλέγειν 79a
συλλέγειν 1302b
συνάγειν 1307b

לָקַט pu.
συνάγειν 1307b

לָקַט hithp.
συλλέγειν 1302b
συστρέφειν 1323c

לֶקֶט
ἀποπίπτειν 139c

לָקַק qal
ἐκλείχειν 437a
λάπτειν 862c
λείχειν 873c

לָקַק pi.
λάπτειν 862c

לִקְרַאת
*#ἀπάντησις 117b

לָקַשׁ pi.
[ἐργάζεσθαι, ἐργάζειν 540c]

לֶשֶׁד
ἐγκρίς 367a

לָשׁוֹן
ἄνθραξ 96a
[βαθύγλωσσος (עמקי שפה וכבדי ל') 189a] → βαρύγλωσσος
#βαθύχειλος καὶ βαρύγλωσσος 189b, 191a
βαρύγλωσσος (כבדי ל') 191a
βραδύγλωσσος (כבד ל') 229c

γλῶσσα, γλῶττα 271b, 170c
γλωσσοχαριτοῦν (חלק ל' hi.) 272b
γλωσσώδης 272b, 170c
διάλεκτος 304c
ἐπάδειν, ἐπαείδειν (בעל ל') 504c
λέξις 873c
λοφιά 888c
φωνή 1447b

לִשְׁכָּה
αὐλή 177b
γαζοφυλάκιον 233a
ἐξέδρα 490c
θησαυρός 651c
κατάλυμα 738c
οἶκος 973a
παστοφόριον 1102c
περίπατος 1125b

לֶשֶׁם
λιγύριον 876b

לָשַׁן poel
καταλαλεῖν 735a

לָשַׁן hi.
παραδιδόναι 1058a

לְשָׁן (Aramaic)
γλῶσσα, γλῶττα 271b

מ

מָאבוּס
#ἀποθήκη 128a (Je. 27[50].26)

מְאֹד
ἀμύθητος (שנה מ') 67c
δύναμις 350a, 172b
ἰσχύς 694b
*λίαν 876a
μέγας 902c
πολύς, πλείων, πλεῖστος 1181b
*σφόδρα (עד־מ', במ' מ', מ', מ', עד־למ') 1325a, 193b
ἕως σφόδρα (עד־למ') 1325a
σφόδρα λίαν (עד־מ') 876a, 1325a
σφόδρα σφόδρα (במ' מ') 1325a
σφοδρός (חזק מ') 1327a
σφοδρῶς, σφοδρότερον 1327a
#ἕως τέλους 1344a (Ps. 37[38].6)

מֵאָה
ἑκατόν 420a, 173b
ἑκατονταετής (בן מ' שנה) 420b
ἑκατονταπλασίων (מ' פעמים) 420b
ἑκατονταπλασίως (מ' פעמים) 420b
ἑκατοντάρχης, ἑκατόνταρχος (שר מאות) 420b
ἑκατοντάς 420b
ἑκατοστεύειν 420b
ἑξακόσιοι (שש מאות) 175c
ἑξακοσιοστός (שש מאות) 486c
§μηα(?) 920b
ἑξήκοντα μυριάδες (שש־מאות אלף) 937a
πατριάρχης (שר מאות) 1111c
τετρακοσιοστός (ארבע מאות) 1347b

מֵאָה (Aramaic)
ἑκατόν 420a

מַאֲוַי
ἐπιθυμία 521a

מְאוּם
ἄμωμος (מ' + neg.) 68b
[δῶρον 359a]
μῶμος 938b

מְאוּמָה
μηδείς, μηθείς 920c
ὁστισοῦν 1023b
οὐδείς, οὐθείς (מ' + neg.) 1028b (+Jb. 42.2), 187a
τις 1354a
ὁτιοῦν τι 1023b, 1354a

מָאוֹר
θεωρεῖν 649b
φαίνειν 1423a
φαῦσις 1425c
φῶς 1450b
φωστήρ 1451b
φωτίζειν 1451b
φωτισμός 1451c

מְאוּרָה
κοίτη 775b

מֹאזְנַיִם
ζυγός, ζυγόν 599a, 178b

מֹאזְנִין (Aramaic)
ζυγός, ζυγόν 599a

מַאֲכָל
βρῶμα 231a, 169c
βρώσιμος 231c
βρῶσις 231c
*βρωτός 232a

ἔσθειν, ἐσθίειν 554a
καρπόβρωτος 723c
κατάβρωμα 729b
#κυνήγιον 182c (Si. 13.19)
παράθεσις 1059c
[τροφή 194b] → τρυφή
#τρυφή 1377c

מַאֲכֹלֶת
κατακαίειν 732b
πυρίκαυστος (מ' אש) 1245b

מַאֲכֶלֶת
μάχαιρα 899c
ῥομφαία 1253a

מַאֲמַצִּים
κραταιοῦν 782b
[κρατεῖν 783a] → κραταιοῦν

מַאֲמָר
λόγος 881c, 183c (Si. 3.8)
#πρόσταγμα 1219c (Es. 2.20)
τὰ προσταχθέντα 1220c

מֵאמַר (Aramaic)
[λόγος 881c (Da. TH 4.14), 183d] → ῥῆμα
ῥῆμα 1249a

מָאן (Aramaic)
*σκεῦος 1269b

מָאֵן pi.
ἀνανεύειν 80a
ἀπαναίνεσθαι 116c
ἀπαναισχυντεῖν (מ' הכלם pi.) 117a
ἀπειθεῖν 119c
βούλεσθαι + neg. 226b
δύνασθαι + neg. 353a
(ἐ)θέλειν 628b

εἰσακούειν + neg. 408b
#ὀκνεῖν 186a (Si. 7.35)
προαιρεῖν + neg. 1203c
ὑπακούειν + neg. 1405c

מָאַס qal
[αἴρειν 34c] → פָּרַר hi.
ἀπαναίνεσθαι 116c, 167c
ἀπαρνεῖσθαι 118a
ἀπειθεῖν 119c
ἀπειπεῖν, ἀπειρεῖν 120a (+Jb. 10.3)
ἀποδοκιμάζειν 127c
ἀποποιεῖσθαι 139c
ἀπορρίπτειν 140b
ἀπωθεῖν 151a
ἀστοχεῖν 168c
ἀφαιρεῖν 180a
ἀφιστᾶν, ἀφιστάναι, ἀφιστάνειν 184b
βούλεσθαι + neg. 226b
ἐγκαταλείπειν 365a
(ἐ)θέλειν 628b
ἐξουδενεῖν, ἐξουθενεῖν 500b
ἐξουδενοῦν, ἐξουθενοῦν 500b
ἡγεῖσθαι ἄξιον + neg. 602c
θυμοῦν 662b
μισεῖν 929a
ὀλιγωρεῖν 987a
[προαιρεῖν 1203c]
προσοχθίζειν 1218c, 190b
ὑπεριδεῖν 1410b
φαυλίζειν 1425c

מָאַס ni.
ἀποδοκιμάζειν 127c
[βδελυκτός, βδελυρός 169b]
ἐξουδενοῦν, ἐξουθενοῦν 500b

μισεῖν 929a
μισητός 185b
#παρακμάζειν 187c (Si. 42.9)
πονηρεύεσθαι 1186a

מַאֲפֶה
πέσσειν 1128c

מַאֲפֵל
γνόφος 272c
νεφέλη 943b

מָאַר hi.
ἔμμονος 456a
πικρία 1132c

מַאֲרָב
ἐνέδρα 472a
ἔνεδρον 472b

מְאֵרָה
[[ἀπορία 140a]]
[[ἔνδεια 469b]]
κατάρα 742b

מֵאֵת
see also מִן and אֵת II
ἀπὸ (τοῦ) προσώπου (מְ׳ פְּנֵי) 1223c
ἐκ (τοῦ) προσώπου (מְ׳ פְּנֵי) 1223c

מִבְדָּלוֹת
ἀφορίζειν 185c

מָבוֹא
δύσις 357b
δυσμή 357b
εἴσοδος 413c, 173b
εἰσπορεύεσθαι 414a
ἔρχεσθαι 548b
[[ὁδός 962b, 186a]] → εἴσοδος
οἰκία 969b
συμπορεύεσθαι 1305c

מִבוּכָה
[[κλαυθμός 767a]] → בָּכָה qal

מַבּוּל
κατακλυσμός 734a, 181b

מְבוּנִים
[[δυνατός 355c]]

מְבוּסָה
[[ἀπώλεια, ἀπωλία 151c]]
καταπατεῖν 740b
καταπάτημα 740b
πλάνησις 1140a

מַבּוּעַ
πηγή 1130b

מְבוּקָה
ἀνατιναγμός 83b

מִבְחוֹר
ἐκλεκτός 437a

מִבְחָר
#δοκιμάζειν 339c (Je. 6.27)
[[δυνάστης 355b]]
ἐκλεκτός 437a
[[ἐκσαρκίζειν 441b]]
ἐπίλεκτος 525a
κάλλος 715a

מִבְט
ἐλπίς 454a
[[πεποιθὼς εἶναι 1114b]] → מִבְטָח ≈ πεποιθώς

מִבְטָא
διαστολή 311c

מִבְטָח
ἐλπίς 454a

πείθειν 1114b
πεποιθώς 1114b

מִבְלָקָה
[[ἐκβραγμός 421b]] → ἐκβρασμός
ἐκβρασμός 421c

מִבְנֶה
οἰκοδομή 972c

מִבְצָר
ἡ πόλις ἡ ἰσχυρά 693b
§μαψαρ 901b
ὀχυρός 1043b
ὀχύρωμα 1043c
περιοχή 1125a
περιτειχίζειν 1127b
#πόλις 1174a (Da. LXX 11.24)
στερεοῦν 1289a
τειχήρης 1339c
τειχίζειν 1339c
#ὕψος 1421b (Is. 25.12)

מִבְרָח
φυγαδ(ε)ία 1440b

מִבָּשִׁים
δίδυμος 328a

מְבַשְּׁלוֹת
μαγειρεῖον 891a

מִגְבָּלוֹת
[[ἄνθος 96a]]
καταμεμιγμένος ἐν ἄνθεσι 739b

מִגְבָּעָה
κίδαρις 764c

מֶגֶד
ἀκρόδρυα 51a
[[κορυφή 780a]]
ὥρα 1493b

מִגְדּוֹל
μεγαλύνειν 902a

מִגְדּוֹן
#ἐκκόπτειν 434c (Za. 12.11)

מִגְדָּל
*βῆμα 217c
[[μεγαλωσύνη 902c]] → גָּדַל
πύργος 1422c

מִגְדָּנָה
δόμα 341a
*δόσις 344c (I Es. 2.6)
δῶρον 359a

מָגוֹר I
ἀπώλεια, ἀπωλία 151c
συναθροίζειν 1310b

מָגוֹר II
μετοικία 917c
μέτοικος 918a
παροικεῖν 1071b
παροικεσία 1071c (+Za. 9.12)
παροίκησις 1071c
παροικία 1071c, 188a

מְגוֹרָה
ἀπώλεια, ἀπωλία 151c

מְגוּרָה
ἅλων, ἅλως 60a
θλῖψις 652c
παροικία 1071c

מַגְזֵרָה
ὑποτομεύς 1417c

מַגָּל
δρέπανον 349a

מְגִלָּה (Hebrew and Aramaic)
[[βιβλίον, βυβλίον 218b]] → χαρτίον
κεφαλίς 763a
*#τόμος 1363c (I Es. 6.23)
χάρτης 1456a
χαρτίον 1456a

מָגַן pi.
παραδιδόναι 1058a
ὑπερασπίζειν 1408c

מָגֵן
ἀντιλήπτωρ 111a
ἀντίληψις 111b
ἀσπίς ("shield") 173a
βοήθεια, βοηθία 222c
θυρεός, θυραιός 663c
κραταιός 782a
ὁπλοθήκη 1003c
ὅπλον 1003c
πελταστής (נשק מ׳, נשא מ׳) 1116b
πέλτη 1116b
#σκέπη 1269a (Jd. 5.8A)
ὑπερασπίζειν 1408c
ὑπερασπισμός 1408c
ὑπερασπιστής 1408c

מְגִנָּה
ὑπερασπισμός 1408c

מִגְעָל
#ἀλισγεῖν 166a (Si. 40.29)

מִגְעֶרֶת
ἀνάλωσις 79c

מַגֵּפָה
ἀπώλεια, ἀπωλία 151c
θραῦσις 654c
πληγή 1142b
πταῖσμα 1237c
πτῶσις 1239a
συνάντημα 1311c

מָגַר pi.
καταράσσειν 743a

מְגַר pa. (Aramaic)
*#ἀφανίζειν 181b (I Es. 6.33)
καταστρέφειν 745c

מְגֵרָה
[[διασχίζειν 312b]]
πρίων 1203a

מִגְרָעוֹת
διάστεμα, διάστημα 311c

מִגְרָשׁ
ἀφορίζειν 185c
ἀφόρισμα 186a
διάστεμα, διάστημα 311c
κατάσχεσις 746b
ὅμορος 993c
[[περιπόλ(ε)ιον 1125c]] → περισπόρ(ε)ιον
περισπόρ(ε)ιον 1126a
περίχωρος 1128b
προάστ(ε)ιον 1204a
[[σπόριον(?) 1285b]] → περισπόρ(ε)ιον
συγκυρεῖν 1300c

מַד
ἱμάτιον 685a
λαμπήνη 853a
μανδύας 895b
χιτών 1471a

מַדְבַּח (Aramaic)
*θυσιαστήριον 666b

מִדְבָּר
ἀγρός 17a
ἄνυδρος 112a
[[αὐχμώδης 180a]] → חֹרֶשׁ
γῆ ἄνυδρος 240c
ἐρημικός 545a
ἔρημος (מ׳, אֶרֶץ מ׳) 545a, 177b
ἐρημοῦν (בַּמ׳) 546c
λαλιά 846c
§μαβδαρίτις, μαδβαρίτις 891a
πεδίον 1113b
[[ἔρημος τόπος 1364b (Je. 13.24)]]

מָדַד qal
ἀποδιδόναι 126b
διαμετρεῖν 306a
διατάσσειν 313a
ἐκμετρεῖν 438b
μετρεῖν 918a
[[μέτρον, μέτρος 918b]] → מֵד ≈ κάλαμος

מָדַד ni.
ἐκμετρεῖν 438b

מָדַד pi.
[[γίνεσθαι 256b]]
διαμετρεῖν 306a
[[ἐκμετρεῖν 438b]] → διαμετρεῖν
#καταμετρεῖν 739b (Mi. 2.4)

מָדַד hithpo.
ἐμφυσᾶν 461a

מֵדַד
#κάλαμος 712b (Ez. 42.20)

מִדָּה (Hebrew and Aramaic)
ἀριθμός 156c
γεωμετρικός 240b
διαμέτρησις 306a
διάστεμα, διάστημα 311c
ἔνδυμα 471c
[[ἱστάναι, ἱστᾶν 689a]] → עָמַד qal
μέτρον, μέτρος 918b
σύμμετρος 1304b
ὑπερμεγέθης 1410c
ὑπερμήκης (מ׳ קוֹמָה) 1410c
ὑψηλός 1419b
*#φορολογεῖν (מ׳ הִתְיְהַבַת) 1438a (I Es. 2.27)
*#φορολογία 1438a
φόρος 1438a

מַדּוּ
μανδύας 895b

מַדְוֶה
νόσος 949b
ὀδύνη 967a

מַדּוּחִים
ἔξωσμα 502c

מָדוֹן
ἀντιλογία 111b
διακρίνειν 304a
δικαιοσύνη 332c
[[κακός 709b]]
κρίνειν εἰκῆ (גָּרָה מ׳) 787b
κρίσις 789c
[[κριτής 791a]] → דִּין
λοίδορος 887c
§μαδων 891c
μάχη 901a
μάχιμος 901b
νεῖκος 941c

מַדּוּעַ
πόθεν 189b
τίς 1355c

διὰ τί 1355c
ἵνα τί 1355c
ἵνα τί τοῦτο 1355c
τί ὅτι 1355c
ὡς τί 1355c

מְדוֹר (Aramaic)
κατοικ(ε)ία 755b

מְדוּרָה
δαλός 284c
ξύλα κείμενα 758b (Is. 30.33)
#ὑποκαίειν 1413c (Am. 4.2)

מְדוּשָׁה
⟦καταλείπειν 736a⟧

מִדְחֶה
ἀκαταστασία 44a

מַדְחֵפוֹת
διαφθορά 315c
⟦καταφθορά 747c⟧ → διαφθορά

מִדַּי
ἱκανός 683c

מִדְיָן
ἀντιλογία 111b
κρίσις 789c
#κριτήριον 791a (Jd. 5.10B)
λοίδορος 887c
μάχιμος 901b
ταραχή 1336c

מִדְיָן
§μαδων 891c

מְדִינָה (Hebrew and Aramaic)
βασιλ(ε)ία (מ׳, מְדִינוֹת,
מְדִינוֹת מַלְכוּת) 192a
ἐπαρχία 508b
#περίχωρος 1128b (Es. 9.12)
*#πόλις 1174a (I Es. 2.22)
σατραπ(ε)ία 1260c
*χώρα 1481a

מְדֹכָה
θυΐα 659c

מָדֹן
κρίσις 789c
νεῖκος 941b
ταραχή 1336c

מַדָּע
ἐπιστήμη 530a
συνείδησις 1313b
σύνεσις 1314a, 192c
#συνίειν, συνιέναι 1316b (Is. 59.15)
φρόνησις 1439a

מַנְדַּע, מַדָּע (Aramaic)
σύνεσις 1314a
φρόνησις 1439a

מֻדָּע
γνώριμος 273b

מַדְקָרוֹת
τιτρώσκειν 1362a

מְדָר (Aramaic)
κατοικ(ε)ία 755b
κατοικητήριον 755b

מִדְרָנָה
προτείχισμα 1230b
φάραγξ 1424b

מִדְרָךְ
βῆμα 217c

מִדְרָשׁ
βιβλίον, βυβλίον 218b

γραφή 277c
παιδ(ε)ία 187a

מָה I, מַה, מֶה, מָה
αἴτημα (מָה אָתֵּן) 38a
δίς (כַּמֶּה פְעָמִים) 337b
ἔτι (עַד מָה) 561a
ἱκανός (כַּמֶּה) 683c
λίαν 876a
ὅσος 1019a
ὅστις 1022b
οὐδείς, οὐθείς (מ׳ + neg.) 1028b
πηλίκος (כַּמֶּה) 1131a
ποῖος 1170a, 189b
ποσάκις (עַד־כַּמֶּה פְעָמִים, כַּמֶּה)
1195c
#ποσαπλῶς 1195c (Ps. 62[63].1)
πόσος (כַּמֶּה) 1195c
ἐάν τις (מָה־שֶׁ־, מָה־דִּי, מָה) 1354a
μή τι (מֶה) 1354a
*τίς (מֶה־זֶּה, מ׳) 1355c, 193c (+Si. 13.18)
διὰ τί (לָמֶה, מַה) 1355c, 193c (Si. 36[33].7)
ἕως τίνος (כַּמֶּה) 1355c
ἵνα τί (לָמֶה, מַה) 1355c
κατὰ τί (כַּמֶּה) 1355c
τί ὅτι (מַה־זֶּה, מַה) 1355c
⟦τί οὗτοι (מֶהֵם) 1355c (Ez. 8.6 Kethiv)⟧
τί τοῦτο (מַה־זֶּה) 1355c
⟦τί ὑμεῖς (מַלְּכֶם) 1355c (Is. 3.15 Kethiv)⟧
τὸ ὑπάρχον, (τὰ) ὑπάρχοντα 1406b
ὡς (מָה) 196b

מָא II, מָא (Aramaic)
ἐάν τις 1354a
τίς 1355c

מָהַהּ hithpalp.
βραδύνειν 229c, 169c
ἐκλύειν 438a
⟦ἐξιστᾶν, ἐξιστάναι 496c⟧ →
תָּמַהּ qal
ἐπιμένειν 525c
θορυβεῖν 654a
στρατεύειν 1295a
ταράσσειν 1336a
ὑπομένειν 1415c
ὑστερεῖν 1418b
χρονίζειν 196c

מְהוּמָה
ἀπώλεια, ἀπωλία 151c
ἐκλιμα 437c
ἔκστασις 441b
ἐλλιπής 174b
θαυμαστός 627b
θόρυβος 654a
σύγχυσις 1301a
ταραχή 1336c
τάραχος 1337a

מָהִיר
*#εὐφυής 583c (I Es. 8.3)
ὀξυγράφος 1001a
ὀξύς 1001a
⟦σπεύδειν 1284a⟧ → מָהַר pi.
ταχύς 1339a

מָהַל qal
μίσγειν 929a

מַהֲלָךְ
⟦ὁδός 962a⟧
περίπατος 1125b

πορ(ε)ία 1189a

מַהֲלָל
ἐγκωμιάζειν 367b

מַהֲלֻמֹת
#αἱμάσσειν 165c (Si. 42.5)
⟦θάνατος 623b⟧ → מוּת
τιμωρία 1354a

מַהֲמֹרָה
βόθρος (מ׳ עֲמֻקָה) 169c

מַהֲמֹרוֹת
ταλαιπωρία 1333a

מַהְפֵּכָה
καταστρέφειν 745c

מַהְפֶּכֶת
⟦ἀπόκλεισμα 132c⟧ → צִינֹק
καταρ(ρ)άκτης 743a
φυλακή 1440c

מָהַר qal
ταχύνειν 1338c
φερνή 1428a
φερνίζειν 1428b

מָהַר ni.
ἀσθενεῖν 172a
ἀσθενής 172b
ἐξιστᾶν, ἐξιστάναι 496c
κατασπεύδειν 181c
ὀλιγόψυχος 987a
⟦ταχινός 1338b⟧

מָהַר pi.
ἐπισπεύδειν 529b
κατασπεύδειν 745b, 181c (Si. 45.3)
ὀξέως 1001a
σπεύδειν 1284a
σπουδή 1285c
ταράσσειν 1336a
ταχέως 1338b
ταχινός 1338b
ταχινὸς εἶναι 1338b
τάχος 1338c
ἐν τάχει 1338c
τὸ τάχος 1338c
ταχύνειν 1338c
ταχύς 1339a, 193a

מֹהַר
δόμα 341a
φερνή 1428a

מְהֵרָה
ταχέως (מְ׳, בְּמ׳) 1338b
τάχος 1338c
ἐν τάχει 1338c
τὸ τάχος 1338c
ταχύνειν 1338c
ταχύς (מ׳, בְּמ׳) 1339a

מַהֲתַלּוֹת
πλάνησις 1140a

מוֹאֵל
συναντᾶν (לְמוֹ׳) 1311a

מוֹבָא
εἴσοδος 413c

מוּג qal
θραύειν 654b
σαλεύειν 1257c

מוּג ni.
διαπίπτειν 308a
ἐξιστᾶν, ἐξιστάναι 496c
καταπτήσσειν 742b
ταράσσειν 1336a
τήκειν 1348a

σαλεύειν 191a

מוּג polel
ἀπορρίπτειν 140b
⟦εὐφραίνειν 581a⟧

מוּג hithpo.
σαλεύειν 1257c
σύμφυτος 1306c
τήκειν 1348a

מוּד polel
⟦σαλεύειν 1257c⟧

מוֹדַע
γνώριμος 273b

מוֹדַעַת
γνώριμος 273b

מוּזָר
φαντασιοκοπεῖν (מו׳ וּמַתְיָרָא) 195a

מוֹט qal
ἀδυνατεῖν 27c
κλίνειν 771a
μεθιστᾶν, μεθιστάναι,
μεθιστάνειν 907b
μετακινεῖν 916a
μετατιθέναι 917a
πίπτειν 1135c
σαλεύειν 1257c
⟦ " 191a⟧ → מוֹט ni.
σφάλλειν 1324c

מוֹט ni.
ἐκκλ(ε)ίνειν 173c
ἐνδιδόναι 470b
ἐξαίρειν 485a
κινεῖν 765b
κλίνειν 771a, 182a
μεταναστεύειν 916b
πίπτειν 1135c, 188c
σαλεύειν 1257c (+Hb. 3.6), 191a
(Si. 13.21)
σφάλλειν 193b

מוֹט hi.
ἐκκλ(ε)ίνειν 433c
πίπτειν 1135c

מוֹט
ἀναφορεύς 85c
πτῶσις 190c
σάλος 1258a

מוֹטָה
δεσμός 292a
ζυγός, ζυγόν (מֹטוֹת עַל מֹטוֹת)
599a
κλοιός, κλοιόν(?) 772a
⟦σκῆπτρον 1273c⟧ → מַטֶּה
σύνδεσμος 1312c

מוּךְ qal
ἀπορεῖν 140a
πένεσθαι 1117a
ταπεινὸς εἶναι 1334b
ταπεινοῦν 1334c

מוּל I qal
ἀπερίτμητος 120c
ἔρχεσθαι 548b
κλίτος 771c
περικαθαίρειν 1123c
περικαθαρίζειν 1123c
περιτέμνειν (הָיָה מוּל qal, qal)
1127b

מוּל I ni.
περιτέμνειν (תָּמַם לְהִמּוֹל ni.,
מוּל ni.)
1127b

περιτομή 1128a

מול II hi.
ἀμύνειν 67c

מול III, מוּל
ἐγγύς, ἐγγίων, ἐγγύτατος, ἔγγιστα 363c
ἐξ ἐναντίας (אֶל מ׳ פָּנֶה) 468b
ἐξ ἐναντίας κατά (אֶל מ׳) 468b
ἔχειν (מִמ׳ מ) 586c
[μέρος 911c (Nu. 8.2, 3)]
[ὅριον 1012a] → גְּבוּל, גְּבֻל
πλησίον (מ׳ מ, אֶל־מ׳) 1148b
κατά (τὸ) πρόσωπον (אֶל מ׳ פָּנִים, מִמ׳ פָּנִים) 1224a
συναντᾶν (לְמ׳) 1311a
σύνεγγυς 1313a

מוֹלֶדֶת
γενεά 236a
γένεσις 237a
γεννᾶν 237b
γίνεσθαι 256b
ἔκγονος 421c
ἐνδογενής (מוֹ בַּיִת) 470b
ὁμοπάτριος (מוֹ אָבִיךָ) 993c
πατρίς (אֶרֶץ מוֹ, מוֹ) 1112a
συγγένεια, συγγενία 1298b
φυλή 1444b

מוּלָה
περιτομή 1128a

מוּם
μωμᾶσθαι 938b
μωμητός 938b
μῶμος 938b, 185c (+Si. 30[33].31)

מוּסָב
πρόσθεμα 1216b

מוּסָד
ἔδαφος 367c
θεμέλιον, θεμέλιος 629b

מוֹסָד
θεμέλιον, θεμέλιος 629b
θεμελιοῦν 629b

מוֹסָדָה
διάστεμα, διάστημα 311c

מוֹסֵר
δεσμός 292a, 170c

מוּסָר
ἀπαίδευτος (מו׳ + neg.) 115c
ἀπληστία (מו׳ + neg.) 167c
#εὐκοσμία 177c (Si. 35[32].2; 45.7)
νουθέτημα 950b
παιδ(ε)ία 1046c, 187a (+Si. 41.14)
παιδεύειν 1047a
[παιδευτής 1047c] → יסר pi.
[σοφία 1278c]
[" 191d] → חָכְמָה
σύνεσις 192c

מוֹעֵד
βουλή 227c
§εμωηδ (הַמוֹ׳) 461a
*ἑορτή 503a, 176a (+Si. 36[33].8; 50.6)
καιρός 706a, 180b
καιρὸν ὡρῶν 706a
ὧραι καιρῶν 706a
μαρτυρία 896b
μαρτύριον 896b
§μωηδ 938b
#ὁρισμός 186c (Si. 33[36].10)
ὄρος 1017c

πανήγυρις 1052c
σημεῖον 1263b
συναγή 1318a
τάσσειν 1337a
#χρόνος τακτός (מו׳ רֶגֶל) 1333a, 1476b (Jb. 12.5)
ὥρα 1493b

מוּעָדָה
ἑορτή 503a

מוּעָדָה
ἐπίκλητος 523a

מוֹעֵצָה
ἀσέβεια, ἀσεβία 169c
βουλή 227c
διαβουλία 299b
διαβούλιον 299b
[ἐνθύμημα 473c]
[ἐπιθύμημα 520c]
ἐπιτήδευμα 535b
ὁδός 962b

מוּעָקָה
θλῖψις 652c

מוֹפֵת
θαυμάσιος 179a
σημεῖον 1263b
τέρας 1345a
τερατοσκόπος 1345b

מוֹץ
ἄχυρον, ἄχυρος(?) 188a (+Is. 30.24)

מוֹצָא
ἄπαρσις 118a
#διεκβολή 328b (Ez. 47.8)
διέξοδος 328b
ἐκπορεύεσθαι 439c
ἐξέρχεσθαι 491c
ἔξοδος 497b
[ἔπαρσις 508b] → ἄπαρσις
πηγή (מוֹ מַיִם) 1130b
πορ(ε)ία 1189a
ῥῆμα (מוֹ פֶּה) 191a
τόπος ὅθεν γίνεται 1364b
ὑδραγωγός (מוֹצָאֵי מַיִם) 1380c

מוֹצָאָה
ἔξοδος 497b
λυτρῶν 890c

מוּצָק
κονία 777c
ὁ ἐν (τῇ) στενοχωρίᾳ (ὢν) (אֲשֶׁר מוֹ לָהּ) 1288c
τάξις 1334b
χεῖν 1457c

מוּצָק
κατάχυσις 748c

מוּצָקָה
ἐπαρυστ(ρ)ίς 508b
χώνευσις 1481a

מוֹקֵד hi.
[διανοεῖσθαι 306b]

מוֹקֵד
φρύγιον 1440b

מוֹקְדָה
καῦσις 757a

מוֹקֵשׁ
βρόχος 231b, 169c (Si. 51.3)
δυσκολία 357b
ἐνσκολιεύεσθαι (בְּמוֹ) 476c
ἰξευτής 686c

κοίλασμα 773a
παγίς, πακίς 1044b
ἐμπίπτει εἰς παγίδας 1044b
πρόσκομμα 1217a, 190b
σκάνδαλον 1268b
σκληρότης 1274c
σκῶλον 1278b
σφάλμα 1325a
ὑποσκελίζειν (נָתַן מוֹ) 1416c

מוּקָשׁ
ἀντίπτωμα 167b

מוֹר
σμύρνα, ζμύρνα 1278b

מוּר ni.
ἐκλείπειν 435c

מוּר hi.
ἀθετεῖν 29b
ἀλλάσσειν 55b, 166a
[καταμετρεῖν 739b] → מָדַד pi.
ταράσσειν 1336a
τιθέναι 1348c (Ho. 4.7)

מוֹרָא
#δυνάστης 355b (Jb. 36.22)
θαυμάσιος 627a
[ὅραμα 1004c] → מַרְאֶה
τρόμος 1374c
φοβερός 1435c
φόβος 1435c, 195b

מוֹרַג
ἅμαξα 60c
ἄροτρον 159c
τροχός 1376c

מוֹרָד
κατάβασις 729a
καταφερής 747b
ὁδός 962b

מוֹרֶה
ὑψηλός 1419c

מוֹרָה
ξυρόν 959c
σίδηρος 1266a

מוֹרָשׁ
ἄρθρον 156b
[ἔρημος 545a]
κατακληρονομεῖν 733b
κατοικεῖν 751c

מוֹרָשָׁה
κατάσχεσις 746b
κληρονομία 769a
κλῆρος 770a

מוֹרֶשֶׁת
κληρονομία 769a

מוּשׁ qal
ἀφιστᾶν, ἀφιστάναι, ἀφιστάνειν 184b, 169b
ἐκλείπειν 435c
κινεῖν 765b
κλίνειν 771a
μεθιστᾶν, μεθιστάναι, μεθιστάνειν 907b
παύειν 1112b
χωρίζειν 1482b
ψηλαφᾶν 1485b

מוּשׁ hi.
#αἴρειν 34a
[κωλύειν 839b]
ποιεῖν ψηλαφᾶν 1154b
ψηλαφᾶν 1485b

מוֹשָׁב
διατριβή 314a
δίφρος 337c
καθέδρα 699c, 180a
[κατάσχεσις 746b] → κατοίκησις
κατοικ(ε)ία 755b
κατοικεσία 755b (+La. 1.7)
κατοίκησις 755b
κατοικητήριον 755b
κατοικοδομεῖν 756a
οἰκητός 969b
οἰκία 969b
[παροίκησις 1071c] → κατοίκησις

מוֹשְׁכוֹת
[φραγμός 1438b] → מְשׂוּכָה

מוֹשָׁעוֹת
σώζειν 1328b

מות qal
see also מֵת
ἀναιρεῖν 77b
ἀναλίσκειν 79b
ἀποθνήσκειν 128a, 168a
ἀποκτείνειν, ἀποκτέννειν 135a
ἀπολλύειν, ἀπολλύναι 136c
γίνεσθαι ὁ ἀποθνήσκων 256c
ἐκλείπειν 435c
ἔκτρωμα 444b
ἐναποθνήσκειν 469a
θανατηφόρος 623b
θάνατος 623b, 179a
θανατοῦν 625a
θνήσκειν 653c
θνητός 654a
#κοιμᾶν 773c (Si. 48.11)
*μεταλλάσσειν τὸν βίον 916a (I Es. 1.31)
νεκρός 941b, 185a
πίπτειν 1135c
συντελεῖν 1319b
[τεθνήκειν(?) 1339c] → ἀποθνήσκειν
τελευτᾶν 1343b, 193b
τελευτή 1344a
ὑπνοῦν 194b

מות polel
ἀποκτείνειν, ἀποκτέννειν 135a
[ἐπιδιδόναι 519b] → נָתַן qal
θάνατος 623b
θανατοῦν 625a

מות hi.
ᾅδης 24a
ἀναιρεῖν 77b
ἀποθνήσκειν 128a
ἀποκτείνειν, ἀποκτέννειν 135a
διαφθείρειν 314c
ἐκτρίβειν 444a
θάνατος 623b
θανατοῦν 625a
πατάσσειν 1103b

מות ho.
ἀναιρεῖν 77b
ἀποθνήσκειν 128a
ἀποκτείνειν, ἀποκτέννειν 135a
ἀπολλύειν, ἀπολλύναι 136c
ἔνοχος 476c
θανατοῦν 625a
προσαποθνήσκειν 1212b
τελευτᾶν 1343b

Column 1

מָוֶת
ᾅδης 24a, *165b*
ἀποθνήσκειν 128a
θάνατος 623b, *179a* (+Si. 36[33].14)
θανατοῦν 625a
θανάτωσις 625c
θνήσκειν 653c
τελευτή 1344a, *193b* (+Si. 30[33].32)

מוֹת (Aramaic)
*#θάνατος 623b (I Es. 8.24)

מוֹתָר
#κατάλοιπος 738a (Nu. 3.26)
#περίλοιπος 1124b (Ps. 20[21].12)
⟦περισσ(ε)ία 1126b⟧ → יוֹתֵר ≈ περισσεύειν
περισσός, περιττός 1126c

מִזְבֵּחַ
§αμμαζειβι, αμμασβη (הַמִּ) 66a
βωμός 232c, *169c*
*θυσιαστήριον 666b, *179c*

מֶזֶג
κρᾶμα 782a

מָזֶה
τήκειν 1348a

מַזְהִירָה
⟦ἐκλάμπειν *173d*⟧

מֵזֶו
ταμ(ι)εῖον, ταμίον 1334a

מְזוּזָה
ἀναπτύσσειν 81c
πρόθυρον 1206c
σταθμός 1286b
στοά 1291c
φλιά 1432c

מָזוֹן (Hebrew and Aramaic)
τροφή 1376b

מָזוֹר I
#ἀλγηρός 52c (Je. 37[30].13)
ὀδύνη 967a

מָזוֹר II
ἔνεδρον 472b

מֵזַח
ζώνη 601a

מַזְלֵג
κρεάγρα 784c

מַזְלֵג
κρεάγρα 784c

מְזִמָּה
⟦βδέλυγμα 215b⟧
βουλή 227c
βουλὴ καλή 227c, 715b
διαβούλιον 299b, *171a*
διαλογισμός 305a
ἐγχείρημα 367b
ἐνθύμημα *175b*
ἔννοια 475c
⟦οὐδείς, οὐθείς (מְ + neg.) 1028b⟧ → מְאוּמָה
παρανομία 1062b
παράνομος 1062b
φρόνιμος 1439b

מִזְמוֹר
ἀκρόαμα *166a*
μέλος *184b*
μουσικός *185c*
ψαλμός 1483b

Column 2

ᾠδή 1492a

מַזְמֵרָה
δρέπανον 349a

מַזְמֵרֶת
⟦ἧλος 607b⟧ → מַסְמְרוֹת, מַסְמְרֹת

מִזְעָר
μικρός 926c
ὀλίγος 986b, *186a*
ὀλιγοστός 986c, *186a*

מִזְרֶה
διασπορά 311a
λικμᾶν, λιχμᾶν 878b

מִזְרוֹת
§μαζουρωθ 892a

מִזְרָח
ἀνατολή 83c
ἡλίου ἀνατολή 83c, 606b

מְזָרִים
ἀκρωτήριον 51c

מִזְרָע
σπείρειν 1282a

מִזְרָק
διυλίζειν (מִזְרָקִים) 337c
⟦ἐσχάρα 557c⟧
⟦καλυπτήρ 717b⟧ → דֶּשֶׁן I qal ≈ τὸν καλυπτῆρα ἐπιτιθέναι
φιάλη 1430a

מֵחַ
μυελοῦν, μυαλοῦν 936b

מֹחַ
μυελός 936b

מָחָא qal
ἐπικροτεῖν (מְ כַף qal) 523c
κροτεῖν 791c

מְחָא pi.
κροτεῖν 791c

מְחָא pe. (Aramaic)
see also מָחָה pe.
πατάσσειν 1103b

מְחָא pa. (Aramaic)
ἀντιποιεῖν 111c

מְחָא ithpe. (Aramaic)
πηγνύναι 1130c

מַחֲבֵא
κρύπτειν 791c

מַחְבְּרוֹת
δοκός 340a
στροφεύς 1297b

מַחְבֶּרֶת
συμβολή 1303b

מַחֲבַת
τήγανον 1347c

מַחְגֹּרֶת
περιζωννύναι 1123b

מָחָה qal
ἀλοιφή 59b
ἀπαλείφειν 116b
ἀπονίπτειν 139a
ἀφαιρεῖν 180a
ἐκτήκειν *174a*
ἐξαλείφειν 486c

מָחָה ni.
ἐξαλείφειν 486c, *175c* (Si. 44.13)
ἐπιλανθάνειν *176c*

Column 3

מָחָה hi.
ἐξαλείφειν 486c

מָחָה pe. (Aramaic)
see also מְחָא pe.
#τύπτειν 1378b (Da. TH 5.19)

מְחוּגָה
κόλλη 776c

מָחוֹז
λιμήν 878c

מָחוֹל
συναγωγή 1309b
χαρά 1454b
χορός 1472c

מְחוֹלָה
χορός 1472c

מַחֲזֶה
ὅραμα 1004c

מְחֶזָה
θύρα 662c
θύρωμα 664a

מֶחִי
⟦λόγχη 887b⟧ → רֹמַח

מִחְיָה
ἐμβίωσις *174b*
ζῆν 594c
ζωή 599c
τὰ πρὸς ζωήν 599c
ὑπόστασις ζωῆς 599c, 1417a
ζωοποίησις 601c
περιποίησις 1125c
*#τροφή 1376b (I Es. 8.76, 77)

מְחִיר
ἀγοράζειν (לָקַח בְּמְ) 16b
ἄλλαγμα 55b
ἀνάλλαγμα 79b
ἀντάλλαγμα 108c, *167b*
#διάφορος *171b* (Si. 7.8; 34[31].5; 42.5)
δωρεά 358c
δῶρον 359a
λύτρον 890a
μισθός 930a
τιμή 1353a
χρῆμα 1474b

מַחֲלָה
νόσος 949b

מַחֲלָה
ἀρρώστημα *168b*

מַחֲלָה
μαλακία 894b
νόσος 949b
πόνος 1188b

מְחֹלָה
χορεύειν 1472b
χορός 1472c

מְחִלָּה
τρώγλη 1378a

מַחֲלָיִים
μαλακία 894b

מַחֲלָף
*#θυΐσκη 659c (I Es. 2.13)
παραλλάσσειν 1061c

מַחֲלָפוֹת
βόστρυχος 225c
σειρά 1262a

מַחֲלָצוֹת
περιπόρφυρος 1125c

Column 4

ποδήρης 1153c

מַחְלְקָה (Aramaic)
μερισμός 911c
*#φυλή 1444b (I Es. 1.4, 10)

מַחְלְקוֹת
μερίζειν 910c

מַחֲלֹקֶת
διαίρεσις 302c
διαμερισμός 306a
διάταξις 312c
#δόσις *172b* (Si. 42.3)
ἐφημερία 585b
κλῆρος 770a
μερίς 911a, *184b*
μερισμός 911c
*#φυλή 1444b (I Es. 7.9)

מַחֲלַת
§μαελεθ 892a

מַחְמָד
αἱρετός *165c*
*ἔνδοξος 470c
ἐπιθύμημα 520c, *176c*
ἐπιθυμητός 520c
ἐπιθυμία (מְ pl.) 521a, *176c*
ἐπίλεκτος 525a
#ἴδιος *180a* (Si. 11.34)
ὡραῖος 1493c

מַחֲמַדִּים
ἐπιθύμημα 520c
ἐπιθυμητός 520c

מַחְמָל
ὑπὲρ ὡς φείδονται 1426a

מַחְמֶצֶת
ζυμωτός 599b

מַחֲנֶה
⟦ἀγρός 17a⟧
#ἀτείχιστος *175b* (Nu. 13.20[19])
δύναμις 350a
⟦ἐκεῖ (בְּמְ) 423c⟧
λαός 853b
⟦οἶκος 973a⟧
παράταξις 1064b
παρεμβάλλειν 1066b
παρεμβολή 1067b, *187c*
πόλεμος 1172a
#στρατοκῆρυξ (רָנַן בְּמְ) 1296a (III Ki. 22.36)
⟦συναγωγή 1309b⟧ → παρεμβολή
τάξις 1334b

מַחֲנַיִם
παρεμβολή 1067b

מַחְסֶה, מַחְסֶה
ἀντιλήπτωρ 111a
βοηθός 223c
ἐλπίς 454a
ἔρεισμα 544c
καταφυγή 748b
πείθειν 1114b
σκέπη 1269a
φείδεσθαι 1426a

מַחְסוֹם
#φυλακή 1440c (Ps. 38[39].1)

מַחְסוֹר
ἐλαττονοῦν, ἐλασσονοῦν 448a
ἐλάττων, ἐλάσσων, ἐλάχιστος 448b
ἐλάττωσις *174a*
ἐνδεής 469b

Column 1:

ἔνδεια 469b
ἐνδεῖσθαι 469c
ἐπιδεῖν ("to lack") 519a
ὑστέρημα 1418c

מָחַץ qal
βάλλειν 189c
[βάπτειν 190b] → רָחַץ qal
ἐκθλίβειν 432a
βάλλειν θάνατον 623b
θλᾶν 652a
θραύειν 654b
καταγνύναι 730a
κατατοξεύειν 747a
παίειν 1048c
πατάσσειν 1103b
[στρωννύειν, στρωνύναι 1297b]
→ τιτρώσκειν
συνθλᾶν 1316a
συντρίβειν 193a
#τιτρώσκειν 1362a (Jb 26.12)
[[τρίβειν] 194a] → συντρίβειν

מַחַץ
ὀδύνη 967a

מַחֲצֵב
λατομητός 862c
τετράπεδος 1347b

מֶחֱצָה
ἡμίσευμα 618c

מַחֲצִית
ἡμίσευμα 618c
ἥμισυς 618c
*#μεσημβρινός (מַ יוֹם) 912c
(I Es. 9.41)
[μέσος 913a] → ἥμισυς
[μεσοῦν 913c] → ἥμισυς

מָחַק qal
ἀποτρίβειν 149c
διηλοῦν 330a

מֶחְקָר
πέρας 1120a

מָחָר
αὔριον (מ', יוֹם מ') 179a, 169a
ἐπαύριον 508c

מַחֲרָאָה
λυτρών 890c

מַחֲרֵשָׁה
δρέπανον 349a
θερίζειν 648c

מַחֲרֶשֶׁת
θέριστρον 649a

מָחֳרָת
αὔριον 179a
ἐπαύριον 508c
ἔχειν 586c

מַחְשֹׂף
περισύρειν 1127b

מַחֲשָׁבָה
[ἁμαρτία 62a]
[ἀποστέλλειν 141b]
ἀρχιτεκτονεῖν 166a
τὸν ἔργον τῆς ἀρχιτεκτονίας
166b
βουλή 227c
διαλογισμός 305a, 171a (+Si.
36[33].5)
διανοεῖσθαι (יֵצֶר מַחְשָׁבוֹת) 306b
διανόημα 306c
διανόησις 306c
διάνοια 306c

Column 2:

ἐνθύμημα (יֵצֶר מַחֲשָׁבוֹ) 473c
λογισμός 881a, 183c
ποικιλία 1168c

מַחֲשֶׁבֶת
βουλή 169c
διανόησις 306c
[ἐξαποστέλλειν 488a] → XXX ≈
ἀποστέλλειν
λογισμός 881a
μηχανεύειν 925c
σοφία 1278c

מַחְשָׁךְ
σκοτ(ε)ινός 1276a
σκοτίζειν 1276b
σκότος 1276b
[σκοτοῦν 1277a] → σκοτίζειν
ταλαιπωρία 1333a

מַחְתָּה
ἐπαρυστ(ρ)ίς 508b
θυΐσκη 659c
πυρεῖον, πυρίον 1245b, 191b (Si.
50.5)
ὑπόθεμα 1413c

מְחִתָּה
ἀλλοτρίωσις 57c
δειλία 286c
ἐγκότημα 366c
πτοεῖν 1238c
συντριβή 1322a
τρόμος 1374c

מַחְתֶּרֶת
διόρυγμα 336c

מְטָא, מְטָה pe. (Aramaic)
ἐγγίζειν 362b
παρεῖναι 1065c
φθάν(ν)ειν 1429b

מַטְאֲטֵא
βάραθρον 190c

מַטְבֵּחַ
σφάζειν 1324b

מְטָה pe. (Aramaic)
see מְטָא, מְטָה pe.

מַטֶּה
βακτηρία 189c
ζυγός, ζυγόν 599a
[θυμός 660c]
#πῆξις 188c (Si. 41.19)
πληγή 1142b
ῥάβδος 1247a
σκῆπτρον 1273c, 191b
στήριγμα, στήρισμα 1290c
φυλή 1444b, 195c

מַטָּה
κάτω, κατώτερον, κατώτατω
(לְמַ, מַ) 756c
κάτωθεν (מִלְמַ) 756c
κουφίζειν (חֲשַׁךְ לְמַ מִן) 781a
ὑποκάτω (לְמַ) 1413c

מִטָּה
δίφρος 337c
κλίνη 771b, 182a

מַטֶּה, מַטָּה
ἀδικία 25b
[πῆξις 188d]

מַטְוֶה
νήθειν 944b

מְטִיל
χυτός 1480b

Column 3:

מַטְמוֹן
ἀπόκρυφος 134c, 168a
θησαυρός 651c

מַטְמֶנֶת
ἀπόκρυφος 168a

מַטָּע
φυτ(ε)ία 1446c
φύτευμα 1447a
φυτόν 1447a

מַטְעָם
ἔδεσμα 172b

מַטְעַמּוֹת
βρῶμα 231b
ἔδεσμα 368a

מַטְעַמִּים
βρῶμα 169c
ἔδεσμα 368a

מִטְפַּחַת
ἐπιβόλαιον (מִטְפָּחוֹת) 517b
περίζωμα 1123a

מָטַר ni.
βρέχειν 230c

מָטַר hi.
βρέχειν 230c
ἐπάγειν ὑετόν 503c, 1384a
ἐπιβρέχειν 517c
νίπτειν 945c
[ῥίπτειν, ῥιπτεῖν 1252b] →
νίπτειν
ὕειν 1384a
ὑετίζειν 1384a

מָטָר ho.
#βρέχειν 230c (Ez. 22.24)

מָטָר
ὑετός 1384a, 194a

מַטְרָה
§αματταρι 65a
§αρματταρει, αματταρι (לְמַ)
159a
§λααρματταραι (לְמַ) 840a
σκοπός 1275c
φυλακή 1440c

מִי
[θάλασσα 621a] → יָם
[κῦμα 799a]

מִי
[οὐδείς, οὐθείς 1028b] → τίς
ὀφ(ε)ίλειν (מִי־יִתֵּן) 1039a
εἰ γὰρ ὄφελον (מִי יִתֵּן) 1039a
ποῖος 1170a
τις 1354a, 193c
ἐάν/εἰ τις 1354a
τίς 1355c, 193c

מֵיטַב
ἀγαθός, ἀγαθώτερος 2a
βελτίων, βέλτιστος 217b
κρείσσων, κρείττων, κράτιστος
785a

מִיכָל
?μικρός 926c

מַיִם
ἄνυδρος (בְּלִי־מַ) 112a
[ἔθνος 368b] → עַם, עַם I
[ἡμέρα 607b] → יוֹם
οὖρον (מֵימֵי רַגְלַיִם) 1034b
πηγή (מוֹצָא מַ) 1130b
πότος 1198a
ποτός 1198a

Column 4:

ὑγρασία 1380c
ὑδραγωγός (מוֹצָא מַ) 1380c
ὑδροποτεῖν (מַ שָׁתָה) 1381a
ὑδροφόρος (שָׁאַב מַ) 1381a
*ὕδωρ 1381a, 194a (+Si. 40.11)
ὑετός 1384a

מִין
γένος 239b, 170a
καὶ τὰ ὅμοια αὐτῷ (לְמִינֵהוּ,
לְמִינָה) 992b
[καὶ τὰ ὅμοια αὐτῶν (לְמִינָה,
לְמִינוֹ) 992b] → καὶ τὰ ὅμοια
αὐτῷ
ὁμοιότης 993a
ὅμοιος 186b
ποικιλία 189b

מִיץ qal
ἀμέλγειν 65b
ἐκπιέζειν, ἐκπιάζειν, ἐκπιαζεῖν
439b
ἐξέλκειν, ἐξελκύειν 491a

מִישׁ qal
αἴρειν 34c
διαλείπειν 304b
ἐκλείπειν 435c
ἐκπορεύεσθαι 439c
κινεῖν 765b
παρέρχεσθαι 1068c
ψηλαφᾶν 1485b

מִישׁר, מִישׁוֹר
εὐθύς (adj.) 571a
εὐθύτης 571b, 177c (Si. 51.15)
κατευθύνειν 750b
κατορθοῦν 756b
§μ(ε)ισωρ 908b
ἡ πεδ(ε)ινή 1113a
πεδίον 1113b

מֵישָׁרִים
ἀλήθεια 53a
δικαιοσύνη 332c
εὐθύς (adj.) 571a
εὐθὺς ὁδός 571a
εὐθύτης 571b
κατευθύνειν 750b
κατορθοῦν 756b
ὀρθ(ρ)ός 1010c
συνθήκη 1316a

מֵיתָר
δέρρις 291c
κάλος 716c
[κατάλοιπος 738a] → מוֹתָר
[περίλοιπος 1124b] → מוֹתָר
[περισσός, περιττός 1126c] →
מוֹתָר
σχοίνισμα 1328a

מַךְ
#ἥσυχος 620b (Si. 25.20)
ταπεινός 193a

מַכְאֹב, מַכְאוֹב
ἀλγηδών 52b
ἄλγημα 52c
ἄλγος 52c
[ἐπίπονος (עַל מַ) 527a] → πόνος
διαφθορά 315a
μαλακία 894b
μάστιξ 898b
ὀδύνη 967a
πληγή 1142b
πόνος 1188b (Je. 51.33 [45.3]), 189c

מַכְבֵּר
§μαχβαρ 900c

מִכְבָּר
ἐσχάρα 557c
παράθεμα 1059c
[[περίθεμα 1123b]] → παράθεμα

מַכָּה
ἐπαγωγή 176a
κοπή 778b
μάστιξ 898b, 184a (Si. 40.9)
νόσος 949b
πατάσσειν 1103b
πληγή 1142b, 189a
σύντριψις 1322c
τροπή 1375a

מִכְוָה
κατάκαυμα 733a

מָכוֹן
ἀσφάλεια, ἀσφαλία 174b
ἕδρασμα 368b
ἑτοιμασία 564c
ἕτοιμος 564c
κατόρθωσις 756b
πόλις 189b
σκέπη 191b
*τόπος 1364b, 193c

מְכוֹנָה
βάσις 214b
ἕτοιμος 564c
κατοικία 181c
§μεχωνωθ 918c
παροικία 188a
ὑπάρχειν 194a

מְכֹעָר
ἀπόρρητος 168a

מְכוּרָה, מְכֹרָה
ἴδιος 673b
λαμβάνειν 847a
ῥίζα 1251c

מָכַךְ qal
ταπεινοῦν 1334c

מָכַךְ ni.
ταπεινοῦν 1334c

מִכְלָה I
καθαρός 698c

מִכְלָה II
[[βρῶσις 231c]]
ποίμνιον 1169c

מִכְלוֹל
εὐπάρυφος 576a
[[εὐπόρφυρος 576b]] → εὐπάρυφος
[[θώραξ 668c]]

מִכְלָל
εὐπρέπεια, εὐπρεπία 576b

מַכְלֻה
§μαχαλ 900c

מִכְמַנִּים
ἀπόκρυφος 134c

מִכְמָר, מִכְמֹר
ἀμφίβληστρον 67c
ἡμίεφθος 618c

מִכְמֹרֶת, מִכְמֶרֶת
ἀμφίβληστρον 67c
ἀμφιβολεύς (פָּרַשׂ מ׳) 68a
σαγήνη 1257a

מְכֹנָה
§μεχωνωθ (מ׳, מְכֹנוֹת) 918c

מִכְנָס
περισκελῆς 1126a, 188c
[[περισκέλιον 1126a]] → περισκελῆς

מֶכֶס
τέλος 1344a

מִכְסָה
ἀριθμός 156c
τέλος 1344a

מְכַסֶּה
[[γλύμμα 271a]] → κατακάλυμμα
διφθέρα 337c
ἐπικάλυμμα 522b
κάλυμμα 716c
κατακάλυμμα 732c
στέγη 1288a

מְכַסֶּה
κατακάλυμμα 732c
περιβόλαιον 1122b
[[συμβολή 1303b]]

מַכְפֵּלָה
διπλοῦς 337a
τὸ διπλοῦν σπήλαιον 337a, 1284b

מָכַר qal
ἀποδιδόναι 126b
διδόναι 317b
[[κτᾶσθαι 793b]]
πιπράσκειν 1135c
ποιεῖν + πρᾶσιν (= מִמְכָּר) 1154a (Ne. 13.20)
πρᾶσις 1200c
πωλεῖν 1246b

מָכַר ni.
ἀποδιδόναι 126b
παραδιδόναι 1058a
πιπράσκειν 1135c
πωλεῖν 1246b

מָכַר hithp.
πιπράσκειν 1135c

מֶכֶר
πρᾶσις 1200c
τιμή 1353a

מִכְשׁוֹל
ἀσθένεια 172a
[[ἀσθενεῖν 172a]] → כָּשַׁל ho.
βάσανος 191c
κόλασις 776b
πτῶμα 1239a
πτῶσις 190c
σκάνδαλον 1268b
σκῶλον 1278b

מַכְשֵׁלָה
ἀσθενεῖν 172a

מִכְתָּב
γράμμα 275a
*γραπτόν 275c
γραφή 277c

מִכְתָּם
στηλογραφία 1290b

מַכְתֵּשׁ
[[ἡ κατακεκομμένη (הַמּ׳) 734b]] → כָּתַשׁ pu. ≈ κατακόπτειν
λάκκος 841a

מָלֵא I qal
[[ἀναθάλλειν 166d]]
ἀναπληροῦν 81b
γέμειν 235c
ἐμπιπλᾶν, ἐμπι(μ)πλάναι, ἐμπλήθειν 457a
ἐπακολουθεῖν 176a
ἐπισυνάγειν 534a
καταριθμεῖν 743a
[[κατασκεύασμα 181d]]
[[λαμβάνειν 847a (III Ki. 18.33[34])]]
πιμπλάναι 1133b, 188c
[[πληθύ(ν)ειν 1144b]] → πιμπλάναι
πλήρης 1147a
πλήρης εἶναι 1147a
πληροῦν 1147c
πληροφερεῖσθαι 1148b
πλήρωσις 1148b
[[συμπληροῦν 1305c]] → πληροῦν
συντελεῖν 1319b
τολμᾶν (מ׳ לֵב) qal) 1363b

מָלֵא I ni.
ἀναπληροῦν 81b
ἐμπιπλᾶν, ἐμπι(μ)πλάναι, ἐμπλήθειν 457a
πιμπλάναι 1133b
πληθύ(ν)ειν 1144b
[[πλήρης 1147a]] → מָלֵא I qal
πληροῦν 1147c
σφόδρα 1325a
#φθείρειν 1429c (Jb. 15.32)

מָלֵא I pi.
ἀναπληροῦν 81b
*ἀναπλήρωσις 81b
*ἐμπιπλᾶν, ἐμπι(μ)πλάναι, ἐμπλήθειν 457a
ἐπακολουθεῖν (מ׳ אַחַר pi.) 505b
[[ἔργον 541c]] → מְלָאכָה
καθυφαίνειν 704c
καλύπτειν 181a
μέγα 902c
πιμπλάναι 1133b
πλήρης 1147a
πληροῦν 1147c, 189a (+Si. 30[33].25)
πορεύεσθαι 1189a, 189c
#προσκεῖσθαι (מ׳ אַחַר pi.) 1216c (De. 1.36)
*συμπλήρωσις 1305c
συνεπακολουθεῖν 1313c
συντελεῖν 1319b
συνυφαίνειν 1322c
τελειοῦν (מ׳ אֶת־יָד pi.) 1343a

מָלֵא I pu.
πληροῦν 1147c

מָלֵא I hithp.
κατατρέχειν 747a

מָלֵא II
ἄξιος 113a
γέμειν 235c
ἐμπιπλᾶν, ἐμπι(μ)πλάναι, ἐμπλήθειν 457a
μεστός 913c
πλήρης 1147a, 189a (+Si. 42.16)
πληροῦν 1147c, 189a
πλήρωσις 1148b

מְלָא pe. (Aramaic)
πληροῦν 1147c

מְלָא ithpe. (Aramaic)
πιμπλάναι 1133b

מָלֵא
δράξ (מ׳ כַּף) 348c
ἐμπιπλᾶν, ἐμπι(μ)πλάναι, ἐμπλήθειν 457a
ἐνοικεῖν 476a
ἱστάναι, ἱστᾶν (מ׳ ־קוֹמָה) 689a
κατοικεῖν 751c
πιμπλάναι 1133b
πλῆθος 1142c
πλήρης 1147a
πληροῦν 1147c
πλήρωμα 1148b
πλήρωσις 1148b

מְלֹא
see מָלֵא, מְלֹא

מְלֵאָה
ἅλων, ἅλως 60a
#ἀπαρχὴ ἅλωνος 118b (Ex. 22.29[28])
ἀφαίρεμα 181a
[[γέ(ν)νημα 238c]]
κυοφορεῖν 799b

מִלֻּאִים
γλυφή 271b
πλήρωσις 1148b
τελείωσις 1343a
ἡ θυσία τῆς τελειώσεως 1343a
ὕφασμα (מִלֻּאָה) 1419a

מַלְאָךְ
*ἄγγελος 7b, 165a
ἀνήρ 88a
κατασκοπεύειν 745a
[[παῖς 1049a]]
[[παρακαλεῖν 1060a]]
πρέσβυς 1201b

מַלְאַךְ (Aramaic)
ἄγγελος 7b

מְלָאכָה
[[αἴνεσις 33c]]
γεωργεῖν (עָשָׂה מְלֶאכֶת שָׂדֶה) 240b
γραμματεύς (מ׳) 275b
ἐργάζεσθαι, ἐργάζειν 540c
ἐργασία 541b, 177b
ἐργάσιμος 541c
*ἔργον 541c, 177b (+Si. 3.17; 30[33].33)
ἐφημερία 585b
#κατασκεύασμα 181c (Si. 35[32].6)
κατασκευή 744b
κατεργασία 749b
ἔργον λατρευτός 863b
λειτουργ(ε)ία 873b
παρακαταθήκη 1060c
πραγματ(ε)ία 1200b
πραγματεύεσθαι (עָשָׂה מ׳) 1200b

מַלְאֲכוּת
ἄγγελος 7b

מִלֵּאת
πλήρωμα 1148b

מַלְבּוּשׁ
ἔνδυμα 471c
ἱμάτιον 685a
ἱματισμός 686a
περιβόλαιον 1122b
στολισμός 1292b

מַלְבֵּן
πλινθεῖον, πλινθίον 1150a
[[πλίνθος 1150a]] → לְבֵנָה

מִלָּה (Hebrew and Aramaic)
ἀπόκρισις 134b
δόλος 340b
θρύλ(λ)ημα 656b
λαλεῖν 841c
λέξις 873c
λόγος 881c
πρᾶγμα 1199c
προσταγή 1219c
πρόσταγμα 1219c
ῥῆμα 1249a

מְלוֹ
⟦ἴσος 688c⟧

מְלוֹא
πλήρης 1147a
πλήρωμα 1148b

מְלֹא, מְלוֹא
ἄκρα 50b
ἀνάλημμα 79b

מִלֻּאָה
⟦κατασκεύασμα 181d⟧

מְלוּחַ
ἄλιμον 54b

מְלוּכָה
βασιλ(ε)ία 192a
βασιλεύειν 194c
βασιλεύς 197a
βασιλικός 214a

מָלוֹן
καταλύειν 738b
κατάλυμα 738c
παρεμβολή 1067b
σταθμός 1286b
στρατοπεδ(ε)ία 1296a

מְלוּנָה
ὀπωροφυλάκιον 1004b

מָלַח qal
ἁλίζειν 54b

מָלַח pu.
μιγνύναι 926c
σκευάζειν 191b

מָלַח ho.
ἁλίζειν 54b
ἅλς, ἅλα(ς) 59b

מְלַח (Aramaic)
*ἅλς, ἅλα(ς) 59b

מֶלַח I
ἅλμη 166b
*ἅλς, ἅλα(ς) 59b, 166b
ἁλυκός 60a
§γαιμελα (גֵּי־מֶ׳) 233b
§γεμελεδ (גֵּי־מֶ׳) 236a
§μαλα 894b

מֶלַח II
#σχοινίον 1328a (Je. 45[38].11)

מַלָּח
ἐπιβάτης 516b
κωπηλάτης 840b
ναυτικός 940a

מְלֵחָה
ἅλμη 59a
ἁλμυρίς 59a
ἁλμυρός 59a

מִלְחָמָה
⟦ἄθῶος 30a⟧
ἀντίκεισθαι (אִישׁ מִלְחָמָה) 110c
ἀντιπολεμεῖν (אִישׁ מִ׳) 111c
⟦δύναμις 350a⟧

⟦θυμός 660c⟧ → חֵמָה I
⟦κεῖσθαι (אִישׁ מִלְחָמוֹת) 758b⟧ →
ἀντίκεισθαι
μάχη 901a
μαχητής (אִישׁ מִ׳) 901a
μάχιμος (אִישׁ מִ׳) 901b
μητρόπολις (עִיר מִ׳) 925c
ὁπλομάχος 1003c
παράταξις 1064b
παρατάσσειν (אָסַר מִ׳) 1064c
πολεμεῖν 1170b
πολεμία 1171b
πολεμικός 1171b
πολέμιος 1171b
πολεμιστής (תָּפַשׂ מִ׳, מִ׳) 1171c
*πόλεμος 1172a, 189b

מָלַט ni.
ἀνασῴζειν 83a
⟦διαβαίνειν, διαβέννειν 298a⟧
διαλανθάνειν 304b
διασῴζειν 312b
διαφεύγειν 314b
ἐκσπᾶν 441b
ἐκφεύγειν 174a
ἐξαιρεῖν 484b, 175c
⟦περισῴζειν 1127b⟧ → σῴζειν
ῥύεσθαι 1254b
σῴζειν 1328b

מָלַט pi.
ἀνασῴζειν 83a
διασῴζειν 312b
ἐξαιρεῖν 484b, 175c
⟦εὑρίσκειν 576c⟧
ῥύεσθαι 1254b
σῴζειν 1328b

מָלַט hi.
σῴζειν 1328b
τίκτειν 1351c

מָלַט hithp.
διαρριπτεῖν, διαρρίπτειν 309c
⟦ἔχειν 586c⟧

מְלִילָה
στάχυς 1287b

מְלִיצָה
ἑρμην(ε)ία 177b
σκοτεινὸς λόγος 881c, 1276a

מָלַךְ qal
βασιλ(ε)ία 192a
*βασιλεύειν 194c, 169a
βασιλεύς 197a
κρατεῖν 783a

מָלַךְ ni.
βουλεύειν 227a

מָלַךְ hi.
*#ἀναδεικνύειν βασιλέα 76c, 197a (I Es. 1.32, 35[4], 44[10])
βασιλεύειν (מָ׳ hi., מָ מֶלֶךְ hi.) 194c
γίνεσθαι βασιλεύς 197a, 256c
καθιστάναι (εἰς) βασιλέα 197a, 703a
χρίειν εἰς βασιλέα 197a
⟦διδόναι 317b⟧

מָלַךְ ho.
βασιλεύειν 194c

מָלַךְ (Hebrew and Aramaic)
ἀβασίλευτος (מָ + neg.) 1a
ἄρχων 166b
ὁ ἄρχων βασιλείας 166b

(בֵּית מְ׳, מְדִינוֹת מְ׳, מְ׳) 192a
βασίλειον (בֵּית מְ׳) 194b
*βασιλεύειν (מְ׳ הָיָה מְ׳, מָלַךְ מְ׳ hi.) 194c
*βασιλεύς 197a, 169a
*βασιλικός (בֵּית מְ׳, מְ׳) 214a
⟦ " (לִפְנֵי מְ׳) 214a⟧
*#τὰ βασιλικά (רְכוּשׁ מְ׳) 214a (I Es. 1.7)
βουλή 227c (Ec. 2.12 Aramaizing)
ἡγεῖσθαι 602c
στρατηγός 1295b

מְלַךְ (Aramaic)
βουλή 227c
#ὑστεροβουλία 1418c (Pr. 24.71 [31.3] Aramaizing)

מֶלֶךְ
ἄρχων 166b
βασιλεύς 197a
§μελχο 909c

מַלְכֹּדֶת
σύλληψις 1302c

מַלְכָּה (Hebrew and Aramaic)
βασίλισσα 214a
γυνή 278b

מַלְכוּ (Aramaic)
*βασιλ(ε)ία (שָׁלְטָן מְ׳, מְ׳) 197a
βασίλειον 194b
βασιλεύειν 194c
βασιλεύς 197a
βασιλίσσα 214a
θρόνος 655b
ὁ τόπος τοῦ θρόνου 655b, 1364b

מַלְכוּת
*βασιλ(ε)ία (מְדִינוֹת מְ׳, מְ׳) 192a, 169a
βασίλειον (בֵּית מַ׳) 194b
*βασιλεύειν (נָגַע לְמַ׳ hi.) 194c
*βασιλεύς 197a
⟦ " 169a⟧
βασιλικός (דְּבַר־מַ׳, מַ׳) 214a
ἐνθρονίζεσθαι
(יָשַׁב . . . עַל כִּסֵּא מַ׳) 473c
⟦ἡδύς 604c⟧

מַלְכָּם
§μολχολ, μολχομ 932c

מִלְכֹּם
βασιλεύς 197a

מַלְכֶּת
βασιλίσσα 214a

מָלַל qal
ἀποπίπτειν 139c
ἐκπίπτειν 439b
ἐπιπίπτειν 526b
σημαίνειν 1263c

מָלַל ni.
ἀποξηραίνειν 139b

מָלַל pi.
ἀναγγέλλειν 74a
λαλεῖν 841c, 183a

מָלַל polel
ἀποπίπτειν 139c

מָלַל I hithpo.
ἀσθενεῖν 172a

מְלַל pa. (Aramaic)
εἰπεῖν, ἐρεῖν 384a

⟦ἐπηχεῖν(?) 511b⟧ → XXX ≈ ἐπακούειν
λαλεῖν 841c

מִלֵּמַד, מַלְמֵד
ἀροτρόπους, ἀρατρόπους 159c
ἄροτρον 168b

מָלַץ ni.
γλυκύς 271a

מָלַק qal
ἀποκνίζειν 132c

מַלְקוֹחַ
λαμβάνειν 847a
λάρυγξ 862c
σκῦλον 1277b

מַלְקוֹשׁ
ὄψιμος 1044b

מַלְקָחַיִם, מֶלְקָחַיִם
ἐπαρυστήρ 508b
ἐπαρυστ(ρ)ίς 508b
λαβίς 840a

מַלְתָּעוֹת
μύλη 936c

מַמְגֻּרָה
ληνός 875c

מֶמַד
#κάλαμος 712b (Ez. 42.20)
μέτρον, μέτρος 918b

מְמוֹן
χρυσίον 196c

מָמוֹת
θάνατος 623b
θανατοῦν 625a

מַמְזֵר
ἀλλογενής 55c
ἐκ πόρνης 1195a

מִמְכָּר
διάπρασις 308b
πρᾶσις 1200c, 190a

מִמְכֶּרֶת
πρᾶσις 1200c

מַמְלָכָה, מַמְלָכָה
ἀρχή 163c
βασιλ(ε)ία 192a, 169a
βασίλειον 194b
βασίλειος 194c
βασιλεύειν 194c
βασιλεύς 197a, 169a
βασίλισσα 214a
νομός 949b

מַמְלָכוּת
βασιλ(ε)ία 192a
βασιλεύς 197a

מַמְלֶכֶת
see מַמְלָכָה, מַמְלָכָה

מִמְסָךְ
κέρασμα 760b
#πότος 1198a (Pr. 23.30)

מֶמֶר
ὀδύνη 967a

מַמְרוֹרִים
πικρία 1132c

מִמְשָׁל
δυναστ(ε)ία 354c
κυρ(ε)ία 799c
κυριεία 800a

Column 1

מֶמְשֶׁלֶת, מֶמְשָׁלָה
ἀρχή 163c
βασιλ(ε)ία 192a
δεσποτ(ε)ία 292c
δυναστ(ε)ία 354c
ἐξουσία 500c, *176a*
ἡγεμονία *179a*
κατάρχειν 743c
οἰκονομία 973a
στρατ(ε)ία 1295c

מַמְתַּקִּים
*γλύκασμα 270c
γλυκασμός 270c

מָן I
§μαν 895a
§μαννα 895c

מָן II (Aramaic)
ὅσος (מָן־דִּי) 1019a
ποῖος (מַן־הוּא) 1170a

מָן (Aramaic)
*τίς 1355c

מֵן
χορδή 1472b

מִן (Hebrew and Aramaic)
διά + acc. *171a*
ἐκ *173b* (–Si. 10.17)
ἐκεῖθεν (מִן־תַּמָּה) 427b
ἐκτός (לְבַד מִן) 443c
ἔμπροσθε(ν),
  (מִן־קֳדָמַת דְּנָה, מִן־קֳדָם) 459b
ἐν *174b*
ἐναντίον *175a*
ἐξόπισθε(ν) (מִן־אַחֲרֵי) 500a
ἔξωθεν (מִן־הַחוּץ) 502b
ἐπάνω (עֵלָּא מִן) 507b
ἐπί + gen. *176b* (–Si. 51.9)
  " + dat. *176b*
  " + acc. *176b*
ἤ *178a*
⟦κατέναντι *181d*⟧
μᾶλλον ἤ *178a*
μέρος 911c
#οὐδαμοῦ 1028a (Jb. 21.9)
παρά + gen. *187b*
  " + acc. *187b*
πάρεξ, παρέξ (לְבַד מִן) 1068c,
  187c
περί + gen. 188b
πλήν 1145c
πρό *190a*
ἀπὸ (τοῦ) προσώπου 1223c
ἐκ (τοῦ) προσώπου (מִן קֳדָם)
  1223c
κατὰ (τὸ) πρόσωπον (מִן קֳדָם)
  1224a
τις (יֵשׁ מִן) *193c*
ὑπέρ + gen. *194b*
  " + acc. *194b*
ὑπεραίρειν (פָּלָא מִן ni.) *194b*
ὑποκάτωθεν (מִן־תְּחוֹת) 1414b

מְנָא (Aramaic)
§μανη (מְנָא) 895b

מַנְגִּינָה
ψάλλειν *196a*
#ψαλμός 1483b (La. 3.63)

מִנְדָּה (Aramaic)
φόρος 1438a

מַנְדַּע (Aramaic)
σύνεσις 1314a
φρήν 1438c

Column 2

φρόνησις 1439a

מַנְדַּע
see מַנְדַּע, מַדָּע

מָנָה I qal
⟦ἀλλάσσειν 55b⟧
ἀριθμεῖν 156b
#ἀριθμός 156c (Jd. 11.33B)
ἐξακριβάζεσθαι 486c
ἐξαριθμεῖν 489c
⟦διαλογισμός *171d*⟧
λογισμός *183c*
παραδιδόναι 1058a

מָנָה I ni.
ἀναρίθμητος (מָ ni. + neg. +
  סָפַר ני + neg.) 81c
ἀριθμεῖν 156b
ἐξαριθμεῖν 489c
λογίζεσθαι 880a

מָנָה I pi.
⟦ἀναδεικνύειν 76c⟧ →
  ἀποδεικνύειν
#ἀποδεικνύειν 126a (Da. LXX 1.11)
διατάσσειν 313a
⟦διδόναι 317b⟧ → מָנָה I pu.
ἐκτάσσειν 442a
καθιστάναι 702c
προστάσσειν, προστάττειν
  1220c

מָנָה I pu.
#διδόναι 317b
καθιστάναι 702c

מָנָה II
*#ἀποστολή 145a
μερίς 911a (+Na. 3.8), *184b* (Si.
  26.3)

מְנָה pe. (Aramaic)
ἀριθμεῖν 156b
μετρεῖν 918a

מְנָה pa. (Aramaic)
*#ἀναδεικνύειν 76c (I Es. 8.23)
καθιστάναι 702c

מְנֵה
§*μνα 931a

מִנְהָג
ἄγειν 9a

מְנָהָרָה
μάνδρα 895a
τρυμαλιά 1377b

מָנוֹד
κίνησις 765c

מָנוֹחַ
ἀνάπαυσις 80c
κατάπαυσις 741a
στάσις 1286c

מְנוּחָה
ἀναπαύειν 80b
ἀνάπαυμα 80c
ἀνάπαυσις 80c, *166c*
κατάπαυσις 741a

מָנוֹס
καταφυγή 748b
φυγή 1440b

מְנוּסָה
φεύγειν 1428b
φυγή 1440b

מָנוֹר
ἀντίον 111b
μέσακλον 912c

Column 3

מְנוֹרָה
λαμπάδιον, λαμπαδεῖον 852c
λυχνία 891a, *183c* (Si. 26.17)

מִנְחָה (Hebrew and Aramaic)
δῶρον 359a
*θυσία 664a, *179c*
θυσίασμα 666a
§μαανα 891a
§μανα 895a
§μαναα(ν)(?), μαναμ 895a
§μαναχ 895a
§μαννα 895c
§μανναειμ 896a
ξένιον 956b
ὁλοκαύτωμα 987c
προσφορά 1223b

מְנִי
τύχη 1379c

מִנְיָן (Aramaic)
*ἀριθμός 156c

מָנַע qal
ἀνέχειν 87c
ἀπέχειν 122a
ἀποκωλύειν 136a, *168a*
ἀποστρέφειν 145b
ἀποτυγχάνειν 149c
ἀφαιρεῖν 180a
ἀφιστᾶν, ἀφιστάναι,
  ἀφιστάνειν 184b
ἀφυστερεῖν 187b, *169c*
διαλείπειν 304c
ἐκκλ(ε)ίνειν 433c
ἐμποδίζειν *174b*
ἐξαίρειν 485a
⟦ἐξαφιστάναι 490a⟧ → ἀφιστᾶν,
  ἀφιστάναι, ἀφιστάνειν
ἐφιστάναι 585c
κρύπτειν 791c
κωλύειν 839b, *183c*
παρέλκειν *187c*
στερεῖν 1288c, *192a*
⟦συνάγειν 1307b (Jb. 20.13), *192d*⟧
  → συνέχειν
συνέχειν 1315b (+Jb. 20.13; Si.
  14.4)
⟦ὑστερεῖν 1418b⟧ → στερεῖν

מָנַע ni.
ἀπέχειν 122a
ἀφαιρεῖν 180a
ἐπέχειν 511a
ὀκνεῖν 985b

מַנְעוּל
κλεῖθρον 767b

מַנְעָל
ὑπόδημα 1413b

מַנְעַמִּים
ἐκλεκτός 437a

מְנַעְנְעִים
⟦κύμβαλον 799b⟧ → מְצִלְתַּיִם

מְנַקִּית
κύαθος 796a

מָנָת
μερίς 911a

מַס
ἔργον 541c
ἥττημα 620c
τέλος 1344a
ὑπήκοος (לָמַס) 1411c

Column 4

φορολόγητος, φωρολόγητος
  1438a
φόρος 1438a

מֵסַב
ἀνάκλισις 78b
κύκλος 797a
κύκλωμα 798c

מַסְגֵּר
δεσμός 292a
#δεσμωτήριον 292b (Is. 24.22)
δεσμώτης 292b
ὀχύρωμα 1043c
⟦συγκλείειν 1299c⟧ → סָגַר hi. or
  pi.
φυλακή 1440c

מִסְגֶּרֶת
διάπηγος(?) 308a
στεφάνη 1289c
σύγκλεισμα 1300a
συγκλεισμός 1300a
συγκλειστός 1300a

מַסָּד
θεμέλιον, θεμέλιος 629b

מִסְדְּרוֹן
προστάς 1220b

מָסָה hi.
βρέχειν 230c
ἐκτήκειν 443a
μεθιστᾶν, μεθιστάναι,
  μεθιστάνειν 907b
τήκειν 1348a

מַסָּה
πεῖρα 1115c
πειρασμός 1116a
⟦πικρασμός 1132c⟧ → πειρασμός

מַסְוֶה
κάλυμμα 716c

מִסְחָר
ἔμπορος 459a

מֶסֶךְ
κεραννύναι, κεραννύειν 759c
κιρνᾶν 765c

מֶסֶךְ
κέρασμα 760b

מָסָךְ
ἐπικάλυμμα 522b
ἐπίσπαστρον 529b
κάλυμμα 716c
κατακάλυμμα 732c
καταπέτασμα 741b
σκέπη 1269a
συσκιάζειν 1323a

מַסֵּכָה
ἐνδεῖν 469c

מַסֵּכָה
γλυπτός 271a
συνθήκη 1316a
χώνευμα 1480c
χωνευτός 1481a

מִסְכֵּן
πένης 1117a
#προσδεῖν ("to be needy") *190a*
#πτωχός *190c* (Si. 30.14)

מִסְכֵּנוּת
πτωχ(ε)ία 1239b

מִסְכְּנוֹת
ὀχυρός 1043b
περίχωρος (מִ׳ עָרִים) 1128b

⟦σκήνωμα 1273b⟧ → מִשְׁכָּן

מַסֶּכֶת
  δίασμα 310c

מְסִלָּה
  ἀνάβασις 72c
  δίοδος 336a
  ὁδός 962b
  τάξις 1334b
  τρίβος 1372b

מַסְלוּל
  ὁδός 962b

מַסְמְרוֹת, מִסְמְרוֹת
  ἧλος 607b

מַסְמְרִים, מַסְמְרִים
  ἧλος 607b

מסס ni.
  #ἀναλύειν 79b (Si. 3.15)
  βρέχειν 230c
  δειλιαίνειν 287a
  δειλιᾶν 287a
  διαλύειν 305a
  ἐξιστᾶν, ἐξιστάναι 496c
  ⟦ἐξουδενοῦν, ἐξουθενοῦν 500b⟧
    → מָאַס ni.
  ἡττᾶν 620b
  θραύειν 654b
  ⟦θραυμός 654c⟧ → θραυσμός
  θραυσμός 654c
  #καταπλήσσειν 742a (Jo. 5.1)
  ⟦κατατήκειν 746c⟧ →
    καταπλήσσειν
  πτοεῖν 1238c
  σαλεύειν 1257c
  τήκειν 1348a

מסס hi.
  ἀφιστᾶν, ἀφιστάναι,
    ἀφιστάνειν 184b

מַסָּע
  ἀναζυγή 77a
  ἀπαίρειν 115c
  ἀπαρτία 118a
  ἐξαίρειν 485a
  ἔξαρσις 490a
  ἐπαίρειν 505a
  ⟦ἔρχεσθαι 548b⟧
  παρεμβολή 1067b
  σταθμός 1286c
  στρατιά, στρατεία 1295c

מִסְעָד
  ἀργός 153a

מִסְעָד
  ὑποστήριγμα 1417a

מִסְעָר
  καταιγίς 181b

מִסְפֵּד
  κοπετός 778a, 182a
  κόπτειν 779a
  πένθος 1118a

מִסְפּוֹא
  χόρτασμα 1473a

מִסְפְּחוֹת
  ἐπιβόλαιον 517a
  ⟦περιβόλαιον 1122b⟧ →
    ἐπιβόλαιον

מִסְפַּחַת
  σημασία 1263b

מִסְפָּר
  #αἰών ('מ + neg. + יְמֵי) 165c (Si. 41.13)
  ἀναρίθμητος ('מ + neg.) 81c, 166c
  ἀριθμητός 156c
  *ἀριθμός 156c, 168b
  ⟦βιβλίον, βυβλίον 218b⟧ → סֵפֶר
  διήγησις 330a
  ἐξαριθμεῖν 489c
  ἐξήγησις 495b
  ἔτος ἐξ ἔτους (בְּמִ שָׁנִים) 565a
  καταριθμεῖν 743a
  ⟦πλῆθος 1142c (Ps. 146[147].4)⟧
  συντέλεια 1318c

מָסַר qal
  ἀφιστᾶν, ἀφιστάναι,
    ἀφιστάνειν 184b

מָסַר ni.
  ⟦ἐξαριθμεῖν 489c⟧ → סֵפֶר ni.

מְסֹרֶת
  ⟦ἀριθμός 156c⟧ → מִסְפָּר

מִסְתּוֹר
  ἀπόκρυφος 134c

מִסְתָּר
  ἀόρατος 113c
  ἀπόκρυφος 134c
  κεκρυμμένως (בְּמִסְתָּרִים) 758c
  κρυπτός 792c, 182c (+Si. 4.18)
  κρυφαῖος 793a
  λάθρα (בְּמִ) 840c

מַעֲבָד
  ἔργον 541c

מַעֲבָד (Aramaic)
  #ἔργον 541c (Da. TH 4.34)

מַעֲבֶה
  πάχος 1112c

מַעֲבָר
  διάβασις 298c
  ⟦κυκλόθεν (כָּל מַעֲבַר) 796b⟧
  ⟦ὁ/ἡ/τὸ πέρα(ν) 1119b⟧ → עֵבֶר
  #πάροδος 1071a (IV Ki. 25.24)

מַעְבָּרָה
  διάβασις 298c
  φάραγξ 1424b

מַעְגָּל
  ἄξων 113c
  ⟦αὔξων(?) 179a⟧ → ἄξων
  λαμπήνη 853a
  ὁδός 962b
  ⟦πεδίον 1113b⟧
  στρογγύλωσις 1297a
  τρίβος 1372b
  τροχ(ε)ία 1376c

מָעַד qal
  ἀσθενεῖν 172a
  σαλεύειν 1257c, 191a (Si. 16.18?)
  ὑποσκελίζειν 1416c

מָעַד hi.
  συγκάμπτειν 1299b

מַעֲדַנּוֹת
  δεσμός 292a

מַעֲדַנִּים
  κόσμος 780c
  τρυφή 1377c

מַעֲדַנִּית
  #τρέμειν 1371b (I Ki. 15.32)

מַעְדֵּר
  ἀροτριᾶν 159b

  ἀροτριοῦν 159c

מָעוֹג
  ἐγκρυφίας 367a
  ⟦μυκτηρισμός 936c⟧ → לַעַג

מָעוֹז
  ἀνδρίζεσθαι 86b
  ἀντίληψις 111b
  βοήθεια, βοηθία 222c
  βοηθός 223c
  δύναμις 350a
  δυναστ(ε)ία 354c
  ἐνισχύειν 475a
  ἰσχύειν 693b
  ὀχύρωμα ἰσχυρός 693b
  ἰσχύς 694b
  καταφυγή 748b
  κατισχύειν 751b
  κραταιοῦν 782c
  κραταίωμα 783a
  κραταίωσις 783a
  §μαωζει(μ), μαωζειν (מָעֻזִּים) 901b
  §μαωζι 901b
  σκεπαστής 191b
  #σκέπη 1269a (Is. 30.3)
  στάσις 1286c
  ὑπερασπιστής 1408c
  ὑποστήριγμα 1417a

מָעוֹן
  ἁγίασμα 11b
  διατριβή 314a
  ⟦εὐπρέπεια, εὐπρεπία 576b⟧
  ⟦καταφυγή 748b⟧
  κατοικητήριον 755b
  #κατοικία 755b (Ps. 86[87].7)
  κοίτη 775b
  §μουων 935c
  οἶκος 973a
  *#σκήνωμα 1273b (I Es. 1.60)
  τόπος 1364b

מְעוֹנָה
  κατοικητήριον 755b
  κοίτη 775b
  μάνδρα 895a

מָעוֹר
  ⟦σπήλαιον 1284b⟧ → מְעָרָה

מָעֹז
  ὀχύρωμα 1043b

מָעַט qal
  ἐλάσσων γίνεσθαι 256c
  ἐλαττονοῦν, ἐλασσονοῦν 448a
  ἐλαττοῦν, ἐλασσοῦν 448b
  ἐλάττων, ἐλάσσων, ἐλάχιστος 448b
  ὀλίγος εἶναι 986b
  ὀλιγοστὸς εἶναι 986c
  ὀλιγοῦν 987a
  (σ)μικρύνειν 927c

מָעַט pi.
  ὀλιγοῦν 987a
  ταπεινοῦν 193a

מָעַט hi.
  ἐλαττονεῖν 448a
  ἐλαττονοῦν, ἐλασσονοῦν 448a
  ἐλαττοῦν, ἐλασσοῦν 448b
  ἐλάττων, ἐλάσσων, ἐλάχιστος 448b
  ὀλιγοποιεῖν 186a

  ⟦ὁ τὸ ὀλίγος(') (הַמַּמְעִיט) 986b⟧ →
    ἐλάττων, ἐλάσσων,
    ἐλάχιστος
  ὀλίγον ποιεῖν 986b, 1154a
  ὀλιγοστὸν ποιεῖν 986c, 1154a
  ὀλιγοῦν 987a
  (σ)μικρύνειν 927c
  #φθονερός 195a (Si. 14.10)

מְעָט, מְעַט
  βραχύς 230c
  ⟦ἐκλείπειν (') 435c⟧
  ἐλάττων, ἐλάσσων, ἐλάχιστος
    448b
  ἱκανός + neg. 683c
  μηδείς, μηθείς 920c
  μικρός 926c, 185b
  κατὰ μικρόν 926c
  κατὰ μικρὸν μικρόν (מְ מְ) 926c
  μικρὸν ὅσον ὅσον (כְּמִ רֶגַע)
    926c, 1019a
  μικρὸς μερίς 926c
  μικροῦ (כְּמִ) 926c
  μικρύνειν 927c
  ὀλίγος (מְ) (כְּמִ) 986b, 186a (+Si.
    20.13; 51.16)
  ὀλιγοστός 986c
  ἐν τάχει (כְּמִ) 1338c

מְעַט
  ⟦εὖ γίνεσθαι 568a⟧
  ὀλίγος 186a

מַעֲטֶה
  καταστολή 745c
  περιβολή 188b

מַעֲטָפָה
  μεσοπόρφυρος 913a

מְעִי I
  ἔλεος, ἔλαιος 451a
  καρδία 181a (–Si. 4.3)
  ⟦ " 719a⟧

מְעִי II
  ⟦χνοῦς 1471c⟧ → χοῦς
  χοῦς ("dust") 1473b

מְעִיל
  διπλοίς 337a
  ἐπενδύτης 509c
  ἐπωμίς 177b
  *#ἐσθής 557a (I Es. 8.71, 73)
  ἱμάτιον 685a
  ποδήρης 1153c
  στολή 1291c
  ὑποδύτης 1413b
  χιτών 1471a

מֵעִים
  κοιλία 773a, 182a
  #σπλάγχνα 1284c (Je. 28[51].13)

מְעִין (Aramaic)
  κοιλία 773a

מַעְיָן
  πηγή 1130b

מָעַך qal
  ἐμπηγνύναι 456c
  θλαδίας 652a

מָעַך pu.
  πίπτειν 1135c

מָעַל
  ἀδικεῖν 24c
  ἀθετεῖν 29b
  *ἁμαρτάνειν 60c
  *ἀνομεῖν 106b

ἀπειθεῖν 119c
ἀσυνθετεῖν 174b
ἀφιστᾶν, ἀφιστάναι,
   ἀφιστάνειν 184b
⟦λανθάνειν 853a⟧ → עָלַם I ni.
παραπίπτειν 1063b
⟦παριδεῖν 1070b⟧ → עָלַם I hi.
παριδὼν παριδεῖν (מ׳ מַעַל)
   1070b
πλανᾶν 1139b
⟦πλημμέλεια, πλημμελία 189a⟧
πλημμελεῖν 1145b, 189a
⟦ὑπεριδεῖν 1410b⟧ → עָלַם I hi.

מַעַל I subst.
ἀδικία 25b, 165b
ἀθεσία 29b
ἀθέτημα 29c
ἀθέτησις 29c
ἁμαρτία 166b
*ἀνομία 106b
ἀποστασία 141a
ἀπόστασις 141b
ἀσυνθεσία 174b
λήθη 875c
παραβαίνειν 1055b
παράπτωμα 1063c
⟦παριδὼν παριδεῖν (מַעַל מ׳)
   1070b⟧ → עָלַם I hi. ≈ παριδεῖν
πλημμέλεια, πλημμελία 1145b,
   189a
⟦ὑπεριδεῖν 1410b⟧ → עָלַם I hi.

מַעַל II adv.
ἄνωθεν 112c
ἀνώτερος, ἀνώτατος 112c
ἐπάνω (מִלְמַעְלָה, לְמַעְלָה, מַעְלָה,
   מִמַּ׳ לְ־) 507b
ἐπάνωθεν (מִלְמַעְלָה, לְמַעְלָה, מִמַּ׳,
   מִמַּ׳ מִן) 507c
ἐπέκεινα (מַעְלָה) 509b
κύκλος (מִמַּ׳) 797a
εἰς τὸ μετέωρος (מִלְמַעְלָה) 917c
ἕως σφόδρα (עַד לְמַעְלָה) 1325a
ὑπεράνω (מַעְלָה, מִלְמַעְלָה,
   מִמַּ׳ לְ־, לְמַעְלָה) 1408b
ὑπεράνωθεν (מִמַּ׳) 1408c
ὕψιστος (מִמַּ׳) 1420b
ὕψος (מַעְלָה) 1421b

מֵעַל (Aramaic)
δυσμή 357b

מֵעַל
#ἐπάνω 176b (Si. 45.12)
ἀπὸ (τοῦ) προσώπου (מ׳ פָּנִים)
   1223c
ἐκ (τοῦ) προσώπου (מ׳ פָּנִים)
   1223c

מֹעַל
*#αἴρειν 34c
ἐπαίρειν 505a

מַעֲלֶה
ἀναβαίνειν, ἀναβέννειν 70a
ἀνάβασις 72c, 166c
κλιμακτήρ 771a
προσανάβασις 1212a
⟦πρόσβασις 1212b⟧ →
   προσανάβασις

מַעֲלָה
ἀναβαθμίς 69c
ἀναβαθμός 70a
ἀνάβασις 72c
#ἄνωθεν (מִלְמַ׳) 112c (Ge. 6.16)
βαθμός 189a

διαβούλιον 299b
κλιμακτήρ 771a
κλίμαξ 771a

מַעֲלִיל
⟦ἐπιτήδευμα 535b⟧ → מַעֲלָל

מַעֲלָל
ἀνομία 106b
διαβούλιον 299b
ἐπιτήδευμα 535b
ἔργον 541c
πρᾶγμα 1199c

מַעֲמָד
ἱστάναι, ἱστᾶν 689a
στάσις 1286c, 192a (Si. 36[33].12)
*#τάξις 1334b (I Es. 1.15)

מָעֳמָד
ὑπόστασις 1417a
συναγωγή 192c

מַעֲמָסָה
καταπατεῖν 740b

מַעֲמַקִּים
βάθος 189a

מַעֲנֶה
ἀποκρίνειν 133a
ἀπόκρισις 168a
ἀπόκρισιν διδόναι 134b
εἰσακούειν 408b
ἐπακούειν 505c
ῥῆμα 191a

מַעֲצָבָה
λύπη 889c

מַעֲצָד
σκέπαρνον 1269a

מַעֲצוֹר
συνέχειν 1315b

מַעֲקֶה
στεφάνη 1289c

מַעֲקַשִּׁים
σκολιός 1275b

מַעַר
αἰσχύνη 37b
ἀσχημοσύνη 174c
ἔχειν (כְּמ׳) 586c

מַעֲרָב I
συμμικτός 1304b

מַעֲרָב II
δυσμή 357b
λίψ 879c

מַעֲרָב III
ἐμπορία 459a
ἔμπορος 459a

מַעֲרָבָה
δυσμή 357b
⟦λίψ 879c⟧ → מַעֲרָב II

מְעָרָה
$μαραα 896a

מְעָרָה
σπήλαιον 1284b
σχισμή 1328a

מַעֲרוּמִים
#ἀγνόημα 165b (Si. 51.19)
πανουργεύμα 187a

מַעֲרִיץ
φόβος 1435c

מַעֲרָכָה
⟦καῦσις 757a⟧

---

*παράταξις 1064b
παρεμβολή 1067b

מַעֲרֶכֶת
θέμα 629b
πρόθεσις 1206b

מַעֲרָמִים
γυμνός 278a

מַעֲרָצָה
ἰσχύς 694b

מַעֲשֶׂה
⟦ἀδικία 25b⟧
[ἐνέργημα] 175b
ἐνεργός 473a
ἐπιτήδευμα 535b
ἐργάζεσθαι, ἐργάζειν 540c
ἐργασία 541b
ἐργάσιμος 541c
*ἔργον 541c, 177b (+Si. 30[33].31;
   36[33].15)
⟦κακός 709b⟧
κατασκευή 744b
κόσμος 780c
κτίσμα 182c
⟦ὀχύρωμα 1043c⟧
ποιεῖν 1154a, 189b
ἃ ποιεῖ 1154a
ποίημα 1168b
ποίησις 1168c
ποικιλία 1168c
#ποίμνιον 1169c (I Ki. 25.2)
πρᾶγμα 1199c
ῥυθμός 1255b
τέχνη 1347c

מַעֲשֵׂר
⟦ἀπαρχή 118b⟧
⟦δεκάς 289a⟧ → δέκατος
δέκατος 289a, 170c
ἐκφόριον 445c
ἐπιδέκατος 519a

מַעֲשַׁק
ἄδικος 165b

מַעֲשַׁקּוֹת
ἀδικία 25b
συκοφάντης 1301c

מִפְגָּע
κατεντευκτής 749a

מַפָּח
ἀπώλεια, ἀπωλία (מ׳ נֶפֶשׁ) 151c
[ὀδύνη] 186a

מַפֻּחַ
φυσητήρ 1446c

מֵפִיץ
⟦ῥόπαλον 1254b⟧ → מֵפִיץ מ׳

מִפְלָאָה
ἐξαίσιος 486b

מִפְלַגָּה
διαίρεσις 302c
*#μεριδαρχία 910c (I Es. 1.11)

מַפֵּלָה, מַפָּלָה
πίπτειν 1135c
πτῶσις 1239a

מִפְלָט
σῴζειν 1328b

מִפְלֶצֶת
εἴδωλον 376a
κατάδυσις 731b

מִפְלָשׂ
⟦διάθεσις 300c⟧ → διάκρισις

διάκρισις 304a

מַפֶּלֶת
πίπτειν 1135c
πτῶμα 1239a
πτῶσις 1239a, 190c

מִפְעָל
ἔργον 541c, 177b

מִפְעָלָה
ἔργον 541c

מַפָּץ
πέλυξ (כְּלִי מ׳) 1116b

מֵפִיץ
⟦διασκορπίζειν 310b⟧ → פּוּץ hi.
#ῥόπαλον 1254b (Pr. 25.18)

מִפְקָד
ἀποχωρίζειν 150a
#ἐξεγείρειν 175c (Si. 35[32].11)
ἐπίσκεψις 528b
καθὼς προσέταξεν (בְּמ׳) 1220c

מִפְרָץ
διακοπή 303c
διέξοδος 328b

מִפְרֶקֶת
νῶτον, νῶτος 956b

מִפְרָשׂ
ἀπέκτασις 120b
⟦ἐπέκτασις 509b⟧ → ἀπέκτασις
στρωμνή 1297b

מִפְשָׂעָה
ἀναβολή 73c

מִפְתָּח
#κλείειν 182a (Si. 42.6)
κλείς 767b

מִפְתֵּחַ
⟦ἀναφέρειν 84c⟧
ἀνοίγειν 105b

מִפְתָּן
αἴθριος 30c
§αμαφεθ (הַמּ׳) 65a
βαθμός 189a
πρόθυρον 1206c
⟦προπύλαιον 1208c⟧ →
   πρόπυλον
πρόπυλον 1208c

מֹץ
κονιορτός 777c
χνοῦς 1471c
⟦χοῦς ("dust") 1473b⟧ → χνοῦς

מָצָא qal
⟦ἀναδεικνύειν 76c⟧ →
   ἀποδεικνύειν
ἀναπαύειν (מ׳ נַחַת qal) 166c
#ἀποδεικνύειν 126a (Da. LXX
   1.20)
ἀρέσκειν 155c
ἀρκεῖν 158a
αὐταρκεῖν 179b
ἀφικνεῖσθαι 184a
γίνεσθαι 256b
?γινώσκειν 267a, 170b
δύνασθαι 353a
⟦ἐπικαλεῖν 521b⟧
εὔθετος 570b
εὐπορεῖν 576a
εὑρετής 576c
*εὑρίσκειν 576c, 178a (+Si. 16.14)
ἔχειν 586c
ζητεῖν 597a

ἰδεῖν 669b
#ἰσχύειν 692c (Is. 22.3)
καταλαμβάνειν 735a
κατατυγχάνειν 747a
κληρονομεῖν 182a
[[λαμβάνειν 847a (IV Ki. 10.15)]]
→ εὑρίσκειν
συμβαίνειν 1302c
συναντᾶν 1311a
τυγχάνειν 1378a
?ὑποφέρειν 1418a

מָצָא ni.
[[ἀθετεῖν 29b]] → נָאַץ qal
ἁλίσκειν, ἁλίσκεσθαι 54c
[[ἀρέσκειν 155c]] → ἀρκεῖν
ἀρκεῖν 158a
ἐπιφαίνειν 537c
*εὑρίσκειν 576c, 178a
ἔχειν 586c
καταλαμβάνειν 735a
[[καταλείπειν 736a]]
παραμένειν 187c
[[προφέρειν 1231b]] → מָצָא hi.

מָצָא hi.
αὐτομολεῖν 179c
εὑρίσκειν 576c
παραδιδόναι 1058a
προσφέρειν 1222c
#προφέρειν 1231b (Pr. 10.13)

מַצָּב
§μεσαβ 912c
§μεσσαβ 913c
§μεσσαφ 913c
οἰκονομία 973a
σύστεμα, σύστημα 1323c
ὑπόστασις 1417a
ὑπόστημα, ὑπόστεμα 1417a

מֻצָּב
στάσις 1286c
χάραξ 1454c

מַצָּבָה
ἀνάστημα, ἀνάστεμα 82b
§μεσαβ 912c
§μεσσαφ 913c

מַצֵּבָה
θυσιαστήριον 666b
λίθος 876c
στήλη 1290b
στῦλος 1297c
ὑπόστημα, ὑπόστεμα 1417a

מַצֶּבֶת
θήκη 649c
στήλη 1290b
[[στήλωσις 1290c]] → στήλη

מְצָד
[[βοήθεια, βοηθία 222c]]
κρεμαστός 785c
ὀχύρωμα 1043c
περιοχή 1125a
[[στενός 1288c]] → מֵצַר
τειχίζειν 1339c

מָצָה qal
ἀπορρεῖν 140a
ἐκκενοῦν 432c
ἐκστραγγίζειν 441c
στάζειν 1286a
#στραγγίζειν 1295a (Le. 1.15)

מָצָה ni.
καταστραγγίζειν 745c
[[στραγγίζειν 1295a]] → מָצָה qal

מַצָּה I
*ἄζυμος 28c
ἄρτος ἄζυμος 161b

מַצָּה II
[[κακός 709b]]
μάχη 901a, 184a (Si. 8.16)

מִצְהָלָה
χρεμετισμός 1474b

מָצוֹד
θήρευμα 650c
ὀχύρωμα 1043c
χάραξ 1454c

מְצוֹדָה
ἀμφίβληστρον 67c
παγίς, πακίς 187a
φυλακή 1440c

מְצוּדָה
καταφυγή 748b
ὀχύρωμα 1043c
παγίς, πακίς 1044b
περιοχή 1125a
στενός 1288c

מִצְוָה
δικαίωμα 334b
ἔνταλμα 476c
ἐντολή 479b, 175b
*#ἐπιταγή 534c (I Es. 1.18)
[[κρίσις 789c]] → מִשְׁפָּט
λέγειν 863c
λόγος 881c
*νόμος 947b, 185b
[[ὁδός 962b]]
*πρόσταγμα 1219c
προστάσσειν, προστάττειν 1220c
ῥῆμα 1249a
*#τὰ τεταγμένα 1337a (I Es. 1.15)
φωνή 1447b (De. 28.9)

מְצוּלָה, מְצוֹלָה
ἄβυσσος 1b
βάθος 189a
βυθός 232b
[[σκιὰ θανάτου 623b]] → צַלְמָוֶת

מָצוֹק
ἀνάγκη 76a
θλῖψις 652c
πολιορκία 1174a

מְצוּקָה
ἀνάγκη 76a
θλῖψις 652c, 179c
πνιγμός 189b

מָצוֹר
ὀχυρός 1043b
περιοχή 1125a
#πολιόρκησις (Si. 50.4)
στενοχωρία 1288c
συγκλεισμός 1300a
συνοχή 1318a
τειχήρης 1339c
χαράκωσις 1454c
χάραξ 1454c

מְצוּרָה
ὀχυρός 1043b
πύργος 1244c
#συστροφή 1324a (Ez. 13.21)
τειχήρης 1339c
τειχίζειν 1339c
τεῖχος 1339c

מִצְוֹת
παροινεῖν 1072a
μάχη 184a

מֵצַח
μέτωπον 918c
ὄψις 1044b
φιλόνεικος (חֲזַק־מ') 1431a

מִצְחָה
κνημίς 772c

מְצִלָּה
#χαλινός 1453a (Za. 14.20)

מְצִלָּה
κατάσκιος (בְּמ') 745a

מְצֻלַּחַת
εὐοδία 178a

מְצִלְתַּיִם
κυμβαλίζειν 799a
*κύμβαλον 799b

מִצְנֶפֶת
κίδαρις 764c, 182a
μίτρα 931a

מִצְעָד
διάβημα 299a

מִצְעָר
μικρός 926c
ὀλίγος 986b

מִצְפֶּה
#σκοπή 191c
σκοπιά 1275c
[[ἐπισκοπή] 177a]] → σκοπή

מִצְפָּה
ὅρασις 1007b
σκοπή 191c
σκοπιά 1275c

מַצְפֻּנִים
κρύπτειν 792a

מָצַץ qal
ἐκθηλάζειν 431c

מֵצַר
θλίβειν 652b
θλῖψις 652c
κίνδυνος 765a
#στενός 1288c (I Ki. 23.14, 19; 24.1, 23)

מִצְרֵף
δοκιμάζειν 339c
δοκίμιον 340a

מַק
[[κονιορτός 777c]] → מֹץ

מַקֶּבֶת
σφῦρα 1327b
τέρετρον 1345c

מַקָּבָה
βόθυνος 224b
σφῦρα 1327b

מִקְדְמָה (Aramaic)
*#ἔμπροσθεν 459b

מִקְדָּשׁ
ἁγιάζειν 10c
ἁγίασμα 11b, 165b
ἁγιασμός 11c
ἁγιαστήριον 12a
ἅγιος 12a, 165b
ἀφορίζειν 185c
ἱερός 683a
[[ὅσιος 1018b]] → ἅγιος
τελετή 1343b

מַקְהֵלוֹת
ἐκκλησία 433a

מַקְהֵלִים
ἐκκλησία 433a

מִקְוֶה I
ἀποδοχεῖον 168a
[[δοχεῖον] 172b]] → ἀποδοχεῖον
συνάγειν 1307b
συναγωγή 1309b
συνιστάναι, συνιστᾶν 1317a
σύστεμα, σύστημα 1323c
ὕδωρ 194a
ἀποδοχεῖον/ἀποδοχεῖα ὑδάτων 194a

מִקְוֶה II
*#ἐλπίς 454a
ὑπομονή 1416b

מָקוֹם
[[ἅγιος 12a]]
ἄλλοθεν (מִמ' אַחֵר) 56a
[[γῆ 240c]]
θεμέλιον, θεμέλιος 629b
[[θρόνος 655b]]
[[λαός 853b (Ru. 4.10)]]
[[ὁδός 962b]]
οἶκος 973a
ὅπου ('מ, בְּמ') 186b
οὗ 187a
[[πόλις 1174a (De. 21.19)]] → τόπος
[[συναγωγή 1309b]] → מִקְוֶה I
τάξις 1334b
*τόπος 1364b, 193c
χώρα 1481a

מָקוֹר
πηγή 1130b
ῥύσις 1255c
ὕδατος ἔξοδος 497b, 1381a
φλέψ 1432c

מִקָּח
λαμβάνειν 847a

מִקּוֹחַ
ἀγορασμός 16c

מֻקְטָר
θυμίαμα (מֻקְטָר קְטֹרֶת) 660b

מִקְטֶרֶת
θυμιατήριον 660c

מַקֵּל
βακτηρία 189c
ῥάβδος 1247a

מִקְלָט
ἀφορίζειν 185c
καταφυγή 748b
φυγαδευτήριον (עָרֵי מ', מ') 1440b
φυγάδιον, φυγαδεῖον 1440b

מַקְלַעַת
γραφίς 278a
διατόρευμα 314a
ἐγκολάπτειν 366c
πλοκή 1150b

מִקְנֶה
ἀποσκευή 140c
ἔγκτημα 367a
ἔγκτητος 367a
κτῆνος 794a
κτηνοτρόφος 795a
ἀνὴρ κτηνοτρόφος (אִישׁ מ') 795a
κτῆσις 795a, 182c
ὕπαρξις 1406b

τὸ ὑπάρχον, (τὰ) ὑπάρχοντα 1406b

מִקְנָה
ἀργυρώνητος (מִקְנַת כֶּסֶף) 155b
ἔγκτησις 367a
κτᾶσθαι 793b
κτῆσις 795a
πρᾶσις 1200c

מִקְסָם
μαντ(ε)ία 896a
⟦μαντεύεσθαι 896a⟧ → קסם qal

מִקְצוֹעַ
γωνία 283c
κέρας 759c
κλίτος 771c
μέρος 911c

מָקַק ni.
ἐντήκειν 479a
καταφθείρειν 747c
ῥεῖν 1248b
σήπειν 1265b
τήκειν 1348a

מָקַק hi.
τήκειν 1348a

מִקְרָא
*ἀνάγνωσις 76b
ἀνακαλεῖν 78a
ἐπίκλητος 523a
ἡμέρα μεγάλη (קרא מ') 607b
καλεῖν 712c
κλητός 771a

מִקְרֶה
περίπτωμα 1126a
σύμπτωμα 1306b
συνάντημα 1311c

מְקֵרָה
δόκωσις 340a

מְקֵרָה
θερινός 648c
κοιτών 775c

מִקְשָׁה I
ἐλατός 448a, *174a*
στερεός 1289a
τορευτός 1367b
⟦χρυσοτορευτός (זָהָב מ') 1478c⟧
→ χρυσοῦς, χρύσεος and זָהָב
≈ χρυσοῦς, χρύσεος
#χρυσοῦς, χρύσεος 1478c

מִקְשָׁה II
σικυήρατον, σικυήλατον 1267a

מִקְשֶׁה
σκληροτράχηλος (מ' עֹרֶף) *191c*

מַר
ἐλεγμός 449a
κατάπικρος 741b
κατώδυνος 756c
⟦μετέωρος 917c⟧
ὀδύνη 967a
πικρασμός 1132c
πικρία 1132c, *188c*
πικρός 1133a, *188c*
πικρῶς 1133b
σταγών 1286a

מֹר
⟦κρόκινος 791b⟧ → κρόκος
κρόκος 791b
σμύρνα, ζμύρνα 1278b
στακτή 1286c

מָרָא hi.
⟦πικρία 1132c⟧ → πικρός
πικρός 1133a
ὑψοῦν 1422a

מְרֵא (Aramaic)
βασιλεύς 197a
θεός 630a
κύριος 800b

מַרְאֶה
#ἀποβλέπειν 125c (Ma. 3.9a)
δόξα (מַרְאֵה עֵינַיִם) 341b
(ε)ἰδέα 374b, 669b
εἶδος 375c
εὐειδής (טוֹב מ') 569c
εὐπρόσωπος (יְפַת-מ') 576b
ἰδεῖν 669b
καλός (יְפַת מ', טוֹב מ') 715b
⟦ὁμοίωμα 993a⟧
ὀπτασία 1004b
ὅραμα 1004c
ὅρασις (מַרְאֵה עֵינַיִ מ') 1007b, *186b*
ὁρατής 1008a
ὁρατός 1008b
ὀφθαλμός 1039b
ὄψις 1044b
⟦[πρόσωπον] 1223c (I Ki. 16.7), *190b*⟧

מַרְאָה
κάτοπτρον 756b
ὀπτασία 1004b
ὅραμα 1004c
ὅρασις 1007b

מֻרְאָה
πρόλοβος 1207c

מְרַאֲשׁוֹת, מְרַאֲשׁוֹת
πρὸς κεφαλῆς 760c

מַרְבַדִּים
δισσαὶ χλαῖναι 337b
κειρία 758b
⟦κηρία 763b⟧ → κειρία
χλαῖνα 1471b

מַרְבֶּה
⟦τὸ πλεονάζον 1141c⟧ → רָבָה hi.
≈ πλεονάζειν

מַרְבֶּה
μέγας 902c

מַרְבִּית
περισσεύειν 1126b
πλεονασμός 1142a
πλῆθος 1142c
(τὸ) πλεῖστον 1181c

מַרְבֵּץ
νομή 946b

מַרְבֵּק
⟦ἀνιέναι (= ἀνίημι) 102b⟧
βουκόλιον 226a
ἐκ δεσμῶν ἀνειμένος 292a
νομάς 946b
⟦σιτευτός 1267b⟧
⟦τρέφειν 1371b⟧

מַרְגּוֹעַ
⟦ἁγιασμός 11c⟧
⟦ἁγνισμός 16a⟧

מַרְגְּלוֹת
πούς 1198b
(τὰ) πρὸς ποδῶν 1198b
σκέλος 1268c

מַרְגֵּמָה
σφενδόνη 1325a

מָרַד qal
ἀδικεῖν 24c
ἀθετεῖν 29b
ἀπειθεῖν 119c
ἀποστατεῖν 141b
ἀποστάτης γίνεσθαι 141b, 256c
⟦ἀσεβής 170b⟧
#αὐτομολεῖν 179c (I Ki. 20.30)
*ἀφιστᾶν, ἀφιστάναι,
  ἀφιστάνειν 184b, *169b* (Si. 16.7)
⟦παραπικραίνειν 1063a⟧ → מרה I qal

מְרַד (Aramaic)
*ἀπόστασις 141b

מֶרֶד
ἀποστασία 141a
ἀπόστασις 141b

מְרַד (Aramaic)
*ἀποστάτις 141b

מַרְדּוּת
⟦αὐτομολεῖν 179c⟧ → מָרַד qal
παιδ(ε)ία *187a* (+Si. 30[33].33)

מָרָה I qal
ἀμελεῖν 65b
ἀπειθεῖν 119c, *167c*
ἀσεβεῖν 170a
ἀφιστάναι *169b*
εἰσακούειν + neg. 408b
ἐρεθίζειν 544b
ἐρεθιστής 544b
ἐρίζειν 547b
⟦ἔρις 547b⟧ → אמר qal ≈ εἰπεῖν, ἐρεῖν
ἐριστής 547b
παραβαίνειν 1055b
παραπικραίνειν 1063a
παροξύνειν (מ' פ' qal) 1072a

מָרָה I hi.
ἀπειθεῖν 119c (+Ex. 23.21)
ἀφιστᾶν, ἀφιστάναι,
  ἀφιστάνειν 184b
παραβαίνειν 1055b, *187b*
παραπικραίνειν 1063a

מָרָה II
ἀνθιστάναι 95c
ἀπειθής 119c
πικρία 1132c
⟦πικρός 1133a⟧ → מַר

מָרָה
λυπηρός 890a

מֹרָה
ἐρίζειν (מֹרַת רוּחַ) 547b

מָרוֹד
ἄστεγος 173c
⟦διωγμός 338b⟧ → רָדַף qal

מָרוּד
#ἀπωσμός 152a (La. 1.7)

מָרוֹחַ
μόνορχις (מ' אֶשֶׁךְ) 933b

מָרוֹם
⟦ἀνταναιρεῖν 108c⟧ → רוּם I hi.
⟦κραυ(γ)ή 784b⟧ → זְעָקָה
μετέωρος 917c
ὄρος 1014b
οὐρανός 1031b
ὑψηλός 1419b
ὕψιστος 1420b, *194c* (+Si. 26.16; 36[33].15)
ὕψος 1421b, *195b*
ὑψοῦν 1422a, *195c*

מֵרוֹץ
δρόμος 349a

מְרוּצָה
δρόμος 349a

מְרוּקִים
θεραπ(ε)ία 648a

מִרְזֵחַ
θίασος (בֵּית מ') 652a
#χρεμετισμός 1474b (Am. 6.7)

מָרַח qal
καταπλάσσειν 741c

מֶרְחָב
εὐρύχωρος 580a
πλάτος 1141a
πλατυσμός 1141c

מֶרְחָק
ἔσχατος 558a
μακράν 892c
ὁ μακράν (מִמּ') 892c
οἱ μακράν (בַּמֶּרְחַקִּים) 892c
μακρόθεν (מ', מִמּ') 893b
ὁ μακρόθεν (מִמּ') 893b
διὰ χρόνου (πολλοῦ) (מִמּ') 1181b, 1476b
πόρρω (מִמּ') 1195b
πόρρωθεν (מ', מִמּ') 1195b

מַרְחֶשֶׁת
ἐσχάρα 557c

מָרַט qal
⟦ἕτοιμος 564c⟧
*#κατατίλλειν 747a (I Es. 8.71)
μαδᾶν 891c
μαδαροῦν 891c
ῥάπισμα 1248a
⟦σπᾶν 1281b⟧
τίλλειν 1352c

מָרַט ni.
μαδᾶν 891c

מָרַט pu.
ἄρδην 155b
⟦ἕτοιμος 564c⟧
τίλλειν 1352c

מְרַט pe. (Aramaic)
ἐκτίλλειν 443a
τίλλειν 1352c

מְרִי
ἀδικία (בֵּית מ') 25b
ἀνήκοος 88a
ἀντιλογία 111b
ἀπειθής 119c
ἐρεθισμός 544b
⟦ὀδύνη 967a⟧ → מַר
παραπικραίνειν 1063a

מְרִיא
ἀρήν (= HR's ἀρνός) 159b
στεατοῦσθαι 1287c
ταῦρος 1337c

מְרִיבָה
ἀντιλογία 111b
ἀντιπίπτειν 111c
λοιδόρησις 887c
λοιδορία 887c
§μαριμωθ (מְרִיבוֹת) 896a
μάχη 901a

παραπικρασμός 1063b

מִרְיָה
ὑψηλός 1419b

מְרִירוּת
ὀδύνη 967a

מְרִירִי
ἀνίατος 102b

מֹרֶךְ
δειλία 286c

מֶרְכָּב
ἅρμα 158b
ἐπίβασις 516b
ἐπίσαγμα 527b

מֶרְכָּבָה
ἅρμα 158b, *168b*
ἱππασία 687a

מִרְמָה
ἀδικία 25b
ἄδικος 26c, *165b*
ἀσέβεια, ἀσεβία 169c
δόλιος 340b
δολιότης 340b
δόλος (דְּבַר מ׳, מ׳) 340b
[πικρία 1132c] → מְרֹרָה
πλάνη 1140a
ψεῦδος 1485a

מִרְמָס
[διαρπαγή 308c]
καταπατεῖν 740b
καταπάτημα 740b
πάτημα 1105a
συμπατεῖν 1305a

מֵרַע
γνώριμος 273b
ἑταῖρος 559c, *177c*
νυμφαγωγός 951a
συνέταιρος 1315a
φίλος 1431b

מִרְעֶה
βόσκημα 225c
νομή 946b

מַרְעִית
βόσκημα 225c
νομή 946b, *185b*
ποίμνιον 1169c

מַרְפֵּא
ἀνίατος (מ׳ + neg.) 102b
ἴαμα 668a
ἰᾶσθαι 668a
ἴασις 668c, *179b*
ἰατρ(ε)ία 669a
ἰατρός 669a

מַרְפֵּה
ἴασις 668c

מֶרֶס
τὸ τεταραγμένον ὕδωρ 1336a

מָרַץ ni.
ὀδυνηρός 967b

מָרַץ hi.
παρενοχλεῖν 1068c

מַרְצֵעַ
ὀπήτιον 1001b

מַרְצֶפֶת
βάσις 214b

מָרַק I qal
καθαρός 698c

[προβάλλειν 1204a (Je. 26[46].4)]
→ זָרַק qal(?)

מָרַק I pu.
ἐκτρίβειν 444a
[προσβάλλειν 1212b] → זָרַק qal ≈
προβάλλειν

מָרָק II
ζωμός 601a

מִרְקָח
μυρεψικός 936c

מִרְקָחָה
ἐξάλειπτρον 486c
[ζωμός 601a] → מָרָק II

מִרְקַחַת
μυρεψικός 936c
μυρεψός 937a
μύρον 937b
μίγμα *185a*

מָרַר qal
κατώδυνος 756c
πικραίνειν 1132c
πικρὸς γίνεσθαι 256c, 1133a

מָרַר pi.
διαβουλεύεσθαι 299b
κατοδυνᾶν 751c
πικρῶς 1133b

מָרַר hi.
[ἀπειθεῖν 119c] → מָרָה I hi.
ὀδυνᾶν 967a
ὀδύνη 967a
#παραπικραίνειν 1063a (Ho. 10.5)
πικραίνειν 1132c, *188c*
πικροῦν 1133b

מָרַר hithpalp.
ἀγριαίνειν 16c
ἐξαγριαίνειν, ἐξαγριοῦν 484b
θυμοῦν 662b
ὀργίζειν 1010a

מְרֵרָה
χολή 1472a

מְרֹרָה
κακός 709b
πικρία 1132c
χολή 1472a

מְרֹרִים
πικρία 1132c
πικρίς 1133a

מִרְשַׁעַת
ἄνομος 107c

מַשָּׂא
*αἴρειν 34c
ἀναφορά 85b
[ἀπαιτεῖν 116b] → מַשָּׁא
[ἀπαίτησις 116b] → מַשָּׁא
ἄρσις 161a
ἄρτος 161b
βάσταγμα 215a
γόμος 274b
δόμα 341a
δόξα 341b
ἐπαίρειν 505a
ἔπαρσις 508b
[ἔργον 541c] → ἄρτος
θαυμάζειν 626c
λῆμμα 875c
ὅραμα 1004c
ὅρασις 1007b
ὁρμή 1014a

ῥῆμα 1249a
#ὑπερηφανία 1409c (Ps. 73[74].3)
ὑπόστασις 1417a
φορτίον 1438b, *195b* (Si. 30[33].33)
χρηματισμός 1474c
ᾠδή 1492a

מַשָּׂאָה
λόγιον 880c

מַשְׂאֵת
ἄρσις 161a
ἀφορισμός 186b
#δόμα 341a (II Ki. 19.42[43]), *171c*
δῶρον 359a
καθὼς εἶπε 384a
ἔπαρσις 508b
[κρίνειν 787b]
λαμβάνειν 847a
λῆμμα 875c
μερίς 911a
πύργος 1244c
σημεῖον 1263b
σύσσημον 1323b

מִשְׂגָּב
ἀντιλαμβάνεσθαι 110c
ἀντιλήπτωρ 111a
βοηθός 223c
ἰσχυρός 693b
καταφυγή 748b
[κραταίωμα 783a]
ὀχυρός 1043b

מַשּׂוֹא
δόξα *171c*

מְשׂוּכָה
φραγμός 1438b

מְשׂוֹר
πρίων 1203a

מְשׂוּרָה
ζυγός, ζυγόν 599a
μέτρον, μέτρος 918b

מָשׂוֹשׂ
ἀγαλλίαμα 4c
ἀγαλλᾶν 5c
βούλεσθαι ἔχειν 586c
[ἔπαρσις 508b]
εὐφροσύνη 582c
χαρά 1454b

מִשְׂחָק
παίγνιον 1045c

מַשְׂטֵמָה
[μανία 895c] → שָׂטָה qal

מַשְׂכָּה
στρωννύειν, στρωννύναι 1297b

מַשְׂכִּיל
σύνεσις 1314a, *192c*
συνετῶς 1315b

מַשְׂכִּית
διάθεσις 300c
#δόξα 341b (Pr. 18.11)
κρυπτός 792c
ὁρμίσκος 1014a
σκοπιά 1275c
σκοπός 1275c

מַשְׂכֹּרֶת
μισθός 930a

מַשְׂמְרוֹת
ἧλος 607b

מִשְׂפָּח
ἀνομία 106b

מִשְׂרָה
ἀρχή 163c

מִשְׂרָפוֹת, מִשְׂרֶפֶת
κατακαίειν 732b

מַשְׂרֵת
τήγανον 1347c

מַשָּׁא
ἀπαιτεῖν 116b
ἀπαίτησις 116b

מַשָּׁאָב
ὑδρεύεσθαι 1380c

מַשָּׁה
ὀφείλημα 1039b

מַשָּׁאוֹן
δόλος 340b

מִשְׁאָלָה
αἴτημα 38a

מִשְׁאֶרֶת
ἐγκατάλ(ε)ιμμα 365a
φύραμα 1446b

מִשְׁבְּצוֹת
ἀσπιδίσκη 173a
κροσ(σ)ωτός 791b
περισιαλοῦν 1126a
συνδεῖν 1312c

מַשְׁבֵּר
ὠδίν 1492b

מִשְׁבָּר
μετεωρισμός 917c
συντριβή 1322a
#σύντριμμα 1322b (Je. 3.22)
συντριμμός 1322b

מִשְׁבָּת
#κατοικεσία 755b (La. 1.7)
[μετοικεσία 917c] →
κατοικεσία

מְשֻׁגָּה
ἀγνόημα 16a

מָשָׁה qal
ἀναιρεῖν 77b
#ἐκσπᾶν 441b (Ez. 17.9)

מָשָׁה hi.
ἕλκειν, ἑλκύειν 453a
προσλαμβάνειν 1218b

מַשֶּׁה
χρέος 1474b

מְשׁוֹאָה
ἀβοηθησία *165a*
ἀοίκητος 113c
ἀφανισμός 182a
ταλαιπωρία 1333a

מַשֻּׁאוֹת
[ἐπαίρειν 505a] → מַשָּׁא

מְשׁוּבָה
ἀδικεῖν 24c
ἁμαρτία 62a
ἀποστροφή 148b
ἐπιστροφή *177a*
κακία 708a

מְשֻׁגָּה
πλάνος 1140b

מָשׁוֹט, מָשׁוֹשׂ
κώπη 840b
κωπηλάτης (תָּפַשׂ מ׳) 840b

מְשׂוּשָׂה
διαρπαγή 308c

מָשַׁח qal
 ἀλείφειν 52c
 διαχρίειν 316a
 ⟦ἑτοιμάζειν 563c⟧
 καθιστάναι 702c
 χρίειν 1475b, *196b*
 χριστός 1475c
מָשַׁח ni.
 χρίειν 1475b
מְשַׁח (Aramaic)
 *ἔλαιον, ἔλεον 447a
מִמְשָׁח
 ἄλειμμα 52c
 χρίσις 1475c
 χρίσμα 1475c
 χριστός 1475c
מָשְׁחָה
 γέρας 240a
 χρίσις 1475c
מַשְׁחִית
 διαφθορά 315a
 ἔκλειψις 437a
 ἐξαλείφειν 486c
 ἐξάλειψις 487a
 ἐξολεθρεύειν, ἐξολοθρεύειν 497c
 ἐξολέθρευσις, ἐξολόθρευσις 499a
 §μοσθαθ, μοσο(α)θ 934b
 φθορά 1430a
מִשְׁחָר
 ἑωσφόρος 593c
מִשְׁחָת
 ἀδοξεῖν 27c
מָשְׁחָת
 φθάρμα 1429b
 ⟦φθαρτός 1429b⟧ → φθάρμα
מִשְׁטוֹחַ
 ψυγμός 1486a
מִשְׁטָח
 ψυγμός 1486a
מֶשִׁי
 τριχαπτός 1374b
מָשִׁיחַ
 χρίειν 1475b
 χρίσμα 1475c
 χριστός 1475c, *196b*
מָשַׁךְ qal
 ἄγειν 9a
 ἀντιλήπτωρ (מ׳ חֶסֶד qal) 111a
 ἀπάγειν 115b
 ἀπέρχεσθαι 121a, *167c*
 διατείνειν 313a
 ἐκτείνειν 442a
 ἐκχεῖν, ἐκχέειν 445c
 ἕλκειν, ἑλκύειν 453a
 ⟦ἐνισχύειν 475a⟧
 ἐντείνειν 477a
 ἐξέλκειν, ἐξελκύειν 491a
 ἐπάγειν 503c
 ἐπισπᾶν 529b
 ἐπιτείνειν 535a
 καταστρέφειν 745c
 #μακρύνειν 894a (Ps. 119[120].5)
 παρατείνειν 1065a
 συνέλκειν 1313a
 τείνειν 1339c
מָשַׁךְ ni.
 μηκύνειν 921c

χρονίζειν 1476a
מָשַׁךְ pu.
 ἄγειν 9a
 θλίβειν 652b
 μετέωρος 917c
מֶשֶׁךְ
 ἕλκειν, ἑλκύειν 453a
 §μασεκ 898a
 τὰ παρατείνοντα 1065a
מִשְׁכָּב
 ⟦ἀμφίταπος 68a⟧
 κλίνη 771b
 κοιμᾶν 773c
 κοίτη 775b, *182b*
 κοιτών 775c
 στρῶμα 1297b
מִשְׁכַּב (Aramaic)
 #καθεύδειν 700a (Da. LXX 4.7)
 κοίτη 775b
מִשְׁכָּן
 ⟦αἰχμαλωσία 38b⟧
 ⟦ἀποικία 130c⟧ → αἰχμαλωσία
 ἐνοικεῖν 476a
 ⟦κάλυμμα 716c⟧ → κατάλυμα
 κατάλυμα 738c
 κατασκήνωσις 744c
 ⟦κιβωτός 763c⟧ → σκηνή
 οἶκος 973a
 σκηνή 1271a
 σκήνωμα 1273b
 συναγωγή 1309b
מִשְׁכַּן (Aramaic)
 κατασκηνοῦν 744b
מָשַׁל qal
 αἰνιγματιστής 34b
 ἄρχειν 163a
 ἄρχων 166b
 βασιλεύς 197a
 δεσπόζειν 292b
 δεσπότης 292c
 δυναστεύειν 355a
 δυνάστης 355b, *172c*
 εἰπεῖν/ἐρεῖν 384c
 εἰπεῖν/ἐρεῖν παραβολήν 384a, 1056a (Ez. 18.3)
 ἐξουσιάζειν 501b
 ἡγεῖσθαι 602c, *178c* (+Si. 30[33].27)
 ⟦θαυμάζειν 626c⟧
 θρύλ(λ)ημα 656b
 καταδυναστεύειν *181b*
 κατακυριεύειν 735a
 κατάρχειν 743a
 κραταιοῦν 782c
 κρατεῖν 783a
 κριτής *182b*
 κυρ(ε)ία 799c
 κυριεύειν 800a, *182c*
 κύριος εἶναι 800b
 λέγειν 863c
 παραβολή 1056a
 τυραννεῖν 1378c
מָשַׁל ni.
 καταλογίζεσθαι 738a
 ὁμοιοῦν 993a
 παρασυμβάλλειν 1064a
מָשַׁל pi.
 ⟦λέγειν 863c (Ez. 20.49 [21.5])⟧ →
  מָשַׁל qal

מָשַׁל hi.
 ἐνεξουσιάζεσθαι *175b*
 ἐξουσία *176a*
 διδόναι ἐξουσίαν *171b*, *176a* (+Si. 30[33].28)
 καθιστάναι 702c
 κατακυριεύειν 735a
 τεχνάζεσθαι 1347c
 ὑποτάσσειν 1417b
מָשָׁל
 ἔπος *177a*
 θρῆνος 655a
 ἴσος 688c
 παραβολή 1056a, *187b*
 παροιμία 1072a, *188a*
 προοίμιον 1208b
מֹשֶׁל
 κυρ(ε)ία 799c
 ὅμοιος 992b
מִשְׁלוֹחַ
 ἐπιβάλλειν 516a
מִשְׁלָח
 ἀποστέλλειν 141b
 βόσκημα 225c
 ἐπιβάλλειν 516a
 ἔργον (מִשְׁלַח יָד) 541c
מִשְׁלֹחַ
 ἐξαποστέλλειν 488a
מִשְׁלַחַת
 ἀποστολή 145a
מְשַׁמָּה
 ἔρημος 545a
 ἐρημοῦν 546c
 κατάκαυμα 733a
 ὄλεθρος 986a
מִשְׁמָן
 πίων 1139a
מַשְׁמַנִּים
 *λίπασμα 879b
מִשְׁמָע
 λαλιά (מִשְׁמַע אָזְנַיִם) 846c
מִשְׁמַעַת
 ἀκοή 44b
 παράγγελμα 1056b
 ὑπακούειν 1405c
מִשְׁמָר
 ἐφημερία 585b
 προφυλακή 1234a
 προφύλαξ 1234a
 φυλακή 1440c, *195c*
מִשְׁמֶרֶת
 ἀποθήκη 128a
 διατηρεῖν 313a
 διατήρησις 313b
 *ἐφημερία 585b
 παρεμβολή 1067b
 πρόσταγμα 1219c
 προφύλαξ 1234a
 φύλαγμα 1440c
 φυλακή 1440c
 φυλάσσειν, φυλάττειν 1441c
מִשְׁנֶה
 δευτερεύειν 293b
 *#δευτέριος 293b (I Es. 1.31)
 δευτερονόμιον (מִשְׁנֵה הַתּוֹרָה, מִשְׁנֵה תוֹרָה) 293b
 δεύτερος 293b
 δευτεροῦν 294c
 δευτέρωσις 294c

διαδέχεσθαι 300a
διάδοχος 300b
διπλασιασμός 337a
διπλοῦς 337a
δισσός 337b
⟦ἔδεσμα 368a⟧
§μαασανα, μεσαναι 891a
§μασαναι 898a
§μασενα 898a
מִשְׁסָה
 ἅρπαγμα 159c
 διαρπαγή 308c
 διαφόρημα 315b
 προνομή 1208a
מִשְׁעוֹל
 αὖλαξ 177a
מִשְׁעָן
 ἀνάπαυσις *166c*
 ἀντιστήριγμα 111c
 #βοήθεια, βοηθία *169b* (Si. 40.26)
 ἐπιστήριγμα 530b
 ἰσχύς 694b
 στήριγμα *192b*
מִשְׁעֵן
 ἰσχύειν 692c
מַשְׁעֵנָה
 ἰσχύειν 692c
מִשְׁעֶנֶת
 βακτηρία 189c
 ⟦κυριεύειν 800a⟧
 ῥάβδος 1247a
מִשְׁפָּחָה
 γενεά 236a
 γένεσις 237a
 γενετή (עֵקֶר מ׳) 237b
 ⟦γέννησις 239b⟧ → γένεσις
 γένος 239b
 δῆμος 296a
 εἶδος 375c
 κλῆρος 770a
 λαός 853b
 οἶκος πατριᾶς/πατριῶν 973a, 111a
 πατριά 111a
 ⟦πατρίς 111a⟧ → πατριά
 συγγένεια, συγγενία 1298b
 συγγενής 1298c
 υἱός 1384c
 φυλή 1444b, *195c*
מִשְׁפָּט
 ⟦ἀδίκημα 25a⟧
 #ἀδικία (מ׳ + neg.) 25b (Pr. 15.29 [16.8])
 ἀληθεύειν 53c
 ⟦ἀρχή 163c⟧
 διακρίνειν 304a
 διάταξις 312c
 δίκαιος 330c
 δικαιοσύνη 332c
 δικαίωμα 334b
 δικαίωσις 335b
 δίκη 335b
 ἐθισμός 368b
 εἶδος 375c
 ἐκδίκησις 423a, *173c*
 ἐντολή 479b
 ⟦ἐπιστροφή 534a⟧
 *καθήκειν 700a
 *κρίμα 786b, *182b* (+Si. 41.16)
 κρίνειν (בַּעַל מ׳) 787b, *182b*

κρίσις 789c, *182b* (+Si. 30[33].38)
κριτήριον 791a
κριτής 791a, *182b* (–Si. 32[35].15)
νόμος 947b, *185b*
*#προσήκειν 1215c (I Es. 5.51)
πρόσταγμα 1219c
σύγκριμα *192b*
σύγκρισις 1300b
σύνταξις 1318a
συντόμως (בְּלָא מ') 1321a

מִשְׁפָּתַיִם
διγομία 316c
§μοσφαιθαμ 934b

מַשְׁקֶה
⟦ἀρχή 163c⟧
ἀρχιοινοχόος (שַׂר מַשְׁקִים) 166a
⟦ " (מ') 166a⟧
#οἰνοχοεῖν 984c
#οἰνοχόος 984c
πότος 1198a
ποτός 1198a

מִשְׁקוֹל
⟦στάθμιον 1286b⟧ → σταθμός
σταθμός 1286b

מַשְׁקוֹף
φλιά 1432c

מִשְׁקָל
*ὁλκή 987b
στάθμιον 1286b
σταθμός 1286b, *192a* (+Si. 26.15)

מִשְׁקֶלֶת, מִשְׁקֹלֶת
στάθμιον 1286b
⟦σταθμόν(?) 1286b⟧ → στάθμιον
σταθμός 1286b

מַשְׁקָע
καθιστάναι 702c

מְשָׂרָה
⟦κατεργάζεσθαι 749b⟧

מַשְׁרוֹקִיתָא (Aramaic)
σῦριγξ 1322c

מָשַׁשׁ pi.
ἐρευνᾶν 544c
ψηλαφᾶν 1485b

מָשַׁשׁ hi.
ψηλαφητός 1485b

מִשְׁתֶּה
γάμος 234a
δοχή 348b
⟦εὐφροσύνη 582c⟧
κώθων 839b
πίνειν 1134a
πόμα 1186a
πόσις 1195c
πότημα 1197b
πότος 1198a
*ποτός 1198a
συμποσία *192b*
συμπόσιον (מִשְׁתֵּה הַיַּיִן) 1306a, *192b*

מִשְׁתֵּי (Aramaic)
πότος 1198a

מַת
ἀνήρ 88a
ἄνθρωπος *167a*
⟦ἀριθμός 156c⟧
βραχύς 230c
εἰδεῖν, εἰδέναι (מְתֵי סוֹד) 374b
⟦ἔργον 541c⟧
⟦ἐχθρός 589c⟧
#θεράπαινα (מְתֵי אֹהֶל) 648a (Jb. 31.31)
ὀλίγος 986b

ὀλιγοστός 986c
συνέδριον 1313a

מֵת
#νεκρός 941b (Is. 5.13)
#ψυχή 1486a (Ez. 44.25)

מֶתֶבֶן
ἅλων, ἅλως 60a

מֶתֶג
κέντρον 759b
χαλινός 1453a

מָתוֹק
γλυκάζειν 270c
γλυκαίνειν 270c
γλύκασμα 270c
γλυκύς 271a

מָתַח
διατείνειν 313a

מָתַי
ὅσον χρόνον (עַד מָ') 1019a
ἕως τίνος (עַד מָ', מָ') 1355c, 1476b

מְתִים
πλῆθος 189a

מְתֻכָּנֶת
ἴσος 688c
στάσις 1286c
σύνθεσις 1316a
σύνταξις 1318a
μέτρον *184c*

מַתְלְעוֹת
μύλη 936c
⟦στομίς 1295a⟧ → τομίς
τομίς 1363c

מֶתֶם
ἴασις 668c
ὁλοκληρία 989a

מַתָּן
⟦ἀποδιδόναι *168a*⟧
δόμα 341a, *171c*
δόσις 344c, *172b*
#δότης 344c (Si. 3.17 [C])

מַתְּנָא (Aramaic)
δόμα 341a
δωρεά 358c

מַתָּנָה
διδόναι *171b*
δόμα 341a
δόσις *172b* (+Si. 41.21)
δύναμις 350a
δῶρον 359a
εὐγένεια 569a
εὐτονία 581a
λῆψις δώρων 876a

מַתָּנִים
ἰσχύς 694b
νῶτον, νῶτος 956b
ὀσφύς 1023c, *186c*
πλευρά *189a*

מָתַק qal
γλυκαίνειν 270c, *170b*
γλυκερός 270c

מָתַק hi.
γλυκαίνειν 270c, *170b*

מֶתֶק
γλυκύς 271a

מֹתֶק
γλυκύτης 271a

מַתָּת
διδόναι *171b*
δόμα 341a
δόσις 344c, *172b*
καθὼς ἂν ἐκποιῇ 439b

נ

נָא I
ἀξιοῦν 113b
δεῖσθαι (אָל, אַל + neg.) 288a
δή *171a*
⟦ἔτι 561a⟧
ἰδού (הִנֵּה־נָא) 673c
μηδαμῶς (אַל + neg.) 920b
νῦν, νυνί (הִנֵּה־נָא, נָא) 951c
οἴμ(μ)οι (אוֹי־נָא לִי, אוֹי־נָא) 983b
⟦τις 1354a⟧

נָא II
ὠμός 1493a

נָא
⟦μερίς 911a⟧ → מָנָה II

נֹאד
ἀσκός 172c

נָאָה I qal
ὡραῖος *196a*

נָאָה I pilp.
πρέπειν 1201b
ὥρα 1493b
ὡραῖος 1493c
ὡραιοῦσθαι 1494a

נָאָה II
⟦ἁγιαστήριον 12a⟧
⟦θυσιαστήριον 666b⟧
νομή 946b
οἶκος 973a
πεδίον 1113b
τόπος 1364b

נָאוָה
καλός *181a*

נֹאוד
ἀσκός 172c

נָאוֶה
ἁρμόζειν 159a
ἡδύνειν 604c
καλός 715b, *181a*
πρέπειν 1201b
συμφέρειν 1306b
ὡραῖος 1493c

נְאֻם qal
εἰπεῖν, ἐρεῖν 384a
τάδε εἶπεν 960b
λέγειν 863c
τάδε λέγει (נְאֻם) 863c, 960b
⟦ὅδε 960b⟧
φάναι 1423c

נָאַף qal
μοιχαλίς 932b
μοιχᾶσθαι 932b
μοιχ(ε)ία 932b
μοιχεύειν 932b
μοιχός 932b

נָאַף pi.
μοιχαλίς 932b
μοιχᾶσθαι 932b
μοιχεύειν 932b
μοιχός 932b

נַאֲפוּפִים
μοιχ(ε)ία 932b

נִאֻפִים
⟦μοιχᾶσθαι 932b⟧ → μοιχεύειν
μοιχ(ε)ία 932b
μοιχεύειν 932b

נָאַץ qal
#ἀθετεῖν 29b (Je. 15.16)
ἐκκλ(ε)ίνειν 433c
ζηλοῦν, ζηλεῖν(?) 594b
μυκτηρίζειν 936c
ὀνειδίζειν *186b*
παροξύνειν 1072a

נָאֵץ pi.
ἀθετεῖν 29b
ἀπωθεῖν 151a
παροξύνειν 1072a
⟦παροργίζειν 1072b⟧ →
παροξύνειν

נָאֵץ hithpo.
βλασφημεῖν 221a

נֶאָצָה
ἐλεγμός 449a
ὀργή 1008b
παροργισμός 1072c

נָאָצָה
βλασφημία 221a

נָאַק
στεναγμός 1288a

נָאַר pi.
ἀποτινάσσειν 149a
καταστρέφειν 745c

נָבָא ni.
ἀνακρούειν 78c
ἀποφθέγγεσθαι 150a
προφητεύειν 1231c, *190c* (Si. 48.13)

נבא hithp.
⟦λαλεῖν 841c⟧
προφητεύειν 1231c

נבא ithpa. (Aramaic)
*προφητεύειν 1231c

נבב
ἄλλως 59a
κοῖλος 773c

נבואה (Hebrew and Aramaic)
λόγος 881c
προφητ(ε)ία 1231c, 190c
*#προφητεύειν 1231c (I Es. 7.3)
προφήτης 190c

נבזבה (Aramaic)
δωρεά 358c

נבח qal
ὑλακτεῖν 1405a

נבט ni.
⟦ἐμβλέπειν 455c⟧ → נבט pi.

נבט pi.
#ἐμβλέπειν 455c

נבט hi.
ἀναβλέπειν 73b
βλέπειν 221a, 169b (Si. 15.18)
⟦ἐκζητεῖν 430c⟧ → κατανοεῖν
ἐμβλέπειν 455c, 174b (Si. 30[33].30; 36[33].15)
ἐπιβλέπειν 516c, 176c
ἐπιδεῖν, ἐφιδεῖν ("to see") 519a
ἐπινοεῖν 177a
⟦ἐπιστρέφειν 531a⟧ → ἐπιβλέπειν
ἐφορᾶν 586b
ἰδεῖν 669b, 179c
καταμανθάνειν 181b
κατανοεῖν 739c
κατανόησις 181c
κατεμβλέπειν 749a
ὅραμα 186b
ὁρᾶν 186b
⟦ὅρασις 186b⟧
περιβλέπειν 1122b
⟦προσέρχεσθαι 1213c⟧
σκοπεύειν 1275b
⟦⟦συνδιαιτᾶν⟧ 192d⟧

נביא
ἀποφθέγγεσθαι 150a
⟦ἀφηγεῖσθαι 183a⟧
*προφήτης 1232b, 190c
ψευδοπροφήτης 1485a

נביא (Aramaic)
*προφήτης 1232b

נביאה
προφῆτις 1233c

נבך
πηγή 1130b

נבל qal
ἀποβάλλειν 125c
ἀποπίπτειν 139c
ἀπορρεῖν 140a
ἀπορρίπτειν 140b
διαπίπτειν 308a
ἐκπίπτειν 439b
#ἐκρεῖν 441a (Is. 64.6[5])
καταβάλλειν 181b
καταρρεῖν 743b
καταφθείρειν 747c
#κατεσθίειν 181c (Si. 43.21)
⟦παλαιοῦν 1051b⟧ → בלה qal
πίπτειν 1135c

φθείρειν 1429c
φθορά 1430a

נבל pi.
⟦ἀκαθαρσία 42b⟧ → נבלה
⟦ἀπολλύειν, ἀπολλύναι 136c⟧
ἀτιμάζειν 175c
ἀφιστᾶν, ἀφιστάναι, ἀφιστάνειν 184b

נבל
ἀπαίδευτος 115c
ἀσύνετος 174a
ἄφρων 186c
μωρός 938c, 185c (+Si. 36[33].5)
§ναβαλ 938a

נבל, נבל
ἀγγεῖον 7b
ἀσκός 172c
εὐφροσύνη 582c
#κέρας 759c (Je. 31[48].12)
κιθάρα 765a
#κινύρα 182a (Si. 39.15)
§ναβαλ 938a
§ναβλα 938a
§νεβελ 941a
ὄργανον 1008b
ψαλμός 1483b
ψαλτήριον 1483c, 196a

נבלה
ἄδικος 26c
ἀνόμημα 106b
ἀνομία 106b
⟦ἀπολλύειν, ἀπολλύναι (עשׂה נ׳ עם) 136c⟧
ἀπόπτωμα 140a
ἀσχήμων 175a
ἀφροσύνη 186b
ἄφρων γυνή 278b
μωρός 938c

נבלה
#ἀκαθαρσία 42b (Na. 3.6)
θνησιμαῖος 653a
νεκριμαῖος 941b
νεκρός 941b
σῶμα 1330a

נבלות
ἀκαθαρσία 42b

נבע qal
ἀναπιδύειν 81a

נבע hi.
ἀγγέλλειν 165a
ἀναγγέλλειν 74a
ἀνομβρεῖν 167b
ἀποκρίνειν 133a
ἀποφθέγγεσθαι 150a
διαγγέλλειν 171a
ἐκφαίνειν 174a
ἐξερεύγεσθαι 491b
ἐξομβρεῖν 176a
⟦⟦ἐξυβρίζειν⟧ 176a⟧ → ἐξομβρεῖν
ἐρεύγεσθαι 544c
προϊέναι 1207a
φθέγγεσθαι 1429c

נברשתא (Aramaic)
λαμπάς 852c
φῶς 1450b

נגב
§αργαβ (הַנֶּ׳) 152c
ἀπέναντι (מִנֶּ׳) 167c
ἔρημος 545a
λίψ 879c

μεσημβρία 912c
§ναγεβ 938c
§ἡ γῆ ἡ ναγεβ 938c
§ὁ ἐν ναγεβ 938c
νότος 949c

נגד hi.
ἀγγέλλειν 7b
ἀναγγέλλειν 74a, 166c
#ἀναφέρειν 84c (I Ki. 3.13)
*ἀπαγγέλλειν 113c, 167b
ἀποκαλύπτειν 131c
ἀποκαλύψως 168a
⟦γινώσκειν 267a⟧
δεικνύειν, δεικνύναι 286a
εἰπεῖν, ἐρεῖν 384a (+Is. 48.6)
ἐπιδεικνύειν 176c
ἐπισυνιστάναι 534b
λαλεῖν 841c
προλέγειν 1207c
σημαίνειν 1263c
ὑποδεικνύειν, ὑποδεικνύναι 1413a, 194c

נגד ho.
ἀναγγέλλειν 74a
ἀπαγγελία 113c
ἀπαγγέλλειν 113c
ὑποδεικνύναι 194c

נגד pe. (Aramaic)
ἕλκειν, ἑλκύειν 453a

נגד (Hebrew and Aramaic)
ἀντικρυς (לְנ׳) 110c
ἀπέναντι (נ׳, מִנ׳) 167c
ἀπό (מִנ׳) 167c
βλέπειν 221a
νεύειν δίκαια (ישׁר נ׳ hi.) 330c
ἔναντι 175a
ἐναντίος (מִנ׳) 468b
ἐξ ἐναντίας (מִנ׳, לְנ׳, נ׳) 468b, 175b
ἐνώπιον 175c
ἔρχεσθαι (מִנ׳) 548b
εὐθύς (adj.) 571a
ἔχειν 586c
#κατέναντι 749a (Da. 6.10[11] et al.)
ὅμοιος (כְנ׳) 992b
εἰς τὰ ὦτα 1034c
προκεῖσθαι (נ׳ פָּנִים) 1207b
⟦προσκεῖσθαι (נ׳ פָּנַ׳) 1216c⟧ → προκεῖσθαι
ἀπὸ (τοῦ) προσώπου (מִנ׳) 1223c
κατὰ (τὸ) πρόσωπον 1224a

נגה qal
ἀναβαίνειν, ἀναβέννειν 70a
λάμπειν 853a

נגה hi.
διδόναι + φῶς (= אוֹר) 317b
ἐκλάμπειν 435a
φωτίζειν 1451b

נגה
ἀνατολή 83c
λάμπειν 853a
λαμπρότης (נ׳ זרח) 853a
τηλαύγησις 1348b
φέγγος 1426a
⟦φθέγγος(?) 1429c⟧ → φέγγος
φῶς 1450b

נגה (Aramaic)
πρωΐ (בִּנְגְהָא) 1234b

נגהה
αὐγή 176c

נגח qal
κερατίζειν 760b

נגח pi.
κερατίζειν 760b

נגח hithp.
συγκερατίζεσθαι 1299c

נגח
κερατιστής 760b

נגיד
ἄρχων 166b, 168c
βασίλειον 194b
βασιλεύς 197a
⟦εἰσηγεῖσθαι 413c⟧ → ἡγεῖσθαι
*ἐπιστάτης 529c
ἡγεῖσθαι 602c
σεμνός 1263a

נגינה
κιθάρα 765a
ὕμνος 1405b
ψαλμός 1483b
ψαλτήριον 1483c
ᾠδή (נגינות) 1492a

נגן qal
ψάλλειν 1483a

נגן pi.
εὐάρμοστος (מְטַב נַּ׳) 568c
εὐλογεῖν 572b
κιθαρίζειν 765a
λυρίζειν 183c
ψάλλειν 1483a, 196a
ψαλμός 1483b

נגע qal
#ἄγειν 9a (Is. 53.8)
ἀπαντᾶν 167c
ἅπτεσθαι 150b, 168b
ἀφάπτειν 182b
ἐγγίζειν 362b, 172a
*#ἐνιστάναι 475a
ἐφάπτειν 585b
θιγγάνειν 652a
μαστιγοῦν 898a, 184a
μίσγειν 929a
εἶναι ἐν πόνῳ 1188b
προσάγειν 1211a
προσεγγίζειν 1213b
συναντᾶν 1311a
συνάπτειν 1312b
φθάν(ν)ειν 1429b

נגע ni.
ἀναχωρεῖν 85c

נגע pi.
ἅπτεσθαι 150b
ἐλέγχειν 449b
ἐτάζειν 559b

נגע pu.
μαστιγοῦν 898a

נגע hi.
ἀναπληροῦν 81b
ἀνυψοῦν 167b
ἅπτεσθαι 150b
ἀφικνεῖσθαι 184a (+Jb. 15.8)
γίνεσθαι 256b
ἐγγίζειν 362b, 172a (+Si. 37.2)
ἐγκολλᾶν 366c
ἐκτιθέναι 443a
ἰσχύειν 692c
καθίγειν(?) 701b

καταβαίνειν 727a
κατάγειν 729b
καταλαμβάνειν *181b*
κολλᾶν 776b
μένειν *184b*
παραγίνεσθαι 1056c
παρεῖναι 1065c
προσάγειν 1211a
προσπίπτειν 1219a
⟦συνάγειν 1307b (Da. LXX 12.12)⟧
  → συνάπτειν
συνάπτειν 1312b
συνεγγίζειν *192c*
τιθέναι 1348c (Ez. 13.14)
φθάν(ν)ειν 1429b

נֶגַע
ἀφή 182c
⟦ἐγγίζειν 362b⟧ → נָגַע qal
ἐπαγωγή *176a*
ἐτασμός 559c
λέπρα (נִ־צָרַעַת) 873c
μάστιξ 898b
ὀδύνη 967a
πληγή 1142b
συνάντημα 1311c

נָגַע qal
θραύειν 654b
κερατίζειν 760b
κόπτειν 779a
⟦παιδεύειν 1047a⟧ → παίειν
παίειν 1048c
πατάσσειν 1103b
πληγή 1142b
προσκόπτειν 1217b
πταίειν 1237c
τροποῦν 1376a
τύπτειν 1378b

נָגַע ni.
ἐπικοπή 523b
θραύειν 654b
⟦κοπή 778b⟧ → ἐπικοπή
πίπτειν 1135c
πλήσσειν 1149c
προσκόπτειν 1217b
πταίειν 1237c
πτῶσις 1239a
συντρίβειν 1321a
τροποῦν 1376a

נָגַע hithp.
προσκόπτειν 1217b

נֶגֶף
θραύειν 654b
θραῦσις 654c
πληγή 1142b
πρόσκομμα 1217a
πτῶσις 1239a

נָגַף ni.
⟦ἐπέρχεσθαι 509c⟧
καταπαίνειν 741c
καταφέρειν 747b

נָגַף hi.
⟦ἀθροίζειν 30a⟧ → אָגַר qal
⟦ἐγκαθίζειν 364c⟧ → גּוּר I qal
κατασπᾶν 745a
παραδιδόναι 1058a

נָגַף ho.
καταφέρειν 747b

נָגַשׂ qal
ἀπαιτεῖν 116b
#ἀπαίτησις *167c* (Si. 34[31].31)

#ἄρχων 166b (Is. 60.17)
διδόναι 317b
⟦ἐλαύνειν 448c⟧ → ἐξελαύνειν
ἐξελαύνειν 491a
⟦ἐπίσκοπος 529a⟧
ἐπιστάτης 529c
ἐργοδιώκτης 541c
πράσσειν, πράττειν 1201a
ὑπονύσσειν 1416c
φορολόγος, φωρολόγος 1438a

נָגַשׂ ni.
⟦προσάγειν 1211a⟧ → נגשׂ ni.
συμπίπτειν 1305b

נָגַשׂ hi.
διδόναι *171b*

נָגַשׂ qal
ἀποστρέφειν 145b
ἀφιστᾶν, ἀφιστάναι,
  ἀφιστάνειν 184b
ἐγγίζειν 362b
*#ἐνιστάναι 475a
⟦ἐπιστρέφειν 531a⟧ →
  ἀποστρέφειν
κολλᾶν 776b
κυριεύειν 800a
παρατάσσειν 1064c
⟦ποιεῖν τόπον 1154b, 1364b (Is. 49.20)⟧
πορεύεσθαι 1189a
πράκτωρ 1200b
προάγειν 1203b
προσάγειν 1211a
προσεγγίζειν 1213b
*προσέρχεσθαι 1213c
προσπορεύεσθαι 1219b

נָגַשׂ ni.
ἀποστρέφειν 145b
ἐγγίζειν 362b
εἰσέρχεσθαι 410b
*#ἐνιστάναι 475a
καταλαμβάνειν 735a
προσάγειν 1211a
προσεγγίζειν 1213b
*προσέρχεσθαι 1213c

נָגַשׂ hi.
ἐγγίζειν 362b
εἰσάγειν *173b*
⟦εὕρεμα *178a*⟧
ἐφάπτειν 585b
προσάγειν 1211a, *190a*
προσεγγίζειν 1213b
προσφέρειν 1222c
?φέρειν 1426c

נָגַשׂ ho.
προσάγειν 1211a

נָגַשׂ hithp.
βουλεύειν 227a

נֵד
#θημωνιά *179b* (Si. 39.17)
πῆγμα 1130c
#τεῖχος 1339c (Ex. 15.8)

נָדָא hi.
ἐξωθεῖν 502b

נָדַב qal
δοκεῖν 339b
προθυμία *190a*
φέρειν 1426c

נָדַב hithp.
⟦ἀκουσιάζειν 49c⟧ →
  ἑκουσιάζεσθαι

δυνάστης 355b
ἑκουσιάζεσθαι 438c
ἑκούσιος 438c
*#εὔχεσθαι 583c (I Es. 8.50)
*#εὐχή 584b (I Es. 2.9)
#παρρησιάζεσθαι *188a* (Si. 6.11)
προαίρεσις 1203c
προθυμεῖν, προθυμοῦν 1206c

נְדַב ithpa. (Aramaic)
*#αἱρετίζειν 36a
ἀκουσιάζεσθαι 49c
*βούλεσθαι 226a (I Es. 8.10)
*δωρεῖσθαι 359a
ἑκουσιάζεσθαι 438c
ἑκουσιασμός 438c
*#ἐνθυμεῖσθαι 473c (I Es. 8.11)

נְדָבָה
αἵρεσις 36a
ἀφαίρεμα 181a
δόμα 341a
ἑκούσιος 438c
ἑκουσίως (בְּ) 438c
*#ἐπαγγελία 503b (I Es. 1.7)
*#εὐχή 584b (+I Es. 2.7)
ὁμολογία 993c
ὁμολόγως 993c
#τὰ προσφερόμενα 1222c (Ex. 36.3)
σφάγιον 1324b

נִדְבָּךְ (Aramaic)
*δόμος 341a

נָדַד qal
ἀνίπτασθαι 102c
ἀποξενοῦν 139b
ἀποπηδᾶν 139b
ἀφιστᾶν, ἀφιστάναι,
  ἀφιστάνειν 184b
διαφεύγειν 314b
ἐξιστᾶν, ἐξισάναι 496c
καταβαίνειν 727a
καταπεταννύναι 741b
⟦κατατάσσειν 746c⟧
πλανήτης 1140a
πτοεῖν 1238c
φεύγειν 1428b
φυγαδεύειν 1440b

נָדַד polal
ἀφάλλεσθαι 181b

נָדַד ho.
ἐξωθεῖν 502b
πέτεσθαι 1129b

נָדַד hithpo.
ταράσσειν 1336a

נְדַד pe. (Aramaic)
ἀφιστᾶν, ἀφιστάναι,
  ἀφιστάνειν 184b
⟦γίνεσθαι 256b⟧

נְדֻדִים
#ἀγρυπνία (נְדֻדֵי שֵׁנָה) *165b* (Si. 34[31].20)
ὀδύνη 967a

נָדָה pi.
ἀποκαθημένη 131b
βδελύσσειν, βδελύττειν 216a
⟦ἔρχεσθαι 548b⟧ → נָדַר qal ≈
  εὔχεσθαι
⟦εὔχεσθαι 583c⟧ → נָדַר qal

נִדָּה
μίσθωμα 930c

נִדָּה
ἁγνισμός 16a
ἀκαθαρσία 42b
ἄφεδρος 182b
⟦μετακινεῖν 916a⟧ → נוּד qal
⟦μετακίνησις 916a⟧ → נוּד qal
*#μολύνειν 932c
*#μολυσμός 932c (I Es. 8.83)
ῥαντισμός 1248a
χωρισμός 1482c

נָדַח qal
ἐξωθεῖν 502b
ἐπιβάλλειν 516a

נָדַח ni.
ἀπεῖναι 120a
ἀπολλύειν, ἀπολλύναι 136c
ἀπωθεῖν 151a
διασπείρειν 310c
διασπορά 311a
ἐκκρούειν 435a
ἐξωθεῖν 502b
πλανᾶν 1139b
⟦προσαπωθεῖν *190a*⟧
σπείρειν 1282a
φεύγειν 1428b
φυγάς 1440b

נָדַח hi.
ἀπολλύειν, ἀπολλύναι 136c
ἀποπλανᾶν 139c
ἀπωθεῖν 151a
ἀφιστᾶν, ἀφιστάναι,
  ἀφιστάνειν 184b, *169b*
διασκορπίζειν 310b
διασπείρειν 310c
ἐκβάλλειν 420c
ἐξοκέλλειν 497c
ἐξωθεῖν 502b

נָדַח ho.
φεύγειν 1428b

נָדִיב
ἄρχειν 163a
ἄρχων 166b
βασιλεύς *169a*
δίκαιος 330c
δοκεῖν 339b
δυνάστης 355b, *172c*
εὐσεβής 580b
καταδέχεσθαι 730b
μεγιστάν *184a*
§ναδαβ 939a
πρόθυμος 1206c
τύραννος 1378c

נְדִיבָה
⟦ἐλπίς 454a⟧
ἡγεμονικός 603c
⟦συνετός 1315a⟧

נֵדֶן
κολεός 776b
μίσθωμα 930c

נְדַן (Aramaic)
ἔξις (גּוֹ נִדְנֶה) 496b

נָדַף qal
ἐκλείπειν 435c
ἐκρίπτειν, ἐκριπτεῖν 441a

נָדַף ni.
⟦ἀνεμόφθορος 87a⟧
διώκειν 338b
ἐκλείπειν 435c
ἐκτρίβειν *174a*
⟦ἐξαίρειν *175a*⟧

ἐξωθεῖν 502b
κινεῖν 765b
〖ὀνειδίζειν 994b〗 → גָּדַף pi.
φέρειν 1426c

נָדַר qal
εὔχεσθαι 583c
εὐχή 584b
ὁμολογεῖν 993c

נֶדֶר, נֵדֶר
δῶρον 359a
εὔχεσθαι 583c
εὐχή 584b
ὁμολογία 993c

נָהַג qal
ἄγειν 9a (+La. 1.4)
αἰχμαλωτεύειν 39a
ἀπάγειν 115b
#ἀπαντᾶν 167c (Si. 40.23)
#διάγειν 171a (Si. 38.27)
ἐλαύνειν 174a
ἐπάγειν 503c
ὁδηγεῖν 962a
παραλαμβάνειν 1061b

נָהַג pi.
ἄγειν 9a
ἀνάγειν 75b
ἀπάγειν 115b
εἰσάγειν 407c
ἐπάγειν 503c
παρακαλεῖν 1060a

נָהָה qal
θρηνεῖν 654c

נָהָה ni.
〖ἐπιβλέπειν 516c〗

נְהוֹר (Aramaic)
φῶς 1450b

נְהִי
θρῆνος 655a
κοπετός 778a
οἶκτος, οἰκτρός 983b

נָהִיר (Aramaic)
φῶς 1450b

נַהִירוּ (Aramaic)
γρηγόρησις 278a

נָהַל pi.
ἄγειν 9a
ἀντιλαμβάνεσθαι 110c
διατρέφειν 314a
ἐκτρέφειν 443c
〖καταπαύειν 740c〗 → נוּחַ hi.
παρακαλεῖν 1060a

נָהַל hithp.
ἐνισχύειν 475a

נַהֲלֹל
ξύλον 958a
ῥαγάς 1247c

נָהַם qal
βοᾶν 222a
〖μεταμελεῖν 916b〗 → נָחַם ni.
〖πεινᾶν 1115b〗

נַהַם
βρυγμός 231b
θυμός 660c

נְהָמָה
στεναγμός 1288a
φωνή 1447b

נָהַק qal
βοᾶν 222a

κράζειν 781b

נָהַר I qal
ἥκειν 605a
συνάγειν 1307b

נָהַר II qal
φωτίζειν 1451b

נָהָר
κατακλυσμός 181b
πλημμύρα γίνεται (נְ עָשַׂה) 1145c
*ποταμός 1196a, 189c

נְהַר (Aramaic)
ποταμός 1196a

נְהָרָה
δόξα 171c
φέγγος 1426a

נוּא qal
?διαστρέφειν 312a

נוּא hi.
ἀθετεῖν 29b
ἀνανεύειν 80a
ἀφιστᾶν, ἀφιστάναι,
    ἀφιστάνειν 184b
?διαστρέφειν 312a

נוּב qal
ἀποστάζειν 141a
πληθύ(ν)ειν 1144b
〖ῥεῖν 1248b〗

נוּב polel
εὐοδιάζειν 585a

נוֹב
#κόσμος 182b

נוּד qal
ἀπαλλοτριοῦν 116c
δειλιᾶν 287a
εὐλαβεῖσθαι (נוּד qal + neg.) 572a
θρηνεῖν 654c
κινεῖν 765b
#μετακινεῖν 916a
#μετακίνησις 916a (II Es. 9.11)
μεταναστεύειν 916b
πενθεῖν 1117b
πεταννύναι, πετάζειν 1128c
πλανᾶν 188c
στενάζειν 1288b
συλλυπεῖσθαι 1302c
τρέμειν 1371b

נוּד hi.
κινεῖν 765b
σαλεύειν 1257c

נוּד hithpolel
ὀδύρεσθαι 967b
σείειν 1261c

נוּד pe. (Aramaic)
σαλεύειν 1257c

נוֹד
〖ζωή 599c〗

נָוָה I qal
περαίνειν 1119b

נָוָה I hi.
δοξάζειν 343b

נָוָה II
δίαιτα 303a
νομή 946b

נָוֶה
δίαιτα 303a
ἔπαυλις 508c
εὐπρέπεια, εὐπρεπία 576b

εὐπρεπής 576b
〖εὐφροσύνη 582c〗
κατάλυμα 738c
κατάλυσις 739a
μάνδρα 895a
νομή 946b
〖νομός 949b〗 → νομή
τόπος 1364b
ὡραιότης 1494a

נוּחַ qal
ἀναπαύειν 80b, 166c (Si.
    34[31].21)
ἀνάπαυσις 80c, 166c
〖ἀνάπαυσιν διδόναι 80c〗 → נוּחַ
    hi.
ἀφίειν, ἀφιέναι 183b
ἐπαναπαύεσθαι 506b
καθίζειν 701c
καταπαύειν 740c, 181c
κατάπαυσις 741a
κοίμησις 182a
συμφωνεῖν 1306c

נוּחַ hi.
αἴρειν 165c
ἀναπαύειν (הֵנִיחַ) 80b
〖   "   (הֵנִיחַ) 80b〗
#ἀνάπαυσιν διδόναι 80c
ἀνάπαυσιν ποιεῖν 80c, 1154a
ποιεῖν ἀνάπαυμα 80c, 1154a
#ἀνιέναι (= ἀνίημι) 102b (Je.
    15.6)
ἀποτιθέναι 148c
ἀφίειν, ἀφιέναι 183b, 169b
διδόναι 317b
ἐᾶν 361a
〖ἐγκαταλείπειν 172a〗
〖ἐμπιπλᾶν, ἐμπι(μ)πλάναι,
    ἐμπλήθειν 457a〗
ἐναφιέναι 469b
ἐπαναπαύεσθαι 506b
ἐπαφιέναι 509a
ἐπιλανθάνειν 524a
#ἐπιστηρίζειν 530b (Ps. 37[38].2)
ἐπιτιθέναι 535c
#καθιζάνειν 701c (Pr. 18.16)
καθιέναι 701c
καθιστάναι 702c
〖κατακληρονομεῖν 733b〗 → נָחַל
    hi.
καταλείπειν 736a, 181b
καταλιμπάνειν 737b
καταπαύειν 740c, 181c
#λείπειν 872c (Pr. 11.3)
παραδιδόναι 1058a
〖συνάγειν 1307b〗 → כָּנַס pi.
τιθέναι 1348c
#ὑφιστάναι 1419a (Za. 9.8)

נוּחַ ho.
ἀναπαύειν 80b
ἀπόλοιπος 138c
τιθέναι 1348c

נוֹחַ
κατάπαυσις 741a

נוֹחָה
ἀνάπαυσις 166c

נוּט
σαλεύειν 1257c

נְוָלִי (Aramaic)
δημεύειν (נְ + שַׁוָה ithpa.) 295c
διαρπαγή 308c

διαρπάζειν (נְ + שׂוּם ithpe., נְ +
    שַׁוָה ithpa.) 308c

נוּם qal
#νυσταγμός 956a (Je. 23.31)
νυστάζειν 956a
ὑπνοῦν 1412a

נוּמָה
νυσταγμός 185c
ὕπνος 194b (+Si. 42.9)
ὑπνώδης 1412a

נוּן ni.
διαμένειν 305c

נוּן hi.
διαμένειν 305c

נוּס qal
ἀναχωρεῖν 85c
ἀποδιδράσκειν 127b
〖ἀφιστάναι 169b〗
διαφεύγειν 314b
διώκειν 338b
ἐκφεύγειν 445b
ἐμφράσσειν 460c
καταφεύγειν 747b
καταφυγή 748b
κινεῖν 765b
φεύγειν 1428b
φθείρειν 1429c (De. 34.7)
φυγαδευτήριον 1440b
φυγάς εἶναι 1440b
φυγή 1440b

נוּס hi.
ἐκφεύγειν 445b
μετακινεῖν 916a
συνάγειν 1307b
〖φεύγειν 1428b〗

נוּעַ qal
ἄρχειν 163a
διασκορπίζειν 310b
ἐξιστᾶν/ἐξιστάναι + ψυχή (=
    נֶפֶשׁ) 496c
ἐπαίρειν 505a
κινεῖν 765b
〖κλίνειν 771a〗
μετακινεῖν 916a
μετανιστάναι 916b
σαλεύειν 1257c
σείειν 1261c
#στενάζειν 192a (Si. 36.30)
στένειν 1288b
συναθροίζειν 1310b
σφαλερός 1324c
φοβεῖν 1433b

נוּעַ ni.
λικμᾶν, λιχμᾶν 878b
σαλεύειν 1257c

נוּעַ hi.
βασιλεύειν (נוּעַ לְמַלְכוּת hi.) 194c
διασκορπίζειν 310b
ἐγείρειν 364a
καταρεμβεύειν 743a
καταρομβεύειν 743a
κινεῖν 765b, 182a
〖λιγμίζειν(?) 876b〗 → λικμίζειν
〖λικμᾶν, λιχμᾶν 878b〗 →
    λικμίζειν
#λικμίζειν
μετακινεῖν 916a
σαλεύειν 1257c

נוֹעַם
see נֹעַם, נָעַם

נוּף qal
διαρραίνειν 309a

נוּף polel
παρακαλεῖν 1060a

נוּף hi.
αἴρειν 34c
ἀναφέρειν 84c
ἀποδιδόναι 126b
ἀφαιρεῖν 180a
ἀφορίζειν 185c
⟦ἐκκλ(ε)ίνειν 173d⟧ → ἐκτείνειν
⟦ἐκτείνειν 173d⟧
ἕλκειν, ἑλκύειν 453a
#ἐξαίρειν 175c (Si. 37.7)
ἐπαίρειν 505a, 176a (+Si. 46.2)
ἐπιβάλλειν 516a
ἐπικροτεῖν 176c
ἐπιτιθέναι 535c
παρακαλεῖν 1060a
πάσσειν 188a
#σαλεύειν 191a (Si. 43.16)
#ταράσσειν 1336a (Is. 30.28)
φέρειν 1426c

נוֹף
εὔριζος (יְפֵה נוֹף) 576c

נוּר (Aramaic)
πῦρ 1242b

נוּשׁ
⟦ταλαιπωρία 1333a⟧ → אָנַשׁ qal

נָזָה qal
ἐπιρραντίζειν 527a
⟦κατάγειν 729b⟧
ῥαντίζειν 1248a

נָזָה hi.
θαυμάζειν 626c
περιρ(ρ)αίνειν 1126a
προσραίνειν 1219c
ῥαίνειν, ῥανίζειν 1247c

נָזִיד
ἕψεμα, ἕψημα 592a

נָזִיר
ἁγιάζειν 10c
ἁγίασμα 11b
ἁγιασμός 11c
ἅγιος 12a
ἁγνεία 15c
δοξάζειν 343b
εὔχεσθαι 583c
ἡγεῖσθαι 602c
§ναζ(ε)ιρ 939a
ναζ(ε)ιραῖος 939a

נָזַל qal
⟦ἐξέρχεσθαι 491c⟧ → אָזַל qal
καταβαίνειν 727a
ὄμβρημα 991a
ῥαίνειν, ῥανίζειν 1247c
ῥεῖν 1248b
ῥοιζεῖν, ῥοίζεσθαι 1253a
τήκειν 1348a
ὕδωρ 1381a
#φέρειν pass. 1426c (Je. 18.14)

נָזַל hi.
ἐξάγειν 483a

נֶזֶם
ἐνώτιον (נ׳ אַף) 482c

נָזַק hi.
ἐπιτιμᾶν 177a

נְזַק pe. (Aramaic)
ἐνοχλεῖν 476b

נְזַק aph. (Aramaic)
*#ἐνοχλεῖν 476b
κακοποιεῖν 709a
κακοποίησις 709b

נָזַר ni.
⟦ἁγίασμα 11b⟧ → נֵזֶר
⟦ἀπαλλοτριοῦν 116c⟧ → זוּר I, זוֹר
ni.
προσέχειν 1215b

נָזַר hi.
ἁγιάζειν 10b
ἁγνίζειν 15c
ἀφαγνίζειν 180a
εὐλαβῆ ποιεῖν 572a, 1154a
εὔχεσθαι 583c
εὐχή 584b

נֵזֶר
ἁγίασμα 11b
ἅγιος 12a
ἅγνεια 15c
ἁγνισμός 16a
ἀφόρισμα 186a
βασίλειον 194b
εὐχή 584b
καθαγιάζειν 697a
§νεζερ 941b
πέταλον 1128c

נָחָה qal
εὐοδοῦν 575c
ὁδηγεῖν 962a

נָחָה hi.
ἄγειν 9a
δεικνύειν, δεικνύναι 286a
ἐπάγειν 503c
εὐοδοῦν 575c
⟦καθιζάνειν 701c⟧ → נוּחַ hi.
καθοδηγεῖν 704a
μεταπέμπεσθαι 916c
ὁδηγεῖν 962a
παρακαλεῖν 1060a
⟦τιθέναι 1348c (III Ki. 10.26)⟧ → נוּחַ hi.

נְחוּמִים
μεταμέλεια 916b
παράκλησις 1061a
παρακλητικός 1061a

נָחוּשׁ
χάλκειος 1453a
⟦χαλκοῦς, χάλκεος 1453c⟧ → χάλκειος

נְחוּשָׁה
χάλκειος 1453a
χαλκός 1453b
χαλκοῦς, χάλκεος 1453c

נְחִירִים
μυκτήρ 936b

נָחַל qal
#διαιρεῖν 302c (Jo. 18.4)
⟦διέρχεσθαι 328c⟧
ἐμβατεύειν 455c
⟦ἐξολοθρεύειν, ἐξολεθρεύειν 497c⟧ → κατακληρονομεῖν
κατακληρονομεῖν 733b
κατέχειν 750c
κληρονομεῖν 768a, 182a
#κλῆρος 770a (Je. 12.13)
κτᾶσθαι 793b
μερίζειν 910c

נָחַל pi.
κατακληρονομεῖν 733b
καταμερίζειν 739a
καταμετρεῖν 739b

נָחַל hi.
ἀποδιαιρεῖν 126b
ἀποδιαστέλλειν 126b
#διαδιδόναι 300b (Si. 30[33].32)
διαιρεῖν 302c
διαμερίζειν 305c
κατακληροδοτεῖν 733b
κατακληρονομεῖν 733b, 181b (+Si. 33.16)
καταμερίζειν 739a
κληρονομεῖν 768a, 182a
μερίζειν 910c

נָחַל hithp.
κατακληρονομεῖν 733b
⟦ " 181b⟧
καταμερίζειν 739a
κληρονομεῖν 768a

נַחַל I
⟦διορυγή 336c⟧ → διῶρυξ, διώρυγος, διώρυχος
διῶρυξ, διώρυγος, διώρυχος 339a
⟦κῦμα (אֲפִיק נְחָלִים) 799a⟧
§νααλ (נַחֲלִי) 938a
νάπη 939c
§ναχαλ 940a
§ναχαλει, ναχαλη (נַחֲלִי) 940a
ποταμός 1196a, 189c
φάραγξ 1424b
χείμαρρους, χείμαρρος 1457a

נַחַל II
#φοῖνιξ 1436c (Jb. 29.18), 195b (Si. 50.12)

נַחֲלָה
διαίρεσις 302c
ἔγκληρος 366c
εὔκληρος 571c
κατακληρονομεῖν (חָלַק אֶת-נַ׳, נַ׳) 733b
κατάσχεσις 746b
κληροδοσία 768a
κληρονομεῖν (נָתַן נַ׳, חָלַק נַ׳, נַ׳) 768a
κληρονομία 769a, 182a
κλῆρος 770a
κληροῦν 770c
κληρουχία 770c
κτῆμα 793c
μερίζειν 910c
μερίς 911a, 184b
μέρος 911c
⟦οἶκος 973a⟧
τόπος 1364b

נַחֲלָת
κληρονομία 769a

נָחַם ni.
ἀναπαύειν 80b
⟦ἀνιέναι (= ἀνίημι) 102b⟧ → נוּחַ hi.
⟦ἐλεεῖν 449c⟧ → חוּס qal
ἐνθυμεῖσθαι 473c
θυμοῦν 662a
ἱλάσκεσθαι, ἱλάζειν 684b
ἵλεως γίνεσθαι 256c, 684c
μεταμελεῖν 916b (+Pr. 5.11)
#μετάμελος 916b (Pr. 11.3)
μετανοεῖν 916b

παρακαλεῖν 1060a, 187c (+Si. 32[35].21)
παύειν 1112b

נָחַם pi.
διαναπαύειν 306b
ἐλεεῖν 449c
⟦ἐπισκέπ(τ)ειν 527c⟧
⟦ἡγεῖσθαι 602c⟧
⟦θαυμάζειν 626c⟧
παρακαλεῖν 1060a, 187c
παράκλησις 1061a
παράκλητωρ 1061a

נָחַם pu.
παρακαλεῖν 1060a

נָחַם hithp.
#ἀπειλεῖν 120a (Ge. 27.42; Nu. 23.19)
παρακαλεῖν 1060a

נֹחַם
παράκλησις 1061a

נֶחָמָה
παρακαλεῖν 1060a

נָחַץ qal
κατασπεύδειν 745b, 181c (Si. 35[32].10)
σπουδή 1285c

נַחֲרָה
φωνὴ ὀξύτητος 1001a, 1447b (Je. 8.16)

נָחַשׁ pi.
#ἐξερευνᾶν, ἐξεραυνᾶν 491b (Ps. 108[109].11)
οἰωνίζεσθαι 985b
οἰωνισμός 985b
⟦φαρμακεύειν 1425a⟧

נַחַשׁ
οἰωνισμός 985b
οἰωνός 985b

נָחָשׁ
δράκων 348b
ὄφις 1042b

נְחָשׁ (Aramaic)
χαλκός 1453b
χαλκοῦς, χάλκεος 1453c

נְחֹשֶׁת
πέδη 1113a
πέδη χάλκεια 1113a, 1453a
πέδη χαλκῆ 1453c
σίδηρος, [σίδηρον] 191b
*#χάλκειος δεσμός 1453a (I Es. 1.40)
χαλκός 1453b, 195a
*χαλκοῦς, χάλκεος 1453c

נָחַת qal
⟦ἐπιστηρίζειν 530b⟧ → נוּחַ hi.
#καταβαίνειν 727a
⟦κοιμᾶν 773c⟧

נָחַת ni.
ἐμπηγνύναι 456c

נָחַת pi.
⟦καταγνύναι 730a⟧ → נָתַח pi.
⟦τιθέναι 1348c (Ps. 17[18].32)⟧ → נָתַן qal

נְחַת pe. (Aramaic)
ἀποστέλλειν 141b
καταβαίνειν 727a

נְחַת aph. (Aramaic)
*#ἀποτιθέναι 148c

κεῖσθαι 758b
*τιθέναι 1348c

נְחַת hoph. (Aramaic)
καταφέρειν 747b

נַחַת
ἀναπαύειν (מָצָא נ׳) 166c
ἀνάπαυσις 80c, 166c
#ἐλευθερία 174b (Si. 30[33].34)
[θυμός 660c]
[καταβαίνειν 727a] → נָחַת qal
συγκύπτειν 192b

נָחֵת
[κρύπτειν 791c] → חָבָא ni.
#πραΰς 1201a (Jl. 3[4].11)

נָטָה qal
αἴρειν 34c (+I Ch. 21.10)
[αἰρεῖν 36a] → αἴρειν
ἀφικνεῖσθαι 184a
βάλλειν 189c
βαστάζειν 215a
ἐκκλ(ε)ίνειν 433c, 173c
ἐκτείνειν 442a, 173c (Si. 46.2)
ἐντείνειν 477a
ἐπαίρειν 176a (Si. 46.2)
ἐπιβάλλειν + χεῖρα (= יָד) 516a
ἱστάναι, ἱστᾶν 689a, 180b
καταχεῖν 748c
κλίνειν 771a
[μετέωρος 917c]
ὀλισθαίνειν 186a
παριδεῖν 1070b
πηγνύναι 1130c
ποιεῖν 1154a
προσέχειν 1215b
σαλεύειν 1257c
στερεοῦν 1289a
τανύειν 1334b, 193a
#τείνειν 1339c (Ez. 30.22)
ὑποτιθέναι 1417c
ὑψηλός (זְרוֹעַ נְטוּיָה) 1419b
[ὑψοῦν 1422a] → ὑψηλός

נָטָה ni.
ἐκλείπειν 435c
ἐκτείνειν 442a
[ἐκτιθέναι 443a] → ἐκτείνειν

נָטָה hi.
ἀποκλίνειν 132c
ἀποπλανᾶν 139c
ἀφαιρεῖν 180a
διαστρέφειν 312a
εἰσάγειν 173b
[ἐκκλείειν κρίσιν 433a] →
   ἐκκλ(ε)ίνειν κρίσιν
ἐκκλ(ε)ίνειν 433c, 173c (-Si. 6.33; 7.2)
ἐκκλ(ε)ίνειν κρίσιν 433c
ἐκτείνειν 442a
ἐπαίρειν + ῥάβδος (= מַטֶּה) 505a
[ἐπιβλέπειν 516c] → נָבַט hi.
ἐπικλίνειν 523a
εὐθύνειν 570c
κλίνειν 771a, 182a (+Si. 51.16)
παραβάλλειν 1055c
πηγνύναι 1130c
[πλανᾶν 1139b]
προσέχειν 1215b
ὑποτιθέναι 194c

נָטִיל
[ἐπαίρειν 505a] → נָטַל qal

נְטִיפוֹת
ὁρμίσκος 1014a

στραγγαλίς 1295a

נְטִישׁוֹת
κλῆμα 767c
κληματίς 768a
[ὑποστήριγμα 1417a]

נָטַל qal
αἴρειν 34c
#ἐξαίρειν 485a (Na. 1.2)
#ἐπαίρειν 505a (Ze. 1.11)

נָטַל pi.
ἀναλαμβάνειν 78c

נְטַל pe. (Aramaic)
αἴρειν 34c
ἀναλαμβάνειν 78c

נְטַל peil (Aramaic)
ἐξαίρειν 485a
ἐξεγείρειν 490b

נָטָל
δυσβάστακτος 357b

נָטַע qal
ἱστάναι, ἱστᾶν 689a
καταφυτεύειν 748b, 181c
πηγνύναι 1130c
φύειν 1440c
φυτ(ε)ία 1446c
φυτεύειν 1446c, 195c

נָטַע ni.
προσανοικοδομεῖν 190a
φυτεύειν 1446c

נָטַע pu.
[ῥιζοῦν 191b] → נֶטַע

נֶטַע
νεόφυτος 943a
#ῥιζοῦν 191b (Si. 3.28)
#τέκνον 193a (Si. 3.9)
φυτεύειν 1446c
φυτόν 195c

נְטָעִים
[νεόφυτος 943a] → נֶטַע

נָטַף qal
ἀποστάζειν 141a
ἀποσταλάζειν 141a
ἐξιστᾶν, ἐξιστάναι 496c
στάζειν 1286a

נָטַף hi.
ἀποσταλάζειν 141a
δακρύειν 284a
δάκρυ(ον) 284a
[ἐπιβλέπειν 516c] → נָבַט hi.
κλαίειν δάκρυσι 766a
ὀχλαγωγεῖν 1042c
[σταγών 1286a] → נָטָף
σταλάζειν 1286c

נָטָף
σταγών 1286a
στακτή 1286c

נָטַר qal
διαμένειν 305c
[ἐξαίρειν 485a] → נָטַל qal
μηνίειν 923a
τηρεῖν 1348b
φυλάκισσα 1441b
φυλάσσειν, φυλάττειν 1441c

נְטַר pe. (Aramaic)
διατηρεῖν 313a
[στηρίζειν 1290c]
[συντηρεῖν 1320c] → διατηρεῖν

#τηρεῖν 1348b (Da. LXX 7.28
   [𝔓967])

נָטַשׁ qal
ἀνιέναι (= ἀνίημι) 102b
ἀξιοῦν 113b
ἀποσκορακίζειν 141a
ἀποστρέφειν 145b
ἀποτινάσσειν 149a
ἀπωθεῖν 151a
ἀφιέναι, ἀφιέναι 183b
διαχεῖν 316a
ἐγκαταλείπειν 365a, 172a (+Si. 6.19)
[ἐδαφίζειν 367c] → רָטַשׁ pi.
ἐκρίπτειν, ἐκριπτεῖν 441a
[ἐκτείνειν 442a]
ἐκχεῖν, ἐκχέειν 445c
ἐπιβάλλειν 516a
καταβάλλειν 728c
καταλείπειν 181b
κλίνειν 771a
παριδεῖν 188a
ῥάσσειν 1248a
ὑπεριδεῖν 194b

נָטַשׁ ni.
ἐγκαταλείπειν 365a
ἐκρίπτειν, ἐκριπτεῖν 441a
συμπίπτειν 1305b
σφάλλειν 1324c

נָטַשׁ pu.
ἐγκαταλείπειν 365a

ניב
[ἐπιτιθέναι 535c]
κόσμος (נוֹב, נִיב) 182b

ניד
κίνησις 765c

נִידָה
σάλος 1258a

נִיחוֹחַ, נִיחֹחַ (Hebrew and Aramaic)
εὐωδία (רֵיחַ נ׳/נִי׳) 584c, 178b
θυσία 664a
*#σπονδή 1285a (I Es. 6.31)

נִין
ἔκγονος 173b
[ἐπίγνωστος 518c]
σπέρμα 1282b, 192a (Si. 47.23)
συγγένεια, συγγενία 1298b
τέκνον 193a

ניס
[φεύγειν 1428b]

ניסן
πειρασμός 188b

ניצוֹץ
σπινθήρ 1284c

נֵיר
λύχνος 891b

נִיר I qal
νεοῦν 943a
φωτίζειν 1451b

נִיר II
θέσις 649b
[κατάλ(ε)ιμμα 736a]
λαμπτήρ 853a
λύχνος 891b
φῶς 1450b

נִיר III
νέωμα 944b

נָכָא ni.
σβεννύναι 1261a

נְכָא
λυπηρός 890a
ὀλιγόψυχος ἀνήρ (רוּחַ נְכֵאָה)
   987a
σκυθρωπάζειν (רוּחַ נְכֵאָה) 1277a

נְכֹאת
θυμίαμα 660b

נֵכָר
[ἐπίγνωστος 518c] → נָכַר ni.
[ὄνομα 995b]
σπέρμα 1282b

נָכָה ni.
πλήσσειν 1149c

נָכָה pu.
πλήσσειν 1149c

נָכָה hi.
ἀδικεῖν 24c
ἀναιρεῖν 77b
ἀποκτείνειν, ἀποκτέννειν 135a,
   168a
ἀπολλύειν, ἀπολλύναι 136c
βάλλειν 189c
διακόπτειν 303c
[διασπείρειν 310c]
ἐκζεῖν 430c
ἐκκαίειν 432b
ἐκκόπτειν 434c
ἐκπολεμεῖν 439b
ἐκπολιορκεῖν 439c
ἐμπολιορκεῖν 458c
ἐξολεθρεύειν, ἐξολοθρεύειν
   497c
#ἐπάγειν + χεῖρα πρὸς χεῖρα (=
   כַּפַּיִם) 503c
[ἐπιβουλεύειν 517b]
θανατοῦν 625a
[κατάγειν 729b] → πατάσσειν
[καταγνύναι 730a] →
   πατάσσειν
κατακόπτειν 734b
καταστρέφειν 181c
κοπή 778b
κόπτειν 779a
κροτεῖν 791c
λαμβάνειν 847a
μαστιγοῦν 898a
μαστίζειν 898b
μάχεσθαι 900c
παίειν 1048c
παραδιδόναι 1058a
πατάσσειν 1103b
πληγή 1142b
πλήσσειν 1149c
[συγκαίειν 1299a]
συγκόπτειν 1300b
συγχεῖν 1301a
συντρίβειν 1321a
τιτρώσκειν 1362a
τρέπειν 1371b
τύπτειν 1378b
φονεύειν 1437a
[χαράσσειν 1454c] →
   πατάσσειν

נָכָה ho.
ἁλίσκειν, ἁλίσκεσθαι 54c
μαστιγοῦν 898a
πίπτειν 1135c
πληγή 1142b
πλήσσειν 1149c

πονεῖν 1186a
#συντρίβειν 1321a (Ze. 3.18)

נָכֵה
ἡσύχιος (נכה רוח) 620b
πλήσσειν 1149c

נְכֵה
μάστιξ 898b

נֹכַח
ἀγαθός 2a
ἀλήθεια 53a
ἐνώπιος 482b
εὐθύς (adj.) 571a
εὔκολος 571c
#κοῦφος 781b (Si. 11.21)
〚σοφός 1280b〛→ ἀγαθός
φανερός 195a

נֹכַח
εὔκολος 571c

נֹכַח
#ἀπέναντι 167c (Si. 36[33].14)
ἐξ ἐναντίας (עַד נֹ') 468b
#ὀπτασία 186b (Si. 43.16)
ὀρθ(ρ)ός (לְנֹ') 1010c

נָכַל pi.
δολιοῦν 340b

נָכַל hithp.
δολιοῦν 340b

נֵכֶל
δολιότης 340b

נְכַס (Aramaic)
*#ἀργυρικός 153b
βίος 220a
τὸ ὑπάρχον, (τὰ) ὑπάρχοντα 1406b

נְכָסִים
τὸ ὑπάρχον, (τὰ) ὑπάρχοντα 1406b
χρῆμα 1474b, 196b

נָכַר ni.
γινώσκειν 170b
ἐπιγινώσκειν 517c
#ἐπίγνωστος 518c (Jb. 18.19)
ἐπινεύειν 526a

נָכַר pi.
ἀπαλλοτριοῦν 116c, 167c
εἰδεῖν, εἰδέναι 374b
〚πιπράσκειν 1135c〛→ מָכַר qal
συνεπιτιθέναι 1313c

נָכַר hi.
αἰδεῖσθαι 30c
αἰσχύνειν 36c
*#ἀκούειν 45a
γινώσκειν 267a
γνωρίζειν 273a
ἐπιγινώσκειν 517c, 176c (+Si. 44.23)
μιμνήσκεσθαι 185a

נָכַר hithp.
ἀλλοτριοῦν 57c
ἀποξενοῦν 139b
διεστραμμένως 171c
πονηρεύεσθαι 1186a

נֵכָר
ἀλλογενής 55c
ἀλλογενῆ ἔθνος (בֶּן־נֵ') 368b
ἀλλότριος 57a, 166b
ἀλλοτρίωσις 57c
ἀλλόφυλος (בֶּן־נֵ') 57c

ἕτερος 560a

נָכְרִ, נֵכָר
ἀλλότριος 57a
ἀπαλλοτρίωσις 116c

נָכְרִי
*ἀλλογενής 55c
ἀλλότριος 57a, 166b
ἀλλόφυλος 57c
ἴδιος + neg. 673b
ξένος 957a

נְכֹת
§νεχωθα (נְכֹתוֹ, נְכֹתֹה) 944b
§νεχωτα (נְכֹתֹה) 944b

נִמְבְזָה
〚ἀτιμοῦν 176a〛→ בָּזָה ni.

נְמָלָה
μύρμηξ 937b

נָמֵר
πάρδαλις 1065c

נְמַר (Aramaic)
πάρδαλις 1065c

נֵס
ἄρχειν 163a
〚δόξα 341b〛
ἱστίον 692b
〚καταφυγή 748b〛→ נוס qal
σημεῖα, σημαία 1263a
σημεῖον 1263b
σημείωσις 1264a
σύσσημον 1323b

נְסַב pe. (Aramaic)
#ἀπολλύειν, ἀπολλύναι 168a (Si. 9.6 Aramaizing)

נְסִבָּה
μεταστροφή 917a

נָסָה qal
〚ἀφιστάναι 169b〛

נָסָה pi.
#ἐγχειρεῖν 367b (Je. 29[49].16)
ἐκπειράζειν 438c
πεῖραν λαμβάνειν 847a, 1115c
πειράζειν, πειρᾶν 1115c, 188b

נָסַח qal
ἐξωθεῖν 502b
κατασπᾶν 745a
μεταναστεύειν 916b

נָסַח ni.
ἐξαίρειν 485a
προνομεύειν 190a

נְסַח ithpe. (Aramaic)
καθαιρεῖν 697b
*#λαμβάνειν 847a (I Es. 6.32)

נִסָּיוֹן
πειράζειν 188b
#πειρασμός 188b (Si. 6.7)

נָסִיךְ
ἄρχειν 163a
ἄρχων 166b
γίγας 170b
σπονδή 1285a

נָסַךְ qal
καθιστάναι 702c
ποιεῖν 1154a
ποτίζειν 1197c
σπένδειν 1282b

נָסַךְ ni.
θεμελιοῦν 629c

נָסַךְ pi.
σπένδειν 1282b

נָסַךְ hi.
σπένδειν 1282b

נָסַךְ ho.
σπένδειν 1282b

נְסַךְ pa. (Aramaic)
#ἐπιτελεῖν 535a (Da. LXX 2.46 [𝔓967])
ποιεῖν + σπονδήν (= נִיחֹחַ) 1154a (Da. LXX 2.46)
σπένδειν 1282b
σπονδή 1285a

נֶסֶךְ, נֵסֶךְ (Hebrew and Aramaic)
σπένδειν 1282b
σπονδή 1285a
χωνεύειν 1480c
χωνευτός 1481a

נִסְמָן
〚κέγχρος 757c〛

נָסַס qal
φεύγειν 1428b

נָסַס hithpo.
?κυλίειν 798c
φεύγειν 1428b

נָסַע qal
αἴρειν 34c
ἀναβαστάζειν 73a
*ἀναζευγνύειν, ἀναζευγνύναι 76c
ἀπαίρειν 115c
ἀπέρχεσθαι 121a
ἐκσπᾶν 441b
ἐξαίρειν 485a
ἐξέρχεσθαι 491c
κινεῖν 765b
προπορεύεσθαι 1208c
στρατοπεδεύειν 1296a

נָסַע ni.
#ἐξαίρειν 485a (Za. 10.2)
ἐξέρχεσθαι 491c

נָסַע hi.
αἴρειν 34c
ἀπαίρειν 115c
ἐκκόπτειν 434c
ἐξαίρειν 485a
ἐπαίρειν 505a
μεταίρειν 916a

נָסַק hi.
ἐκκαίειν 173c

נְעוּרִים
γένεσις 237a
νεότης 942c, 185a
νηπιότης 944c
παιδάριον 1045c
παῖς 1049a
παρθεν(ε)ία 1069a, 188a
παρθενικός 1070a

נָעִים
εὐπρέπ(ε)ια 576b
εὐπρεπής 576b
ἡδύνειν 604c
ἡδύς 604c
καλός 715b
κρείσσων, κρείττων, κράτιστος 785a
τερπνός 1345c
τερπνότης 1345c
ὡραῖος 1493c

נָעַל qal
ἀποκλείειν 132b
κλείειν 767a
σφηνοῦν 1325a
ὑποδεῖν 1413b
〚ὑποδύειν 1413b〛→ ὑποδεῖν

נָעַל hi.
ὑποδεῖν 1413b

נַעַל
σανδάλιον 1259a
ὑπόδημα 1413b, 194c

נָעֵם qal
#εἰς ἀγαθόν 165a (Si. 7.13)
βελτίων φαίνεσθαι 217b
εὐπρεπής 576b
ἡδέως ἅπτεσθαι 604a
ἡδύνειν 604c
καλὸς εἶναι δοκεῖν 715b
κρείττων εἶναι 785a
〚πίων 1139a〛
ὡραιοῦσθαι 1494a

נָעֵם hi.
γλυκαίνειν 170b

נֹעַם, נֹעָם
ἡδύς 179a
κάλλος 715b
καλός 715b
λαμπρότης 853a
σεμνός 1263a
τερπνότης 1345c

נַעֲצוּץ
〚στοιβή, στυβή 1291c〛

נָעַר I qal
〚ἐξεγείρειν 490b (Je. 28[51].38)〛
→ עור I ni.

נָעַר II qal
ἀποσείειν 140c
〚ἐκτείνειν 442a〛→ ἐκτινάσσειν
ἐκτινάσσειν 443b

נָעַר II ni.
ἀποτινάσσειν 149a
ἐκτινάσσειν 443b

נָעַר II pi.
ἀνορθοῦν 167b
ἐκτινάσσειν 443b

נָעַר II hithp.
ἐκτινάσσειν 443b

נַעַר I
διακονία 303b
διάκονος 303b
〚ἐκτάσσειν 442a〛→ נָעַר II qal ≈ ἐκτινάσσειν
〚κοράσιον 779c〛→ παιδάριον
νεανίας 940a
νεᾶνις 940b
*νεανίσκος 940b, 185a
νέος 942a
παῖς νέος 942a
νεώτερος 942a, 185a
νήπιος 944b, 185b
παιδάριον (אִישׁ־נַ') 1045c
παιδίον 1047c
παῖς 1049a
παρθένος 1070a
τέκνον 193a

נַעַר II
〚διασκορπίζειν 310b〛
〚σκορπίζειν 1275c〛→ διασκορπίζειν

נַעַר
νεανίας 940a
νεότης 942c
νήπιος 944b
παῖς 1049a

נַעֲרָה
ἄβρα 1b
γυνή 278b
δοῦλος (subst.) 346b
θεράπαινα 648a
θεράπων 648b
κοράσιον 779c
νεᾶνις 940b
παιδίον 1047c
παιδίσκη 1048b
παῖς 1049a
παρθένος 1070a, 188a

נְעֻרוֹת
#νεότης 942c, 185a (Si. 30.12)

נְעֹרֶת
ἀποτίναγμα 149a
καλάμη στιππύου 712b, 1291b
στιππύον, στιππεῖον, στύππιον 1291b

נֵפֶה
§νεφθα (נֵפֶת) 944a

נָפַח qal
ἀποκακεῖν 131c
ἐκφυσᾶν 445c
ἐμφυσᾶν 461a
καίειν 705a
#προσεκκαίειν 1213b (Nu. 21.30)
ὑποκαίειν 1413c
φυσᾶν 1446c, 195c

נָפַח pu.
ἄκαυστος ('נ pu. + neg.) 44a
ἄσβεστος ('נ pu. + neg.) 169c

נָפַח hi.
ἐκφυσᾶν 445c

נְפִילִים
γίγας 256b

נֹפֶךְ
ἄνθραξ 96a
στακτή 1286c

נָפַל qal
ἄλογος 59b
ἀποπίπτειν 139c
[ἀσύνετος 174a]
ἀφιστᾶν, ἀφιστάναι, ἀφιστάνειν 184b
βάλλειν 189c, 169a
γίνεσθαι 256b
διαπίπτειν 308a
διαφωνεῖν 315c
ἔγκεισθαι 366b
ἐκπίπτειν 439b
ἐμπίπτειν 458a, 174b
ἐμπλέκεσθαι 458b
ἐπέρχεσθαι 509c
ἐπιπίπτειν 526b, 177a
ἐπιστρέφειν 531a
ἔρχεσθαι 548b
[ἔσθειν, ἐσθίειν 554a]
καταβάλλειν 728c
κατακλίνειν 733c
καταπηδᾶν 741b
καταπίπτειν 741c
καταφεύγειν 747b
κατοικεῖν 751c
§ναβαλ (נפול) 938a

§ναφα (נפול) 940a
#ὀλισθαίνειν 987a (Si. 25.8)
παρεμβάλλειν 1066b
περιπίπτειν 1125b
πίπτειν 1135c, 188c
πλήσσειν 1149c
προσκύνησις 190b
προσπίπτειν 1219a, 190b
προστιθέναι 1221a
προσχωρεῖν 1223c
πτῶσις 1239a
ῥίπτειν, ῥιπτεῖν 1252b
συμπίπτειν 1305b
ταπεινοῦν 1334c
[τελευτᾶν 1343b, 193b] → πίπτειν
φεύγειν 1428b

נָפַל ni.
[ἀφιστᾶν, ἀφιστάναι, ἀφιστάνειν 184b] → נָפַל qal

נָפַל pilp.
[πίπτειν 1135c (Ez. 28.23)] → נָפַל qal

נָפַל hi.
ἀποπίπτειν 139c
ἀπορρίπτειν 140b
ἀφιστᾶν, ἀφιστάναι, ἀφιστάνειν 184b
βάλλειν 189c
δεῖσθαι 288a
διαδιδόναι 300b
διαπίπτειν 308a
ἐκκόπτειν 434c
ἐμβάλλειν 455a
ἐπιβάλλειν 516a
ἐπιπίπτειν 526b
ἐπιρρίπτειν, ἐπιρριπτεῖν 527a
καθίζειν 701c
καταβάλλειν 728c, 181b
καταμετρεῖν 739b
[κατέχειν 750c]
κληροδοτεῖν 768a
[λαμβάνειν 847a (I Ki. 14.42; Ne. 11.1)] → βάλλειν
παραπίπτειν 1063b
πίπτειν 1135c
ποιεῖν ψήφισμα 1154b
ῥάσσειν 1248a
ῥίπτειν, ῥιπτεῖν 1252b
στηρίζειν 1290c
ταράσσειν 1336a
τιθέναι 1348c (Es. 9.24)

נָפַל hithp.
δεῖσθαι 288a
ἐπιτιθέναι 535c
*#χαμαιπετής 1454b
[προσεύχεσθαι 1214a] → פָּלַל hithp.

נְפַל pe. (Aramaic)
γίνεσθαι 256c
ἐκπίπτειν 439b
ἐκτινάσσειν 443b
πίπτειν 1135c
*ὑποπίπτειν 1416c (I Es. 8.17)
φαίνειν 1423a

נֵפֶל
ἔκτρωμα 444b
πτῶσις 1239a

נָפַץ qal
[διασπείρειν 310c] → פּוּץ ni.
ἐκτινάσσειν 443b

נָפַץ pi.
ἄφεσις 182b
[διασκορπίζειν 310b] → פּוּץ ni.
[διασκορπισμός 310c] → פּוּץ ni.
ἐδαφίζειν 367c
ἐκτινάσσειν 443b
συγκόπτειν 1300b
συντρίβειν 1321a

נָפַץ pu.
κατακόπτειν 734b
λεπτός 874a

נָפַץ
κεραυνοῦν, κεραύνωσις 760c

נְפַק pe. (Aramaic)
δογματίζειν (דְּתָא נֶפְקַה) 339b
ἐκπορεύεσθαι 439b
ἐξέρχεσθαι 491c

נְפַק aph. (Aramaic)
*ἐκφέρειν 444c
φέρειν 1426c

נִפְקָא (Aramaic)
δαπάνη 285b

נִפְקָה (Aramaic)
*#δαπάνημα 285b (I Es. 6.25)
*#σύνταξις 1318a (I Es. 6.29)

נֶפֶשׁ ni.
ἀναπαύειν 80b
ἀναψύχειν 86a
καταπαύειν 740c
[παύειν 1112b]

נֶפֶשׁ
ἀνήρ 88a, 167a
ἄπληστος (רְחַב נ', בַּעַל נ') 122c
ἀπώλεια, ἀπωλία (מַפֵּחַ נ') 151c
βοηθεῖν (עָמַד עַל־נ') 223b
ἐλεύθερος (לְנ') 452b
ἐλπίδα ἔχειν (נָשָׂא נ') 454a (De. 24.15)
ἐμπνεῖν 458c
[ἐνύπνιον 481b]
ζωή 178b
[καρδία 719a, 181a]
κεφαλή 760c
λυπεῖν (אָנַם נ') 889b
ὁ ἐν ὀδύνη (מַר נ') 967a
ὀλιγοψυχεῖν (קָצְרָה נ') 987a
πνεῦμα 189b
πνοή 1153b
σεαυτοῦ (נַפְשְׁ) 191a
σῶμα 1330a
ὑγ(ε)ία, ὑγίεια 1380b (Es. 9.31)
ψυχή 1486a, 196b

נֹפֶת
κηρίον 763b
μέλι 908c

נֵץ
ἄνθος 96a (Ze. 2.2), 167a
βλαστός (נצה, נץ) 220c
#ἐξανθεῖν (זְרַע נ') 487c (Si. 51.15)
ἱέραξ 678c

נָצַב ni.
ἀνθιστάναι 95c
διαμένειν 305c
ἐπιστηρίζειν 530b
[ἔρχεσθαι 548b]
ἐφιστάναι 585c
ζῆν 594c
ἱστάναι, ἱστᾶν 689a, 180c
καθιστάναι 702c
ὁλόκληρος 989a

ὀρθοῦν 1011a
παριστάναι 1070c
περιιστάναι 1123c
πηγνύναι 1130c
σκοπεύειν 1275b
στερεοῦν 1289a
στηλοῦν 1290b

נָצַב hi.
ἀνιστᾶν, ἀνιστάναι 102c
βεβαιοῦν 216b
[διαστέλλειν 171b]
διϊστάναι 171c
[ἑτοιμάζειν 177d]
ἐφιστάναι 585c
ἱστάναι, ἱστᾶν 689a, 180c (+Si. 47.13)
#οἰκοδομεῖν 970c (Ho. 10.1)
[παριστάναι 1070c] → ἱστάναι, ἱστᾶν
ποιεῖν + ὅρια acc. (= גְּבוּל) 1154a (Ps. 73[74].17)
στηλοῦν 1290b
στηρίζειν 1290c
#ὑπερείδειν 1409b (Pr. 9.1)
ὑπόστασις 1417a

נָצַב ho.
στηρίζειν 1290c
ὑπόστασις 1417a

נְצִב
λαβή 840a
§νασ(ε)ιβ 939c

נָצָה qal
[ἀνάπτειν 81c]
διαμάχεσθαι 171b
καθαιρεῖν 697b

נָצָה ni.
#ἅπτεσθαι 150b (Je. 31[48].9)
διαπληκτίζεσθαι 308a
μάχεσθαι 900c
μάχιμος 901b

נָצָה hi.
ἐπισυνιστάναι 534b
ἐπισύστασις 534b
[ἐφιστάναι 585c] → ἐπισυνιστάναι

נֹצָה
ἄνθος 96a
βλαστός (נ', נץ) 220c

נִצָּה
§νε(ε)σσα 943a
#ὄνυξ 1000c (Ez. 17.3, 7)
πτερόν 1237c

נִצּוֹץ
σπινθήρ 192a (+Si. 42.22)

נָצַח qal
[κατασπεύδειν 181d]

נָצַח ni.
ἀναιδής 77b
#ὑπερορᾶν 1410c (Ez. 7.19)

נָצַח pi.
ἐνισχύειν 475a
ἐπισκοπεῖν 528c
ἐπιστάτης 529c
*ἐργοδιώκτης 541c
ἰσχύειν 692c
#κατισχύειν 751b (Je. 15.18)
νικᾶν 945b
προέρχεσθαι 190a
#ταχύνειν 193a (Si. 43.13)

⟦εἰς (τὸ) τέλος (לַמְנַצֵּחַ) 1344a⟧ →
נֵצַח, נֶצַח

נֵצַח, נֶצַח
αἷμα 31b
αἰών 39b
⟦ἰσχύειν 692c⟧ → נצח pi.
νίκη 945b
νῖκος 945c
διὰ παντός (לְ) 1073a
εἰς χρόνον πολύν (לְ, נְצָחִים) 1181b, 1476b
εἰς (τὸ) τέλος (נ, לְ) 1344a
εἰς συντέλειαν (לְ) 192c
εἰς τὸν αἰῶνα χρόνον (לְ) 1476b

נָצִיב
ἀνάστημα, ἀνάστεμα 82b
ἡγεῖσθαι 602c, 178c
§νασ(ε)ιβ (נְצִבֵי) 939c
§νασεφ, νασιφ 939c
στήλη 1290b
στηλοῦν 1290b
σύστημα, σύστεμα 1323c
⟦ὑπόστημα, ὑπόστεμα 1417a⟧ → σύστημα, σύστεμα
φρουρά 1440a

נָצִיר
διασπορά 311a

נָצַל ni.
⟦ἀπέχειν 122a⟧ → אָצַל ni.
#διασῴζειν 171b (Si. 46.8)
ἐκσπᾶν 441b
ῥύεσθαι 1254b
σῴζειν 1328b

נָצַל pi.
σκυλεύειν 1277b
⟦συσκευάζειν 1323a⟧ → σκυλεύειν
σῴζειν 1328b

נָצַל hi.
ἀπελαύνειν 120b
ἀφαιρεῖν 180a
βοήθεια, βοηθία 222c, 169b
ἐκσπᾶν 441b
ἐξαιρεῖν 484b, 175c
⟦καθαρίζειν, καθερίζειν 698a⟧
κατευθύνειν 750b
μακρὰν ποιεῖν 892c
περιαιρεῖν 1121b
*ῥύεσθαι 1254b, 191c
⟦συνάγειν 1307b (Ez. 34.12)⟧ → ἀπελαύνειν
σῴζειν 1328b
#ὑπολείπειν 1415a (Ez. 14.20)

נָצַל ho.
ἐκσπᾶν 441b

נָצַל hithp.
περιαιρεῖν 1121b

נְצַל aph. (Aramaic)
ἐξαιρεῖν 484b
ῥύεσθαι 1254b

נִצָּן
ἄνθος 96a

נָצַץ qal
⟦σπινθήρ 1284c⟧ → נִיצוֹץ

נָצַץ hi.
ἀνθεῖν 95b
ἐξανθεῖν 487c

נָצַר qal
ἀντιλαμβάνεσθαι 110c
διασπορά 311a
διατηρεῖν 313a
διαφυλάσσειν, διαφυλάττειν 315c
⟦ἔκγονος 173b⟧
ἐκζητεῖν 430c
ἐνισχύειν 475a
⟦ἐντέλλεσθαι, ἐντελλέσθειν(?) 477a⟧
ἐξαιρεῖν 484b
ἐξερευνᾶν, ἐξεραυνᾶν 491b
⟦ἐξίπτασθαι ποιεῖν 496b⟧
ἐπίστασθαι τὸν νοῦν 529b
ζητεῖν 597a
⟦κολλᾶν 776b⟧ → צָרַר II hi.
παύειν 1112b
⟦περιέχειν 1123a⟧ → צוּר I qal
πιστεύειν 188c
⟦πλάσσειν 1140b⟧ → יָצַר qal
ποιεῖν + ἔλεος (= חֶסֶד) 1154a
⟦πολιορκεῖν 1173c⟧ → צוּר I qal
προσέχειν 190b
ῥύεσθαι 1254b
σπήλαιον 1284b
τηρεῖν 1348b
φυλακή 1440c
φυλάσσειν, φυλάττειν 1441c
⟦φυτεύειν 1446c⟧

נֵצֶר
ἄνθος 96a
ἔκγονος 173b
κλάδος 182a
φυτόν 1447a

נְקֵא (Aramaic)
καθαρός 698c
λευκός 874c

נָקַב qal
ἀρᾶσθαι (נ qal, קָבַב) 152c
#βιβρώσκειν 219c (Jb. 5.3)
διακόπτειν 303c
διαστέλλειν 311b
⟦ἐπικατάρατος εἶναι 522c⟧ → קָבַב qal
ἐπονομάζειν 539a
⟦καταρᾶσθαι 742c⟧ → קָבַב qal
ὀνομάζειν 999c
τετραίνειν 1347a
τρυπᾶν 1377b

נָקַב ni.
ἀνακαλεῖν 78a
ἐπικαλεῖν 521b
ὀνομάζειν 999c
*#σημαίνειν 1263a (I Es. 8.49)
⟦συνάγειν 1307b (II Es. 8.20)⟧ → קָבַב ni.

נֶקֶב
#ἀποθήκη 128a (Ez. 28.13)

נְקֵבָה
θηλυκός 650a
θῆλυς 650a

נָקֹד
⟦λευκός 874c⟧ → ῥαντός
ποικίλος 1168c
ῥαντός 1248a
⟦φαιός 1423b⟧

נֹקֵד qal
§νωκηδ, νωκηθ 956b
*#προσπίπτειν 1219a (I Es. 9.47)

נְקֻדָּה
στίγμα 1291a

נְקֻדִּים
βιβρώσκειν 219c
εὐρωτιᾶν 580a
κολλύριον 776c
κολλυρίς 776c

נָקָה qal
ἀθῳοῦν 30b

נָקָה ni.
ἀθῷος 30a
ἀθῷος ἔσῃ (= εἶναι VIII.2) 165c, 173a
ἀθῳοῦν 30b, 165c
ἀτιμώρητος εἶναι 176b
δικαιοῦν 171c
⟦ἐκδικεῖν 422b⟧ → נָקַם ni.
καθαρίζειν, καθερίζειν 698a
καθαρὸς εἶναι 698c
κάθαρσις 699c
καταλείπειν 736a

נָקָה pi.
ἀθῷος 30a
ἀθῷον ἐᾶν 361a
ἀθῷον ποιεῖν 1154a
ἀθῳοῦν 30b
⟦ἐκδικεῖν 422b⟧ → נָקַם qal
⟦ἐκζητεῖν 430c⟧ → נָקַם qal ≈ ἐκδικεῖν
καθαρίζειν, καθερίζειν 698a
καθαρός 698c

נָקִי
ἀθῷος 30a
ἀληθινός 54a
ἄμεμπτος 65c
ἀναίτιος 78a
§α(ι)ννακειμ (אִין נ) 105a
δίκαιος 330c
§ενακιμ (נ אִין) 467c
καθαρός 698c

נָקִיא
δίκαιος 330c

נִקָּיוֹן
ἀθῷος 30a
⟦γομφιασμός 274c⟧ → קֵהָיוֹן
δικαιοσύνη 332c
καθαρίζειν, καθερίζειν 698a

נָקִיק, נְקִיק
τρυμαλιά 1377b
τρώγλη 1378a

נָקַם qal
ἀμύνειν 67c
δίκη 335b
ἐκδικάζειν 422b
ἐκδικεῖν 422b, 173c
#τίειν 1348c (Pr. 24.22)

נָקַם ni.
ἀνταποδιδόναι 108c
ἐκδικεῖν (מ נ ni.) 422b, 173c
ἐκδίκησιν ποιεῖν 423a, 1154b
⟦ἐξανιστάναι 487c⟧ → קוּם I qal
κρίσιν ποιεῖν 789c, 1154a

נָקַם pi.
ἐκδικεῖν 422b

נָקַם ho.
ἐκδικεῖν 422b
ἐκδικεῖσθαι ἐκ 422b
ἐκδικούμενα παραλύειν 422b, 1062a

⟦παραλύειν 1062a⟧

נָקַם hithp.
ἐκδικεῖν 422b
ἐκδικητής 423b
⟦ἐκδιώκειν 423b⟧

נָקָם
ἀνταπόδοσις 109b
δίκαιος 330c
δίκη 335b
⟦ἐκδικησία(?) 423a⟧
ἐκδίκησις 423a, 173c
κρίσις 789c

נְקָמָה
ἐκδικεῖν 173c
ἐκδίκησις 423a

נָקַע
ἀφιστᾶν, ἀφιστάναι, ἀφιστάνειν 184b

נָקַף I pi.
ἀναντλεῖν 80b

נָקַף II hi.
γυροῦν 170c
κύκλος 797a
κυκλοῦν 798b, 182c
⟦περιβάλλειν 1121c⟧ → περιλαμβάνειν
περιέχειν 1123a
περικυκλοῦν 1124a
περιλαμβάνειν 1124b
ποιεῖν σισόην 1154b, 1267a
συνάπτειν 1312b
συντελεῖν 1319b

נֶקֶף
καλαμᾶσθαι 712b
⟦ῥώξ 1255c⟧

נִקְפָּה
σχοινίον 1328a

נָקַר qal
ἐκκολάπτειν 434b
ἐκκόπτειν 434c
ἐξορύσσειν 500a

נָקַר pi.
ἐκκόπτειν 434c
ἐξορύσσειν 500a
⟦συγχεῖν 1301a⟧ → XXX ≈ συγκαίειν
⟦συνθλᾶν 1316a⟧ → XXX ≈ συγκαίειν

נָקַר pu.
ὀρύσσειν 1017c

נְקָרָה, נִקְרָה
ὀπή 1001b
τρώγλη 1378a

נָקַשׁ qal
περισπᾶν 188c
#προσκρούειν 190b (Si. 13.2)
⟦συλλαμβάνειν 1301c⟧ → יָקַשׁ ni.

נָקַשׁ ni.
⟦ἐκζητεῖν 430c⟧ → קָבַשׁ pi.

נָקַשׁ pi.
?ἐκβιάζειν 421b
⟦ἐξερευνᾶν, ἐξεραυνᾶν 491b⟧ → נָחַשׁ pi.

נָקַשׁ hithp.
παγιδεύειν, πακιδεύειν 1044a

נְקַשׁ pe. (Aramaic)
συγκροτεῖν 1300c

Column 1:

נֵר
λαμπτήρ 853a
λύχνος 891b, *183c* (Si. 26.17)
φῶς 1450b

נֵרְגָּן
δίθυμος 330b
κέρκωψ 760c

נֵרְדְּ
νάρδος 939c

נָשָׂא qal
αἴρειν 34c, *165c*
αἱρετίζειν 36a
αἰσχύνειν 36c
ἀναβλέπειν (נ׳ עֵינַיִם qal, נ׳
פָּנִים qal) 73b
ἀναβοᾶν (נ׳ qal, נ׳ קוֹל qal) 73c
ἀναιρεῖν 77b
ἀνακύπτειν (נ׳ רֹאשׁ qal) 78c
ἀναλαμβάνειν 78c
ἀναλάμπειν 79a
#ἀναντλῆναι 80b (Pr. 9.12)
ἀναστέλλειν 82a
ἀναφέρειν 84c
ἀνιέναι (= ἀνίημι) 102b (Je.
27[50].7)
ἀνιστᾶν, ἀνιστάναι 102c
ἀνοίγειν *167b*
[[ἀνταίρειν 108b]] → שָׂנֵא qal ≈
μισεῖν
ἀνταλλάσσειν (נ׳ פָּנִים qal) 108c
ἀντιλαμβάνεσθαι 110c
ἀντιτάσσεσθαι 112a (+III Ki.
11.34)
[[ἀντλεῖν 112a]] → ἀναντλῆναι
ἀνυψοῦν *167b*
ἀξιοῦν (נ׳ רֹנֶה qal) 113b
ἀποφέρειν 149c
ἀφαιρεῖν 180a
ἀφιέν, ἀφιέναι 183b
βάλλειν 189c
βαστάζειν 215a
βοᾶν 222a
ἑκουσίως βούλεσθαι (נ׳ לֵב qal)
226b, 438c
γέμειν 235c
[[γνωρίζειν (נ׳ יָד qal) 273a]]
δεῖσθαι (נ׳ תְּפִלָּה qal) 288a
δέχεσθαι 294c
διαίρειν 302c
[[διδόναι *171b*]]
διηγεῖσθαι *171c*
δοκεῖν τῇ διανοίᾳ (נ׳ לֵב qal)
339b
δορατοφόρος (נֹשֵׂא רֹמַח) 344b
ἐκδέχεσθαι *173b*
ἐκλέγειν *173c*
[[ἐκσπᾶν 441b]] → מָשָׁה qal
ἐκτείνειν 442a
ἐκφέρειν 444c
ἐξαίρειν 485a
ἐξιλάσκειν *175c*
ἐπάγειν 503c
ἐπαίρειν 505a, *176a*
ἐπαισχύνεσθαι + πρόσωπον (=
פָּנִים) 505b
#ἔπαρσις 508b (IV Ki. 19.25; La.
3.47)
ἐπιβάλλειν 516a
ἐπιδέχεσθαι *176c*
ἐπιτιθέναι 535c
[[ἔσθειν, ἐσθίειν 554a]]
εὐίλατος 571c

Column 2:

εὑρίσκειν + χάριν (= חֶסֶד/חֵן)
576c
εὐφραίνειν + understood object
φωνήν (= קוֹל) 581a
ἔχειν 586c
ζημιοῦν (נ׳ עֹנֶשׁ qal) 594c
θαυμάζειν 626c
θαυμαστός (נְשׂוּא פָנִים) 627b
θυρεοφόρος, θυρεωφόρος
(נֹשֵׂא צִנָּה) 663c
ἰδεῖν (נ׳ אֶת־עֵינַיִם qal) 669b
ἵλεως γίνεσθαι 256c, 684c
[[καταδυναστεύειν 731a]]
καταλαμβάνειν 735a
[[κατέσθειν, κατεσθίειν 749b]] →
אָכַל qal
κομίζειν 777b
λαμβάνειν 847a, *183a*
[[ποιεῖν λήθην 875c, 1154a]] → נָשָׁה
II qal
λύειν 889a
μιμνήσκεσθαι 927c
ὁπλοφόρος (נֹשֵׂא צִנָּה) 1004a
[[παιδεύειν 1047a]]
παραδέχεσθαι 1058a
[παριδεῖν] *188a*
πελταστής (נֹשֵׂא מָגֵן) 1116b
περιτιθέναι 1127c
προσδέχεσθαι 1212c
προσφέρειν 1222c
σάλος 1258a
σημειοῦν 1264a
σκυλεύειν 1277b
συναντιλαμβάνεσθαι 1312a
*#συνοικεῖν μετὰ θυγατέρος
(נ׳ מִבָּנוֹת qal) 1317c (I Es. 8.67)
*#συνοικίζειν 1317c (I Es. 8.81;
9.36)
τάσσειν 1337a
τιθέναι 1348c
[[τροποφορεῖν 1376b]] →
τροφοφορεῖν
τροφοφορεῖν 1376c
ὑπέχειν 1411c
#ὑπολαμβάνειν 1414c (Je.
44[37].9)
ὑποστέλλειν (נ׳ פָּנִים qal) 1417a
ὑποφέρειν 1418a
ὑψοῦν 1422a
φέρειν 1426c
φωνεῖν 1447b
χωρεῖν 1482b

נָשָׂא ni.
αἴρειν 34c
ἄρσις 161a
αὐξάνειν, αὔξειν 178c
βαστάζειν *169a*
δόμα 341a
δοξάζειν 343b
ἐξαίρειν 485a
ἐπαίρειν 505a
λαμβάνειν 847a
μετεωρίζειν 917b
μετέωρος 917c
πληροῦν 1147c
ὑπαίρειν 1405c
ὑπεραίρειν 1408b
ὑψηλός 1419b
ὑψοῦν 1422a

נָשָׂא pi.
αἴρειν 34c
ἀνιστᾶν, ἀνιστάναι 102c
ἀντιλαμβάνεσθαι 110c

Column 3:

*#βοηθεῖν 223b (I Es. 2.6)
[[διδόναι 317b]]
*δοξάζειν 343b
ἐλπίζειν + ψυχῇ (= נֶפֶשׁ) 453c
ἐπαίρειν 505a
εὔχεσθαι + ψυχῇ (= נֶפֶשׁ) 583c
λαμβάνειν 847a
ποιεῖν πρωτεύειν 1235b
ποιεῖν αὐτὸν πρῶτον 1235c
τιμᾶν 1353a
ὑψοῦν 1422a

נָשָׂא hi.
[[ἐνάγειν *175a*]]
ἐπάγειν 503c, *176a*
#ἐπαίρειν 505a (Ob. 3)
[[ἔρχεσθαι 548b]]
λαμβάνειν 847a

נָשָׂא hithp.
αὔξειν 178c
γαυριοῦν 234c
γαυροῦν 234c
ἐπαίρειν 505a
[[εὐφροσύνη 582c]]
κατανιστάναι 739b
ὑψοῦν 1422a

נְשָׂא pe. (Aramaic)
*#ἀποφέρειν 149c
ἐξαίρειν 485a
λαμβάνειν 847a
ῥιπίζειν 1252a

נְשָׂא ithpa. (Aramaic)
*#ἀντιπαρατάσσειν 111b (I Es.
2.26)
ἐπαίρειν 505a

נָשַׁב hi.
ἀφικνεῖσθαι 184a
ἐκποιεῖν 439b
ἐκτείνειν *173c*
[[ἐξολεθρεύειν, ἐξολοθρεύειν
497c]]
ἐπέρχεσθαι *176b*
ἐπιγινώσκειν *176c*
[[ἐπιστρέφειν 531a]] → שׁוּב hi.
[[εὖ ποιεῖν 568b, 1154a]] →
ἐκποιεῖν
εὐπορεῖν 576a
εὑρίσκειν 576c, *178a*
#εὕρεμα *178a* (Si. 32[35].12)
#εὕρεσις *178a* (Si. 13.26)
ἰσχύειν 692c
καταλαμβάνειν 735a, *181b*
#κατέχειν 750c (Ps. 72[73].12)
λαμβάνειν 847a
συναντᾶν 1311a
#ὑπερβαίνειν 1409a (Jb. 24.2)

נָשִׂיא
[[ἀνήρ 88a]]
ἀρχηγός 165a
ἄρχων 166b
ἀφηγεῖσθαι 183a
βασιλεύς 197a
δυνάστης *172c*
[[ἔθνος 368b]]
ἐπαίρειν 505a
ἡγεῖσθαι 602c, *178c*
νεφέλη 943b
νέφος 944a
προηγεῖσθαι *190a*
*#προστάτης 1221a (I Es. 2.12)

נָשַׁק ni.
ἀνάπτειν 81c

Column 4:

נָשַׁק hi.
ἐκκαίειν *173c*
καίειν 705a

נָשָׁא qal
ἀπαιτεῖν (נ׳ qal, נָשָׁה) 116b
ὀφ(ε)ίλειν 1039a
ὑπόχρεως (אֲשֶׁר־לוֹ נָשָׁא) 1418b

נָשָׁא hi.
ἀναπείθειν 81a (Je. 36[29].8)
ἀνθιστάναι 95c
ἀπατᾶν 119b
#ἀποπλανᾶν *168a* (Si. 13.6)
[[ἐγχειρεῖν 367b]] → נָסָה pi.
[[ἐπαίρειν 505a]]
[[πείθειν 1114b]] → ἀναπείθειν

נְשָׁא (Aramaic)
[[γυνή 278b (Da. 6.24)]] → אִנְתְּה

נָשַׁב qal
ἐκφυσᾶν *174a*
[[ἐμφυσᾶν *174b*]]

נָשַׁב hi.
πνεῖν 1115c, *189a*

נָשָׁה I qal
ἀπαιτεῖν (נ׳ qal, נָשָׁא) 116b
δάν(ε)ιον 285a
δαν(ε)ιστής 285a
#ἐγκαταλείπειν 365a (De. 32.18)
[[ἐκφέρειν 444c]] → נָשָׂא qal
κατεπείγειν 749a
ὀφ(ε)ίλειν 1039a
ὀφείλημα ἐστι 1039b
ὑπόχρεως 1418b
[[ὠφελεῖν 1497b]] → ὀφ(ε)ίλειν

נָשָׁה II qal
ἐπιλανθάνειν 524a, *176c* (Si.
13.10)
#ποιεῖν λήθην 875c, 1154a (Jb.
7.21)

נָשָׁה II ni.
ἐπιλανθάνειν 524a

נָשָׁה II pi.
ἐπιλαθέσθαι ποιεῖν 1154a

נָשָׁה II hi.
κατασιωπᾶν 743c
[[ὀφ(ε)ίλειν 1039a]] → נָשָׁה I qal

נְשִׁי
[[τόκος 1363b]] → נֶשֶׁךְ

נְשִׁיָּה
ἐπιλανθάνειν 524a

נְשִׁיקָה
φίλημα 1430c

נָשַׁךְ I qal
ἐκδαν(ε)ίζειν 421c
πλήσσειν 1149c
ὀφιόδηκτος *187c*

נָשַׁךְ I pi.
δάκνειν 284a

נָשַׁךְ II qal
ἐκδαν(ε)ίζειν 421c

נָשַׁךְ II hi.
ἐκτοκίζειν 443b

נֶשֶׁךְ
τόκος 1363b

נִשְׁכָּה
γαζοφυλάκειν 233a

נָשַׁל qal
ἐκπίπτειν 439b

ἐκρεῖν 441a
ἐξαίρειν 485a
καταναλίσκειν 739b
λύειν 889a

נָשַׁל pi.
ἐκβάλλειν 420c

נָשַׁם qal
#ζῆν 594c (Jb. 18.20)

נִשְׁמָא (Aramaic)
πνεῦμα 1151c
πνοή 1153b

נְשָׁמָה
ἐμπνεῖν 458c
ἔμπνευσις 458c
ζωή 178b
θυμός 660c
πνεῦμα 1151c
πνοή (נ׳–רוּחַ, נשׁמת) 1153b, 189b
(Si. 30[33].29)

נָשַׁף
ἀποστέλλειν 141b
πνεῖν 1151c

נֶשֶׁף
ἀωρία 188c
ἑωσφόρος 593c
μεσονύκτιον 912c
νύξ 954c
ὄψε 1044a
πρωΐ 1234b
σκοτ(ε)ινός 1276a
σκότος 1276b
#φῶς 195c (Si. 35[32].16)

נָשַׁק qal
ἐντείνειν 477a
#ἐπιλαμβάνειν 523c (Jl. 2.9)
καταφιλεῖν 747c
πελταστής (נשׁק מָגֵן) 1116b
προσκυνεῖν 1217b
#συνάπτειν 1312b (Ne. 3.19)
τοξότης (נשׁק קֶשֶׁת) 1364b
ὑποκούειν 1405c
φιλεῖν 1430b

נָשַׁק pi.
δράσσεσθαι 348c
καταφιλεῖν 747c
φιλεῖν 1430b

נָשַׁק hi.
πτερύσσεσθαι 1238b

נֶשֶׁק, נֵשֶׁק I
βέλος 217a
ὅπλον 1003c
πόλεμος 1172a
〚συνάπτειν 1312b〛 → נשׁק qal

נֵשֶׁק II
#στακτή 1286c (III Ki. 10.25 ‖
II Ch. 9.24)

נֶשֶׁר
ἀετός 28c

נְשַׁר (Aramaic)
ἀετός 28c

נָשַׁת qal
θραύειν 654b
ξηραίνειν 957a

נָשַׁת ni.
〚πίνειν 1134a〛 → שָׁתָה I ni.

נִשְׁתְּוָן (Aramaic)
*#τὰ γραφέντα 276a
διάταγμα 312c

*#ἐπιστολή 530c (I Es. 2.30)
*#προσφωνεῖν (נ׳ הֵתִיב) 1223c
(I Es. 6.6)
#φορολόγος 1438a (I Es. 4.7, 18;
5.5)

נָתַח pi.
διαιρεῖν 302c
διχοτομεῖν 338a
#καταγνύναι 730a (II Ki. 22.35)
κρεανομεῖν 784c
μελίζειν 909a

נֵתַח
διχοτόμημα 338a
μέλος 909b, 184b
μερίς 911a

נָתִיב
τρίβος 1372b

נְתִיבָה
ἀτραπός 176c
〚ὁδός 962b〛 → τρίβος
τρίβος 1372b

נְתִין
*#ἱερόδουλος 683a (I Es. 1.3 et al.)

נְתִין (Aramaic)
*#ἱερόδουλος 683a (I Es. 8.22)

נְתִיתִים
διδόναι 317b

נָתַךְ qal
δακρύειν 284a
ἐκκαίειν 432b
ἐπέρχεσθαι 509c
στάζειν 1286a

נָתַךְ ni.
ἐκκαίειν 432b
〚ἐκχεῖν, ἐκχέειν 445c〛 → χεῖν
στάζειν 1286a
τήκειν 1348a
χεῖν 1457c
χωνεύειν 1480c

נָתַךְ hi.
ἀμέλγειν 65b
#διατήκειν 313a (Hb. 3.6)
〚ἐπαφιέναι 509a (Jb. 10.1)〛 → עזב
qal
χωνεύειν 1480c

נָתַךְ ho.
#διατήκειν 313a (Hb. 3.6)
χωνεύειν 1480c

נָתַן qal
ἄγειν 9a (–Pr. 1.20; Is. 43.6)
〚αἰτεῖν 37c〛
αἴτημα (מַה אַתָּה) 38a
〚ἀναβάλλειν 72c〛 → ἐμβάλλειν
〚ἀνιστᾶν, ἀνιστάναι (צבי נ׳)
102c〛 → יצב hithp.
ἀντιδιδόναι 110b
*#ἀπερείδεσθαι 120c (I Es. 1.41;
2.10)
*ἀποδιδόναι 126b
ἀπόδομα 127c
ἀποστέλλειν 141b
ἀποτίνειν 149a
ἀφιεῖν, ἀφιέναι 183b, 169b
〚γίνεσθαι 256c〛
〚δεικνύειν, δεικνύναι 286a〛 →
διδόναι
〚δεκτός 289c〛
〚διαδιδόναι 300b〛 → διδόναι
διατιθέναι 313b

*διδόναι 317b, 171b (+Si. 30[33].28,
31)
διεμβάλλειν 328b
δόμα 341a
#δότης 344c (Si. 3.17 [A])
δωρεῖσθαι 359a
ἐᾶν 361a
εἰπεῖν/ἐρεῖν + δίκαια (= צֶדֶק)
384a (Jb. 36.3)
〚ἐκβάλλειν 420c〛 → ἐμβάλλειν
*ἐκδιδόναι (נ׳ qal, נ׳ לְחֹק qal)
422a
ἐκτίνειν 443b
ἐκχεῖν, ἐκχέειν 455c
#ἐλεᾶν 449a
〚ἐλεεῖν 449c〛 → ἐλεᾶν
#ἐμβάλλειν 455a
ἐνδιδόναι 470b
ἐνδύ(ν)ειν 471a
〚ἐπαίρειν 505a〛
ἐπιδιδόναι 519b
ἐπίκεισθαι 523a
ἐπιστοιβάζειν 177a
ἐπιτάσσειν 534c
ἐπιτιθέναι 535c, 177a
ἐπιχεῖν 538c
εὐδοκεῖν 569a
ἐφιστάναι 585c, 178b
ἔχειν 586c
*#θέσις 649b (I Es. 1.3)
〚ἱστάναι, ἱστᾶν 689a〛 →
διδόναι
〚καθιέναι 701c〛 → τιθέναι
καθιστάναι 702c
〚κατακαλύπτειν (נ׳ עַל qal) 732c〛
κατακληρονομεῖν 733b
κατατάσσειν 746c
〚κατατιθέναι 746c〛 → τιθέναι
κατευθύνειν 181c
κηρύσσειν (נ׳ קוֹל qal) 763c
κληρονομεῖν (נ׳ נַחֲלָה qal) 768a
μερίζειν 184b
οἰκεῖν (נ׳ pass. ptc.) 968a
〚οἰκτείρειν 982c〛
ὀφ(ε)ίλειν (מִי יִתֵּן) 1039a
εἰ γὰρ ὄφελον (מִי יִתֵּן) 1039a
*παραδιδόναι 1058a
παράδωσις(?) 1059c
παρακλίνειν 187c
〚παραλύειν 1062a〛
παρανακλίνειν 187c
παρατιθέναι (נ׳ qal, נ׳ לִפְנֵי qal)
1065a
〚[παρεγκλίνειν] 187d〛 →
παρανακλίνειν
περιτιθέναι 1127c
ποιεῖν 1154a
προδιδόναι 1206a
προεκφέρειν 1206a
προϊέναι 1207a
προσδιδόναι 1213a
προστιθέναι 1221a
〚προτιθέναι 1221a〛 →
προστιθέναι
στηρίζειν 1290c
συνάγειν 1307a
τάσσειν 1337a
τιθέναι 1348c, 193b
〚τρυπᾶν 1377b〛
ὑποσκελίζειν (נ׳ מוֹקֵשׁ qal) 1416c
ὑποτάσσειν (נ׳ יָד תַּחַת qal) 1417b

ὑποτιθέναι 1417c
〚φέρειν 1426c〛 → διδόναι
χαρίζεσθαι 1454c

נָתַן ni.
〚γίνεσθαι 256c〛
διδόναι 317b, 171b (+Si. 26.3)
ἐκτιθέναι 443a
〚ἐπιτιθέναι 535c〛 → ἐκτιθέναι
εὑρίσκειν 178a
*παραδιδόναι 1058a, 187b
παράδοσις 1059b

נָתַן ho.
〚διδόναι 317b〛 → נָתַן qal
〚ἐπιχεῖν 538c〛 → נָתַן qal
〚κρεμάζειν, κρεμᾶν,
κρεμαννύναι 785c〛

נְתַן pe. (Aramaic)
*διδόναι 317b

נָתַס qal
ἐκτρίβειν 444a

נָתַץ qal
διασπείρειν 310c
καθαιρεῖν 697b
καταβάλλειν 728c
καταλύειν 738b
κατασκάπτειν 743c
κατασπᾶν 745a
καταστρέφειν 745c
συνθλᾶν 1316a

נָתַץ ni.
ἀφανίζειν 181b
διαθρύπτειν 302b

נָתַץ pi.
καθαιρεῖν 697b
κατασκάπτειν 743c
κατασπᾶν 745a
καταστρέφειν 745c
*#λύειν 889a (I Es. 1.55)

נָתַץ pu.
καθαιρεῖν 697b
κατασκάπτειν 743c

נָתַץ ho.
καθαιρεῖν 697b

נָתַק qal
ἀφιστᾶν, ἀφιστάναι,
ἀφιστάνειν 184b
ἐκκενοῦν 432c
ἐκσπᾶν 441b
ἐκτομί(ας) 443b
#ἕλκειν, ἑλκύειν 453a (Pr. 25.20)

נָתַק ni.
ἀπορρήσσειν 140a
ἀποσπᾶν 141a
διαρρηγνύειν, διαρρηγνύναι,
διαρρήσσειν 309a
διασπᾶν 310c
ἐκρηγνύναι 441a
〚παράγειν 1056b〛 → ῥηγνύναι
ῥηγνύναι 1248c

נָתַק pi.
διαρρηγνύειν, διαρρηγνύναι,
διαρρήσσειν 309a
διασπᾶν 310c
σπᾶν 1281b

נָתַק hi.
ἀποσπᾶν 141a
ἀφιστᾶν, ἀφιστάναι,
ἀφιστάνειν 184b

נָתַק ho.
ἐκκενοῦν 432c
ἐξέλκειν, ἐξελκύειν 491a

נֶתֶק
θραῦσμα 654c
νίτρον 945c
⟦τραῦμα 1369c⟧ → θραῦσμα

נָתַר qal
ἀπορρεῖν 140a

נָתַר pi.
#ἐξάλλεσθαι 487a (Na. 3.17)
πηδᾶν 1131a

נָתַר hi.
διαλύειν 305a
⟦διατήκειν 313a⟧ → נָתַךְ hi.
λύειν 889a

נְתַר aph. (Aramaic)
ἐκτινάσσειν 443b

נָתַשׁ qal
ἀποσπᾶν 141a
ἐκβάλλειν 420c
ἐκκόπτειν 434c
ἐκριζοῦν 441a, 173c
ἐκτελεῖν 442c
ἐκτίλλειν 443a
ἐξαίρειν 485a
ἔξαρσις 490a

καθαιρεῖν 697b

נָתַשׁ ni.
#ἀφιστάναι 184b (Da. LXX 11.4)
?ἐκκλ(ε)ίνειν 433c
ἐκλείπειν 435c
ἐκσπᾶν 441b
ἐκτίλλειν 443a

נָתַשׁ ho.
⟦κατακλᾶν 733b⟧ → שָׁשַׁ ho.

ס

סְאָה
δίμετρον (סָאתַיִם) 335c
μετρητής 918a
μέτρον, μέτρος 918b
οἰφ(ε)ί 985a

סָאַן
⟦ἐπισυνάγειν 534a⟧

סֹבֵא
μέθυσος 908a
οἰνοπότης (סֹבֵא־יַיִן) 983c
⟦οἰνοῦσθαι 984c⟧
οἰνοφλυγεῖν, οἰνοφρύγειν(?) 984c
συμβολοκοπεῖν 192b

סֹבֶא
οἶνος 983c

סָבַב qal
αἴτινος 38b
#ἀναστρέφειν 82b
ἀναχωρεῖν 85c
ἀποστρέφειν 145b
διέρχεσθαι 328c
ἐκκλ(ε)ίνειν 433c
ἐπιστρέφειν 531a
#καθίζειν 180a (Si. 35[32].1)
κατακλίνειν 733c
⟦κυκλεύειν 796b⟧ → κυκλοῦν
κυκλόθεν 796b
κύκλος 797a
κυκλοῦν 798b
⟦κύκλωμα 798c⟧
#μεταβάλλειν 915b (Is. 13.8)
μετάγειν 184b
μετέρχεσθαι 917b
περιέρχεσθαι 1123a
περιιστάναι 1123c
περικυκλοῦν 1124a
περιστρέφειν 1127a
⟦προσάγειν 1211b⟧
ῥεμβεύειν 1248c
στρέφειν 1296c

סָבַב ni.
διέρχεσθαι 328c
ἐκπορεύεσθαι 439c
ἐπιστρέφειν 531a
κυκλοῦν 798b
μεταστρέφεσθαι 916c
⟦παρέρχεσθαι 1068c⟧ → διέρχεσθαι and περιέρχεσθαι
περιέρχεσθαι 1123a
περικυκλοῦν 1124a
περιπορεύεσθαι 1125c

סָבַב pi.
⟦περιαιρεῖν 1121b⟧ → περιέρχεσθαι
περιέρχεσθαι 1123a

סָבַב polel
κυκλοῦν 798b
περιέρχεσθαι 1123a

סָבַב hi.
*ἀποστρέφειν (ס׳ פָּנִים ס׳ hi.) 145b
ἐπιστρέφειν 531a
ἐπιτιθέναι 535c (IV Ki. 24.17)
κυκλοῦν 798b
*μεταστρέφειν 916c
μεταφέρειν 917b
μετέρχεσθαι 917b
περιάγειν 1121b
περιέρχεσθαι 1123a
ποιεῖν + τείχη acc. (= חוֹמָה) 1154a (II Ch. 14.7[6])
στρέφειν 1296c
⟦συγκαλύπτειν 1299a⟧ → כָּסָה pi.
⟦τιθέναι 1348c (IV Ki. 24.17)⟧ → ἐπιτιθέναι

סָבַב ho.
περιάγειν 1121b
περικυκλοῦν 1124a
στροφωτός 1297b
συμπορπᾶν 1306a

סִבָּה
μεταστροφή 917a

סָבִיב
⟦ἐπιστρέφειν 531a⟧ סָבַב qal
κυκλόθεν (ס׳, מִסּ׳, ס׳ ס׳) 796b, 182c
ὁ κυκλόθεν (מִסּ׳) 796b
κύκλος (ס׳, מִסּ׳, ס׳ ס׳) 797a
κυκλοῦν (ס׳, הִנֵּה ס׳) 978b
κύκλωμα 798c
πάντοθεν 187b
περικυκλοῦν 1124a
περίοικος 1124c
περιφερής 1128a
⟦ὑπέρκυκλῳ 1410c⟧

סְבִיבָה
#περικύκλῳ 1121a, 1124b
#σύνεγγυς 192c (Si. 14.24)

סָבַךְ qal
*#περιπλέκειν 1125b (Na. 1.10)

סָבַךְ pu.
⟦κοιμᾶν 773c⟧ → שָׁכַב qal

סְבַךְ
δάσος 285b

§σαβεκ 1257a
φυτόν 1447a

סֹבֶךְ
δρυμός 349b
μάνδρα 895a

סֹבֶךְ
#σμῖλαξ 1278b (Na. 1.10; Je. 26[46].14)

סַבְּכָא (Aramaic)
see also שַׂבְּכָא
σαμβύκη 1259a

סָבַל qal
ἀναλαμβάνειν 78c
ἀναφέρειν 84c
ἀνέχειν 87c
πονεῖν 1186a
ὑπέχειν 1411c

סָבַל pu.
παχύς 1112c

סָבַל hithp.
παχύνειν 1112c

סְבַל poel (Aramaic)
τιθέναι 1348c

סֵבֶל
ἄρσις 161a
νωτοφόρος 956c

סַבָּל
ἄρσις 161a
ἀρτήρ 161a

סֹבֶל
⟦ζυγός, ζυγόν 599a⟧
ἐπ᾽ αὐτῶν κείμενος 758b
⟦κῦδος 796a⟧

סְבָלָה, סִבְלָה
δυναστ(ε)ία 354c
ἔργον 541c
καταδυναστεία 731a
πόνος 1188b

סְבַר pe. (Aramaic)
προσδέχεσθαι 1212c
ὑπονοεῖν 1416b

סָגַד qal
κύπτειν 799c
προσκυνεῖν 1217b

סְגִד pe. (Aramaic)
προσκυνεῖν 1217b

סְגוֹר
συγκλεισμός 1300a

סְגֻלָּה
περιουσιασμός 1125a

περιούσιος 1125a
λαὸς περιούσιος 1125a
ὃ περιπεποίημαι 1125c
περιποίησις 1125c

סֶגֶן, סָגָן
ἄρχων 166b
βασιλεύς 197a
*#μεγιστάν 907a (I Es. 8.70)
στρατηγός 1295b

סְגַן (Aramaic)
ἡγεῖσθαι 602c
σατράπης 1260c
στρατηγός 1295b
τοπάρχης 1364b
ὕπατος 1407b

סָגַר qal
ἀναπληροῦν 81b
ἀποκλείειν 132b
ἀπόκλειστος 132c
καθαρός 698c
⟦καταλαμβάνειν 735a⟧
κατειλεῖν 749a
κλείειν 767a
#προσοίγειν 1218c (Ge. 19.6)
συγκλείειν 1299c
συγκλειστός 1300a
συναποκλείειν 1312a
σύνδεσμος 1312c

סָגַר ni.
ἀποκλείειν 132b
ἀποκλίνειν 132c
ἀφορίζειν 185c
ἐγκλείειν 366c
κλείειν 767a
συγκλείειν 1299c

סָגַר pi.
ἀποκλείειν 132b
#συγκλείειν 1299c

סָגַר pu.
⟦ἀποκλείειν 132b⟧ → סָגַר pi.
κλείειν 767a
ὀχυροῦν 1043c
συγκλείειν 1299c

סָגַר hi.
ἀποκλείειν 132b
ἀφορίζειν 185c
ἐξαίρειν 485a
κλείειν 767a
παραδιδόναι 1058a, 187b
συγκλείειν 1299c

סָגַר hithpo.
ἐμπίπτειν 174b

סָגַר pe. (Aramaic)
ἐμφράσσειν 460c

סְגְרִיר
χειμερινός 1457c

סַד
⟦κύκλωμα 798c⟧ → κώλυμα
κώλυμα 839c
ξύλον 958a

סָדִין
βύσσος 232b
ὀθόνιον 967c
σινδών 1267a

סָדַר qal
κοσμεῖν 182b
τάσσειν 193a
⟦⟦τείνειν⟧ 193a⟧ → τάσσειν

סֵדֶר
#τάξις 1334b (Pr. 31.24[26])

סֹהַר
⟦τορευτός 1367b⟧ → τορνευτός
#τορνευτός (Ca. 7.2[3])

סֹהַר
ἀρχιδεσμοφύλαξ (שַׂר בֵּית־ס') 165b
δεσμωτήριον (בֵּית ס') 292b
ὀχύρωμα (בֵּית ס') 1043c

סוּג qal
⟦ἀναμιγνύναι 79c⟧
ἀφιστᾶν, ἀφιστάναι, ἀφιστάνειν 184b
ἐκκλ(ε)ίνειν 433c
θρασυκάρδιος (סוּג לֵב qal) 654b
φράσσειν 1438b

סוּג ni.
ἀντιλέγειν 111a
ἀποστρέφειν 145b, 168b
ἀποχωρεῖν 150a
ἀπωθεῖν 151a
ἀφιστᾶν, ἀφιστάναι, ἀφιστάνειν 184b
ἐκκλ(ε)ίνειν 433c
⟦ἐπιστρέφειν 531a⟧ → ἀποστρέφειν

סוּג hi.
ἐκνεύειν 438b
μεταίρειν 916a
μετακινεῖν 916a
μετατιθέναι 917a
⟦ὑπερβαίνειν 1409a⟧ → נָסַג hi.

סוּג ho.
ἀφιστᾶν, ἀφιστάναι, ἀφιστάνειν 184b

סוּגַר
#γαλέαγρος 233c (Ez. 19.9)
⟦κημός, κιμός 763a⟧ → γαλέαγρος

סוֹד qal
ἀδολεσχεῖν 165b

סוֹד hithp.
⟦βουλεύειν 169d⟧
συμβουλεύειν 192b
συνεδρεύειν 192c

סוֹד
βουλή 227c, 169c
γνώμη 273a
διήγησις 171c
εἰδεῖν, εἰδέναι (מְתֵי סוֹד) 374b
⟦ἐπισκοπή 528c⟧

⟦κραταίωμα 783a⟧
κρύφιος 182c
μυστήριον 185c
σύμβουλος (בַּעַל סוֹד) 192b
συναγωγή 1309b
συνεδριάζειν 1313a
συνέδριον 1313a
σύνταγμα 1318a
συστροφή 1324a
⟦ὑπόστασις 1417a⟧ → יְסוֹד
⟦ὑπόστημα, ὑπόστεμα 1417a⟧ → יְסוֹד

סוּחָה
κοπρία 778c

סוּךְ qal
ἄλειμμα 52c
ἀλείφειν 52c
ἔλαιον, ἔλεον 447a
χρίειν 1475b

סוּךְ hi.
ἀλείφειν 52c

סוּמָה
θησαυρός 179b

סוּמְפֹּנְיָא‎ סוּמְפֹּנְיָה (Aramaic)
συμφωνία 1306c

סוּס I
ἱππεύς (רֶכֶב סוּס) 687a
*ἵππος 687b, 180b (Si. 36[33].6)

סוּס II
χελιδών (סוּס עָגוּר) 1467b

סוּסָה
ἵππος 687b

סוּף I qal
ἀναλίσκειν 79b (+Pr. 23.28)
ἐκλείπειν 435c
ἕλος 453b
καταναλίσκειν 739b
συντελεῖν 1319b
τελεῖν 1342c

סוּף I hi.
⟦ἐκλείπειν 435c⟧ → אָסַף ni.

סוּף II pe. (Aramaic)
συντελεῖν 1319b (Da. TH 4.30)
τελεῖν 1342c (Da. LXX 4.30)

סוּף II aph. (Aramaic)
ἀφανίζειν 181b
λικμᾶν, λιχμᾶν 878b

סוּף III
ἐρυθρός 548b
ἔσχατος 558a
πάπυρος 1054b
§σ(ε)ιφ 1262b

סוּף (Hebrew and Aramaic)
ἄκρος 51b
#ἔσχατος 177b (Si. 51.14)
καταστροφή 746a
ὀπίσω 1001c
πέρας 1120a
συντέλεια 1318c (Na. 1.3), 192c
τέλος 1344a

סוּפָה
γνόφος 272c
#δίνη 336a (Jb. 37.9)
καταιγίς 731b
καταστροφή 746a
λαῖλαψ 841a
⟦ὀδύνη 967a⟧
ὀργή 1008b

⟦συντέλεια 1318c⟧ → סוּף
συστροφή 193a

סוּר qal
⟦αἱρετίζειν 36a⟧
ἀκίνητος (סוּר qal + neg.) 44a
ἄκυρον ποιεῖν 51c
ἀνακάπτειν 78b
#ἀναχωρεῖν 85c (Pr. 25.8)
ἀπέρχεσθαι 121a
ἀπέχειν 122a
ἀποπλανᾶν 168a
ἀποστρέφειν 145b
ἀποσχίζειν 148c
ἀφαιρεῖν 180a
ἀφιστᾶν, ἀφιστάναι, ἀφιστάνειν 184b, 169b
#ἐγγίζειν 172a (Si. 51.23)
⟦ἐκκινεῖν 432c⟧ → ἐκκλ(ε)ίνειν
ἐκκλ(ε)ίνειν 433c
ἐκλείπειν 435c
ἐκνεύειν 438b
ἐκπίπτειν 439b
ἐκφεύγειν (סוּר מִן qal) 445b
ἐξαίρειν 485a
⟦ " 175d⟧
ἐπιστρέφειν 531a
κακόφρων (סָרַת מַעַם) 712a
κινεῖν 765b
λαμβάνειν 847a
μακράν 892c
μακρύνειν 894a
μεθιστᾶν, μεθιστάναι, μεθιστάνειν 907b
*παραβαίνειν 1055b, 187b
παρέρχεσθαι 1068c
περιαιρεῖν 1121b

סוֹר polel
ἀφιστᾶν, ἀφιστάναι, ἀφιστάνειν 184b

סוּר hi.
ἀθετεῖν 29b
αἴρειν 34c
⟦αἱρεῖν 36a⟧ → ἀφαιρεῖν
ἀναφαιρεῖν 84c
#ἀνθαλλάσσειν 95c (II Ki. 5.6)
ἀπαλλάσσειν 116b
*#ἀποκαθιστάναι 131b
ἀποκαλύπτειν 131c
⟦ἀποστέλλειν 141b⟧ → ἀφιστᾶν, ἀφιστάναι, ἀφιστάνειν
ἀποστρέφειν 145b
ἀφαιρεῖν 180a (+Ez. 26.16)
ἀφιστᾶν, ἀφιστάναι, ἀφιστάνειν 184b
διαλλάσσειν 304c
διαστέλλειν 311b
⟦διαφαιρεῖν(?) 314b⟧ → ἀφαιρεῖν
διαχωρίζειν 316a
⟦ἐκκλείειν 433a⟧ → ἐκκλ(ε)ίνειν
ἐκκλ(ε)ίνειν 433c
ἐκσπᾶν 441b
ἐξαίρειν 485a, 175c
ἐξαποστέλλειν 488a
⟦ἑτοιμάζειν 563b⟧ → כּוּן hi.
καθαιρεῖν 697b
κατασπᾶν 745a
μεθιστᾶν, μεθιστάναι, μεθιστάνειν 907b
μετάγειν 915c
μεταίρειν 916a
παραβαίνειν 1055b
περιαιρεῖν 1121b

⟦περιτέμνειν 1127b⟧ → περιαιρεῖν
σαλεύειν 1257c

סוּר ho.
αἴρειν 34c
ἀφαιρεῖν 180a
ἀφιστᾶν, ἀφιστάναι, ἀφιστάνειν 184b
παράλλαξις 1061c
περιαιρεῖν 1121b

סוּת I hi.
⟦ἀγαπᾶν 5c⟧ → ἀπατᾶν
ἀπατᾶν 119b
ἀποστρέφειν 145b
εἰπεῖν, ἐρεῖν 384a
ἐπισείειν 527b
μετατιθέναι 917a
παρακαλεῖν 1060a
⟦πεποιθέναι ποιεῖν 1114b, 1154a⟧
⟦προσεπιαπατᾶν 1213b⟧
συμβάλλειν 1303a
συμβουλεύειν 1303c

סוּת II subst.
περιβολή 1122b

סָבַב qal
διασπασμός 310c
συμψᾶν 1307a
σύρειν 1322c

סְחָבָה
ῥάκος 1247c

סָחַח pi.
ἐξαίρειν 175c
λικμᾶν, λιχμᾶν 878b

סָחִישׁ
ἀνατέλλειν 83a

סָחַף
λάβρος 840a

סָחַר qal
ἐμπορεύεσθαι 459a
ἐμπορεύεσθαι ἐπί 459a
ἐμπορία 459a
ἔμπορος 459a, 174b
#κυκλοῦν 798b (Jb. 40[41].4)
μεταβολή 915c
μετάβολος 915c
πορεύεσθαι 1189a
⟦πόρος 1195a⟧ → ἔμπορος

סָחַר pilp.
ταράσσειν 1336a

סֹחַר
ἐμπορεύεσθαι 459a
ἐμπορία 459a
ἐργάζεσθαι, ἐργάζειν 540c
μετάβολος 915c

סְחֹרָה
ἐμπορία 459a

סֹחֵרָה
⟦κυκλοῦν 798b⟧ → סָחַר qal

סְטִים
παράβασις 1056a

סִיג
ἀδόκιμος 27b
ἀναμιγνύναι 79c
σύγκρασις 1300b

סִימָה
θησαυρός 179b

סִיס
χελιδών 1467b

Column 1

סִיף
βαθμὸς θυρῶν *169a*

סִיפֹנְיָה (Aramaic)
see also סוּמְפֹּנְיָה סוּמְפֹּנְיָא
συμφωνία 1306c

סִיר
ἄκανθα 43c
ἀκάνθινος 43c
[κρεάγρα 784c] → יָע
λέβης 863c (+I Ki. 2.14; III Ki. 7.40), *183b*
ποδιστήρ 1153c
#σκάνδαλον 1268b (Ho. 4.17)
#σκηνοπηγ(ε)ία 1273a
σκόλοψ 1275b
ὑποχύτηρ 1418b
*χαλκίον 1453a

סָךְ
[τόπος 1364b]

סֹךְ
κατάλυμα 738c
μάνδρα 895a
σκηνή 1271a
τόπος 1364b

סֻכָּה
σκηνή 1271a
*σκηνοπηγ(ε)ία 1273a
[σκήνωμα 1273b] → σκηνή
ὕλη 1405a

סֻכּוֹת
[σκηνή 1271a (Am. 5.26)] → סֻכָּה

סָכַךְ qal
#ἀντιλαμβάνεσθαι 110c (Ps. 138[139].13)
ἐπισκεπάζειν 527b
ἐπισκιάζειν 528c
περικαλύπτειν 1124a
[προφυλακή 1234a] → סֹךְ
σκεπάζειν 1268c
σκιάζειν 1274b
συσκιάζειν 1323a

סָכַךְ pilp.
[διασκεδάζειν, διασκεδαννύειν, διασκεδαννύναι 309c]
[ἐπεγείρειν 509a]

סָכַךְ hi.
ἀποκενοῦν 132b
πρὸς δίφρους καθῆσθαι (סָךְ רַגְלָיו hi.) 337c
ἐπισκιάζειν 528c
[καθῆσθαι 700b]
κατασκηνοῦν 744b
παρασκευάζειν (לְהָסֵךְ אֶת־רַגְלָיו) 1064a
σκεπάζειν 1268c
συγκλείειν 1299c
φράσσειν 1438b

סֶכֶךְ
#προφυλακή 1234a (Na. 2.5[6])

סָכַל ni.
ἀγνοεῖν 16a
ματαιοῦν 899b
μωραίνειν 938b

סָכַל pi.
διασκεδάζειν, διασκεδαννύειν, διασκεδαννύναι 309c
[μωραίνειν 938b] → μωρεύειν
μωρεύειν 938b

Column 2

סָכַל hi.
ἀφρόνως 186b
ματαιοῦν 899b
#ὑπεριδεῖν 1410b (Nu. 22.30)
#ὑπερορᾶν 1410c (Le. 26.37)
#ὑπερόρασις 1410c (Nu. 22.30)

סָכָל
ἀπαίδευτος *167c*
ἀφροσύνη 186b
ἄφρων 186c
μωρός 938c

סֶכֶל
ἄφρων 186c

סִכְלוּת
ἀφροσύνη 186b
[εὐφροσύνη 582c] → ἀφροσύνη
ὀχληρία 1043a

סָכַן qal
#δεῖν ("to be necessary") 287a (Jb. 15.3)
[διδάσκειν 316c]
[ἐπισκοπὴ εἶναι 528c]
θάλπειν 623b
κενός, καινός ("empty") (ס qal + neg.) 759a

סָכַן ni.
κινδυνεύειν 765a

סָכַן hi.
προϊδεῖν 1206c
[προσδεῖν ("to be needy") *190a*]

סָכַר I qal
*#πολιορκεῖν 1173c (I Es. 5.72)

סָכַר
ἐμφράσσειν 460c
ἐπικαλύπτειν 522b

סָכַר I pi.
παραδιδόναι 1058a

סָכַר II qal
μισθοῦσθαι 930b

סָכַת ni.
σιγᾶν 191b

סָכַת hi.
σιωπᾶν 1267c

סַל
κανοῦν 718c
κόφινος 781b

סָלָא pu.
[ἐπαίρειν 505a] → סָלַל pu.

סָלַד pi.
ἅλλεσθαι 55c

סָלָה qal
ἐξουδενοῦν, ἐξουθενοῦν 500b

סָלָה pi.
ἐξαίρειν 485a

סָלָה pu.
συμβαστάζειν 1303b

סֶלָה
διάψαλμα 316b

סִלּוֹן
?ἐπισυνιστάναι 534b
σκόλοψ 1275b

סָלַח qal
ἀφαιρεῖν 180a
ἀφίειν, ἀφιέναι 183b
ἐξιλάσκειν 175c
ἐξιλασμός 175c

Column 3

εὐιλατεύειν 571b
ἱλάσκεσθαι, ἱλάζειν 684b
ἵλεως γίνεσθαι 256c, 684c
ἵλεως εἶναι 684c
καθαρίζειν, καθερίζειν 698a
μιμνήσκεσθαι + neg. 927c

סָלַח ni.
ἀφίειν, ἀφιέναι 183b

סַלָּח
ἐπιεικής 519c

סְלִיחָה
ἀφίειν, ἀφιέναι 183b
ἐξιλασμός 175c
ἱλασμός 684c

סָלַל qal
[ἐρευνᾶν 544c] → שָׁאַל, שָׁאַל qal
ὁδοποιεῖν 962b
τρίβειν 1372b

סָלַל pilp.
περιχαρακοῦν 1128b

סָלַל pu.
#ἐπαίρειν 505a (La. 4.2)

סָלַל hithp.
ἐμποιεῖν 458c
ἐπαιτεῖν 176a
πρόσκομμα 190b

סֹלְלָה
πρόσχωμα 1223c
[πρόχωμα 1234a] → πρόσχωμα
χαρακοβολία (שָׁפַךְ ס) 1454c
χάραξ 1454c
χῶμα 1480c

סֻלָּם
κλίμαξ 771a

סַלְסִלּוֹת
κάρταλλος 725a

סֶלַע
ἀντιλήπτωρ 111a
κραταίωμα 783a
[κραταίωσις 783a] → κραταίωμα
κρημνός 785c
λεωπετρία, λεοπετρία (צְחִיחַ ס) 875b
πέτρα 1129c, *188c*
στερέωμα 1289b

סָלְעָם
ἀττάκης 176c

סָלַף pi.
διαστρέφειν *171b*
ἐξαίρειν 485a
καταστρέφειν 745c
λυμαίνειν, λοιμαίνειν 889b
μέμφεσθαι *184b*
φαυλίζειν 1425c
φαῦλον ποιεῖν 1154b, 1425c

סֶלֶף
[ὑποσκελισμός 1416c]

סְלַק pe. (Aramaic)
*ἀναβαίνειν, ἀναβέννειν 70a
ἀναφύειν 85c
προσφύειν 1223c

סְלַק aph. (Aramaic)
ἀναφέρειν 84c

סְלַק hoph. (Aramaic)
ἀναφέρειν 84c

Column 4

סְלַק
ἀναβαίνειν, ἀναβέννειν 70a

סֹלֶת
σεμίδαλις 1262c

סַם
ἥδυσμα 604c
ἡδυσμός 604c
θυμίαμα 660b
σύνθεσις 1316a
σύνθετος 1316a

סָמָדַר
κυπρίζειν 799c
κυπρισμός 799c

סָמַךְ qal
ἀντιλαμβάνεσθαι 110c
ἀντιλήπτωρ 111a
ἀντίληψις *167b*
ἀντιστήριγμα 111c
ἀντιστηρίζειν 111c
ἀπερείδεσθαι 120c
βοηθεῖν *169b*
ἐπιστηρίζειν 530b
ἐπιτιθέναι 535c
ἐφιστάναι 585c
[ἱστάναι, ἱστᾶν 689a] → ἐφιστάναι
[προσάγειν 1211b] → ἐπιτιθέναι
στηρίζειν 1290c, *192b*
ὑποστηρίζειν 1417b
χορηγεῖν *196a*

סָמַךְ ni.
ἀντιστηρίζειν 111c
ἐπιστηρίζειν 530b
καταθαρσεῖν 731b
στηρίζειν 1290c, *192b*

סָמַךְ pi.
στηρίζειν 1290c

סֶמֶל, סֵמֶל
γλυπτός 271a
εἰκών 377b
#στήλη 1290b (Ez. 8.3)

סָמַר qal
καθηλοῦν 700b

סָמַר pi.
φρίττειν 1439a

סְנֶה
βάτος ("bramble") 215a
#σκόλοψ *191c* (Si. 43.19)

סַנְוֵרִים
ἀορασία 113c
#τυφλός 1379b (Is. 61.1)

סְנַפִּיר
πτερύγιον 1238a

סָס
σής 1265b, *191b* (Si. 42.13)

סָעַד qal
ἀντιλαμβάνεσθαι 110c
ἀριστᾶν 157b
βοηθεῖν 223b
ἐσθίειν, ἔσθειν 554a
[περικυκλοῦν 1124a]
στηρίζειν 1290c

סְעַד pa. (Aramaic)
*βοηθεῖν 223b

סָעִיף
κλάδος 766a
ὀπή 1001b
σπήλαιον 1284b

σχισμή 1328a
τρυμαλιά 1377b

סָעַף pi.
  συνταράσσειν 1318a

סְעַף
  παράνομος 1062b

סְעַפָּה
  παραφυάς 1065b

סַעְפָּה
  ἰγνύα 669b

סָעַר qal
  ἀκατάστατος 44a
  ἐξεγείρειν κλύδωμα 490b
  ἐξεγείρεσθαι 490b
  κλύδων 772b
  σείειν 1261c

סָעַר ni.
  ἐκκινεῖν 432c

סָעַר pi.
  ἐκβάλλειν 420c

סָעַר poel
  ἀποφυσᾶν 150a

סָעַר hi.
  ἀποθαυμάζειν 168a
  ⟦ἐπιθαυμάζειν 176c⟧ →
    ἀποθαυμάζειν

סַעַר
  καταιγίς 731b
  κλύδων 772b
  λαῖλαψ 841a
  ὀργή 1008b
  συσσεισμός 1323b

סְעָרָה
  ἐξαίρειν 485b
  καταιγίς 731b
  λαῖλαψ 841a, 183a
  ὀργή 1008b
  πνεῦμα 189b
  σάλος 1258a
  σεισμός 1262b
  συσσεισμός 1323b
  φέρειν 1426c

סַף
  αἰλάμ, αἰλαμμεῖν 31a
  §απφωθ 151a
  ἀρχισωματοφύλαξ (שֹׁמֵר הַסַּף) 166a
  αὐλή 177b
  §αφφωθ (סִפִּים) 187b
  *εἴσοδος 413c
  θύρα 662c
  λέβης 863c
  πρόθυρον 1206c
  πρόπυλον 1208c
  πύλη 1240b
  πυλών 1242a
  §σαφ(φ)ωθ (סִפִּים) 1261a
  σταθμός 1286b
  τὸ ὑπέρθυρον (אַמּוֹת הַסִּפִּים) 1410a

סָפַד qal
  ⟦ἐπιληπτεύεσθαι 525a⟧
  κλαίειν 766a
  κόπτειν 779a

סָפַד ni.
  κόπτειν 779a

סָפָה qal
  ἀπολλύειν, ἀπολλύναι 136c

ἀφαιρεῖν 180a
ἀφανίζειν 181b
ἐξαίρειν 485b
⟦προστιθέναι 1221a (Is. 30.1; Am. 3.15)⟧ → יָסַף qal and ni.
συνάγειν 1307b
συναπολλύναι 1312a

סָפָה ni.
  ἀπολλύειν, ἀπολλύναι 136c
  ἐξολλύναι 176a
  ⟦προστιθέναι 1221a (I Ki. 12.25; 26.10; 27.1)⟧ → יָסַף ni.
  συμπαραλαμβάνειν 1304c
  συνάγειν 1307b
  συναπολλύναι 1312a, 192c

סָפָה hi.
  ⟦συνάγειν 1307b⟧ → אָסַף qal

סִפּוּן
  δοκός 340a

סָפַח qal
  παραρρίπτειν, παραριπτεῖν 1063c

סָפַח ni.
  προστιθέναι 1221a

סָפַח pu.
  διαιτᾶν 303a

סָפַח hithp.
  στηρίζειν 1290c

סַפַּחַת
  σημασία 1263b

סָפִיחַ
  τὰ αὐτόματα ἀναβαίνοντα 70a
  αὐτόματος 179c

סְפִינָה
  πλοῖον 1150a

סַפִּיר
  σάπφειρος 1259b

סֵפֶל
  λεκάνη, λακάνη 873c

סָפַן qal
  κοιλοσταθμεῖν 773c
  κοιλόσταθμος 773c
  ξυλοῦν 959c
  ὀροφοῦν 1017c
  ⟦ταφνοῦν(?) 1338a⟧
  φατνοῦν 1425c

סָפַק qal
  ἐπικρούειν 523c
  κροτεῖν 791c
  ⟦μεταστενάζειν 916c⟧ → XXX ≈ στενάζειν
  πολύς, πλείων, πλεῖστος 189b
  συγκροτεῖν 1300c
  χορηγεῖν 196a

סָפַק pi.
  προσποιεῖν 190b

סָפַק hi.
  #ἐκποιεῖν 439b (Si. 42.17)
  ⟦ἐμποιεῖν 174b⟧
  #προσποιεῖν 190b (Si. 34[31].30)

סָפַר qal
  ἀριθμεῖν 156b
  ἀριθμός 168b
  ⟦βιβλίον, βύβλιον 218b⟧ → סֵפֶר
  γραμματεύς 275b, 170c
  γραμματικός 275c
  ⟦διηγεῖσθαι 329c⟧ → סָפַר pi.
  ⟦ἐξαγγέλλειν 483a⟧ → סָפַר pi.

ἐξαριθμεῖν 489c
ἥγησις 604a
⟦συνάγειν 1307b⟧ → אָסַף qal

סָפַר ni.
  ἀναρίθμητος (סְ׳ + neg. + מָנָה + neg.) 81c
  ἀριθμεῖν 156b
  ἐξαριθμεῖν 489c
  ψηφίζειν 1485b

סָפַר pi.
  ἀναγγέλλειν 74a
  ἀπαγγέλλειν 113c
  ⟦ἀριθμεῖν 156b⟧ → סָפַר qal
  ⟦ἀριθμός 156c⟧ → מִסְפָּר
  διαγγέλλειν 299b
  διηγεῖσθαι 329c, 171c
  ἐκδιηγεῖσθαι 422b, 173b
  ἐξαγγέλλειν 483a
  ἐξαριθμεῖν 489c
  ἐξηγεῖσθαι 495b
  ἐξιλάσκειν 175c
  ἐξομολογεῖν 176a
  ⟦λαλεῖν 841c⟧
  λέγειν 863c
  ὑποδεικνύειν, ὑποδεικνύναι 1413a

סָפַר pu.
  ἀναγγέλλειν 74a
  ⟦βίβλος, βύβλος 219b⟧ → סֵפֶר
  διηγεῖσθαι 329c
  ἐκδιηγεῖσθαι 422b

סְפַר (Aramaic)
  *#ἀναγνώστης 76b
  *γραμματεύς 275b

סֵפֶר
  ⟦ἀριθμός 156c⟧ → סָפַר qal
  *βιβλίον, βυβλίον 218b
  *βίβλος, βύβλος 219b
  γράμμα 275a
  γραμματικός 275c
  ἐπιστολή 530c
  ⟦λόγος 881c (Da. TH 12.4)⟧ → βιβλίον, βυβλίον
  συγγραφή 1299a

סֹפֵר
  *#ἀναγνώστης 76b
  #πρέσβυς 1201b (Is. 39.1)

סְפַר (Aramaic)
  βιβλιοθήκη (בֵּית סִפְרַיָּא) 218b
  *βιβλίον, βυβλίον 218b
  *βίβλος, βύβλος 219b

סְפָר
  ἀριθμός 156c

סְפֹרָה
  ἐπαγγελία 503b

סִפְרָה
  γραμματεία 275b

סָקַל qal
  καταλιθοβολεῖν 737c
  λιθοβολεῖν 876c
  ⟦λίθος 876c⟧

סָקַל ni.
  λιθοβολεῖν 876c

סָקַל pi.
  διαρρίπτειν, διαρρίπτειν 309c
  λιθάζειν 876b
  ⟦χαρακοῦν 1454c⟧

סָקַל pu.
  λιθοβολεῖν 876c

סַר
  συγχεῖν 1301a
  ταράσσειν 1336a

סָרַב pi.
  ἀντιλέγειν 167b

סָרַב
  ἀπειθεῖν 167c
  παροιστρᾶν 1072a

סַרְבָּלִין (Aramaic)
  §σαραβαρα 1259b
  #ὑπόδημα 1413b (Da. LXX 3.21)

סָרָה
  ἀνίατος (בִּלְתִּי סָ׳) 102b
  ἀνομία 106b
  ἄνομος 107c
  ἀπειθεῖν 119c
  ἀσέβεια, ἀσεβία 169c
  πλανᾶν 1139b

סָרַח I qal
  ἐπικαλύπτειν 522b
  εὐθηνεῖν 570b
  κατασπαταλᾶν 745b
  ⟦σρουχι σαβωλιμ (סְרוּחֵי טְבוּלִים) 1056a⟧ → τιάρα and סָבַל qal ≈ βαπτός
  συγκαλύπτειν 1299a
  τιάρα 1348c
  #ὑποκαλύπτειν 1413c (Ex. 26.12)

סָרַח I ni.
  οἴχεσθαι 985a

סָרַח II qal
  #ἀσθενεῖν 172a (Ez. 17.6)

סִרְיוֹן
  θώραξ 668c
  ὅπλον 1003c

סָרִיס
  ἀρχιευνοῦχος (רַב סָרִיסִים, שַׂר סָרִיסִים) 165c
  δυνάστης 355b
  εὐνοῦχος 575b, 178a (Si. 30.20)
  σπάδων 1281b

סָרַךְ (Aramaic)
  ἡγεῖσθαι 602c
  τακτικός 1333a

סֶרֶן
  ἄρχων 166b, 168c
  τὸ προσέχον 1215b
  σατραπ(ε)ία 1260c
  σατράπης 1260c
  στρατηγός 1295b

סַרְעַפָּה
  ⟦κλάδος 766a⟧

סַרְפָּד
  κόνυζα 778a

סָרַר
  ἀνήκοος 88a
  ἀπειθεῖν 119c
  ἀπειθής 119c
  ἀποστάτης 141b
  ἄσωτος 175a
  παραπικραίνειν 1063a
  παραφρονεῖν 1065b
  παροιστρᾶν 1072a
  σκολιός 1275b

סִתָיו, סְתָו
  χειμών 1457c

סָתַם qal
  ἀναφράσσειν 85c

ἐμφράσσειν 460c
καλύπτειν 716c
κατακαλύπτειν 732c
κλείειν 182a
κρύφιος 793a
σφραγίζειν 1327a
φράσσειν 1438b

סָתַם pi.
ἐμφράσσειν 460c

סָתַר ni.
οὐκ ἀναβαίνω 70a
ἀποκρύπτειν 134b
ἀπόκρυφος 168a
[[ἀποστρέφειν 145b]] → סָתַר hi.
ἀφιστᾶν, ἀφιστάναι,
  ἀφιστάνειν 184b
καταδύ(ν)ειν 731a

κατακρύπτειν 734c
κρύπτειν 791c, 182b (–Si. 4.18)
κρυπτός 792c, 182c
κρύφιος 793a
σκεπάζειν 1268c

סָתַר pu.
ἀφανής 169b
κρύπτειν 792a, 182b

סָתַר hi.
ἀπαλλάσσειν 116b
ἀποκρύπτειν 134b
ἀποστρέφειν 145b
ἀποστροφή 148b
κατακρύπτειν 734c
κρύπτειν 792a
κρυφῇ 793a
σκεπάζειν 1268c

סָתַר ho.
ἀφανής 169b

סָתַר hithp.
εἰδεῖν/εἰδέναι + neg. 374b
κρύπτειν 792a
σκεπάζειν 1268c

סָתַר I pa. (Aramaic)
ἀπόκρυφος 134c
σκοτ(ε)ινός 1276a

סָתַר II pe. (Aramaic)
*#καθαιρεῖν 697b (I Es. 6.16)
καταλύειν 738b
λύειν 889a

סֵתֶר
ἀποκρυβή 134b
ἀποκρυφή 134c
ἀπόκρυφος 134c, 168a

#βοήθεια 222c (Ps. 90[91].1)
βοηθός 223c
δόλος 340b
[[ἐρεθίζειν 544b]]
καταφυγή 748b
[[κρύβδην (בְּ) 791c]] → κρυβῇ
κρυβῇ (בְּ) 791c
κρύπτειν 792a
κρυφαίως 793a
κρυφῇ (בְּ) 793a
ἐν κρυφῇ (בְּ) 793a
κρύφιος 793a
λάθρα ('בְּ) 840c
λάθριος ('בְּ) 841a
σκέπη 1269a

סִתְרָה
σκεπαστής 1269a

ע

עָב I
πάχος 1112c
עָב II
ἄλσος 59c
νεφέλη 943b, 185b (+Si. 32[35].26)
νέφος 944a

עֹב
ζυγοῦν 599b
[[ξυλοῦν 959b]] → ζυγοῦν

עָבַד qal
[[γεωργός 240b]]
δουλ(ε)ία 345a
δουλεύειν 345a, 172b
[[δοῦλος (subst.) 346b]] → עֶבֶד
δουλοῦν 348b
ἐργάζεσθαι, ἐργάζειν 540c, 177b
  (+Si. 30.13)
ἐργάζεσθαι τὰ ἔργα ('ע qal,
  (לַעֲבֹד 540c, 541c
ἔργον 541c
πρὸς τὸ ἔργον (לַעֲבֹד עֲבֹדָה) 541c
καταδουλοῦν 731a
κατεργάζεσθαι 749b
[[κατόχιμος εἶναι 756c]] → אָחַז
κοπιᾶν 182b
*λατρεύειν ('ע qal, הָיָה עֹבֵד)
  863a
λειτουργεῖν 872c
[[οἰκέτης 186a]]
ποιεῖν 1154a, 189b
προσκυνεῖν 1217b
ὑπήκοος 1411c
#χρᾶν 1473c (Is. 28.21)

עָבַד ni.
ἐργάζεσθαι, ἐργάζειν 540c
κατεργάζεσθαι 749b

עָבַד pu.
δουλεύειν 345a
ἐργάζεσθαι, ἐργάζειν 540c

עָבַד hi.
δουλεύειν 345a
δουλοῦν 348b
#ἐργάζεσθαι, ἐργάζειν 177b (Si.
  30[33].34)

#ἐργασία 177b (Si. 30[33].36)
καταδουλοῦν 731a
καταδυναστεύειν 731a
ποιεῖν 1154a

עֲבַד pe. (Aramaic)
*#γίνεσθαι 256c (I Es. 2.24)
δοῦλος (subst.) 346b
*#ἐπιτελεῖν 535a (I Es. 8.16)
ἑστὼς ἐνώπιον 689a
*#παραβαίνειν ('ע pe. + neg.)
  1055b (I Es. 8.24)
*ποιεῖν 1154a
*#συμποιεῖν 1305c (I Es. 6.28)
*#συνεργεῖν 1314a (I Es. 7.2)
*#πολιορκίαν συνιστάναι/
  συνιστᾶν (pe. ע אֶשְׁתַּדּוּר)
  1317a

עֲבַד ithpe. (Aramaic)
εἰς ἀπώλειαν/ἀπωλίαν εἶναι
  (ithpe. ע הַדָּמִין) 151c
*γίνεσθαι 256c
διαμελίζειν (ithpe. ע הַדָּמִין) 305c
*#ἐπιτελεῖν 535a (I Es. 8.21)
ποιεῖν 1154a
*#συντελεῖν 1319b (I Es. 2.27;
  6.10)

עֶבֶד
[[ἄγγελος 7b]]
ἄνθρωπος 96b
[[ἄρχων 166b]]
δουλ(ε)ία 345a
δουλεύειν 345a
δούλη 346a
δοῦλος (adj.) 346b
δοῦλος (subst.) 346b
[[δύναμις 350a]]
[[ἔθνος 368b]]
ἐργασία 541b
θεραπ(ε)ία 648b
θεραπεύειν 648a
θεράπων 648b
ἑστὼς ἐνώπιον 689a
[[λαός 853b (Ps. 135[136].22; Is.
  48.20)]] → δοῦλος (subst.)

οἰκέτης 969a, 186a (+Si. 7.20;
  30[33].33; 35.39; 42.5)
[[οἶκος 973a (Je. 22.2)]]
παιδάριον 1045c
παιδίον 1047c
*παῖς 1049a
σέβειν 1261c
ὑπηρέτης 1411c

עֲבֵד (Aramaic)
δοῦλος (subst.) 346b
[[εὑρίσκειν 576c]]
*παῖς 1049a

עֲבוֹדָה, עֲבֹדָה
[[ἀναφορά 85b]]
ἀποσκευή 140c
ἄρτος 161b
γεωργία 170a
γεώργιον 170a
δουλ(ε)ία 345a
§εβδωθ (עֲבֹדַת) 361b
ἐνεργεῖν (צְבָא צָבָא בַּעֲבֹדָה) 473a
[[ἐπίπονος 177a]]
ἐργάζεσθαι, ἐργάζειν 540c
ἐργαλεῖον 541b
*ἐργασία 541b, 177b
ἔργον 541c
ποιεῖν τὰ ἔργα (לַעֲבֹדָה) 541c
πρὸς τὸ ἔργον (לַעֲבֹד עֲבֹדָה) 541c
*#ἐφημερία 585b (I Es. 1.16)
§εφραθ (עֲבֹדַת) 586c
[[καθήκειν 700a]]
κατασκευή 744b
κάτεργον 749b
[[κρατεῖν 783a]]
λατρ(ε)ία 863a
λατρευτός 863b
λειτουργ(ε)ία 873b
λειτουργεῖν 872c
λειτούργημα 873b
λειτουργήσιμος 873b
λειτουργικός 873b
[[[οἰκέτης] 186a]] → עֲבֹדָה
[[παρασκευή 1064a]] →
  κατασκευή
ποιεῖν 1154a
σύνταξις 1318a

τέχνη 1347c

עֲבֻדָּה
γεώργιον 240b
ἔργον 541c
#οἰκέτης 186a (Si. 4.30)
ὑπηρεσία 1411c

עַבְדוּת
*δουλ(ε)ία 345a
*#δουλεύειν 345a (I Es. 8.80)

עָבָה pi.
παχύνειν 1112c
παχύτερος 1112c

עֲבוֹדָה
see עֲבוֹדָה, עֲבֹדָה

עָבוֹט
ἐνέχυρον 473a
[[ἱμάτιον 685a]] → ἐνέχυρον

עֲבוּר
διά + acc. 171a
διὰ τοῦτο (בַּעֲבוּר כֵּן, בַּ) 171a
εἰς τό + inf. (בַּעֲבוּר לְ) 173a
ἕνεκα, ἕνεκεν ('בַּעֲבוּר) 175b
ἵνα 180b
σῖτος 1267b
χάριν ('בַּעֲבוּר) 195a

עָבַט qal
δαν(ε)ίζειν 285a
ἐνεχυράζειν 473a

עָבַט pi.
[[ἐκκλ(ε)ίνειν 433c]] → עָוַת pi.

עָבַט hi.
δαν(ε)ίζειν 285a
δάν(ε)ιον 285a

עֲבָטִיט
[[κλοιός, κλοιόν(?) 772a]] → עֹל

עֳבִי
πάχος 1112c

עֳבִי
πάχος 1112c
[[πλάτος 1141a]] → πάχος

עֲבִידָא (Aramaic)
δουλ(ε)ία 345a

*ἔργον 541c
*#οἰκοδομή 972c (I Es. 2.30)
πρᾶγμα 1199c

עָבַר qal
ἀναβαίνειν, ἀναβέννειν 70a
ἀναπαύειν 80b
ἀπέρχεσθαι 121a
ἀφαιρεῖν 180a
ἀφιστᾶν, ἀφιστάναι, ἀφιστάνειν 184b
βαδίζειν 188a
γίνεσθαι 256c
διαβαίνειν, διαβέννειν 298a
διάβασις 298c
διαπερᾶν 307c
διαπορεύεσθαι 308b
διεκβάλλειν 328a
διέρχεσθαι 328c
διοδεύειν 336a
δόκιμος 340a
ἐγκαταλείπειν 365a
εἰσέρχεσθαι 410b
[εἰσπορεύεσθαι 414a (De. 11.11 [8QMez])] → בוא qal
ἐκκλ(ε)ίνειν 433c
ἐκπεριπορεύεσθαι 439a
[ἐκπορεύεσθαι 439c]
[ἐξέρχεσθαι 491c]
ἐξολεθρεύειν, ἐξολοθρεύειν 497c
ἐπέρχεσθαι 509c
ἐπιβάλλειν 516a
[ἐπιπαρέρχεσθαι 526a] → παρέρχεσθαι
ἐπιπορεύεσθαι 527a
ἔρχεσθαι 548b
ἥκειν 605a
[ἱστάναι, ἱστᾶν 689a]
καταλύειν 738b
[κατασκέπτεσθαι, κατασκέπτειν (עֲ׳ לַתוּר qal) 744a] → תור qal
#λαλεῖν (עֲ׳ qal + פֶּה as subj.) 841c (Ps. 16[17].3)
οἴχεσθαι 985c
παραβαίνειν 1055b, 187b
παράγειν 1056b
παρακούειν 1061b
παραλλάσσειν 1061c
παραπορεύεσθαι 1063b
παρέρχεσθαι 1068c, 187c
[παρέχειν 1069c]
παριέναι ("to go past") (עֲ׳ qal, עֲ׳ דֶרֶךְ qal) 1070b
παροδεύειν 1071a
πάροδος 1071a
#παύειν 1112b (Is. 24.11), 188b (Si. 23.16)
περιέρχεσθαι 1123a
πλήρης 1147a
#πορ(ε)ία 1189a (Na. 1.8; Hb. 3.10)
πορεύεσθαι 1189a
προέρχεσθαι 1206a
προπορεύεσθαι (עֲ׳ לִפְנֵי qal) 1208c
προσάγειν 1211b
[προσέρχεσθαι 1213c] → προέρχεσθαι
συνέχειν 1315b
ὑπεραίρειν 1408b
ὑπερβαίνειν 1409a
φέρειν 1426c

ἄλλως χρᾶσθαι 59a, 1473c (Es. 1.19)
χωροβατεῖν 1482c

עָבַר ni.
διαβαίνειν, διαβέννειν 298a

עָבַר pi.
#συλλαμβάνειν 1301c (Jb. 39.13)

עָבַר hi.
#ἀναβάλλειν 72c (Ps. 77[78].21; 88[89].38)
ἀναβιβάζειν 73a
ἀναφέρειν 84c
ἀπάγειν 115c
ἀποστρέφειν 145b
ἀποτροπιάζεσθαι 149c
ἀφαιρεῖν 180a, 169a
*#ἀφιστᾶν, ἀφιστάναι, ἀφιστάνειν 184b (I Es. 1.30)
ἀφορίζειν 185c
[ἀφορισμός 186b]
διαβαίνειν, διαβέννειν 298a
διαβιβάζειν 299a
διαγγέλλειν 299b
διάγειν 299c
διακομίζειν 303c
διαπορεύεσθαι 308b
διέρχεσθαι 328c
ἐκβάλλειν 420c
ἐξάγειν 483a
ἐξαίρειν 485b
[ἐξεγείρειν 490b] → עור I hi.
ἐπάγειν 503c
[ἐπέρχεσθαι 509c] → עָבַר qal
ποιεῖν καθαρισμόν 698c
παραβιβάζειν 1056a
παραγγέλλειν 1056b
παράγειν 1056b
παραφέρειν 1065b
παρέρχεσθαι 1068c
περιάγειν 1121b
περιαιρεῖν 1121b
περικαθαίρειν 1123c
περιτιθέναι 1127c

עָבַר hithp.
[ἀναβάλλειν 72c] → עָבַר hi.
καταλείπειν 181b
παραβλέπειν 187b
παροξύνειν 1072a
ὑπερβάλλειν 194b
ὑπεριδεῖν 1410b
χρονίζειν 196c

עֵבֶר
ἐπέκεινα (מֵעֵ׳ לְ) 509b
§μαεβερ (מֵעֵ׳) 891c
μέρος 911c
#παριδεῖν 188a (Si. 7.10)
πέρα(ν) (בְּעֵבְרִי, בְּעֵ׳, עֵ׳ לְ, מֵעֵ׳ לְ) 1119b
ὁ/ἡ/τὸ πέρα(ν) (עֵ׳ לְ) 1119b
#πέρας 1120a (Ps. 7.6)
κατὰ (τὸ) πρόσωπον (אֶל עֵ׳ פָּנִים) 1224a

עֲבַר (Aramaic)
πέρα(ν) 1119b
ὁ/ἡ/τὸ πέρα(ν) (מֵעֲבַר, עֲ׳) 1119b

עֶבְרָה
§αραβωθ (עֲבָרוֹת) 152c
διάβασις 298c

עֶבְרָה
[ἄγγελος 7b]
[ἀπολλύειν, ἀπολλύναι 136c] → אָבַד qal
#ἔκστασις 441b (Pr. 26.10)
ἐπαγωγή 176a
εὐστροφία 580c
θυμός 660c
θυμὸς ὀργῆς 660c, 1008b
μῆνις 923b
ὀργή 1008b, 186c (Si. 25.22)
ὅρμημα 1014a

עֶבְרוֹן
#ὀργή 186c (Si. 7.16)

עִבְרִי
περάτης 1120b

עֲבָרִים
[πέρα(ν) 1119b]
ὁ/ἡ/τὸ πέρα(ν) 1119b

עָבַת pi.
?ἐξαιρεῖν 484b

עֲבֹת
αὐχήν 179c
δασύς 285b
κατάσκιος 745a
#σύσκιος 1323a (III Ki. 14.23; Ca. 1.16; Ez. 6.13)

עֲבֹת
ἁλυσιδωτός 60a
δεσμός 292a
ἐμπλόκιον 458c
ζυγός, ζυγόν 599a
ζυγοῦ ἱμάς 599a, 685a
ἱμάς 685a
καλώδιον 717b
κροσός, κρωσσός 791b
[νεφέλη 943b] → עָב II
πλέκειν 1141c
πλοκή 1150b
πυκάζειν 1240a
στέλεχος 1288a

עָגַב qal
ἐπιτιθέναι 535c
ἐραστής 540b

עֲגָבָה
ἐπίθεσις 520a

עֻגָה
ἐγκρυφίας 367a

עָגוּר
στρουθίον 1297a
χελιδών (סוּס עָ׳) 1467b

עֲגִיל
περιδέξιον 1122c
τροχίσκος 1376c

עֲגִילָה
#θυρεός, θυραιός 663c (Ps. 45[46].9)

עָגֹל
στρογγύλος 1297a
στρογγυλοῦν 1297a

עֵגֶל
δάμαλις 284c
μοσχάριον 934b
μόσχος 934c

עֶגְלָה
βοίδιον 224b
δάμαλις 284c
μόσχος 934c

עֲגָלָה
ἅμαξα 60c

[θυρεός, θυραιός 663c] → עֲגִילָה

עָגַם qal
στενάζειν 1288b

עָגַן ni.
κατέχειν 750c

עַד (Hebrew and Aramaic)
αἰών 39b, 165c
διά + gen. (בְּעַד) 171a
εἰς 173a
ἐξ ἐναντίας (עַד נֹכַח) 468b
ἐπέκεινα 509b
[ἐπί + acc. 176b]
ἔτι (עַד) 561a
[" (עַד מָה, עַד הֵנָּה) 561a]
ἕως (עַד אֲשֶׁר, עַד עֵת, עַד) 178c (+Si. 30[33].29; 42.22; 51.14)
ἕως ἄν 166b
[καιρός 706a] → עֵת
ἀπὸ μακρόθεν (עַד מֵרָחוֹק) 893b
ὁ μέλλων αἰών 909b
μόνιμος 933a
ὀπίσω (עַד אַחַר) 1001c
[ὅσος 1019a]
ὅσον χρόνον (עַד מָתַי) 1019a
ἕως ὅτου 1022b
οὐδείς, οὐθείς (עַד אֶחָד + neg.) 1028b
διὰ παντός 1073a
ἕως πόρρω (עַד לְמֵרָחוֹק) 1195b
ποσάκις (עַד כַּמֶּה פְעָמִים) 1195c
σφόδρα (עַד לִמְאֹד, עַד מְאֹד) 1325a
ἕως σφόδρα (עַד לִמְאֹד, עַד לְמַעְלָה) 1325a
σφόδρα λίαν (עַד מְאֹד) 876a, 1325a
εἰς (τὸ) τέλος (עַד תָּמַם, לָעַד) 1344a
ἕως εἰς (τὸ) τέλος (עַד לְכַלֵּה, עַד תָּמַם) 1344a
ἕως τίνος (עַד מָתַי, עַד אָן) 1355c
μέχρι τίνος (עַד אָנָה, עַד אָן) 1355c
εἰς τὸν αἰῶνα χρόνον (עַד עוֹלָם) 1476b
ὅσον χρόνον (עַד מָתַי) 1476b

עֵד
[ἄνθρωπος 96b]
ἐγγυᾶν 363b
ἔτασις 599c
μαρτυρεῖν 896b
μαρτυρία 896b
μαρτύριον 896c
μάρτυς 897c

עֲדָא pe. (Aramaic)
μένειν (עֲ׳ pe. + neg.) 910a
παρέρχεσθαι 1068c

עֲדָא aph. (Aramaic)
#ἀπολλύειν, ἀπολλύναι 136c (Da. LXX 7.26)

עָדָה qal
ἀναλαμβάνειν 78c
[ἐπιλαμβάνειν 523c] → λαμβάνειν
[ἔρχεσθαι 548b] → παρέρχεσθαι
κατακοσμεῖν 734b
κοσμεῖν 780b
λαμβάνειν 847a
παρέρχεσθαι 1068c (Jb. 28.8 Aramaizing)

περιτιθέναι 1127c

עָדָה hi.
#ἐκκλ(ε)ίνειν 433c (Jb. 29.11 Aramaizing)
κοσμεῖν 780b

עָדָה pe. (Aramaic)
αἴρειν 34c
ἀφαιρεῖν 180a
παρέρχεσθαι 1068c

עָדָה aph. (Aramaic)
ἀφαιρεῖν 180a
ἀφιστᾶν, ἀφιστάναι, ἀφιστάνειν 184b
μεθιστᾶν, μεθιστάναι, μεθιστάνειν 907b

עֵדָה I
[[βουλή 227c]] → עֵצָה
ἐπισύστασις 534b
λαός 183a
?παρεμβολή 1067b
πλῆθος 189a
συναγωγή (קְהַל עֵ׳, עֵ׳) 1309b, 192c
συστροφή 1324a

עֵדָה II
μαρτύριον 896c

עֵדָה
ἀποκαθημένη 131b

עֵדוּת
διαθήκη 300c
μαρτυρία 896b, 184a
μαρτύριον 896c, 184a

עֲדִי
[[ἐπιθυμία 521a]]
κόσμος 780c, 182b (+Si. 6.30; 43.9)
ἐν πενθικοῖς (שָׂתוּ אִישׁ עֶדְיוֹ עָלָיו + neg.) 1118a
περιστολή 1127a
αἱ στολαὶ τῶν δοξῶν 1291c

עָדִין
τρυφερός 1377c

עָדַן hithp.
[[ἐντρυφᾶν 481a]] → τρυφᾶν
τρυφᾶν 1377c

עֵדֶן
[[θύπη(?) 662c]] → τρυφή
κόσμος 780c
παράδεισος 1057c, 187b (+Si. 40.17)
τρυφή 1377c

עִדָּן (Aramaic)
ἔτος 565a
καιρός 706a
ὥρα 1493b

עֲדֶנָּה
ἕως τοῦ νῦν 951c

עָדַף qal
πλεονάζειν 1141c
ὑπερέχειν 1409b
ὑπολείπειν 1415a

עָדַף hi.
πλεονάζειν 1141c

עָדַר I qal
[[αἴρειν 34c]] → עָדַר II ni.
[[παρατάσσειν 1064c]] → עָרַךְ qal

עָדַר I ni.
ἀροτριᾶν 159b
ἀροτριοῦν 159c

σκάπτειν 1268b
παρέρχεσθαι 187c

עָדַר II ni.
#αἴρειν 34c
ἀπολλύειν, ἀπολλύναι 136c
διαφωνεῖν 315c
#κρύπτειν 182b (Si. 42.20)
λανθάνειν 853a

עָדַר II pi.
παραλλάσσειν 1061c

עֵדֶר
ἀγέλη 10b
βουκόλιον 226a
μάνδρα 895a
ποίμνη 1169c
ποίμνιον 1169c

עֲדָשָׁה
φακός 1423b

עוֹב hi.
γνοφοῦν 272c

עוּג
ἐγκρυφίας 367a

עוּגָב
κιθάρα 765a
ὄργανον 1008b
ψαλμός 1483b
#ψαλτήριον 1483c (Ez. 33.32)

עוּד qal
μαρτυρεῖν 896b

עוּד pi.
περιπλέκειν 1125b

עוּד polel
ἀναλαμβάνειν 78c

עוּד hi.
[[διαμαρτυρεῖν 305b]]
διαμαρτύρεσθαι 305b
διαμαρτυρία 305b
ἐπιμαρτύρεσθαι 525b, 177a
καταμαρτυρεῖν 739a
μαρτυρεῖν 896b
μάρτυρας ποιεῖν 1154a

עוּד ho.
διαμαρτύρεσθαι 305b

עוּד hithpo.
ἀνορθοῦν 108b

עוֹד (Hebrew and Aramaic)
αἰών 39b
ἄλλος 56b
ἐγγίζειν (הָיָה עוֹד, בְּדֶרֶךְ בְּעוֹד) 362b
ἕτερος 560a
ἔτι 561a, 177c (+Si. 30[33].29)
ἕως (שְׁעוֹד) 178c
μηκέτι (עוֹד + neg.) 921b
νεότης 942c
οὐκέτι (עוֹד + neg.) 1030a
οὐκέτι μή (עוֹד + neg.) 1030b
οὐκέτι οὐ μή (עוֹד + neg.) 1030c
πάλιν 1051c
ὑπερέχειν (יֵשׁ עוֹד) 194b

עָוָה qal
ἀδικεῖν 24c
ἀνομεῖν 106b
ἀσεβεῖν 170a
[[ἀτιμάζειν 175c]] → ἀδικεῖν

עָוָה ni.
ἀδικεῖν 24c, 165b
νωθροκάρδιος (נְוֵה־לֵב) 956b

ταλαιπωρεῖν 1333a

עָוָה pi.
[[ἀνακαλύπτειν 78a]] → עָרָה I pi.
ταράσσειν 1336a

עָוָה hi.
ἀδικεῖν 24c, 165b (Si. 13.3a)
ἀδικία 25b
ἀνομεῖν 106b
ἔρχεται ἀδικία 548b
κακοποιεῖν 709a

עַוָּה
[[ἀδικία 25b (Ez. 21.27)]] → עַוְלָה or עָוֹן

עוּז
ἰσχυρῶς (בְּעוֹז) 694b
ἰσχύς 694b, 180c

עוּז qal
βοηθεῖν 223b

עוּז hi.
ἐνισχύειν 475a
συνάγειν 1307b

עֲוָיָא (Aramaic)
ἀδικία 25b

עֲוִיל
ἄδικος 26c

עָוַל pi.
#ἄδικος 165b (Si. 40.13)
#ἀσεβής 170b (Is. 26.10)
παρανομεῖν 1062b
[[ποιεῖν + neg. 1154a]]

עַוָּל
ἀδικία 25b
ἄδικος 26c
ἁμαρτωλός 166b
ἄνομος 107c
παράνομος 1062b

עָוֶל
ἀδικία 25b
ἄδικος 26c
ἀνομία 106b
ταράσσειν τὸ δίκαιον 330c
παράπτωμα 1063c
πλημμέλημα 1145c, 189a (Si. 38.10)

עוּל I qal
ἐν γαστρὶ ἔχειν 234b, 586c
λοχεύειν 889a
πρωτοκεῖν 1237a

עוּל II subst.
ἄωρος (עוּל יָמִים) 188c
παιδίον 1047c

עוֹל
ζυγός, ζυγόν 178b

עַוְלָה
ἀδίκημα 25a (+Is. 61.8)
ἀδικία 25b
ἄδικος 26c
ἀνομία 106b
ἄνομος 107c
#ἀσέβεια, ἀσεβία 169c (Pr. 1.19)
ἀσεβής 168c
[[δόλιος 340b]] → מִרְמָה
κακός 709b
φαῦλος 1425c

עוֹלָה
see also עֹלָה
[[ἀδικία 25b]] → עַוְלָה
ἀναφορά 85b

κάρπωμα 724c
ὁλοκάρπωμα 987c
ὁλοκάρπωσις 987c

עוֹלֵל, עֹלָל
νήπιος 944b
τέκνον 1340c
ὑποτίτθιον, ὑποτίθθιον 1417c

עוֹלָם
see also עֹלָם
ἀεί, αἰεί (מֵעוֹ׳) 28b
ἀέν(ν)αος 28b
*αἰών 39b, 165c
εἰς τὸν αἰῶνα 165c, 173a
ἀρχή 163c
αἰώνιος 41c
§γελαμ 235b
διὰ παντός 1073a
εἰς τὸν αἰῶνα χρόνον (עַד־עוֹ׳, לְעוֹ׳) 1476b
*#τὸν ἅπαντα χρόνον (עַד עוֹ׳) 1476b

עָוֹן
ἄγνοια 16a
ἀδίκημα 25a
ἀδικία 25b
ἄδικος 165b
αἰτία 38a
ἁμαρτάνειν 60c
ἁμάρτημα 62a
*ἁμαρτία 62a, 166b
ἀνομεῖν 106b
ἀνόμημα 106b
ἀνομία 106b
ἄνομος 107c
ἀσέβεια, ἀσεβία 169c
[[ἀτιμία 175c]]
κακία 708a
[[κακός 180d]]
παρανομία 1062b

עֳנִי
πτωχεία 190c

עֹנֶשׁ
see also עֹנֶשׁ
ἐπιτίμιον 177a

עֲוְעִים
πλάνησις 1140a

עוּף I qal
ἀποστέλλειν 141b
ἐκλύειν 438a
ἐκπετάζειν, ἐκπεταννύναι 439a
ἐκπέτεσθαι 173c
[[ἐφιστάναι 585c]] → עוּף I hi.
[[κοπιᾶν 778b]] → עָיֵף I qal
πετάννυναι πετάζειν 1128c
πέτασθαι 1128c
πέτεσθαι 1129b
#φέρειν 1426c (Da. LXX 9.21)

עוּף I polel
#πεταννύναι 1128c (Ez. 32.10)
πέτεσθαι 1129b

עוּף I hi.
ἐφιστάναι 585c

עוּף I hithpo.
ἐκπετάζειν, ἐκπεταννύναι 439a
πέτεσθαι 1129b

עוּף II qal
ἐκψύχειν 446c
#σκοτοῦν 1277a (Jd. 4.21B)

עוֹף (Hebrew and Aramaic)
ὄρνεον 1014a
πέρδιξ 188b
πετεινός 1129a, 188c

עוּץ qal
βουλεύειν 227a
βουλή 227c

עוּק hi.
κυλίειν 798c

עָוַר ni.
#ἐξεγείρειν 490b (Je. 28[51].38)

עָוַר pi.
ἀποτυφλοῦν 149c
ἐκτυφλοῦν 444c

עִוֵּר
ἐκτυφλοῦν 444c
τυφλός 1379b
τυφλοῦν 1379c

עוּר I qal
ἀγρυπνεῖν 18a
ἐγείρειν 364a
#ἐγρήγορος 367b (La. 4.14)
ἐξεγείρειν 490b
ἑτοιμάζειν 563c

עוּר I ni.
ἐγείρειν 364a
[ἐκπορεύεσθαι 439c]
ἐντείνειν 477a
ἐξεγείρειν 490b
ἐξυπνίζειν 501b

עוּר I polel
ἐγείρειν 364a
ἐξεγείρειν 490b
ἐπεγείρειν 509a
σπᾶν 1281b
συνεγείρειν 1313a

עוּר I hi.
*ἐγείρειν 364a, 172a
ἐκκαίειν 432b
[ἐξαίρειν 485b] → ἐξεγείρειν
ἐξεγείρειν 490b
δεήσεως ἐπακούειν 505c
ἐπανιστάναι, ἐπανιστάνειν 506c
ἐπεγείρειν 509a
[ἑτοιμάζειν 563c]
[σκεπάζειν 1268c]

עוּר I ho.
#ἐξεγείρειν 490b (Ez. 21.16[21])

עוּר I hithpo.
ἐξεγείρειν 490b
ἐπανιστάναι, ἐπανιστάνειν 506c
μιμνήσκεσθαι 927c

עוּר II (Aramaic)
ἄχυρον, ἄχυρος(?) 188a
κονιορτός 777c

עוֹר
[ἀσχημοσύνη 174c] → עֶרְוָה
βύρσα 232b
δέρμα 291b
δερμάτινος 291c
[σῶμα 1330a] → δέρμα
χρῶμα 1480a
χρώς 1480a

עִוָּרוֹן
ἀορασία 113c
ἀποτύφλωσις 149c

עֲוֵרִים
ὄνος 1000a

עֲוֶרֶת
τυφλός 1379b

עוּשׁ qal
συναθροίζειν 1310b

עוֹשֵׁר
see also עֹשֶׁר
πλοῦτος 189a

עָוַת pi.
ἀδικεῖν 24c (+Ps. 61[62].9)
ἀφανίζειν 181b
διαστρέφειν 312a
#ἐκκλ(ε)ίνειν 433c (Jl. 2.7)
καταδικάζειν 730b
ταράσσειν 1336a

עָוַת pu.
διαστρέφειν 312a

עָוַת hithp.
διαστρέφειν 312a

עַוְתָה
[εἰπεῖν, ἐρεῖν 384a]

עַוְתָה
ταραχή 1336c

עַז
ἀναιδής (עַז פָּנִים) 77b (+Ec. 8.1), 166c (Si. 40.30)
αὐθάδης 176c
βίαιος 218a
δυνατός 355c
θρασύς 654b
ἰσχυρός 693b
ἰσχύς 694b
κραταιός 782a
σκληρός 1274b
σφοδρός 1327a
τολμηρός 193c

עֵז (Hebrew and Aramaic)
αἴγειος 30c
αἴξ 34b
*ἔριφος 547c
*#χίμαρος (צְפִיר עִזִּים) 1470c

עֹז
[ἁγίασμα 11a]
[ἁγιωσύνη 15b]
αἶνος 34b
[ἀναιδής 77b] → עַז
ἀντίληψις 111b
ἁρμόζειν 159a
βοήθεια, βοηθία 222c
βοηθός 223c
δόξα 341b
δύναμις 350a
δυναστ(ε)ία 354c
δυνατός 355c
εὐκλεής 571c
ἰσχύειν 692c
ἰσχυρός 693b
ἰσχύς 694b, 180c
κραταιός 782a
κραταιοῦν 782c
κραταίωμα 783a
κράτος 784a, 182b
ὄργανον (כְּלִי עֹז) 1008b
ὀχυρός 1043b
ὀχύρωμα 1043c
τιμή 1353a
#ὑπερηφανία 1409c (Le. 26.19)
ὑψηλός 1419b

עֲזָאזֵל
ἀποπομπαῖος 139c
ἀποπομπή 139c
ἄφεσις 182b

עָזַב qal
#ἀμνημονεῖν 166b (Si. 37.6)
ἀνεξέλεγκτος (עֹזֵב תוֹכַחַת) 87b
ἀπολείπειν 136b
ἀφίειν, ἀφιέναι 183b
διαρπάζειν 308c
*ἐγκαταλείπειν 365a, 172a (+Si. 3.16 [C]; 41.8)
ἐγκαταλιμπάνειν 366b
ἐκλείπειν 435c
ἐπαφιέναι 509a
ἐπιστρέφειν 531a
ἐπιτρέπειν 537b
[καταλειμμάνειν 736a] → καταλιμπάνειν
καταλείπειν 736a, 181b
καταλιμπάνειν 737c
παριέναι ("to allow") 1070b
#συγγνώμην ἔχειν 192b (Si. 3.13)
[συγκύπτειν 1300c]
συναίρειν 1310c
[συνεγείρειν 1313a]
ὑπεριδεῖν 1410b
ὑπερορᾶν 1410c
ὑπολείπειν 1415a

עָזַב ni.
ἀοίκητος εἶναι 113c
ἐγκαταλείπειν 365a
καταλείπειν 736a

עָזַב pu.
ἀφίειν, ἀφιέναι 183b
ἐγκαταλείπειν 365a

עִזָּבוֹן
ἀγορά 16b
μισθός 930a

עִזּוּז
ἰσχυρός 693b
κραταιός 782a

עֱזוּז
δύναμις 350a
δυναστ(ε)ία 354c
θυμός 179c
κατισχύειν 751b

עֶזְרָה
ὀργή 186c

עָזַז qal
ἀσφαλῆ τιθέναι 174b, 1348c
βοηθεῖν 223b
#διαφεύγειν 314b (Je. 11.15)
δυναμοῦν 353a
ἐνδυναμοῦν 472a
ἰσχύειν 692c
κατισχύειν 751b
κραταιοῦν 782c

עָזַז hi.
ἀναιδής 77b
ἀναιδῶς ὑφίστασθαι 77b

עָזְנִיָּה
ἁλιάετος, ἁλίαιτος, ἁλίετος 54b

עָזַק pi.
φραγμὸν περιτιθέναι 1127c, 1438b

עִזְקָא (Aramaic)
δακτύλιος 284b

עָזַר qal
ἀνιστᾶν, ἀνιστάναι 102c
ἀντιλαμβάνεσθαι 110c
ἀντιλήπτωρ 167b
βοήθεια, βοηθία 222c
βοηθεῖν 223b, 169b
βοηθός 223c, 169c
βοηθὸς γίνεσθαι 223c, 256c, 169c
ἐξαιρεῖν 484b
#ἰσχύειν 692c (II Ch. 25.8)
κατισχύειν 751b
προσκεῖσθαι 1216c
συμβοηθός 1303b
*#συμβραβεύειν 1304a
συμμαχεῖν 1304a
συνεπισχύειν 1313c
συνεπιτιθέναι 1313c
σῴζειν 1328b
ὠφελεῖν 1497b

עָזַר ni.
βοηθεῖν 223b
κατισχύειν 751b

עָזַר hi.
[βοήθεια, βοηθία 222c] → עָזַר qal
[βοηθεῖν 223b] → עָזַר qal
κατισχύειν 751b

עֵזֶר
βοήθεια, βοηθία 222c
βοηθεῖν 223b
βοηθός 223c

עֶזְרָה
ἀντίληψις 111b
βοήθεια, βοηθία 222c
βοηθεῖν 223b
βοηθός 223c
ἐλπίς 454a

עֲזָרָה
αὐλή 177b
[ἱερός 683a]
ἱλαστήριον 684c
περιβολή 188b

עֵט
γραφεῖον 277c
κάλαμος 712b
σχοῖνος 1328b

עֵטָא (Aramaic)
βουλή 227c

עָטָה qal
ἀναβάλλειν 72c, 166c
[ἀφαιρεῖν 180a]
διδόναι 317b
[καταλαλεῖν (עָ׳ עַל שָׂפָם) 735a]
περιβάλλειν 1121c
#στολή 1291c (Is. 22.17)
φέρειν 195a
φορεῖν 195b

עָטָה hi.
καταχεῖν 748c

עֲטִין
?ἔγκατον 366b

עֲטִישָׁה
πταρμός 1237c

עֲטַלֵּף
νυκτερίς 951a

עָטַף qal
ἀκηδιᾶν 44a
ἄσημος 171c

ἐκλύειν 438a
[[ἐξέρχεσθαι 491c]]
περιβάλλειν 1121c
[[πληθύ(ν)ειν 1144b]]

עָטַף ni.
ἐκλείπειν 435c

עָטַף hi.
ἀκηδιᾶν 44a
ἐκλείπειν 435c
ἐκλύειν 438a
ὀλιγοψυχεῖν 987a

עָטַר qal
παρεμβάλλειν 1066b
περιτιθέναι 188c
στεφανοῦν 1290a

עָטַר pi.
στεφανοῦν 1290a

עֲטָרָה
στεφάνη 1289c
στέφανος 1289c, 192a

עִי
ἄβατος 1a
ὀπωροφυλάκιον 1004b

עִיט qal
διαμασᾶσθαι 171b
[[κλίνειν 771a]] → נָטָה qal
ὁρμᾶν τοῦ θέσθαι 1014a

עַיִט
ὄρνεον 1014a
πετεινός 1129a, 188c (Si. 43.14)

עֵילוֹם
αἰών 39b

עַיִם
βίαιος 218a

עַיִן qal
ὑποβλέπεσθαι 1412c

עַיִן poel
#ἀποβλέπειν 125c (Jd. 9.37A)
#βλέπειν 221a

עַיִן (Hebrew and Aramaic)
§αἰν(α) 33a
§αἰνειν 33a
βάσκανος (רַע עַ') 214c, 169a
εἶδος 375c
ἐλεεῖν (טוֹב עַ') 449c
*#ἐπισκοπή 528c (I Es. 6.5)
ἐφορᾶν 586b
ὄμμα 991b
[[ὁμοίωμα 993a]] → ὅρασις
#ὁρᾶν 1005a (Nu. 24.3, 15)
ὅρασις 1007b
ὀφθαλμός 1039b, 187c (+Si. 4.2)
ὀφρύς (גַּב עַ') 1042c
ὄψις 1044b
πηγή 1130b

עֵינָיִם
ἀναβλέπειν (נָשָׂא עֵי') 73b
ἀρέσκειν (יָטַב בְּעֵינֵי, טוֹב בְּעֵינֵי,
יָשָׁר בְּעֵינֵי) 155c
    " + neg. (רַע בְּעֵינֵי, רָעַע בְּעֵינֵי)
155c
ἀρεστός (יָטַב בְּעֵינֵי, טוֹב בְּעֵינֵי)
156a
βαρέως φέρειν (חָרָה בְּעֵינֵי) 190c,
1426c
ἐνώπιόν σου βλέποντες (לְעֵינֶיךָ)
221a
βούλεσθαι (טוֹב בְּעֵינֵי) 226b

δοκεῖν (יָשָׁר בְּעֵינֵי, טוֹב בְּעֵינֵי)
339b
δόξα (מַרְאֶה עֵי') 341b
ἔναντι (בְּעֵינֵי) 175a
[[[ἐναντίον] (לְעֵינֵי) 175a]] →
ἐνώπιον
ἐνώπιον (לְעֵינֵי) 175c
ἐνώπιος (בְּעֵי') 482b
ἐπιμελεῖσθαι (שִׂים עֵי') 525b
ἐπισκοπὴν ποιεῖν (אוֹר עֵי' hi.)
528c
ἰδεῖν (נָשָׂא אֶת־עֵי') 669b
καταφαίνεσθαι (בְּעֵינֵי) 747b
μεγαλόφρων (רוּם עֵי') 902a
ὅρασις (מַרְאֶה עֵינֵי) 1007b
ὁρατῆς εἶναι (עֵינֵי עַל) 1008a
κατὰ (τὸ) πρόσωπον (עֵי') 1224a
  (Ge. 20.16; I Ki. 16.7)
  " (לְעֵי') 1224a (Ps. 49[50].21)
σκληρὸν φαίνεσθαι (חָרָה בְּעֵינֵי)
1274b, 1423a
φαίνειν (בְּעֵינֵי) 1423a
χαίρειν (יָטַב בְּעֵינֵי) 1452a

עָיֵף I qal
διψᾶν (= HR's διψῆν) 338a
ἐκλείπειν 435c
ἐκλύειν 438a
κοπιᾶν 778b
ὀλιγοψυχεῖν 987a
πεινᾶν 1115b

עָיֵף II adj.
ἄβατος 1a
ἄνυδρος 112a
ἐκλείπειν 435c

עֵיפָה
ὁμίχλη 991b
σκότος 1276b

עִיר I
ἄκρα 50b
[[γῆ 240c]]
*#κατοικία 755b (I Es. 9.12, 37)
*κώμη 839c
μητρόπολις (עִיר פְּרָזוֹת,
  עִיר מַמְלָכָה) 925c
§ορη(?) (עָרֵי) 1010c
περίχωρος (מִסְכְּנוֹת עָרִים) 1128b
*πόλις 1174a, 189b
φυγαδευτήριον (עָרֵי מִקְלָט)
1440b

עִיר II
τρόμος 1374c

עִיר III ("angel") (Aramaic)
ἄγγελος 7b
ἐγρήγορος 367b
§ειρ 401a

עַיִר
ὄνος 1000a
ὄνος ἐρημίτης (עַ' פֶּרֶא) 1000a
πῶλος 1246b

עֵירֹם
γυμνός 278a
γυμνότης 278b

עַיִשׁ
ἕσπερος 557c

עַכָּבִישׁ
ἀράχνη 152c

עַכְבָּר
μῦς 937c

עָכוֹר
§εμεκ (עֵמֶק עָ') 456a

עָכַס pi.
παίζειν 1049a

עֶכֶס
[[ἱματισμός 686a]]
κύων 839a

עָכַר qal
ἀπαλλάσσειν 116b
διαστρέφειν 312a
ἐκτρίβειν 444a
ἐμποδοστάτης 458c
ἐξολλύειν, ἐξολλύναι 499a
μισητὸν ποιεῖν 930a, 1154a
ὀλεθρεύειν, ὀλοθρεύειν 986a
συναλγεῖν 192c
τάραχος 1337a

עָכַר ni.
ἀνακαινίζειν 78a
ἀπολλύειν, ἀπολλύναι 136a

עֶכְרוֹן
[[ὀργή 186c]]

עַכְשׁוּב
ἀσπίς ("snake") 173b

עַל (Hebrew and Aramaic)
*#δι᾽ ἣν αἰτίαν (עַל הְנָה) 38a
ἄνωθεν 112c
διὰ τοῦτο (עַל־כֵּן) 171a
[[[εἰς] (עַל יְדֵי, עַל) 173a]] → לְ
ἐν 174b
ἐπάνω (מֵעַל לְ־, מֵעַל־פְּנֵי, עַל,
  עַל רֹאשׁ, עַל בָּמֳתֵי)
ἐπάνωθεν (מֵעַל לְ־, מֵעַל, עַל)
  507c
ἐπί + gen. 174b (+Si. 6.30)
  " + dat. 174b
  " + acc. 174b (−Si. 5.6)
ἔχειν (עַל יָד) 586c
ἕως 178c
ἕως ἐχόμενον (עַל יְדֵי) 586c
[[ζητεῖν 597a]]
#κατά + gen. 181a (Si. 4.22)
  " + acc. 181a
μετά + gen. 184b
ὀπίσω 1001c
οὕτω(ς) (עַל כֵּן) 187b
παρά + dat. 187b
  " + acc. 187b
περί + gen. 188b
πλησίον (עַל־יַד) 1148b
πρός + acc. 190a
ὑπέρ + acc. 190a
μέταλ λ-, μέτα, עַל,
  (עַל גַּב, עֶלְיוֹן עַל) 1408b (Da.
  TH 7.6)
ὑπεράνωθεν (מֵעַל לְ־) 1408c
#ὑπερφέρειν 1411a (Da. LXX 1.20
  [𝔓967])
χάριν 195a
χρείαν ἔχειν (עַל + suf.) 586c,
1474a (Ps. 15[16].2)

עֹל
ζυγός, ζυγόν (מֹטוֹת עַל עַל) 599a
κλοιός, κλοιόν(?) 772a

עֵלָּא (Aramaic)
ἐπάνω (עֵ' מִן) 507b

עָלַב hi.
*#ἐκμυκτηρίζειν 438b (I Es. 1.51)

עָלַג pi.
ψελλίζειν 1484a

עָלָה qal
[[ἀδικεῖν 24c]] → עָוַת pi.
*ἀναβαίνειν, ἀναβέννειν 70a,
166b
ἀνάβασις 72c, 166c
ἀναβιβάζειν 73a
ἀνάγειν 75b
ἀναλαμβάνειν 78c
ἀνάπτειν 81c
ἀναφέρειν 84c
ἀναφύειν 85c
#ἀνήκειν 87c (I Ki. 27.8)
ἀνιέναι (= ἄνειμι) 102b
ἀνιστᾶν, ἀνιστάναι 102c
ἀπέρχεσθαι 121a
ἀπολλύειν, ἀπολλύναι (עֵ' בַּתֹּהוּ
  qal) 136b
ἀποπηδᾶν 139b
ἀποτρέχειν 149b
[[γίνεσθαι 256c]]
δεῦρο 293a
[[διαβαίνειν, διαβέννειν 298a]]
διανοεῖσθαι 306b
διεκβάλλειν 328a
εἰσέρχεσθαι 410b
εἰσπορεύεσθαι 414a
ἐκβαίνειν 420c
[[ἐκβάλλειν 420c]] →
  διεκβάλλειν
[[ἐμβαίνειν 455a]] → ἀναβαίνειν,
  ἀναβέννειν
ἐνδύ(ν)ειν 471a
ἐνεῖναι 472b
ἐξέρχεσθαι 491c
[[ἐπάγειν 503c]] → עָלָה hi.
ἐπεῖναι 509b
ἐπέρχεσθαι 509c
ἐπιβαίνειν 515c
ἐπιβάλλειν 516a
*ἔρχεσθαι 548b
ἥκειν 605a
[[θερίζειν 648c]]
[[ἱστάναι, ἱστᾶν 689a]] → עָמַד qal
καταχωρίζειν 748c
[[λαμβάνειν 847a (I Ch. 21.18)]] →
  ἀναβαίνειν, ἀναβέννειν
ὄρθρου (בַּעֲלוֹת הַשַּׁחַר) 1011b
[[παρέρχεσθαι 1068c]]
πορεύεσθαι 1189a
προανατάσσειν 1204a
[[προκοπή 190a]]
προσαναβαίνειν 1212a
προσφορά 190b
ἕως (τὸ) πρωῒ (עַד עֲלוֹת הַשַּׁחַר)
1234b
πτεροφυεῖν (עֵ' אֵבֶר qal) 1238a
συγκομίζεσθαι 1300a
συμπλέκειν 1305b
*συναναβαίνειν 1311a
σχάζειν 1327c
τροποῦν 1376a
ὑπεραίρειν (עֵ' עַל qal) 1408b
ὑπερκεῖσθαι (עֵ' עַל qal) 1410b
φύειν 1440c
[[χάζεσθαι 1452a]] → σχάζειν

עָלָה ni.
ἀναβαίνειν, ἀναβέννειν 70a
ἀναχωρεῖν 85c
ἀφιστᾶν, ἀφιστάναι,
  ἀφιστάνειν 184b
[[γίνεσθαι 256c]]
ἐπαίρειν 505a
ὑπερυψοῦν 1411a

עָלָה hi.
ἄγειν 9a
ἀναβαίνειν, ἀναβέννειν 70a
*ἀναβιβάζειν 73a
ἀνάγειν 75b
ἀναμαρυκᾶσθαι 79c
ἀνασπᾶν 82a
*ἀναφέρειν 84c
ἅπτειν 150c
γλύφειν 271b
#διανόημα (מַעֲלָה, מַעֲלֵה) 306c
(Pr. 14.14; 15.24)
ἐγείρειν 364b
ἐξάγειν 483a
ἐξάπτειν + λύχνον (= נֵר) 489c
ἐπάγειν 503c
#ἐπανάγειν 506b (Za. 4.12)
ἐπιβάλλειν 516a
⟦ἐπισκευάζειν 528b⟧
ἐπιτιθέναι 535c
καίειν 705a
*#μετάγειν 915c (I Es. 5.69)
μηρυκᾶσθαι, μαρυκᾶσθαι 923c
ποιεῖν + ὁλοκαύτωμα (= עֹלָה)
1154a (Le. 17.8)
" + κάρπωσιν (= עֹלָה) 1154a (Jb. 42.8)
*προσφέρειν 1222c
⟦συνάγειν 1307b⟧ → ἀνάγειν
συναναφέρεσθαι 1311a
τιθέναι 1348c (Ez. 14.4, 7)
ὑφαίνειν 1419a
#ὑψοῦν 1422a (I Ch. 17.17)
φέρειν 1426c

עָלָה ho.
ἀναβαίνειν, ἀναβέννειν 70a
ἀναφέρειν 84c
⟦καταγράφειν 730a⟧

עָלָה hithp.
#ἐπαίρειν 505a (Ps. 36[37].35)

עָלֶה
ἀνάβασις 72c
⟦θάλλειν 179a⟧
στέλεχος 1288a
φύλλον 1446a, 195c

עֲלָה (Aramaic)
ἁμαρτία 62a
κατηγορεῖν 751a
πρόφασις 1231b

עֹלָה
see also עוֹלָה
*θυσία 664a
κάρπωμα 724c, 181a
κάρπωσις 725a, 181a
ὁλοκάρπωμα 987c
ὁλοκάρπωσις 987c
*ὁλοκαύτωμα 987c
*ὁλοκαύτωσις 988c
*#προσφορά 1223b (I Es. 5.52)

עֲלָוָה (Aramaic)
*#θυσία 664a
ὁλοκαύτωσις 988c

עֲלוּמִים
ἀνδροῦν (יְמֵי עֲ') 86b
νεότης 942c
#χρόνος 1476b (Ps. 88[89].45)

עֲלוּקָה
βδέλλα 215a

עָלַז qal
ἀγαλλιᾶσθαι 4c

ἀναθάλλειν 77a
⟦διαφεύγειν 314b⟧ → עֲזַז qal
⟦ἐνδιατρίβειν 470b⟧
εὐλαβεῖσθαι 572a
καροῦσθαι 723c
κατατέρπεσθαι 746c
καυχᾶσθαι 757b
λοιμός (adj.) 887b
#ταράσσειν 1336a (Ps. 67[68].4)
⟦τέρπειν 1345c⟧ →
κατατέρπεσθαι
ὑβρίζειν 1379c
ὑψοῦν 1422a
χαίρειν 1452a

עֲלָטָה
κεκρυμμένος (בַּעֲ') 792a

עֵלִי I
μετέωρος 917c

עֵלִי II (Aramaic)
ὑπερῷον 1411b

עִלִּי (Aramaic)
θεός 630a
ὕψιστος 1420b

עֲלִיָּה
ἀνάβασις 72c
#προκοπή 190a (Si. 51.17)
ὑπερῷον 1411b

עֶלְיוֹן (Hebrew and Aramaic)
ἀνώτερος, ἀνώτατος 112c
ἐπάνω 507b
ἐσώτερος, ἐσώτατος 559a
κύριος 182c
μέγας 184a
#ὑπεράγειν 194b (Si. 30[33].31)
ὑπεράνω (עֵ', עַל עֵ') 1408b
ὑπερῷον 1411b
ὑπερῷος 1411b
ὑψηλός 1419b
ὕψιστος 1420b, 194c (+Si. 42.18; 43.2)

עָלִיז
⟦ἀσεβής 170b⟧
⟦πλούσιος 1150b⟧
ὕβρις 1380a
φαύλισμα 1425c
φαυλίστρια 1425c
χαίρειν 1452a

עֱלִיל
?δοκίμιον 340a

עֲלִילָה
ἁμαρτία 62a
⟦ἀνομία 106c⟧ → ἁμαρτία
⟦ἀσέβεια, ἀσεβία 169c⟧
ἔνδοξος 470c
ἐνθύμημα 473c
ἐπιτήδευμα 535b
ἔργον 541c
εὐεργεσία 569c
θέλημα 629a
⟦μεγαλεῖος, μεγάλιος 901b⟧ →
ἔργον
πρόφασις 1231b
προφασιστικός 1231b

עֲלִילִיָּה
ἔργον 541c

עָלַל polel
⟦γίνεσθαι 256c⟧
ἐπανατρυγᾶν 506c
ἐπιφυλλίζειν 538b
ἐπιφυλλίδα ποιεῖν 538b, 1154a

καλαμᾶσθαι 712b, 180c (Si. 30[33].25)

עָלַל hithp.
ἐμπαίζειν 456b
καταμωκᾶσθαι 739b

עָלַל hithpo.
προφασίζεσθαι 1231b

עֲלַל pe. (Aramaic)
εἰσέρχεσθαι 410b
εἰσπορεύεσθαι 414a
ἔρχεσθαι 548b

עֲלַל aph. (Aramaic)
εἰσάγειν 407c
εἰσφέρειν 415a
καλεῖν 712c

עֲלַל hoph. (Aramaic)
εἰσάγειν 407c
εἰσέρχεσθαι 410b

עֹלֵלוֹת
ἐπιφυλλίς 538b
καλαμᾶσθαι 712b
καλάμη 712b
#καλάμημα 712b (Je. 29.10 [49.9])
⟦κατάλ(ε)ιμμα 736a⟧ →
καλάμημα
⟦ὑποφυλλίς 1418a⟧ → ἐπιφυλλίς

עָלַם I qal
#κρύφιος 793a (Ps. 45[46].title)

עָלַם I ni.
κρυπτός 182c
λανθάνειν 853a
⟦παρανομεῖν 1062b⟧
παρέρχεσθαι 1068c
παροραν 1072b
ὑπεροραν 1410c

עָלַם I hi.
ἀποκρύπτειν 134b
ἀποστρέφειν 145b, 168b
κρύπτειν 792a, 182b
παρακαλύπτειν 1060c
#παριδεῖν 1070b (Le. 6.2 [5.21]; Nu. 5.6, 12)
#παροραν 1072b (Is. 57.11)
ὑπεριδεῖν 1410b, 194b
ὑπεροραν 1410c
ὑπέρωψις 1411a

עָלַם I hithp.
#ἀποστρέφειν πρόσωπον 168b (Si. 4.4)
ἐγκυλίειν 367a
⟦ἐπιπίπτειν 526b⟧
παρέλκειν 187c
ὑπεριδεῖν 1410b
ὑπεροραν 1410c

עָלַם II (Aramaic)
*αἰών (יוֹמַת עָלְמָא) 39b
αἰώνιος 41c

עֹלָם
see also עוֹלָם
αἰών 39b
αἰώνιος 41c

עֶלֶם
νεανίσκος 940b

עַלְמָה
νεᾶνις 940b
νεότης 942c
παρθένος 1070a

עֲלָמוֹת
§αλαιμωθ, αλεμωθ, αλημωθ 52a

עָלַס ni.
§νεελασ(σ)α (נַעֲלָסָה) 941a

עֲלַע (Aramaic)
πλευρά 1142a
πλευρόν 1142b

עַלְעוֹל
#καταιγίς 181b (Si. 43.17)

עֻלַף pu.
ἀπορεῖν 140a
#ἐκλύειν 438a (Ez. 31.15)
#ἐξιστᾶν, ἐξιστάναι 496c

עָלַף hithp.
ἐκλείπειν 435c
καλλωπίζειν 715b
ὀλιγοψυχεῖν 987a

עֻלְפֶּה
⟦ἐκλύειν 438a⟧ → עֻלַף pu.
⟦ἐξιστᾶν, ἐξιστάναι 496c⟧ → עֻלַף pu.

עָלַץ qal
ἀγαλλιᾶσθαι 4c
καταγελᾶν 729c
⟦κατορθοῦν 756b⟧
καυχᾶσθαι 757b
?στερεοῦν 1289a

עָלַץ hi.
εὐφραίνειν 178b

עַם, עָם I
#ἀλλογενής 55c (I Es. 8.66, 67, 80, 90)
ἀνήρ 88a
ἄνθρωπος 96b
αὐτόχθων 179c
γενεά 236a
γένος 239b
γῆ 240c
*δῆμος 296a
⟦δοῦλος (subst.) 346b⟧
δύναμις 350a
*ἔθνος 368b, 172b
" (עַם הָאָרֶץ) 368b (I Es. 1.34)
⟦ἡγεῖσθαι 602c⟧
*λαός 853b, 183a
" (בְּנֵי עַם) 853b (I Es. 1.7, 11),
183a (+Si. 30[33].27; 44.4; 47.4)
#οἱ ἐκ τοῦ λαοῦ 853b (I Es. 1.13)
*ὄχλος 1043a
παῖς 1049a
*πλῆθος 1142c
πολίτης (בֶּן־עַמִּי) 1180c
συναγωγή, עַם
(עַם הַקָּהָל) 1309b

עַם II (Aramaic)
ἔθνος 368b
λαός 853b

עִם (Hebrew and Aramaic)
*#ἅμα 60b
⟦ἀνοίγειν (הָיָה עִם) 105b⟧
ἐν 174b
ἐπί + dat. 176b
ἔχειν 586c
⟦[κατά + gen.] 181a⟧ → μετά + gen.
μετά + gen. 184b
⟦ὀπίσω 1001c⟧
παρά + gen. 187b
" + dat. 187b

πρός + acc. *190a*
συγγίνεσθαι (הָיָה עִם) 1298c

עָמַד qal
ἀναβαίνειν, ἀναβέννειν 70a
ἀνθιστάναι 95c
*ἀνιστᾶν, ἀνιστάναι 102c, *167b*
ἀφιστᾶν, ἀφιστάναι,
    ἀφιστάνειν 184b
βιάζεσθαι (עֲ׳ לִפְנֵי qal) *169b*
βοηθεῖν (עֲ׳ עַל־נֶפֶשׁ qal) 223b
γίνεσθαι 256c⟧
γρηγορεῖν 278a
⟦διαβαίνειν, διαβέννειν 298a⟧
διαβιοῦν 299a
διαμένειν 305c, *171b* (–Si. 41.13)
?διέρχεσθαι 328c
ἐγρηγορεῖν 367b
ἀγαθὸς ἔσται (= εἶναι VIII.3)
    173a
ἔμμονος *174b*
ἐμποδίζειν *174b*
ἐνιστάναι 475a
*#ἐπιδέχεσθαι 519b (I Es. 9.14)
ἐξανιστάναι 487c
⟦ἐξιστᾶν, ἐξιστάναι 496c⟧ →
    ἱστάναι, ἱστᾶν
ἐπανιστάναι, ἐπανιστάνειν
    506c
ἐπεῖναι 509b
ἐπιβαίνειν 515c
*#εὐπρεπῶς (עַל עָמַד) 576b (I Es.
    1.10)
ἐφιστάναι 585c
ἥκειν 605a
*ἱστάναι, ἱστᾶν 689a, *180c* (+Si.
    39.17)
ἱστάνειν 692b
καθιστάναι 702c
κτίζειν 795b
μένειν 910a, *184b* (Si. 42.23)
νέμειν *185a*
⟦ " 941c⟧
ὀρθοῦν 1011a
παραμένειν 1062a, *187c* (+Si.
    11.17)
?παραπορεύεσθαι 1063b
παραστήκειν 1064a
⟦παρέρχεσθαι 1068c⟧
παριστάναι (עֲ׳ לִפְנֵי qal)
    1070c
#προϊστάναι 1207a (Is. 43.24)
στάσις 1286c
⟦στήκειν 1290b⟧ → ἱστάναι,
    ἱστᾶν
#συνίειν, συνιέναι 1316b (II Ch.
    20.17)
συνιστάναι, συνιστᾶν 1317a
⟦ὑπολείπειν 1415a⟧ → ὑφιστάναι
ὑφιστάναι 1419a
χωματίζεσθαι (עֲ׳ עַל תֵּל qal)
    1480c

עָמַד hi.
ἄγειν 9a
#ἀνάστασις 82a (Da. LXX 11.20)
ἀνιστᾶν, ἀνιστάναι 102c
διατηρεῖν 313a
⟦διδόναι 317b⟧
*ἐγείρειν 364a, *172a*
ἐμμένειν *174b*
ἐπανιστάναι, ἐπανιστάνειν
    506c
ἐφιστάναι 585c
⟦ἔχειν 586c⟧ → ἄγειν

*ἱστάναι, ἱστᾶν 689a, *180c*
καθιστάναι 702c
παρέχειν 1069c
παριστάναι 1070c
πιστοῦν 1139a
⟦ποιεῖν 1154a (Ne. 10.32[33])⟧ →
    ἱστάναι, ἱστᾶν
⟦στεγάζειν 1287c⟧ → ἱστάναι,
    ἱστᾶν
στηρίζειν *192b*
συνάγειν 1307b
τάσσειν 1337a

עָמַד ho.
ἱστάναι, ἱστᾶν 689a

עֹמֶד
πλήν 1145c

עֹמֶד
στάσις 1286c
⟦στῦλος 1297c⟧ → עַמּוּד
τόπος 1364b

עֻמָּה
περιβάλλειν *188b*

עֻמָּה
ἐξισοῦν 496c
ἔχειν (לְעֻמַּת) 586b
#κατέναντι (לְעֻמַּת) *181c* (Si.
    36[33].15; 42.24)
πλάγιος 1139b
σύμφωνος (לְעֻמַּת) 1306c
⟦συμφώνως (לְעֻמַּת) 1306c⟧ →
    σύμφωνος
τρόπος (לְעֻמַּת) 1375a

עַמּוּד
κιών 766c
στάσις 1286c
στῦλος 1297c, *192b*

עַמּוֹן
⟦υἱοὶ αμμων (עַמֹּנִים) 1384c

עֲמוּקָה
βόθρος (מַחֲמֹרָה עֲ׳) *169c*

עַמִּיק (Aramaic)
βαθύς 189b

עָמִיר
δράγμα 348b
καλάμη 712b
#χόρτος 1473a (Je. 9.22[21])

עֲמִית
πλησίον 1148b
πολίτης 1180c

עָמַל qal
κακοπαθεῖν 709a
κοπιᾶν 778b, *182b* (+Si. 30[33].26;
    51.27)
μοχθεῖν 935c
⟦ποιεῖν 1154a (Ec. 8.17)⟧ →
    μοχθεῖν
πονεῖν 1186a

עָמָל
#ἀνάγκη 76a (Jb. 20.22)
κακός 709b, *182b*
κοπιᾶν *182b*
κόπος 778c
μόχθος 935c
ὀδύνη 967a
πονηρία 1186b
πόνος 1188b

עָמֵל
⟦ἀνάγκη (יַד עֲ׳) 76a⟧
κατακοπή 734a

κοπιᾶν 778b
μοχθεῖν 935c
ὁ ἐν πικρίᾳ 1132c
ἐν πόνοις 1188b

עָמַם qal
ἐπιτιθέναι 535c

עָמַם ho.
ἀμαυροῦν 65a

עָמַס qal
αἴρειν 34c
ἐπιγεμίζειν 517c
καταδεῖν 730b
καταπατεῖν 740b
⟦κατευοδοῦν 750c⟧

עָמַס hi.
ἐπισάσσειν 527c
⟦παιδεύειν 1047a⟧

עָמַק qal
βαθύνειν 189a
⟦βαρύνειν 191a⟧ → βαθύνειν

עָמַק hi.
βαθέως βουλὴν ποιεῖν 189a,
    1154a
βάθος 189a
βαθύνειν 189a
βαθύς 189b
τὴν βαθὺν βουλὴν
    βουλεύεσθαι 189b
⟦ἐμβαθύνειν 455a⟧ → βαθύνειν
καταπηγνύναι 741b

עָמֹק
ἀλλόγλωσσος (עִמְקֵי שָׂפָה) 56a
ἀλλόφωνος (עֲ׳ שָׂפָה) 59a
⟦βαθύγλωσσος
    (עִמְקֵי שָׂפָה וְכִבְדֵי לָשׁוֹן) 189a⟧
    → βαθύχειλος
βαθύφωνος (עִמְקֵי שָׂפָה) 189b
βαθύχειλος (עִמְקֵי שָׂפָה) 189b

עֹמֶק
βάθος 189a
βαθύς 189b
ἔγκοιλος 366c
κοῖλος 773c
ταπεινός 1334b

עֵמֶק
⟦αὖλαξ 177a⟧ → תֶּלֶם
αὐλών 178c
⟦γῆ 240c⟧
§εμεκ (עֲ׳ עָכוֹר) 456a
κοιλάς 772c
⟦κοῖλος 773c⟧ → κοιλάς
πεδίον 1113b
φάραγξ 1424b

עָמֵק
βαθύς 189b
πέταυρον, πέτευρον 1129a

עָמַר pi.
δράγματα συλλέγειν 348b

עָמַר hithp.
ἀθετεῖν 29b
καταδυναστεύειν 731a

עֲמַר (Aramaic)
ἔριον 547b

עֹמֶר
§γομορ 274b
δράγμα 348b
ψωμός 1490c

עֵנָב
σταφίς (עֲ׳, יָבֵשׁ) 1287c

σταφυλή 1287a, *192a* (+Si. 51.15)

עָנַג hithp.
⟦ἐμπαρρησιάζεσθαι 456c⟧ →
    παρρησιάζεσθαι
ἐντρυφᾶν 481a
κατατρυφᾶν 747a
παρρησίαν ἔχειν 586c, 1073a (Jb.
    27.10)
παρρησιάζεσθαι 1073a
⟦πεποιθὼς εἶναι 1114b⟧
τρυφᾶν 1377c
τρυφερότης 1377c

עָנֹג
τρυφερός 1377c

עֹנֶג
τρυφερός 1377c

עָנֵד
ἐγκλοιοῦν 366c

עָנָה I qal
#αἰνεῖν *165c* (Si. 47.6)
ἀκούειν 45a
ἀκρόασις 51a
ἀνθιστάναι 95c
ἀνταποκρίνεσθαι 109b
ἀντειπεῖν, ἀντερεῖν 109c
ἀντικαθιστάναι 110c
ἀντικρίνεσθαι 110c
ἀποκρίνειν 133a, *168a*
[ἀπόκρισις] 134b (II Es. 7.12),
    168a
ἀπόκρισιν διδόναι 134b, 317b
⟦ἄρχειν 163a⟧
ἐγκαλεῖν *172a*
εἴκειν ("to yield") 377a
εἰπεῖν, ἐρεῖν 384a
εἰσακούειν 408b
#ἐνακούειν 467c (Na. 1.12)
ἐξάρχειν 490a
ἐπακούειν 505c, *176a*
ἐπερωτᾶν 510b
*#ἐπιφωνεῖν 538b (I Es. 9.47)
καταλέγειν 736a
καταμαρτυρεῖν 739a
#κρίνειν pass. *182b* (Si. 42.8)
μαρτυρεῖν 896b
περιστᾶν 1126a
ὑπακούειν (עֲ׳ qal, יֵשׁ עוֹנֶה) 1405c
⟦ὑποκρίνεσθαι 1414b⟧ →
    ἀποκρίνειν
ὑπολαμβάνειν 1414c
φθέγγεσθαι 1429c
⟦ " 195a⟧ → פִּתְגָם
*#φωνεῖν 1447b (I Es. 5.61; 8.92;
    9.10)
ψευδομαρτυρεῖν 1485a

עָנָה I ni.
#ἀντακούειν 108b (Jb. 11.2)
ἀποκρίνειν 133a
εἰσακούειν 408b
ἐπακούειν 505c

עָנָה I pi.
⟦ἀποκρίνειν 133a⟧ → עָנָה I qal
⟦δοξάζειν 172a⟧
⟦εἰσακούειν 408b⟧ → עָנָה I qal
⟦ἐνακούειν 467c⟧ → עָנָה I qal
ἐξάρχειν 490a
⟦κακοῦν 180d⟧ → עָנָה II qal

עָנָה I hi.
περιστᾶν 1126a
⟦ὑπακούειν 1405c⟧ → עָנָה I qal

עָנָה II qal
  κακοῦν 711b
  ταπεινοῦν 1334c

עָנָה II ni.
  ⟦ἀντακούειν 108b⟧ → עָנָה I ni.
  ἐντρέπειν 480c
  κακοῦν 711b, 180c
  ταπεινοῦν 1334c

עָנָה II pi.
  ⟦ἐπάγειν 503c⟧ → עָנָה II pi.
  κακία 708a
  κακοῦν 711b, 180c (+Si. 30[33].40)
  κακουχεῖν 711c
  #παιδ(ε)ία 1046c (Ps. 17[18].35)
  παροξύνειν 1072c
  ⟦σαλεύειν 1257c⟧ → נוע hi.
  ταπεινοῦν 1334c

עָנָה II pu.
  #κακοῦν 711b (Za. 10.2)
  κάκωσις 712a
  πραΰτης, πραότης 1201b
  ταπεινοῦν 1334c

עָנָה II hi.
  ἀδικεῖν 165b
  ταπεινοῦν 1335a

עָנָה II hithp.
  κακοῦν 711b
  κακουχεῖν 711c
  προσοχή 190b
  σφιγγία 193b
  ταπεινοῦν 1335a

עָנָה pe. (Aramaic)
  ἀποκρίνειν 133a
  εἰπεῖν, ἐρεῖν 384a
  ἐκφωνεῖν 445c
  ὑποβάλλειν 1412c
  ὑπολαμβάνειν 1414c
  #φωνεῖν 1447b (Da. LXX 2.20 [𝔓967])

עָנָה (Aramaic)
  πένης 1117a

עָנָה
  ὁμιλία 991a

עָנָו
  πένης 1117a
  πραΰς 1201a
  πτωχός 1239b
  ταπεινός 1334b, 193a
  ταπείνωσις 1335c

עָנָה
  ⟦παιδ(ε)ία 1046c⟧ → עָנָה II pi.
  ταπεινοῦν 1335a
  #ταπείνωσις 1335c (Ps. 21[22].21)
  ὑπακοή 1405c

עָנָוָה
  πραΰτης, πραότης 1201b, 190a
  ταπεινότης 193a
  ταπείνωσις 193a

עֱנוּת
  δέησις 285c

עָנִי
  ⟦ἀδικία 25b⟧
  ἀδύνατος 28a
  ἀσθενής 172b
  ἐκπίπτειν 439b
  #ἐπιδεής 176c (Si. 34[31].4)
  πένεσθαι 1117a
  πένης 1117a
  πενιχρός 1118b
  πραΰς 1201a, 190a

πτωχός 1239b, 190c
ταπεινός 1334b
ταπεινοῦν 1335a
ταπείνωσις 1335c

עָנִי
  ἀσθενής (בֶּן־עֳ) 172b
  ⟦ἐπιδεής 176c⟧
  θλῖψις 652c
  ⟦κακία 708a⟧ → ταπείνωσις
  κάκωσις 712a
  ὀδύνη 967a
  πενιχρός 1118b
  πτωχ(ε)ία 1239b
  ταπείνωσις 1335c

עֲנָיִן
  πραΰς 1201a

עִנְיָן
  ⟦πειρασμός 1116a⟧ → περισπασμός
  περισπασμός 1126a

עָנַן pi.
  συννεφεῖν 1317b

עָנַן polel
  ἄνομος 107c
  ⟦ἀποβλέπειν 125c⟧ → עַיִן polel
  ἀποφθέγγεσθαι 150a
  ⟦βλέπειν 221a⟧ → עַיִן polel
  κληδονίζεσθαι 767c
  κληδονισμός 767c
  κληδών 767c
  οἰώνισμα 985b
  ὀρνιθοσκοπεῖν 1014b

עָנָן
  ἀτμίς 176b
  γνόφος 272c
  νεφέλη 943b, 185b (+Si. 43.15; 50.10)
  νέφος 944a
  ὀμίχλη 186b
  σκότος 1276b

עֲנָן (Aramaic)
  νεφέλη 943b

עֲנָנָה
  γνόφος 272c

עָנָף
  ἀναδενδράς 76c
  βλαστός 220b
  κλάδος 766a, 182a
  κλῆμα 767c
  παραφυάς 1065b

עֲנַף (Aramaic)
  κλάδος 766a

עָנֵף
  βλαστός 220c

עָנַק qal
  κρατεῖν 783a

עָנַק hi.
  ἐφοδιάζειν 586b
  ἐφόδιον 586b

עֲנָק
  γίγας 256b
  ἔνθεμα 473b
  κλοιός, κλοιόν(?) 772a
  περίθεμα 1123b

עָנַשׁ qal
  ἐπιβάλλειν φόρον 516a, 1438a
  ἐπιζήμιον 516a
  *ζημιοῦν 594c
  συκοφαντ(ε)ία 1301c

עָנַשׁ ni.
  ζημία 594c
  ζημίαν τίειν 1348c
  ζημιοῦν 594c

עֹנֶשׁ
  see also עוֹנֶשׁ
  #ἐκδικεῖν 173c (Si. 30.19)
  ζημία 594c
  ζημιοῦν (נְשָׁא עֳ) 594c
  #φόρος 1438a (III Ki. 10.15)

עֲנַשׁ (Aramaic)
  *ζημία 594c

עָסִיס
  γλυκασμός 270c
  ?μέθη 907b
  νᾶμα 939a
  οἶνος νέος 942a, 983c

עָסַס qal
  καταπατεῖν 740b

עֶסֶק
  ἀσχολία 168c
  ἔργον 177b
  πρᾶξις 189c
  χρεία 196a

עֳפִי (Aramaic)
  φύλλον 1446a

עָפַל pu.
  ὑποστέλλειν 1417a

עָפַל hi.
  διαβιάζεσθαι 299a

עֹפֶל
  ἄδυτον 28a
  ἕδρα 368a
  ναῦς 940a
  §οπελ 1001b
  §οπλα 1003b
  §οφλα 1042c

עֲפָעַפַּיִם
  ⟦ἀνατέλλειν 83a⟧
  βλέφαρον 221c
  εἶδος 375c
  ⟦κρόταφος 791b⟧
  ὀφθαλμός 1039b

עָפַר pi.
  πάσσειν 1102c

עָפָר
  ἄμμος 66a
  #αὐχμώδης 180a (Mi. 4.8)
  γῆ 240c, 170a
  ἔδαφος 367c
  κονιορτός 777c
  πηλός 1131a
  σποδιά 1284c
  ⟦χνοῦς 1471c⟧ → χοῦς
  χοῦς ("dust") 1473b
  χῶμα 1480c

עֹפֶר
  νεβρός 941a

עֹפֶרֶת
  μόλιβ(δ)ος, μόλυβ(δ)ος 932b, 185b

עֵץ
  δένδρον 289c, 170c
  δένδρος 290a
  κέδρος (עֵץ אֶרֶז) 758a
  κυπάρισσος (עֵץ שֶׁמֶן) 182c
  λινοκαλάμη (פִּשְׁתֵּי עֵץ) 879b
  ξυλάριον, ξυλήριον 957c

*ξύλινος 957c
ξυλοκόπος (חֹטֵב עֳ) 958a
*ξύλον 958a, 185c
ξυλοῦν (שְׂחִיף עֵץ, שָׂחִיף) 959b
ξυλοφορία (קֻרְבַּן עֵצִים) 959c
ξυλοφόρος 959c
πεύκη (עֵץ בְּרוֹשׁ) 1130a
⟦ῥάβδος 1247a (Ez. 37.16, 17, 19, 20)⟧ → שֵׁבֶט, שֶׁבֶט
#σύμβολον 1303c (Ho. 4.12)
σχίδαξ 1327c

עָצַב I qal
  ἀποκωλύειν 136a
  ὀλιγόψυχος (עֲצוּבַת רוּחַ) 987a
  ταπεινοῦν 1335a

עָצַב I ni.
  διαπίπτειν 308a
  διαπονεῖν 308a
  θραύειν 654b
  καταπίπτειν 741c
  *λυπεῖν 889b

עָצַב I pi.
  βδελύσσειν, βδελύττειν 216a
  #λυπεῖν 183c (Si. 3.12)
  παροξύνειν 1072a

עָצַב I hi.
  παροργίζειν 1072b

עָצַב I hithp.
  διανοεῖσθαι (עֳ אֶל לֵב hithp.) 306b
  κατανύσσεσθαι 739c

עָצַב II pi.
  πλάσσειν 1140b
  ⟦ποιεῖν 1154a (Jb. 10.8)⟧ → πλάσσειν

עָצָב
  γλυπτός 271a
  εἴδωλον 376a
  θεός 630a
  #μίασμα 926c (Ez. 33.31)

עָצֵב
  ὑποχείριος 1418a

עֶצֶב, עֹצֶב
  λύπη 889c
  λυπηρός 890a
  μερμνᾶν 911a
  ὀδύνη 967a
  πόνος 1188b

עֶצֶב I
  ἀνομία 106b
  εἴδωλον 376a

עֶצֶב II
  ὀδύνη 967a

עִצָּבוֹן
  λύπη 889c

עַצֶּבֶת
  ἀσθένεια 172a
  λύπη 889c, 183c
  #σύμπτωμα 1306b (Pr. 27.9)
  σύντριμμα 1322b

עָצָה qal
  #ἐπιστηρίζειν 530b (Ps. 31[32].8)

עָצָה ni.
  ἀγωνίζεσθαι 165b

עָצֶה
  ψόα, ψοιά 1485c

עֵצָה
  βούλεσθαι 226b

βουλεύειν 227a
βουλή 227c, *169c*
ἔργον 541c
*#κρίμα 786b (I Es. 9.4)
*#κρίνειν 787b (I Es. 8.94)
#κρύφιος *182c* (Si. 42.1)
συμβουλία 1303c
σύμβουλος (אִישׁ עֵ׳) 1304a

עָצוּם
ἀναρίθμητος 81c
βαρύς 191b
[δυναστ(ε)ία 354c] → δυνάστης
δυνάστης 355b
δυνατός 355c
ἰσχύειν 692c
ἰσχυρός 693b, *180c*
κραταιός 782a
μέγας 902c
πλῆθος 1142c
[πολύς, πλείων, πλεῖστος 1181b (Nu. 32.1)]
πλῆθος πολύς 1181c

עֲצִיב (Aramaic)
[ἰσχυρός 693b]
μετὰ κλαυθμοῦ 767a
[μέγας 902c]

עֶצְיוֹן , עֶצְיֹן
[ἐργασία 541b]

עָצֵל ni.
ὀκνεῖν 985b

עָצֵל
ἀεργός 28c
ἄφρων 186c
ὀκνηρός 985b
[παρανομία 1062b]

עַצְלָה
[δειλία 286c]
ὀκνηρία 985b
#ὀκνηρός 985b (Pr. 18.8)

עַצְלוּת
ὀκνηρός 985b

עֹצֶם , עָצַם qal
δυνατώτερος γίνεσθαι 256c, 355c
ἰσχύειν 692c
καμμύειν 718b
#κατακυριεύειν 735a (Ps. 9.31 [10.10])
κατισχύειν 751b
κραταιός 782a
κραταιοῦν 782c
πλῆθος 1142c
πληθύ(ν)ειν 1144b
στερεοῦν 1289a
ὑπερισχύειν 1410b

עֹצֶם , עָצַם pi.
καμμύειν 718b
#στηρίζειν 1290c (Pr. 16.30)

עֹצֶם , עָצַם hi.
κραταιοῦν 782c

עֶצֶם
[ἁρμονία 159a]
εἶδος στερεώματος 375c, *172b*
ἕξις *175c*
[ἑκάτερος 420a]
καιρός 706a
[κράτος 784a] → עֹצֶם
ὀστέον, ὀστοῦν 1021c, *186c* (+Si. 49.15)
πάχος 1112c
πλευρά 1142a

σῶμα *193c*
[ὑγ(ε)ία, ὑγίεια *194a*] → שֹׁר II

עֹצֶם
κραταιός 782a
κράτος 784a
[ὀστέον, ὀστοῦν 1021c] → עֶצֶם

עָצְמָה
ἰσχύς 694b, *180c* (+Si. 38.18)

עֲצָמוֹת
?βουλή 227c

עָצַר qal
ἀνέχειν *167a*
ἀπέχειν 122a
ἄρχειν 163a
βιάζεσθαι 218a
δεῖν ("to bind") 287b
δύνασθαι 353a
ἐπαγωγή 504a
ἐπέχειν 511a
ἔχειν 586c
ἰσχύειν (עֹ׳ כֹּחַ qal) 692c
καταλαμβάνειν 735b
κατέχειν 750c
κατισχύειν (עֹ׳ qal, כֹּחַ עֹ׳ qal) 751b
κρατεῖν 783a
κωλύειν 839b
παύειν 1112b
πολιορκεῖν 1173c
στεῖραν ποιεῖν 1154b, 1288a
συγκλείειν 1299c
[συγχεῖν 1301a]
συνέχειν 1315b
φυλάσσειν, φυλάττειν 1441c

עָצַר ni.
κοπάζειν 778a
§νε(ε)σσαραν 941b
παύειν 1112b
#στειροῦν *192a* (Si. 42.10)
συνέχειν 1315b

עֹצֶר
[ἔρως γυναικός (עֹ׳ רֶחֶם) 553b] → רֶחֶם
θλῖψις 652c
#συγκλεισμός 1300a (II Ki. 5.24)
ταπείνωσις 1335c

עֲצָרָה
ἀργ(ε)ία 153a
θεραπ(ε)ία 648a
ἱερ(ε)ία 679a
πανήγυρις 1052c

עֲצֶרֶת
ἐξόδιον 497b
σύνοδος 1317b

עָקַב qal
πτέρνα 1237c
πτερνίζειν 1237c
#ταράσσειν 1336a (Ho. 6.9[8])

עָקַב pi.
#ἀνταλλάσσειν 108c (Jb. 37.4)

עָקֵב
ἴχνος 696b, *180c* (Si. 13.26; 42.19)
#παραυτίκα (עַל עֵ׳) 1065b (Ps. 69[70].3)
#παραχρῆμα (עַל עֵ׳) 1065c (Ps. 39[40].15)
πούς 1198b
πτέρνα 1237c, *190c*
πτερνισμός 1237c

עָקֹב
[βαθύς 189b]
σκολιός 1275b
τραχύς 194a

עֵקֶב
ἄμειψις 65b
#ἀντάλλαγμα 108c (Ps. 88[89].51)
ἀντάμειψις 108c
ἀνταπόδοσις 109b
#γενεά 236a (Pr. 22.4)
διαπαντός 1073a
πλήν 1145c

עֲקֻבָּה
[ἴχνος *180d*]
πτερνισμός 1237c

עָקַד qal
συμποδίζειν 1305c

עָקֹד
διάλευκος 304c
λευκός 874c
[ῥαντός *1248a*] → נָקֹד

עָקָה
θλῖψις 652c

עָקוֹב
στρεβλός *192b*

עָקַל pu.
διαστρέφειν 312a

עֲקַלְקַל
διαστρέφειν 312a
στραγγαλιά 1295a

עֲקַלָּתוֹן
σκολιός 1275b

עָקַר qal
ἐκτίλλειν 443a

עָקַר ni.
ἐκριζοῦν 441a

עָקַר
[ἐκρίπτειν, ἐκριπτεῖν 441a] → ἐκριζοῦν

עָקַר pi.
νευροκοπεῖν 943a
παραλύειν 1062a

עֲקַר ithpe. (Aramaic)
ἐκριζοῦν 441a
#ἐξαίρειν 485a (Da. LXX 7.8 [𝔓967])

עָקָר
ἄγονος 16b
στεῖρος, στεῖρα (עֲקָרָה, עֲקֶרֶת) 1288a

עֵקֶר
γενετή (עֵ׳ מִשְׁפָּחָה) 237b

עֲקַר (Aramaic)
φυή 1440c

עַקְרָב
σκορπίος 1276a, *191c*

עָקַשׁ ni.
σκολιαῖς ὁδοῖς πορεύεσθαι 1275b

עָקַשׁ pi.
διαστρέφειν 312a

עָקַשׁ hi.
σκολιὸς ἀποβαίνειν 125b, 1275b

עִקֵּשׁ
διατρέφειν 312a
σκαμβός 1268a
σκληροκάρδιος (עִ׳ ־לֵב) 1274b
σκολιός 1275b
[στραγγαλιώδης 1295a] → στραγγαλώδης
στραγγαλώδης 1295a
στρεβλός 1296a
#ψευδής (עִ׳ דְּרָכִים) 1484b (Pr. 28.6)

עִקְּשׁוּת
οὐκ ἀγαθός 2a
σκολιός 1275a

עָר (Aramaic)
ἐχθρός 589c
#πόλεμος 189b (Si. 37.5)
[ὑπεναντίος *194b*] → צַר II

עָרַב I , עָרַב qal
[ἐνδέχεσθαι 470b] → עָרַב IV qal ≈ ἐκδέχεσθαι
ἐπιμιγνύναι 525c
συμμιγνύναι 1304b
σύμμικτος 1304b

עָרַב I , עָרַב hithp.
*ἐπιμιγνύναι 525c
μιγνύναι 926c
παράγειν 1056b

עָרַב II qal
ἀρέσκειν 155c
#γλυκαίνειν *170b* (Si. 50.18)
ἡδέως 604a
ἡδύνειν 604c, *179a*
ἡδὺς γίνεσθαι 256c, 604c
[παύειν 1112b] → עָבַר qal

עָרַב III qal
δυσμή 357b
ἑσπέρα 557a

עָרַב III hi.
ὀψίζειν 1044b, *187c*

עָרַב IV qal
διδόναι 317b
διεγγυᾶν 328a
ἐγγυᾶν 363b, *172a*
ἐγγύη 363c
ἐκδέχεσθαι 422a

עָרַב pa. (Aramaic)
ἀναμιγνύναι 79c

עָרַב ithpa. (Aramaic)
ἀναμιγνύναι 79c
συγκεραννύναι 1299b
συμμιγής 1304b

עֶרֶב
δείλη 286c
*δειλινός (בֵּין הָעַרְבַּיִם עֵ׳) 287a
ἑσπέρα 557a
πρὸς (τὸ) ἑσπέραν (בֵּין הָעַרְבַּיִם) 557a
τὸ ἑσπέρας (הָעֵ׳, לָעֵ׳, בָעֵ׳, עֵ׳) 557a
τὸ πρὸς ἑσπέραν (לִפְנוֹת־עֵ׳) 557a
ἑσπερινός 557c
[ἕσπερος 557c]
[ἡμέρα 607b (Je. 6.4)] → ἑσπέρα
[κλών 772b]
ὀψέ (בֵּין הָעַרְבַּיִם, עֵ׳) 1044a

עֵרֶב I
ἐπίμικτος 525c
σύμμικτος 1304b

Column 1

עֲרָב II
κρόκη 791b

עֶרֶב, עָרֵב
⟦ἑσπέρα 557a (Is. 21.13)⟧ → עֶרֶב

עָרֵב
γλυκύς 170b
ἡδύνειν 604c

עֹרֵב
κόραξ 779c
#κορώνη 780b (Je. 3.2)

עָרֹב
κυνόμυια 799b

עֲרָבָה I ("willow")
ἄγνος 16b
ἰτέα 696a

עֲרָבָה II ("desert")
ἄβατος 1a
⟦ἄπειρος 120b⟧
§αραβα 152c
§αραβωθ (עֲרָבֹת) 152c
γῆ ἄνυδρος 240c
γῆ διψῶσα 240c, 338a
ἔρημος 545a
⟦ἑσπέρα 557a⟧ → עֶרֶב
§ραβα 1247a
§ραβωθ (עֲרָבֹת) 1247c

עֲרָבָה III ("west")
δυσμή 357b
ἡ πρὸς δυσμοῖς 357b

עֲרֻבָּה
ἐγγύη 363c

עֵרָבוֹן
§αρραβων 160a

עָרַג qal
ἀναβλέπειν 73b
ἐπιποθεῖν 526c
#προσδοκᾶν 1213a (De. 32.2)

עֲרָד (Aramaic)
ὄναγρος 994b

עָרָה I ni.
ἐπέρχεσθαι 509c
⟦ἔρχεσθαι 548b⟧ → ἐπέρχεσθαι

עָרָה I pi.
ἀνακαλύπτειν 78a (+Is. 24.1)
ἀνταναιρεῖν 108c
ἀποκαλύπτειν 131c
ἐκκενοῦν 432c

עָרָה I hi.
ἀποκαλύπτειν 131c
παραδιδόναι 1058a

עָרָה I hithp.
ἀποχεῖν, ἀποχύννειν 150a
⟦ἐπαίρειν 505a⟧ → עָלָה hithp.

עָרָה II
τὸ ἄχι τὸ χλωρόν 187c, 1471c

עֲרוּגָה
⟦βόλος 224c⟧ → βῶλος
βῶλος 232c
φιάλη 1430a

עָרוֹד
#ἄγριος 16c (Je. 31[48].6)

עֶרְוָה
αἰσχύνη 37b
ἀποκάλυψις 132b
ἀσχημοσύνη 174c
ἀσχήμων 175a
γύμνωσις 278b

Column 2

ἴχνος 696b
⟦κακία 708a⟧ → רָעָה III

עֶרְוָה (Aramaic)
ἀσχημοσύνη 174c

עָרוֹם
γυμνός 278a

עָרוּם
πανοῦργος 1053a
συνετός 1315a
φρόνιμος 1439b

עַרְיָה
⟦αἰσχύνειν 36c⟧ → ἀσχημονεῖν
ἀσχημονεῖν 174c
ἐντείνειν 477a

עֲרִיסָה
σῖτος 1267b
φύραμα 1446b

עֲרִיפִים
⟦ἀπορία 140a⟧ → צֵר I

עָרִיץ
ἀδικεῖν 24c
ἀνδρεῖος 86b
ἄνομος 107c
δυνάστης 355b
ἰσχύειν 692c
ἰσχυρός 693b
καταδυναστεύειν 731a
κραταιός 782a
λοιμός (adj.) 887c
ὑπερήφανος 1410a
ὑπερυψοῦν 1411a

עֲרִירִי
ἄτεκνος 175b, 168c
ἐκκήρυκτος 432c

עָרַךְ qal
αἴρειν 34c
ἀναλαμβάνειν 78c
βοηθεῖν εἰς 223b
εἰπεῖν/ἐρεῖν + κρίμα (= מִשְׁפָּט) 384a
ἐπιστοιβάζειν 530b
ἐπιτιθέναι 535c
⟦ἐπιτρέπειν 537b⟧
ἑτοιμάζειν 563c
ἕτοιμος 564c
ἰσοῦν 689a
καίειν 705a
⟦κεντεῖν 759b⟧
κοσμεῖν 780b
ὁμοιοῦν 993a
παρασκευάζειν 1064a
παράταξις 1064b
παρατάσσειν 1064c
παριστάναι 1070c
⟦προστιθέναι 1221a (Le. 24.8)⟧ → προτιθέναι
προτιθέναι 1231a
στοιβάζειν 1291c
συνάπτειν 1312b

עָרַךְ hi.
⟦ἱστάναι, ἱστᾶν 180d⟧
τιμᾶν 1353a
τιμογραφεῖν 1354a

עֵרֶךְ
ζεῦγος 594a
#ἴσος 688c (Jb. 41.3[4])
ἰσόψυχος (כְּעֶרְכִּי) 689a
πρόθεσις 1206c
#προσφορά 1190b (Si. 38.11)
στολή 1291c

Column 3

συντίμησις 1320c
τιμᾶν 1353a
τιμή 1353a
τίμημα 1353c

עָרֵל I qal
ἀπερίτμητος 120c
περικαθαρίζειν 1123c

עָרֵל II
ἄλογος (עֲרַל שְׂפָתַיִם) 59b
ἀπερίτμητος 120c
ἰσχνόφωνος (עֲרַל שְׂפָתַיִם) 692c

עָרְלָה
ἀκαθαρσία 42b
ἀκροβυστία 51a
σκληροκαρδία (עָרְלַת לֵבָב) 1274b

עָרַם qal
πανουργεύειν 1053a

עָרַם ni.
διϊστάνειν, διϊστάναι 330b

עָרַם hi.
καταπανουργεύεσθαι 740a
πανουργεύειν 1053a
πανοῦργος ἔσῃ (= εἶναι VIII.2) 173a, 187b
πανουργότερος 1053a
πανουργότερος γίνεσθαι 256c, 1053a
⟦πανουργότερος εἶναι 1053a⟧ → πανουργότερος γίνεσθαι

עָרֹם
γυμνός 278a

עֵרֹם
γυμνός 278a

עָרְמָה
βουλή 227c
δόλος 340a
πανουργία 1053a
φρόνησις 1439a

עֲרֵמָה
δράγμα 348b
θεμέλιον, θεμέλιος 629b
θημωνία, θε(ι)μωνία 650b
?κυψέλη 839a
στοιβή, στυβή 1291c
σωρός 1331a
χῶμα 1480c

עַרְמוֹן
ἐλάτη 448a
πλάτανος 1140c

עַרְעָר
ἀγριομυρίκη 16c
⟦πτωχός 1239b⟧ → ταπεινός
ταπεινός 1334b

עָרַף qal
ἀποκτείνειν, ἀποκτέννειν 135a
κατασκάπτειν 743c
λυτροῦν 890a
νευροκοπεῖν 943a
συννεφής 1317b
⟦τιμὴν διδόναι 317b⟧

עֹרֶף
αὐχήν 179c
⟦καρδία 719a⟧ → τράχηλος
⟦κόμη 777b⟧ → פֶּרַע
νῶτον, νῶτος 956b
σκληροτράχηλος (קְשֵׁה־עֹ׳, מַקְשֵׁה־עֹ׳) 1274c, 191c
σφόνδυλος 1327a

Column 4

*τράχηλος 1370b, 194a (Si. 30.12)
φυγάς 1440b

עֲרָפֶל
γνόφος 272c, 170c
θύελλα 659c
ὁμίχλη 991b
σκότος 1276b

עָרַץ qal
δειλιᾶν 287a
διατρέπειν 314a
ἐκκλ(ε)ίνειν 433c
εὐλαβεῖσθαι 572a
θραύειν 654b
μεγαλαυχεῖν 901b
πτήσσειν 1238b
πτοεῖν 1238c
?τιτρώσκειν 1362a

עָרַץ ni.
ἐνδοξάζεσθαι 470c

עָרַץ hi.
⟦καταμωκᾶσθαι 181b⟧
ταράσσειν 1336a
φοβεῖν 1433b

עָרַק qal
νεῦρον 943a
φεύγειν 1428b

עָרַר qal
γυμνὸς γίνεσθαι 256c, 278a

עָרַר pilp.
κατασκάπτειν 743c

עָרַר hithpal.
κατασκάπτειν 743c
πίπτειν 188c

עֶרֶשׂ
κλίνη 771b
στρωμνή 1297b

עֵשֶׂב
ἄγρωστις 18b
βοτάνη 225c
παμβότανον 1052b
χλόη 1471c
χλωρός 1471c
χόρτασμα 1473a
χόρτος 1473a

עֵשֶׂב (Aramaic)
χλόη 1471c
χόρτος 1473a

עָשָׂה qal
⟦ἀγαπᾶν 5c⟧
*ἄγειν 9a (–I Ch. 29.19)
⟦ἁμαρτάνειν 60c⟧
⟦ἀναστρέφειν 82b⟧
ἀναφέρειν 84c
⟦ἀνήρ 88a⟧
ἀνομεῖν (עָ׳ תּוֹעֵבָה) 106b
⟦ἀπολλύειν, ἀπολλύναι (עָ׳ qal, עָ׳ וְכָלָה עִם qal) 136c⟧
ἀσεβεῖν (עָ׳ הֶבֶל) 170a
⟦βοηθεῖν 223b⟧ → ποιεῖν
γεωργεῖν (עָ׳ מְלֶאכֶת הַשָּׂדֶה qal) 240b
γίνεσθαι 256c
γλύφειν 271b
⟦γλυφή 271b⟧
⟦γραμματεύς (עָ׳ מְלָאכָה qal) 275b⟧
διαγλύφειν 299c
διδόναι 317b
δοξάζειν (עָ׳ יְקָר qal) 343b

Column 1

⟦ἐλεεῖν 449c⟧
⟦ἐπακούειν 505c⟧
⟦ἐπικαλεῖν 521b⟧
*ἐπιτελεῖν 535a
ἐπιτιθέναι 535c
ἐργάζεσθαι, ἐργάζειν 540c, 177b
ἔργον 541c
ἑτοιμάζειν 563c
⟦εὖ γίνεσθαι 568a⟧
⟦εὖ ποιεῖν 568b⟧
θεραπεύειν 648a
κακοποιεῖν (רַע qal) 709a
*κατασκευάζειν 744a
⟦καταφυτεύειν 748b⟧ →
  φυτεύειν + κῆπον
κατεργάζεσθαι 749b
⟦κλίνειν 771a⟧
⟦κόπτειν 779a⟧
κτᾶσθαι 793b
μεγαλοποιεῖν (פָּלָא לַעֲשׂוֹת hi.)
  184a
⟦μεριμνᾶν 911a⟧ → שָׁעָה I qal
⟦νοεῖν 946a⟧
οἰκοδομεῖν 970c, 186a (Si. 48.17)
⟦ὅσα συμβέβηκεν (הֶעָשׂוּי) 1019a⟧
  → הַ ≈ ὅσος
παρακούειν ('ע qal + neg.) 1061b
περιβλέπειν 1122b
περιονυχίζειν (עֹ אֶת־צִפֹּרֶן qal)
  1124c
#περιποιεῖν 1125c (Pr. 6.32)
πλάσσειν 1140b
*ποιεῖν ('ע qal) 1154a, 189b (+Si.
  20.14; 36[33].13)
⟦ " 1154a (Ge. 24.49)⟧ →
  ποιεῖν ('ע qal)
ποίησις 1168c
πραγματεύεσθαι 1200b
πράσσειν, πράττειν 1201a
?προσλαμβάνειν 1218b
προσφέρειν 1222c
⟦συμβαίνειν 1302c⟧
συντελεῖν 1319b
συνυφαίνειν 1322c
τέκτων 193b
⟦τελεῖν 1342c⟧ → συντελεῖν
τιθέναι 1348c
φέρειν + καρπόν (= פְּרִי) 1426c
  (Ho. 9.16)
φυλάσσειν, φυλάττειν 1441c
  (De. 5.15; I Ch. 28.7)
φυτεύειν + κῆπον (= כֶּרֶם) 1446c
  (Am. 9.14)
⟦χαρίζεσθαι 195a⟧
χρᾶν, χρᾶσθαι 1473c

עָשָׂה ni.
ἄγειν 9a
ἀντιποιεῖν 111c
ἀποβαίνειν 125b
γίνεσθαι 256c
⟦εἶναι γινόμενος 256c⟧
*#ἐπιτελεῖν 535a
ποιεῖν 1154a
ποίησις 1168c
στερεοῦν 1289a
συμβαίνειν 1302c
συντελεῖν 1319b
τελειοῦν 1343a

עָשָׂה pi.
διαπαρθενεύειν (עֹ דַּדֵּי בְתוּלִים
  pi.) 307b

Column 2

עָשָׂה pu.
ποιεῖν 1154a

עָשׂוֹר
*δέκατος 289a
δεκάχορδος 289c

עֲשִׂירִי
*δέκατος 289a
ἐπιδέκατος 519a

עָשַׁק hithp.
⟦ἀδικεῖν 24c⟧ → עָשַׁק qal
#αἰτία 38a (Pr. 28.17)
#περιέργεια 188b (Si. 41.22)

עֹשֶׁק
⟦ἀδικία 25b⟧ → עָשַׁק qal
πρᾶξις 189c

עָשַׂר qal
ἀποδεκατοῦν 126b

עָשַׂר pi.
ἀποδεκατοῦν 126b
δέκατος 289a
δεκατοῦν 289c

עָשַׂר hi.
ἀποδεκατοῦν 126b
δέκατος 289a

עֶשֶׂר
δεκάδαρχος (שַׂר עֲשָׂרֹת) 288c
δεκάπηχυς (עֹ אַמּוֹת) 289a
δεκαπλασίων (עֹ יָדוֹת) 289a
δεκαπλασίως (עֹ יָדוֹת) 289a
⟦δέκαρχος (שַׂר עֲשָׂרֹת) 289a⟧ →
  δεκάδαρχος
δέκατος (עֹ פְּעָמִים) 289a

עֶשֶׂר
δέκα 170b
δέκατος 289a
δώδεκα (שְׁנַיִם עֹ) 172c
δωδέκατος (שְׁנֵים־עֹ) 358b
εἰκάς (עֶשְׂרִים) 376c
εἰκοσαετής (בֶּן עֶשְׂרִים שָׁנָה) 377a
εἰκοστός (עֶשְׂרִים) 377b
ἑκκαιδέκατος (שִׁשָּׁה עֹ) 432a
ἑνδέκατος (עַשְׁתֵּי עֹ) 469c
ἐννεακαιδέκατος (תִּשְׁעָה עֹ)
  475c
ἑπτακαιδέκατος (שִׁבְעָה עֹ) 539c
ὀκτωκαιδέκατος (שְׁמֹנָה עֹ) 985c
πεντεκαιδέκατος (חֲמִשָּׁה עֹ) 1118c
τεσσαρεσκαιδέκατος,
  τεσσαρισκαιδέκατος
  (אַרְבָּעָה עֹ) 1346b
τρισκαιδέκατος (שְׁלֹשָׁה עֹ) 1373b

עֲשַׂר (Aramaic)
δωδεκάμηνον (יְרַחִין תְּרֵי עֹ) 358b

עֶשְׂרֵה
δέκατος 289a
ἑνδέκατος (עֶשְׁתֵּי עֹ, אַחַת עֹ)
  469c
ἐννεακαιδέκατος (תְּשַׁע־עֹ) 475c
ἑπτακαιδέκατος (שֶׁבַע עֹ) 539c
ὀκτωκαιδέκατος (שְׁמֹנֶה עֹ) 985c
πεντεκαιδέκατος (חֲמֵשׁ עֹ) 1118c
τεσσαρεσκαιδέκατος,
  τεσσαρισκαιδέκατος
  (אַרְבַּע עֹ) 1346b
τρισκαιδέκατος (שְׁלֹשׁ־עֹ,
  שְׁלָשׁ־עֹ) 1373b

עֶשְׂרוֹן
δέκατος 289a

Column 3

עֶשְׂרִים
*#εἰκάς 376c
*#εἰκοσαετής (בֶּן עֹ שָׁנָה) 377a

עֶשְׂרִין (Aramaic)
#εἴκοσι 377a

עָשׁ
ἀράχνη 152c
σής 1265b, 191b
σητόβρωτος (אֲכַל עָשׁ) 1265b

עָשׁוֹק
ἀδικεῖν 24c

עֲשׁוּקִים
καταδυναστεία 731a
συκοφαντ(ε)ία 1301c
συκοφαντεῖν 1301c

עֲשׂוֹת
ἐργάζεσθαι, ἐργάζειν 540c

עָשִׁיר
πλούσιος 1150b, 189a
πλουσιώτερος 189a
πλουτεῖν 1150c
πλοῦτος 1150c
⟦ " 189a⟧

עָשֵׁן I qal
ἐκκαίειν 432b
καπνίζειν 718c
ὀργίζειν 1010a

עָשֵׁן II adj.
καπνίζειν 718c

עָשָׁן
ἀτμίς 176b
καπνίζειν 718c
καπνός 718c

עָשַׁק qal
⟦ἄγειν 9a⟧
ἀδικεῖν 24c
⟦αἰτία 38a⟧ → עָשַׁק hithp.
ἀπαδικεῖν 115c
ἀποστερεῖν 145a
⟦ἀσεβεῖν 170a⟧ → ἀδικεῖν
διαρπάζειν 308c
δυναστεύειν 355a
ἐκπιέζειν, ἐκπιάζειν, ἐκπιαζεῖν
  439a
θλίβειν 652b
καταδυναστεύειν 731a
πλημμύρα γίνεται (עֹ נָהַר qal)
  1145c
συκοφαντεῖν 1301c
συκοφάντης 1301c

עָשַׁק pu.
ἀδικεῖν 24c

עָשַׁק hithp.
#ἀδικεῖν 24c (Ge. 26.20)

עֹשֶׁק
ἀδίκημα 25a
ἀδικία 25b (+Ge. 26.20), 165b
ἄδικος 26c, 165b
θλῖψις 652c
καταδυναστεία 731a
συκοφαντ(ε)ία 1301c

עָשַׁר qal
πλουτεῖν 1150c
πλουτίζειν 1150c

עָשַׁר hi.
πλούσιος 1150b
πλουτεῖν 1150c, 189a
πλουτίζειν 1150c, 189a

Column 4

עֹשֶׁר
πλοῦτος 1150c

עָשַׁר hithp.
πλουτεῖν 189a
πλουτίζειν 1150c

עֹשֶׁר
see also עוֹשֶׁר
πλοῦτος 1150c (+Si. 34[31].1)

עָשֵׁשׁ qal
ταράσσειν 1336a

עָשַׁת hithp.
διασῴζειν 312b

עֲשִׁת pe. (Aramaic)
βουλεύειν 227a

עֶשֶׁת
πυξίον 1242b

עַשְׁתֵּי
ἑνδέκατος (עֹ עֶשְׂרֵה, עֹ עָשָׂר)
  469c

עֶשְׁתֹּנוֹת
διαλογισμός 305a
#ὑπόληψις 194c (Si. 3.24)

עֶשְׁתְּרֹת
ἄλσος 59c
ποίμνιον 1169c

עֵת
ἀκαίρως (בַּל עֵת) 166a
ἄωρος (עֵת + neg.) 188c
ἐν (בְּעֵת) 174b
ἐπάν (בְּכָל־עֵת אֲשֶׁר) 506b
εὐκαιρία 571c
εὔκαιρος 571c
ἕως (עַד עֵת) 178c
ἡμέρα 607b, 179b (Si. 30[33].32)
καίριος (בְּעִתּוֹ) 706a
*καιρός 706a, 180b (+Si. 30[33].32)
μεσημβρία (עֵת צָהֳרַיִם) 912c
⟦πέρας 1120a⟧
τότε (בָּעֵת הַהִיא) 1367c
*χρόνος 1476b
*ὥρα 1493b, 196a
#εἰς ὥρας (כָּעֵת חַיָּה) 1493b (Ge.
  18.10, 14)
ὥριμος 1494a

עָתַד pi.
παρασκευάζειν 1064a

עָתַד hithp.
ἑτοιμάζειν 563c

עַתָּה
ἄρτι 161a
ἀρτίως 161a
ἑσπέρα 557a
ἤδη 604b
ἡ ἡμέρα αὕτη 607b
ἰδού 673c
ἐν τῷ νῦν καιρῷ (עֹ הַפַּעַם) 706a,
  951c
*νῦν, νυνί (עֹ, וְעֹ) 951c,
  185c
καὶ νῦν (וְגַם עֹ) 951c
νῦν/νυνὶ δέ (כִּי־עֹ, אַךְ־עֹ, כִּי עֹ)
  951c
νῦν οὖν (כִּי עֹ, וְעֹ) 951c
τὸ νῦν 951c

עָתוּד
ἕτοιμος 564c
ἰσχύς 694b

עַתּוּד
ἀμνός 66b

ἀρήν (= HR's ἀρνός) 159b	ἰσχύς 694b	παλαιοῦν 1051b	עָתַר ni.
ἄρχειν 163a	μέλλειν 909b	עָתַק hi.	εἰσακούειν 408b
ἄρχων 166b	עֲתִיד (Aramaic)	ἀπαίρειν 115c	#ἑκούσιος 438c
⟦δράκων 348b⟧	ἑτοίμως 565a	ἐκγράφειν 421c	ἐπακούειν 505c
ἔριφος 547c	עַתִּיק (Hebrew and Aramaic)	παλαιοῦν 1051b	*#εὐϊλάτου τυγχάνειν 571c (I Es. 8.53)
κριός 788c	§αθουκειμ, αθουκιειν (עַתִּיקִים) 30a	עָתָק	
#πρωτοστάτης 1237a (Jb. 15.24)	ἀποσπᾶν 141a	ἀδικία 25b	עָתַר hi.
τράγος 1369a	παλαιός 1051b	ἀνομία 106b	ἀφιστᾶν, ἀφιστάναι, ἀφιστάνειν 184b
χίμαρος 1470c	עָתַם ni.	μεγαλορ(ρ)ημοσύνη 901c	#δέησις 285c (Jb. 8.6)
עֲתִי	συγκαίειν 1299a	עָתַר qal	δεῖσθαι 170b
ἕτοιμος 564c	עָתַק qal	δεῖσθαι 288a	εὔχεσθαι 583c
עָתִיד	καταστρέφειν 745c	εὔχεσθαι 583c	προσεύχεσθαι 1214a
ἕτοιμος 564c		προσεύχεσθαι 1214a	

פ

פָּאָה hi.	פַּגָּה	פָּגַשׁ pi.	πρόσταγμα 1219c
διασπείρειν 310c	ὄλυνθος 990c	συναντᾶν 1311a	⟦πρόσωπον 1223c, 190b⟧ → פָּנִים
פֵּאָה	פָּגוּל	פָּדָה qal	ῥῆμα 1249a
ἀρχηγός 165a	ἄθυτος 30a	ἀλλάσσειν 55b	σιαγών 1265c
ἄρχων 168c	βέβηλος 216b	ἀφορίζειν 185c	*στόμα 1292b, 192b (+Si. 8.11; 40.30)
θερισμός 649a	ἕωλος 592a	λύτρον 890a	#τρόπος (לְפִי) 1375a (Jb. 4.19)
κλίτος 771c	μίασμα 926c	λυτροῦν 890a, 183c	φόνος + μαχαίρας (= חֶרֶב) 1437c
κόμη 777b	μολύνειν 932c	λύτρωσις 890c	φωνή 1447b
λοιπός 888a	פָּגַע qal	ῥύεσθαι 1254b	⟦χεῖλος 1456a⟧
μέρος 911c	ἀναιρεῖν 77b	⟦συνάγειν 1307b⟧	ᾦα, ὦα 1491b
ὅριον 1012a	ἀπαντᾶν 117a, 167c	σῴζειν 1328b, 193c	פֹּה
ὄψις 1044b	ἀποκτείνειν, ἀποκτέννειν 135a	פָּדָה ni.	αὐτοῦ (adv.) 179c
κατὰ (τὸ) πρόσωπον (מִפְּאַת פָּנִים) 1224a	διέρχεσθαι 328c	λυτροῦν 890a	ἔνθεν (מִפֹּה) 473b
⟦ " (פְּ) 1224a (Je. 9.26[25])⟧	ἐμπίπτειν 458a	σῴζειν 1328b	*ἐνταῦθα 476c
τὰ κατὰ πρόσωπον 1224a	ἔρχεσθαι 548b	פָּדָה hi.	ἐντεῦθεν (מִפֹּה) 479a
⟦(τὸ) πρὸ προσώπου 1224a (Je. 30.10 [49.32])⟧ → פָּנִים	θανατοῦν 625a	ἀπολυτροῦν 139a	ὧδε 1491b
#τρίχωμα 1374c (Ez. 24.17)	λαλεῖν 841c	פָּדָה ho.	פוֹ
פָּאַר pi.	παραδιδόναι 1058a	λύτρον 890a	ἔνθεν (מִפוֹ) 473b
*δοξάζειν 343b	προσέρχεσθαι 1213c	פְּדוּי	פּוּג qal
ἔνδοξος εἶναι 470c	συναντᾶν 1311a	ἐκλύτρωσις 438b	διασκεδάζειν, διασκεδαννύειν, διασκεδαννύναι 309a
καλαμᾶσθαι 712b	συνάπτειν 1312b	λύτρον 890a	ἐξολεθρεύειν, ἐξολοθρεύειν 497c
#στεφανοῦν 1290a (Si. 45.8)	פָּגַע hi.	פְּדוּת	παρακαλεῖν 187c
ὑψοῦν 1422a	ἀντιλαμβάνεσθαι 110c	διαστολή 311c	פּוּג ni.
פָּאַר hithp.	ἀπαντᾶν 117a	λύτρωσις 890c	κακοῦν 711b
δόξα 341b	παραδιδόναι 1058a	פִּדְיוֹם	פּוּגָה
δοξάζειν 343b	ὑποτιθέναι 1417c	λύτρον 890a	ἔκνηψις 438b
ἐνδοξάζεσθαι 470c, 175b	פֶּגַע	פִּדְיוֹן, פִּדְיֹן	פּוּחַ qal
καυχᾶσθαι 757b, 181c	ἀπάντημα 117b	λύτρον 890a	διαπνεῖν 308a
⟦τάσσειν 1337a⟧	פָּגַר pi.	λύτρωσις 890c	λυπεῖν 183c
פְּאֵר	ἐκλύειν 438a	פָּדַע qal	פּוּחַ ni.
δόξα 341b	⟦καθίζειν 701c⟧	ἀντέχειν 109c	#ἐκκαίειν 173c (Si. 51.4)
κίδαρις 764c	פֶּגֶר	פֶּדֶר	פּוּחַ hi.
⟦κόμη 777b⟧ → פֵּאָה	κῶλον 839b	στέαρ 1287b	ἀνατέλλειν 83a
μίτρα 931a	νεκρός 941b	פֶּה	διαπνεῖν 308a
⟦τρίχωμα 1374c⟧ → פֵּאָה	πίπτειν 1135c	βρῶσις 231c	⟦ἐγκαλεῖν 365a⟧
פֹּארָה, פֻּארָה	πτῶμα 1239a	γλῶσσα, γλῶττα 271b	ἐκκαίειν 432c
ἀναδενδράς 76c	πτῶσις 1239a	δίστομα (פֵּיוֹת) 337b	ἐμφυσᾶν 461a
ἔνδοξος εἶναι 470c	σῶμα 1330a	διυφαίνειν (כְּפִי תַחְרָא) 337c	⟦ἐπιδεικνύειν, ἐπιδεικνύναι 518c⟧
κλάδος 766a	φόνος 1437c	κατὰ δύναμιν (כְּפִי) 350a (Nu. 6.21)	⟦κατακυριεύειν 735a⟧
παραφυάς 1065b	פָּגַשׁ qal	εἰπεῖν, ἐρεῖν 384a	פּוּךְ
στέλεχος 1288a	ἀπαντᾶν 117a	⟦θυμός 660c⟧ → אַף II subst.	#ἄνθραξ 96a (Is. 54.11)
פָּארוּר	ἐμπίπτειν 458a	⟦κύκλος (עַל־פֶּה) 797a⟧	πολυτελής 1185c
χύτρα, κύθρα, χύθρα, χύτρον(?) 1480b	συναντᾶν 1311a	#λαλεῖν (as subj. of עָבַר qal) 841c (Ps. 16[17].3)	στίβι 1291a
פָּארָן	פָּגַשׁ ni.	λόγος 881c, 183c	⟦στίμη 1291b⟧ → στίβι
κατάσκιος 745a	⟦συναιτεῖν 1310c⟧ → συναντᾶν	περιστόμιον 1127a	
	συναντᾶν 1311a		
	συνέρχεσθαι 1314a		

στιμ(μ)ίζεσθαι, στιβίζεσθαι (שׂים בַּפּוּךְ) 1291b

פּוֹל
κύαμος 796a

פּוּם
στόμα *192b*

פּוּן
ἐξαπορεῖσθαι 488a

פּוּץ qal
διασκορπίζειν 310b, *171b*
διασπᾶν 310c
διασπείρειν 310c
διαχεῖν 316a
σκορπίζειν *191c*
[σπείρειν 1282a]
ὑπερεκχεῖν 1409b

פּוּץ ni.
διασκορπίζειν 310b
#διασκορπισμός 310c (Da. TH 12.7)
διασπείρειν 310c

פּוּץ pilp.
[διατίλλειν 313c] → פָּצַץ pilp.
[κόπτειν 779a] → פָּצַץ polel

פּוּץ hi.
ἀποστέλλειν 141b
[διανοίγειν 307b] → פָּצָה qal
διασκεδάζειν, διασκεδαννύειν, διασκεδαννύναι 309c
διασκορπίζειν 310b
διασπείρειν 310c
ἐμφυσᾶν 461a
σκορπίζειν 1275c
σπείρειν 1282a

פּוּץ hithpal.
διαθρύπτειν 302b

פּוּק qal
[ἐγκαταλείπειν 365a]

פּוּק hi.
διδόναι 317b
#ἐμπιπλᾶν, ἐμπι(μ)πλάναι, ἐμπλήθειν *174b* (Si. 35[32].15)
ἐξερεύγεσθαι 491b
[ἐξερεύεσθαι(?) 491b] → ἐξερεύγεσθαι
[ἑτοιμάζειν 563c]
[εὑρίσκειν 576c]
[ἰδεῖν 669b]
κινεῖν 765b
λαμβάνειν 847a

פּוּקה
βδελυγμός 216a

פּוּר I hi.
[διασκεδάζειν, διασκεδαννύειν, διασκεδαννύναι 309c] → פָּרַר hi.
παραβαίνειν 1055b
ὑπερτιθέναι 1411a

פּוּר II
κλῆρος 770a
§φουρ 1438b
ψήφισμα 1485b

פּוּרה
μετρητής 918a

פּוּשׁ qal
ἐξιππάζεσθαι 496b
σκιρτᾶν 1274b

פּוּשׁ ni.
ἀπαίρειν 115c

פַּז
§καιφαζ, κεφαζ 708a
λίθος τίμιος 876c, 1353c
τοπάζιον 1364b
§φαζ 1423a
χρυσίον 1477a, *196c*
τὸ χρυσίον τὸ ἄπυρον 151a
χρυσοῦς, χρύσεος 1478c, *196c*

פָּזַז qal
ἐκλύειν 438a

פָּזַז pi.
ὀρχεῖσθαι 1018a

פָּזַז ho.
δόκιμος 340a

פָּזַר qal
#διασπείρειν 310c (Es. 9.19)
πλανᾶν 1139b

פָּזַר ni.
διασκορπίζειν 310b

פָּזַר pi.
διασκορπίζειν 310b
διασπείρειν 310c
διαχεῖν 316a
πάσσειν 1102c
σκορπίζειν 1275c
σπείρειν 1282a

פָּזַר pu.
διασπείρειν 310c
[ἐνδιασπείρειν 470b] → διασπείρειν

פַּח
λεπίς 873c
παγίς, πακίς 1044b, *187a*
πέταλον 1128c

פָּחַד qal
ἀφιστᾶν, ἀφιστάναι, ἀφιστάνειν 184b
ἄφοβος ('פּ qal + neg.) 185c
δειλιᾶν 287a
ἐντρέπειν 480c
ἐξιστᾶν, ἐξιστάναι 496c
εὐλαβεῖσθαι 572a, *177c*
παρακαλύπτειν 1060c
πτοεῖν 1238c
ὑποπτεύειν *194c*
φοβεῖν 1433b
φροντίζειν 1439b, *195b*
#φυλάσσειν, φυλάττειν *195c* (Si. 4.20)

פָּחַד pi.
εὐσεβής *178b*
καταπτήσσειν 742b
φοβεῖν 1433b

פָּחַד hi.
διασείειν 309c
[συμπίπτειν 1305b] → συσσείειν
συσσείειν 1323b

פַּחַד
ἀφόβως (מִפּ) 185c
ἔκστασις 441b
θάμβος 623b
θόρυβος 654a
ὄλεθρος 986a
πτόησις 1238c
σάλος *191a*
τρόμος 1374c
#φοβεῖν (נָפַל פּ) 1433b (Es. 9.2)

φόβος 1435c, *195a*
φρίκη 1439a

פַּחְדָּה
εὐδοκεῖν 569a

פֶּחָה (Hebrew and Aramaic)
ἀρχιπατριώτης 166a
ἄρχων 166b
ἀφηγεῖσθαι 183a
#βασιλεύς 197a (Jb. 39.22)
#βία 218a (Ne. 5.14, 15, 18)
*ἔπαρχος 508b
ἡγεῖσθαι 602c
ἡγεμών 603c
θησαυροφύλαξ 652a
οἰκονόμος 973a
σατράπης 1260c
τοπάρχης 1364b
#φυλή 1444b (Hg. 1.1, 12, 14; 2.3[2], 22[21])

פָּחַז qal
θαμβεῖν 623b
παραβαίνειν *187b*
πνευματοφόρος, πνευματόφορος 1153b

פָּחַז hi.
ἀπολλύειν, ἀπολλύναι *168a*

פָּחַז hithp.
[[φαντασιοκοπεῖν] *195a*]

פַּחַז
ἐξυβρίζειν 501b
πονηρία *189c*
πορνεία *189c*

פָּחַת hi.
[παγίς, πακίς 1044b] → פַּח

פֶּחָם
ἄνθραξ 96b
ἐσχάρα 557c

פֶּחָר (Aramaic)
κεραμ(ε)ικός 759c

פַּחַת
#βόθρος 224a (Jo. 8.29)
βόθυνος 224b
χάσμα 1456a

פִּטְדָה
τοπάζιον 1364b

פָּטִיר
διατάσσειν 313a

פַּטִּישׁ
[πέλεκυς 1116b] → πέλυξ
πέλυξ 1116b
σφῦρα 1327b

פָּטַר qal
ἀποτρέχειν *168b*
ἀφιστᾶν, ἀφιστάναι, ἀφιστάνειν 184b
διαπετάζειν, διαπεταννύειν, διαπεταννύναι 307c
[διατάσσειν 313a]
καταλύειν 738b
[περίγλυφον 1122c]

פֶּטֶר
διανοίγειν 307b
πρωτότοκος 1237a

פִּטְרָה
διανοίγειν 307b

פִּי
ἀρκεῖν (לְפִי אֹכֶל) 158a
διπλάσιος (פִּי שְׁנַיִם) *171c*

διπλοῦς (פִּי שְׁנַיִם) 337a
ἐν (כְּפִי) *174b*
καλλωπίζειν (יָפֶה־פִיָּה) 517b
πρός + acc. (לְפִי) *190a*

פִּיד
πτῶμα 1239a
τιμωρία 1354a

פִּיָּה
δίστομα (שְׁנֵי פִיּוֹת) 337b

פִּיחַ
αἰθάλη 30c

פִּילֶגֶשׁ
γυνή 278b
παλλακή 1052b
#παλλακός 1052b (Ez. 23.20)

פִּימָה
περιστόμιον 1127a

פִּיפִיּוֹת
δίστομα 337b

פִּיק
ὑπόλυσις 1415c

פַּךְ
φακός 1423b

פָּכָה pi.
καταφέρειν 747b

פָּלָא ni.
ἀδυνατεῖν 27c
ἀδύνατος 28a
#ἀποκρύπτειν 134b (Je. 39[32].17)
δύναμις 350a
ἔνδοξος 470c
ἐξαίσιος 486b
ἔξαλλος 487a
θαυμάσιος 627a, *179a*
θαυμαστός 627b, *179a*
θαυμαστοῦν 627c
θαυμαστῶς 627c
κρύβειν 791c
κρύπτειν 792a
μέγας 902a
ἀδύνατος νοῆσαι 946a
τέρας *193b*
ὑπεραίρειν (מִ פּ ni.) *194b*
ὑπέρογκος 1410c

פָּלָא pi.
διαστέλλειν 311b
μεγαλύνειν 902a

פָּלָא hi.
διαχωρίζειν 316a
ἔνδοξος 470c
[εὔχεσθαι 583c]
θαυμάσιος 627a, *179a*
θαυμαστός 627b
θαυμαστοῦν 627c
μεγαλοποιεῖν (פּ לִשָׁוֹת hi.) *184a*
μεγάλως 902b
μέγας *184a*
[μετατιθέναι 917a] → פָּלָה hi.
παραδοξάζειν 1059b
[τέρας 1345a] → פָּלָא

פָּלָא hithp.
δεινῶς ὀλέκειν 288a

פָּלָא
[βαθύς *169a*] → χαλεπός, χαλεπώτερος
θαυμάσιος 627a
θαυμαστός 627b, *179a*
μέγας 902c
παράδοξος *187c*

τέρας 1345a
ὑπέρογκος 1410c
χαλεπός, χαλεπώτερος *195a*

פְּלַאי
θαυμαστός 627b
θαυμαστοῦν ('פֶ, פְּלִי) 627c

פָּלַל ni.
διαμερίζειν 305c

פָּלַל pi.
#διαιρεῖν 302c (Am. 5.9 possibly hi.)
[ἑτοιμάζειν 563c]
καταδιαιρεῖν 730b

פָּלַל hi.
#διαιρεῖν 302c (Am. 5.9 possibly pi.)

פֶּלֶג
ἄφεσις 182b
διαπορεύεσθαι ('פֶ, יָבָל) 308b
διέξοδος 328b
ὁρμή 1014a
ὅρμημα 1014a
ποταμός 1196a

פְּלַג I pe. (Aramaic)
διαιρεῖν 302c
διμερής 335c

פְּלַג II subst. (Aramaic)
ἥμισυς 618c

פְּלַגָּה
[ἄμελξις 65b]
διαίρεσις 302c
μερίς 911a

פְּלֻגָּה (Hebrew and Aramaic)
διαίρεσις 302c
*#μεριδαρχία 910c (I Es. 1.5)

פִּלֶגֶשׁ
γυνή 278b
παλλακή 1052b
παλλακίς 1052b

פְּלָדָה
ἡνία 619b

פָּלָה ni.
ἐνδοξάζεσθαι 470c
θαυμαστοῦν 627c

פָּלָה hi.
#διορίζειν 336b
θαυμαστοῦν 627c
#μετατιθέναι 917a (Is. 29.14)
παραδοξάζειν 1059b

פָּלָה pi.
[ἐμβάλλειν 455a]
πλήσσειν 1149c

פְּלַח pe. (Aramaic)
δουλεύειν 345a
λατρεύειν 863a
*#πραγματικός 1200b (I Es. 8.22)
ὑποτάσσειν 1417b
φοβεῖν 1433b

פֶּלַח
ἄκμων 44b
κλάσμα 766c
κλάσμα μύλου ('פֶ, רֶכֶב) 936c
λέπυρον 874b

פָּלְחָן (Aramaic)
λειτουργ(ε)ία 873b
*#χρεία 1474a (I Es. 8.17)

פָּלַט qal
ἀνασώζειν 83a

פָּלַט pi.
διασώζειν 312b
ἐξάγειν 483a
ἐξαιρεῖν 484b
#λυτροῦν 890a
ῥύεσθαι 1254b
ῥύστης 1255c
σώζειν 1328b
ὑπερασπιστής 1408c

פָּלַט hi.
διασώζειν 312b
ἐκβάλλειν 420c

פֶּלֶט
ἀνασώζειν 83a

פָּלֵט
[λυτροῦν 890a] → פָּלַט pi.

פְּלֵטָה
ἀνασώζειν 83a
καταλείπειν 736a
*#ῥίζα 1251c

פְּלִי
θαυμαστός ('פֶ, פְּלַאי) 627b

פֶּלִיא
θαυμαστοῦν 627c

פָּלִיט
ἀνασώζειν 83a
διασώζειν 312b
διαφεύγειν 314b
σώζειν 1328b

פָּלֵיט
διασώζειν 312b
σώζειν 1328b

פְּלֵיטָה
ἀνασώζειν 83a
διασώζειν 312b
καταλείπειν 736a
κατάλειψις 737c
#ῥίζα 1251c (I Es. 8.78, 87, 88, 89)
σώζειν 1328b
σωτηρία 1331b

פְּלִילִים
#ἀξίωμα 113b (Ex. 21.22)

פֶּלֶךְ
ἄτρακτος 176c
μέρος 911c
περίχωρος 1128b
σκυτάλη 1278a

פָּלַל qal
εὔχεσθαι *178b*

פָּלַל pi.
?διαφθείρειν 314c
ἐξιλάσκειν 495c
προσεύχεσθαι 1214a

פָּלַל hithp.
εὔχεσθαι 583c, *178b*
*προσεύχεσθαι 1214a

פַּלְמֹנִי
§φελλανει, φελμουνι, φελμωνι 1426b

פְּלֹנִי
κρύφιος ('פְ, אַלְמֹנִי) 793a
§φελλανει, φελμουνι, φελμωνι 1426b

פָּלַס pi.
[ἐπέρχεσθαι 509c]

ὁδοποιεῖν 962b
ὀρθ(ρ)ὸν ποιεῖν 1010c, 1154a
παρασκευάζειν 1064a
[σκοπεύειν 1275b]
[συμπλέκειν 1305b]

פֶּלֶס
ῥοπή 1254b
στάθμιον *192a*
σταθμός 1286b
[["] *192a*] → στάθμιον

פָּלַץ hithp.
σαλεύειν 1257c

פַּלָּצוּת
θάμβος 623b
ὀδύνη 967a
#σκότος 1276b (Ps. 54[55].5)

פָּלַשׁ hithp.
καταπάσσειν 740a
κόπτειν 779a
[στρωννύειν, στρωννύναι 1297b] → ὑποστρωννύναι
ὑποστρωννύναι 1417b

פְּלֶשֶׁת
ἀλλόφυλος 57c
§φυλιστιειμ 195c

פְּלִשְׁתִּי
#ἀλλόφυλος 57c (Ze. 2.5; Za. 9.6)
§φυλιστιειμ (פְּלִשְׁתִּים) 195c

פֻּם (Aramaic)
στόμα 1292b

פֶּן
ἵνα μή *180b*
μή *184c*
μή ποτε *184c*
οὐ μή *186c*

פָּנַג
κασ(σ)ία 725b

פָּנָה qal
ἀκολουθεῖν 44c
ἀναβλέπειν 73b
ἀποβλέπειν 125c
ἀποστρέφειν 145b
βλέπειν 221a
[γωνία 283c] → פִּנָּה qal
ἐγγίζειν 172a
εἰσβλέπειν 410a
ἐκκλ(ε)ίνειν 433c
ἐκλείπειν 435c
ἐκνεύειν 438b
ἐμβλέπειν 455c
[ἐντέλλεσθαι, ἐντελλέσθειν(?) 477a]
ἐξακολουθεῖν 486c
ἐπακολουθεῖν (פְ אַל qal) 505b
ἐπιβλέπειν 516c
ἐπιστρέφειν 531a
[ἐπιφαίνειν 537c]
τὸ πρὸς ἑσπέραν (לִפְנוֹת־עֶרֶב) 557a
[καταβαίνειν 727a]
κλίνειν 771a
μεθιστᾶν, μεθιστάναι, μεθιστάνειν 907b
ὁρᾶν 1005a
ὁρμᾶν 1014a
περιβλέπειν 1122b
πλανᾶν 1139b
προσέχειν 1215b
πρωΐ (לִפְנוֹת־הַבֹּקֶר) 1234b

τὸ πρὸς πρωΐ πρωΐ (לִפְנוֹת־בֹּקֶר) 1234b
στρέφειν 1296c
[ὑποστρέφειν 1417b] → ἐπιστρέφειν
φέρειν 1426c

פִּנָּה pi.
ἀποσκευάζειν 140c
[ἐπιβλέπειν 516c] → פָּנָה qal
ἑτοιμάζειν 563c
ὁδοποιεῖν ('פ pi., פ' דֶּרֶךְ pi.) 962b

פָּנָה hi.
ἀναστρέφειν 82b
ἀποστρέφειν 145b
βλέπειν 221a
[ἐπιβλέπειν 516c] → פָּנָה qal
ἐπιστρέφειν 531a
στρέφειν 1296c
συνδεῖν 1312c

פָּנָה ho.
βλέπειν 221a

פָּנֶה
see פָּנִים

פִּנָּה
ἀκρογωνιαῖος 51a
γωνία 283c
γωνιαῖος 283c
καμπή 718b
κλίμα 771a

פְּנוּאֵל
τὸ εἶδος τοῦ θεοῦ 630a

פְּנִיאֵל
εἶδος θεοῦ 630a

פְּנִינִים
[λίθοι πολυτελεῖς 876c, 1185c] → פְּנִינִים

פָּנִים
αἴθριος 30c
#αἰσχύνειν (פ' נָשָׂא) 36c (Jb. 32.21)
#πρὸς τῇ ἀνατολῇ/ἀνατολάς (לִפְנֵי) 83c (I Es. 5.47; 9.38)
ἀντιπρόσωπος (פָּנֶה) 111c
εἰς ἀπάντησιν (לִפְנֵי, אֶל־פְּנֵי) 117b
ἀρχή (פָּנֶה) 163c
βλέπειν (פָּנֶה) 221a
ἔμπροσθε(ν) (לִפְנֵי, מִלִּפְ, לִפְ, מִפְּנֵי) 459b
ἐκ τῶν ἔμπροσθε(ν) 459b
τὰ ἔμπροσθε(ν) 459b
τὸ/τὰ ἔμπροσθε(ν) (פְּנֵי) 459b
#ἔναντι (בִּפְנֵי) *175a* (Si. 46.7)
ἐξ ἐναντίας (לִפְנֵי, אֶל מוּל פְּנֵי) 468b
ἐνώπιος 482b
ἐπάνω (עַל־פְּנֵי) 507b
ἔσω ἐν (לִפְנֵי) 558c
ἔσωθεν (לִפְנֵי) 559a
ἐσώτερος, ἐσώτατος (לִפְנֵי, מִלִּפְ) 559a
ἡγεῖσθαι (הָלַךְ לִפְנֵי, לִפְנֵי) 602c
[ὀπίσω (לִפְנֵי) 1001c]
ὀφθαλμός 1039b
παρά + dat. (לִפְנֵי) *187b*
παρατιθέναι (נָתַן לִפְנֵי, לִפְנֵי, שׂוּם לִפְנֵי) 1065a
πλήν (עַל־פְּ) 1145c
πρίν ἤ (לִפְנֵי) *190a*

προηγεῖσθαι (לִפְנֵי) 1206b
πρόθεσις 1206b
προκεῖσθαι (נֶגֶד פ׳, עַל פ׳) 1207b
προπορεύεσθαι (הָלַךְ לִפְנֵי, עָבַר לִפְנֵי) 1208c
τὰ προπορευόμενα 1208c
[[προσκεῖσθαι (נֶגֶד פ׳) 1216c]] → προκεῖσθαι
[[πρόστομα (אֶל־פֵּי) 1222b]] → פֶּה ≈ στόμα
προσφορά 1223b
πρόσωπον 1223c, 190b (+Si. 20.22; 26.17; 34[31].6; 41.21)
ἀπὸ (τοῦ) προσώπου (מִפ׳, פ׳, פֵ׳, לְפֵ׳, מֵאֵת פ׳, מִלְפֵ׳, מֵעַל פֵ׳, מֵעִם פֵ׳) 1223c
εἰς (τὸ) πρόσωπον (אֶל־פֵ׳, לִפֵ׳, בְּפֵ׳, עַל־פֵ׳) 1223c
ἐκ (τοῦ) προσώπου (מִלְפֵ׳, לִפֵ׳, מִפֵ׳, מֵאֵת פֵ׳, מֵעִם פֵ׳, מֵעַל פֵ׳) 1223c
ἐκ τοῦ κατὰ πρόσωπον (מִפ׳) 1223c
ἐν προσώπῳ (לִפֵ׳) 1223c
ἐπὶ προσώπου (עַל פ׳) 1223c
ἐπὶ προσώπῳ (עַל פ׳) 1223c
ἐπὶ (τὸ) πρόσωπον (עַל פ׳, פ׳, לִפֵ׳, אֶל פ׳) 1223c–24a
κατὰ (τὸ) πρόσωπον (פ׳, עַל פ׳, לִפֵ׳, אֵת פ׳, מִפְאֵת פ׳, בְּפ׳, מִמּוּל פ׳, אֶל מוּל פ׳, אֶל עֵבֶר פ׳) 1224a
κατὰ πρόσωπον ἔσω (פְּנִימָה) 1224a
(τὸ) πρὸ προσώπου (פ׳, לִפֵ׳, מִלְפֵ׳, מִפ׳, עַל פ׳) 1224a
πρότερον (adv.) (לִפֵ׳) 1230b, 190c
πρότερος (לִפְנֵי, עַל פֵ׳, לִפֵ׳) 1230c, 190c
τὸ πρότερα (לִפֵ׳) 1230c
πρῶτον (adv.) (לִפֵ׳) 190c
πρῶτος (לִפֵ׳) 190c (–Si. 34[31].17)
ἐκ πρώτου (לִפֵ׳) 1235c
[[στόμα 192b]] → פֶּה
#συναντᾶν (לִפְנֵי) 1311a (Ge. 46.28)
συνάντησις 1311c
[[τρόπον (לִפְנֵי) 1375a]] → פֶּה ≈ τρόπος
[[ὑπάντησις 1406b]] → εἰς ἀπάντησιν
[[ὑποχείριος (לִפְנֵי) 1418a]] → יָד

פְּנִים
#γαστήρ 234b (Jb. 16.16)

פְּנִימָה
ἔνδοθεν (מִפ׳) 470b
ἔσω (פ׳, לְפ׳) 558c
ἔσωθεν (פֵ׳, לְפֵ׳, מִפֵ׳, לִפֵ׳) 559a
ἐσώτερος, ἐσώτατος 559a
κατὰ πρόσωπον ἔσω 1224a

פְּנִימִי
[[ἐντότερος(?) 480c]] → ἐσώτερος, ἐσώτατος
ἔσωθεν 559a
ἐσώτερος, ἐσώτατος 559a

פְּנִינִים
λίθος 876c
λίθοι πολυτελεῖς 876c, 1185c

פָּנַק pi.
κατασπαταλᾶν 745b

פַּס (Hebrew and Aramaic)
ἀστράγαλος 173c
καρπωτός 725c
ποικίλος 1168c

פָּסַג pi.
καταδιαιρεῖν 730b

פָּסָה
λαξεύειν 853b
λαξευτός 853b

פָּסַח qal
παρέρχεσθαι 1068c
περιποιεῖν 1125c
#πορ(ε)ία 1189a (Pr. 26.7)
σκεπάζειν (פ׳ עַל) (qal) 1268c
χωλαίνειν 1480b

פָּסַח ni.
χωλαίνειν 1480b

פָּסַח pi.
διατρέχειν 314a

פֶּסַח
*πάσχα 1103a
§φασεκ, φασεχ 1425b

פִּסֵּחַ
χωλός 1480b

פְּסִילִים
see also פֶּסֶל
ἄγαλμα 5b
γλυπτός 271a
εἴδωλον 376a
περιβώμιον 1122b

פָּסַל qal
γλύφειν 271b
λαξεύειν 853b
πελεκᾶν 1116b

פֶּסֶל
see also פְּסִילִים
γλύμμα 271a
γλυπτός 271a
γλύφειν 271b
εἴδωλον 376a
εἰκών 377b

פְּסַנְטֵרִין (Aramaic)
ψαλτήριον 1483c

פְּסַנְתֵּרִין (Aramaic)
ψαλτήριον 1483c

פָּסַס qal
ὀλιγοῦν 987a

פָּעָה qal
καρτερεῖν 725a

פָּעַל qal
ἀνταποδιδόναι 167b
ἐνεργεῖν 473a
ἐξεργάζεσθαι 491b
ἐπάγειν 503c
ἐπιτελεῖν 535a
ἐργάζεσθαι, ἐργάζειν 540c, 177b
ἐργάτης 177b
ἔργον 541c
κακοῦργος (פֹּעַל אָוֶן) 711c
[[καταρτίζειν 743b]] → κατεργάζεσθαι
κατεργάζεσθαι 749b
ποιεῖν 1154a, 189b
πράσσειν, πράττειν 1201a

פָּעַל ni.
[[σύγκεισθαι 192b]]

פָּעַל
[[ἀδικεῖν 24c]]

#γίνεσθαι 170b (Si. 42.15)
ἐνεργεῖν 473a
ἐργάζεσθαι, ἐργάζειν 540c
ἐργασία 541b
ἔργον 541c, 177b
μισθός 930a
ποιεῖν 1154a
ποίημα 1168b
πρᾶξις 1200c, 189c
[[τάξις 1334b]] → πρᾶξις

פְּעֻלָּה
[[δουλ(ε)ία 345a]] → λειτουργ(ε)ία
ἐργασία 541b
ἔργον 541c
λειτουργ(ε)ία 873b
μισθός 930a, 186b
μόχθος 935c
[[πόνος 1188b]]

פָּעַם qal
συμπορεύεσθαι 1305c
συνεκπορεύεσθαι 1313b

פָּעַם ni.
ἐξιστᾶν, ἐξιστάναι 496c
κινεῖν 765b
ταράσσειν 1336a

פָּעַם hithp.
ἐξιστᾶν, ἐξιστάναι 496c
ταράσσειν 1336a

פַּעַם
καθὼς αἰεί/ἀεί (כְּפ׳ בְּפ׳) 28b
ἅπαξ 118a
δεύτερος (פַּעֲמַיִם) 293b
διάβημα 299a
δίς (פַּעֲמַיִם) 337b, 171c
[[" (כַּמָּה פְעָמִים) 337b]]
ἔθειν (כְּפ׳ בְּפ׳) 368b
εἰσάπαξ 410a
ἴχνος 696b
κάθοδος 704a
καιρός 706a
ἐν τῷ νῦν καιρῷ (עַתָּה הַפּ׳, הַפּ׳, בְּפ׳ הַזֹּאת) 706a, 951c
κλίτος 771a
μερός 911c
νῦν, νυνί (הַפּ׳) 951c
ἀπὸ τοῦ νῦν (הַפּ׳) 951c
νῦν ἔτι τοῦτο (פ׳) 951c
τὸ νῦν (הַפּ׳) 951c
#ὁδός 962b (Jb. 33.29)
περίοδος 1124c
πλειστάκις (פְּעָמִים רַבּוֹת) 1141c
πλεονάκις (פְּעָמִים רַבּוֹת) 1142a
ποσάκις (עַד כַּמָּה פְעָמִים) 1195c
πούς 1198b
χρόνος 1476b

פַּעֲמֹן
κώδων 839b, 183c (Si. 45.9)
ῥοΐσκος 1253a
[[" 191d]] → רִמּוֹן

פָּעַר
ἀνοίγειν 105b
διανοίγειν 307b

פָּצָה qal
ἀνοίγειν 105b
[[ἀντειπεῖν, ἀντερεῖν (פֶּה פ׳ qal) 109c]]
διανοίγειν 307b
διαστέλλειν 311b
ἐξαιρεῖν 484b
λυτροῦν 890a

ῥύεσθαι 1254b
χαίνειν 1452a

פָּצַח qal
ᾄδειν 19a
βοᾶν 222a
ἐξάλλεσθαι 487a
ῥηγνύναι 1248c

פָּצַח pi.
[[συγκλείειν 1299a]] → συνθλᾶν
συνθλᾶν 1316a

פָּצַל pi.
λεπίζειν 873c

פַּצָּלוֹת
λέπισμα 873c

פָּצַם pi.
συνταράσσειν 1318a

פָּצַע
θλαδίας (פְּצוּעַ־דַּכָּה) 652a
συντρίβειν 1321a
τραυματίζειν 1370a

פֶּצַע
σύντριμμα 1322b
τραῦμα 1369b, 193c

פָּצַץ pilp.
#διατίλλειν 313c (Jb. 16.12)

פָּצַץ polel
#κόπτειν 779a (Je. 23.29)

פָּצַר, פָּצַר qal
βιάζεσθαι 218a
καταβιάζεσθαι 729a
παραβιάζεσθαι (פ׳ בְּ qal) 1056a

פָּצַר hi.
ἐπάγειν 503c

פָּקַד qal
ἁλίσκειν, ἁλίσκεσθαι 54c
ἀνταποδιδόναι 108c
ἀποδιδόναι 126b
ἀριθμεῖν 156b
[[ἀριθμός 156c]] → ἐπίσκεψις
ἀρχηγός 165a
ἐκδικεῖν 422b
ἐκδίκησις 423a
[[ἐκζητεῖν 430c]] → ζητεῖν
ἐντέλλεσθαι, ἐντελλέσθειν(?) 477a
ἐπάγειν (יָצָא לִפְקֹד) (פ׳ qal) 503c
ἐπιζητεῖν 520a
ἐπισκέπ(τ)ειν 527c, 177a
[[ἐπισκευή 528b]] → ἐπίσκοπος
ἐπίσκεψις 528b
ἐπισκοπή 528c, 177a
ἐπισκοπὴν ποιεῖν 528c, 1154a
ἐπίσκοπος 529a
ἐτάζειν 559b
ἐφιστάναι 585c
ζητεῖν 597a
καθιστάναι 702c
#καταλείπειν 736a (Is. 38.10)
μιμνήσκεσθαι 927c, 185a
παρατιθέναι 1065a
*#σημαίνειν 1263a (I Es. 2.4)
συνεπισκέπτεσθαι 1313c
συνιστάναι, συνιστᾶν 1317a
σύνταξις 1318a

פָּקַד ni.
διαφωνεῖν 315c
?ἐκπηδᾶν 439a
[[ἐντέλλεσθαι, ἐντελλέσθειν(?) 477a]] → פָּקַד qal

ἐπισκέπ(τ)ειν 527c, *177a*
ἐπισκοπεῖν 528c
ἐπισκοπὴ εἶναι 528c
ἑτοιμάζειν 563c, *177c*
καθιστάναι 702c
⟦ὑπογράφειν *194d*⟧ → בָּדַק ni. ≈
   ὑπορράπτειν

פָּקַד pi.
ἐντέλλεσθαι, ἐντελλέσθειν(?)
   477a

פָּקַד pu.
⟦καταλείπειν 736a⟧ → פָּקַד qal
συντάσσειν 1318b

פָּקַד hi.
ἐμβάλλειν 455a
ἐπισυνιστάναι 534b
ἐπιτιθέναι 535c
ἐφιστάναι 585c
καθιστάναι 702c
#παραδιδόναι *187b* (Si. 42.7)
παρακατατιθέναι 1060c
παρατιθέναι 1065a
τιθέναι 1348c (Is. 10.28)
διδόναι φυλάσσειν/φυλάττειν
   317b, 1441c (Je. 43[36].20)

פָּקַד ho.
⟦ἐπισκευή 528b⟧ → ἐπίσκοπος
ἐπισκοπή 528c
ἐπίσκοπος 529a
καθιστάναι 702c
παρατιθέναι 1065a

פָּקַד hithp.
#ἐκδικεῖν 422b (Ez. 19.12)
ἐπισκέπ(τ)ειν 527c

פָּקַד hothp.
ἐπισκέπ(τ)ειν 527c
συνεπισκέπτεσθαι 1313c

פְּקֻדָּה
ἀριθμός 156c
⟦ἄρχων *166b*⟧
ἐκδίκησις 423a
ἐπάγειν 503c
ἐπίσκεψις 528b
ἐπισκοπή 528c
ἐπίσκοπος 529a
ἔργον 541c
θυρωρός 664a
καθιστάναι 703a
μυλών 936c
προστάτης 1221a

פִּקָּדוֹן
παραθήκη 1059c
φυλάσσειν, φυλάττειν 1441c

פִּקּוּדִים
δικαίωμα 334b
ἐντολή 479b

פְּקוּעָה
τολύπη 1363c

פָּקַח qal
ἀνοίγειν 105b
διανοίγειν 307b
#σοφοῦν 1281b (Ps. 145[146].8)

פָּקַח ni.
ἀνοίγειν 105b
διανοίγειν 307b

פִּקֵּחַ
βλέπειν 221a

פְּקַח־קֹחַ
ἀνάβλεψις 73b

פָּקִיד
ἐπίσκοπος 529a
ἐπιστάτης 529c
καθιστάναι 703a
κωμάρχης 839c
προστάτης 1221a
τοπάρχης 1364b

פֶּקַע
ἦχος, ἠχώ *179c*

פְּקָעִים
ἐπανάστασις 506c
ὑποστήριγμα 1417a

פַּר, פָּר
βοῦς 229a
δάμαλις 284c
⟦κριός 788c⟧ → אַיִל I
μοσχάριον 934b
μόσχος 934c
*ταῦρος 1337c

פָּרָא hi.
⟦διαστέλλειν 311b⟧ → פָּרַד hi.

פֶּרֶא
ἄγροικος 17a
ἐρημίτης 545a
ὄναγρος 994b, *186b*
ὄνος 1000a
ὄνος ἄγριος 16c, 1000a
ὄνος ἐρημίτης 1000a

פַּרְבָּר
διαδέχεσθαι 300a

פָּרַג hi.
ἀπαιτᾶν 167c
ἀφιστᾶν, ἀφιστάναι,
   ἀφιστάνειν *169b*

פָּרַד qal
ἐκτείνειν 442a

פָּרַד ni.
ἀφορίζειν 185c
διασπείρειν 310c
διαστέλλειν 311b (+Ho. 13.15)
διαχωρίζειν 316a
λείπειν 872c
σκορπίζειν 1275c
χωρίζειν 1482b

פָּרַד pi.
⟦συμφύρειν 1306c⟧

פָּרַד pu.
⟦διασπείρειν 310c⟧

פָּרַד hi.
#ἀφιστᾶν, ἀφιστάναι,
   ἀφιστάνειν *169b* (Si. 42.9)
διασπείρειν 310c
διαστέλλειν 311b
διαχωρίζειν 316a
διϊστᾶν, διϊστάναι 330b
ὁρίζειν 1011c

פָּרַד hithp.
ἀποσπᾶν 141a
διασκορπίζειν 310b
λείπειν ἀλλήλους 872c
ταράσσειν 1336a

פֶּרֶד
*ἡμίονος 618c

פִּרְדָּה
ἡμίονος 618c

פַּרְדֵּס
παράδεισος 1057c

פָּרָה I qal
ἀναβαίνειν, ἀναβέννειν 70a
αὐξάνειν, αὔξειν 178c
βλαστᾶν, βλαστάνειν,
   βλαστεῖν 220c
⟦ἐν γαστρὶ ἔχειν 586c⟧
γέν(ν)ημα 238c
εὐθηνεῖν 570b
πληθύ(ν)ειν *189a*
#πλήρης 1147a (Is. 63.3)
φύειν 1440c

פָּרָה I hi.
αὐξάνειν, αὔξειν 178c
ὑψοῦν 1422a

פָּרָה II
βοῦς 229a
δάμαλις 284c
⟦καρπός ("fruit") 723c⟧

פָּרוּר
§φαρουρειμ (פְּרוּרִים) 1425b

פָּרוּר
χύτρα, κύθρα, χύθρα, χυτρον(?)
   1480b, *196c*

פֶּרֶז, פְּרָז
δυνάστης 355b

פְּרָזוֹן
δυνατός 355c
ἐνισχύειν 475a
§φραζων 1438b

פְּרָזוֹת
ἔξω, ἐξωτέρω 501c
⟦κατακάρπως 733a⟧ → פְּרִי
μητρόπολις (עִיר פְּ) 925c

פְּרָזִי
⟦διασπείρειν 310c⟧ → פָּזַר qal

פַּרְזֶל (Aramaic)
σίδηρος 1266a
σιδηροῦς 1266b

פָּרַח qal
ἀναζεῖν 76c
ἀναθάλλειν *166c*
ἀνατέλλειν 83a
ἀνθεῖν 95b
βλαστᾶν, βλαστάνειν,
   βλαστεῖν 220c
διασκορπισμός 310c
ἐκβλαστάνειν 421b
ἐξανιστάναι 487c
⟦ἐξανιστάναι 487c⟧
⟦ἐξεῖναι 490c⟧ → ἐξανθεῖν
θάλλειν 623b, *179a* (Si. 14.18)
καρποφορεῖν 724c
#πάσσειν *188a* (Si. 43.17)

פָּרַח hi.
ἀναθάλλειν 77a
ἀνατέλλειν *166c*
ἀνθεῖν 95b
ἐξανθεῖν 487c
⟦ἱστάναι, ἱστᾶν 689a⟧

פֶּרַח
ἄνθος 96a
βλαστός 220c, *169b*
ἐξανθεῖν 487c
κρίνον 788c

פִּרְחָה
βλαστός 220c

פָּרַט qal
ἐπικροτεῖν 523c

פֶּרֶט
ῥώξ 1255c

פְּרִי
γέν(ν)ημα 238c, *170a*
ἔγγονος 363b
ἔκγονος 421c
⟦ἐκλεκτός 437a⟧
ἐκφόριον 445c
⟦ἐκφόρτιον(?) 445c⟧ → ἐκφόριον
εὐλογία 574b
καρπίζεσθαι 723c
κάρπιμος 723c
καρπός ("fruit") 723c, *181a*
#κατακάρπως 733a (Za. 2.4[8])
τέκνον (פְּרִי־בֶטֶן) 1340c

פָּרִיץ
ἀφυλάκτως 187b
λῃστής 876a
λοιμός (adj.) 887c
σκληρός 1274b

פֶּרֶךְ
βία 218a
μόχθος 935c

פָּרֹכֶת
#ἐπικάλυμμα 522b (Ex. 39.21[24])
κατακάλυμμα 732c
καταπέτασμα 741b, *181c*

פָּרַם qal
διαρρηγνύειν, διαρρηγνύναι,
   διαρρήσσειν 309a
παραλύειν 1062a

פָּרַס qal
κλᾶν 766c

פָּרַס hi.
διχηλεῖν 337c
διχηλεύειν 338a
ἐκφέλειν ὁπλάς 1003b

פְּרַס pe. (Aramaic)
§φαρες 1424c

פְּרַס peil (Aramaic)
διαιρεῖν 302c

פֶּרֶס
⟦ἀστράγαλος *173c*⟧ → פַּרְסָה
γρύψ 278a
γύψ 283b

פְּרֵס (Aramaic)
#§φαρες 1424c (Da. TH 5.25, 28)

פַּרְסָה
#ἀστράγαλος 173c
ἴχνος 696b
ὁπλή 1003b
πούς 1198b
χηλή 1468a

פָּרַע qal
ἀκάλυπτος 43b
ἀκατακάλυπτος 43c
ἄκυρον ποιεῖν 51c, 1154b
#ἀνοίγειν *167b* (Si. 43.14)
ἀπαίδευτος 167c
#ἀποκάλυμμα 131c (Jd. 5.2B)
ἀποκαλύπτειν 131c
ἀποκιδαροῦν 132b
ἀποφράσσειν 150a
ἀπωθεῖν 151a
ἄρχειν 163a
ἀφαιρεῖν 180a
ἀφιστᾶν, ἀφιστάναι,
   ἀφιστάνειν *169b*

διασκεδάζειν, διασκεδαννύειν,
  διασκεδαννύναι 309c
〚διαστέλλειν 311b〛

פָּרַע hi.
ἀφιστᾶν, ἀφιστάναι,
  ἀφιστάνειν 169b
διαστρέφειν 312a

פֶּרַע
ἀρχηγός 165a
ἄρχων 166b
κόμη 777b

פַּרְעֹשׁ
ψύλλος 1486a

פָּרַץ qal
#ἀπαλλάσσειν 116b (Ex. 19.22)
ἀπολλύειν, ἀπολλύναι 136c
#ἀσεβής 170b (Is. 28.21)
αὐξάνειν, αὔξειν 178c
βιάζεσθαι 218a
διακοπή 303b
διακόπτειν 303c
διασφαγή 312b
ἐκβλύζειν 421b
〚ἐκβύζειν(?) 421c〛 → ἐκβλύζειν
ἐκπετάζειν, ἐκπεταννύναι 439a
εὐοδοῦν 575c
θραύειν 654b
ἰσχύειν 692c
καθαιρεῖν 697b
καταβάλλειν 728c
〚κατασκάπτειν 743c〛 →
  κατασπᾶν
κατασπᾶν 745a
〚κατελαύνειν 749a〛 →
  καθαιρεῖν
κατευθύνειν 750b
〚παραβιάζεσθαι (בֵּ פָּ qal)
  1056a〛 → בָּצַר, פָּצַר qal
πλατύνειν 1141b
πληθύ(ν)ειν 1144b
πλουτεῖν 1150c
πολὺν ποιεῖν 1154a, 1181b
#προστάσσειν 1220c (II Ch. 31.5)
χεῖν 1457c

פָּרַץ ni.
διαστέλλειν 311b
#διαχεῖν 316a (Ez. 30.16)

פָּרַץ pu.
καθαιρεῖν 697b

פָּרַץ hithp.
ἀναχωρεῖν 85c

פֶּרֶץ
διακοπή 303b
διακόπτειν 303c
θραῦσις 654b
κατάπτωμα 742b
πίπτειν 1135c
πτῶμα 1239a
τροπή 194b
φραγμός 1438b

פָּרַק qal
ἐκλύειν 438a
λυτροῦν 890a

פָּרַק pi.
διαλύειν 305a
ἐκστρέφειν 441c
〚ἐκτρίβειν 444a〛 → ἐκστρέφειν
περιαιρεῖν 1121b

פָּרַק hithp.
〚ἐκδικεῖν 422b〛 → פָּרַק hithp.

περιαιρεῖν 1121b

פְּרַק pe. (Aramaic)
λυτροῦν 890a

פֶּרֶק
〚ζωμός 601a〛 → מְרַק II

פֶּרֶק
ἀδικία 25b
διεκβολή 328b

פָּרַר polel
〚κραταιοῦν 782c〛

פָּרַר hi.
αἴρειν 34c (+Is. 33.8)
ἀποποιεῖσθαι 139c
〚ἀπορία στενή 140a〛
〚ἀποστρέφειν 145b〛
διαλλάσσειν 304c
διασκεδάζειν, διασκεδαννύειν,
  διασκεδαννύναι 309c
ἐμμένειν + neg. 456a
μένειν + neg. 910a
*#παραβαίνειν 1055b
περιαιρεῖν 1121b

פָּרַר ho.
διασκεδάζειν, διασκεδαννύειν,
  διασκεδαννύναι 309c

פָּרַר pilp.
διασκεδάζειν, διασκεδαννύειν,
  διασκεδαννύναι 309c

פָּרַר hithpo.
ἀπορεῖν 140a

פָּרַשׂ qal
〚αἴρειν 34c〛
ἀμφιβολεύς (פ׳ מִכְמֹרֶת) 68a
ἀναπεταννύναι 81a
ἀναπτύσσειν 81c
ἀνειλεῖν 86c
ἀνοίγειν 105b
βάλλειν 189c
διακλᾶν 303b
διανοίγειν 307b
διαπετάζειν, διαπεταννύειν,
  διαπεταννύναι 307c
διατείνειν 313a
#διαχεῖν 316a (Pr. 28.32)
διϊέναι 330b
ἐκπετάζειν, ἐκπεταννύναι 439a,
  173c
*ἐκτείνειν 442a
ἐπιβάλλειν 516a
ἐπικαλύπτειν 522b
〚κλᾶν 766c〛 → διακλᾶν
μελίζειν 909a
περιβάλλειν 1121c
σκιάζειν 1274b
ὑπτιάζειν 1418b
χεῖν 1457c

פָּרַשׂ ni.
διασπείρειν 310c

פָּרַשׂ pi.
ἀνιέναι (= ἀνίημι) 102b
διαπετάζειν, διαπεταννύειν,
  διαπεταννύναι 307c
〚διαστέλλειν 311b〛 → פָּרַשׂ qal or
  pi.
ἐκπετάζειν, ἐκπεταννύναι 439a
ἐκτείνειν 442a
παριέναι ("to allow") 1070b

פָּרַשׁ qal
διακρίνειν 304a

#διαστέλλειν 311b (Ps. 67[68].14
  possibly pi.)

פָּרַשׁ ni.
διαχωρίζειν 316a

פָּרַשׁ pi.
#διαστέλλειν 311b (Ps. 67[68].14
  possibly qal)

פָּרַשׁ pu.
διδάσκειν 316c
συγκρίνειν 1300b

פָּרַשׁ hi.
〚διαχεῖν 316a〛 → פָּרַשׁ qal
〚διαχεῖται ὁ ἰός 687a〛

פָּרָשׁ I
ἀναβάτης 73a
ἱππάρχης, ἵππαρχος
  (בַּעַל פָּרָשִׁים) 687a
*ἱππεύς 687a
ἵππος 687b

פָּרָשׁ II
συνωρίς (צֶמֶד פָּרָשִׁים) 959c

פֶּרֶשׁ
ἔνυστρον 482a
κόπρος 779a

פַּרְשֶׁגֶן (Aramaic)
*#ἀντίγραφον 110b
διασάφησις 309c
διαταγή 312c

פָּרָשָׁה
ἐπαγγελία 503b

פָּרְשֵׁז
ἐκπετάζειν, ἐκπεταννύναι 439a
〚σκέπειν 1269a〛 → ἐκπετάζειν,
  ἐκπεταννύναι

פָּרַת
〚αὐξάνειν, αὔξειν 178c〛 → פָּרָה
  I qal

פַּרְתְּמִים
ἔνδοξος 470c
ἐπίλεκτος 525a
§πορθομμειν 1194b
§φορθομμειν 1438a

פָּשָׂה qal
διαχεῖν 316a
διάχυσις 316a
μεταβάλλειν 915b
μεταπίπτειν 916c

פָּשַׂק qal
προπετής 1208b

פָּשַׂק pi.
〚ἄγειν 9a〛 → διάγειν
διάγειν 299c

פָּשַׁח pi.
#κατασπᾶν 745a (La. 3.11)

פָּשַׁט qal
ἐκδιδύσκειν 422b
ἐκδύ(ν)ειν 423c
ἐκτείνειν 442a
ἐκχεῖν, ἐκχέειν 445c
ἐπιτιθέναι 535c
〚κυκλοῦν 798b〛
ὁρμᾶν 1014a
συμπίπτειν 1305b

פָּשַׁט pi.
ἐκδιδύσκειν 422b
σκυλεύειν 1277b

פָּשַׁט hi.
ἀφαιρεῖν 180a
δέρειν 291b
ἐκδύ(ν)ειν 423c

פָּשַׁט hithp.
ἐκδύ(ν)ειν 423c

פָּשַׁע qal
ἀδικεῖν 24c
ἀθετεῖν 29b
*ἁμαρτάνειν 60c
#ἁμαρτωλός 166b (Si. 11.15)
ἀνομεῖν 106b
ἀνομία 106b
ἄνομος 107c
ἀσεβεῖν 170a
ἀσεβής 170b
ἀφιστᾶν, ἀφιστάναι,
  ἀφιστάνειν 184b
παραβαίνειν 1055b
παράνομος 1062b
πλανᾶν 1139b
〚ποιεῖν 1154a (Ez. 18.31)〛 →
  ἀσεβεῖν

פֶּשַׁע
ἄγνοια 16a
ἀδίκημα 25a, 165b
ἀδικία 25b
ἀθέτημα 29c
ἀθέτησις 29c
ἁμαρτάνειν 60c
ἁμάρτημα 62a
ἁμαρτία 62a, 166b
ἀνομεῖν 106b
ἀνόμημα 106b
ἀνομία 106b, 167b
ἀσέβεια, ἀσεβία 169c
ἀσέβημα 170b
ἀφιστᾶν, ἀφιστάναι,
  ἀφιστάνειν 169b
〚παράνομος 1062b〛 → פָּשַׁע qal
παράπτωμα 1063c
πλανᾶν 1139b
πλάνη 1140a
φιλαμαρτήμων (אֹהֵב פֶּ) 1430b

פְּשַׁר I pe. (Aramaic)
συγκρίνειν 1300b

פְּשַׁר I pa. (Aramaic)
συγκρίνειν 1300b

פְּשַׁר II subst. (Aramaic)
〚ἕκαστος 418a〛
κρίμα 786b
κρίνειν (הַהוּא פֶּ) 787b
κρίσις 789c
σύγκριμα 1300b
σύγκρισις 1300b

פֵּשֶׁר
#λύσις 890a (Ec. 8.1)

פִּשְׁתָּה
λινοκαλάμη (פִּשְׁתֵּי הָעֵץ) 879b
λίνον 879b
λινοῦς 879b
ὀθόνιον 967c
στίππινος, στιππόινος,
  στιππύινος 1291b
στιππύον, στιππεῖον, στύππιον
  1291b

פַּת
ἄρτος (פַּת־לֶחֶם, פַּת) 161b
κλάσμα 766c
ψωμός 1490c

פֹּה
θύρωμα 664a
σχῆμα 1327c

פִּתְאֹם
ἄφνω 185b
ἐξαίσιος 486b
ἐξαίφνης, ἐξέφνης 486b
ἐξάπινα (פְּ, 'פְּ, בְּ, בְּפֶתַע) 488a, 175c
[[ἐξαπίνης] 175d]
ἐπέρχεσθαι 509c]
εὐθέως 570b
εὐθύς (adv.) 571b
κεπφοῦσθαι, κεφφοῦσθαι 759b
παραχρῆμα 1065c

פַּתְבַּג
τὰ δέοντα 287b
δεῖπνον 288a
τράπεζα 1369b

פִּתְגָּם (Hebrew and Aramaic)
*#ἀντιγράφειν (פְּ שְׁלַח pe.) 110b
ἀντίρρησις 111c
*#ἀποκρίνειν ('פְּ הֲתִיב) 133a
ἀπόκρισις 168a
ἐπιταγή 534c
[λόγος 881c] → νόμος
νόμος 947b
*#τὰ προειρημένα 1206a (I Es. 6.32)
ῥῆμα 1249a
ῥῆσις 1251c
#φθέγγεσθαι 195a (Si. 5.11)

פָּתָה qal
[ἀγαπᾶν 5c] → ἀπατᾶν
ἀνόητος 167b
ἄνους 108b
ἀπατᾶν 119b
ἄφρων 169c
#ἐνθυσιάζειν 175b (Si. 34[31].7)
μωρός 185c
πλανᾶν 1139b
πλατύνειν 1141b

פָּתָה ni.
ἀπατᾶν 119b
ἐξακολουθεῖν 486c

פָּתָה pi.
ἀπατᾶν 119b, 167c
ἀποπειρᾶσθαι 139b
πλανᾶν 1139b

πλατύνειν 1141b

פָּתָה pu.
ἀπατᾶν 119b
[βεβηλοῦν 169b] → חָלַל I ni.
εὐοδία 575b
[πλανᾶν 1139b] → פָּתָה pi.

פָּתָה hi.
πλατύνειν 1141b

פָּתָה hithp.
[βεβηλοῦν 169b] → חָלַל I ni.

פִּתּוּחַ
βόθρος 224a
γλύμμα 271a, 170b
γλυφή 271b
ἐγγλύφειν 363b
ἐγγράφειν 363b
ἐγκόλαμμα 366c
ἐγκολαπτός 366c
ἐκκόλαμμα 434b
ἐκκολαπτός 434b
ἐκτυποῦν 444b
ἐκτύπωμα 444b
ἐντυποῦν 481b
[θύρα 662c] → פֶּתַח

פְּתוּחוֹת
κλάσμα 766c

פָּתַח qal
[ἀνατέλλειν 83a] → פָּרַח qal
#ἀνατιθέναι (פֶּ 'פְּ qal) 83b (Mi. 7.5)
ἀνοίγειν 105b, 167b
διαθρύπτειν 302b
διανοίγειν 307b
διαρρηγνύειν, διαρρηγνύναι, διαρρήσσειν 309a
[ἐκτείνειν 173d]
*λύειν 889a
παραλύειν 1062a
σπᾶν 1281b

פָּתַח ni.
[ἀκούειν 45a]
ἀνοίγειν 105b
δεῖν ("to bind") (פְּ ni. + neg.) 287b
διανοίγειν 307b
ἐκκαίειν 432b
λύειν 889a

פָּתַח pi.
ἀνθεῖν 95b

ἀνοίγειν 105b
ἀποσάττειν 140c
ἀφαιρεῖν 180a
ἀφιέν, ἀφιέναι 183b
διαγλύφειν 271b
διαγλύφειν 299c
διαρρηγνύειν, διαρρηγνύναι, διαρρήσσειν 309a
ἐκτυποῦν 444b
λύειν 889a
ὀρύσσειν 1017c

פָּתַח pu.
γλυφή 271b
ἐκκολάπτειν 434b

פָּתַח hithp.
ἐκδύ(ν)ειν 423c
[ἐκλύειν 438a] → ἐκδύ(ν)ειν

פְּתַח pe. (Aramaic)
ἀνοίγειν 105b

פֶּתַח
[ἀνοίγειν ('פֶּ בּוֹא) 105b] → פָּתַח qal
ἄνοιγμα 106a
αὐλή 177b
[διανοίγειν 307b] → פָּתַח qal
εἴσοδος 413c
θύρα 662c
θυρίς 663c
θύρωμα 664a, 179c
[προθύρα(?) 1206c] → θύρα
πρόθυρον 1206c
πύλη 1240b
πυλών 1242a
τάφρος 1338b

פֵּתַח
δήλωσις 295c

פִּתָּחוֹן
ἀνοίγειν 105b

פְּתִיחוֹת
βολίς 224b

פֶּתִי
ἄκακος 43b
ἀφροσύνη 186b
ἄφρων 186c
[δικαιοσύνη 332c]
νήπιος 944b

פְּתִי (Aramaic)
εὖρος 579c

*πλάτος 1141a

פְּתִיגִיל
χιτὼν μεσοπόρφυρος 913a, 1471a

פָּתִיל
θρίξ 655b
κλώθειν 772b
κλῶσμα 772b, 182a
λῶμα 891c
ὁρμίσκος 1014a
σπαρτίον 1281c
στρέμμα 1296b
συνεχόμενος ἐκ (בְּ') 1315b

פְּתַכְרָא
#πάταχρος

פָּתַל ni.
πολύπλοκος 1181b
[πολύτροπος 1185c] → πολύπλοκος
σκολιός 1275b
συναναστρέφειν 1311a

פָּתַל hithp.
[διαστρέφειν 312a] → στρεβλοῦν
στρεβλοῦν 1296b

פְּתַלְתֹּל
διαστρέφειν 312a

פֶּתֶן
ἀσπίς ("snake") 173b
βασιλίσκος 214a
δράκων 348b
ἔχις 178c

פֶּתַע
ἐξαίφνης, ἐξέφνης 486b
ἐξάπινα, ἐξαπίνης (פְּ, בְּ, בְּפִתְאֹם) (בְּפֶּ פֶּתַע) 488a
παραχρῆμα (לְפֶ') 1065c
στιγμή 1291b
#τάχος (בְּפֶ') 193a (Si. 11.21)

פָּתַר qal
ἀπαγγέλλειν 113c
συγκρίνειν 1300b

פִּתָּרוֹן
διασάφησις 309c
σύγκρισις 1300b

פִּתְשֶׁגֶן
ἀντίγραφον 110b

צ

צֵאָה
ἀσχημοσύνη 174c
[κόπρος 779a] → צוֹאָה

צֹאָה
see also צוֹאָה
#προχώρημα 1234a (Ez. 32.6)
ῥύπος 1255b

צֹאִי
ῥυπαρός (צֹאִ) 1255b

צֶאֱלִים
δένδρον μέγα 289c
παντοδαπὸν δένδρα 1053b

צֹאן
ἀμνός 66b
βόσκημα 225c
κτῆνος 794a
λαός 853b
νομάς 946b
[ποιμήνιον(?) 1169c] → ποίμνιον
ποίμνιον 1169c
προβατικός 1204b
πρόβατον 1204b

צֶאֱצָאִים
[ἀνδροῦν 86b]

ἔγγονος 363b
ἔκγονος 421c
τέκνον 1340c, 193a (+Si. 44.12)

צָב
ὁ κροκόδειλος ὁ χερσαῖος 791b, 1468a
λαμπήνη 853a
λαμπηνικός 853a

צָבָא I qal
ἀριθμός 156c
ἐκπολεμεῖν 439b

ἐνεργεῖν (צָ בְּעֹבְדַת 'צ qal) 473a
[ἐξέρχεσθαι 491c]
ἐπιστρατεύειν 530c
λειτουργεῖν 872c
παρατάσσειν 1064c
παριστάναι 1070c
πολεμιστής 1171c
στρατεύειν 1295a

צָבָא I hi.
γραμματεύειν 275b
ἐκτάσσειν 442a

צָבָא II subst.
⟦ἅγιος 12a⟧
ἀρχιστράτηγος (שַׂר־צְ׳) 166a
ἀστήρ (צְ׳) 173b
⟦ " (צְ׳ הַשָּׁמַיִם) 173b⟧
ἄστρον 173c
⟦βίος 220a⟧
δύναμις 350a
⟦δυναστ(ε)ία 354c⟧ → δύναμις
ἔθνος 368b
ἐκτάσσειν 442a
ἐνεργεῖν (צָבָא צְ׳ בַּעֲבֹדָה) 473a
#ἐπίπονος 177a (Si. 7.15)
⟦εὔζωνος 177d⟧
κόσμος 780c
λειτουργ(ε)ία 873b
λειτουργεῖν 872c
μάχη 901a
⟦παντοκρατεῖν (צְבָאוֹת) 1053c⟧ →
  παντοκράτωρ
παντοκράτωρ (צְבָאוֹת) 1053c, 187b
παράταξις 1064b
παρατάσσειν 1064c
παρεμβολή 187c
πειρατήριον 1116a
πλῆθος 1142c
πολεμικός 1171b
πολεμιστής 1171c
πόλεμος 1172a
στρατιά, στρατεία 1295c
στρατηγ(ε)ία 1295b

צְבָא pe. (Aramaic)
βούλεσθαι 226b
δοκεῖν 339b
(ἐ)θέλειν 628b
ζητεῖν 597a
θέλημα 629a

צְבָאוֹת
κύριος (אֱלֹהֵי צְ׳, יְהוִה צְ׳, יְהוָה צְ׳)
  800b
§σαβαωθ 1256a

צָבָה qal
πρήθειν 1202c

צָבָה hi.
πρήθειν 1202c

צָבֶה
πρήθειν 1202c

צְבוּ (Aramaic)
πρᾶγμα 1199c

צָבוּעַ
ὕαινα 1379a, 194a

צָבַט qal
βουνίζειν 228b

צְבִי
⟦ἀνιστᾶν, ἀνιστάναι (נָתַן צְ׳)
  102c⟧ → יָצַב hithp.
δόξα 341b
δορκάδιον 344b
δορκάς 344b
δόρκων 344b
ἐκλεκτός 437a
ἐλπίς 454a
ἔνδοξος 470c
θέλησις 629b
§σαβαειν, σαβαειμ 1256a
§σαβ(β)ειρ 1257a
§σαβει(ν) 1257a

צְבִיָּה
δορκάς 344b

צְבַע pa. (Aramaic)
?αὐλίζειν 178b

צְבַע ithpe. (Aramaic)
?αὐλίζειν 178b
βάπτειν 190b

צֶבַע
βάμμα 190b
#βαφή 215a (Jd. 5.30A)

צָבַר qal
βάλλειν 189c
θησαυρίζειν 651b
συνάγειν 1307b, 192c

צִבֻּרִים
βουνός 228b

צְבָתִים
βουνίζειν 228b

צַד
κλίτος 771c
μέρος 911c
πλάγιος 1139b
πλευρά 1142a
πλευρόν 1142b
πλησίον (מִצַּד) 1148b
ὦμος 1493a

צְדָא (Aramaic)
ἀληθῶς 54b

צָדָה qal
⟦δεσμεύειν 292a⟧ → צָרַר II qal
#ἐπίβουλος 517b (II Ki. 2.16)

צָדָה ni.
ἐκλείπειν 435c

צֵדָה
ἐπισιτισμός 527b

צְדִיָּה
ἔνεδρον 472b

צַדִּיק
⟦ἀδίκως 27b⟧
ἀληθής 53c
*#ἀληθινός 54a
δίκαιος 330c, 171c (+Si. 32[35].22)
δικαιοσύνη 332c
εὐσεβής 580b, 178b
πιστός 1138c
φυλάσσειν/φυλάττειν
  δικαιοσύνην 332c

צָדֵק qal
ἄμεμπτος 65b
⟦ἀναφαίνειν 84c⟧
δίκαιος ἀναφαίνεσθαι 330c
δίκαιος εἶναι 330c
δίκαιος εἶναι 334b
καθαρὸς εἶναι 698c

צָדַק ni.
καθαρίζειν, καθερίζειν 698a

צָדַק pi.
δίκαιον ἀποφαίνειν 149c, 330c
δικαιοῦν 334b

צָדַק hi.
δίκαιος 330c
δίκαιον ἀποφαίνειν 149c, 330c
δίκαιον κρίνειν 330c, 787b
δικαιοῦν 334b, 171c

צָדַק hithp.
δικαιοῦν 334b, 171c

צֶדֶק
#ἀλήθεια 166a (Si. 4.28)
δίκαιος 330c, 171c (–Si. 32[35].22)

δικαιοσύνη 332c, 171c
δικαιοῦν 334b
δικαίως 335a
⟦ " 171d⟧
ἐλεημοσύνη 450b, 174a
κρίσις 789c

צְדָקָה
δίκαιος 330c
δικαιοσύνη 332c, 171c (Si. 44.10)
δικαίωμα 334b
ἐλεημοσύνη 450b, 174a
ἔλεος, ἔλαιος 451a
⟦εὐφροσύνη 582c⟧
κρίμα 786b

צִדְקָה (Aramaic)
ἐλεημοσύνη 450b

צָהַב ho.
*στίλβειν 1291b

צָהֹב
ξανθίζειν 956a
ξανθός 956a

צָהַל qal
ἀγαλλιᾶσθαι 4c
βοᾶν 222a
κερατίζειν 760b
ταράσσειν 1336a
χρεμετίζειν 1474a, 196b (Si.
  36[33].6)

צָהַל pi.
χρεμετίζειν 1474a

צָהַל hi.
ἱλαρύνειν 684b

צָהַר hi.
μεσημβρία 184b

צֹהַר
δειλινός, τὸ δειλινόν, ἡ δειλινή
  (צָהֳרַיִם) 278a
ἐπισυναγειν 534a
μεσημβρία (צְ׳, עֵת צָהֳרַיִם) 912c
μεσημβρινός 912c

צוֹאָה
see also צֵאָה
ἔξοδος 497b
κόπρος 779a

צֹאִי
see צֹאי

צַוָּאר
τράχηλος 1370b, 194a
#ὦμος 1493a (Is. 60.4; 66.12)

צַוַּאר (Aramaic)
τράχηλος 1370b

צוּד qal
ἀγρεύειν 16c
⟦ἐκθλίβειν 432a⟧ → צָרַר II qal
θηρεύειν 650b

צוד polel
διαστρέφειν 312a
ἐκστρέφειν 441c

צוד hithp.
#ἐπισιτίζειν 527b (Jo. 9.4)
#ἑτοιμάζειν 563c (Jo. 9.4)
ἐφοδιάζειν 586b

צָוָה pi.
ἀποστέλλειν 141b
διατιθέναι 313b
διδόναι ἐντολήν (צְ׳ מִצְוָה pi.)
  317b (II Es. 9.11)
*εἰπεῖν, ἐρεῖν 384a

⟦ἐκφέρειν 444c⟧ → יָצָא hi.
⟦ἐνθυμεῖσθαι 473c⟧
ἐντέλλεσθαι, ἐντελλέσθειν(?)
  477a, 175b
ἐντολή 175b
ἐπιτάσσειν 534c
καθιστάναι 703a
κατισχύειν 751b
κρίνειν 182b
#ὁρκίζειν 1013b (Ge. 50.16)
*προστάσσειν, προστάττειν
  1220c
συνιστάναι, συνιστᾶν 1317a
συντάσσειν 1318b
τάσσειν 1337a
⟦τιθέναι 1348c (Ps. 77[78].5)⟧ →
  ἐντέλλεσθαι, ἐντελλέσθειν

צָוָה pu.
ἐντέλλεσθαι, ἐντελλέσθειν(?)
  477a, 175b
ἐπιτάσσειν 534c
συντάσσειν 1318b

צָוַח qal
βοᾶν 222a
#κράζειν 781b (Jd. 1.14)

צְוָחָה
κραυ(γ)ή 784b
ὀλολύζειν 989b

צוּלָה
ἄβυσσος 1b

צוּם qal
ἀσιτεῖν 172c
νηστεύειν 945b

צוֹם
*νηστεία 945a

צוּף I qal
ἐμπιπλᾶν, ἐμπι(μ)πλάναι,
  ἐμπλήθειν 174b
#ὑπερχεῖν 1411b (La. 3.54)

צוּף I hi.
ἐπικαλύπτειν 176c
ἐπικλύζειν 523b
ἐπιπολάζειν 526c

צוּף II
κηρίον 763b

צוּץ qal
ἀνθεῖν 95b

צוּץ hi.
ἀνθεῖν 95b
βλαστᾶν, βλαστάνειν,
  βλαστεῖν 220c
διακύπτειν 304b
ἐκκύπτειν 435a
ἐξανθεῖν 487c

צוּק hi.
#ἀδικεῖν 24c, 165b (Si. 4.9)
ἐκθλίβειν 432a
θλίβειν 652b
κατεργάζεσθαι 749b
ὀλέκειν 986b
παρενοχλεῖν 1068c
πολιορκεῖν 1173c

צוּק ho.
#ἀδικεῖν 24c, 165b (Si. 4.9)

צוּקָה
θλῖψις 179c
πολιορκία 1174a
στενοχωρία 1288c

צוּר I qal
ἀντίκεισθαι 110c
βάλλειν 189c
βοηθός 223c
δεῖν ("to bind") 287b
διαγράφειν 300a
#διακαθίζειν 303a (II Ki. 11.1)
ἐπανιστάναι, ἐπανιστάνειν 506c
ἐχθραίνειν 589b
[καθίζειν 701c] → διακαθίζειν
λαμβάνειν 847a
#περιέχειν 1123a (Ps. 39[40].12)
περικαθῆσθαι 1123c
περικαθίζειν 1123c
#περιοχή 1125a (Ps. 140[141].3; Ob. 1)
πλάσσειν 1140b
πολιορκεῖν 1173c
[["] 189b] → מָצוֹר ≈ πολιόρκησις
συγκλείειν 1299c
συνέχειν 1315b
σφίγγειν 1325a
χαρακοῦν 1454c
χωνεύειν 1480c

צוּר I ni.
#ὀχυρός 1043b (Is. 37.26a [1QIsᵃ])
#περιέχειν 1123a (Ez. 6.12)

צוּר II subst.
[ἅγιος 12a]
ἀκρότομος 166a
ἀντιλήπτωρ 111a
#βοήθεια, βοηθεία 222c (Ps. 48[49].15)
θεός 630a
κύριος 800b
[μέγας 902c (Is. 26.4)]
ὄρος 1014b
πέτρα 1129c, 188c
στερεὰ πέτρα 1129a, 1289a
πέτρινος 1130a
§σορ 1278c
φύλαξ 1441b

צוּר
διακαθίζειν 303a

צוּרָה
διαγράφειν 300a
[δικαίωμα 334b]

צַוְּרֹנִים
τράχηλος 1370b

צֹורֶךְ
χρεία 196a

צוּת polel
ἀκροᾶσθαι 166a

צַח
[εἰρήνη 401b]
λευκός 874c

צָחַח qal
λάμπειν 853a

צְחִיחַ
λεωπετρία, λεοπετρία (צ׳ סֶלַע) 875b

צְחִיחִי
σκεπεινός 1269a

צְחָנָה
#βρόμος 231a (Jl. 2.20)

צָחַק qal
γελᾶν 235b
συγχαίρειν 1301a

צָחַק pi.
γελοιάζειν 235c
ἐμπαίζειν 456b
παίζειν 1049a

צְחֹק
γέλως, γέλος(?) 235c

צִי
πλοῖον 1150a

צַיִד
βορά 224a
θήρα 650b
θήρευμα 650c
κυνηγεῖν 799b
κυνηγός 799b

צַיָּד
θηρευτής 650c

צֵידָה
ἐπισιτισμός 527b
θήρα 650b

צִיָּה
ἄνυδρος 112a
διψᾶν (= HR's διψῆν) 338a
ἔρημος 545a
ξηρός 957b

צִיּוֹן
§σ(ε)ιων 1267c

צִיּוּן
σημεῖον 1263b
σκόπελον 1275b

צִיִּי
[δαιμόνιον 283b]
θηρίον 650c
ἴνδαλμα 686c

צִנָּה
ψυχρός 196c

צִנּוֹק
#ἀπόκλεισμα 132c (Je. 36[29].26)
[καταρ(ρ)άκτης 743a] → מַהְפֶּכֶת

צִיץ I qal
ἐγκύπτειν 367b

צִיץ II subst.
#ἄκρα 166a (Si. 43.19)
ἀνάγλυφεν 76b
ἄνθος 96a
ἐκτύπωμα 174a
πέταλον 1128c
στέφανος 192a

צִיצָה
ἄνθος 96a

צִיצִת
[κορυφή (צ׳ ראֹש) 780a]
κράσπεδον 782a

צִיר I
ἄγγελος 7b
ὅμηρος 991a
πρέσβυς 1201b

צִיר II
στρόφιγξ 1297b

צִיר III
ὠδίν 1492b

צֵל
ἀσφάλεια, ἀσφαλία 174b
[καιρός 706a]
σκεπάζειν (חָסָה בְּצֵל) 1268c
σκέπη 1269a
σκιά 1274a
στέγη 1288a

צְלָא pa. (Aramaic)
δεῖσθαι 288a
*προσεύχεσθαι 1214a

צָלָה qal
ὀπτᾶν 1004a

צָלָה pi.
#προσεύχεσθαι 1214a (Hb. 3.16 Aramaizing)

צְלוּל
μαγίς 891b

צָלַח qal
ἅλλεσθαι 55c
ἀναλάμπειν 79a
αὐξάνειν, αὔξειν 178c
#ἐκκαίειν 173c (Si. 8.10)
εὐοδεῖν 569a
εὐοδία 178a
εὔοδον εἶναι 575c
εὐοδοῦν 575c, 178a
ἐφάλλεσθαι 585b
κατευθύνειν 750b
κατευοδοῦν 750c
πίπτειν 1135c
χρᾶν, χρᾶσθαι 1473c
χρήσιμος εἶναι 1474c

צָלַח hi.
ἐπιτυγχάνειν 537c
εὐδοκεῖν 569a
εὐδοκία 177c
*#εὐοδία 575c (I Es. 1.11 Aramaizing)
εὐοδοῦν 575c, 178a
κατευθύνειν 750b
κατευοδοῦν 750c

צְלַח aph. (Aramaic)
καθιστάναι ἄρχοντα 166b
αὐξάνειν, αὔξειν 178c
εὐοδοῦν 575c
κατευθύνειν 750b

צְלַח haph. (Aramaic)
*#εὔοδον γίνεσθαι/εἶναι 575c (I Es. 7.3)
*#εὐοδοῦν 575c (I Es. 6.10)

צְלֹחִית
ὑδρίσκη 1381a

צַלַּחַת
ἀλάβαστρος, ἀλάβαστρον 52a
κόλπος 777a

צָלִי
ὀπτός 1004b

צָלִיל
μαγίς 891b

צָלַל I qal
δύ(ν)ειν 350a
[καθιστάναι 703a]

צָלַל II qal
ἠχεῖν 620c

צָלַל III hi.
σκέπη 1269a
#σκιάζειν 1274b (Jn. 4.6)

צֶלֶם
εἴδωλον 376a
εἰκών 377b
ὁμοίωμα 993a
τύπος 1378b

צֶלֶם (Aramaic)
εἰκών 377b
μορφή 934b
ὄψις 1044b

צַלְמָוֶת
ᾅδης 24a
[ἄκαρπος 43c]
γνοφερός 272c
σκιά 1274a
σκιὰ θανάτου 623b, 1274a
σκότος 1276b

צָלַע qal
ἐκπιέζειν, ἐκπιάζειν, ἐκπιαζεῖν 439a
ἐπισκάζειν 527b
συντρίβειν 1321a

צֶלַע
ἐξέδρα 490c
κλίτος 771c
μέρος 911c
[ξύλον 958a]
[πέρας 1120a] → πλευρά
πλευρά 1142a, 189a (Si. 42.5)
πλευρόν 1142b
πτυχή 1239a

צֶלַע
[ἐξαίσιος (לְצׁ) 486b]
[μάστιξ 898b]

צְלָצַל
ἐρυσίβη, ἐρισύβη 548b

צְלְצְלִים
#αὐλός 178c
#κύμβαλον 799b

צָמֵא I qal
διψᾶν (= HR's διψῆν) 338a, 171c

צָמֵא II adj.
[ἀναμάρτητος 79c]
διψᾶν (= HR's διψῆν) 338a
δίψος 338b

צָמָא
δίψα 338a
δίψος 338b

צִמְאָה
δίψος 338b

צִמָּאוֹן
γῆ διψῶσα 240c, 338a

צָמַד ni.
τελεῖν 1342c

צָמַד pu.
ζευγνύειν, ζευγνύναι 593c

צָמַד hi.
περιπλέκειν 1125b

צֶמֶד
[βοῦς 229a]
γεώργιον 240b
ζεῦγος 594a
κόχλαξ, κοχλάς(?) 781b
ξυνωρίς (צ׳ פָּרָשִׁים) 959c

צַמָּה
κατακάλυμμα 732c
σιώπησις 1268a

צִמּוּק
σταφίς 1287a

צָמַח qal
ἀναβλαστάνειν 73b
ἀνατέλλειν 83a
ἀναφύειν 85c
βλαστᾶν, βλαστάνειν, βλαστεῖν 220c

φύειν 1440c, *195b*

צָמַח pi.
ἀνατέλλειν 83a
βλαστᾶν, βλαστάνειν, βλαστεῖν 220c

צָמַח hi.
ἀνατέλλειν 83a
βλαστᾶν, βλαστάνειν, βλαστεῖν 220c
ἐκβλαστάνειν 421b
ἐξανατέλλειν 487c

צֶמַח
ἀνατέλλειν 83a
ἀνατολή 83c
ἄνθος 96a
ἰσχύς 694b
προανατέλλειν (צ׳ טֶרֶף) 1204a
χλόη *196a*

צָמִיד
δεσμός 292a
καταδεῖν 730b
ψέλ(λ)ιον 1484a

צְמִיתֻת
βεβαίως (לְצ׳) 216b
βεβαίωσις 216b

צָמַק qal
ξηρός 957b

צֶמֶר
[ἐπίποκος 526c] → πόκος
ἔρεος 544c
ἐρεοῦς 544c
ἔριον 547b
ἱμάτιον 685a
πόκος 1170b

צַמֶּרֶת
ἀρχή 163c
[ἐκλεκτός 437a]
ἐπίλεκτος 525a

צָמַת qal
θανατοῦν 625b

צָמַת pi.
#ἐκταράσσειν 442a (Ps. 87[88].16)
ἐκτήκειν 443a

צָמַת pilp.
[ἐκταράσσειν 442a] → צמת pi.
[ταράσσειν 1336a] → צמת pi. ≈ ἐκταράσσειν

צָמַת hi.
ἀποκτείνειν, ἀποκτέννειν 135a
ἀφανίζειν 181b
ἐκδιώκειν 423a
ἐξολεθρεύειν, ἐξολοθρεύειν 497c
ἐχθρός 589c
θανατοῦν 625b

צֵן
τρίβολος 1372b

צֹנֵא
κτῆνος 794a

צֹנֶה
πρόβατον 1204b

צִנָּה
ἀσπίς ("shield") 173a, *168c*
δόρυ 344b
[ἔξοδος 497b] → יצא qal
θυρεός, θυραιός 663c
θυρεοφόρος, θυρεωφόρος (נשׂא צ׳) 663c
κοντός 778a
ὅπλον 1003c
ὁπλοφόρος (נשׂא צ׳) 1004a
[πέλτη 1116b] → מָגֵן
[περίστασις ὅπλων 1126c]

צָנוֹף, צָנוֹף
διάδημα 300a

צִנּוֹר
καταρ(ρ)άκτος 743a

צָנַח qal
διελαύνειν 328b
διεξέρχεσθαι 328b

צְנִינִים
βολίς 224b

צָנִיף
διάδημα 300a, *171a*
κίδαρις 764c

צָנַע qal
ταπεινός 1334b

צָנַע hi.
ἀκρίβεια *166a*
ἀκριβής *166a*
?ἕτοιμος 564c

צָנַף qal
περιτιθέναι 1127c
[ῥίπτειν, ῥιπτεῖν 1252b]

צִנְצֶנֶת
στάμνος 1286c

צְנָתְרָה
μυξωτήρ 936c

צָעַד qal
#ἀναστρέφειν 82b
ἀπαίρειν 115c
διαβαίνειν, διαβέννειν 298a, *171a*
ἐπιβαίνειν 515c

צָעַד hi.
[ἀνάγκη 76a]
ἀνάγκη ἔχει 586c

צַעַד
βῆμα *169b*
διάβημα 299a
ἐπιτήδευμα 535b
ἴχνος 696b
ὁδός *186a*
πορ(ε)ία 1189a
πορεύεσθαι 1189a

צְעָדָה
συσσεισμός 1323b
χλιδών 1471b

צָעָה qal
διαχεῖν 316a
κλίνειν 771a
[ὑποστρωννύναι 194d] → יצע hi.

צָעָה pi.
κλίνειν 771a

צָעוֹר
νεώτερος 942a

צָעִיף
θέριστρον 649a

צָעִיר
ἀρνίον 159b
ἐλάττων, ἐλάσσων, ἐλάχιστος 448b
μικρός 926c
μικρότερος 926c
νεώτερος 942c
ὀλιγοστός 986c

צְעִירָה
νεότης 942c

צָעַן qal
[σαλεύειν 1257c] → σείειν
σείειν 1261c

צָעַק qal
ἀναβοᾶν 73c
βοᾶν 222a
καταβοᾶν 729a
κράζειν 781b

צָעַק ni.
[ἀναβαίνειν, ἀναβέννειν 70a] → ἀναβοᾶν
ἀναβοᾶν 73c
βοᾶν 222a
συνάγειν 1307b

צָעַק pi.
βοᾶν 222a

צָעַק hi.
παραγγέλλειν 1056b

צְעָקָה
βοή 222c
δέησις 285c, *170b*
ἱκετ(ε)ία *180a*
κράζειν 781b
κραυ(γ)ή 784b
φωνή 1447b (Ge. 27.34)

צָעַר qal
ἐλαττονοῦν, ἐλασσονοῦν 448a
[μικρός 926c] → XXX ≈ ποιμήν
ὀλίγος γίνεσθαι 986b

צָעַר pi.
#ὀλιγοῦν 987a (Hb. 3.12)

צָעַר hi.
#ἐλαττοῦν, ἐλασσονοῦν *174a* (Si. 39.18)

צַעַר
χολέρα *196a*

צָפַד qal
πηγνύναι 1130c

צָפָה I qal
#ἀποβλέπειν 125c (Ps. 9.29 [10.8])
[βλέπειν *169b*]
[ἐντάσσειν 476c] → XXX ≈ ἐντέλλεσθαι, ἐντελλέσθειν
ἐπιβλέπ(τ)ειν 516c, *176c*
ἐπιδεῖν, ἐφιδεῖν ("to see") 519a
#ἐπισκοπή 528c (Ez. 7.22)
ἰδεῖν 669b
κατανοεῖν 739c
σκοπεύειν 1275b
σκοπιά 1275c
σκοπός 1275c, *191c*
[ὑπερχεῖν 1411b] → צוף I qal
φυλάσσειν, φυλάττειν 1441c
[χώρημα 1482b] → צאה ≈ προχώρημα

צָפָה I pi.
ἀποσκοπεύειν 141a
ἐμβλέπειν *174b*
ἐπιβλέπειν 516c
ἐπιδεῖν, ἐφιδεῖν ("to see") 519a
ἐφορᾶν 586b
πεταλοῦν 1128c
σκοπεύειν 1275b
σκοπιά 1275c
σκοπός 1275c

צָפָה II pi.
καλύπτειν 716c
καταχαλκοῦν 748c
καταχρυσοῦν 748c
κοιλοσταθμεῖν 773c
κοσμεῖν 780b
περιέχειν 1123a
περιπλεῖν 1125b
περιχαλκοῦν 1128b
περιχρυσοῦν 1128b
χρυσοῦν 1478c

צָפָה II pu.
[καλύπτειν 716c] → צפה II pi.
χρυσοῦν 1478c

צִפּוּי
περιηργυρωμένος (צ׳ כֶּסֶף) 1121c
περίθεμα 1123b

צָפוֹן
ἀπηλιώτης 122b
βορέας, βορέης, βορρᾶς 224c, *169c*
εὐώνυμος 585a

צְפוֹנִי
ὁ ἀπὸ βορρᾶ 224c

צָפוּעַ
[βόλβιτον 224b] → צפיע

צִפּוֹר
ὄρνεον 1014a
ὀρνίθιον 1014a
πετεινός 1129a
στρουθίον 1297a

צַפַּחַת
κα(μ)ψάκης 757c
φακός 1423b

צָפִיָּה
ἀποσκοπεύειν 141b

צְפִיחִת
ἐγκρίς 367a

צָפִין
κρύπτειν 792a

צָפִיעַ
βόλβιτον 224b

צָפִיר
*τράγος 1369a
χίμαρος 1470c

צָפִיר (Aramaic)
*#χίμαρος (צ׳ עִזִּין) 1470c (I Es. 7.8)

צָפַן qal
[ἅγιος 12a]
[ἀποβλέπειν 125c] → צפה I qal
ἐγκρύπτειν 367a
ἐκλείπειν 435c
[ἐπισκοπή 528c] → צפה I qal
ἔχειν 586c
θησαυρίζειν 651b
[κατακρύπτειν 734c] → צפן hi.
κρύπτειν 792a
σκεπάζειν 1268c
τηρεῖν 1348b

צָפַן ni.
διδόναι 317b
κρύπτειν 792a
#λανθάνειν 853a (Jb. 24.1)

צָפַן hi.
ἀποκρύπτειν *168a*
κατακρύπτειν 734c

κρύπτειν 792a
["] *182b*

צֶפַע
ἀσπίς ("snake") 173b

צִפְעֹנִי
ἀσπίς ("snake") 173b
θανατοῦν 625b

צָפַף pilp.
ἀντειπεῖν, ἀντερεῖν 109c
⟦ἀσθενεῖν 172a⟧
⟦ἀπὸ τῆς γῆς φωνεῖν 240c⟧
κενολογεῖν 759a
φωνεῖν 1447b

צָפְצָפָה
ἐπιβλέπειν 516c

צָפַר qal
ἐκχωρεῖν 446c
ἐξορμᾶν 500a

צְפַר (Aramaic)
ὄρνεον 1014a
πετεινός 1129a

צְפַרְדֵּעַ
βάτραχος 215a

צִפֹּרֶן
περιονυχίζειν (עָשָׂה אֶת-צ׳) 1124c

צָקוּן
#θλῖψις 652c (Is. 26.16)

צַר I
ἀλγεῖν 52b
ἀνάγκη 76a
#ἀπορία 140a (Is. 5.30)
⟦βίαιος 218a⟧
ἐκθλίβειν 432a
⟦ἐκλείπειν 435c⟧
ἔνδεια 469b
⟦ἐπίβουλος 517b⟧
θλίβειν 652b
θλῖψις 652c
#σκληρός 1274b (Ze. 1.14; Is. 5.30)
στενός 1288c
στενῶς 1288c
⟦στερεὰ πέτρα 1129a, 1289a⟧ → צוּר II subst.
#συνοχή 1318a (Jd. 2.3)
#χρῄζειν (צַר לְ) 1474b (Jd. 11.7B)

צַר II
ἀντίδικος *167b*
διάβολος 299b
ἔχθρα *178c*
*ἐχθρός 589c, *178c*
κακός 709b
πειρατής 1116a
ὑπεναντίος 1407b, *194b* (Si. 47.7)

צֹר
#λίθος 876c (Jb. 41.6[7])
⟦πέτρα 1129c⟧ → צוּר II subst.
ψῆφος 1485c

צָרַב ni.
κατακαίειν 732b

צָרַב
#φλέγειν 1432c (Je. 20.9)

צָרֶבֶת
οὐλή 1030c
χαρακτήρ 1454c

צָרָה
ἀνάγκη 76a
ἀντίζηλος *167b*
ἀπορία 140a
θλίβειν 652b
θλῖψις 652c, *179c*
κακός 709b
πονηρός *189c*
στεναγμός 1288a
ἀπορία στενός 1288c

צָרוֹךְ
χρεία *196a*

צְרוֹר
ἀπόδεσμος 126b
βαλ(λ)άντιον 189c
δεσμός 292a
λίθος 876c
#σύντριμμα 1322b (Am. 9.9)

צָרַח hi.
βοᾶν 222a

צְרַח
#βοή 222c (Ez. 21.22[27])

צֳרִי
ῥητίνη, ῥιτίνη 1251c
#φάρμακον *195a* (Si. 6.16)

צָרִיחַ
βόθρος 224a

ὀχύρωμα 1043c
συνέλευσις 1313c

צָרִיךְ
ἐπιδεής *176c*
⟦ἔχειν *178d*⟧
προσδεῖν ("to be needy") *190a*
χρεία *196a*

צָרַךְ qal
προσδεῖν ("to be needy") *190a*
χρεία *196a*

צֹרֶךְ
ἔχειν *178c* (+Si. 13.6)
θέλημα *179b*
στενοχωρία *192a*
χρεία 1474a, *196a*

צָרַע qal
λεπρᾶν 874a
λεπρός 874a

צָרַע pu.
λεπρᾶν 874a
λεπρός 874a
λεπροῦσθαι 874a

צִרְעָה
σφηκία 1325a

צָרַעַת
λέπρα (צָ׳, צָ׳) (נֶגַע-צָ׳) 873c

צָרַף qal
ἀργυροκοπεῖν 155b
ἀργυροκόπος 155b
δοκιμάζειν 339c
ἐκκαθαίρειν 432a
καθαρίζειν, καθερίζειν 698a
#καθαρός 698c (Pr. 25.4)
⟦κατασκευάζειν 744a⟧
πυροῦν 1245c
πυρωτής 1246a
χαλκεύς 1453a
χρυσοχόος (צוֹרֵף, צֹרֵף, צֹרֵף בַּזָּהָב) 1480a
χωνεύειν 1480c
χωνευτής (צוֹרֵךְ) 1481a

צָרַף ni.
πυροῦν 1245c

צָרַף pi.
χωνεύειν 1480c
χωνευτήριον 1481a

צָרְפִי
§σαραφει 1259b
§σαρεφι 1259b
§σεραφιν, σεραφ(ε)ιμ 1263a

צָרַר I qal
ἀνθιστάναι 95c
ἀντίζηλος 110b
ἀντικεῖσθαι 110c
διάβολος 299b
ἐχθραίνειν 589b
ἐχθρεύειν 589c
ἐχθρός 589c
καταπατεῖν 740b
μισεῖν 929a
πολεμεῖν 1170b

צָרַר II qal
ἀποδεσμεύειν 126b
ἀπορεῖν 140a
δεσμεύειν 292a
#ἐγκρατής *172a* (Si. 26.15)
ἐκθλίβειν 432a
ἐνδεῖν 469c
θλίβειν 652b
στενοχωρεῖν 1288c
συγκλείειν 1299c
συμπεριλαμβάνειν 1305b
συνέχειν 1315b
συστρέφειν 1323c
συστροφή 1324a

צָרַר II ni.
#συστροφή 1324a (Je. 4.16)

צָרַר II pi.
#συστρέφειν 1323c (Ez. 13.20)

צָרַר II pu.
ἀποδεῖν 126a

צָרַר II hi.
ἐκθλίβειν 432a
ἐκτρίβειν 444a
θλίβειν 652b
θλῖψις 652c
#κολλᾶν 776b (Ps. 24[25].21)
πατάσσειν 1103b
ὠδίνειν 1492c

צְרֹר
δεσμός 292a
ἔνδεσμος 470a

ק

קֵא
ἔμετος 456a

קָאַת
καταρ(ρ)άκτης 743a
ὄρνεον 1014a
πελεκᾶν 1116b
#χαμαιλέων 1454b (Ze. 2.14)

קַב
§καβος 697a

קָבַב qal
ἀρᾶσθαι 152c
ἐπικαταρᾶσθαι 522c
#ἐπικατάρατος εἶναι 522c (Pr. 24.39[24])

κατάρα 742b
καταρᾶσθαι 742c
κατάρασις 743a
#μέμφεσθαι *184b* (Si. 41.7)

קֻבָּה
ἔνυστρον 482a
#μήτρα 925b (Nu. 28.5)

קֻבָּה
⟦μήτρα 925b⟧ → קֻבָה

קֻבָּה
κάμινος 718a

קְבוּצָה
εἰσδέχεσθαι 410a

קְבוּרָה
μνῆμα 931b
μνημεῖον 931b
ταφή 1338a
τάφος 1338a

קָבַל pi.
δέχεσθαι 294c, *171a*
ἐκλέγειν 435a
ἐπιδέχεσθαι *176c*
*#παραλαμβάνειν 1061b (I Es. 8.60)
πείθειν 1114b
προσδέχεσθαι 1212c
συναγωγή *192c*
ὑποφέρειν 1418a

קָבַל hi.
ἀντιπίπτειν 111c

קְבַל pa. (Aramaic)
λαμβάνειν 847a
παραλαμβάνειν 1061b

קֳבֵל (Aramaic)
#κατακολουθεῖν (לְקָ׳) 734a (I Es. 7.1)
οὕτω(ς) (כָּל-קֳבֵל דְּנָה) 1035a
τότε (כָּל-קֳבֵל דְּנָה) 1367c
ὃν τρόπον (כָּל-קֳבֵל דִּי) 1375a

קְבֵל, קֳבֵל
§κεβλααμ (קְבָל-עָם) 1502c

קָבַע qal
ἄσυλος 174a
#βάλλειν 189c (Ez. 23.24)
〚πτερνίζειν 1237c〛 → עָקַב qal

קֻבַּעַת
#κόνδυ 777c (Is. 51.17)
〚ποτήριον 1197b〛 → כּוֹס

קָבַץ qal
ἀθροίζειν 30a
εἰσδέχεσθαι 410a
ἐκλέγειν 435a
ἐξεκκλησιάζειν 491a
ἐπιλέγειν 524c
ἐπισυνάγειν 534a
*συνάγειν 1307b
συναθροίζειν 1310b
συστρέφειν 1323c

קָבַץ ni.
ἀθροίζειν 30a
*ἐπισυνάγειν 534a
ἔρχεσθαι 548b
〚περιστέλλειν 1126c〛 → קָבַר ni.
*συνάγειν 1307b
συναγωγή 1309b
συναθροίζειν 1310b
συναντᾶν 1311a

קָבַץ pi.
ἀθροίζειν 30a
ἀποστρέφειν 145b
εἰσδέχεσθαι 410a
ἐκδέχεσθαι 422a
〚ἐλεεῖν 449c〛
ἐπισυνάγειν 534a
προσδέχεσθαι 190a
συνάγειν 1307b, 192c
#συστρέφειν 1323c (Mi. 1.7)

קָבַץ pu.
συνάγειν 1307b

קָבַץ hithp.
συνάγειν 1307b
συναθροίζειν 1310b
συνέρχεσθαι 1314a

קָבַר qal
θάπτειν 625c
κατορύσσειν 756b
κόπτειν 779a
ταφή 1338a
τάφος 1338a

קָבַר ni.
*θάπτειν 625c
κατορύσσειν 756b
#περιστέλλειν 1126c (Ez. 29.5)

קָבַר pi.
θάπτειν 625c

קָבַר pu.
θάπτειν 625c

קֶבֶר
〚θάνατος 623b〛
μνῆμα 931b
μνημεῖον 931b
ταφή 1338a
*τάφος 1338a

קָדַד qal
εὐδοκεῖν 569a
κάμπτειν τὰ γόνατα 274c, 718b
κύπτειν 799c
πίπτειν 1135c

קִדָּה
ἶρις 688b

קְדוּמִים
ἀρχαῖος 162c

קָדוֹשׁ
ἁγιάζειν 10c
*ἅγιος 12a, 165b
καθαρός 698c
κύριος (הָקְ) 182c

קָדַח qal
ἐκκαίειν 432b
καίειν 705a

קַדַּחַת
ἴκτερος 684b
ἴκτηρ(?) 684b
πυρετός 1245b

קָדִים
ἀνατολή (רוּחַ הַקְ, קָ) 83c
ἀνεμόφθορος (שָׁדַף קָ) 87a
βίαιος 218a
ἐξ ἐναντίας (קָ, קָדִימָה) 468b
καύσων 757b
νότος 949c
πνεῦμα 1151c

קַדִּישׁ (Aramaic)
ἅγιος 12a

קָדַם qal
ὑπαντᾶν 194a

קָדַם pi.
βάλλειν 189c
ἐπιβάλλειν + θυρεόν (= מָגֵן) 516a
καταλαμβάνειν 735a
〚πορεύεσθαι πρό 1189a (Ps. 88[89].14)〛
προκαταλαμβάνειν 1207a
προπορεύεσθαι 1208c
προφθάνειν 1233c
συναντᾶν 1311a
#φθάνειν 1429b (Si. 30[33].25)

קָדַם hi.
ἀνθιστάναι 95c
γίνεσθαι 256c

קֶדֶם
αἰών 39b
ἀλλόφυλος (בְּנֵי־קֶ) 57c
ἀνατολή 83c
ἡλίου ἀνατολαί 83c, 606b
ἀρχαῖος (קֶ, מִקֶּ) 162c, 168c
ἀρχή (קֶ, יְמֵי־קֶ) 163c, 168c
ἀρχῆθεν 165b
ἔμπροσθε(ν) 459b
§κεδεμ 757c
#νότος 949c (Ex. 27.13; Nu. 34.15)
πρότερον (adv.) 1230b
τὸ πρότερον 1230c
πρῶτος 1235c

קֵדֶם
ἀνατολή 83c
πρῶτος 1235c

קֳדָם (Aramaic)
ἔμπροσθε(ν) (קֳ, מִן קֳ) 459b
παριστάναι (קוּם קֳ) 1070c
ἀπὸ (τοῦ) προσώπου (מִן קֳ) 1223c
ἐκ (τοῦ) προσώπου (מִן קֳ) 1223c
κατὰ (τὸ) πρόσωπον (קֳ) 1224a
πρότερος (קֳ, מִן קֳ) 1230c

קַדְמָה (Hebrew and Aramaic)
ἀρχή 163c

ἔμπροσθε(ν) (מִן קֳדָמַת דְּנָה, מִקְּדָמַת) 459b (I Es. 6.14)

קִדְמָה
ἐξ ἐναντίας 468b

קֵדְמָה
ἐξ ἐναντίας 468b

קַדְמוֹן
ἀνατολή 83c
#πρότερος 190c (Si. 41.3)

קַדְמַי (Aramaic)
ἔμπροσθε(ν) 459b
πρῶτος 1235c

קַדְמֹנִי
ἀνατολή 83c
ἀρχαῖος 162c
ὁ ἔμπροσθε(ν) 459b
πρῶτος 1235c

קָדְקֹד
#ἄρχειν 163a (Is. 3.17)
ἄρχων 166b
κεφαλή 760c
κορυφή 780a

קָדַר qal
〚ἀπολλύειν, ἀπολλύναι 136c〛
〚ἀπορία 140a〛
διευλαβεῖσθαι 329c
σκοτοῦν 1277a
σκυθρωπάζειν 1277a
στένειν 1288b
συσκοτάζειν 1323b

קָדַר hi.
〚πενθεῖν 1117b〛 → σκοτάζειν
σκοτάζειν 1276a
σκοτοῦν 191c
συσκοτάζειν 1323b

קָדַר hithp.
συσκοτάζειν 1323b

קִדָּרוֹן
§κεδρος 758a

קַדְרוּת
σκότος 1276b

קַדְרַנִית
ἱκέτης 684a

קָדַשׁ, קָדֵשׁ qal
ἁγιάζειν 10c
ἐνδιαλλάσσειν 470b
καθαρὸς εἶναι 698c
τελεῖν 1342c

קָדַשׁ, קָדֵשׁ ni.
ἁγιάζειν 10c, 165a
〚δοξάζειν 343b〛
θαυμάζειν 179a

קָדַשׁ, קָדֵשׁ pi.
ἁγιάζειν 10c
ἅγιος 12a
ἁγνίζειν 15c
〚ἀναβιβάζειν 73a〛 → ἁγιάζειν
ἐγείρειν + πόλεμον (= מִלְחָמָה) 364a
εἰσάγειν 407c
〚ἐπάγειν 503c〛
καθαρίζειν, καθερίζειν 698a
παρασκευάζειν 1064a

קָדַשׁ, קָדֵשׁ pu.
*ἁγιάζειν 10c

קָדַשׁ, קָדֵשׁ hi.
*ἁγιάζειν 10c, 165a
ἁγιασμός 11c

ἅγιος 12a
ἁγνίζειν 15c
διαστέλλειν 311b
καθαγιάζειν 697a
θαυμάζειν 179a

קָדַשׁ, קָדֵשׁ hithp.
*ἁγιάζειν 10c
ἅγιος 12a
ἁγνίζειν 15c
ἑορτάζειν (חָגַג קְ hithp.) 502c

קָדֵשׁ
§καδησ(ε)ιμ, καδησιν (קְדֵשִׁים) 697a
πορνεύων 1194c
πόρνη 1195a
τελεσφόρος 1343b
τελετή 1343b
τελίσκεσθαι 1344a

קֹדֶשׁ
ἁγιάζειν 10c
*ἁγίασμα 165b
〚" 11b (–Ez. 22.8)〛 → ἅγιος
ἁγιασμός 11c, 165b
*ἅγιος 12a
ἁγιωσύνη 15b
ἁγνίζειν 15c
〚δόξα 341b〛
θεός 630a
*#θυσία 664a (I Es. 1.6, 12)
*#ἱερός 683a (I Es. 1.5)
§καδης 697a
καθαγιάζειν 697a
〚οἶκος 973a〛

קָהָה qal
αἱμωδιᾶν 33a
#γῆρας 255c (Pr. 30.17)
γομφιάζειν 274c

קָהָה pi.
ἐκπίπτειν 439b

קֵהָיוֹן
#γομφιασμός 274c (Am. 4.6)

קָהַל ni.
ἀθροίζειν 30a
ἐξεκκλησιάζειν 491a
ἐπισυνάγειν 534a
ἐπισυστρέφειν 534b
συνάγειν 1307b
συναθροίζειν 1310b
συνιστάναι, συνιστᾶν 1317a

קָהַל hi.
ἐκκλησιάζειν 433b
ἐξεκκλησιάζειν 491a
ἐπισυνιστάναι 534b
συνάγειν 1307b
συναθροίζειν 1310b

קָהָל
ἐκκλησία 433a, 173c
ἐξεκκλησιάζειν 491a
λαός 853b
〚οἶκος 973a (De. 23.1[2])〛 →
ἐκκλησία
*ὄχλος 1043b
*πλῆθος 1142c
συναγωγή (קָ, קְהַל עֵדָה, עַם קָ) 1309b
συνέδριον 1313a
σύστασις 1323b

קְהִלָּה
ἐκκλησία 433a
#ἔκκλητος 173c (Si. 42.11)

Column 1

ὄχλος 187c
συναγωγή 1309b

קָהָל
ἐκκλησιαστής 433b

קָהָת, קְהָת
§υἱὸς κααθ (קְהָתִי) 1384c

קַו I, קָו
διαμέτρησις 306b
[κύκλωμα 798c]
μέτρον, μέτρος 918b
σπαρτίον 1281c
[φθόγγος 1430a] → קוֹל

קַו II
ἐλπίς 454a

קוֹבַע
περικεφαλαία 1124a
[προφυλακή 1234a]

קָוָה I qal
#ἀνέλπιστος (קְ + neg.) 86c (Is. 18.2)
ὑπομένειν 1415c, 194c

קָוָה I pi.
ἀναμένειν 79c, 166c
διορᾶν 336b
ἐλπίζειν 453c
ἐμμένειν 174b
ἐπέχειν 511a
μένειν 910a
πείθειν 1114b
πεποιθὼς εἶναι 1114b
περιμένειν 1124c
προσδοκᾶν 1213a
[συνάγειν 1307b (Mi. 5.7[6]; Je. 8.15)] → קָוָה II ni.
ὑπομένειν 1415c
ὑπομονή 1416b

קָוָה II ni.
ἐγγίζειν 362b
συνάγειν 1307b

קָו, קָוָה
[διαμέτρησις 306b] → קַו I, קָו
μέτρον, μέτρος 918b

קוּט qal
προσοχθίζειν 1218c

קוּט ni.
κάμνειν 718b
κόπτειν 779a
προσοχθίζειν 1218c

קוּט hithpo.
ἐκτήκειν 443a

קוֹל
ἀναβοᾶν (נָשָׂא קוֹל) 73c
[βοή 222c] → φωνή
βροντή (קוֹלוֹת) 169c
ἐντολή 479b
ἐξηχεῖν 175c
ἡδύφωνος (יְפֵה קוֹל) 604c
ἦχος, ἠχώ 179c
[θυμός 660c]
ἱκετ(ε)ία 180a
*κήρυγμα 763b
*κηρύσσειν (עָבַר קוֹל, נָתַן קוֹל hi.) 763c
*κραυ(γ)ή 784b
λόγος 881c
μέλος 184b
[προσευχή 1214c] → φωνή
#φθόγγος 1430a (Ps. 18[19].4)
*φωνή 1447b, 195c

Column 2

קוּם I qal
ἀμβλυωπεῖν 65b
ἀναβαίνειν, ἀναβέννειν 70a
ἀναπηδᾶν 81a
ἀνάστασις 82a
ἀνατέλλειν 83a
ἀνιστάνειν 95c
[["] 167a] → παριστάναι
*ἀνιστᾶν, ἀνιστάναι 102c, 167b
ἀποπηδᾶν 139b
γίνεσθαι 256c
διανιστάναι 306b
ἐγείρειν 364a
ἔγερσις 364b
[εἰσέρχεσθαι 410b]
ἐμμένειν 456a
ἐξανιστάναι 487c
*ἐξεγείρειν 490b
ἐπανιστάναι, ἐπανιστάνειν 506c
ἐπεγείρειν 509a, 176b (Si. 46.1)
ἐπέρχεσθαι 509c
ἔτασιν ποιεῖν 559c
ἥκειν 605a
[ἡμέρα 607b (Jb. 7.4)]
*ἱστάναι, ἱστᾶν 689a, 180c
*καθιστάναι 703a
κυροῦν 839a
μένειν 910a
μισεῖν 929a
παριστάναι 188a
[ποιεῖν 1154a (Jb. 41.17[18])]
τιθέναι 1348c (I Ki. 22.13)
ὑπεναντίος 1407b
ὑπομένειν 1415c
ὑφιστάναι 1419a

קוּם I pi.
ἀνιστᾶν, ἀνιστάναι 102c
βεβαιοῦν 216b
ἱστάναι, ἱστᾶν 689a
#στερέωμα 1289b (Es. 9.29)

קוּם I polel
ἀνατέλλειν 83a
ἀνθιστάναι 95c
ἀντικαθιστάναι 110c
ἐξανιστάναι 487c
ἐξουσιάζειν 176a
συνεδρεύειν 192c

קוּם I hi.
ἀνιστᾶν, ἀνιστάναι 102c
ἀντικαθιστάναι 110c
ἀντιλαμβάνεσθαι 110c
διατιθέναι 313b
ἐγείρειν 364a, 172a
ἔγερσις 364b
ἐμμένειν 456a
ἐμμένειν ἐν 456a
ἐξανιστάναι 487c
ἐξεγείρειν 490b
ἐπεγείρειν 509a
ἐπιτάσσειν 534c
ἐφιστάναι 585c
ἱστάναι, ἱστᾶν 689a, 180c
καθιστάναι 703a
[κρατεῖν 783a]
[λαμβάνειν 847a (Am. 2.11)] → נָשָׂא qal
πιστοῦν 1139a
τηρεῖν 1348b (I Ki. 15.11)
τιθέναι 1348c (Is. 29.3)

קוּם I ho.
ἀνιστᾶν, ἀνιστάναι 102c

Column 3

ἱστάναι, ἱστᾶν 689a

קוּם I hithpo.
ἀνθιστάναι 95c
ἐπανιστάναι, ἐπανιστάνειν 506c
#ἐφιστάναι 178b (Si. 41.22)
ἐχθρός (תְּקוֹמֵם) 589c

קוּם II pe. (Aramaic)
ἀνιστᾶν, ἀνιστάναι 102c
*ἱστάναι, ἱστᾶν 689a
ὀρθ(ρ)ίζειν (pe. קוּם בִּשְׁפַרְפָּרָא) 1011a
#παριστάναι (קוּם קֳדָם pe.) 1070c (Da. 7.10)

קוּם II pa. (Aramaic)
ἱστάναι, ἱστᾶν 689a

קוּם II aph. (Aramaic)
ἀνιστᾶν, ἀνιστάναι 102c
[διδόναι 317b]
*ἱστάναι, ἱστᾶν 689a
καθιστάναι 703a

קוּם II hoph. (Aramaic)
ἱστάναι, ἱστᾶν 689a

קוֹמָה
ἡλικία 606b, 179b (Si. 26.17)
ἱστάναι, ἱστᾶν (מְלֹא־קוֹ) 689a
μέγεθος 907a
μικρός (שִׁפְלַת קוֹ) 926c
ὑπεροχή 1411a
ὕψος 1421b

קוֹמְמִיּוּת
μετὰ παρρησίας 1073a

קוֹף
πίθηκος 1132c

קוּץ qal
βαρυθυμεῖν 191a
βδελύσσειν, βδελύττειν 216a
[ἐκλύειν 438a]
#μισεῖν 185b (Si. 7.15)
ὀλιγοψυχεῖν (קָצָה רוּחַ) 186a
προσοχθίζειν 1218c, 190b
[συνάγειν 1307b] → קבץ ni. or pu.
#φοβεῖν 1433b (Is. 7.16)

קוּץ hi.
ἀνιστᾶν, ἀνιστάναι 102c
ἐξανιστάναι 487c

קוֹץ
ἄκανθα 43c

קְצוֹת
βόστρυχος 225c

קוּר I qal
τιθέναι γέφυραν 240b, 1348c
ψύχειν 1486a

קוּר I pilp.
προνομεύειν 1207c

קוּר I hi.
ψύχειν 1486a

קוּר II subst.
#βόθρος 224a (Am. 9.7)

קוּר III subst.
ἱστός 692c

קוֹר
ψῦχος 1490c

קוֹרָה
δοκός 340a

Column 4

קוֹשׁ
πρόσκομμα τιθέναι 1217a, 1348c

קָטֵב, קֶטֶב
βία 218a
[καταφέρειν 747b]
?κέντρον 759b
ὀπισθότονος 1001c
σύμπτωμα 1306b

קְטוֹרָה
θυμίαμα 660b

קְטַל qal
ἀποκτείνειν, ἀποκτέννειν 135a
χειροῦσθαι 1467a

קְטַל pe. (Aramaic)
ἀναιρεῖν 77b
ἀποτυμπανίζειν 149c

קְטַל pa. (Aramaic)
ἀναιρεῖν 77b
ἀποκτείνειν, ἀποκτέννειν 135a
ἐξάγειν 483a

קְטַל ithpa. (Aramaic)
ἀναιρεῖν 77b
ἀποκτείνειν, ἀποκτέννειν 135a
συναπολλύναι 1312a

קֶטֶל
σφαγή 1324a

קָטֹן qal
ἱκανοῦσθαι 684a
κατασμικρύνειν 745a
(σ)μικρύνειν 927c

קָטֹן hi.
ποιεῖν μικρόν 926c, 1154a

קָטֹן, קָטָן
βραχύς 230c
δεύτερος 293b
ἐλάττων, ἐλάσσων, ἐλάχιστος 448b
ἐλαφρός 449a
μικρολόγος 185a
*μικρός 926c
μικρότατος 926c
μικρότερος 926c
νεώτερος 942a
νήπιος 185b
ὀλίγος 186a
ὀλιγοστός 986c
πτωχός 1239b

קֹטֶן
μικρὸς δάκτυλος 284b, 926c
μικρότης 927c

קָטַף qal
ἀποκνίζειν 132c
συλλέγειν 1302b
[συνάγειν 1307b] → συλλέγειν

קָטַף ni.
θερίζειν 648c

קָטַר ni.
ὁλοκαρποῦσθαι (ni. כָּלִיל קְ) 186b

קָטַר pi.
θύειν 659a
θυμιάζειν, θυμιᾶν 660a
θυμίαμα 660b

קָטַר pu.
θυμιάζειν, θυμιᾶν 660a

קָטַר hi.
ἀναφέρειν 84c
διαναφέρειν 306b

ἐπιθύειν 520b
ἐπιτιθέναι 535c
θύειν 659a
θυμιάζειν, θυμιᾶν 660a
θυμίαμα 179c
〚θυσιάζειν 666a〛 → θυμιάζειν,
   θυμιᾶν
προσφέρειν 1222c

קָטַר ho.
ἐπιτελεῖν 535a
θυμίαμα 660b

קְטַר (Aramaic)
σύνδεσμος 1312c

קְטֹרֶת
θυμιάζειν, θυμιᾶν 660a
θυμίαμα ('ק, 'ק מִקְטַר) 660b, 179c
σύνθεσις 1316a, 192c

קִיא qal
ἐξεμεῖν 491a
προσοχθίζειν 1218c

קִיא hi.
ἐκβάλλειν 420c
ἐξεμεῖν 491a
ἐμεῖν 456a, 174b (Si. 34[31].21)
προσοχθίζειν 1218c

קַיִט (Aramaic)
θερινός 648c

קִיטוֹר
ἀτμίς 176b
κρύσταλλος 792c
πάχνη 1112c
φλόξ 1433a

קְיָם (Aramaic)
στάσις 1286c

קְיָם (Aramaic)
μένειν 910a
συντηρεῖν 1320c

קִימָה
ἀνάστασις 82a

קִין polel
*θρηνεῖν 654c
θρήνημα 655a

קַיִן
δόρυ 344b

קִינָה
*#θρηνεῖν (אָמַר בְּקִינוֹת) 654c
   (I Es. 1.32)
θρῆνος 655a, 179c

קִיץ hi.
ἐγείρειν 364a
ἐκνήφειν 438b
ἐξεγείρειν 490b, 175c
ὄρθρος/ὀρθός ἐστι 1011b
προσέχειν 1215b

קַיִץ
〚ἀμητός, ἄμητος 65c〛
θερινός 648c
θερισμός 649a
θέρος 649b, 179b
καῦμα 757a
ὀπώρα 1004b

קִיצוֹן
ἐξώτερος, ἐξώτατος 502c

קִיקָיוֹן
κολόκυνθα, κολόκυντα 777a

קִיקָלוֹן
〚ἀτιμία 175c〛 → קָלוֹן

קִיר
αἰσθητήριον 36c
βάσις 214b
δοκός 340a
§κειράδες (קִיר־חֶרֶשׂ) 758b
ὀρόφωμα 1017c
τεῖχος 1339c
τοῖχος 1362c, 193c

קִיתָרֹס (Aramaic)
κιθάρα 765a

קַל
δρομεύς 349a
ἐλαφρός 449a
κοῦφος 781b
κούφως 781b
ὀξέως 1001a
ὀξύς 1001a
οὐθείς, οὐθείς 187a
#ταχύς 1339a (Na. 1.14; Is. 9.1
   [8.23])

קָל (Aramaic)
φωνή 1447b

קֹל
κυδοιμός (חֲזֵי קֹלוֹת) 796a

קָלָה I qal
ἀποτηγανίζειν 148c
φρύγειν 1440a

קָלָה II ni.
ἄδοξος 165c
ἀνάξιος 166c
ἀσχημονεῖν 174c
ἀτιμάζειν 175c, 168c
〚[ἀτιμᾶν] 168d〛
ἀτιμία 175c
[["] 168d]
ἄτιμος 176a, 168c
〚ἔμπαιγμα 456b〛 → ἐμπαιγμός
ἐμπαιγμός 456b
οὐχὶ ἔνδοξος 470c

קָלָה II hi.
ἀτιμάζειν 175c, 168c
〚[ἀτιμᾶν] 168d〛

קָלוֹן
αἰσχύνη 165c
ἀνομία 106c
ἀτιμάζειν 175c
ἀτιμία 175c, 168c

קַלַּחַת
χαλκίον 1453a
〚χαλκός 1453b〛 → χαλκίον
χύτρα, κύθρα, χθύρα, χύτρον(?)
   1480b

קָלַט qal
κολοβόκερκος 776c

קָלִי
ἄλφιτον 60a
φρύγειν 1440a

קָלַל qal
ἀτιμάζειν 175c
ἄτιμον 176a
ἐλαφρότερος εἶναι 449a
ἐξάλλεσθαι 487a
κοπάζειν 778a
κοῦφος 781b

קָלַל ni.
〚ἀποκαλύπτειν 131c〛
ἐξουδενεῖν, ἐξουθενεῖν 500b
εὐχερής 583c
ἱκανός + neg. 683c

κοῦφος 781b
κοῦφος εἶναι 781b
μικρός 926c

קָלַל pi.
#ἀδοξία 165b (Si. 3.11)
ἀρᾶσθαι 152c
κακολογεῖν 709a
κακῶς εἰπεῖν/ἐρεῖν 384a, 712a
καταρᾶσθαι 742c, 181c

קָלַל pu.
ἐπικατάρατος εἶναι 522c
καταρᾶσθαι 742c

קָלַל pilp.
ἀναβράσσειν 74a
ταράσσειν 1336a

קָלַל hi.
ἀνιέναι (= ἀνίημι) 102b
ἀτιμάζειν 175c
ἀφίειν, ἀφιέναι 183b
κακολογεῖν 709a
κουφίζειν 781a
ὑβρίζειν 1379c

קָלַל hithpalp.
ταράσσειν 1336a

קַל
ἐλαφρός 449a
ἐξαστράπτειν 490a
στίλβειν 1291b

קְלָלָה
ἀρά 152b
κατάρα 742b, 181c
καταρᾶσθαι 742c
κατάρασις 743a

קָלַס hithp.
ἐμπαίζειν 456b
ἐντρυφᾶν 481a
〚κατακράζειν 734b〛 →
   καταπαίζειν
καταπαίζειν 740a

קֶלֶס
κατάγελως 730a
〚χλεύασμα 1471b〛 →
   χλευασμός
χλευασμός 1471b

קַלָּסָה
ἐμπαιγμός 456b

קָלַע qal
βάλλειν 189c
γράφειν 276a
ἐγκολάπτειν 366c
ἐγκολαπτός 366c
εἰσκολάπτειν 413c
ἐκκολάπτειν 434b
σφενδονήτης, σφενδονηστής
   1325a

קָלַע pi.
σφενδονᾶν 1325a

קֶלַע
αὐλαία 177a
ἱστίον 692b
πετροβόλος (אַבְנֵי־ק) 1130a
〚πτυχή 1239a〛
σφενδόνη 1325a, 193b

קַלָּע
σφενδονήτης, σφενδονηστής
   1325a

קַלְקַל
διάκενος 303b

קָמָה
〚ἀμητός, ἄμητος 65c〛
δράγμα 348b
ἱστάναι, ἱστᾶν 689a
στάχυς 1287b
στάχυς ὀρθ(ρ)ός 1010c

קְמֹשׁ
ὄλεθρος 986a

קֶמַח
ἄλευρον 52c
σεμίδαλις 1262c

קָמַט qal
ἐπιλαμβάνειν 523c

קָמַט pu.
συλλαμβάνειν 1301c

קָמַל hi.
#θλίβειν 179c (Si. 34[31].31)

קָמַץ qal
δράσσεσθαι 348c

קֹמֶץ
δράγμα 348b
δράξ 348c

קֵן
ν(ε)οσσ(ε)ιά 949b, 185c
ν(ε)οσσός 949c

קָנָא pi.
ζηλοῦν, ζηλεῖν(?) 594b, 178a
παραζηλοῦν 1059c
παροργίζειν 1072b

קָנָא hi.
παραζηλοῦν 1059c
παροξύνειν 1072a

קַנָּא
ζηλωτής 594b
ζηλωτός 594b

קִנְאָה
ζῆλος 594a, 178a
ζηλοτυπία ('ק pl.) 594a
ζηλοῦν, ζηλεῖν(?) 594b
ζήλωσις 594b
〚θυμός 660c〛
καρδία αἰσθητική 36c

קָנָה qal
〚ἀγαπᾶν 5c〛
ἀγοράζειν 16b, 165b
κτᾶσθαι 793b, 182c (+Si. 20.23)
κτῆσις 795a
κτίζειν 795b
〚λυτροῦν 890a〛 → κτᾶσθαι

קָנָה ni.
κτᾶσθαι 793b
〚κτίζειν 795b〛 → κτᾶσθαι

קָנָה hi.
γεννᾶν 237b
κτᾶσθαι 793b

קָנֶה
ἀγκών 15c
ζυγός, ζυγόν 599a
θυμίαμα 660b
καλάμινος 712b
καλαμίσκος 712b
κάλαμος 712b
κιν(ν)άμωμον (קְ הַטּוֹב) 765c
πῆχυς 1131b
πυθμήν 1240a
#τροχίας 1376c (Ez. 27.19)

קַנּוֹא
ζηλοῦν, ζηλεῖν(?) 594b

ζηλωτής 594b

קִנְיָן
ἔγκτητος 367a
κτᾶσθαι 793b
κτῆμα 182c
κτῆνος 794a
κτῆσις 795a, 182c
〚κτίσις 795c〛 → κτῆσις
τὸ ὑπάρχον, (τὰ) ὑπάρχοντα 1406b

קִנָּמוֹן
§κιν(ν)αμωμον 765c

קָנַן pi.
ἐννοσσεύειν 476a
νοσσεύειν 949b

קָנַן pu.
ἐννοσσεύειν 476a

קָסַם qal
ἀποφθέγγεσθαι 150a
μαντ(ε)ία 896a
μαντεύεσθαι 896a
μάντις 896a
στοχαστής 1295a

קֶסֶם
μαντ(ε)ία 896a
μαντεῖον 896a
〚μαντεύεσθαι 896a〛 → קסם qal
οἰώνισμα 985b

קָסַס polel
#σήπειν 1265b (Ez. 17.9)

קֶסֶת
ζώνη 601a

קַעֲקַע
στικτός 1291b

קְעָרָה
τρυβλίον 1377a

קָפָא qal
πηγνύναι 1130c

קָפָא hi.
πηγνύναι 1130c, 188c
τυροῦν 1379b

קִפָּאוֹן
#πάγος 1045a (Za. 14.6)

קָפַד qal
συστέλλειν 193a

קִפֹּד
ἐχῖνος 592a

קְפָדָה
〚ἐξιλασμός 496b〛 → כפרה

קִפּוֹז
ἐχῖνος 592a

קָפַץ qal
ἐμφράσσειν 460c
〚συνάγειν 1307b〛 → συνέχειν
συνέχειν 1315b
〚συστέλλειν 193a〛
συσφίγγειν 1324a

קָפַץ ni.
#μαραίνειν 896a (Jb. 24.24)

קָפַץ pi.
διάλλεσθαι 304c

קֵץ
ἀναπληροῦν 81b
ἀναρίθμητος (קץ + neg.) 81c
ἀρχή 163c
ἐκκόπτειν 434c
ἐπ᾽ ἐσχάτῳ/ἐσχάτων 558a
καιρός 706a, 180b
μέρος 911c
μέσος 913a
ὅριον 1012a
πέρας 1120a
περασμός 1120b
ὅταν πληρωθῇ (מקץ) 1147c
συντέλεια 1318c, 192c
τάξις 1334a
τέλος 1344a
χρόνος 1476b, 196c

קָצַב qal
ἀποκνίζειν 132c
κείρειν 758b

קֶצֶב
〚συντέλεια 1318c〛 → קץ
σχισμή 1328a
〚τέρμα 1345c〛

קָצָה I qal
#κάθαρσις 699c (Ez. 15.4)
συμπεραίνειν 1305b

קָצָה I pi.
συγκόπτειν 1300b

קָצָה I hi.
ἀποξύειν 139b

קָצָה II
ἄκρος 51b
ἀρχή 163c
κλίτος 771c
μέρος 911c
πτερύγιον 1238a
συμβολή 1303b

קָצֶה
ἄκρος 51b
ἀκρωτήριον 51c
ἀρχή 163c
ἐπ᾽ ἐσχάτῳ/ἐσχάτων 558a
κλίτος 771c
〚μερίς 911a〛 → μέρος
μέρος 911c
〚μέσος 913a〛 → μέρος
πέρας 1120a
πλησίον, πλησιέστερον (בקצה) 1148b
τέλος 1344a
τι αὐτοῦ (וקצהו) 1354a

קָצֶה
ἀριθμός 156c
πέρας 1120a

קְצוֹ
πέρας 1120a

קֶצַח
μελάνθιον 908b

קָצִין
ἀρχηγός 165a
ἄρχων 166b, 168c
βασιλεύς 197a
ἐνάρχεσθαι 469a
ἡγεῖσθαι 602c

קְצִיעָה
κασ(σ)ία 725b

קָצִיר
〚ἀγρός 17a〛
ἀμητός, ἄμητος 65c
θερίζειν 648c
θερισμός 649a
θέρος 649b
κλῆμα 767c
συνάγειν 1307b
τρυγᾶν 1377a
τρύγητος 1377b (Am. 4.7; Mi. 7.1)
τρυγητός 1377b (I Ki. 8.12; Jo. 1.11; 3[4].13; Is. 16.9)

קָצַע pu.
〚γωνία 283c〛 → מקצוע

קָצַע hi.
ἀποξύειν 139b

קָצַף qal
θυμός ἐστιν 660c
θυμοῦν 662b
λυπεῖν 889b
ὀργή 1008b
ἐστιν ἡ ὀργή 1008b
ὀργίζειν 1010a
παροξύνειν 1072a
πικραίνειν 1132c

קָצַף hi.
παροξύνειν 1072a
παροργίζειν 1072b

קָצַף hithp.
λυπεῖν 889b
μεταμελεῖν 184b

קְצַף I pe. (Aramaic)
*ὀργή 1008b
περίλυπος γίνεσθαι 1124c

קְצַף II subst. (Aramaic)
ὀργή 1008b

קֶצֶף
ἁμάρτημα 62a
θυμός 660c
μετάμελος 916b
ὀργή 1008b
〚ὁρμή 1014a〛 → ὀργή
παροξυσμός 1072b
〚παροργισμός 1072c〛 → ὀργή
φρύγανον 1440a
χόλος 1472b

קְצָפָה
συγκλασμός 1299c

קְצָפוֹן
λύπη 183c

קָצַץ qal
ἀποκόπτειν 133a
κείρειν 758b
περικείρειν 1124a

קָצַץ pi.
ἀποκόπτειν 133a
κατακόπτειν 734b
κολοβοῦν 777a
συγκλᾶν 1299c
συγκόπτειν 1300b

קָצַץ pu.
ἀποκόπτειν 133a

קְצַץ pa. (Aramaic)
ἐκτίλλειν 443a

קָצַר qal
ἀμᾶν 60c
ἐκθερίζειν 431c
παροργίζειν 1072b

קָצַר I qal
〚ἀμητός, ἄμητος 65c〛
ἀσθενεῖν 172a
βαρύνειν 191a
ἐκδέχεσθαι 422a
ἐλαττοῦν, ἐλασσοῦν 174a
ἐξαρκεῖν 490a
θερίζειν 648c, 179b
θυμοῦν (קצר רוח qal) 662b
ἰσχύειν (קצר qal) 692c
" + χεῖρ as subj. (קצר qal + neg.) 692c
ὀλιγοῦν 987b
ὀλιγοψυχεῖν (קצר נפש qal) 987a
στενοχωρεῖν 1288c
τρυγᾶν 1377a
τρύγητος 1377b

קָצַר I pi.
ὀλιγότης 987a

קָצַר I hi.
θερίζειν 648c
(σ)μικρύνειν 927c

קָצַר I hithp.
ὀλιγοψυχεῖν 186a

קָצַר II
ὀλιγόβιος (קצר ימים) 986b
ὀλιγόψυχος (קצר רוח) 987a
ὀξύθυμος (קצר אפים) 1001a

קֹצֶר
ὀλιγοψυχία (קצר רוח) 987a

קָצָת (Hebrew and Aramaic)
μέρος 911c
πέρας 1120a
τέλος 1344a

קַר
μακρόθυμος (קר רוח) 893a
ψυχρός 1490c

קָרָא I qal
ἀναβοᾶν 73c
ἀναγγέλλειν 74a
*ἀναγινώσκειν 75c
ἀνακαλεῖν 78a
ἀνακράζειν 78b
ἀντίκεισθαι 110c
ἀπαγγέλλειν 114a
βοᾶν 222a
διαβοᾶν 299a
ἐγκαλεῖν (קרא אל qal) 365a
εἰπεῖν, ἐρεῖν 384a
〚εἰσάγειν 407c〛 → καλεῖν
ἐκβοᾶν 421c
ἐκκαλεῖν (קרא אל qal) 432c
ἐξεκκλησιάζειν 491a
ἐπάγειν 503c
〚ἐπανακαλεῖν 176a〛
ἐπικαλεῖν (לקראת) 521b, 176c
ἐπίκλητος 523a
ἐπιλαμβάνειν 523c
ἐπονομάζειν (קרא qal, שם קרא qal) 539a
ἐπονομάζειν τὸ ὄνομα 539a
*#εὔχεσθαι 583c (+I Es. 5.44)
ἡμέρα μεγάλη (קרא מקרא) 607b
καλεῖν 712c
καταβοᾶν 729a
#κήρυγμα 763b (Pr. 9.3)
κηρύσσειν 763c
κλαίειν 766a
κλῆσις 770c
κλητός 771a
κράζειν 781b
λαλεῖν 841c
μετακαλεῖν 916a
〚νηστεύειν 945b〛
ξένος 957a
ὀνομάζειν 999c
ὀνομαστός 1000a

παρακαλεῖν 1060a
προσκαλεῖν 1216c
συγκαλεῖν 1299a
συμπαραλαμβάνειν 1304c
φωνεῖν 1447b

קָרָא I ni.
ἄκλητος (אֲשֶׁר + neg. + יִקָּרֵא) 44b
ἀναγινώσκειν 75c
ἀντέχειν 109c
ἐπεῖν, ἐρεῖν 384a
ἐπικαλεῖν 521b, 176c
*καλεῖν 712c, 180c
[κληροῦν 770c] → καλεῖν
κράζειν 781b
λογίζεσθαι 880a
[μένειν 910a]
ὀνομάζειν 999c
προσκαλεῖν 1216c
[συγκαλεῖν 1299a] → καλεῖν

קָרָא I pu.
ἐπικαλεῖν 521b
καλεῖν 712c

קָרָא II qal
[ἄγειν 9a]
ἀντιπρόσωπος (לִקְרַאת) 111c
ἀπαντᾶν 117a
εἰς ἀπάντήν (לִקְרַאת) 117a
εἰς ἀπάντησιν (לִקְרַאת) 117c
?εἰσέρχεσθαι πρός 410b
εἰσφέρειν 415a
ἔμπροσθε(ν) (לִקְרַאת) 459b
ἐξ ἐναντίας (לִקְרַאת) 468b
παρατάσσειν (לִקְרַאת) 1064c
[περιποιεῖν 1125c]
συμβαίνειν 1302c
συναντᾶν 1311a
συναντήσας σοι (לִקְרַאת בּוֹאֲךָ) 1311a
συναντή 1311b
συνάντησις 1311c
ὑπαντᾶν 194a
ὑπάντησις 1406b

קָרָא II ni.
περίπτωμα 1126a
συναντᾶν 1311a

קָרָא II hi.
[συμβαίνειν 1302c]
ποιεῖν συμβῆναι 1302c

קְרָא pe. (Aramaic)
ἀναγινώσκειν 75c
βοᾶν 222a
καλεῖν 712c
κηρύσσειν 763c
φωνεῖν 1447b

קְרָא ithpe. (Aramaic)
καλεῖν 712c

קֹרֵא
νυκτικόραξ 951a
πέρδιξ 1120b

קָרַב, קְרֵב qal
[[ἀπαντᾶν] (אֶל קְ qal) 167d] → ὑπαντᾶν
ἅπτεσθαι 150b
ἐγγίζειν 362b
εἰσέρχεσθαι 410b
ἔρχεσθαι 548b
[ἱστάναι, ἱστᾶν 689a]
[πορεύεσθαι 1189a (De. 20.3)] → προσπορεύεσθαι

προπορεύεσθαι 1208c
προσάγειν (אֶל קְ) qal) 1211b, 190a
προσάγειν ἐγγύς 363c
προσεγγίζειν 1213b
προσέρχεσθαι 1213c, 190b
προσέρχεσθαι ἐγγύς 363c
προσέχειν 1215b
#προσκαλεῖν 190b (Si. 13.9a)
προσπορεύεσθαι 1219b
συμμιγνύναι 1304b
ὑπαντᾶν 194a

קָרֵב, קָרַב ni.
προσέρχεσθαι 1213c
συνάγειν 1307b

קָרֵב, קָרַב pi.
[ἀνακαίειν 78a]
ἐγγίζειν 362b
[ἐλπίζειν 453c] → ἐγγίζειν
προσλαμβάνειν 1218b
συνάπτειν 1312b

קָרֵב, קָרַב hi.
ἀναφέρειν 84c
ἐγγίζειν 362b
[λαμβάνειν 847a]
προσάγειν 1211b
προσεγγίζειν 1213b
*προσφέρειν 1222c
συνάγειν 1307b

קָרֵב, קָרַב hithp.
ἐμπίπτειν 174b

קְרֵב pe. (Aramaic)
ἐγγίζειν 362b
ἐντυγχάνειν 481b
προσέρχεσθαι 1213c

קְרֵב pa. (Aramaic)
*προσφέρειν 1222c

קְרֵב aph. (Aramaic)
παρεῖναι 1065c
προσάγειν 1211b
*προσφέρειν 1222c

קֶרֶב
ἅπτεσθαι 150b
?διάγγελμα 299b
[[ἐγγίζειν 362b] → קָרֵב, קָרַב qal
προσπορεύεσθαι 1219b

קְרָב (Hebrew and Aramaic)
ἐγγίζειν 362b
παράταξις 1064b
πόλεμος 1172a
#στρατιά, στρατεία 1295c (III Ki. 21[20].39)

קֶרֶב
γαστήρ 234b
διάνοια 306c
ἐγγίζειν 362b
ἔγκατον 366b
ἐγκοίλια 366c
ἐνδόσθια 471a
ἐνδοσθιαῖος 471a
ἔντερον 175b
καρδία 719a, 181a (Si. 4.3)
κεῖσθαι (בְּקִרְבְּכֶם) 758b
κοιλία 773a, 182a
μέσος 913a
#ψυχή 196b (Si. 37.6)

קִרְבָה
ἐγγίζειν 362b
προσκολλᾶν 1217a

קָרְבָּן
δωρεῖσθαι 359a
δῶρον 359a

קֻרְבָּן
δῶρον 359a
κλῆρος 770a
ξυλοφορία (קְ עֵצִים) 959c

קַרְדֹּם
ἀξίνη 113a

קָרָה I qal
ἀνθιστάναι 75c
ἀπαντᾶν 117a
γίνεσθαι 256c
ἐπικαταλαμβάνειν 522a
περιπίπτειν 1125b
συμβαίνειν 1302c
συναντᾶν 1311a
ὑπαντᾶν 1406b

קָרָה I ni.
εὐφραίνειν 178b
περιπίπτειν 1125b
[πορεύεσθαι ἐπερωτᾶν 510b]
[προσκαλεῖν 1216c] → קָרָא I qal
συναντᾶν 1311a
φαίνειν 1423a

קָרָה I hi.
διαστέλλειν 311b
εὐοδοῦν 575c
παραδιδόναι 1058a
ποιεῖν συμβῆναι 1154b

קָרָה II pi.
στεγάζειν 1287c

קָרָה III
πάγος 1045a
ψῦχος 1490c

קָרֶה
ῥύσις 1255c

קוֹרָה
δοκός 340a

קָרוֹב
ἐγγίζειν 362b
ἐγγύθεν (קְ, מִקְ) 363c
ἐγγύς 363c, 172a
[ἐξαίσιος (מִקְ) 486b]
ὁμορ(ρ)εῖν, ὁμοροεῖν 993c
πλησίον (קְ אֶל־בַּיִת) 1148b
προσέρχεσθαι 1213c
#προσφάτως (בְּקְ) 1222c (Ez. 11.3)
ταχύς 1339a

קָרַח qal
ξυρᾶν 959c

קָרַח ni.
ξυρᾶν 959c

קָרַח hi.
[φαλακροῦν 1423c]

קָרַח ho.
φαλακρός 1423c
φαλάκρωμα 1423c

קֵרֵחַ
φαλακρός 1423c

קֶרַח
κρύσταλλος 792c
#παγετός 187a (Si. 2.15)
πάγος 1045a

קָרְחָה
ξυρᾶν 959c
ξύρησις 959c
φαλάκρωμα 1423c

קָרַחַת
φαλάκρωμα 1423c

קְרִי
θυμὸς πλάγιος (חֲמַת־קְ, קְ) 660c, 1139b
πλάγιος (קְ, בְּקְ) 1139b

קְרִיא
ἐπίκλητος 523a
σύγκλητος 1300a

קְרִיאָה
κήρυγμα 763b

קִרְיָה (Hebrew and Aramaic)
κώμη 839c
μητρόπολις 925c
*πόλις 1174a, 189b

קְרִיּוֹת
[πόλις 1174a] → קִרְיָה

קָרַם qal
ἀναβαίνειν, ἀναβέννειν 70a
ἐκτείνειν 442a
#καταλύειν 181b (Si. 43.20)

קַרְמִית
#ἄχι 169c (Si. 40.16)

קָרַן qal
δοξάζειν 343b

קָרַן hi.
κέρατα ἐκφέρειν 444c, 759c

קֶרֶן (Hebrew and Aramaic)
κέρας 759c, 182a
[κεφαλή 760c]
σάλπιγξ 1258b

קָרַס qal
[συντρίβειν 1321a]

קֶרֶס
κρίκος 786a

קַרְסֹל
ἴχνος 696b
σκέλος 1268c

קָרַע qal
ἀνοίγειν 105b
ἀπορρήσσειν 140a
ἀποτέμνειν 148c
*διαρρηγνύειν, διαρρηγνύναι, διαρρήσσειν 309a
διαστέλλειν 311b
διασχίζειν 312b
ἐγχρίνειν 367b
λαμβάνειν 847a
ῥηγνύναι 1248c
σχίζειν 1327c

קָרַע ni.
ἀδιάλυτος (יִקָּרַע + neg.) 24b
διάλυτος 305b
διαρρηγνύειν, διαρρηγνύναι, διαρρήσσειν 309a
ῥηγνύναι 1248c

קָרַע hithp.
#καταρρηγνύναι 743b (Pr. 27.9)

קְרָעִים
διαρρηγνύειν, διαρρηγνύναι, διαρρήσσειν 309a
ῥακώδης 1248a
ῥῆγμα 1248c

קָרַץ qal
διανεύειν 306b
ἐννεύειν 475c
ὁρίζειν 1011c

קָרַץ pu.
διαρτίζειν 309c

קָרַץ
ἀπόσπασμα 141a

קְרַץ (Aramaic)
διαβάλλειν (אֲכַל קַרְצֵי) 298c
καταμαρτυρεῖν (אֲכַל קַרְצֵי) 739a

קַרְקַע
βάθος 189a
ἔδαφος 367c
τὸ ἐσώτερον 558c

קֶרֶשׁ
διατόνιον 314a
κεφαλίς 763a
#κιών 766a (III Ki. 15.15)
στῦλος 1297c

קֶרֶת
πόλις 1174a

קַשְׂוָה
σπονδεῖον, σπόνδιον 1285a
⟦φιάλη 1430a⟧ → מִזְרָק

קְשִׂיטָה
ἀμνάς 66a
ἀμνός 66b

קַשְׂקֶשֶׂת
ἀλυσιδωτός 60a
λεπίς 873c
#πτέρυξ 1238a (Ez. 29.4)

קַשׁ
καλάμη 712b
φρύγανον 1440a
χόρτος 1473a

קָשַׁב qal
⟦διδόναι 317b⟧

קָשַׁב hi.
ἀκούειν 45a

ἀκροᾶσθαι 51a
ἀκροατής 166a
ἐνωτίζεσθαι 482b
ἐπακούειν 505c
ἐπάκρασις 506b
προσέχειν 1215b
ὑπακούειν 1405c

קֶשֶׁב
ἀκρόασις 51a

קַשָּׁב
προσέχειν 1215b

קַשֻּׁב
ἐπήκοος 511b

קָשָׁה qal
σκληρός 1274b
σκληρὸν εἶναι 1274b
σκληρύνειν 1275a

קָשָׁה ni.
σκληρός 1274b

קָשָׁה pi.
δυστοκεῖν 358a

קָשָׁה hi.
βαρύνειν 191a
σκληρός 1274b
σκληρὸς γίνεσθαι 256c, 1274b
σκληροτράχηλος (מַקְשֵׁה עֹרֶף) 1274c
*σκληρύνειν 1275a, 191c (+Si. 30.12)
σκληρῶς 1275a

קָשֶׁה
ἀδύνατος (קְשֵׁה יוֹם) 28a
σκληροκάρδιος (קְשֵׁה-לֵב) 1274b
σκληροπρόσωπος (קְשֵׁה פָנִים) 1274b
σκληρός 1274b

σκληροτράχηλος (קְשֵׁה-עֹרֶף) 1274c
σκληρύνειν 1275a
σκληρῶς 1275a
ὑπέρογκος 1410c

קִשֻּׁאָה
σίκυος, σίκυον 1267a
σίκυς 1267a

קְשֹׁט (Aramaic)
ἀλήθεια 53a
ἀληθής 53c
ἀληθινός 54a

קָשַׁח hi.
ἀποσκληρύνειν 140c
σκληρύνειν 1275a

קְשֹׁט
ἀληθής 53c

קֹשִׁי
σκληρότης 1274c

קָשַׁר qal
ἀφάπτειν 182b
δεῖν ("to bind") 287b
ἐκδεῖν 422a
ἐκκρέμασθαι 435a
ἐξάπτειν 489c
ἐπιδεῖν ("to bind") 519a
⟦ἐπίσημος 527b⟧
ἐπιτιθέναι 535c
#καταδεσμεύειν 181b (Si. 7.8)
περικαθίζειν 1123c
περιτιθέναι 1127c
σύγκεισθαι 1299b
συνάγειν 1307b
συνάπτειν 1312b
συντιθέναι 1320c
συστρέφειν 1323c
συστροφὰς ποιεῖσθαι 1154b, 1324a

קָשַׁר pi.
περιτιθέναι 1127c

קָשַׁר hithp.
ἐπιτιθέναι 535c
συστρέφειν 1323c

קֶשֶׁר
ἀδικία 25b
δεσμός 292a
ἐπίθεσις 520a
ἐπιτιθέναι 535c
⟦στρέμμα 1296b⟧ → σύστρεμμα
σύναψις 1312c
σύνδεσμος 1312c
⟦συστράτευμα 1323c⟧ → σύστρεμμα
σύστρεμμα 1323c
συστροφή 1324a

קְשֻׁרִים
ἐμπλόκιον 458c
στηθοδεσμίς 1290a
ψέλ(λ)ιον 1484a

קָשַׁשׁ qal
συνδεῖν 1312c

קֹשֵׁשׁ polel
συλλέγειν 1302b
συνάγειν 1307b

קֹשֵׁשׁ hithpo.
συνάγειν 1307b

קֶשֶׁת
τόξευμα 1363c
τόξον 1363c, 193c
τοξότης (דֹּרֵךְ קֶ׳, בַּ׳קֶ׳, תֹּפֵשׂ קֶ׳) 1364b

קַשָּׁת
τοξότης (רֹבֶה קֶ׳) 1364b

ר

רָאָה I qal
⟦ἀκούειν 45a⟧
ἀναβλέπειν 73b
⟦ἀναγγέλλειν 74a⟧
ἀπιδεῖν, ἀφιδεῖν 122b
ἀποβλέπειν 125c (+Ma. 3.9b)
ἀποδεικνύναι 126a
βλέπειν (יָכוֹל לִרְאוֹת qal) 221a
γινώσκειν 267a
δεικνύειν, δεικνύναι 286a
⟦(ἐ)θέλειν 628b (Da. LXX 1.13 [Ⴔ967])⟧ → θεωρεῖν
εἰδεῖν, εἰδέναι 374b, 172b (-Si. 6.36; 48.11)
⟦εἰπεῖν, ἐρεῖν 384a⟧ → ἰδεῖν
εἰσβλέπειν 410a
⟦εἰσέρχεσθαι 410b⟧
⟦εἰσιδεῖν 413c⟧ → ἐπιδεῖν, ἐφιδεῖν
ἐμβλέπειν 455c
ἐνιδεῖν 475a
⟦ἐπέρχεσθαι 509c⟧
ἐπιβλέπ(τ)ειν 516c, 176c
ἐπιγινώσκειν 517c
ἐπιδεῖν, ἐφιδεῖν ("to see") 519a

#ἐπιμελεῖσθαι 525b (Pr. 27.25)
ἐπισκέπτειν 177a
εὑρίσκειν 576c
ἐφορᾶν 586b
ἡπατοσκοπεῖσθαι (רָ׳ בַּכָּבֵד qal) 619c
θεᾶσθαι 627c
θεωρεῖν 649b
ἰδεῖν 669b, 179c (+Si. 6.36; 48.11)
ἰδού 673c
καθορᾶν 704b
καταμανθάνειν 739a
κατανοεῖν 739c, 181b (Si. 30[33].26)
⟦κατασκοπεῖν 745a⟧ → ἡπατοσκοπεῖσθαι
κατιδεῖν 751a
*ὁρᾶν 1005a, 186b
ὅρασις 1007b, 186b (Si. 46.15)
ὁρατός 1008b
προβλέπειν 1205c
προιδεῖν 1206c
σκέπτεσθαι 1269b
συνιέν, συνιέναι 1316b
⟦σῴζειν 1328b⟧

ὑπεριδεῖν 1410b
⟦ὑπερορᾶν 1410c⟧ → ὁρᾶν
ὑποδεικνύειν, ὑποδεικνύναι 1413a
#φάσμα 1425b (Nu. 16.30; Is. 28.7)

רָאָה I ni.
βλέπειν 221a
γίνεσθαι 256c
δηλοῦν 295c
ἐμβλέπειν 455c
⟦ἐντρέπειν 480c⟧ → יָרֵא I ni.
#ἐπιφάνεια, ἐπιφανία 537c (II Ki. 7.23)
#ἐπιφαίνειν 537c
#ἐπιφανής 538a
εὑρίσκειν 576c
ἰδεῖν 669b
⟦καταβαίνειν 727a⟧
⟦κείρειν 758b⟧
ὀπτάζεσθαι 1004a
ὀπτάνειν 1004a
ὀπτασία 1004b
ὁρᾶν 1005a
φαίνειν 1423a

φανερός 195a
φωτίζειν 195c

רָאָה I pu.
⟦κενός, καινός ("empty") (רָ׳ pu. + neg.) 759a⟧

רָאָה I hi.
δεικνύειν, δεικνύναι 286a, 170b
ἐμφανίζειν 460c
ἐνδεικνύναι 469c
#ἐπιδεικνύειν, ἐπιδεικνύναι 518c
#ἐπιφάνεια, ἐπιφανία 537c (Am. 5.22)
ἰδεῖν 669b
ὁρᾶν 1005a
παραδεικνύναι 1057c
⟦ὑποδεικνύναι 194c⟧ → רָאָה I hithp.
φωτίζειν 1451b

רָאָה I ho.
δεικνύειν, δεικνύναι 286a
ἐπιφανής 538a

רָאָה I hithp.
ὁρᾶν 1005a
ῥαθυμεῖν 1247c
#ὑποδεικνύναι *194c* (Si. 3.23)

רָאָה II
[[γύψ 283b]] → רָאָה II subst.
ὁ ἐγγύς (רָ׳ פְּנֵי) 363c

רֹאֶה
προφήτης 1232b

רְאוּבֵן
§υἱοὶ ρουβην (רְאוּבֵנִי) 1384c

רַאֲוָה
παραδειγματίζειν 1057c

רְאוּת
ὁρᾶν 1005a

רְאִי
ὅρασις 1007b

רֳאִי
ἐπιδεῖν, ἐφιδεῖν ("to see") 519a
ὅρασις 1007b
παράδειγμα 1057b

רְאֵים
μονόκερως 933a

רְאִית
ὁρᾶν 1005a

רָאֵם
§ραμα (רָאֲמָה) 1248a

רְאֵם
ἁδρός 27c
μονόκερως 933a

רָאמוֹת
μετέωρος 917c

רָאשׁ
πένης 1117a
πενία 1118b

רֹאשׁ I
πενία 1118b

רֹאשׁ II (Aramaic)
*#ἀφηγεῖσθαι (בְּרֵ׳) 183a (I Es. 6.12)
κεφάλαιον 760c
κεφαλή 760c
*#προκαθηγεῖσθαι (בְּרֵ׳) 1207a (I Es. 6.12)

רֹאשׁ
ἄγρωστις 18b
ἄκρος 51b
ἀνακύπτειν (נָשָׂא רֹ׳) 78c
ἀνήρ 88a
ἄνθος 96a
ἀριθμός 156c
γενεαὶ ἀρχαῖαι 162c
ἄρχειν 163a
ἀρχή 164a, *168c*
ἀρχηγός (רֹ׳ אֲלָפִים, רֹ׳) 165a
ἀρχιπατριώτης (רָאשֵׁי אָבוֹת) 166a
ἀρχισωματοφύλαξ (שֹׁמֵר לְרֹ׳) 166a
*ἀρχίφυλος (רֹ׳ שֵׁבֶט, רֹ׳) 166b
ἄρχων (אִישׁ מֵרֹאשׁ) 166b (II Ch. 28.12)
ἔνοχος (דָּם בְּרֹ׳) 476c
ἐπάνω (עַל רֹ׳) 507b
*ἡγεῖσθαι 602c, *178c*
[[θυμός 660c]]
κεφάλαιον 760c
*κεφαλή 760c, *182a*

κεφαλίς 763a
κορυφή (רֹ׳) 780a
[[" (צִיצַת רֹ׳) 780a]]
μέγας 902c
νουμηνία, νεομηνία (רֹ׳ חֹדֶשׁ) 950b
πατριάρχης (רֹ׳ אָבוֹת) 1111c
πικρός 1133a
πρό *190a*
*προηγεῖσθαι (רֹ׳, לְ׳) 1206b
*προκαθῆσθαι 1207a (I Es. 5.63)
προτομή 1231b
πρωτότοκος 1237a
§ρ(ο)ως 1254b
συλλογισμός 1302c
#φύλαρχος (רֹ׳ שֵׁבֶט) 1441c
χιλίαρχος (רֹ׳ אֲלָפִים) 1469a

רֹאשָׁה
τὸ/τὰ ἔμπροσθε(ν) 459b

רִאשׁוֹן
ἀρχαῖος 162c
*ἀρχή 164a
ἔμπροσθε(ν) (בְּרִ׳, רִ׳) 459b
ἐνάρχεσθαι (בְּרִ׳) 469a
πατήρ 1105a
πρεσβύτερος, πρεσβυτέρα 1201c
πρότερον (adv.) (בְּרִאשֹׁנָה, רִ׳) 1230b
ἐν τῷ πρότερον (לְמִבְּרִאשֹׁנָה) 1230b
πρότερος (בְּרִאשֹׁנָה) 1230c
" (רִ׳) *190c*
τὸ πρότερον (לָרִאשֹׁנָה, רִאשֹׁנָה, רִ׳) 1230c, (בְּרִאשֹׁנָה)
πρώην (בְּרִאשֹׁנָה) 1234a
πρῶτον (adv.) 1235c
[["] *190d*] → πρῶτος
*πρῶτος (רִישֹׁון, בְּרִאשֹׁונָה, רִ׳, רִאשֹׁון) 1235c, *190c* (+Si. 34[31].17)
ἐν πρώτοις (רִאשֹׁנָה) 1235c
ὁ πρῶτος (μήν) 1235c
ὁ υἱὸς ὁ πρωτότοκος 1237a

רֵאשִׁית
ἀπάρχεσθαι 118b
ἀπαρχή 118b
ἀρχή 164a, *168c*
ἀρχηγός 165a
τὰ ἔμπροσθε(ν) 459b
ἐνάρχεσθαι *175b*
κεφάλαιον 760c
πρότερον (adv.) (מֵרֵ׳) 1230b
πρώιμος, πρόιμος (בְּרֵ׳) 1235a
πρωτογέν(ν)ημα, προτογέν(ν)ημα 1235b
πρῶτος 1235c

רִאשֹׁן
see רִאשֹׁון

רַב I (Hebrew and Aramaic)
[[ἀληθής 53c]]
ἀμύθητος 67c
ἀρχιευνοῦχος (רַב סָרִיסִים) 165c
ἀρχιμάγειρος (רַב טַבָּחִים, רַב טַבָּחַיָּא) 165c
ἄρχων 166b
δυνάστης 355b
δυνατός 355c
ἔχειν 586c
ἱκανοῦσθαι 684a
[[κριτής 791a]] → רִיב I qal
μέγας 902c, *184a*

μέγας πλῆθος 902c (Ex. 1.9)
μείζων 902c
οἰκονόμος (רַב בַּיִת) 973a
ὄχλος (רַבִּים) 1043a
παύειν (רַב מָן) 1112b
πλειστάκις (פְּעָמִים רַבּוֹת) 1141c
πλεονάζειν 1141c
πλεονάκις, רַבּוֹת, (פְּעָמִים רַבּוֹת) 1142a
πλῆθος 1142c
πλῆθος πολύ 1181c
πληθύ(ν)ειν 1144b
πολλοστός 1180c
πολυέλεος (רַב־חֶסֶד) 1181a
πολυπληθεῖν 1181b
*πολύς, πλείων, πλεῖστος 1181b, *189b* (+Si. 42.6)
ἐπὶ πολύ 1181b, *189b* (Si. 49.13)
ὁ τὸ πολύ (הָרַב) 1181b
πλείων, πλέον, πλεῖον 1181b
πλείων γίνεσθαι 1181b
πολὺς γίνεσθαι 256c
πολυχρόνιος 1185c
[[πονηρός 1186c (II Ch. 21.15)]] → רַע
πρωρεύς (רַב חֹבֵל) 1235b
τις 1354a
ὑπερφέρειν 1411a

רַב II
λόγχη 887b

רֹב
μεγάλως 902b
#μέγας 902c (Ps. 50[51].1)
μέγιστος 902c
πλῆθος 1142c
πολυλογία (רֹב דְּבָרִים) 1181a
πολυοδία (רֹב דֶּרֶךְ) 1181a
πολυπληθεῖν 1181b
*#πολύς, πλείων, πλεῖστος 1181b, *189b* (+Si. 20.5)
πλείων γίνεσθαι 1181b
πλείων, πλέον, πλεῖον 1181b
πλῆθος πολύ 1181c
(τὸ) πλεῖστον 1181c

רָבַב qal
#ἱκανοῦσθαι 684a (Ca. 7.9[10])
μεγαλύνειν 902a
πληθύ(ν)ειν 1144b
πολύς, πλείων, πλεῖστος 1181b
πλείων εἶναι 1181b
πολὺς γίνεσθαι 256c, 1181b
πολὺς εἶναι 1181b

רָבַב pu.
πληθύ(ν)ειν 1144b

רְבָבָה
μυριάς 937a, *185c*
[[πληθύ(ν)ειν 1144b (Ez. 16.7)]]

רָבַד qal
#διαστορεννύναι 311c (I Ki. 9.25)
#στρωννύειν, στρωννύναι 1297b (Ez. 23.41)
τείνειν 1339c

רָבָה qal
αὐξάνειν, αὔξειν 178c
[[βαρύνειν *169a*]] → כָּבֵד I qal
[[ἐγκωμιάζειν 367b]] → בְּרָכָה
[[ἐπιπληθύνειν 526c]] → πληθύ(ν)ειν
μακροημερεύειν (רָ׳ יָמִים) qal 893a
[[μακρότερος εἶναι 893c]]

[[μακρὰν γίνεσθαι 256c, 892c]]
μεγαλύνειν 902a
μέγας 902c
μείζων 902c
μείζων εἶναι 902c
*πλεονάζειν 1141c
πλῆθος 1142c
πληθύ(ν)ειν 1144b
πολυημερεύειν (רָ׳ יָמִים qal) 1181a
πολυπλασιάζειν 1181b
πολύς, πλείων, πλεῖστος 1181b, *189b*
πλείων γίνεσθαι 256c, 1181b
πολὺς γίνεσθαι 256c, 1181b
πολὺς εἶναι 1181b
τοξότης (רֹבֶה קַשָּׁת) 1364b
[[χυδαῖος γίνεσθαι 256c, 1480b (Ex. 1.7)]] → שָׁרַץ qal

רָבָה pi.
πλῆθος 1142c
πληθύ(ν)ειν 1144b

רָבָה hi.
?ἀνορθοῦν 108b
ἀπληστία 167a
ἐκχεῖν *174a*
καυχᾶσθαι 757b
μέγας *184a*
*#πλεῖον 1141c
πλεονάζειν 1141c
πλεοναστὸν ποιεῖν 1142a, 1154a
πλῆθος 1142c
πληθύ(ν)ειν 1144b, *189a*
[[ποιεῖν 1154a (II Ch. 33.6)]] → πληθύ(ν)ειν
πολλαχῶς 1180c
πολυπληθεῖν 1181b
πολυπληθύνειν 1181b
πολύς, πλείων, πλεῖστος 1181b, *189b* (+Si. 30[33].37; 42.5)
*ἐπὶ πλεῖον 1181c
ἐπὶ πολύ 1181b
ὁ τὸ πολύ (הַמַּרְבֶּה) 1181b
πλείων, πλέον, πλεῖον 1181b
πολὺν ποιεῖν 1154b, 1181b
πολὺν χρόνον βιοῦν (רָ׳ יָמִים hi.) 220b
πολὺς εἶναι 1181b
(τὸ) πλεῖστον 1181c
προστιθέναι 1221a
ὑψοῦν 1422a

רְבָה pe. (Aramaic)
μεγαλύνειν 902a
μέγας 902c

רְבָה pa. (Aramaic)
μεγαλύνειν 902a

רִבָּה
[[ἄβυσσος *165a*]]
ἄκρα 50b
ἐπὶ πλεῖον 1181c

רִבּוֹ (Hebrew and Aramaic)
μυριάς 937a
[[πλῆθος 1142c]] → רַב

רִבּוֹ (Aramaic)
μεγαλειότης 901b
μεγαλωσύνη 902c

רִבּוֹא
*μυριάς 937a
μυριοπλάσιος 937b
πολύς, πλείων, πλεῖστος 1181b

רְבִיבִים
νιφετός 946a
πλησμονή 1149c
σταγών 1286a

רָבִיד
κάθεμα 699c
κατασκεύασμα 181c
κλοιός, κλοιόν(?) 772a

רְבִיעִי
[τεταρταῖος 1346b] → τέταρτος
τέταρτος 1346b
τετράγωνος 1347a
τετράς 1347b

רְבִיעָי (Aramaic)
#τέταρτος 1346b (Da. 2.40; 3.25; 7.7, 19, 23)

רָבַךְ ho.
φυρᾶν 1446b

רָבַע qal
βιβάζεσθαι 218b
τετράγωνος 1347a
#τετραπλῶς (רְבוּעַ) 1347b

רָבַע pu.
τετράγωνος 1347a

רָבַע hi.
κατοχεύειν 756c

רֶבַע I
τέταρτος 1346b

רֶבַע II
μέρος 911c

רִבֵּעַ
τετάρτη γενεά 236a, 1346b
τέταρτος 1346b

רֹבַע
δῆμος 296a
#σχοῖνος 1328b (Ps. 138[139].3)
τέταρτος 1346b

רָבַץ qal
ἀναπαύειν 80b
[["] 166d] → ἀναπίπτειν
ἀνάπαυσις 80c
ἀναπίπτειν 166c
βόσκειν 225c
[γίνεσθαι 256c]
ἐγκαθῆσθαι 364b
ἔχειν 586c
ἡσυχάζειν 620a
θάλπειν 623b
καταλύειν 738b
κοιμᾶν 773c
κοιτάζεσθαι 775b
κοίτη 775b
[κολλᾶν 776b] → דָּבַק, דְּבַק qal
νέμειν 941c
πίπτειν 1135c
συγκαθίζειν 1299a
συναναπαύεσθαι 1311a

רָבַץ hi.
ἀναπαύειν 80b
[ἑτοιμάζειν 563c]
κατασκηνοῦν 744b
κοιτάζεσθαι 775b

רֶבֶץ
ἀνάπαυσις 80c
κοίτη 775b

רַבְרַב
μέγας 902c
πολύς, πλείων, πλεῖστος 1181b

רַבְרְבָן (Aramaic)
μεγιστάν 907a

רֶגֶב
#κρύσταλλος 182c (Si. 43.20)
κύβος 796a
χάλιξ 1453a

רָגַז qal
[διαγογγύζειν 171d]
θαμβεῖν 623b
θυμός 660c
λυπεῖν 889b
μεριμνᾶν 911a
μνείαν ποιεῖσθαι ἐν ὀδύνῃ 967a
ὀργίζειν 1010a
παροξύνειν 1072a
πικραίνειν 1132c
πτοεῖν 1238c
σαλεύειν 1257c
σείειν 1261c
συγχεῖν 1301a
[συνάγειν 1307b (Jl. 2.1)] → συγχεῖν
συνταράσσειν 1318a
ταράσσειν 1336a
[φοβεῖν 1433b] → ὀργίζειν

רָגַז hi.
θυμοῦν 662b
[ὀργίζειν 1010a] → παροργίζειν
παρενοχλεῖν 1068c
παροξύνειν 1072a
παροργίζειν 1072b
σείειν 1261c

רָגַז hithp.
θυμός 660c
θυμοῦν 662b
ὀργίζειν 1010a

רְגַז I aph. (Aramaic)
*#παραπικραίνειν 1063a (I Es. 6.15)
παροργίζειν 1072b

רְגַז II subst. (Aramaic)
θυμὸς ὀργῆς 660c
θυμοῦν 662b

רֹגֶז
ἀθυμεῖν, ἀθυμοῦν 30a

רֹגֶז
θυμός 660c, 179c
θυμὸς ὀργῆς 660c, 1008b
ὀργή 1008b, 186c

רְגָזָה
βάσανος 191c

רָגַל qal
δολοῦν 340c

רָגַל pi.
ἐνεδρεύειν 175b (+Si. 11.31)
κατασκέπτεσθαι, κατασκέπτειν 744a
κατασκοπεῖν 745a
κατασκοπεύειν 745a
κατάσκοπος 745a, 181c
μεθοδεύειν 907c

רָגַל hi.
προσπαίζειν 190b

רָגַל tiph.
συμποδίζειν 1305c

רֶגֶל (Hebrew and Aramaic)
ἀκολουθεῖν (הָלַךְ לְרַ׳) 44c
[ἀφηγεῖσθαι 183a]
πρὸς δίφρους καθῆσθαι (סָכַךְ רַגְלַיִם hi.) 337c
καιρός 706a
μηρός 923c
(בֵּין רַגְלַיִם)
οὖρον (מֵימֵי רַגְלַיִם) 1034b
παρασκευάζειν (לְהָסֵךְ אֶת־רַגְלָיו) 1064a
παριστάναι (הָלַךְ בְּרַגְלֵי׳ hithp.) 1070c
πατεῖν (מִשְׁלַח רַ׳) 1105a
[πόρευσις 1194b] → הָלַךְ pi.
πούς (כַּף רַ׳, רַ׳) 1198b, 189c
σκέλος 1268c
#χρόνος τακτός (מוֹעֵד רַ׳) 1333a (Jb. 12.5)
ἕως τρίτος γενεᾶς (שָׁלֹשׁ רְגָלִים) 1373c

רַגְלִי
πεζός (אִישׁ רַ׳, רַ׳) 1114b, 188b

רָגַם qal
καταλιθοβολεῖν 737c
λιθοβολεῖν 876c
[λίθος 876c]

רִגְמָה
[ἡγεμών 603c]

רָגַן qal
γογγύζειν 274a
#διαγογγύζειν 171a (Si. 34[31].24)

רָגַן ni.
γογγύζειν 274a
διαγογγύζειν 299c

רָגַע I qal
καταπαύειν 740c
#παύειν 1112b (Jb. 6.7)

רָגַע I ni.
ἀναπαύειν 80b

רָגַע I hi.
ἀναπαύειν 80b
?ἐξαίρειν 485b
καταλύειν 181b
ταχέως 1338b
ταχύς 1339a

רָגַע II qal
κραυ(γ)ή 784b
ταράσσειν 1336a

רֶגַע
ἀνάπαυσις 80c
εἰσάπαξ (כְּרַ׳) 410a
ἐξαίφνης, ἐξέφνης 486c
ἐξάπια (כְּרַ׳) 488a
μικρὸν ὅσον ὅσον (כְּמְעַט־רַ׳) 926c, 1019a
σπουδή 1285c
διὰ τάχους 1338c
χρόνος 1476b

רָגַשׁ qal
#σαλεύειν 191a (Si. 16.18?)
φρυάζειν(?), φρυάττειν 1440a

רְגַשׁ aph. (Aramaic)
?παριστάναι 1070c
προσέρχεσθαι 1213c

רֶגֶשׁ
ὁμόνοια 993c

רִגְשָׁה
[πλῆθος 1142c]

רָדַד qal
[ἐπακούειν 505c]
ὑποτάσσειν 1417b (+Ps. 61[62].1, 5)

רָדָה qal
ἄρχειν 163a
ἄρχων 166b
[διώκειν 338b] → רָדַף qal
ἐξαιρεῖν 484b
?ἐξεγείρειν 490b
ἐπικρατεῖν 523c
ἐπιστάτης 529c
ἐργοδιωκτεῖν 541c
[κατάγειν 729b] → יָרַד hi.
κατακυριεύειν 735a
κατάρχειν 743c
κατατείνειν 746c
κατεργάζεσθαι 749b
κυριεύειν 800a, 182c
πατεῖν 1105a

רָדָה hi.
[ἐξιστᾶν, ἐξιστάναι 496c] → חָרַד I hi.

רָדִיד
θέριστρον 649a
κατακλιστός(?), κατάκλιστρον, κατάκλιτον 733c

רָדַם ni.
[ἀποσκαρίζειν 140c]
ἔκστασις 441b
ἐξιστᾶν, ἐξιστάναι 496c
θαμβεῖν 623b
κατανύσσεσθαι 739c
κοιμᾶν 773c
νυστάζειν 956a
πίπτειν 1135c
ῥέγχειν 1248b
#ὑπνοῦν 1412a (Je. 14.9)

רָדַף qal
[ἀγαπᾶν 165a]
ἀντίκεισθαι 110c
ἀποδιώκειν 127c
#διωγμός 338b (La. 3.19)
διώκειν 338b, 171c (Si. 34[31].5)
[εἰπεῖν, ἐρεῖν 384a]
ἐκδιώκειν 423b
ἐπιδιώκειν 519c
[καταβαίνειν 727a]
[καταγνύναι 730a] → καταδιώκειν
καταδιώκειν 730b
κατατρέχειν 747a
#παροξύνειν 1072a (Pr. 6.3)

רָדַף ni.
διώκειν 338b

רָדַף pi.
διωγμός 338b
διώκειν 338b
ἐρεθίζειν 544b
καταδιώκειν 730b

רָדַף pu.
διώκειν 338b

רָדַף hi.
διώκειν 338b

רָהַב qal
προσκόπτειν 1217b

רָהַב hi.
ἀναπτεροῦν 81c

רַהַב
κῆτος 763c, 182a (Si. 43.25)
#μάταιος 898c (Is. 30.7)

Column 1

#ματαιότης 899a (Ps. 39[40].4)
ὑπερήφανος 1410a

רַהַט
δεξαμενή 290a
ληνός 875c
παραδρομή 1059b

רָהִיט
φάτνωμα, φάτμωμα 1425c

רוּ (Aramaic)
ὅρασις 1007b
πρόσοψις 1219a

רוֹב
〚μέγας 184a〛
πλῆθος 1142c, 189a
πολύς, πλείων, πλεῖστος 189b

רוֹב
〚κρίνειν 787b〛 → רִיב I qal
φιλεχθρεῖν 1430c

רוּד
〚κυριεύειν 800a〛 → רָדָה qal

רוּד hi.
〚καθαιρεῖν 697b〛 → יָרַד hi.
λυπεῖν 889b

רָוָה qal
ἀπολαύειν 136b
μεθύ(σκ)ειν 907c

רָוָה pi.
μεθύ(σκ)ειν 907c, 184a
ὁμιλεῖν 991a

רָוָה hi.
〚ἐπιθυμεῖν 520b〛
μεθύ(σκ)ειν 907c

רָוֶה
ἔγκαρπος 365a
μεθύ(σκ)ειν 907c

רָוַח qal
ἀναπαύειν 80b
ἀναψύχειν 86a

רָוַח pu.
ῥιπιστός 1252a

רֶוַח
βοήθεια, βοηθία 222c
διάστεμα, διάστημα 311c

רוּחַ I hi.
ἐμπλῆθειν πνεῦμα 457a
ὀσφραίνεσθαι 1023b, 186c

רוּחַ II (Hebrew and Aramaic)
〚αἷμα 31b〛
ἄνεμος 86c, 167a
〚ἄνεμος καύσων 86c〛 → ἄνεμος
ἀνεμόφθορος, ἀνεμοφθόριος 87a
〚ἀνήρ 88a〛
〚ἡμέρα 607b (I Ki. 1.15)〛
θυμός 660c
μέρος 911c
νοῦς 950c
#ὀργή 1008b (Pr. 16.32; Is. 59.19)
*πνεῦμα 1151c, 189b (+Si. 30.15)
πνευματοφορεῖσθαι (שָׁאֲפָה רוּחַ) 1153b
πνευματοφόρος, πνευματόφορος 1153b
πνοή (נִשְׁמַת־רוּחַ, רוּחַ) 1153b
φρόνησις 1439a
ψυχή 1486a, 196b (+Si. 7.17)

רְוָחָה
ἀνάψυξις 86a

Column 2

#ἀναψυχή 86a (Ps. 65[66].12)
〚δέησις 285c〛

רְוָיָה
〚ἀναψυχή 86a〛 → רְוָחָה
μεθύ(σκ)ειν 907c

רוּם I qal
ἀπαίρειν 115c
δυνατός 355c
ἐκζεῖν 430c
#ἐπαίρειν 505a (Je. 29[47].6)
εὐμήκης 575a
〚ζεῖν 593a〛 → ἐκζεῖν
ἰσχύειν 692c
〚ἰσχυρός 693b〛 → ἰσχύειν
μετεωρίζειν 917b
μετέωρος 917c
〚ὕβρις 1380a〛 → רוּם III subst. ≈ ὕψος
ὑβριστής 1380a
ὑπερήφανος 1410a
ὑπερηφανοῦν 1411a
ὑψηλός 1419a
ὑψηλὸν ἔχειν 586c, 1419b
ὕψιστος 1420b
ὑψοῦν 1422a

רוּם I ni.
ἐκχωρεῖν 446c
ἐπαίρειν 505a
μετεωρίζειν 917b

רוּם I polel
ἀνυψοῦν 112b
*δοξάζειν 343b
ὑψοῦν 1422a, 195c

רוּם I hi.
αἴρειν 34c
ἀναιρεῖν 77b
#ἀνταναιρεῖν 108c (Ps. 9.26 [10.5])
ἀνυψοῦν 112b, 167b
ἀπάρχεσθαι 118b
ἀφαιρεῖν 180a
ἀφορίζειν 185c
*διδόναι 317b
*#δωρεῖσθαι 359a
ἐγείρειν 364a
ἐκτείνειν 442a
ἐξαίρειν 485b
ἐπαίρειν 505a
〚ἐπιβάλλειν 176d〛
ἐπιτιθέναι 535c
〚ἕψειν 592a〛
ἱστάναι, ἱστᾶν 689a
#ἰσχυρός 693b (Pr. 14.29)
〚ἰσχυρῶς 694b〛 → ἰσχυρός
καλεῖν + φωνή (= קוֹל) 712c
*#μέγας 902a (I Es. 5.64)
περιαιρεῖν 1121b
προσφέρειν 1222c
τιθέναι 1348c (Is. 14.13)
ὕψος 1421b
ὑψοῦν 1422a, 195c

רוּם I ho.
ἀφαιρεῖν 180a
ἀφορίζειν 169c
ἐξαίρειν 485b

רוּם I hithpo.
〚παροργίζειν 1072b〛
ὑψοῦν 1422a

רוּם II peil (Aramaic)
ὑψοῦν 1422a

Column 3

רוּם II polel (Aramaic)
ὑπερυψοῦν 1411a

רוּם II aph. (Aramaic)
ὑψοῦν 1422a

רוּם II hithpo. (Aramaic)
ὑψοῦν 1422a

רוּם III subst. (Hebrew and Aramaic)
μεγαλόφρων (רוּם עֵינַיִם) 902a
〚πολύς, πλείων, πλεῖστος 1181b (De. 1.28; 9.2)〛 → רַב I
ὑπερηφαν(ε)ία 1409c
ὑψηλός 1419c
*ὕψος 1421b
ὑψοῦν 1422a
#ὕψωμα 1422c (Jb. 24.24)

רוֹם
ὕψος 1421b

רוֹמָה
ὀρθ(ρ)ός 1010c

רוֹמָם
ὑψοῦν 1422a
ὕψωσις 1422c

רוּעַ qal
ἀλαλάζειν 52a

רוּעַ ni.
〚κακοποιεῖν 709a〛 → רָעַע hi.

רוּעַ hi.
αἰνεῖν 33a
ἀλαλάζειν 52a
ἀναβοᾶν 73c
ἀνακράζειν 78b, 166c
*βοᾶν 222a
ἐπιχαίρειν 538b
ἠχεῖν 179c
〚κατακρατεῖν 734b〛 → κατακροτεῖν
#κατακροτεῖν (Je. 27[50].15)
κηρύσσειν 763c
κράζειν 781b
κραυγάζειν 784b
*σαλπίζειν 1258c
σημαίνειν 1263a
#σημασία 1263b (Nu. 10.7)

רוּעַ hithpo.
κράζειν 781b

רוֹעַ
πονηρία 189c

רוּץ qal
βιβλιαφόρος, βιβλιοφόρος 218b
διώκειν 338b, 171c
δρομεύς 349a
ἐκδιώκειν 423b
ἐκτρέχειν 444a
ἐξέρχεσθαι 491c
ἐπιτρέχειν 537b
〚ἱππεύς 687a〛
καταδιώκειν 730b
κατατρέχειν 747a
καταφεύγειν 747b
παρατρέχειν 1065b
προστρέχειν 1222b
προτρέχειν 1231b
τρέχειν 1371c
σπεύδειν 192a
#συντρέχειν 1321a (Ps. 49[50].18)
#συντροχάζειν 1322c (Ec. 12.6)

רוּץ polel
διατρέχειν 314a

Column 4

רוּץ hi.
*#ἀποφέρειν 149c (I Es. 1.13)
διατρέχειν 314a
ἐκδιώκειν 423b
ἐξάγειν 483a
προφθάνειν 1233c
τρέχειν 1371c

רוּק hi.
ἀμφιβάλλειν 67c
ἀναιρεῖν 77b
διασπείρειν 310c
διαφθείρειν 314c
ἐκκενοῦν 432c
ἐκχεῖν, ἐκχέειν 445c
ἐξαναλίσκειν 487b
〚ἐπανάγειν 506b〛 → עָלָה hi.
ἐπιχεῖν 538c
κατακενοῦν 733b
〚λε(ι)αίνειν 863c〛 → דָּקַק hi.

רוּק ho.
ἐγχεῖν 367b
ἐκκενοῦν 432c

רוֹשׁ
χολή 1472a

רוּשׁ qal
πτωχεύειν 1239b
πτωχός 1239b, 190c
ταπεινός 1334b

רוּשׁ hithpo.
ταπεινοῦν 1335a

רָז (Aramaic)
κρυπτός 792c, 182c
μυστήριον 937c

רָזָה
ἐξολεθρεύειν, ἐξολοθρεύειν 497c

רָזֶה
ἀσθενής 172b
παρειμένος 1070b

רָזוֹן I
〚ἀτιμία 175c〛

רָזוֹן II
δυνάστης 355b

רָזַם qal
〚ἐπιφέρειν 538a〛

רָזַן qal
ἄρχων 166b
δυνάστης 355b
σατράπης 1260c
τύραννος 1378c

רָחַב qal
〚ἐξιστᾶν, ἐξιστάναι 496c〛
πλατύνειν 1141b

רָחַב ni.
εὐρύχωρος 580a

רָחַב hi.
ἀνοίγειν 105b
ἐμπλατύνειν 458b
πλατύνειν 1141b
πλατυσμός 1141c
〚πληθύ(ν)ειν 1144b〛 → רָבָה hi.
πολυωρεῖν 1186a

רָחָב
ἀμέτρητος (רְחַב יָדַיִם) 65c
ἄπληστος (רְחַב נֶפֶשׁ) 122c
εὖρος 579c
εὐρύχωρος (רְחַב יָדַיִם) 580a
θρασυκάρδιος (רְחַב־לֵב) 654b

πλατύνειν 1141b
πλατύς (רְ') (רַחַב־יָדַיִם) 1141b
πλατυσμός 1141c
πολύς, πλείων, πλεῖστος 1181b

רֹחַב
ἄβυσσος 1b
εὖρος 579c

רֹחַב
διαπλατύνειν 308a
εὖρος 579c
πλάτος 1141a
χύμ(μ)α 1480b

רְחוֹב, רְחֹב
δίοδος 336a
*#εὐρύχωρος 580a (+I Es. 5.47)
⟦ἔπαυλις 508c⟧ → πλατεῖα (subst.)
κλίτος 771c
ὁδός 962b
πλατεῖα (subst.) 1140c
πλάτος 1141a
ῥύμη 1255b

רְחֹבוֹת
εὐρυχωρία 580a

רֵחֶה
μύλος 936c

רְחוֹב
see רְחוֹב, רְחֹב

רַחוּם
ἐλεήμων 450c, 174a
οἰκτ(ε)ίρμων 983a

רָחוֹק
ἀπωτέρω 152b
ἀρχαῖος (מֵרְ') 162c
ἀρχή 164a
μακράν (לְמֵרָ', מֵרָ', רָ') 892c, 183b
μακρὰν ἀπέχειν 122a, 892c
μακρὰν εἶναι 892c
μακρὰν οἰκῶν 892c
ὁ μακράν (מֵרָ', רָ') 892c
*μακρόθεν (עַד לְמֵרָ', בְּרָ', מֵרָ', רָ') 893b
ἀπὸ μακρόθεν (לְמֵרָ', מֵרָ') 893b
ὁ μακρόθεν (מֵרָ') 893b
μακρός (מֵרָ', רָ') 893c
⟦γῆ μακρά 893c⟧ → μακρός
ἐκ μακρῶν (לְמֵרָ') 893c
μακρύνειν 894a
πάλαι (לְמֵר') 1051a
διὰ χρόνου (πολλοῦ) (מֵרָ') 1181b, 1476b
πόρρω (מֵרָ', רָ') 1195b
ἕως πόρρω (עַד לְמֵרָ') 1195b
πόρρωθεν (לְמֵרָ', מֵרָ', רָ') 1195b
γῆ πόρρωθεν 1195b
ὁ πόρρωθεν 1195b
⟦τίμιος 1353c⟧
ὑποχωρῶν γίνεσθαι 194c

רָחִיט
φάτνωμα, φάτμωμα 1425c

רַחִיק (Aramaic)
*#ἀπέχειν (רַ' הֲוָה) 122a (I Es. 6.27)
μακράν 892c

רָחֵל
ἀμνός 66b
⟦κείρειν 758b⟧
πρόβατον 1204b

רָחַם qal
ἀγαπᾶν 5c
#φιλιάζειν 1431a (Jd. 5.30A)
#φίλος 1431b (Jd. 5.30A)

רָחַם pi.
ἀγαπᾶν 5c
ἐλεᾶν 449a
ἐλεεῖν 449c, 174a
ἔλεος, ἔλαιος 451a
ἵλεως 684c
οἰκτείρειν 982c, 186a
παρακαλεῖν 1060a

רָחַם pu.
ἀγαπᾶν 5c
ἐλεεῖν 449c

רָחַם ni.
ἀνατρέπειν 84b

רָחָם
κύκνος 798c

רַחַם
ἔγκατον 366b
ἔλεος, ἔλαιος 451a, 174a
ἔντερον 479a
ἔρως γυναικός 553b
μήτρα 925b
τὰ περὶ τὴν μήτραν 925b
οἰκτ(ε)ιρμός 983a
⟦παιδίον 1047c⟧
σπλάγχνα 1284c
χάρις 1455a, 195a

רֶחֶם
γαστήρ 234b, 170a
κοιλία 773a, 182a
μήτρα 925b, 185a

רַחֲמִים
οἰκτ(ε)ιρμός 186a

רַחֲמִין (Aramaic)
οἰκτ(ε)ιρμός 983a

רַחֲמָנִי
οἰκτ(ε)ίρμων 983a

רָחַף qal
σαλεύειν 1257c

רָחַף pi.
ἐπιποθεῖν 526c
ἐπιφέρειν 538a

רָחַץ qal
#βάπτειν 190b (Ps. 67[68].23)
ἐκπλύνειν 439b
λούειν 888b
νίπτειν 945c
πλύνειν 1151b
χεῖν 1457c

רָחַץ pu.
ἀπονίπτειν 139a
λούειν 888b

רָחַץ hithp.
ἀπολούειν 138c

רָחַץ ithpe. (Aramaic)
ἐλπίζειν 453c
πείθειν 1114b

רַחַץ
ἐλπίς 454a (Ps. 59[60].8; 107[108].9 Aramaizing)

רַחְצָה
λουτρόν 888b

רָחַק qal
ἀπέχειν 122a
ἀποτρίβειν 149c
ἀπωθεῖν 151a
ἀφαιρεῖν 180a

ἀφάλλεσθαι 181b
ἀφιστᾶν, ἀφιστάναι, ἀφιστάνειν 184b, 169b
ἀφιστάναι μακράν 184b
ἐφορᾶν + neg. 586b
μακράν 892c
ἀφεστάναι/ἀποστῆναι μακράν 892c
μακρὰν ἀπέχειν 122a, 892c, 167c, 183b
μακρὰν εἶναι 892c
μακρότερον ἀπέχειν 893c
μακρύνειν 894a
πόρρω 1195b
πόρρω γίνεσθαι 256c, 1195b

רָחַק ni.
ἀνατρέπειν 84b

רָחַק pi.
ἀπωθεῖν 151a
μακρύνειν 894a
πόρρω ἀπέχειν 122a, 1195b

רָחַק hi.
ἀπέχειν 122a
ἀποτείνειν 148c
ἀπωθεῖν 151a
ἀφιστᾶν, ἀφιστάναι, ἀφιστάνειν 184b
ἐκδιώκειν 423b
ἐξωθεῖν 502b
μακράν 892c
ἀφιστάναι μακράν 184b, 169b, 183b
μακρὰν ἀπέχειν 122a, 892c
μακρὰν ἀπωθεῖν 892c
μακρὰν γίνεσθαι 256c, 892c
μακρὰν ποιεῖν 892c, 1154a
μακρόθεν 893b
μακρότερον (adv.) 893c
μακρύνειν 894a
πόρρω ποιεῖν 1154b, 1195b

רָחַק hithp.
ἀπωθεῖν 168b
ἀφιστᾶν, ἀφιστάναι, ἀφιστάνειν 169b
ἀφιστάναι μακράν 183b

רָחֵק
ὁ μακρύνων ἑαυτόν 894a

רָחַשׁ qal
ἐξερεύγεσθαι 491b

רָטֵב qal
ὑγραίνειν 1380c

רָטֹב
ὑγρός 1380c

רֶטֶט
τρόμος 1374c

רְטֶפֶשׁ
ἀπαλύνειν 116c

רָטַשׁ pi.
#ἐδαφίζειν 367c (Ez. 31.12)
ἐνσείειν 476c
συντρίβειν 1321a

רָטַשׁ pu.
ἐδαφίζειν 367c
ῥάσσειν 1248a

רָטַשׁ hithp.
ἀναστρέφειν 166c

רִי
⟦ἐκλεκτός 437a⟧

רִיב I qal
ἀντιδικεῖν 110b
ἀπολογεῖσθαι 138c
διακρίνειν 304a
διαλέγεσθαι 304b
διαμάχεσθαι 171b
δικάζειν 330b
δικαιοῦν 334b
δίκη 335b
ἐκδικεῖν 422b
⟦ἐπέρχεσθαι 509c⟧
κατήγορος 751a
κρίνειν 787b, 182b
κρίσις 789c
#κριτής 791a (Is. 63.7)
⟦λαλεῖν 841c⟧
λοιδορεῖν 887b
μάχεσθαι 900c
μάχη 901a
ὀργίζειν 1010a
φιλεχθρεῖν 1430c

רִיב I hi.
ἀντίδικος 110b
ἀντιλέγειν 111a

רִיב II subst.
ἀδικία 25b
ἀντιδικεῖν 110b
ἀντίδικος (אִישׁ רִיב, רִיב) 110b
ἀντιλογία 111b
ἀπολογεῖσθαι 138c
δικάζειν 330b
δικαίωμα 334b
δίκη 335b
ἔρις 177b
⟦κακός 709b⟧
κρίνειν 787b
κρίσις 789c, 182b
⟦κριτής γίνεσθαι 791a⟧ → דִּין ≈ κριτής
λοιδορία 887c
μάχη 901a, 184a
μαχητής 901a
κατήγορος ἐν πρωτολογία (רִאשׁוֹן בְּרִיב) 1235c
στάσις 1286c

רֵיחַ (Hebrew and Aramaic)
εὐωδία (רֵיחַ נִיחֹחַ) 178c
ὀσμή 1018c
ὀσφρασία 1023c

רֵעַ
ἑταῖρος 177c
πλησίον 189a
φίλος 1431b, 195a

רִיפוֹת
§αραφωθ, αραβωθωθ (הָרִפוֹת) 152c

רִיק
κενός, καινός ("empty") 759a, 182a (Si. 31[34].1)
κενῶς (לָרִיק) 759b
⟦λεπτός 874a⟧ → דַּק
ματαιότης 899a
ματαίως 899b
οὐδείς, οὐθείς 187a

רֵק, רֵיק
κενός, καινός ("empty") 759a
λιτός 879c
μάταιος 898c
#σχολή 1328b (Pr. 28.19)

רֵיקָם
κενός, καινός ("empty") 759a

διὰ κενῆς 759a

רִיר
#γόνος 274c (Le. 15.3)
σίελον, σίελος 1266c

רֵישׁ
πενία 1118b
#προσδεῖν ("to be needy") 190a
(Si. 18.32)
πτωχεία 190c

רֵישׁ
πενία 1118b

רִישׁוֹן
see also רִאשׁוֹן
πρῶτος 1235c

רַךְ
ἁπαλός 116c
ἀσθενής 172b
δειλός 287a
μαλακός 894b
μαλακῶς (רֵכוֹת) 894c
#ὑπήκοος 1411c (Pr. 4.3)
ὑποπίπτειν 1416c

רֹךְ
ἁπαλότης 116c
[[τρυφερότης 1377c]] →
  ἁπαλότης

רָכַב qal
*ἀναβαίνειν, ἀναβέννειν 70a
ἀναβάτης 73a
[[ἅρμα 158b]] → רֶכֶב
διαπορεύεσθαι 171b
ἐπιβαίνειν 515c
ἐπιβάτης 516b
ἐπικαθῆσθαι 521b (Si. 36[33].6
  text אורחב)
ἐπικαθίζειν 521b
ἱππάζεσθαι 687a
ἱππεύειν 687a
ἱππεύς (רֹכֵב סוּס qal,
  רֹכֵב רֶכֶשׁ) 687a
καθῆσθαι 700b
[[καθίζειν 701c]] → ἐπιβαίνειν
[[πορεύεσθαι] 189d]] →
  διαπορεύεσθαι

רָכַב hi.
ἀναβιβάζειν 73a
διέρχεσθαι 328c
ἐμβιβάζειν 455c
ἐπιβιβάζειν 516c
ἐπικαθίζειν 521b
ἐπιτιθέναι 535c

רֶכֶב
ἀναβάτης 73a
*ἅρμα 158b
[[ἐπιβάτης 516b]] → רָכַב qal
ἐπιμύλιον 526a
ἐπιμύλιος 526a
[[θάρσος 626c]]
ἵππος 687b
κλάσμα μύλου (פֶלַח ר') 936c
§ρηχαβ 1251c

רְכֻב
ἐπιβάτης 516b
ἡνίοχος 619c

רִכְבָּה
ἅρμα 158b

רְכוּב
ἐπίβασις 516b

רְכוּשׁ
ἀποσκευή 140c
*#ἵππος 687b (Ge. 14.11, 16, 21;
  I Es. 2.7, 9)
*κτῆνος 794a
κτῆσις 795a
ὕπαρξις 1406b
ὑπάρχειν 1406b
χρῆμα 1474b

רָכִיל
δίγλωσσος 316c
δολίως 340b
δόλος 340b
σκολιῶς 1275b

רָכַךְ qal
ἀπαλύνειν 116c
ἀσθενεῖν 172a
ἐκλύειν 438a
ἐντρέπειν 480c

רָכַךְ pu.
μάλαγμα 894b
μάλαγμα ἐπιτιθέναι 535c

רָכַךְ hi.
μαλακύνειν 894c

רָכַל qal
δόλιος 171c
ἐμπορεύεσθαι 459a
ἐμπορία 459a
φέρειν ἐμπορίαν 459a
ἐμπόριον 459a
#ἐμπορεύεσθαι 459a
ἔμπορος 459a
[[ἐνεμπορεύεσθαι 472c]] →
  ἐμπορεύεσθαι
[[μυρεψικός 936c]] → μυρεψός
μυρεψός 937a
ῥωποπώλης, ῥοβοπώλης,
  ῥοποπώλης 1255c

רְכֻלָּה
ἐμπορία 459a
[[πλοῦτος 1150c]] → ὑπάρχειν
ὕπαρξις 1406b
ὑπάρχειν 1406b (Ez. 26.12)

רָכַס qal
συσφίγγειν 1324a

רֶכֶס
τραχύς 1371a

רֹכֶס
ταραχή 1336c

רָכַשׁ qal
κτᾶσθαι 793b
περιποιεῖν 1125c

רֶכֶשׁ
ἅρμα 158b
ἱππεύειν 687a
ἱππεύς (רֹכֵב ר') 687a

רָם
μέγας 902c

רֵם
μονόκερως 933a

רְמָה, רְמָא pe. (Aramaic)
βάλλειν 189c
ἐμβάλλειν 455a
*#ἐπιβάλλειν 516a (I Es. 8.22)
*#ἐπιβολή 517b (I Es. 8.22)
καταδουλοῦν 731a
ῥίπτειν, ῥιπτεῖν 1252b
τιθέναι 1348c

רְמָה, רְמָא ithpe. (Aramaic)
ἐμβάλλειν 455a
ῥίπτειν, ῥιπτεῖν 1252b

רָמָה I qal
ἀναίρεσις 77c
βάλλειν 189c
ἐντείνειν 477a
ῥίπτειν, ῥιπτεῖν 1252b
#τοξότης (ר' act. ptc.) 1364b
  (II Ch. 22.5)

רָמָה I ni.
#ἀπορρίπτειν 140b (Ho. 10.7; 11.1
  [10.15]; Ob. 5; Je. 8.14; 28[51].6;
  29[47].5)

רָמָה I pi.
ἐνεδρεύειν 472a
παραδιδόναι 1058a
παραλογίζεσθαι 1062a

רָמָה II
βάσις 214b
ἔκθεμα 431c
πορνεῖον, πορνίον 1194c

רְמָה pe. (Aramaic)
see רְמָה, רְמָא pe.

רְמָה ithpe. (Aramaic)
see רְמָה, רְמָא ithpe.

רִמָּה
ἑρπετόν 177b
σαπρία 1259a
σῆψις 1265c
σκώληξ 1278a, 191c

רִמּוֹן
ἄνθινος 95c
[[κώδων 839b, 183d]]
ῥόα 1252c
ῥοΐσκος 1253a, 191c (Si. 45.9)
#ῥοῶν 1254b

רֹמַח
δορατοφόρος (נֹשֵׂא ר') 344b
δόρυ 344b
λόγχη 887b
σ(ε)ιρομάστης 1262a
[[σειρομάστρα(?) 1262a]] →
  σ(ε)ιρομάστης

רְמִיָּה
ἄδικος 26c
[[ἀεργός 28c]]
ἀμελῶς 65b
ἄνομος 107c
δόλιος 340b
δόλος 340b
[[ἐντείνειν 477a]] → רָמָה I qal
στρεβλός 1296b

רָמַם
[[ὑψοῦν 1422a]] → רום I polel

רָמַס qal
διαστέλλειν 311b
καταθλᾶν 731b
καταπατεῖν 740b
πατεῖν 1105a
συμπατεῖν 1305a
συντρίβειν 1321a

רָמַס ni.
καταπατεῖν 740b

רֶמֶשׂ qal
διέρχεσθαι 328c
ἑρπετός 547c
ἑρπετός 548a
κινεῖν 765b

רֶמֶשׂ
ἑρπετός 548a

רֹן
ἀγαλλίαμα 4c

רָנָה qal
γαυριᾶν 234c

רִנָּה
ἀγαλλίαμα 4c
ἀγαλλίασις 5b
αἴνεσις 33b
δέησις 285c
#δεῖσθαι 288a (Is. 43.14; Je. 7.16)
#μέλος 184b (Si. 50.18)
τέρψις 1345c
χαρά 1454b

רָנַן qal
ἀγαλλιᾶσθαι 4c
[[ἐξιστᾶν, ἐξιστάναι 496c]]
εὐφραίνειν 581a
#στρατοκῆρυξ (רֹנֵן בְּמַחֲנֶה) 1296a
  (III Ki. 22.36)
τέρπειν 1345c
[[τετραίνειν 1347a]] → τρανὸς
  εἶναι
τρανὸς εἶναι 1369b
ὑμνεῖν 1405a
χαίρειν 1452a
ἐν χαρᾷ εἶναι 1454b

רָנַן pi.
ἀγαλλιᾶσθαι 4c
ἀγαλλίασις 5b
εὐφραίνειν 581a
εὐφροσύνη 582c
ἠχεῖν 179c
[[ὑψοῦν 1422a]] → ἀγαλλιᾶσθαι

רָנַן pu.
εὐφραίνειν 581a

רָנַן hi.
ἀγαλλιᾶσθαι 4c
εὐλογεῖν 572c
εὐφραίνειν 581a
καυχᾶσθαι 757b
τέρπειν 1345c
ὑμνεῖν 194a

רָנַן hithpo.
κραιπαλᾶν 782a

רְנָנָה
ἀγαλλίασις 5b
εὐφροσύνη 582c
τέρπειν 1345c
χαρμονή 1455c

רְסִיסִים
θλάσμα 652b
ψεκάς 1484a

רֶסֶן
[[θώραξ 668c]] → שִׁרְיוֹן
κημός, κιμός 763a
χαλινός 1453a

רָסַס qal
ἀναμιγνύναι 79c

רַע
ἀδίκημα 25a
ἀδικία 25b
ἄδικος 26c
ἄδικος 27b
αἰσχρός 36c
ἁμαρτωλός 64b, 166b
ἀπώλεια, ἀπωλία 168b

ἀρέσκειν + neg. (רַע בְּעֵינֵי) 155c
ἀρκεῖν + neg. 158a
βασκαίνειν 169a
βάσκανος (רַע עַיִן, רַע) 214c, 169a
εὐαρεστεῖν + neg. 568c
ἐχθρός 589c
κακία 708a, 180b
κακοποιεῖν (עָשָׂה רַע) 709a
κακός 709b, 180c (–Si. 7.1; 12.5; +34[31].13)
ὁδὸς κακή 709b
κακοῦν 711b
κακοῦργος 180c (+Si. 30[33].35)
λοιμός (adj.) 887c
λυπεῖν 889b
λύπη 183c (+Si. 12.9)
λυπηρός 890a
παράνομος 1062b
#πικρός 188c (Si. 30.17)
πονηρεύεσθαι 1186a
πονηρία 1186b, 189c (–Si. 25.17; +46.7)
πονήριος(?) 1186c
*πονηρός 1186c, 189c (+Si. 42.5; 51.8)
πονηρὸν πρᾶγμα 1186c
σκυθρωπός 1277a

רַע I ("purpose")
διαλογισμός 305a

רֵעַ II
ἀδελφός 20a
#ἀντίδικος 110b (Pr. 18.17)
ἕκαστος (אִישׁ . . . רַע) 418a
ἑταῖρος 559c
ἕτερος 560a, 177c
⟦κράζειν 781b⟧ → רוּעַ hi.
πλησίον 1148b, 189a
πλησίος 1149b
πολίτης 1180c
συγγενής 192b
συνεῖναι 1313b
φιλεῖν 1430b
φιλία 1430c
φίλος 1431b, 195a (+Si. 20.23; 30[33].28)

רֹעַ
αἰσχρός 36c
κακία 708a
πονηρία 1186b, 189c (+Si. 25.17)
πονηρός 1186c

רָעֵב I qal
πεινᾶν 1115b

רָעֵב I hi.
λιμαγχονεῖν 878b
λιμοκτονεῖν 878c

רָעֵב II
ἐνδεής 469b
λ(ο)ιμός 878c
πεινᾶν 1115b

רָעָב
λ(ο)ιμός 878c, 183b (Si. 39.29; 40.9)
σιτοδ(ε)ία 1267b

רְעָבוֹן
λ(ο)ιμός 878c

רָעַד qal
ποιεῖν τρέμειν 1371b

רָעַד hi.
ἔντρομος 481a
θόρυβος 654a

*τρέμειν 1371b

רַעַד
τρόμος 1374c

רְעָדָה
τρόμος 1374c

רָעָה I qal
βόσκειν 225c
κατακολουθεῖν 734a
κατανέμεσθαι 739b
νέμειν 941c
νέμειν τὰς ἡμιόνας 618c
νομάς 946b
ποιμαίνειν 1169a
ποιμενικός 1169b
ποιμήν 1169b
#ποίμνιον 1169c (Ze. 2.6)
⟦συρρέμβεσθαι, συνρέμβεσθαι 1323a⟧ → רָעָה II hithp. ≈ συμπορεύεσθαι
τρέφειν 1371b

רָעָה I hi.
ποιμαίνειν 1169a

רָעָה II pi.
⟦ἑταῖρος εἶναι 559c⟧ → מֵרֵעַ ≈ ἑταῖρος
φιλιάζειν 1431a

רָעָה II hithp.
ἑταῖρος εἶναι 559c
#ὁμιλεῖν 186b (Si. 11.20)
#συμπορεύεσθαι 1305c

רָעָה III
ἀδίκημα 25a
ἀδικία 25b
ἀθέτησις 29c
ἁμαρτία 62a
ἀποστασία 141a
ἀπώλεια, ἀπωλία 151c
ἀρρωστία (רָ' חֹלָה) 160b
ἀσέβεια, ἀσεβία 169c
ἀσεβής 170b
⟦ἔργον 541c⟧ → κακός
θλῖψις 652c, 179c
κακία (דֶּרֶךְ רָ', רָ') 708a, 180b (+Si. 7.1; 12.5; 30[33].37)
κακοποιεῖν 709a
κακός 709b, 180c
κακοῦν 711b
κακοῦργος 180c
κάκωσις 712a
λύπη 889c
πονηρία 1186b, 189c (–Si. 46.7)
πονηρός 1186c, 189c
βουλὴ πονηρά 1186c
ὁδὸς πονηρά 962b, 1186c
ῥῆμα πονηρόν 1186c

רֵעָה
ἀρχιεταῖρος 169c
ἑταῖρος 559c

רֵעָה
πλησίον 1148b
συνεταιρίς 1315a

רֹעָה
ταραχή 1336c

רֵעוּ I
γυνή 278b
ἕτερος 560a
πλησίον 1148b
συνεταιρίς 1315a

רֵעוּ II (Aramaic)
ἀρεστός 156a
*#θέλημα 629a (I Es. 8.16)
*#κρίνειν 787b (I Es. 6.22)
⟦περισσ(ε)ία 1126b⟧ → προαίρεσις
προαίρεσις 1203c
#προσφωνεῖν (רְ' שְׁלַח) 1223c (I Es. 6.22)

רְעִי
νομάς 946b

רַעְיָה
πλησίον 1148b

רַעְיוֹן (Hebrew and Aramaic)
διαλογισμός 305a
προαίρεσις 1203c
ἃ ὑπέλαβες 1414c
ὑπόνοια 1416c

רָעַל ni.
#διασαλεύειν 309c (Hb. 2.16)
#σείειν 1261c (Hb. 2.16)

רָעַל ho.
θορυβεῖν 654a

רְעָל
κάθεμα 699c
σαλεύειν 1257c

רָעַם qal
βοᾶν 222a
βομβεῖν 224c
⟦δακρύειν 284a⟧ → דָּמַע qal
σαλεύειν 1257c

רָעַם hi.
ἀθυμεῖν, ἀθυμοῦν 30a
βροντᾶν 231a, 169c

רַעַם
ἅλμα 59a
βροντή 231a, 169c
καταιγίς 731b
⟦κραυ(γ)ή 784b⟧ → βροντή

רַעְמָה
φόβος 1435c

רָעַן palel
#ἀναθάλλειν 166c (Si. 50.10)
πυκάζειν 1240a

רַעֲנָן
ἀλσώδης 59c
δασύς 285b, 170a
εὐπαθεῖν 576a
⟦εὐπρεπής 178a⟧
εὔσκιος 580c
κατάκαρπος 733a
κατάσκιος 745a
πίων 1139a
πυκάζειν 1240a
⟦σύσκιος 1323a⟧ → עֲבֹת

רַעֲנַן (Aramaic)
#εὐθαλεῖν 570a (Da. TH 4.1)
#εὐθηνεῖν 570b (Da. LXX 4.1)

רָעַע qal
ἀδικεῖν 24c
ἀρέσκειν + neg. (qal בְּעֵינֵי רְ') 155c
ἀχρειοῦν 187c
βαρύς 191b
βασκαίνειν 214c
κακοῦν 711b
πονηρεύεσθαι 1186a
πονηρός 1186c
πονηρὸν γίνεσθαι 256c, 1186c
πονηρὸν εἶναι 1186c

πονηρὸν φαίνεσθαι 1186c
#τύπτειν + subj. καρδία (= לֵב) 1378b (I Ki. 1.8)

רָעַע ni.
#κακοῦν 711b (Ho. 9.7)

רָעַע hi.
ἀπωθεῖν 151a
ἀσεβής 170b
κακία 708a
κακοποιεῖν 709a
κακοποιός 709b
κακός 709b
κακὰ ποιεῖν 189b
⟦κακότης 711b⟧ → κακοποιός
κακοῦν 711b, 180c (+Si. 49.7)
λυπεῖν 889b
πονηρεύεσθαι 1186a
πονηρία 1186b
πονηρός 1186c
ἄνθρωπος πονηρός 1186c
πονηρὰ συντελεῖν 1186c, 1319b
⟦πονηρὸν φαίνεσθαι 1423a⟧ → רָעַע qal
σκληρὸν εἶναι 1274b
σκληρὸν φαίνεσθαι 1274b, 1423a

רָעַע hithpo.
ταράσσειν 1336a

רְעַע pe. (Aramaic)
ἐκκόπτειν 434c

רְעַע pa. (Aramaic)
δαμάζειν 284c

רָעַף qal
⟦πιαίνειν 1132c⟧
πιμπλάναι 1133b
ῥεῖν 1248b

רָעַף hi.
⟦εὐφραίνειν 581a⟧

רָעַץ qal
θλίβειν 652b
θραύειν 654b
σαθροῦν 1257b

רָעַשׁ qal
ἔντρομος γίνεσθαι 256c, 481a
σείειν 1261c
συσσείειν 193a
ταράσσειν 1336a
τρέμειν 1371b
φοβεῖν 1433b

רָעַשׁ ni.
σείειν 1261c

רָעַשׁ hi.
σείειν 1261c
συσσείειν 1323b

רַעַשׁ
⟦δόλος 340b⟧
ὀδύνη 967a
σεισμός 1262b
συσσεισμός 1323b
τρόμος 194b

רָפָא I qal
ἀνεγείρειν 167a
ἐνταφιαστής 477a
θεραπεύειν 179b
ἰᾶσθαι 668a, 179a
ἴασις 668c (Za. 10.2), 179b
ἰατής 669a
ἰατρεύειν 669a
ἰατρός 669a, 179b

רָפָא I ni.
ἰᾶσθαι 668a
ὑγιάζειν 1380b

רָפָא I pi.
ἰᾶσθαι 668a, *179b* (Si. 3.28)
ἰατρεῖον 669a
ἰατρεύειν 669a
σωματοποιεῖν 1330c

רָפָא I hithp.
#ἰᾶσθαι 668a (Pr. 18.9)
ἰατρεύειν 669a

רָפָא II
$ραφα 1248b

רְפָאוּת
ἴασις 668c, *179b* (–Si. 3.28)

רְפָאִים
#γηγενής 255c (Pr. 9.18)
γίγας 256b

רָפַד pi.
στοιβάζειν 1291c
στρωννύειν, στρωννύναι 1297b

רָפָה I qal
ἀνιέναι (= ἀνίημι) 102b
ἀπέρχεσθαι 121a
ἀσθενεῖν 172a
ἐκλύειν 438a
κλίνειν 771a
παραλύειν 1062a
παριέναι ("to allow") 1070b

רָפָה I ni.
σχολάζειν 1328b
σχολαστής 1328b

רָפָה I pi.
ἀνιέναι (= ἀνίημι) 102b
ἐκλύειν 438a
*#ἐπικοιμᾶσθαι (רְ' יָדֵי pi.) 523b
   (I Es. 5.72)
καταπαύειν 740c

רָפָה I hi.
ἀνιέναι (= ἀνίημι) 102b
ἀφιεῖν, ἀφιέναι 183b, *169b*
ἐᾶν 361a
ἐγκαταλείπειν 365a, *172a*
ἐκλύειν 438a
παριδεῖν 1070b
παριέναι ("to allow") 1070b
παύειν 1112b
προϊέναι 1207a
σχολάζειν 1328b
#τελειοῦν 1343a (Ne. 6.3)

רָפָה I hithp.
ἐκλύειν 438a
ἐμμολύνειν 456a

רָפָה II
γίγας 256b
$ραφα 1248b

רָפֶה
ἀνιέναι (= ἀνίημι) 102b
ἀσθενεῖν 172a
ἀσθενής 172b
[γηγενής 255c] → רְפָאִים
[γίγας 256b] → רְפָאִים
ἐκλύειν 438a
#νωθρός *185c* (Si. 4.29)

רְפוּאָה
ἴαμα 668a
ἴασις 668c
ἰατρεύειν 669a

רְפִידָה
ἀνάκλιτον 78b

רִפְיוֹן
ἔκλυσις 438a
παριέναι ("to allow") *188a*

רָפַס qal
see רָפַשׂ qal

רָפַס ni.
see רָפַשׂ ni.

רָפַס hithp.
ἐκκλείειν 433a
καταπατεῖν (רָפַשׂ hithp.) 740b

רְפַס pe. (Aramaic)
καταπατεῖν 740b
συμπατεῖν 1305a

רַפְסֹדוֹת
σχεδία 1327c

רָפַף polal
[ἐφιστάναι 585c] → πετανννύναι,
   πετάζειν
πετανννύναι, πετάζειν 1128c

רָפַף hithp.
ἐπιστηρίζειν 530b

רָפַס, רָפַשׂ qal
καταπατεῖν 740b
ταράσσειν 1336a

רָפַס, רָפַשׂ ni.
?φράσσειν 1438b

רֶפֶת
φάτνη, πάθνη 1425b

רַץ
$ρας(ε)ιμ, ρασσειμ (רָצִים) 1248a

רָצָא qal
προσδέχεσθαι 1212c
[τρέχειν 1371c]

רָצַד pi.
ἐνεδρεύειν *175b*

רָצָה qal
ἀγαπᾶν 5c
δεκτός 289c
δεκτὸς εἶναι 289c
δέχεσθαι 294c
(ἐ)θέλειν 628b
εἰσακούειν 408b
[ἐπισκοπή 528c]
*εὐδοκεῖν 569a
εὐλογεῖν 572b
εὐοδοῦν 575c
παραδέχεσθαι 1058a
προσδέχεσθαι 1212c
[συντρέχειν (רְ' עִם qal) 1321a] →
   רוּץ qal

רָצָה ni.
δεκτός 289c
δέχεσθαι 294c
λύειν 889a
[προσδέχεσθαι 1212c] →
   δέχεσθαι

רָצָה pi.
[ὀλλύναι 987b] → רָצַץ qal ≈
   θλᾶν

רָצָה hi.
εὐδοκεῖν 569a

רָצָה hithp.
διαλλάσσειν 304c

רָצוֹן
ἀρεστός 156a
βούλεσθαι 226b
δεκτός 289c
δόξα *171c*
(ἐ)θέλειν 628b
εἰσδεκτός, εἰς δεκτόν(?) 410a
ἔλεος, ἔλαιος 451a, *174a*
ἐνθύμημα *175b*
ἐπιθυμία 521a
εὐδοκία 569b, *177c* (+Si. 35[32].14;
   36[33].13; 36.22; 42.15)
εὐφροσύνη *178b*
*θέλημα 629a, *179b*
θέλησις 629a
ἱλαρός 684b
ἱλαρότης 684b
προσδεκτός 1212c
χάρις 1455a

רָצַח qal
φονεύειν 1437a
φονευτής 1437b
φόνος 1437c

רָצַח ni.
φονεύειν 1437a
φονευτής 1437b

רָצַח pi.
φονεύειν 1437a
φονευτής 1437b

רֶצַח
[βοή 222c] → צְרָח
καταθλᾶν 731b
#φόνος 1437c (Je. 22.17)

רָצַע qal
τρυπᾶν 1377b

רָצַף qal
λιθόστρωτον 878b

רִצְפָה
ἄνθραξ 96a
λιθόστρωτον 878b
περίστυλον 1127a
στοά 1291c

רָצַץ qal
ἐκπιέζειν, ἐκπιάζειν, ἐκπιαζεῖν
   439a
θλᾶν 652a, *179b*
θραύειν 654b
καταδυναστεύειν 731a
καταπατεῖν 740b
κατασπᾶν 745a
συνθλᾶν 1316a
συνθλίβειν 1316b
[συντρίβειν 1321a] →
   συνθλίβειν

רָצַץ ni.
θλᾶν 652a
[συντροχάζειν 1322c] → רוּץ qal

רָצַץ pi.
θλᾶν 652a
θράζειν(?) 654b
λυμαίνειν, λοιμαίνειν 889b
συνθλᾶν 1316a
[συντρίβειν 1321a] → συνθλᾶν

רָצַץ polel
θλᾶν 652a

רָצַץ hi.
κλᾶν 766c
συνθλᾶν 1316a

רָצַץ hithp.
σκιρτᾶν 1274b

רַק
ἐκτός 443c
ἐπιμελῶς 525c
ἔτι 561a
ἰδού 673c
[λεπτός 874a] → דַּק
μονογενής (רַק יָחִיד) 933a
μόνον 933a
μόνος 933b
[ὅστις (רַק אִם) 1022b]
πλήν (בִּלְעֲדֵי רַק, רַק) 1145c
ἀλλὰ πλήν 1145c
πλὴν ὅτι 1145c
[τότε 1367c (De. 28.13)]

רַק I
κενός, καινός ("empty") 759a
[λεπτός 874a] → דַּק
λοιμός (adj.) 887c
μάταιος 898c

רַק II
see רִיק

רֹק
ἔμπτυσμα 460a
πτύελος 1238c

רָקַב qal
ἄσηπτος ('רְ qal + neg.) 171c
ἐκλείπειν 173c
σήπειν 191b

רָקָב
σής 1265b

רָקָב, רֶקֶב
#ἀσκός 172c (Jb. 13.28)

רִקָּבוֹן
σαθρός 1257b

רָקַד qal
#κατορχεῖσθαι 756c (Za. 12.10)
ὀρχεῖσθαι 1018a
σκιρτᾶν 1274b

רָקַד pi.
ἀναβράσσειν 74a
ἐξάλλεσθαι 487a
ὀρχεῖσθαι 1018a
προσπαίζειν 1219a

רַקָּה
γνάθος 272c
κρόταφος 791b
μῆλον 921c

רָקַח qal
ἥδυσμα 604c
μυρεψός 937a, *185c*
[ποιεῖν 1154a]

רָקַח pu.
μύρον 937b

רֶקַח
μυρεψικός 936c

רֹקַח
μυρεψικός 936c
μύρον 937b

רַקָּח
μυρεψός 937a
$ρωκε(ε)ιμ (רֹקְחִים) 1255c

רָקִיעַ
οὐρανός 1031b
στερέωμα 1289b, *192a* (+Si. 43.1)

רָקִיק
λάγανον, λάγανος(?) 840b

רָקַם qal
ποικιλτής 1169a
ποικιλτικός 1169a
ποικιλτός 1169a
ῥαφιδευτής 1248b
ῥαφιδευτός 1248b
⟦ὑφάντης 1419a⟧ → ὑφαντός
ὑφαντός 1419a

רָקַם pu.
⟦ὑπόστασις 1417a⟧ → תְּקוּמָה

רִקְמָה
ἥγημα 604a
ποικιλία 1168c
ποικίλλειν 1168c
ποίκιλμα 1168c
ποικίλος 1168c
ποικιλτός 1169a

רָקַע qal
ἐπιψοφεῖν 539a
στερεοῦν 1289a
ψοφεῖν 1485c

רָקַע pi.
περιχρυσοῦν 1128b
τέμνειν 1345a

רָקַע pu.
⟦προβλητός 1205c⟧ →
　προσβλητός
προσβλητός 1212b

רָקַע hi.
στερεοῦν 1289a
⟦στερέωσις 1289c⟧ → στερεοῦν

רְקָעִים
ἐλατός 448a

רָקַק qal
προσσιελίζειν 1219c

רָשׁ
⟦δαν(ε)ιστής 285a⟧ → נָשָׁה
πένης 1117a, 188b
#χρεοφειλέτης 1474b (Pr. 29.13)

רָשָׁה ho.
#προστάσσειν 190b (Si. 3.22)

רִשָּׁיוֹן
ἐπιχώρησις 539a
*#πρόσταγμα 1219c (I Es. 5.55)

רָשִׁישׁ
παριέναι ("to allow") 188a

רֵשִׁית
ἀρχή 164a

רָשַׁם
ἐντάσσειν 476c

רְשַׁם pe. (Aramaic)
ἐκτιθέναι 443a
ἐντάσσειν 476c
ἐπιτάσσειν 534c
ὁρίζειν 1011c
τάσσειν 1337a

רָשַׁע qal
ἀγνοεῖν 16a
ἀνομεῖν 106b
ἀσεβεῖν 170a
ἀσεβής 170b

רָשַׁע hi.
ἀδικεῖν 24c
ἄδικος 26c
ἁλίσκειν, ἁλίσκεσθαι 54c
ἁμαρτάνειν 60c, 166b
ἁμαρτία 62a
⟦ἀνοεῖν 105a⟧ → ἀνομεῖν
ἀνομεῖν 106b
ἀσεβεῖν 170a
ἀσεβής 170b
ἀσεβὴς τιθέναι 1348c
(τὰ) ἄτοπα ποιεῖν 176b, 1154a
ἐλέγχειν 449b
ἔνοχος 476c
ἐξαμαρτάνειν 487a
ἡττᾶν 620b
κακοῦν 711b
καταγινώσκειν 730a
καταδικάζειν 730b

רֶשַׁע
ἀδικεῖν 24c
ἀδικία 25b

ἄδικος 26c, 165b
ἀδίκως 27b
ἁμαρτάνειν 60c
ἁμαρτωλός 64b, 166b
⟦ἀνήρ 88a⟧
ἄνομος 107c, 167b
ἀσέβεια, ἀσεβία 169c
ἀσεβεῖν 170a
ἀσεβής 170b, 168c
⟦δυνάστης 355b⟧
ἔνοχος 476c
⟦ἐξαμαρτωλός(?) 487b⟧ →
　ἁμαρτωλός
θρασύς 654b
καταδικάζειν 730b
λοιμός (adj.) 887c
παράνομος 1062b
πονηρός 1186c
σκληρός 1274b

רֶשַׁע
ἀδικία 25b
ἁμάρτημα 62a
ἁμαρτία 62a
ἁμαρτωλός 64b
ἀνομία 106b
ἄνομος 107c
ἀσέβεια, ἀσεβία 169c
ἀσεβεῖν 170a
ἀσέβημα 170b
ἀσεβής (אִישׁ רָ) 170b (Jb. 34.8)
κακοποιεῖν 709b
κακός 180c
πλημμέλεια, πλημμελία 1145b

רִשְׁעָה
ἀνομία 106b
ἄνομος 107c
ἀσέβεια, ἀσεβία 169c
ἀσεβής 170b

רָשַׁף qal
#ἐκκαίειν 173c (Si. 16.6)

רֶשֶׁף
ἄνθραξ 96a
⟦γύψ 283b⟧
κράτος 784a

περίπτερος, περίπτερον 1125c
πετεινός 188c
πῦρ 1242b

רָשַׁשׁ pu.
καταστρέφειν 745c

רָשַׁשׁ polel
ἀλοᾶν 59a
ἀποκενοῦν 168a

רֶשֶׁשׁ
νωθρός 185c

רֶשֶׁת
δίκτυον 355c
δικτυωτός 355c
ἐσχάρα 557c
θήρα 650b
παγίς, πακίς 1044b
#πέδη 188b (Si. 6.29)

רָתוֹק
καθήλωμα 700b

רָתַח pi.
ζεῖν 593a

רָתַח pu.
ἐκζεῖν 430c

רָתַח hi.
ἀναζεῖν 76c
ἀναξηραίνειν 166c

רֶתַח
⟦ἐκζεῖν 430c⟧ → ζεῖν
ζεῖν 593a

רַתּוֹק
καθήλωμα 700b

רֶתֶם
ἄλιμον 54a
ἐρημικός 545a
§ραθμεν 1247c
φυτόν 1447a

רָתַק ni.
ἀνατρέπειν 84b

רָתַק pu.
δεῖν ("to bind") 287b

שְׂאֵר
ζύμη 599b

שְׂאֵת
⟦δίνη 336a⟧ → XXX ≈ δεινός
λῆμμα 875c
οὐλή 1030c
ὄψις 1044b
τιμή 1353a

שַׂב (Hebrew and Aramaic)
#γέρων 170a
ἐσχατογήρως
　(שָׂב [כּוֹשֵׁל] וִישִׁישׁ [margin]) 177b
*πρεσβύτερος 1201c, 190a
#πρεσβύτης 1202c

שֶׂבֶךְ
δίκτυον 335c

שְׂבָכָא (Aramaic)
see also סַבְכָא

σαμβύκη 1259a

שְׂבָכָה
δίκτυον 335c
δικτυοῦν 335c
δικτυωτός 335c
§σαβαχ 1256a
§σαβαχα 1256a

שָׂבַע, שָׂבֵעַ qal
ἄπληστος (שָׂ qal + neg.) 122c
ἐμπιπλᾶν, ἐμπι(μ)πλάναι,
　ἐμπλῆθειν 457a, 174b (Si. 12.16)
πιμπλάναι 1133b
⟦πληθύ(ν)ειν 1144b⟧ →
　πιμπλάναι
πλήρης 1147a
πλήρης γίνεσθαι 256c, 1147a
πλήρης εἶναι 1147a
πλησμονή 1149c

χορτάζειν 1472c

שָׂבַע, שָׂבֵעַ ni.
⟦ἐμπιπλᾶν, ἐμπι(μ)πλάναι,
　ἐμπλῆθειν 174b⟧
πιμπλάναι 1133b, 188c

שָׂבַע, שָׂבֵעַ pi.
ἐμπιπλᾶν, ἐμπι(μ)πλάναι,
　ἐμπλῆθειν 457a

שָׂבַע, שָׂבֵעַ hi.
ἐμπιπλᾶν, ἐμπι(μ)πλάναι,
　ἐμπλῆθειν 457a
#πιμπλάναι 1133b (Ez. 32.4)
#πληροῦν 1147c (Ps. 15[16].11)
χορτάζειν 1472c

שֹׂבַע
ἐμπιπλᾶν, ἐμπι(μ)πλάναι,
　ἐμπλῆθειν 457a
εὐθηνία 570b

πλησμονή 1149c

שָׂבֵעַ
πλήρης 1147a
πλήρης ἡμερῶν 1147a
πλησμονή 1149c
ἐν πλησμονῇ ὤν 1149c

שֶׂבַע
ἐμπιπλᾶν, ἐμπι(μ)πλάναι,
　ἐμπλῆθειν 457a
⟦πληροῦν 1147c⟧ → שָׂבַע, שָׂבֵעַ hi.
πλησμονή 1149c

שִׂבְעָה, שָׂבְעָה
ἐμπιπλᾶν, ἐμπι(μ)πλάναι,
　ἐμπλῆθειν 457a
#πλήρωσις 1148b (Je. 5.24)
πλησμονή 1149c

שֶׂבֶר pi.
ἐλπίζειν 453c

προσδέχεσθαι 1212c
προσδοκᾶν 1213a
προσδοκεῖν 1213a

שֶׁבֶר
ἐλπίς 454a
προσδοκία 1213a

שָׂגָא qal
#πολύς, πλείων, πλεῖστος 1181b (Pr. 14.17)
ὑψοῦν 1422a

שָׂגַב qal
διαφεύγειν 314b
ἐξεγείρειν 490b

שָׂגַב ni.
[[ἅγιος 12a]]
κραταιοῦν 782c
ὀχυρός 1043b
ὑψοῦν 1422a

שָׂגַב pi.
ἀντιλαμβάνεσθαι 110c
βοηθεῖν 223b
λυτροῦν 890a
ὑπερασπίζειν 1408c

שָׂגַב pu.
εὐφραίνειν 581b
σώζειν 1328b

שָׂגַב hi.
κραταιοῦν 782c
[[κραταιῶς 783a]] → κραταιοῦν

שָׂגָה qal
ἀμύθητος (שׂ' מְאֹד qal) 67c
πληθύ(ν)ειν 1144a
ὑψοῦν 1422a

שָׂגָה hi.
[[κατέχειν 750c]] → נָשַׂג hi.
μέγας εἶναι 902c

שַׂגִּיא (Hebrew and Aramaic)
μέγας 902c
*πολύς, πλείων, πλεῖστος 1181b
ἐπὶ πολύ 1181b
#σθένος 1265c (Jb. 4.10)
σφόδρα 1325a

שַׂגִּיא pe. (Aramaic)
πληθύ(ν)ειν 1144b
*#(προβαίνειν ἐπὶ) πλεῖον 1181b (I Es. 2.29)

שָׂדַד pi.
ἕλκειν, ἑλκύειν 453a
ἐνισχύειν 475a
ἐργάζεσθαι, ἐργάζειν 540c

שָׂדֶה
ἄγριος 16c
ἄγροικος (אִישׁ שׂ') 17a
ἀγρός 17a
ἀμπελών 67a
γεωργεῖν (עֹשֶׂה מְלֶאכֶת שׂ') 240b
γῆ 240c
[[δάσος 285b]] → πεδίον
[[ἡγεῖσθαι 602c]] → שַׂר
κτῆμα 793c
[[ὁδός 962b]] → ἀγρός
ὅριον 1012a
#ὄρος 1014b (Ob. 19)
πεδίον 1113b
σπόριμος 192a
σπόρος 192a
χώρα 1481a

שָׂדַי
πεδίον 1113b

#ὕλη 1405a (Jb. 19.29)
#ὑλώδης 1405a (Jb. 29.5)

שְׂדִים
ἁλυκός 60a

שְׂדֵרָה
διάταξις 312c
§σαδηρωθ (שְׂדֵרוֹת) 1257b

שֶׂה
ἀμνός 66b
κριός 788c
ποίμνιον 1169c
πρόβατον 1204b
χίμαρος 1470c

שָׂהֵד
συνίστωρ 1317b

שָׂהֲדוּ (Aramaic)
μαρτυρία 896b
μάρτυς 896b

שַׂהֲרֹנִים
μηνίσκος 923b
§σιων, σειρων(?) 1267c

שֹׂאָה
λῆψις 183b

שֹׂבֶךְ
δάσος 285b
[[δράσος(?) 348c]] → δάσος

שׂוּג ni.
ἀποστρέφειν 145b

שֹׂוּחַ qal
ἀδολεσχεῖν 27b

שׂוּךְ qal
περιφράσσειν 1128a
φράσσειν 1438b

שׂוּךְ pil.
[[ἐνείρειν 472b]] → שָׂכַךְ polel

שֹׂוךְ
κλάδος 766a
φορτίον 1438b

שֹׂוכָה
κλάδος 766a
φορτίον 1438b

שׂוּם I, שִׂים qal
ἀγωνίζεσθαι (שׂ' בְּל qal) 18c
ἀναλαμβάνειν 78c
ἀνατιθέναι 83b
ἀπαντᾶν 117a
#ἀπειλή (שׂ' בְּ qal) 120a (Jb. 23.6)
ἀποτιθέναι 148c
ἀποτίνειν 149a
ἀφιστᾶν, ἀφιστάναι, ἀφιστάνειν 184b
βάλλειν 189c
βούλεσθαι (שׂ' לֵב qal) 226b
γεννᾶν 237b
γίνεσθαι 256c
γράφειν 276a
δεῖν ("to bind") 287b
διανοεῖσθαι (שׂ' לֵב qal) 171b
[[διαστέλλειν 311b]]
διατάσσειν 313a
διδόναι 317b
[[" 171b]]
διεμβάλλειν 328b
ἐγχεῖν 367b
ἐγχειρεῖν 367b
[[ἐγχειρίζειν 367b]] → ἐγχειρεῖν
[[εἰλεῖν 377c]] → δεῖν

ἐκδέχεσθαι + τῇ καρδίᾳ (= עַל לֵב) 422a
ἐκτιθέναι 443a
ἐμβάλλειν 455a
ἐνθυμεῖσθαι 473c
ἐννοεῖν (שׂ' לֵב qal) 475c
ἐντάσσειν 476c
ἐντέλλεσθαι, ἐντελλέσθειν (שׂ' דָּבָר בְּפִי qal) 477a (I Es. 8.45)
ἐπάγειν 503c
ἐπιβάλλειν 516a, 176a (Si. 33[36].2)
ἐπιδιδόναι 176c
ἐπικαλεῖν 521b
[[ἐπικυλίειν 523c]] → κυλίειν
ἐπιμελεῖσθαι (שׂ' עֵינַיִם qal) 525c
ἐπινοεῖν 526a
ἐπιστρέφειν 531a
ἐπιτιθέναι 535c
ἐπιχεῖν 538c
ἐπονομάζειν + ὄνομα (= שֵׁם) 539a
ἐφιστάναι 585c
ἔχειν 586c
ζωννύειν, ζωννύναι + σάκκον (= שָׂק) 601a
ἡγεῖσθαι 602c
ἱστάναι, ἱστᾶν 689a, 180c
καθιστάναι 703a, 180a (Si. 35[32].1)
κατάγειν 729b
καταλείπειν 736a
κατανοεῖν (שׂ' עַל־לֵב qal) 739c
κατατάσσειν 746c
κεῖσθαι 758b
[[κυλίειν 798c]]
λαμβάνειν 847a
[[νοεῖν 946a]]
ὁρμᾶν (שׂ' אֶת־פָּנָיו qal) 1014a
#παράκεισθαι 187c (Si. 34[31].16)
παρατιθέναι (שׂ' qal, שׂ' לִפְנֵי qal) 1065a
περιτιθέναι 1127c
ποιεῖν 1154a
προσέχειν (שׂ' qal, שׂ' לֵב qal) 1215b, 190b
[[προστιθέναι 1221a (Ps. 85[86].14)]] → προτιθέναι
προτιθέναι 1231a
πρωτοβαθρεῖν (שׂ' אֶת־כִּסֵּאוֹ מֵעַל qal) 1235b
σπείρειν 1282a
στηρίζειν 1290c
στιμ(μ)ίζεσθαι, στιβίζεσθαι (שׂ' בַּפּוּךְ qal) 1291b
τάσσειν 1337a
τιθέναι 1348c, 193b (+Si. 36[33].9)
[[ὑπολείπειν 1415a]]
ὑποτάσσειν 1417b
ὑποτιθέναι 1417c
[[φοβεῖν 1433b]]

שׂוּם I, שִׂים hi.
?βοηθεῖν 223b
ἐπικαλεῖν (שׂ' דְּבָרָה hi.) 521b

שׂוּם I, שִׂים ho.
παρατιθέναι 1065a

שׂוּם II pe. (Aramaic)
ἐπιτιθέναι 535c
κρίνειν (שׂ' טְעֵם qal) 787b

προστάσσειν, προστάττειν (שׂ' טְעֵם qal) 1220c
τιθέναι 1348c
ὑπακούειν (שׂ' טְעֵם qal) 1405c
ὑποτάσσειν 1417b

שׂוּם II ithpe. (Aramaic)
ἀναλαμβάνειν 78c
διαρπάζειν (שׂ' נְלִי ithpe.) 308c
ἐντιθέναι 479a
*#τιθέναι 1348c (I Es. 6.9)

שׂוּר qal
[[ἄρχειν 163a]] → שָׂרַר qal
διαπρίειν 308c
ἐνισχύειν 475a

שׂוּר hi.
ἄρχειν 163a

שׂוֹרֵק
ἄμπελος 66c

שׂוּשׂ, שִׂישׂ qal
ἀγαλλιᾶσθαι 4c
γαυριᾶν 234c
ἐπάγειν 503c
[[ἐπισκέπ(τ)ειν 527c]]
εὐφραίνειν 581b, 178b
εὐφροσύνη 582c
περιχαρὴς γίνεσθαι 256c
τέρπειν 1345c
χαίρειν 1452a

שָׂחָה qal
κατακάμπτειν 733a

שָׂחָה hi.
λούειν 888b

שְׂחוֹק
γέλως, γέλος(?) 235c
εὐφροσύνη 582c
χαρά 1454b
χλεύασμα 1471b
[[χλευασμός 1471b]] → χλεύασμα

שָׂחַט qal
ἐκθλίβειν 432a

שָׂחִיף
ξυλοῦν (שׂ' עֵץ) 959b

שָׂחַק qal
γελᾶν 235b
ἐγγελᾶν 362b
ἐκγελᾶν 421c
ἐμπαίζειν 456b
ἐπιγελᾶν 517c
εὐφραίνειν 581b
καταγελᾶν 729c
παιγνία 1045c
#χαρμονή 1455c (Jb. 40.15[20])

שָׂחַק pi.
ἐμπαίζειν 456b
ἐνευφραίνεσθαι 473a
εὐφραίνειν 581b
[[ὀρχεῖσθαι 1018a]]
παίζειν 1049a, 187a
ποιεῖν χαρμονήν 1154b

שָׂחַק hi.
καταγελᾶν 729c

שְׂחֹק
γελοιασμός 235c
γέλως, γέλος(?) 235c

שָׂטָה qal
ἐκκλ(ε)ίνειν 433c

παραβαίνειν 1055b, *187b* (Si. 42.10)

שָׁטַם qal
ἐγκοτεῖν 366c
ἐνέχειν 473a
καταβάλλειν 728c
μαστιγοῦν 898a
μνησικακεῖν 932a

שָׂטַן qal
ἀντίκεισθαι 110c
ἐνδιαβάλλειν 470b

שָׂטָן
ἀντίκεισθαι 110c
διαβάλλειν 298c
διαβολή 299a
διάβολος 299b
ἐνδιαβάλλειν 470b
ἐπίβουλος 517b
§σατάν 1260c

שִׂטְנָה
ἐπιστολή 530c
ἐχθρία 589c
*#καταγράφειν (כָּתַב שׂ) 730a
(I Es. 2.15)

שְׂטַר (Aramaic)
μέρος 911c
πλευρόν 1142b

שֵׂיב
γῆρας 255c

שֵׂיבָה
γῆρας 255c, *170b*
καταγηράσκειν 730a
πολιά, πολειά 1173c
πολιός 1174a
πρεσβεῖον 1201b
καθεστηκὼς πρεσβύτερος
(אִישׁ שׂ) 1201c
καθεστηκὼς πρεσβύτης (אִישׁ שׂ)
1202c

שִׂיג
εὕρεσις *178a*

שִׂיד I qal
κονιᾶν 777c

שִׂיד II subst.
κονία 777c

שִׂיחַ I qal
ἀδολεσχεῖν 27b
ἀνοίγειν 105b
δεῖσθαι 288a
διηγεῖσθαι 329c
ἐκδιηγεῖσθαι 422b
#λαλεῖν 841c (Jb. 9.27)
μελετᾶν 908b
συλλαλεῖν 1301c
φθέγγεσθαι 1429c

שִׂיחַ I polel
διηγεῖσθαι 329c
μελετᾶν 908b

שִׂיחַ II
ἀδολεσχία 27c
ἀηδία 29a
δέησις 285c
διαλογή 305a
ἐλάτη 448a
ἔλεγξις 449a
εὔηχος 570a
#ἠχεῖν 620c (Jb. 30.4)
λαλιά *183a*
λέσχη 874b

λόγος 881c (Jb. 7.13), *183c*
#παραβολή *187b* (Si. 13.26)
#ῥῆμα 1249a (Jb. 10.1)

שִׂיחָה
#ἀδολεσχία 27c (Ps. 118[119].85)
διήγημα *171c*
διήγησις *171c*
λόγος 881c (Je. 18.22), *183c*
μελέτη 908c
#ῥῆμα 1249a (Jb. 15.4; Je. 18.20)

שִׂים qal
see שׂוּם I, שִׂים qal

שִׂים hi.
see שׂוּם I, שִׂים hi.

שִׂים ho.
see שׂוּם I, שִׂים ho.

שִׂישׂ qal
see שׂוּשׂ, שִׂישׂ qal

שֵׂךְ
σκόλοψ 1275b

שַׂךְ
σκήνωμα 1273b

שְׂכִיָּה
θέα 627c

שָׂכִיר
#ἐργάτης *177b* (Si. 40.18)
μίσθιος *185b*
⟦μισθός 930a⟧ → שָׂכָר
μισθωτός 930a

שְׂכִירָה
μισθοῦσθαι 930b

שָׂכַךְ qal
σκεπάζειν 1268c

שָׂכַךְ polel
#ἐνείρειν 472b

שָׂכַל I qal
συνίειν, συνιέναι 1316b

שָׂכַל I hi.
ἁρμόζειν 159a
διανοεῖσθαι 306b
δικαιοσύνη 332c
ἐννοεῖν 475c
ἐπιγινώσκειν 517c
ἐπίστασθαι 529b
ἐπιστήμη 530a
ἐπιστήμων 530b, *177a*
εὐοδοῦν 575c
⟦ἐφιστάναι 585c⟧
κατανοεῖν 739c
μωρός 938c
νοεῖν 946a
νοήμων 946a
σοφός *192a*
συμβιβάζειν 1303b
σύνεσις 1314a
συνετίζειν 1315a
συνετός 1315a, *192c*
συνίειν, συνιέναι 1316b
ὑποδεικνύειν, ὑποδεικνύναι 1413a
φρονεῖν 1439a
φρόνησις 1439a

שָׂכַל II qal
#κλοιός 772a (Da. TH 8.25)

שָׂכַל II pi.
ἐναλλάξ 467c

שָׂכַל ithpa. (Aramaic)
προσνοεῖν (מִשְׂתַּכַּל הֲוָה) 1218c

שֵׂכֶל, שֶׂכֶל
διανόημα 306c, *171b*
⟦ἐλεήμων 450c⟧
ἔννοια 475c
ἐπιστήμη 530a, *177a* (+Si. 26.13)
*#ἐπιστήμων 530b (I Es. 8.47)
#νοήμων 946a (Pr. 17.12)
σοφία 1278c
σύνεσις 1314a, *192c*
συνετός 1315a
φρόνησις 1439a

שִׂכְלוּת
ἐπιστήμη 530a
[πλάνη] *189a*

שָׂכְלְתָנוּ (Aramaic)
ἐπιστήμων 530b
σύνεσις 1314a

שָׂכַר qal
μίσθιος *185b*
μισθοῦσθαι (הָיָה שָׂכֵר שׂ qal) 930b

שָׂכַר hithp.
μισθοὺς συνάγειν 930a, 1307b
⟦συνάγειν 1307b⟧

שָׂכָר
μισθός 930a, *185b*
ναῦλον 940a

שֶׂכֶר
μισθός 930a

שָׂלָיו, שְׂלָו
ὀρτυγομήτρα 1017c

שַׂלְמָה
ἱμάτιον 685a
ἱματισμός 686a
στολή 1291c

שְׂמֹאול, שְׂמֹאל
ἀριστερός 157c
*εὐώνυμος 585a

שָׂמֹאל hi.
ἀριστερός 157c
εὐώνυμος 585a

שְׂמָאלִי
ἀριστερός 157c
⟦δεύτερος 293b⟧
εὐώνυμος 585a

שָׂמַח, שָׂמֵחַ I qal
γελᾶν 235b
#ἐπιθυμία *176c* (Si. 3.29)
ἐπιχαίρειν 538b
ἐπιχαρὴς γίνεσθαι 256c, 538c
εὐφραίνειν 581b, *178b* (+Si. 16.2 [B]; 51.15)
εὐφροσύνη 582c
ἐν εὐφροσύνῃ εἶναι 582c
συνευφραίνεσθαι 1315b
χαίρειν 1452a

שָׂמַח, שָׂמֵחַ I pi.
εὐφραίνειν 581b, *178b*
ποιεῖν εὐφραινόμενον 581b, 1154a
εὐφροσύνη 582c
τέρπειν 1345c

שָׂמַח, שָׂמֵחַ I hi.
εὐφραίνειν 581b

שָׂמֵחַ II
εὐφραίνειν 581b
περιχαρής 1128b
ὑπερχαρής 1411b

χαίρειν 1452a

שִׂמְחָה
ἀγαλλίαμα 4c, *165a*
αἴνεσις 33c
ἐπίχαρμα *177a*
*εὐφραίνειν (עָשָׂה שׂ, שׂ) 581b
εὐφροσύνη 582c, *178b*
χαίρειν 1452a
*χαρά 1454b
χαρμονή 1455c
χαρμοσύνη 1455c

שְׂמִיכָה
δέρρις 291c
ἐπιβόλαιον 517b

שִׂמְלָה
ἱμάτιον 685a
ἱματισμός 686a
στολή 1291c

שְׂמָמִית
καλαβώτης 712a

שָׂנֵא qal
ἔχθρα *178c*
ἐχθρός 589c, *178c* (–Si. 6.9; +20.23)
μισεῖν 929a, *185b*
μισητὴ γυνή (שְׂנוּאָה) 930a
μισητός 930a (Pr. 26.11), *185b*
#μωκός 7 (Si. 36[33].5)
ὑπεναντίος 1407b

שָׂנֵא pi.
ἐχθρός 589c
μισεῖν 929a

שָׂנֵא pu.
μισεῖν *185b*

שָׂנֵא hi.
μισεῖν 929c

שָׂנֵא pe. (Aramaic)
μισεῖν 929a

שְׂנֵאָה
ἔχθρα 589b
μισεῖν 929a
μῖσος 931a

שָׂנִיא
μισεῖν 929a

שָׂעִיר
αἴξ 34b
δαιμόνιον 283b
δασύς 285c
εἴδωλον 376a
ἔριφος 547c
μάταιος 898c
ὄμβρος 991a
χίμαρος 1470c

שְׂעִירָה
χίμαιρα 1470c

שָׂעַר qal
εἰδεῖν, εἰδέναι 374b
ἐξιστᾶν, ἐξιστάναι 496c
καταπίνειν 741c
φρίττειν 1439a

שָׂעַר ni.
καταιγίς 731b

שָׂעַר pi.
λικμᾶν 878b

שָׂעַר hithp.
ἐποργίζεσθαι 539b
συνάγειν 1307b

שַׂעַר
ἔκστασις 441b

θαῦμα 626c
⟦καταφέρειν 747b⟧
τρίχωμα 1374c

שֵׂעָר
δασύς (בַּעַל שֵׂ׳, שֵׂ׳) 285b
θρίξ 655b
τρίχινος 1374c
*#τρίχωμα 1374c

שְׂעַר (Aramaic)
θρίξ 655b
τρίχωμα 1374c

שְׂעָרָה
γνόφος 272c
συσσεισμός 1323b

שַׂעֲרָה
θρίξ 655b

שְׂעֹרָה
κριθή 786a
κρίθινος 786a

שָׂפָה
ἀλλόγλωσσος (עִמְקֵי שָׂ׳) 56a
ἀλλόφωνος (עִמְקֵי שָׂ׳) 59a
ἄλογος (עֲרֵל שְׂפָתַיִם) 59b
⟦βαθύγλωσσος (עִמְקֵי שָׂ׳ וְכִבְדֵי לָשׁוֹן) 189a⟧ →
   βαθύχειλος καὶ
   βαρύγλωσσος and לָשׁוֹן ≈
   βαθύχειλος καὶ
   βαρύγλωσσος
βαθύφωνος (עִמְקֵי שָׂ׳) 189b
#βαθύχειλος καὶ βαρύγλωσσος 189b, 191a
βαθύχειρος (עִמְקֵי שָׂ׳) 189b
γλῶσσα, γλῶττα 271b, 170c
ἐνεὸν ποιεῖν (אָטֵם שְׂפָתַיִם) 472c, 1154a
εὔλαλος (שְׂפַת חֵן ,אִישׁ שְׂפָתַיִם) 572a, 177c
ἰσχνόφωνος (עֲרֵל שְׂפָתַיִם) 692c
#λάλημα 846c (Ez. 36.3)
λόγος 881c
μέρος 911c
παραθαλάσσιος (עַל שְׂפַת הַיָּם) 1059c
κατὰ (τὸ) πρόσωπον (עַל שָׂ׳) 1224a
στόμα 1292b
φωνή 1447b
χεῖλος 1456a, 195b
ᾦα, ὦια 1491b

שָׂפָם
καταλαλεῖν (עָטָה עַל שָׂ׳) 735a
μύσταξ 937c

שָׂפַן
⟦ἐμπόριον 459a⟧

שָׂפַק I qal
κροτεῖν 791c

שָׂפַק II qal
ἐκποιεῖν 439b (Si. 42.17)

שָׂפַק II hi.
#ἐκποιεῖν 439b

שַׂק
μάρσιππος 896b
σάκκος 1257b

שָׂקַר pi.
νεῦμα 943a

שַׂר
⟦ἄγγελος 7b⟧
ἀδρός 27c
ἄρχειν 163a
ἀρχηγός 165a
ἀρχιδεσμοφύλαξ (שַׂר בֵּית־הַסֹּהַר, שַׂר טַבָּחִים) 165b
⟦ " (שַׂר) 165b⟧
ἀρχιδεσμώτης (שַׂר טַבָּחִים) 165b
ἀρχιευνοῦχος (שַׂר סָרִיסִים) 165c
ἀρχιμάγειρος (שַׂר טַבָּחִים) 165c
ἀρχιοινοχόος (שַׂר מַשְׁקִים) 166a
ἀρχισιτοποιός (שַׂר אֹפִים, שַׂר אֹפִים) 166a
ἀρχιστράτηγος (שַׂר־צָבָא, שַׂר) 166a
ἀρχός 166b
*ἄρχων (אִישׁ שַׂר, שַׂר) 166b
ἀφηγεῖσθαι 183a
βασιλεύς 197a
δεκάδαρχος (שַׂר עֲשָׂרֹת) 288c
⟦δέκαρχος (שַׂר עֲשָׂרֹת) 289a⟧ → δεκάδαρχος
διάδοχος 300b
δυνάστης 355b, 172c
ἑκατοντάρχης, ἑκατόνταρχος (שַׂר מֵאוֹת) 420b
⟦ἐλεύθερος 452b⟧
ἔνδοξος 470c
ἔντιμος 479a
ἐπιστάτης 529c
*ἡγεῖσθαι 602c, 178c
ἡγεμών 603c
*μεγιστάν 907a, 184a (+Si. 30[33].27)
⟦οἰνοχόος (שַׂר מַשְׁקִים) 984c⟧ → ἀρχιοινοχόος
πατριάρχης (שַׂר מֵאוֹת, שַׂר) 1111c
πεντηκόνταρχος (שַׂר חֲמִשִּׁים) 1119a
#πρεσβύτερος 1201c (II Ch. 32.3)
*#προηγεῖσθαι 1206b (I Es. 8.70; 9.12)
*#προκαθῆσθαι 1207a (I Es. 1.32)
προστάτης 1221a
σατράπης 1260c
στρατηγός 1295b
*#φίλος 1431b (I Es. 8.26; Es. 1.3; 2.18; 3.1; 6.9)
*#φύλαρχος 1441c (I Es. 8.54, 59)

χιλίαρχος (שַׂר אֶלֶף) 1469a

שָׂרַג pu.
συμπλέκειν 1305b

שָׂרַג hithp.
συμπλέκειν 1305b

שָׂרַד qal
διασώζειν 312b

שָׂרָה I qal
ἐνισχύειν 475a

שָׂרָה II qal
ἄρχειν 163a
τυραννίς 1378c

שָׂרוֹךְ
ἱμάς 685a
⟦σφαιρωτήρ 1324c⟧ → σφυρωτήρ
#σφυρωτήρ 1327c (Ge. 14.23)

שְׂרוּקִים
ἄμπελος 66c

שָׂרַט qal
κατατέμνειν 746c

שֶׂרֶט
ἐντομίς 480c

שָׂרֶטֶת
ἐντομίς 480c

שָׂרִיג
κλῆμα 767c
πυθμήν 1240a

שָׂרִיד
διασώζειν 312b
διαφεύγειν 314b
ἐκφεύγειν 174a
ἐπήλυτος 511b
ζωγρ(ε)ία 599c
κατάλ(ε)ιμμα 736a
καταλείπειν 736a
κατάλοιπος 738a
ὁ περιών 1122c
#σπέρμα 1282b (De. 3.3; Is. 1.9)
σώζειν 1328b
ὑπόλ(ε)ιμμα 1415a
φεύγειν 1428b

שָׂרִיק
σχιστός 1328a

שָׂרַע qal
ὠτότμητος (שָׂ׳ pass. ptc.) 1496c

שַׂרְעַפִּים
ὀδύνη 967a

שָׂרַף qal
ἐμπιπράναι, ἐμπρήθειν 457c
*ἐμπυρίζειν 460a
καίειν 705a
κατακαίειν 732b
⟦καταπαύειν 740c⟧ → κατακαίειν
ὀπτᾶν 1004a

πυρίκαυστος (שָׂרוּף אֵשׁ) 1245b

שָׂרַף ni.
ἐμπιπράναι, ἐμπρήθειν 457c
καίειν 705a
κατακαίειν 732b

שָׂרַף pu.
ἐμπυρίζειν 460a

שָׂרָף
ἀσπίς ("snake") 173b
δάκνειν 284a
θανατοῦν 625a
ὄφις 1042b
§σαραφειν (שְׂרָפִים) 1259b
§σεραφειν, σεραφ(ε)ιμ (שְׂרָפִים) 1263a

שְׂרֵפָה
ἐκφορά 445c
ἐμπυρίζειν 460a
ἐμπυρισμός 460b
κατακαίειν 732b
κατάκαυμα 733a
πῦρ 1242b
πυρίκαυστος (שְׂרֵפַת אֵשׁ, שָׂ׳) 1245b

שָׂרַק hi.
ἐκλάμπειν 173c
φωτίζειν 195c

שָׂרֹק
⟦ποικίλος 1168c⟧ → בָּרֹד
ψαρός 1484a

שֹׂרֵק
ἄμπελος 66c
§σωρηκ, σωρηχ 1331a

שְׂרֵקָה
ἕλιξ 453a

שָׂרַר qal
ἄρχειν 163a
μεγαλύνειν 902a

שָׂרַר hithp.
ἄρχων εἶναι 166b
κατάρχειν 743c

שָׂשׂוֹן
ἀγαλλίαμα 4c
ἀγαλλίασις 5b
αἴνεσις 33c
εὐφραίνειν 581b
εὐφροσύνη 582c, 178b
χαρά 1454b
χαρμονή 1455c

שֵׂת
⟦στρέφειν 1296c⟧

שָׂתַם qal
ἀποφράσσειν 150a

שָׂתַר qal
#πατάσσειν 1103b (I Ki. 5.9)

שׁ, שַׁ, שֶׁ
#ἀπόκεισθαι (שֶׁלֹּ) 132b (Ge. 49.10)
ἕως (כְּשֶׁ׳, שְׂעוֹד) 178c
ὅπως 186b

שָׁאַב qal
ἀντλεῖν 112a
#ἐκσιφωνίζειν 441b (Jb. 5.5)
ἐπισπᾶν 529b
ὑδρεύεσθαι 1380c

ὑδροφόρος (שֹׁאֵב מַיִם) 1381a

שָׁאַג qal
ἀνακράζειν 78b
βοᾶν 222a
ἐγκαυχᾶσθαι 366b

⟦ἐξεγείρειν 490b⟧
ἐρεύγεσθαι 544c
φθέγγεσθαι 1429c
χρηματίζειν 1474c
ὠρύεσθαι 1494a

שַׁאֲנָה
κράζειν 781b
[ὀργιᾶν 1010a] → XXX ≈ ὁρμᾶν
[σθένος 1265c] → שִׂנִיא
ὠρύεσθαι 1494a
ὤρυμα, ὠρύομα, ὠρύωμα 1494a

שָׁאָה I qal
ἐρημοῦν 546c

שָׁאָה I ni.
ἠχεῖν 620c
[καταλείπειν 736a]

שָׁאָה I hi.
ἐξερημοῦν 491c
[ἔπαρσις 508b] → נָשָׂא qal

שָׁאָה II hithp.
καταμανθάνειν 739a

שֹׁאָה
ὁρμή 1014a

שְׁאוֹל, שְׁאֹל
ᾅδης 24a, 165b
θάνατος 623a, 179a

שָׁאוֹן
ἀδυναμία 27c
ἀπώλεια, ἀπωλία 151c
αὐθάδεια, αὐθαδία 176c
ἦχος 620c
[καταφέρειν 747b]
κραυ(γ)ή 784b
[κύτος 839a]
#ὄλεθρος 986a (Je. 28[51].55; 32.17 [25.31])
§σαων 1261a
ταλαιπωρία 1333a
ὑπερηφαν(ε)ία 1409c

שָׁאַט
ἀτιμάζειν 175c
[ἐπιχαίρειν 538b]

שְׁאִיָּה
[ἐγκαταλείπειν 365a]

שָׁאַל, שָׁאֵל qal
*αἰτεῖν 37c
ἀπολέγειν 136c
ἀσπάζεσθαι, ἀσπάζειν
(שָׁ׳ לְשָׁלוֹם qal, שָׁ׳ שָׁלוֹם qal)
173a, 168c
δαν(ε)ίζειν 285a
ἐγγαστρίμυθος (שָׁאַל אוֹב) 362b
ἐξερευνᾶν, ἐξεραυνᾶν 491b
ἐπερωτᾶν 510b, 176b
ἐπιθυμεῖν 520b
ἐρευνᾶν 544c
ἐρωτᾶν 553b
#εὐπροσήγορος (שָׁ׳ שָׁלוֹם qal)
178a (Si. 6.5)
ζητεῖν 597a
#ἱκέτης 180a (Si. 4.4)
χρᾶν, χρᾶσθαι 1473c
χρῆσις 1475a

שָׁאַל, שָׁאֵל ni.
αἰτεῖν 37c
παραιτεῖσθαι 1060a

שָׁאַל, שָׁאֵל pi.
ἐπαιτεῖν 505b
ἐπερωτᾶν 510b
ἐρωτᾶν 553b

שָׁאַל, שָׁאֵל hi.
κιχρᾶν 765c
χρᾶν, χρᾶσθαι 1473c

שְׁאַל pe. (Aramaic)
*αἰτεῖν 37c

*ἐπερωτᾶν 510b
ἐρωτᾶν 553b
ζητεῖν 597a
*#πυνθάνεσθαι 1242b (I Es. 6.11)

שְׁאֵל
see שְׁאוֹל, שְׁאֹל

שְׁאֵלָא (Aramaic)
ἐπερώτημα 511a

שְׁאֵלָה
αἴτημα 38a
αἴτησις 38a
ἀξιοῦν 113b
ἀπαίτησις 167c
ἐπαίτησις 176a
χρέος 1474b

שָׁאַן palel
ἀναπαύειν 80b
παύειν 1112b
ὑπνοῦν 1412a

שַׁאֲנָן
[ἐξουδενεῖν, ἐξουθενεῖν 500b]
εὐθηνεῖν 570b
ἡσυχάζειν 620a
[πεποιθ 1114b] → בָּטַח qal ≈
πεποιθὼς γίνεσθαι and
πεποιθὼς εἶναι
[πικρία 1132c]
πλούσιος 1150b
#πλοῦτος 1150c (Is. 32.18)
στρῆνος 1297a
τακτός 1333a

שָׁאַף qal
[ἐκσιφωνίζειν 441b] → שָׁאַב qal
ἐκτρίβειν 444a
ἕλκειν, ἑλκύειν 453a
ἕλκειν πνεῦμα 453a, 1151c
ἐξέλκειν, ἐξελκύειν 491a
καταπατεῖν 740b
μισεῖν 929a
?ξηραίνειν 957a
#πατεῖν 1105a (Am. 2.7)
πνευματοφορεῖσθαι (שָׁאֲפָה רוּחַ)
1153b

שָׁאַר ni.
ἀπολείπειν 136b
δεύτερος 293b
ἐγκαταλείπειν 365a
ἐκλείπειν 435c
ἐπίλοιπος 525a
*καταλείπειν 736a, 181b
κατάλοιπος 738a
λοιπός 888a
[περιλείπειν 1124b] →
καταλείπειν
ὑπόλ(ε)ιμμα 1415a
ὑπολείπειν 1415a

שָׁאַר hi.
[ἐπιλείπειν 525a] → ὑπολείπειν
*καταλείπειν 736a
ὑπολείπειν 1415a

שְׁאָר (Hebrew and Aramaic)
*#ἄλλος 56b
*ἐπίλοιπος 525a
κατάλ(ε)ιμμα 736a
καταλείπειν 736a
κατάλοιπος 738a
*λοιπός 888a
ὑπόλ(ε)ιμμα 1415a
ὑπόλοιπος 1415c

שְׁאָר
τὰ δέοντα 287b
οἰκεῖος 968c
οἰκειότης 969a
σάρξ 1259b, 191a
#συγγενής 192b (Si. 41.21)
σῶμα 1330a, 193c
τράπεζα 1369b

שְׁאֵרָה
οἰκεῖος 968c

שְׁאֵרִית
ἐγκατάλ(ε)ιμμα 365a
*ἐπίλοιπος 525a
κατάλ(ε)ιμμα 736a, 181b
*καταλείπειν 736a
κατάλοιπος 738a
λεῖμμα 872b
[λῆμμα 875c] → κατάλ(ε)ιμμα
and λεῖμμα
λοιπός 888a
οἱ περίλοιποι 1124b
ὑπόλ(ε)ιμμα 1415a

שְׁאֵת
[ἔπαρσις 508b] → נָשָׂא qal

שָׁבָה qal
αἰχμαλωτεύειν 39a
αἰχμαλωτίζειν 39b
αἰχμαλωτίς 39b
αἰχμάλωτος 39b
ἀπάγειν 115b
ἀποικίζειν 131a
[ἀποστρέφειν 145b] → שׁוּב hi.
ζωγρεῖν (qal שָׁבָה חַיִּים) 599b
καταπρονομεύειν 742b
λαμβάνειν 847a
μετάγειν 915c
μετοικία 917c
προνομεύειν 1207c

שָׁבָה ni.
αἰχμαλωτεύειν 39a
αἰχμάλωτος 39b
αἰχμάλωτος γίνεσθαι 256c
μετάγειν 915c

שְׁבוֹ
ἀχάτης 187c

שָׁבוּל, שְׁבוּל
σχοῖνος 1328b

שָׁבוּעַ
δὶς ἑπτά (שְׁבֻעַיִם) 337b
δὶς ἑπτὰ ἡμέρας (שְׁבֻעַיִם) 607b
ἑβδομάς 361b
ἕβδομος 361c

שְׁבוּעָה
ἔνορκος (בַּעַל שְׁ׳) 476b
ὅρκος (שְׁ׳) 186c
[" (בַּעַל שְׁ׳) 1013c] → ἔνορκος

שְׁבוּת
αἰχμαλωσία 38b
ἀποικία 130c
ἀποστρέφειν 145b
ἀποστροφή 148b

שָׁבַח pi.
αἰνεῖν 33a
καταπραΰνειν 742a
ταμιεύεσθαι 1334b

שָׁבַח hithp.
ἐγκαυχᾶσθαι 366b
#ἐπαινεῖν 504c (Ec. 8.10)
καυχᾶσθαι 757b

שֶׁבַח
ὕμνος 194a

שְׁבַח pa. (Aramaic)
αἰνεῖν 33a
ἀνθομολογεῖσθαι 96a
εὐλογεῖν 572b

שֵׁבֶט, שָׁבֶט
[ἄνθρωπος 96b]
ἀρχίφυλος (רֹאשׁ שֵׁ׳) 166b
ἄρχων 166b
βακτηρία 189c
βέλος 217a
δῆμος 296a
[δόρυ 344b] → ῥάβδος
ζυγός, ζυγόν 599a
[κριτής 791a]
[λόγος 881c]
μάστιξ 898b
παιδ(ε)ία 1046c
πληγή 1142b
ῥάβδος 1247a
σκῆπτρον 1273c
τυραννίς 194c
[υἱός 194a] → φυλός
[φύλαρχος (זֵקֵן שֵׁ׳) 1441c] → רֹאשׁ
φυλή 1444b, 195c (+Si. 45.11)
#φυλός

שְׁבַט (Aramaic)
*#φύλαρχος 1441c (I Es. 7.8)
φυλή 1444b

שְׁבִי
*αἰχμαλωσία 38b
αἰχμαλωτεύειν 39a
αἰχμαλωτίζειν (בַּשְּׁ׳) 39b
αἰχμαλωτίς 39b
αἰχμάλωτος 39b
ἀποικισμός 131a
προνομή 1208a

שָׁבִיב
[πῦρ 190d]
φλόξ 1433a, 195b (Si. 8.10)

שְׁבִיב (Aramaic)
φλόξ 1433a

שִׁבְיָה
αἰχμαλωσία 38b
προνομή 1208a

שְׁבִיל
[ἀτραπός] 168c
σχοῖνος 1328b
τρίβος 1372b

שְׁבִיסִים
ἐμπλόκιον 458c
κόσυμβος 781a

שְׁבִיעִי
*ἕβδομος 361c
ἔσχατος + ἡμέρα (= יוֹם) 558a

שְׁבִית
αἰχμαλωσία 38b
αἰχμάλωτος 39b
ἀποστρέφειν 145b
ἀποστροφή 148b

שִׁבֹּלֶת
[[ἀτραπός] 168d] → שְׁבִיל
διῶρυξ, διώρυγος, διώρυχος
339a
καλάμη 712b
καταιγίς 731b
κλάδος 766a
[ποταμός 189d]

#ῥοῦς *191c* (Si. 4.26)
στάχυς 1287b
#σύνθημα 1316a (Jd. 12.6A)

שָׁבַע ni.
ἀποκρίνειν 133a
ἐξομολογεῖν 499a
ἐπίορκος 526a
*ὀμνύειν, ὀμνύναι 991b
[[ὁμολογεῖν 993c]] → ὀμνύειν, ὀμνύναι

שָׁבַע hi.
διορίζειν 336b
[[ἐνορκίζειν 476b]] → ὁρκίζειν
ἐξορκίζειν 500a
ὀμνύειν, ὀμνύναι 991b
*ὁρκίζειν 1013b
ὅρκος 1013c
[[ὁρκοῦν 1013c]] → ὁρκίζειν

שֶׁבַע I
*ἕβδομος 361c
ἑπταετής (שׁ׳ שָׁנִים) 539c
ἑπτακαιδέκατος (שׁ׳ עֶשְׂרֵה) 539c
ἑπτάκι(ς) (שׁ׳ פְּעָמִים, שׁ׳) 539c

שֶׁבַע II
ὁρκισμός 1013b
ὅρκος 1013c

שִׁבְעָה
ἕβδομος 361c
ἑπτά *177a*
ἑπτάκι(ς) 539c
ἑπτάμηνος (שׁ׳ חֳדָשִׁים) 540a
ἑπταπλασίως (חַד־שׁ׳) 540b
[[ὅρκος 1013c]] → שִׁבְעָה

שְׁבֻעָה
ἐνόρκιος 476b
ὅρκος 1013c

שִׁבְעִים
ἑβδομηκοντάκις 361c
ἑβδομηκοστός 361c
ἑπτά *177a*

שִׁבְעָתַיִם
ἑπτάκι(ς) 539c
ἑπταπλάσιος 540a, *177a* (–Si. 7.3)
ἑπταπλασίων 540a
ἑπταπλασίως 540b, *177a*
ἑπταπλοῦς *177b*

שָׁבַץ pi.
κόσυμβος 781a
[[κοσυμβωτός 781a]] → κόσυμβος

שָׁבַץ pu.
περικαλύπτειν 1124a
συνδεῖν 1312c

שָׁבָץ
σκότος δεινός 288a, 1276b

שְׁבַק pe. (Aramaic)
ἀφιεῖν, ἀφιέναι 183b
*ἐᾶν 361a

שְׁבַק ithpe. (Aramaic)
ἐᾶν 361a
ὑπολείπειν 1415a

שָׁבַר I qal
ἀγοράζειν 16b
πρίασθαι 1203b
πωλεῖν 1246b

שָׁבַר I ni.
ἀποδιδόναι 126b
[[διαλύειν 305a]] → שָׁבַר II ni. ≈ συντρίβειν

[[ἐρημοῦν 546c]]

שָׁבַר I hi.
ἀποδιδόναι 126b
ἐμπολᾶν 458c
ἐμπορεύεσθαι 459a
μεταδιδόναι 915c
πωλεῖν 1246b

שָׁבַר II qal
ἀπολλύειν, ἀπολλύναι 136c
θλίβειν 652b
καταβάλλειν 181b

שָׁבַר II ni.
συντρίβειν 1321a, *193a*
συντριβή 1322a

שָׁבַר II pi.
λεπτύνειν 874b
συντρίβειν 1321a

שָׁבַר II pu.
#ἀπολλύειν, ἀπολλύναι 136c (Es. 9.2)

שֵׁבֶר, שֶׁבֶר I
ἀγορασμός 16c
[[αἰχμαλωσία 38b]] → שְׁבִי
πρᾶσις 1200c
πτῶμα 1239a
σῖτος 1267b
σύγκρισις 1300b
[[ταλαιπωρία 1333a]] → שֹׁד

שֵׁבֶר, שֶׁבֶר II
συντρίβειν 1321a
συντριβή 1322a
σύντριμμα 1322b, *193a*
συντριμμός 1322b

שִׁבָּרוֹן
συντριβή 1322a
σύντριμμα 1322b

שְׁבַשׁ ithpa. (Aramaic)
συνταράσσειν 1318a

שָׁבַת qal
ἀναπαύειν 80b (+Mi. 4.4)
ἀνάπαυσις 80c, *166c*
ἀπολλύειν, ἀπολλύναι *168a*
#ἀφανίζειν *169b* (Si. 45.26)
ἐκλείπειν 435c
ἡσυχάζειν 620a
καταλύειν 738b
καταπαύειν 740c, *181c*
#κατάπαυμα 741a (Ho. 7.4), *181c* (Si. 36.18)
κατάπαυσις 741a
παύειν 1112b
πίπτειν *188c*
*σαββατίζειν 1256b
συντελεῖν *192c*

שָׁבַת ni.
ἀπολλύειν, ἀπολλύναι 136c
#καταλύειν 738b
οὐκέτι εἶναι 1030a
[[συντρίβειν 1321a]]

שָׁבַת hi.
αἴρειν 34c
ἀναλύειν *166c*
ἀνταναιρεῖν 108c
ἀπολοτριοῦν 116c
ἀπολλύειν, ἀπολλύναι 136c
[[ἀποστρέφειν 145b]] → שׁוּב hi.
ἀφαιρεῖν 180a
ἀφανίζειν 181b

διαπαύειν 307b
ἐκλείπειν 435c
[[ἐκτρίβειν 444a]] → ἐκλείπειν
ἐξαίρειν *175c*
καθυστερεῖν *180b*
[[[καθυστερίζειν] *180b*]]
[[καταδυναστεύειν 731a]]
[[κατακαίειν 731b]] → καταπαύειν
καταλύειν 738b
καταπαύειν 740c
κοπάζειν *182b*
παρακαλεῖν 1060a
παύειν 1112b
#συντρίβειν *193a* (Si. 33[36].12)

שֶׁבֶת
ἀνάπαυσις 80c
ἀργ(ε)ία 153a
[[κατάπαυμα, [κατάπαυσις] *181d*]]

שַׁבָּת
ἀνάπαυσις 80c
ἑβδομάς 361b
ἕβδομος 361c
[[προσάββατον 1211a]] → σάββατον
*σάββατον 1256b

שַׁבָּתוֹן
ἀνάπαυσις 80c
σάββατον 1256b

שָׁגַג qal
ἀγνοεῖν 16a
ἀκουσιάζειν 49c
πλημμελεῖν 1145b

שְׁגָגָה
ἄγνοια 16a
ἀκούσιος 50a
ἀκουσίως 50a

שָׁגָה qal
ἀγνοεῖν 16a
#ἀπολλύειν, ἀπολλύναι 136c (Pr. 5.23)
ἀποστατεῖν 141b
διαμαρτάνειν 305b
[[διασπείρειν 310c]]
ἐκκλ(ε)ίνειν 433c, *173c*
[[ἐκρίπτειν, ἐκριπτεῖν 441a]]
[[ἐξιστᾶν, ἐξιστάναι 496c]]
πλανᾶν 1139c, *188c* (Si. 34[31].5)
[[πλημμελεῖν 1145b]] → πλανᾶν
[[συμμιγνύναι 1304b]]

שָׁגָה hi.
ἀπωθεῖν 151a
πλανᾶν 1139b

שָׁגַח hi.
βλέπειν *169b*
ἐπιβλέπειν 516c
θαυμάζειν 626c
παρακύπτειν 1061b
[[περιστροφή *188c*]] → חוג I qal

שְׁגִיאָה
παράπτωμα 1063a

שִׁגָּיוֹן
ψαλμός 1483b
ᾠδή (שִׁגְיֹנוֹת) 1492a

שָׁגַל qal
ἔχειν 586c

שָׁגַל ni.
ἔχειν 586c

μολύνειν 932c

שָׁגַל pu.
[[ἐκφύρεσθαι 445c]] → שָׁכַב pu.

שֵׁגָל
βασίλισσα 214a
παλλακή 1052b

שֵׁגָל (Aramaic)
παλλακή 1052b

שָׁגַע pu.
ἐπίληπτος 525a
μαίνεσθαι 892a
παράπληκτος 1063b
παρεξιστάναι 1068c

שָׁגַע hithp.
ἐπιληπτεύεσθαι 525a
ἐπίληπτος 525a

שִׁגָּעוֹן
παραλλαγή 1061c
παραπληξία 1063b
παραφρόνησις 1065b

שֶׁגֶר
βουκόλιον 226a
μήτρα 925b

שַׁד
μαστός, μασθός 898b

שֵׁד
δαιμόνιον 283b

שֹׁד
ἄδικος 26c
δείλαιος 286c
ἐπαγωγή *176a*
ὄλεθρος 986a
πτῶμα 1239a
συντριβή 1322a
σύντριμμα 1322b
συντριμμός 1322b
ταλαιπωρία 1333a

שָׁדַד qal
ἀνομεῖν 106b
ἀπολλύειν, ἀπολλύναι 136c
διώκειν 338b
ἐξοδεύειν 497b
ἐξολεθρεύειν, ἐξολοθρεύειν 497c
καταστροφή 746a
λῃστής 876a
ὀλεθρεύειν, ὀλοθρεύειν 986a
ὄλεθρος 986a
ὀλλύναι 987b
#πλήσσειν 1149c (Je. 30.6 [49.28])
ταλαιπωρεῖν 1333a
ταλαιπωρία 1333a
[[ταλαιπωρίζειν 1333b]] → ταλαιπωρεῖν
ταλαίπωρος 1333b
ποιεῖν ταλαίπωρον 1154b, 1333b

שָׁדַד ni.
ταλαιπωρεῖν 1333a

שָׁדַד pi.
ἀτιμάζειν *175c*

שָׁדַד pu.
ἀπολλύειν, ἀπολλύναι 136c
δείλαιος 286c
[[οἴχεσθαι 985a]] → ὀλλύναι
ὀλλύναι 987b
ταλαιπωρεῖν 1333a

שָׁדַד polel
ταλαιπωρεῖν 1333a

שָׁדַד ho.
οἴχεσθαι 985a
שְׁדַר aph. (Aramaic)
#ἐκβάλλειν 420c (Ps. 16[17].11 Aramaizing)
שָׁדֶה
οἰνοχόη 984c
οἰνοχόος 984c
שַׁדַּי
ἐπουράνιος 539b
θεός 630a
ὁ θεὸς τοῦ οὐρανοῦ 630b
ἱκανός 683c
κύριος 800b
κύριος παντοκράτωρ 800b
παντοκράτωρ 1053c
ὁ τὰ πάντα ποιήσας 1073a, 1154a
§σαδδαι 1257a
שְׁדֵמָה
ἄγρωστις 18b
κληματίς 768a
πεδίον 1113b
§σαδημωθ (שַׁדְמוֹת) 1257b
שָׁדַף qal
ἀνεμόφθορος 87a
שִׁדָּפוֹן
ἀνεμοφθορία 87a
[ἀπορία 140a] → ἀφορία
[ἀφθορία 183b] → ἀφορία
ἀφορία 185c
ἐμπυρισμός 460b
πύρωσις 1246a
שְׁדַר ithpa. (Aramaic)
ἀγωνίζεσθαι 18c
שֹׁהַם
βηρύλλιον 217c
ὄνυξ 1000c
πράσινος 1200c
σάρδιον 1259b
σμάραγδος 1278b
§σοαμ, σοομ 1278c
שָׁוְא
ἄνομος 107c
ἀργός 168b
ἀσύνετος 168c
ἄτοπος 176b
ἄχρηστος 169c
γελοιαστής 235c
κενός, καινός ("empty") 759a
διὰ κενῆς 759a
μάταιος 898c
ματαιότης 899a
ματαίως 899b
μάτην (שָׁ, לַשָּׁ) 899c
εἰς μάτην 899c
#ὀκνηρός (פֹּעַל שָׁ) 186a (Si. 37.11)
ψευδής 1484b
שׁוֹא
#κακουργία 711c
שׁוֹאָה
ἄβατος 1a
ἀωρία 188c
θλῖψις 652c
[κακουργία 711c] → שׁוֹא
παγίς, πακίς 1044b
συνοχή 1318a
[ταλαιπωρία 1333a] → ἀωρία
ὑετός 1384a
ὑπερηφανία 194b

[ὑπερήφανος 194b] → ὑπερηφανία
שׁוּב qal
ἀθετεῖν (שׁוּב מִן qal) 29b
[αἰχμαλωσία 38b] → שְׁבִי
ἀναβαίνειν, ἀναβέννειν 70a
*ἀνακάμπτειν 78b
ἀναστρέφειν 82b, 166c
ἀνέχειν 87c
ἀνταποδιδόναι 108c
#ἀπεῖναι 120a (Pr. 25.10)
ἀπέρχεσθαι 121a, 167c
ἀποδιδόναι 126b
ἀποκαθιστᾶν, ἀποκαθιστάναι 131b
ἀπολύειν 138c
ἀποστρέφειν 145b, 168b
ἀποστροφή 148b
ἀποτρέχειν 149b
ἀφιστᾶν, ἀφιστάναι, ἀφιστάνειν 184b
βαδίζειν 188a
διαλείπειν 304b
διδόναι 317b
ἐγκαταλείπειν 365a
[ἐλεεῖν 449c]
ἐνδιδόναι 470b
ἐπάγειν 503c
ἐπαναστρέφειν 506c
ἐπανέρχεσθαι 506c
ἐπανήκειν 506c, 176a
ἐπέρχεσθαι 509c
[ἐπιβλέπειν 516c] → ἐπιστρέφειν
*ἐπιστρέφειν 531a, 177a
ἐπιστροφή 534a
["] 177a
[ἐρειδεῖν 544c] → יָשַׁב qal
ἔρχεσθαι 548b
ἥκειν 605a
καθιστάναι 703a
[καταβαίνειν 727a]
καταπαύειν 740c
[κυλίειν 798c]
μεταβάλλειν 915b
#μεταμελεῖν 184b (Si. 30[33].28)
μετανοεῖν 184b
μετατιθέναι 917a
ὁρμᾶν 1014a
*πάλιν (שׁוּב qal, וְ׳ שׁוּב qal) 1051c, 187a
ἀπέρχεσθαι πάλιν 1051c
βαδίζειν πάλιν 1051c
ἐπέρχεσθαι πάλιν 1051c
πάλιν ἀποκαταστῆναι 1051c
πάλιν μεταβάλλειν 1051c
πάλιν πορεύεσθαι 1051c, 1189b
πάλιν προσέρχεσθαι 1051c, 1213c
παραγίνεσθαι 1056c
παύειν (שׁוּב qal, שׁוּב מִן qal) 1112b
προστιθέναι 1221a
[στρέφειν 1296c] → ἐπιστρέφειν
[σῴζειν 1328b]
ὑπευθύνειν 1411b
ὑπεύθυνος γίνεσθαι 1411b
ὑποστρέφειν 1417b
שׁוּב polel
ἀναστρέφειν 166c
ἀποκαθιστᾶν, ἀποκαθιστάναι 131b
ἀποπλανᾶν 139c
ἀποστρέφειν 145b
#ἀτιμία 175c (Je. 30[49].4)
ἐπιστρέφειν 531a

[ἰταμία 696a] → ἀτιμία
[οἰκτείρειν 982c]
συνάγειν 1307b
שׁוּב polal
ἀποστρέφειν 145b
שׁוּב hi.
ἀναγγέλλειν (שׁוּב hi., שׁוּב דָּבָר hi.) 74a
ἀνάγειν 75b
#ἀναπαύειν ψυχήν (שׁוּב נֶפֶשׁ hi.) 80b (La. 1.6)
ἀναπνεῖν (שׁוּב רוּחַ hi.) 81b
ἀναστρέφειν 82b
ἀναφέρειν 84c
ἀνταποδιδόναι 108c, 167b
ἀνταπόδομα 109b
ἀνταπόκρισις 109c
ἀντειπεῖν, ἀντερεῖν 109c
ἀντιδιδόναι 110b
[ἀντιπίπτειν 111c] → ἀντειπεῖν, ἀντερεῖν
ἀπαγγέλλειν 114a
ἀπάγειν 115b
ἀπερείδεσθαι 120c
ἀποδιδόναι 126b, 168a
ἀπόδοσις 127c
ἀποκαθιστᾶν, ἀποκαθιστάναι 131b
ἀποκομίζειν 132c
ἀποκρίνειν (שׁוּב דָּבָר hi.) 133a, 168a
ἀπόκρισιν διδόναι 134b, 317b
ἀπόκρισιν ποιεῖσθαι 134b, 1154a
#φθέγγεσθαι ἀπόκρισιν (שׁוּב מַעֲנֶה hi.) 168a (Si. 5.11)
ἀποστέλλειν 141b
ἀποστρέφειν 145b
ἀποστροφή 148b, 168b
ἀποτιθέναι 148c
ἀποτιννύειν 149b
ἀφιστᾶν, ἀφιστάναι, ἀφιστάνειν 184b
δέχεσθαι 294c
διαλλάσσειν 304c
διδόναι 317b, 171b
διδόναι ἀνταπόκρισιν 317b
#εἰπεῖν, ἐρεῖν 384a (Jb. 11.10)
[εἰσάγειν 407c]
εἰσφέρειν 415a
[ἐκτρίβειν 444a] → שׁוּף qal
ἐξαποστέλλειν 488a
ἐπάγειν 503c
ἐπιβάλλειν 516a
ἐπιστρέφειν 531a, 177a
ἐπισυνάγειν 534a
ἐπιφέρειν 538c
ἐφιστάναι 585c
[καθιέναι 701c] → κατατιθέναι
καθιστάναι 703a
καταπαύειν 740c
κατατιθέναι 746c
[κατοικίζειν 755c]
κωλύειν 183c
[" 839b]
λογίζεσθαι 880a
*#λύειν 889a (I Es. 9.13)
*#μετακαλεῖν 916a (I Es. 1.50)
[μετανοεῖν 916b] → בָּקַר pi.
ἀπάγειν πάλιν 1051c
ἐξαποστέλλειν πάλιν 1051c
πάλιν ἀποστρέφειν 1051c
περιτιθέναι 1127c
προσάγειν 1211a

προσφέρειν 1222c
στρέφειν 1296c
[τάσσειν 1337a] → שׂוּם I, שִׂים שׂוּם qal
τίειν 1348c
ὑποστρέφειν 1417b
φέρειν 1426c
[φθέγγεσθαι 195a] → פִּתְגָם
[ὠφελεῖν 1497b]
שׁוּב ho.
ἀποδιδόναι 126b
ἀποστρέφειν 145b
ἐπιστρέφειν 531a
שׁוֹבָב I
#αἰσχύνη 37a (Is. 47.10)
ἀφιστᾶν, ἀφιστάναι, ἀφιστάνειν 184b
ἐπιστρέφειν 531a
στυγνός 1297c
שׁוֹבָב II
ἀποστρέφειν 145b
ἀτιμοῦν 176a
ἰταμία 696a
שׁוֹבָה
ἀποστρέφειν 145b
שׁוֹד
κακός 709b
שֵׁד
[δαιμόνιον 283b] → שֵׁד
שָׁוָה qal
ἀντιτάσσεσθαι 112a
ἄξιος 113a
ἀρέσκειν 155c
#ἰσοῦν 689a (Is. 40.25)
ὅμοιος γίνεσθαι 256c, 992b
συμφέρειν 1306b
שָׁוָה pi.
#ἀποβαίνειν 125b (Jb. 11.6)
[ἐπιλανθάνεσθαι + neg. 524a]
ἐπιτιθέναι 535c
εὐθηνεῖν 570b
καταρτίζειν 743b
ὁμαλίζειν 990c
προορᾶν 1208b
[ταπεινοφορεῖν 1335c] → ταπεινοφρονεῖν
ταπεινοφρονεῖν 1335c
τιθέναι 1348c
שָׁוָה hi.
#ἰσοῦν 689a (La. 2.13)
שָׁוָה nith.
#ὡσαύτως 1495c (Pr. 27.15)
שָׁוָה pa. (Aramaic)
#διδόναι 317b (Da. TH 5.21)
שָׁוָה ithpa. (Aramaic)
δημεύειν (ithpa. שׁ נְוָלִי) 295c
διαρπάζειν (ithpa. שׁ נְוָלִי) 308c
שׂוּחַ qal
[καταδολεσχεῖν 731a] → שִׂיחַ qal
ταπεινοῦν 1335a
שׂוּחַ hi.
[καταδολεσχεῖν 731a] → שִׂיחַ qal
שׁוּחָה
ἄβατος 1a
#ἄπειρος 120b (Je. 2.6)
βόθρος 224a
שׁוּט qal
ἀτιμάζειν 175c
διαπορεύεσθαι 308b

διέρχεσθαι 328c
κωπηλάτης 840b
περιέρχεσθαι 1123a
⟦περιέχειν 1123a⟧
περιοδεύειν 1124c
#φαῦλος 1425c (Jb. 9.23)

שׁוט pilp.
⟦ἀπομαίνεσθαι 139a⟧ → שׁטה qal
⟦διδάσκειν 316c⟧
ἐπιβλέπειν 516c
περιτρέχειν 1128a

שׁוט
⟦καταιγίς 731b⟧
μάστιξ 898b
παγίς 187a
#ῥάβδος 1247a (Si. 30[33].33)
#σχοῖνος 1328b (Mi. 6.5)

שְׁוִי
#τιμή 1353a (Jb. 34.19)

שׁוּל
⟦δόξα 341b⟧
λῶμα 891c
ὀπίσθιος 1001c
ὁ (τὸ/τὰ) ὀπίσω 1001c

שׁולָל
αἰχμάλωτος 39b
ἀνυπόδετος, ἀνυπόδητος 112b

שׁוּם
σκόρδον 1275c

שָׁוַע I, שָׁוַע pi.
βοᾶν 222a
δεῖσθαι 288a, 170b
κράζειν 781b
κραυ(γ)ή 784b
στενάζειν 1288b

שָׁוַע I, שָׁוַע hi.
ἀποπλανᾶν 168a

שׁוַע II
δέησις 285c

שׁוַע
δέησις 285c

שׁוָע
⟦σίγα 1265c⟧

שׁוְעָה
⟦προσευχή 190b⟧

שׁוְעָה
βοή 222c
⟦βοήθεια, βοηθία 222c⟧ → תְּשׁוּעָה
δέησις 285c
κραυ(γ)ή 784b
#προσευχή 190b (Si. 32[35].21)

שׁועָל
ἀλώπηξ 60b

שׁועֵר
θυρωρός 664a
πυλωρός 1242a

שׁוּף qal
ἐκτρίβειν 444a
καταπατεῖν 740b
#τηρεῖν 1348b (Ge. 3.15)

שׁופָר
εὐτόνως (בְּשׁופָרוֹת) 581a
κερατίνη 760b
σάλπιγξ 1258b
σάλπιγξ κερατίνη 760b
§σωφε(ι)ρ 1332c

שׁוּק I hi.
ὑπερεκχεῖν 1409b
⟦ὑπερχεῖν 1411b⟧ → ὑπερεκχεῖν

שׁוּק I pilp.
⟦μεθύ(σκ)ειν 907c⟧ → שָׁקָה hi.

שׁוּק II (Hebrew and Aramaic)
*#ἀγορά 16b (I Es. 2.17)

שׁוק
βραχίων 230a
κνήμη 772c
κωλέα 839b
σκέλος 1268c

שׁוֹר
βοῦς 229a
μόσχος 934c
μόσχος ἐκ βοῶν 934c
σιτευτός 1267b
ταῦρος 1337c

שׁור I qal
⟦ἀναστρέφειν 82b⟧ → צָעַד qal
⟦ἀτενοῦν(?) 175b⟧ → περιβλέπειν
διέρχεσθαι 328c
καταμανθάνειν 739a
κατισχύειν 751b
ὁρᾶν 1005a
ὁρατὴς εἶναι 1008a
περιβλέπειν 1122b
⟦προνοεῖν 1207c⟧ → προσνοεῖν
προσνοεῖν 1218c

שׁור I polel
ἐχθρός 589c

שׁור II subst. (Hebrew and Aramaic)
#τειχίζειν 1339c (I Ki. 27.8 Aramaizing)
*τεῖχος 1339c

שׁור III
ἐχθρός 589c
προμαχῶν 1207c

שׁורֶשׁ
see also שָׁרֶשׁ
ῥίζα 191b

שׁושַׁן
κρίνον 788c, 182b

שׁושָׁן
κρίνον 788c

שׁושַׁנָּה
κρίνον 788c

שׁות qal
ἐπιτιθέναι 535c
ἐν πενθικοῖς + שָׁתוּ אִישׁ עֶדְיוֹ עָלָיו (neg.) 1118a

שׁותָפָך
#κοινωνός 182a (Si. 41.18; 42.3)

שׁוּז qal
παραβλέπειν 1056a

שׁוּר ho.
κλώθειν 772b
νήθειν 944b

שׁז
κύφειν 839a

שָׁחַד qal
δωροκοπεῖν 172c
ἐπιδεῖν ("to lack") 519a
φορτίζειν 1438a

שׁחַד
δωροδέκτης 359a

δῶρον 359a

שָׁחָה qal
κύπτειν 799c

שָׁחָה hi.
ταράσσειν 1336a

שָׁחָה hishtaphel
καταφιλεῖν 747c
ποιεῖν 1154a
*προσκυνεῖν 1217b, 190b

שׁחור
ἀσβόλη 169c

שׁחור
μέλας 908b

שׁחות
διαφθορά 315a

שָׁחַט qal
δείδειν 286a
κακοῦν 711b
#κατακάμπτειν 733a (Ps. 37[38].6)
κάμπτειν 718b
κύπτειν 799c
ὀλισθαίνειν, ὀλισθάνειν 987a
ταπεινοῦν 1335a
τήκειν 1348a

שׁחח ni.
δύ(ν)ειν 350a
ἐκλύειν 173c
κύπτειν 799c
ταπεινοῦν 1335a

שׁחח hi.
κατάγειν 729b
ταπεινοῦν 1335a

שׁחח hithpo.
περίλυπος εἶναι 1124c
ταράσσειν 1336a

שׁחַט qal
ἀγρεύειν 16c
ἐλατός 448a
*θύειν 659a
καθαρός 698c
καταστρωννύναι, καταστρωνύειν 746a
σφάζειν 1324a
τιτρώσκειν 1362a

שׁחַט ni.
σφάζειν 1324b

שׁחִיטָה
θύειν 659a

שׁחִין
ἕλκος 453b

שׁחִיס
⟦κατάλ(ε)ιμμα 736a⟧
ξυλοῦν (עֵ שׁ) 959b

שׁחִיף
διαφθορά 315a

שׁחִיתָה
[ἄγνοια] 165b
ἀμπλάκημα, ἀμβλάκημα 67c

שׁחַל
λέαινα 863c
λέων 874c
πανθήρ 1052c

שׁחֶלֶת
ὄνυξ 1000c

שׁחַף
λάρος 862c

שׁחֶפֶת
ἀπορία 140a
ψώρα 1490c

שׁחַץ
ἀλαζών 52a

שׁחַק qal
ἐκτρίβειν 174a
λε(ι)αίνειν 863c
λεπτύνειν 874b
προσγελᾶν 190a
συγκόπτειν 1300b

שׁחַק
ἀήρ 29a
ἄστρον 173c
νεφέλη 943b
νέφος 944a
οὐρανός 1031b
παλαίωμα 1051c
ῥοπή 1254b
στερέωμα 1289b

שׁחַר qal
⟦μελανοῦσθαι 908b⟧ → σκοτοῦν
σκοτοῦν 1277a

שׁחַר pi.
ἐπιμελῶς 525c
ζητεῖν 597a
ὀρθ(ρ)ίζειν 1011a, 186c
ποθεῖν 1153c

שׁחַר
ἑωθινός (שׁ, הַשׁ בַּעֲלוֹת) 592a
ἑωσφόρος 593c
#ὄρθριος 1011b (Jb. 29.7)
ὄρθρος, ὀρθός 1011b
κατ᾽ ὄρθρον 1011b
ὄρθρου (שׁ, בַּעֲלוֹת הַשׁ, בַּשׁ) 1011b
πρωΐ 1234b
ἕως (τὸ) πρωΐ (עַד עֲלוֹת הַשׁ) 1234b
ὁ πρωΐ ἀνατέλλων (בֶּן־שׁ) 83a
πρωΐμος, πρόιμος (כַּשׁ) 1235a

שׁחַר
μέλας 908b
ξανθίζειν 956a

שׁחַרחַר
μελανοῦσθαι 908b

שׁחַת ni.
διαπίπτειν 308a
διαφθείρειν 314c
ἐξολεθρεύειν, ἐξολοθρεύειν 497c
καταφθείρειν 747c
⟦πίπτειν 1135c⟧ → διαπίπτειν
φθείρειν 1429c

שׁחַת pi.
ἁμαρτάνειν 60c, 166b
ἀνομεῖν 106b
ἀπολλύειν, ἀπολλύναι 136c, 168a
ἀφανίζειν 181b
διαφθείρειν 314c
διαφθορά 315a
ἐκτρίβειν 444a
ἐκτυφλοῦν 444c
ἐκχεῖν, ἐκχέειν 445c
ἐξαλείφειν 486c

ἐξολεθρεύειν, ἐξολοθρεύειν 497c
καταβάλλειν 728c
κατασκάπτειν 743c
καταστρέφειν 745c
καταφθείρειν 747c
λυμαίνειν, λοιμαίνειν 889b
φθείρειν 1429c

שָׁחַת hi.
ἀγνοεῖν 165b
αἴρειν 34c
ἀνομεῖν 106b
ἀνομία 106b
ἄνομος 107c
ἀπολλύειν, ἀπολλύναι 136c, 168a
ἀπώλεια, ἀπωλία 151c
ἀσεβής 170b
ἀφανισμός 182a
*#ἀχρειοῦν 187c (I Es. 1.56)
⟦διασπορά 311a⟧ → διαφθορά
διαφθείρειν 314c
διαφθορά 315c
ἐκτρίβειν 444a
⟦ἐμβάλλειν 455a⟧ → שִׁית I qal
ἐξαίρειν 485b, 175c
ἐξαλείφειν 486c, 175c
ἐξολεθρεύειν, ἐξολοθρεύειν 497c
⟦ἐπιτιθέναι 535c⟧ → שׁוּת qal
καταβάλλειν 181b
καταφθείρειν 747c
καταφθορά 747c
λυμαίνειν, λοιμαίνειν 889b
νοεῖν 946a
ὀλεθρεύειν, ὀλοθρεύειν 986a
⟦ταπεινοῦν 1335a⟧
φθείρειν 1429c

שָׁחַת ho.
διαφθείρειν 314c
λυμαίνειν, λοιμαίνειν 889b

שְׁחַת pe. (Aramaic)
διαφθείρειν 314c

שַׁחַת
ἀπολλύειν, ἀπολλύναι 136c
ἀπώλεια, ἀπωλία 151c, 168b
βόθρος 224a
βόθυνος 224b
διαφθορά 315a
θάνατος 623b
καταφθορά 747c
ῥύπος 1255b
φθορά 1430a

שָׁטָה qal
#ἀπομαίνεσθαι 139a (Da. LXX 12.4)
#μανία 895c (Ps. 39[40].4; Ho. 9.7, 8)

שִׁטָּה
ἄσηπτος 171c
πύξος 1242b
#σχοῖνος 1328b (Jl. 3[4].18)

שָׁטַח qal
καταστρωννύειν, καταστρωννύναι 746a
ψυγμός 1486a
ψύχειν 1486a

שָׁטַח pi.
διαπετάζειν, διαπεταννύειν, διαπεταννύναι 307c

שֹׂטֹט
ἧλος 607b

שָׁטַף qal
ἀπονίπτειν 139a
ἀποπλύνειν 139c
⟦διορίζειν 336b⟧
ἐπικλύζειν 523b
κάθιδρος 701c
κατακλύζειν 734a
καταποντίζειν 742a
κατασύρειν 746b
νίπτειν 945c
#ὀξύς (שׁ act. ptc.) 1001a (Pr. 27.4)
συγκλύ(ζ)ειν 1300a
συντρίβειν 1321a
σύρειν 1322c
φέρειν 1426c

שָׁטַף ni.
κατακλύζειν 734a
νίπτειν 945c
συντρίβειν 1321a

שָׁטַף pu.
ἐκκλύζειν 434b

שֶׁטֶף, שָׁטֶף
κατακλύζειν 734a
κατακλυσμός 734a
ὑετὸς λάβρος 840a, 1384a
⟦ὀξύς 1001a⟧ → שָׁטַף qal
συντρίβειν 1321a

שֹׁטֵר qal
ἀναγκάζειν 76a
γραμματεύειν 275b
γραμματεύς 275b
γραμματοεισαγωγεύς 275c
κριτής 791a

שַׁי
δῶρον 359a

שִׁיבָה I
αἰχμαλωσία 38b
#αἰχμάλωτος 39b (Jb. 41.23)

שִׁיבָה II
⟦οἰκεῖν 968a⟧ → יָשַׁב qal

שִׁיָּה
⟦ἐγκαταλείπειν 365a⟧ → נָשָׁה I qal(?)

שֵׁיזִב shaph. (Aramaic)
ἀντιλαμβάνεσθαι 110c
ἐξαιρεῖν 484b
λυτροῦν 890a
ῥύεσθαι 1254b
σῴζειν 1328b

שִׂיחַ qal
#καταδολεσχεῖν 731a

שִׂיחַ hi.
⟦καταδολεσχεῖν 731a⟧ → שִׂיחַ qal

שִׁיחָה
βόθρος 224a

שִׁיחוֹר
#ἀοίκητος 113c (Jo. 13.3)

שַׁיִט
ἐλαύνειν 448c
⟦καταιγίς 731b⟧

שִׁילֹה (place-name)
⟦ἀπόκεισθαι 132b⟧ → שׁ, שׁ, שׁ

שִׁילֹל
ἀνυπόδετος, ἀνυπόδητος 112b

שֵׁין, שִׁין
οὖρον 1034b

שֵׁנָה
ὕπνος 194b

שִׁיר I qal
ᾄδειν 19a
αἰνεῖν 33a
⟦ἄρχειν 163a⟧
⟦εὐφραίνειν 581b⟧
ὑμνεῖν 1405a
ᾠδός 1492c

שִׁיר I polel
ᾄδειν 19a
⟦ἄρχειν 163a (Jb. 36.24 Aramaizing)⟧ → שְׂרָא pa.
*#ἱεροψάλτης 683c (+I Es. 1.15)
φωνεῖν 1447b
*#ψάλτης 1484a (I Es. 5.42)
ψαλτῳδεῖν 1484a
*ψαλτῳδός 1484a
ᾠδός 1492c

שִׁיר I ho.
ᾄδειν 19a
#ἐπαινεῖν 504c, 176a (Si. 9.17)

שִׁיר II
ᾄδειν 19a
⟦ἄρχων 166b⟧ → שַׂר
ᾆσμα 172c
⟦θέλημα 629a⟧
μέλος 184b
*μουσικός 935c, 185c (+Si. 40.20)
ὄργανον (כְּלִי־שִׁיר) 1008b
⟦ " (שִׁיר) 1008b⟧
ὕμνος 1405b
ὑμνῳδός (בַּשִּׁיר) 1405c
ψαλμός 1483b
ψαλτῳδός 1484a, 196a (Si. 50.18)
ᾠδή 1492a, 196a

שִׁירָה
αἴνεσις 165c
ᾆσμα 172c
μουσικός 185c
ᾠδή 1492a, 196a

שַׁיִשׁ
πάριος (אַבְנֵי שׁ) 1070b

שִׁית I qal
ἀνιέναι (= ἀνίημι) 102b
⟦ἀντιτάσσεσθαι 112a⟧ → נָשָׂא qal
#ἄξιος (שִׁית עִם) 113a (Jb. 30.1)
ἀποστρέφειν 145b
ἀφιέναι 169b
⟦διακρίνειν (שִׁית יָד qal) 304a⟧ → שִׁית I hi. ≈ διακούειν
⟦διαχωρίζειν 316a⟧
διδόναι 317b, 171b
#ἐμβάλλειν 455a (Je. 11.19)
ἐμφράσσειν 460c
ἐξανιστάναι 487c
ἐπάγειν 503c
ἐπέρχεσθαι 509c
ἐπιβάλλειν 516a
ἐπιτιθέναι 177a
ἐφιστάναι 585c
καθιστάναι 703a
#καταρτίζειν 743b (Ps. 10[11].4)
μιγνύναι 926c
νοεῖν 946a
προσέχειν 1215b
προστιθέναι 1221a
προτιθέναι 1231a

συγκατατίθεσθαι (שִׁית יָד qal) 1299b
συνεπιτιθέναι 1313c
τάσσειν 1337a
⟦τεκταίνειν 1342b⟧
τιθέναι 1348c
ὑποτάσσειν 1417b

שִׁית I hi.
διακούειν (שִׁית יָד hi.) 304a

שִׁית I ho.
ἐπιβάλλειν 516a

שִׁית II
εἶδος 375c

שַׁיִת
ἄγρωστις ξηρά (שָׁמִיר וָשׁ) 18b
ἄκανθα 43c
⟦καλάμη 712b⟧

שָׁכַב qal
ἀναπαύειν 80b, 166c
ἀποθνήσκειν 128a
⟦διαλύειν (שׁ qal + neg.) 305a⟧
ἐπικοιμᾶσθαι 523b
ἔχειν 586c
καθεύδειν 700a
καθῆσθαι 700b
κατάκεισθαι 733a
καταλύειν 738b
κοιμᾶν 773c
⟦κοιμίζειν 774c⟧ → שָׁכַב hi.
κοιτάζεσθαι 775b
κοίτη 775b
⟦κυβερνήτης 796a⟧ → חֶבֶל
σύγκοιτος (שֹׁכֶבֶת חֵיק) 1300a

שָׁכַב ni.
ἔχειν 586c
μολύνειν 932c

שָׁכַב pu.
#ἐκφύρεσθαι 445c (Je. 3.2)

שָׁכַב hi.
κατοικίζειν 755c
κλίνειν 771a
κοιμᾶν 773c
κοιμίζειν 774c

שָׁכַב ho.
κοιμᾶν 773c
κοιμίζειν 774c

שְׁכָבָה
καταπαύειν 740c
κοίτη 775b

שְׁכֹבֶת
κοιτασία 775b
κοίτη 775b

שַׁכּוֹל
ἀτεκνία 175b
ὀρφανία 1018a

שַׁכּוּל
ἀπορεῖν 140a
ἄτεκνος 175b

שִׁכּוֹר
κραιπαλᾶν 782a
μεθύ(σκ)ειν 907c
μέθυσος 908a, 184a (Si. 19.1)
ἐν οἴνῳ 186a

שָׁכַח, שְׁכַח I qal
ἀμνησία 166b
ἀνελεήμων γίνεσθαι 86c
ἀπολανθάνειν 136b
ἐγκαταλείπειν 365a

ἐπιλανθάνειν 524a, *176c*
ἐπιλησμονὴν ποιεῖν *177a*
καταλείπειν 736a
λήθη 875c
μιμνῄσκεσθαι + neg. *185a*

שָׁכַח, שָׁכֵחַ I ni.
ἐπιλανθάνειν 524a
καταλείπειν 736a

שָׁכַח, שָׁכֵחַ I pi.
ἐπιλανθάνειν 524a
ἐπιλησμονὴν ποιεῖν *189b*

שָׁכַח, שָׁכֵחַ I hi.
ἐπιλανθάνειν 524a

שָׁכַח II
ἐπιλανθάνειν 524a

שְׁכַח aph. (Aramaic)
*εὑρίσκειν 576c
καταλαμβάνειν 735a
τηρεῖν 1348b

שְׁכַח hithpe. (Aramaic)
*εὑρίσκειν 576c
καταλείπειν 736a

שָׁכַךְ qal
κοπάζειν 778a

שָׁכַךְ hi.
περιαιρεῖν 1121b

שָׁכֹל, שָׁכַל qal
ἀποτεκνοῦσθαι 148c
ἀτεκνοῦν 175b

שָׁכֹל, שָׁכַל pi.
ἄγονος 16b
⟦ἀσθενεῖν *172a*⟧ → כָּשַׁל qal
ἀτεκνοῦν 175b
κατέσθειν, κατεσθίειν 749b
σφάλλειν 1324c
τιμωρεῖν 1354a

שָׁכֹל, שָׁכַל hi.
ἀτεκνοῦν 175b

שַׁכֻּלִים
ἀπολλύειν, ἀπολλύναι 136c

שָׁכַם hi.
ἀνιστᾶν, ἀνιστάναι 102c
⟦διορθρίζειν 336b⟧ → ὀρθ(ρ)ίζειν
ἐγείρειν 364a
ἐξανιστάναι 487c
ὀρθ(ρ)ίζειν 1011a
ὀρθρινός 1011b
ὄρθρος, ὀρθός 1011b

שְׁכֶם
ζυγός, ζυγόν 599a
μέρος *184b*
νῶτον, νῶτος 956b
§σικιμα 1266c
ὑπερωμίαν (מִשְׁכְמוֹ) 1411b
#ὠμία 1492c (I Ki. 9.2; 10.23)
ὦμος 1493a, *196a*

שִׁכְמָה
κλείς 767b

שָׁכֵן, שָׁכַן I qal
ἀναπαύειν 80b
αὐλίζειν 178b
γείτων 235b
⟦ἐγκατασκηνοῦν 366b⟧ → κατασκηνοῦν
⟦εἰσκατασκηνοῦν 410b⟧
ἐπέρχεσθαι 509c
ἐπικαλεῖν 521b

ἐπισκιάζειν + νεφέλη (= עָנָן) 528c
⟦ἥκειν 605a⟧
ἡσυχάζειν 620a
ἱστάναι, ἱστᾶν 689a
καθέζεσθαι 699c
⟦καταβαίνειν 727a⟧
καταγίνεσθαι 730a
καταλύειν 738b, *181b*
καταπαύειν 740c, *181c*
κατασκηνοῦν 744b
κατοικεῖν 751c
κτίζειν 795b
οἰκεῖν 968a
εἶναι οἰκήτωρ 969b
οἶκος 973a
ὁμορ(ρ)εῖν, ὁμορεῖν 993c
⟦ὁρᾶν 1005a⟧
παροικεῖν 1071b
πάροικος 1071c
σκηνοῦν 1273a
σκιάζειν 1274b
στρατοπεδεύειν 1296a

שָׁכֵן, שָׁכַן I pi.
ἐπικαλεῖν 521b
κατασκηνοῦν 744b
κατοικίζειν 755c

שָׁכֵן, שָׁכַן I poel
⟦κατασκηνοῦν 744b⟧ → שָׁכֵן, שָׁכַן I qal

שָׁכֵן, שָׁכַן I hi.
αὐλίζειν 178b
#ἐνοικίζειν *175b* (Si. 11.34)
ἐπικαθίζειν 521b
κατασκηνοῦν 744b
κατοικίζειν 755c
πηγνύναι 1130c

שָׁכֵן II
⟦ἀναπαύειν 80b⟧ → שָׁכֵן, שָׁכַן I qal
γείτων 235b
περίοικος 1124c

שְׁכֵן pe. (Aramaic)
κατασκηνοῦν 744b
⟦κατοικεῖν 751c⟧ → κατασκηνοῦν
νοσσεύειν 949b

שְׁכֵן pa. (Aramaic)
κατασκηνοῦν 744b

שִׁכֵּן
κατάλυμα *181b*

שָׁכַר qal
κραιπαλᾶν 782a
μέθη 907b
μεθύ(σκ)ειν 907c

שָׁכַר pi.
μεθύ(σκ)ειν 907c

שָׁכַר hi.
μεθύ(σκ)ειν 907c
μεθύ(σκ)ειν μέθη 907b, 907c

שָׁכַר hithp.
μεθύ(σκ)ειν 907c

שֵׁכָר
μέθη 907b
μέθυσμα 908a
οἶνος 983c, *186a*
σίκερα 1266c

שִׁכֹּר
μεθύ(σκ)ειν 907c

שִׁכָּרוֹן
μέθη 907b
μέθυσμα 908a

שֶׁל-
#χρῆμα *196b* (Si. 30[33].28; 37.6)

שַׁל
προπέτεια 1208b

שַׁלְאֲנָן, שְׁלַאֲנָן
εὐπαθεῖν 576a

שָׁלָב pu.
ἀντιπίπτειν 111c

שְׁלַבִּים
ἐξέχειν 495b

שָׁלַג hi.
χιονοῦσθαι 1471a

שֶׁלֶג
⟦δρόσος 349b⟧
χιών 1471b, *196a*

שָׁלָה I qal
εὐθηνία 570b

שָׁלָה I ni.
διαλείπειν 304b

שָׁלָה I hi.
πλανᾶν 1139b

שָׁלָה II, שָׁלוּ I
⟦βλασφημεῖν (אָמַר שׁ) 221a⟧
⟦βλασφημία 221a⟧
εἰρηνεύειν 401b
εὐθηνεῖν 570b

שְׁלָה (Aramaic)
εἰρηνεύειν (שׁ הֲוָה) 401b
εὐθηνεῖν 570b

שְׁלָה
αἴτημα 38a

שַׁלְהֶבֶת
ἐξάπτειν 489c
⟦πῦρ 190d⟧
πυρά 191a

שַׁלְהֶבֶתְיָה
φλόξ 1433a

שָׁלוּ I
see שָׁלָה II, שָׁלוּ I

שָׁלוּ II
εἰρηνεύειν (שׁ הָיָה) 401b
εὐσταθεῖν 580c
ἡσυχία 620b
σωτηρία 1331b

שְׁלוּ (Hebrew and Aramaic)
ἀμπλάκημα, ἀμβλάκημα 67c
*#ἀναμφισβητήτως (שׁ + neg. + דִּי) 80a
ἄνεσις 87b
βλασφημεῖν (אָמַר שׁ) 221a
βλασφημία 221a
εὐθηνία 570b
παράπτωμα 1063c

שָׁלוּא (Aramaic)
ἐπιείκεια 519c
παράπτωμα 1063c

שַׁלְוָה
εἰρήνη 401b, *173a*
ἐξάπινα, ἐξαπίνης (שׁ בְּ) 488a
⟦ἐξετασμός 495a⟧
εὐθηνία 570b
παράπτωσις 1063c

שִׁלּוּחִים
ἀποστολή 145a (+Ca. 4.13)
ἄφεσις 182b
ἐξαποστέλλειν 488a

שָׁלוֹם
ἀσπάζεσθαι, ἀσπάζειν (שׁ שָׁאַל) 173a, *168c*
*εἰρηνεύειν (שׁ, אִישׁ שׁ) 401b, *173a*
εἰρήνη 401b, *173a*
εἰρηνικός 402c, *173a*
εὐθηνεῖν 570b
εὐπροσήγορος (שׁ שָׁאַל) *178a*
⟦ἔχειν 586c⟧
ἵλεως 684c
ὅσιος 1018b
σωτηρία 1331b
σωτήριον 1332a
⟦τέλειος 1342c⟧ → שָׁלֵם II
ὑγιαίνειν 1380b
ὑγιής (שׁ בְּ) 1380c
φίλος 1431b
χαίρειν 1452a

שִׁלּוּם
ἀνταπόδοσις 109b

שְׁלוֹמָה
see שְׁלֹמֹה

שָׁלוֹשׁ
see שָׁלֹשׁ

שָׁלַח I qal
ἀνιέναι (= ἀνίημι) 102b
ἀνταποστέλλειν 109c
ἀπαγγέλλειν 114a
ἀποκτείνειν, ἀποκτέννειν (שׁ יָד qal) 135a
*ἀποστέλλειν 141b, *168b*
ἀπόστολος 145b
ἅπτεσθαι (שׁ יָד qal) 150b
*#διαπέμπειν (שׁ מַלְאָךְ qal) 307c
διαρπάζειν (שׁ יָד qal) 308c
ἐκβάλλειν 420c
ἐκτείνειν 442a, *173c*
ἐκτείνειν τὴν χεῖρα 442a
ἐξαποστέλλειν 488a
ἐπιβάλλειν 516a
⟦ἐπιστέλλειν 529c⟧ → ἀποστέλλειν
ἐπιστρέφειν 531a
ἐπιφέρειν 538a
κατασπεύδειν 745b
πέμπειν 1116b
⟦πλεονάζειν 1141c⟧
προβάλλειν 1204a
προχειρεῖν, προχειρίζειν 1234a
συμπαραλαμβάνειν 1304c
συναποστέλλειν 1312b
συνεπιτιθέναι 1313c
φέρειν 1426c
χειροῦσθαι (שׁ יָד qal) 1467a

שָׁלַח I ni.
ἀποστέλλειν 141b

שָׁלַח I pi.
ἀπελαύνειν 120b
ἀποίχεσθαι 131a
*#ἀπολύειν 138c (I Es. 9.36)
ἀπορρίπτειν 140b
ἀποστέλλειν 141b
ἀποστολή 145a
ἀφιέναι, ἀφίειν 183b
βάλλειν 189c
διαπέμπειν 307c

ἐκβάλλειν 420c
ἐκπέμπειν 439a
ἐκτείνειν 442a
ἐκφέρειν 444c
ἐμπιπράναι, ἐμπρήθειν 457c
ἐμπυρίζειν + ἐν πυρί (= בָּאֵשׁ) 460a
ἐξάγειν 483a
ἐξαποστέλλειν 488a
ἐπάγειν 503c
ἐπαποστέλλειν 508a
ἐπαφιέναι 509a
ἐπιπέμπειν 526b
ἐπιστρέφειν 531a
πατεῖν (מִשְׁלַח רֶגֶל) 1105a
πέμπειν 1116b
ῥίπτειν, ῥιπτεῖν 1252b
συμπροπέμπειν 1306a
συνιστάναι 1317a
χαλᾶν 1452c

שָׁלַח I pu.
ἀνιέναι (= ἀνίημι) 102b
ἀποστέλλειν 141b
ἀφαιρεῖν 180a
ἐκπέμπειν 439a
ἐκτείνειν 442a
ἐμβάλλειν 455a
ἐξαποστέλλειν 488a
πλανᾶν 1139b

שָׁלַח I hi.
ἀποστέλλειν 141b
ἐξαποστέλλειν 488a
ἐπαποστέλλειν 508a

שָׁלַח II qal
#ψιλοῦν 1485c (Ez. 44.20 Aramaizing)

שְׁלַח pe. (Aramaic)
*#ἀντιγράφειν (פִּתְגָם שׁ׳ pe.) 110b
*#ἀποστέλλειν 141b
*#δοκεῖν 339b (I Es. 8.11)
*ἐκτείνειν 442a
*πέμπειν 1116b
*#προστάσσειν 1220c (I Es. 7.1)
*#προσφωνεῖν (pe. שׁ׳ רְעוּ) 1223c (I Es. 6.22)
χειροτονία (שׁ׳ אֶצְבַּע pe.) 1467a

שֶׁלַח I
⟦ἀποστολή 145a⟧ → שִׁלּוּחִים
βέλος 217a
βολίς 224b
ὅπλον 1003c
πόλεμος 1172a

שֶׁלַח II
#κῴδιον 839b (Ne. 3.15)

שֻׁלְחָן
τράπεζα 1369b, 193c

שָׁלַט qal
ἐξουσιάζειν 501b

שָׁלַט hi.
ἐξουσιάζειν 501b
κατακυριεύειν 735a

שְׁלֵט pe. (Aramaic)
ἅπτεσθαι 150b
ἄρχειν 163a
διδόσθαι ἐξουσίαν 500c
ἐξουσίαν ἔχειν 500c, 586c
κυριεύειν 800a

שְׁלֵט aph. (Aramaic)
ἀποδεικνύναι ἄρχοντα 126a
καθιστάναι 703a

κυριεύειν 800a
κύριον καθιστάναι 800b

שַׁלִּיט
βολίς 224b
ὅπλον 1003c

שִׁלְטוֹן (Hebrew and Aramaic)
ἄρχων 166b
ἐξουσία 500c
ἐξουσιάζειν 501b
μεγιστάν 184a

שָׁלְטָן (Aramaic)
ἀρχή 164a
βασιλ(ε)ία (שׁ׳ מַלְכוּ) 192a
ἐξουσία 500c
κυρ(ε)ία 799c
κυριεία 800a

שְׁלִי
ἐνεδρεύειν (בְּשׁ׳) 472a

שִׁלְיָה
χόρ(ε)ιον 1472c

שַׁלְיוּ, שְׁלִי
ἀπερίσπαστος 167c
εὐθηνεῖν 570b

שַׁלִּיט (Hebrew and Aramaic)
ἄρχων 166b
δυνάστης 355b
⟦ἐκπορνεύειν τρισσῶς 440c⟧
ἐξουσία 500c
*ἐξουσίαν ἔχειν 500c, 586c, 176a, 178c
ἐξουσιάζειν 501b
ἐπικρατεῖν 523b
*κυριεύειν 800a
κύριος 800b

שָׁלִישׁ
δυνατός 355c
μέτρον, μέτρος 918b
τρισσός 1373b
τριστάτης 1373b

שְׁלִישִׁי
§ασαλιηλ (הַשׁ׳) 169c
§ασελεισηλ (הַשׁ׳) 171c
§σαλασ(ε)ια (שְׁלִשִׁיָּה) 1257c
§σαλισ(ι)α (שְׁלִשִׁיָּה) 1258a
τριετής 1373a
τρισσῶς (הַשְּׁלִשִׁית) 1373b
τρίτος 1373c, 194b
τριώροφος 1374c

שָׁלַךְ hi.
ἀπορρίπτειν 140b, 168b
ἀπόστολος 145b
βάλλειν 189c
ἐκβάλλειν 420c
ἐκπίπτειν 439b
ἐκρίπτειν, ἐκριπτεῖν 441a
ἐκσπᾶν 441b
ἐκτείνειν 442a
ἐκφέρειν 444c
ἐμβάλλειν 455a
⟦ἐξαρπάζειν 490a⟧ → ἐκσπᾶν
ἐπιβάλλειν 516a
ἐπιρρίπτειν, ἐπιρριπεῖν 527a
καθιέναι 701c
κατακρημνίζειν 734c
καταράσσειν 743a
καταρρίπτειν 743b
⟦κατατιθέναι 746c⟧ → καθιέναι
ῥίπτειν, ῥιπτεῖν 1252b
σπαράσσειν 1281c
σφάλλειν 1324c

שָׁלַךְ ho.
ἀπορρίπτειν 140b
ἐκβάλλειν 420c
ἐπιρρίπτειν, ἐπιρριπεῖν 527a
ἐρημοῦν 546c
ῥάσσειν 1248a
ῥίπτειν, ῥιπτεῖν 1252b

שֶׁלֶךְ
καταρ(ρ)άκτης 743a
νυκτικόραξ 951a

שַׁלֶּכֶת
ἐκπίπτειν 439b
ἐκσπᾶν 441b

שָׁלַל qal
παραβάλλειν 1055c
ποιεῖν + σκῦλα acc. (= שָׁלָל) 1154a (Is. 10.6)
προνομεύειν 1207c
σκυλεύειν 1277b

שָׁלַל hithpo.
ταράσσειν 1336a

שָׁלָל
ἀπαρτία 118a
ἀπώλεια, ἀπωλία 151c
ἁρπαγή 308c
διαρπαγή 308c
εὕρεμα, εὕρημα 576c
λάφυρον 863b
προνομή 1208a
σκῦλον 1277b

שָׁלֵם I, שָׁלַם qal
ἀναπληροῦν 81b
ἀνταποδιδόναι 108c, 167b
εἰρηνικός 402c
συντελεῖν 1319b
τελεῖν 1342c
τελειοῦν 1343a

שָׁלֵם I, שָׁלַם pi.
ἀνταποδιδόναι 108c
ἀνταπόδοσις 109b
⟦ἀνταποθνήσκειν 109b⟧
ἀνταποτίνειν 109c
ἀπαρτίζειν 118b
ἀποδιδόναι 126b, 168a
ἀποκαθιστᾶν, ἀποκαθιστάναι 131b
ἀποτίνειν 149a, 168b
διδόναι 317b
διδόναι ἀποδοῦναι 317b
⟦καταλαμβάνειν 735a⟧
ποιεῖν 189b
συντελεῖν 1319b
τίειν 1348c

שָׁלֵם I, שָׁלַם pu.
ἀνταποδιδόναι 108c
ἀποδιδόναι 126b
σώζειν 1328b
ὑγιαίνειν 1380b

שָׁלֵם I, שָׁלַם hi.
ἀληθεύειν 53c
αὐτομολεῖν 179c
διατιθέναι 313b
διατιθέναι διαθήκειν 300c, 313b
εἰρηνεύειν 401b
⟦παραδιδόναι + neg. 1058a⟧
ποιεῖν 1154a
συντιθέναι 1320c
ὑπακούειν 1405c
φίλος γίνεσθαι 256c, 1431b

שָׁלֵם I, שָׁלַם ho.
εἰρηνεύειν 401b

שָׁלֵם II
ἀγαθός 2a
ἀκρότομος 51c
ἀληθινός 54a
ἀναπληροῦν 81b
δίκαιος 330c
εἰρήνη 401b
εἰρηνικός 402c
ὁλόκληρος 989a
πλήρης 1147a
#σύμπας 1305a (Jb. 25.2)
τέλειος 1342c
τελειοῦν 193b

שְׁלֵם pe. (Aramaic)
*#λαμβάνειν συντέλειαν 847a, 1318c (I Es. 6.20)
τελεῖν 1342c

שְׁלֵם aph. (Aramaic)
ἀπολήγειν 136c
παραδιδόναι 1058a
πληροῦν 1147c

שְׁלֵם haph. (Aramaic)
*#τιθέναι 1348c (I Es. 8.17)

שְׁלָם (Aramaic)
εἰρήνη 401b
*#χαίρειν 1452a (I Es. 6.7; 8.9)

שֶׁלֶם
εἰρηνικός 402c
θυσία σωτηρίου, ἡ θυσία τοῦ σωτηρίου 664a, 1332a
σωτηρία 1331b
σωτήριον 1332a
τὸ τοῦ σωτηρίου 1332a
⟦σωτήριος 1332c⟧ → σωτήριον
τέλειος 1342c
ἡ τελείωσις τοῦ σωτηρίου 1343a

שִׁלֵּם
ἀνταποδιδόναι 108c

שַׁלְמָה
ἀνταπόδοσις 109b

שַׁלְמֹנִים
ἀνταπόδομα 109b

שָׁלַף qal
ἐκσπᾶν 441b
ἕλκειν, ἑλκύειν 453a
σπᾶν 1281b
ὑπολύειν 1415c

שָׁלַשׁ pi.
τριμερίζειν 1373a
τρισσεύειν 1373b
τρισσοῦν 1373b
#τρισσῶς 1373b (Ez. 16.30)

שָׁלַשׁ pu.
ἔντριτος 481a
τριετίζειν 1373a
τριπλοῦς 1373a

שָׁלֹשׁ
τριακονταετής (בֶּן שְׁלֹשִׁים שָׁנָה) 1372a
τριακοστός (שְׁלֹשִׁים) 1372a
τριετής (בֶּן שׁ׳ שָׁנִים) 1373a
τρίμηνον (שׁ׳ חֳדָשִׁים) 1373a
τριόδους (שׁ׳ שִׁנַּיִם) 1373a
#τριπλασίων 194a (Si. 43.4)
τρίς (שׁ׳, שׁ׳ פְּעָמִים) 1373a, 194b
τρισκαιδέκατος (שׁ׳ עֶשְׂרֵה) 1373b
τρισσῶς (שׁ׳ פְּעָמִים) 1373b

τρίτος (שְׁ, שְׁ פְּעָמִים, שְׁ רְגָלִים) 1373c

שָׁלֵשׁ
δράξ 348c
κύμβαλον 799b
τρισσός 1373b
τρισσῶς (שָׁלִשִׁים) 1373b

שְׁלִשָׁה
τριετίζειν 1373a
τριμερία (שְׁלֹשֶׁת יָמִים) 1373a
τρίμηνον (שְׁ חֳדָשִׁים) 1373a
τρισκαιδέκατος (שְׁ עָשָׂר) 1373b
[τρισσεύειν 1373b] → שָׁלֵשׁ pi.
τρισσῶς (לְשָׁלְשְׁתָּם) 1373b
τριταῖος (שְׁ הַיָּמִים, שְׁ) 1373c
τρίτος 1373c

שִׁלְשׁוֹם
τρίτην (ἡμέραν), (τῆς) τρίτης ἡμέρας, (τῆς) τρίτης 1373c

שִׁלֵּשִׁים
ἕως τρίτης γενεᾶς 1373c
τρίτη γενεά 236a, 1373c

שִׁלְשֹׁם
καθ' ἑκάστην ἡμέραν (תְּמוֹל שִׁ) 418a, 607b
τρίτη ἡμέρα 607b
τρίτην (ἡμέραν), (τῆς) τρίτης ἡμέρας, (τῆς) τρίτης 1373c

שָׁם
*#αὐτόθι 179b
*ἐκεῖ (שָׁם, מִשָּׁם, שָׁמָּה) 423c, 173c
ἐκεῖθεν (שָׁם, מִשָּׁם, שָׁמָּה) 427b
ἐκεῖσε (מִשָּׁם) 430c
[ἔτι 561a]

שֵׁם
ἄτιμος (בְּלִי-שֵׁם) 176a
ἐπιτάσσειν (בְּשֵׁם) 534c
ἐπονομάζειν (קְרָא שֵׁם) 539a
[θρόνος 655b] → ὄνομα
καλεῖν 712c
κατασκευή 744b
καύχημα 757c
λάλημα 846a
μνημόσυνον 185b
*ὄνομα 995b, 186b (+Si. 44.14)
ὄνομα καλόν 715b, 995b
[ὀνομαστί (בְּשֵׁם) 1000a] → ὄνομα
ὀνομαστός (שֵׁם גָּדוֹל, לְשֵׁם, שֵׁם) 1000a, 186b
*#ὀνοματογραφία 1000a (I Es. 8.49)
ὁ ὀνομαστός (הַשֵּׁם) 1000a

שֻׁם (Aramaic)
ἐπικαλεῖν 521b
*ὄνομα 995b
*#ὀνοματογραφία 1000a (I Es. 6.12)

שָׁמַד ni.
ἀπολλύειν, ἀπολλύναι 136c
ἀφανίζειν 181b
ἐκτρίβειν 444a
ἐκτριβή 444b
ἐξαίρειν 485b
ἐξολεθρεύειν, ἐξολοθρεύειν 497c
συντρίβειν 1321a

שָׁמַד hi.
ἀπολλύειν, ἀπολλύναι 136c
ἀπώλεια, ἀπωλία 151c
ἀφανίζειν 181b
ἀφανισμός 182a
ἐκτρίβειν 444a
ἐξαίρειν 485b, 175c
ἐξαναλίσκειν 487b
[ἐξεγείρειν 490b] → ἐξαίρειν
ἐξολεθρεύειν, ἐξολοθρεύειν 497c
ἐρημοῦν 546c
[ξηραίνειν 957a] → ἐξαίρειν
[ὀλεθρεύειν, ὀλοθρεύειν 986a] → ἐξολεθρεύειν, ἐξολοθρεύειν

שְׁמַד aph. (Aramaic)
ἀφανίζειν 181b

שַׁמָּה
#ἄβατος 1a (Je. 49[42].18)
[αἴνιγμα 34b]
#ἀπορία 140a (Je. 8.21)
#ἀπώλεια, ἀπωλία 151c (Je. 51[44].12)
ἀφανισμός 182a
ἔκστασις 441b
ἔρημος 545a
*ἐρήμωσις 547a
τέρας 1345a

שְׁמוּעָה
ἀγγελία 7b
ἀκοή 44b
ἀκούειν 45a
ἀκρόασις 166a
φήμη 1429b

שָׁמַט qal
ἄφεσιν ποιεῖν 182b, 1154a
ἀφιέναι, ἀφιέναι 183b
ἐκκλ(ε)ίνειν 433c
κυλίειν 798c
περισπᾶν 1126a

שָׁמַט ni.
καταπίνειν 741c

שָׁמַט hi.
ἄφεσιν ποιεῖν 182b, 1154a

שְׁמִטָּה
ἄφεσιν ποιεῖν 182b

שְׁמַיָּא, שְׁמִין (Aramaic)
[ἐπουράνιος 539b] → οὐράνιος
*οὐράνιος 1031b
*οὐρανός 1031b
*#ὕψιστος 1420b (I Es. 6.31; 8.19, 21)

שָׁמַיִם
[ἀστήρ (צְבָא הַשָּׁ) 173b]
ἄστρον 173c
ἥλιος 606b
[οὐράνιος 1031b] → οὐρανός
*οὐρανός 1031b, 187b
*#ὕψιστος 1420b (I Es. 2.3)

שְׁמִין
see שְׁמַיָּא, שְׁמִין

שְׁמִינִי
§αμασε(ν)ιθ (הַשְּׁמִינִית) 65a
ὄγδοος 960a

שְׁמִיעָה
διήγημα 171c

שָׁמִיר
ἄγρωστις ξηρά (שָׁ וָשַׁיִת) 18b
#ἀπειθής 119c (Za. 7.12)
ὕλη 1405a

#χέρσος 1468a (Is. 5.6; 7.23, 24, 25)
#χόρτος 1473a (Is. 10.17; 32.13)

שָׁמֵם I qal
ἀπολλύειν, ἀπολλύναι 168a
[ἀτιμάζειν 175c] → שׁוּם qal
ἀφανίζειν 181b
ἀφανισμός 182a
διαφθείρειν 314c
ἐξερημοῦν 491c
ἐξιστᾶν, ἐξιστάναι 496c
#ἐξολεθρεύειν, ἐξολοθρεύειν 497c (Ez. 6.6)
ἔρημος 545a
ἐρημοῦν 546c, 177b
ἐρήμωσις 547a
θαῦμα ἔχει 586c, 626c
θαυμάζειν 626c
καταφθείρειν 747c
σκυθρωπάζειν 1277a
#στενάζειν 1288b (Jb. 18.20)
στυγνάζειν 1297c
χηρεύειν 1468b

שָׁמֵם I ni.
ἀφανίζειν 181b
ἐξιστᾶν, ἐξιστάναι 496c
ἔρημος (pl. אֶרֶץ נְשַׁמָּה) 545a
ἐρημοῦν 546c
[συντρίβειν 1321a]

שָׁמֵם I polel
ἀφανίζειν 181b
ἀφανισμός 182a
ἐρεμάζειν(?) 544c
ἐρήμωσις 547a
ἠρεμάζειν 619c
*#περίλυπος 1124c (I Es. 8.71, 72)
*#σύννους 1317b (I Es. 8.71)

שָׁמֵם I hi.
ἀβατοῦν 1a
ἀναστρέφειν 82b
ἀπολλύειν, ἀπολλύναι 136c
ἀφανίζειν 181b
ἐξερημοῦν 491c
[ἐπάγειν 503c] → שׂוּם I, שִׂים qal
ἐρημοῦν 546c
στυγνάζειν 1297c

שָׁמֵם I ho.
ἐρημοῦν 546c
ἐρήμωσις 547a
θαῦμα ἔχειν 586c, 626c
θαυμάζειν 626c

שָׁמֵם I hithpo.
#ἀφανίζειν 181b (Mi. 6.15)
ἐκλύειν 438a
ἐκπλήσσειν 439b
θαυμάζειν 626c, 179a
[κατανοεῖν 739c]
ταράσσειν 1336a

שָׁמֵם II
ἀφανισμός 182a
ἔρημος 545a

שְׁמֵם ithpo. (Aramaic)
ἀπενεοῦσθαι 120c
ἀποθαυμάζειν 128a
θαυμάζειν 626c

שְׁמָמָה
ἄβατος 1a
ἀοίκητος 113c
ἀπώλεια, ἀπωλία 151c
ἀφανίζειν 181b
ἀφανισμός 182a
ἔρημος 545a
[ἔρημος 546c] → שָׁמֵם I qal and משממה
κατάρα 742b
ὄλεθρος 986a

שְׁמָמָה
ἐρημία 545a
ἔρημος 545a

שִׁמָּמוֹן
ἀφανισμός 182a

שָׁמֵן I qal
[ἔσθειν, ἐσθίειν 554a]
λιπαίνειν 879b
παχύνειν 1112c

שָׁמֵן I hi.
λιπαίνειν 879b
παχύνειν 1112c

שָׁמֵן II
λιπαίνειν 879b
λιπαρός 879b
πίων 1139a

שָׁמֵן
πιότης 1135b

שֶׁמֶן
ἄλειμμα 52c
ἀρκεύθινος 158a
ἄρκευθος 158a
ἔλαιον, ἔλεον 447a, 174a
[εὐφροσύνη 582c]
κυπαρίσσινος, κυπαρίστινος 799b
κυπάρισσος (עֵץ שָׁ) 182c
μύρον (שֶׁ הַטּוֹב, שָׁ) 937b
παχύς 1112c
πεύκινος 1130a
πίων 1139a

שְׁמֹנֶה, שְׁמֹנָה
ὄγδοος 960a
ὀκτάπηχυς (שְׁ אַמּוֹת) 985c
*ὀκτωκαιδέκατος (שְׁ עָשָׂר, שְׁ עֶשְׂרֵה) 985c

שְׁמֹנֶת
ὄγδοος 960a

שָׁמַע, שֶׁמַע qal
[ἀθετεῖν 29b]
ἀκοή 44b, 166a
*ἀκούειν 45a, 166a
ἀκουστός 50a
ἀκουστὸν ποιεῖν 166a
ἀκουστὸς γίνεσθαι 256c
ἀκρόασις 51a
ἀνήκοος (שָׁ qal + neg.) 88a
ἀπειθεῖν (שָׁ qal + neg.) 119c
[γινώσκειν 267a]
διακούειν 304a
εἰδεῖν, εἰδέναι 374b
εἰσακούειν 408b, 173b (–Si. 4.6, 15; 51.11)
ἐλεεῖν 449c
ἐπακούειν 505c, 176a (–Si. 4.15)
ἐπιστρέφειν 531a
εὐήκοος 570a
[κρίνειν 787b]
μανθάνειν 184a
παρακούειν (שָׁ qal + neg.) 1061b
πιστεύειν 1137c
ποιεῖν 1154a (+III Ki. 8.30; Je. 22.5)
*#προσέχειν 1215b (I Es. 1.28)
τηρεῖν 1348b

ὑπακούειν 1405c
[[" 194a (–Si. 42.23)]] → שָׁמַע, שָׁמַע ni.
ὑπήκοος 1411c
φυλάσσειν, φυλάττειν 1441c

שָׁמַע, שָׁמַע ni.
*ἀκούειν 45a
ἀκουστός 50a
ἀκουστὸν ποιεῖν 166a, 189b
ἀπαγγέλλειν 114a
[[γίνεσθαι 256c]]
διαβοᾶν 299a
εἰσακούειν 408b
ἐπακούειν 505c
ὑπακούειν 1405c, 194a (Si. 42.23)

שָׁמַע, שָׁמַע pi.
παραγγέλλειν 1056b

שָׁמַע, שָׁמַע hi.
ἀκοή 44b
ἀκούειν 45a, 166a
ἀκουσθῆναι ποιεῖν 1154a
ἀκουστός 50a
ἀκουστὸν ποιεῖν 1154a, 166a, 189b
ἀκουστὸς γίνεσθαι 256c
ἀκουτίζειν 50a, 166a
ἀλαλάζειν 52a
ἀναγγέλλειν 74a
ἀναφωνεῖν 85c
ἀπαγγέλλειν 114a
δηλοῦν 295c
εἰπεῖν, ἐρεῖν 384a
[[εἰσακούειν 408b]] → ἀκούειν
ἐνωτίζεσθαι 482b
παραγγέλλειν 1056b
[[ποιεῖν 1154a (De. 30.13)]] → ἀκουστὸν ποιεῖν
#φωνεῖν 1447b (I Ch. 15.16)

שְׁמַע pe. (Aramaic)
ἀκούειν 45a

שְׁמַע ithpa. (Aramaic)
πειθαρχεῖν 1114b
ὑπακούειν 1405c

שֵׁמַע
ἀγγελία 7b
ἀκοή 44b, 166a (Si. 43.24)
ἀκουστός 50a
κλέος 767b
ὄνομα 995b

שֶׁמַע
εὐηχοῖος(?) 570a
εὔηχος 570a

שְׁמַע
ἀκοή 44b
ὄνομα 995b

שְׁמוּעָה
ἀκοή 44b

שֶׁמֶץ
[[ἐξαίσιος 486b]]
[[ἰκμάς 684b]]
τρυφή 194c

שִׁמְצָה
ἐπίχαρμα 538c

שָׁמַר qal
ἀγαπᾶν 5c
ἀκοή 44b
ἀκούειν 45a
ἀντέχειν 109c
ἀποσκοπεῖν 141a

ἀρχισωματοφύλαξ (שֹׁמֵר סַף, שֹׁמֵר לְרֹאשׁ) 166a
διατάσσειν 313a
διατηρεῖν 313a
διαφυλάσσειν, διαφυλάττειν 315c, 171b
[[εἰδεῖν, εἰδέναι 374b]]
εἰσακούειν 408b
ἐμβάλλειν 455c
ἐρείδειν 544c
[[εὑρίσκειν 576c]]
ἱματιοφύλαξ (שֹׁמֵר בְּגָדִים) qal 686a
παρατηρεῖν 1065a
ποιεῖν 1154a
προσέχειν 1215b, 190b
[[συνάγειν 1307b]] → φυλάσσειν, φυλάττειν
[[συνιέναι, συνιέναι 1316b (Jo. 1.8)]] → εἰδεῖν, εἰδέναι
συντηρεῖν 1320c, 192c (+Si. 41.14)
τηρεῖν 1348b
τήρησις 193b
[[τιθέναι 1348c (Ps. 38[39].1)]] → שִׂים I, שִׂים qal
φυλακή 1440c
φύλαξ 1441b
*φυλάσσειν, φυλάττειν 1441c, 195c

שָׁמַר ni.
διαφυλάσσειν, διαφυλάττειν 315c
εὐλαβεῖσθαι 572a
προσέχειν 1215b, 190b
συντηρεῖν 192c
φυλάσσειν, φυλάττειν 1441c, 195c

שָׁמַר pi.
φυλάσσειν, φυλάττειν 1441c

שָׁמַר hithp.
προφυλάσσειν 1234a
φυλάσσειν, φυλάττειν 1441c

שֶׁמֶר
οἶνος 983c
τρυγίας 1377b

שֹׁמֶר
προφυλακή 1234a
#φύλαγμα 1440c (Ze. 1.12)

שִׁמְרָה
φυλακή 1440c

שְׁמֻרָה
φυλακή 1440c

שְׁמַשׁ I pa. (Aramaic)
θεραπεύειν 648a
λειτουργεῖν 872c

שְׁמַשׁ II subst. (Aramaic)
ἑσπέρα (מֵעַל שׁ') 557a
ἥλιος 606b

שֶׁמֶשׁ
ἔπαλξις 506b
ἥλιος 606b, 179b (+Si. 26.16; 36[33].7)

שֵׁן (Hebrew and Aramaic)
ἀκρότομος 166a
ἀκρωτήριον 51c
γαυρίαμα 234c
ἐλεφάντινος 452c
ὀδόντες ἐλεφάντινοι 452c, 966c
ἐλέφας 452c
ἐξοχή 501b
ὀδούς 966c, 186a

σκοπή 191c
τριόδους (שָׁלֹשׁ שִׁנַּיִם) 1373a

שְׁנָא pe. (Aramaic)
ἀλλοιοῦν 56a
διαφέρειν 314b
διάφορος 315b
ὑπερέχειν (מִן שׁ' pe.) 1409b
ὑπερφέρειν 1411a

שְׁנָא pa. (Aramaic)
ἀθετεῖν 29b
ἀλλοιοῦν 56a
διάφορος 315b
διαφόρως χρᾶσθαι 315c

שְׁנָא aph. (Aramaic)
*#ἀκυροῦν 51c
ἀλλάσσειν 55b
ἀλλοιοῦν 56a
*#παραβαίνειν 1055b (I Es. 6.32)
παραλλάσσειν 1061c

שְׁנָא ithpa. (Aramaic)
ἀλλοιοῦν 56a
διαφέρειν 314b
παρέρχεσθαι 1068c

שֵׁנָא
ὕπνος 1411c

שָׁנָה I qal
[[ἀλλοιοῦν 166a]] → שָׁנָה II qal
ἀναστρέφειν 82b
δευτεροῦν 294c, 170c
δευτέρωσις 170c
δίς 171c
[[δισσός 171d]]
#μελετᾶν 908b (Pr. 24.2)

שָׁנָה I ni.
δευτεροῦν 294c

שָׁנָה I pi.
δευτεροῦν 294c
[[ἐφιστάναι 585c]]
προστιθέναι 1221a

שָׁנָה II qal
ἀλλοιοῦν 56a, 166a
#διάφορος 315b (II Es. 8.27)
ἔξαλλος 487a

שָׁנָה II pi.
ἀθετεῖν 29b
ἀλλάσσειν 55b
ἀλλοιοῦν 56a, 166a (Si. 40.5)

שָׁנָה II hithp.
ἀλλοιοῦν 56a
ἀλλοίωσις 166a

שָׁנָה III
βίος 220a
δεύτερον ἔτος (שְׁנָתַיִם) 293b, 565a
[[" (שְׁנָיִם) 293b, 565a]]
διετηρίς 329b
εἰκοσαετής (שׁ' עֶשְׂרִים) 377a
ἐνιαύσιος (בַּת שׁ', בֶּן שׁ') 474a
*ἐνιαυτός 474a, 175b (Si. 36[33].7)
ἑξηκονταετής (שׁ' שִׁשִּׁים בֶּן) 495c
ἐπέτ(ε)ιος 176b
ἑπταετής (שֶׁבַע שָׁנָה) 539c
*ἔτος 565a, 177c (+Si. 26.2)
ἔτος ἐξ ἔτους (בְּמִסְפַּר שָׁנִים) 565a
#ἐφέτειος 585b (De. 15.18)
#ἡμέρα 607b (Da. LXX 9.2 [𝔓967])
καιρός 706a
πενταετής (בֶּן חָמֵשׁ שָׁנִים) 1118b

πεντηκονταετής (שׁ') 1119a
τριακονταετής (בֶּן שְׁלֹשִׁים שׁ') 1372a
τριετής (בֶּן שָׁלֹשׁ שָׁנִים) 1373a

שְׁנָה
νυστάζειν 956a
ὕπνος 1411c, 194b
ὑπνοῦν 1412a

שְׁנָה I (Aramaic)
*ἔτος 565a

שְׁנָה II (Aramaic)
ὕπνος 1411c

שֶׁנְהַבִּים
ὀδόντες ἐλεφάντινοι 452c, 966c

שָׁנִי
διανήθειν (תּוֹלַעַת שׁ') 306b
κλώθειν 772b
κλωστός 772c
κόκκινος 775c
κόκκος 182b
φοινικοῦς 1436c

שֵׁנִי
*δεύτερος 293b
#διπλοῦς 337a (Ex. 25.4; 35.6)
διάφορος 339a
ἕτερος 560a
σιτευτός 1267b

שְׁנַיִם
ἀμφότεροι 68a, 166b
δεύτερος 293b
[[διάφορος 315b]] → שָׁנָה II qal
διπλάσιος (פִּי שׁ') 171c
διπλοῦς (פִּי שׁ', שׁ') 337a
#δισσός 171c (Si. 42.24)
δίστομος (שְׁנֵי פִיּוֹת) 337b
δίχα 171c
δύο 172c (+Si. 36[33].15)
δώδεκα (שׁ' עָשָׂר) 172c
δωδέκατος (שְׁנַיִם עָשָׂר) 358b

שְׁנִינָה
διήγημα 330a
λάλημα 846c
[[μῖσος 931a]] → שִׂנְאָה

שָׁנַן qal
ἀκηλίδωτος 44a
ἀκιδωτός 44a
ἀκονᾶν 45a
ὀξύς 1001c
παροξύνειν 1072a

שָׁנַן pi.
#ἐκδιηγεῖσθαι 173b (Si. 42.15)
προβιβάζειν 1205c

שָׁנַס pi.
συσφίγγειν 1324a

שִׁנְעָר
#ἀνατολή 83c (Is. 11.11)

שְׁנָת
ὕπνος 1411c

שָׁסָה qal
διαρπάζειν 308c
καταπατεῖν 740b
προνομεύειν 1207c

שָׁסַס poel
προνομεύειν 1207c

שָׁסַס qal
διαρπάζειν 308c
διαφορεῖν 315b

καταπατεῖν 740b
καταπρονομεύειν 742b
προνομεύειν 1207c

שָׁסַס ni.
διαρπάζειν 308c
προνομεύειν 1207c

שָׁסַע qal
ὀνυχίζειν 1000c
ὀνυχιστήρ 1001a

שָׁסַע pi.
διασπᾶν 310c
#ἐκκλᾶν 433a
πείθειν 1114b
συντρίβειν 1321a

שֶׁסַע
ὄνυξ 1000c
ὀνυχιστήρ 1001a

שָׁסַף pi.
σφάζειν 1324b

שָׁעָה I qal
ἀφίειν, ἀφιέναι 183b
ἀφιστᾶν, ἀφιστάναι, ἀφιστάνειν 184b
[βοᾶν 222a] → שׁוע I, שָׁוַע pi.
διαλέγεσθαι 171a
ἐᾶν (מ שׁ qal) 361a
ἐπιδεῖν, ἐφιδεῖν ("to see") 519a
μελετᾶν 908b
μεριμνᾶν 911a
πεποιθὼς εἶναι 1114b
προσέχειν 1215b

שָׁעָה I hi.
ἀνιέναι (= ἀνίημι) 102b
ἐκδιηγεῖσθαι 173c

שָׁעָה I hithp.
ἐκδιηγεῖσθαι 173c
θαυμάζειν 626c

שָׁעָה II (Aramaic)
αὐθωρί (בַּהּ־שַׁעֲתָא) 177a
ὥρα 1493b

שָׁעָטָה
ὁρμή 1014a

שַׁעֲטְנֵז
κίβδηλος 763c

שַׁעְיָה
διήγησις 171c

שֹׁעַל
δράξ 348c
χείρ 1457c

שׁוּעָל
#ἀλώπηξ 60b (Jd. 1.35)

שָׁעַן ni.
ἀντιστηρίζειν 111c
ἐλπίζειν 453c
ἐπαίρειν 505a
ἐπαναπαύεσθαι 506b
ἐπέχειν 176b
ἐπιστηρίζειν 530b
καταψύχειν 748c
πείθειν 1114b
πεποιθὼς γίνεσθαι 256c
πεποιθὼς εἶναι 1114b
προσκεῖσθαι 1216c
στηρίζειν 192b
ὑπερείδειν 1409b

שָׁעַע pilp.
ἀγαπᾶν 5c
εὐφραίνειν 581b

μελετᾶν 908b
παρακαλεῖν 1060a

שָׁעַע hi.
καμμύειν 718b

שָׁעַע hithp.
μελετᾶν 908b

שַׁעַר
αὐλή 177b
θύρα 662c
θύρωμα 664a
πόλις 1174a, 189b
πύλη 1240b, 190c (Si. 42.11)
*πυλών 1242b

שֹׁעֵר
*θυρωρός 664a

שַׁעֲרוּר
φρικτός 1439a

שַׁעֲרוּרִי
φρικτός 1439a
φρικώδης 1439a

שַׁעֲרִירִי
φρικώδης 1439a

שַׁעְשֻׁעִים
ἀγαπᾶν 5c
ἐνευφραίνεσθαι 473a
ἐντρυφᾶν 481a
εὐφραίνειν 581b
μελέτη 908c
προσχαίρειν 1223c

שִׁפָה I ni.
πεδ(ε)ινός 1113a

שִׁפָה II, שְׁפָה
§σαφ(φ)ωθ (שְׁפוֹת) 1261a

שְׁפוֹת
[[ἐκδίκησις 423a]] → שֶׁפֶט
κρίσις 789c

שִׁפְחָה
[[γυνή 278b]]
δούλη 346a
θεράπαινα 648a
οἰκέτις 969b
παιδίσκη 1048b, 187a (Si. 41.22)

שָׁפַט qal
ἄρχειν 163a
διακρίνειν 304a
δικάζειν 330b
δικαστής 335b
[[διώκειν 338b]]
ἐκδικεῖν 422b
ἐκδίκησις 423a
[[ἐλπίζειν 453c]]
[[καταδιώκειν 730b]]
κρατεῖν 783a
κρίνειν 787b, 182b
κρίσις 789c
*κριτής 791a, 182b (+Si. 32[35].15)

שָׁפַט ni.
[[ἀπαγγέλλειν 114a]]
διακρίνειν 304a
δικάζειν 171c
[[" 330b]] → שָׁפַט qal
δικαιοῦν 334b
ἐκδικεῖν 422b
κρίνειν 787b
κρίσις 789c

שָׁפַט poel
κρίμα 786b

שְׁפַט pe. (Aramaic)
γραμματεύς 275b
#κριτής 791a (I Es. 8.23)

שֶׁפֶט
ἐκδίκησις 423a
κρίμα 786b
κρίσις 789c
[[μάστιξ 898b]] → שֶׁבֶט, שְׁבַט

שְׁפִי
διεκβολή 328b
εὐθύς (adj.) 571a
[[νάπη 939c]]
ὄρος 1014b

שְׁפִיפֹן
[[ἐγκαθῆσθαι 364b]]

שַׁפִּיר (Aramaic)
εὐθαλής 570a
#καλῶς 717b (Mi. 1.10)
ὡραῖος 1493c

שָׁפַך qal
βάλλειν 189c
ἐγχεῖν 367b
ἐκχεῖν, ἐκχέειν 445c, 174a (-Si. 20.13)
ἔκχυσις 446c
ἐπάγειν 503c
ἐπιστρέφειν 531a
[[κυκλοῦν 798b]]
περιβάλλειν 1121c
[[περιποιεῖν 1125c]] → ποιεῖν
ποιεῖν 1154a
χαρακοβολία (שָׁפַך סֹלְלָה) 1454c
χεῖν 1457c, 195b

שָׁפַך ni.
ἐκχεῖν, ἐκχέειν 445c, 174a
προσχεῖν 1223c

שָׁפַך pu.
ἐγχεῖν 367b
ἐκχεῖν, ἐκχέειν 445c

שָׁפַך hithp.
[[ἐκλύειν 438a]] → ἐκχεῖν, ἐκχέειν
ἐκχεῖν, ἐκχέειν 445c

שֶׁפֶך
ἐκχεῖν, ἐκχέειν 445c
ἔκχυσις 446c

שִׁפְכָה
ἀποκόπτειν (כָּרַת שׁ) 133a

שָׁפֵל qal
ἀσθένεια 172a
ἀτιμάζειν 175c
πίπτειν 1135c
ταπεινός 1334b
ταπεινοῦν 1335a

שָׁפֵל hi.
καταβάλλειν 728c
ταπεινός 1334b
ταπεινοῦν 1335a, 193a (+Si. 3.18; 36[33].12)

שְׁפֵל I aph. (Aramaic)
ταπεινοῦν 1335a

שְׁפַל II (Aramaic)
ἐξουδένημα, ἐξουθένημα 500b
[[ἐξουδένωμα 500c]] → ἐξουδένημα, ἐξουθένημα

שְׁפָל
[[ἀπορρίπτειν 140b]] → παρειμένος

ἀσθενής 172b
ὀλιγόψυχος (דַּכָּא וּשְׁפַל־רוּחַ) 987a
παρειμένος 1070b
πραΰθυμος (שְׁפַל־רוּחַ) 1201a
ταπεινός 1334b
ταπεινόφρων (שְׁפַל־רוּחַ) 1335c

שֵׁפֶל
ταπεινός 1334b
ταπείνωσις 1335c

שְׁפֵלָה
μικρός (שְׁפֵלַת קוֹמָה) 926c
ἡ πεδεινή 1113a

שְׁפֵלָה
ἡ πεδινή (הַשׁ) 1113a
[[γῆ πεδινή (הַשׁ) 1113a]] → ἡ πεδινή
[[τὰ πεδινά 1113a]] → ταπεινός
πεδίον 1113b
§σεφηλα 1263a
ταπεινός 1334b

שְׁפֵלוּת
ἀργ(ε)ία 153a

שָׁפָן
[[δασύπους 285b]]
[[λαγωός 840c]]
χοιρογρύλλιος (and variants) 1472a

שֶׁפַע
πλοῦτος 1150c

שִׁפְעָה
ἀγέλη 10b
[[δρόμος 349a]]
κονιορτός 777c
πλῆθος 1142c

שָׁפַר qal
κράτιστος εἶναι 785a

שְׁפַר pe. (Aramaic)
ἀρέσκειν 155c

שֶׁפֶר
κάλλος 715a

שַׁפְרְפָרָא (Aramaic)
ὀρθ(ρ)ίζειν (בְּשׁ קוּם) 1011a

שָׁפַת qal
διδόναι 317b
ἐφιστάναι 585c
κατάγειν 729b

שְׁפַתַּיִם
γεῖσος 235b

שֶׁצֶף
[[μικρός 926c]]

שָׁק (Aramaic)
κνήμη 772c

שָׁקַד qal
*ἀγρυπνεῖν 18a, 165b (Si. 36[33].16)
[[ἀνομεῖν 106b]]
γρηγορεῖν 278a (Je. 5.6; 38[31].28; Da. TH 9.14)
ἐγείρειν 364a

שָׁקַד ni.
#γρηγορεῖν 278a (La. 1.14)

שָׁקַד pu.
ἐκτυποῦσθαι καρυΐσκους 444b, 725b
καρυωτός 725b

שֶׁקֶד
ἀγρυπνία *165b*

שָׁקֵד
ἀμύγδαλον 67c
καρύϊνος 725a
κάρυον 725b

שָׁקָה pu.
διαχεῖν 316a

שָׁקָה hi.
#ἀρχιοινοχόος 166a
#μεθύ(σκ)ειν 907c (Ps. 64[65].9)
οἰνοχοεῖν (מַשְׁקֶה) 984c
οἰνοχόος (מַשְׁקֶה) 984c
[" (שַׂר מַשְׁקִים) 984c] →
ἀρχιοινοχόος
πίνειν 1134a
ποτίζειν 1197c, *189c*

שִׁקּוּי
ἐπιμέλεια, ἐπιμελία 525b
πόμα 1186a

שִׁקּוּץ
βδέλυγμα 215b
βδελυγμός 216a
βδελύσσειν, βδελύττειν 216a
εἴδωλον 376a
μίασμα 926a
προσόχθισμα, προσώχθισμα 1219a

שָׁקַט qal
ἀναπαύειν 80b
ἀνάπαυσις 166c
ἀνιέναι (= ἀνίημι) 102b
ἀσφάλεια, ἀσφαλία 174b
εἰρηνεύειν 410b, *173a*
εἰρήνη 410b
ἡσυχάζειν 620a
ἡσυχάζων (שֹׁקֵט וּבֹטֵחַ) 620a
καταπαύειν 740c
καταπραΰνειν 742a
κοπάζειν 778a
πείθειν 1114b
πεποιθέναι εἶναι 1114b

שָׁקַט hi.
ἀναπαύειν 80b
ἀνάπαυσις 80c
ἡσυχάζειν 620a
ἡσυχίαν παρέχειν 620b, 1069c
καταπραΰνειν 742a
κατασβεννύναι 743c
[πείθειν 1114b]
πραΰνειν 1201a
σπαταλᾶν 1282a

שֶׁקֶט
ἡσυχίαν παρέχειν 620b, 1069c

שְׁקֵדָה
ἀγρυπνία *165b*

שָׁקַל qal
ἀποκαθιστᾶν, ἀποκαθιστάναι 131b
ἀποτίνειν 149a
διαγράφειν 300a
*ἱστάναι, ἱστᾶν 689a
#ὁλκή 987b (I Es. 8.63, 64), *186a* (Si. 8.2)
*#παραδιδόναι 1058a (I Es. 8.59)
παριστάναι 1070c
συμβουλεύειν 1303c
τιμᾶν 1353a

שָׁקַל ni.
*ἱστάναι, ἱστᾶν 689a

*#παραδιδόναι 1058a (I Es. 8.62)

שֶׁקֶל
δίδραγμον, δίδραχμον, δίδραχμα 328a
δραχμή 349a
σίκλος 1266c
στάθμιον 1286b
σταθμός 1286b

שִׁקְמָה
συκάμινον 1301b
συκάμινος 1301b

שָׁקַע qal
καταβαίνειν 727a
καταδύ(ν)ειν 731a
κοπάζειν 778a

שָׁקַע ni.
καταβαίνειν 727a

שָׁקַע hi.
[ἡσυχάζειν 620a] → שָׁקַט hi.

שְׁקַעֲרוּרָה
κοιλάς 772c

שָׁקַף ni.
βλέπειν 221a
διακύπτειν 304b
ἐγκύπτειν 367b
εἰσκύπτειν 413c
ἐκκύπτειν 435a
παρακύπτειν 1061b
παρατείνειν 1065a

שָׁקַף hi.
διακύπτειν 304b
ἐκκύπτειν 435a
ἐπιβλέπειν 516c
καταβλέπειν 729a
κατακύπτειν 735a
κατιδεῖν 751a
παρακύπτειν 1061b, *187c*

שֶׁקֶף
μελαθροῦσθαι 908b

שְׁקֻפִים
μέλαθρον 908b
παρακύπτειν 1061b

שָׁקַץ pi.
βδελύσσειν, βδελύττειν 216a
προσοχθίζειν 1218c
προσόχθισμα, προσώχθισμα 1219a

שֶׁקֶץ
βδέλυγμα 215b

שָׁקַק qal
διψᾶν (= HR's διψῆν) 338a
[ἐπιλαμβάνειν 523c] → נָשַׁק qal
κενός, καινός ("empty") 759a
εἰς κενὸν ἐλπίζειν 453c, 759a

שָׁקַק hithpalp.
συμπλέκειν 1305b

שָׁקַר qal
ἀδικεῖν 24c

שָׁקַר pi.
ἀδικεῖν 24c
ἀθετεῖν 29b
ἀποστρέφειν 145b
συκοφαντεῖν 1301c

שֶׁקֶר
ἀδικία 25b
ἄδικος 26c, *165b*
ἀδίκως 27b
ἀνομία 106c

ἄνομος 107c
δόλιος 340b
κενός, καινός ("empty") 759a
ματαίως 899b
μάτην 899c
ψευδής 1484b, *196a*
ψεῦδος 1485a

שֹׁקֶת
ποτιστήριον 1198a

שֹׁר I
ὀμφαλός 994a

שֹׁר II
εὐεξία 177c
#ὑγ(ίε)ία, ὑγιεία *194a* (Si. 30.16)

שְׁרָא pe. (Aramaic)
#καταλύειν 738c (Da. LXX 2.22 [𝔓967])
κατάλυσις 739a
λύειν 889a

שְׁרָא pa. (Aramaic)
*ἄρχειν 163a
λύειν 889a

שְׁרָא ithpa. (Aramaic)
διαλύειν 305a

שָׁרַב qal
#φλέγειν 1432c (Pr. 29.1)

שָׁרָב
ἄνυδρος 112a
καύσων 757b, *181c*

שַׁרְבִיט
ῥάβδος 1247a

שָׂרָה
ἀρχή *163c*

שְׁרוּקוֹת
σύριγμα 1322c

שִׁרְיָה
θώραξ 668c

שִׁרְיוֹן
θώραξ 668c

שִׁרְיָן
θώραξ 668c, *179c*

שְׁרִיקוֹת
σύριγμα 1322c
συρισμός, συριγμός 1323a

שָׁרִיר
ὀμφαλός 994a

שְׁרִירוּת
ἀπόστασις? *139c*
ἀρεστός 156a
ἐνθύμημα 473c
ἐπιθύμημα 520c
ἐπιτήδευμα 535b
θέλημα 629b
πλάνη 1140a

שְׁרִית
κατάλοιπος 738a

שְׁרֵמוֹת
§ασαρημωθ (הַ) 169c
§σαρημωθ 1259b

שָׁרַץ qal
ἐκζεῖν 430c
[ἐξάγειν 483a]
[ἐξερεύγεσθαι 491b]
ἐξέρπειν 491c
ἕρπειν 547c
κινεῖν 765b
[πληθύ(ν)ειν 1144b] → רָבָה qal

πληροῦν (שָׁ בְּ qal) 1147c
#χυδαῖος γίνεσθαι 1480b (Ex. 1.7)

שֶׁרֶץ
ἐρεύγεσθαι 544c
ἑρπετός 548a

שָׁרַק qal
#σημαίνειν 1263a (Za. 10.8)
συρίζειν 1322c

שְׁרֵקָה
συρισμός, συριγμός 1323a

שָׁרַר qal
#κατισχύειν 751b (Ho. 14.9)

שָׁרַשׁ pi.
ἀπολλύειν, ἀπολλύναι 136c, *168a*
#ἐκριζοῦν 441a (Jd. 5.14B)
ἐκ ῥιζῶν ἀπολλύναι 1251c
[ῥίζωμα 1252a] → שֹׁרֶשׁ
#τιμωρεῖν 1354a (Jd. 5.14A Aramaizing)

שָׁרַשׁ pu.
ἄρριζος 160a

שָׁרַשׁ poel
ῥιζοῦν 1252a

שָׁרַשׁ poal
ῥιζοῦν 1252a

שָׁרַשׁ hi.
καταφυτεύειν 748b
ῥίζαν βάλλειν 189c, 1251c

שֹׁרֶשׁ
[ἐκριζοῦν 441a] → שָׁרַשׁ pi.
#θεμέλιον *179b* (Si. 3.9)
ῥίζα 1251c, *191b*
ῥίζωμα 1252a
#σπέρμα 1282b (Is. 14.29, 30)

שֹׁרֶשׁ (Aramaic)
#ῥίζα 1251c

שַׁרְשָׁה
κρασός, κρωσσός 791b

שַׁרְשְׁרָה, שֵׁרְשׁוּ (Aramaic)
παιδ(ε)ία 1046c
*#τιμωρία 1354a (I Es. 8.24)

שַׁרְשְׁרָה
κρασός, κρωσσός 791b
κρο(σ)σωτός 791b
§σερσερωθ (שַׁרְשְׁרוֹת) 1263a
χαλαστόν 1452c

שָׁרַת pi.
[ᾄδειν 19a]
διάδοχος *171a*
διακονία 303b
διάκονος 303b
δουλεύειν 345a
εὐαρεστεῖν 568c
[ἥκειν 605a]
θεράπων 648b
*#ἱερατεύειν 679a (I Es. 8.46)
λατρεύειν 863a, *183a*
#λειτουργ(ε)ία *183b* (Si. 50.19)
λειτουργεῖν 872c, *183b* (–Si. 7.30)
λειτουργός 873b, *183b*
παριστάναι 1070c
#προϊστάναι 1207a (II Ki. 13.17)
οἱ περὶ τὸ σῶμα (מְשָׁרְתִים) 1330a
ὑπουργός 1417c

שָׁרֵת
λειτουργικός 873b

שָׁשָׁה qal
see שָׂהַם qal

שָׁשָׁה poel
see שָׂהַם poel

שֵׁשׁ I
ἕκτος 443b
ἑξάκις (שֵׁשׁ, שֵׁשׁ פְּעָמִים) 486b
ἑξακόσιοι (שֵׁשׁ מֵאוֹת) 175c
ἑξακοσιοστός (שֵׁשׁ מֵאוֹת) 486c
ἑξήκοντα μυριάδες
   (שֵׁשׁ־מֵאוֹת אֶלֶף) 937a
ἑξηκονταετής (בֶּן שִׁשִּׁים שָׁנָה)
   495c
ἑξηκοστός (שִׁשִּׁים) 495c

שֵׁשׁ II
βύσσινος 232b
βύσσος 232b
βύσσος κεκλωσμένη 232b
λίθινος 876b
μαρμάρινος 896a
πάρινος 1070b
πάρινος λίθος 1070b

שָׁשָׁא pi.
καθοδηγεῖν 704a

שָׁשָׁה
ἐκκαιδέκατος 432a
ἕκτος 443a
ἐξάμηνον (שֵׁ' חֳדָשִׁים) 487b

שְׁשִׁי
βύσσινος 232b

שִׁשִּׁי
ἕκτος 443b

שָׁשַׁר
γραφίς 278a
μίλτος 927c

שֵׁת
⟦ἐργάζεσθαι, ἐργάζειν 540c⟧
⟦καταρτίζειν 743b⟧ → שִׁית I qal

שֵׁת I
ἰσχίον 692c

שֵׁת, שָׁת II (Aramaic)
*ἕκτος 443b

שָׁתָה I qal
ἐκπίνειν 439b
κωθωνίζεσθαι (יָשַׁב לִשְׁתוֹת) 839b
μεθύ(σκ)ειν 907c
*πίνειν 1134a, 188c
συμπίνειν (שָׁ' עִם qal) 1305b
ὑδροποτεῖν (qal מַיִם שָׁ') 1381a

שָׁתָה I ni.
πίνειν 1134a, 188c

שָׁתָה II qal ("to weave")
#διάζεσθαι 300b (Is. 19.10)

שָׁתָה pe. (Aramaic)
οἰνοχοεῖν 984c
πίνειν 1134a

שְׁתִי
στήμων 1290c

שְׁתִיָּה
πότος 1198a

שָׁתִיל
βλάστημα 169b
νεόφυτος 943a

שְׁתַיִם
δίγλωσσος (בַּעַל שֵׁ') 171b
δίς 337b
ζεῦγος 594a

שָׁתַל qal
εὐθηνεῖν 570b
καταφυτεύειν 748b
⟦πιαίνειν 1132c⟧
φυτεύειν 1446c

שָׁתַם
⟦ἀληθινός 54a⟧ → תָּם ≈
   ἀληθινῶς
⟦ἀληθινῶς 54b⟧ → תָּם

שָׁתַן hi.
οὐρεῖν 1034b

שָׁתַף
⟦κοινωνός 182a⟧

שָׁתַק qal
ἡσυχάζειν 620a
κοπάζειν 778a

שָׁתַת qal
τιθέναι 1348c

ת

תָּא
§θαιηλαθα, θεηλαθ (תָּאִים) 621a
§θεε (תָּא, תָּאוֹת) 628a
§θεειμ (תָּאִים, תָּאוֹת) 628a

תָּאַב I hithp.
ἐπιθυμεῖν 520b
ἐπιποθεῖν 526c

תָּאַב II pi.
βδελύσσειν, βδελύττειν 216a

תַּאֲבָה
ἐπιθυμεῖν 520b

תָּאָה pi.
⟦καταμετρεῖν 739b⟧ → תָּוָה hi.

תְּאוֹ
ὄρυξ 1017c

תַּאֲוָה
ἀρεστός 156a
ἐπιθυμεῖν 520b
ἐπιθυμία 521a, 176c
εὐλογία 574b
⟦καρπός ("fruit") 723c⟧

תָּאַם hi.
διδυμεύειν 328a

תָּאֹם
δίδυμος 328a

תְּאֵנָה
παραδιδόναι 1058a

תְּאֵנָה
συκ(ε)ών 1301c
συκῆ 1301b
σῦκον 1301b

תֹּאֲנָה
ἀνταπόδομα 109b
ἐκδίκησις 423a
#πρόφασις 1231b (Pr. 18.1)

תַּאֲנִיָּה
ταπεινοῦν 1334c

תָּאַר qal
ἄγειν 9a
διεκβάλλειν 328a
διέρχεσθαι 328c
ἐξάγειν 483a

תָּאַר pi.
ῥυθμίζειν 1255b

תֹּאַר
ἀγαθὸς τῷ εἴδει/ἰδεῖν 2a, 375c,
   669b
#γαυρίαμα 170a (Si. 43.1)
δόξα 341b
εἶδος 375c
κάλλος 180c
μορφή 934b
ὁμοίωμα 993a
#ὅρασις 1007b (I Ch. 17.17)
ὄψις 1044b

תְּאַשּׁוּר
κέδρος 758a

תֵּבָה
§θιβις, θηβη 652a
κιβωτός 763c

תְּבוּאָה
γέν(ν)ημα 238c
⟦ἐπέρχεσθαι 509c⟧ → בּוֹא qal
⟦θησαυρός 651c⟧
καρπίζεσθαι (אָכַל מְת') 723c
καρπός ("fruit") 723c, 181a
⟦κουρά 781a⟧ → אֶרֶץ ≈ χώρα

תְּבוּנָה
⟦ἀνδρ(ε)ία 86a⟧
⟦εἰκών 377b⟧ → תְּמוּנָה
ἔννοια 475c
ἐπιστήμη 530a, 177a
⟦λόγος 881c (Pr. 5.1)⟧
νουθέτησις 950b
παιδ(ε)ία 187a
σοφία 1278c, 191c

σύνεσις 1314a, 192c
φρόνησις 1439a
φρόνιμος 1439b

תְּבוּסָה
καταστροφή 746a

תֵּבֵל
γῆ 240c, 170a
ξηρός 185b
ἡ οἰκουμένη 968a
οὐρανός 1031b
ἡ σύμπασα 1305a
#χώρα 196c (Si. 43.3)

תֶּבֶל
ἀσεβεῖν (תֶּ' עָשָׂה) 170a
μυσαρός, μυσερός 937c

תְּבַלֻּל
πτίλ(λ)ος (adj.) 1238b

תֶּבֶן
ἄχυρον, ἄχυρος(?) 188a

תַּבְנִית
μορφή 934b
ὁμοίωμα 993a
ὁμοίωσις 993b
παράδειγμα 1057b
ῥυθμός 1255b
τύπος 1378b

תַּבְעֵרָה
ἐμπυρισμός 460b

תְּבַר pe. (Aramaic)
συντρίβειν 1321a

תַּגָּר
#ἔμπορος 174b (Si. 42.5)

תִּגְרָה
#μεταβουλία 184b (Si. 37.11)

תִּגְרָה
ἰσχύς 694b

תַּדְהָר
πεύκη 1130a

תְּדִירָה (Aramaic)
ἐνδελεχῶς (בַּתְ') 470a

תֹּהוּ
ἄβατος 1a
ἄδικος 26c
ἀόρατος 113c
ἀπολλύειν, ἀπολλύναι
   (עָלָה בַּתֹּ) 136c
δίψος 338b
ἔρημος 545a
εἰς κενόν 759a
μάταιος 898c
#μάτην 899c (Is. 29.13)
τὰ μηδὲν ὄντα 920c
οὐδείς, οὐθείς (תֹּ' וָבֹהוּ) 1028b

תְּהוֹם
ἄβυσσος 1b, 165a
βάθος 169a
⟦γῆ 240c⟧
κῦμα 799a
οὐρανός 1031b
πόντος 1189a

תְּהִלָּה
σκολιός 1275b

תְּהִלָּה
ἀγαλλίαμα 4c
ἀγαυρίαμα 7a
αἴνεσις 33c
αἶνος 165c
ἀρετή 156a
γαυρίαμα 234c
?γλύμμα 271a
δόξα 341b
ἔνδοξος 470c
ἐξομολόγησις 499c
ἔπαινος 504c, 176a (+Si. 44.8)
καύχημα 757c

ὕμνησις 1405b
ὕμνος 1405b
〚ὑπόμνησις 1416b〛→ ὕμνησις
ψαλμός 1483b

תַּהֲלוּכָה
διέρχεσθαι 328c

תַּהְפֻּכָה
ἄδικος 26c
ἀποστρέφειν 145b
διαστρέφειν 312a
διαστροφή 312a
ἐκστρέφειν 441c
καταστρέφειν 745c
μηδὲν πιστόν (תַּהְפֻּכוֹת) 920c, 1138c
σκολιός 1275b

תָּו
διδόναι σημεῖον (תָּוָה תָּו hi.) 317b
σημεῖον 1263b
χείρ 1457c (Jb. 31.35)

תּוֹאָם
ἐξ ἴσου 688c

תֹּאַר
δόξα 171c
κάλλος 180c

תּוּב pe. (Aramaic)
ἀποδιδόναι 126b
ἀποκαθιστᾶν, ἀποκαθιστάναι 131b
ἐπιστρέφειν 531a

תּוּב aph. (Aramaic)
*#ἀποκαθιστᾶν, ἀποκαθιστάναι 131b
*#ἀποκρίνειν (פִּתְגָּם הֲתִיב) 133a
〚διδόναι 317b〛→ יְהַב ithpe.
εἰπεῖν, ἐρεῖν 384a
*#προσφωνεῖν (הֲתִיב נִשְׁתְּוָן) 1223c (I Es. 6.6)

תּוּבְנָה
〚ἐπιστήμη 530a〛→ תְּבוּנָה

תּוּגָה
ἀκηδία 44a
λύπη 889c
ὀδύνη 967a
πένθος 1118a

תּוֹדָה
ᾄδειν 19a
αἴνεσις 33c
δῶρον 359a
ἐξομολόγησις 499c
§θωδαθα, θωλαθα(ς) (תּוֹדוֹת) 668b
*#ὁμολογία 993c (I Es. 9.8)
χαρμοσύνη 1455c

תָּוָה pi.
〚τυμπανίζειν 1378a〛→ תָּפַף qal

תָּוָה hi.
#καταμετρεῖν 739b (Nu. 34.7, 8, 10)
παροξύνειν 1072a
διδόναι σημεῖον (תָּו תָּוָה hi.) 317b

תְּוַהּ pe. (Aramaic)
θαυμάζειν 626c

תּוֹחֶלֶת
ἐγχρονίζειν 367c
ἐλπίς 454a, 174b (+Si. 31[34].1)
〚καύχημα 757c〛→ תְּהִלָּה
ὑπόστασις 1417a

תָּוֶךְ
〚ἐν (בְּתוֹךְ) 174b〛
ἔνδον (בְּתוֹךְ, אֶל תּוֹךְ) 470b
μέσος (תָּ, בַּת, בְּתוֹךְ) 913a, 184b
ἐν μέσῳ (בְּתוֹךְ) 174b
πλάγιος 1139b
πλατεῖα (subst.) 1140c

תָּוֶךְ
see תּוֹךְ

תּוֹכֵחָה
ἐλεγμός 449a
ἔλεγχος 449c
〚ὀνειδισμός 994c〛

תּוֹכַחַת
ἀνεξέλεγκτος (עֹזֶב תּוֹ') 87b
ἐκδίκησις 423a
ἐλεγμός 499a, 174a
ἐλέγχειν 449b
ἔλεγχος 449c, 174a
παιδ(ε)ία 1046c

תּוֹלֵדֹת
γενεά 236a
γένεσις 237a
συγγένεια, συγγενία 1298b

תּוֹלָע
κόκκινος 775c
κόκκος 776a
σκώληξ 1278a

תּוֹלַעַת, תּוֹלֵעָה
διανήθειν (תּוֹ' שָׁנִי) 306b
κόκκινος 775c
κόκκος 182b
σκώληξ 1278a, 191c

תֹּם
see תָּם

תּוֹעֵבָה
*ἀκαθαρσία 42b
ἀκάθαρτος 42c
ἀκάθαρτος καὶ βδελυκτός 216a
ἁμαρτία 62a
ἀνομεῖν (עָשָׂה תּוֹ') 106b
ἀνόμημα 106b
ἀνομία 106c
ἄνομος 107c
ἀσέβεια, ἀσεβία 169c
βδέλυγμα 215b, 169b
βδελύσσειν, βδελύττειν 216a
ἐπιτήδευμα 535b
ἔργον 541c
μάκρυμμα 894a
〚μάκρυνσις 894b〛→ μάκρυμμα
μόλυνσις 932c
πονηρία 1186b
〚πονηρός 1186c (Ez. 11.21)〛
〚προσόχθισμα, προσόχθισμα 1219a〛→ βδέλυγμα

תּוֹעָה
ἀφανής 181b
πλάνησις 1140a

תּוֹעֵלָה
ὠφέλεια, ὠφελία 196c

תּוֹעָפֹת
δόξα 341b
?πυροῦν 1245c
ὕψος 1421b

תּוֹצָאוֹת
διεκβολή 328b
διέξοδος 328b
ἔξοδος 497b

תּוּר qal
#ἀξιοῦν 167b (Si. 51.14)
διαστρέφειν 312a
#ἐκζητεῖν 173c (Si. 51.21)
ἐκλέγειν 435a
〚ἐπισκέπ(τ)ειν 527c〛→ κατασκέπτεσθαι, κατασκέπτειν
〚ἑτοιμάζειν 563c〛→ κατασκέπτεσθαι, κατασκέπτειν (עָבַר לָתוּר תּוּר qal) 744a

תּוּר hi.
〚ἐκτείνειν 442a〛→ נָעַר II pi. ≈ ἐκτινάσσειν
〚ἐκτινάσσειν 443b〛→ נָעַר II pi.
ἐπιγνώμων 518c
κατασκέπτεσθαι, κατασκέπτειν 744a

תּוֹר I
καιρός 706a
χρόνος 1476b

תּוֹר II
τρυγών 1377b

תּוֹר III
〚ὅρασις 1007b〛→ תֹּאַר

תּוֹר IV (Aramaic)
βοῦς 229a
μόσχος 934c
*#ταῦρος 1337c (I Es. 6.29; 7.7; 8.14)

תּוֹרָה
〚βιβλίον, βυβλίον 218b〛
*#βίβλος 219b (I Es. 5.49)
δευτερονόμιον (מִשְׁנֵה תּוֹ') 293b
διαγραφή 300a
διαθήκη 300c
#ἐννόμως 476a (Pr. 31.24[26])
*ἐντολή (דִּבְרֵי תּוֹ', תּוֹ') 479b
ἐξηγορία 495b
θεσμός 649b
〚λόγος 881c (Is. 1.10)〛→ νόμος
νόμιμον 946c
〚νομόθεσμος 947a〛→ νομοθέσμως
νομοθέσμως 947a
*νόμος 947b, 185b (+Si. 41.8)
πρόσταγμα 1219c, 190b (Si. 39.18)
〚τάξις 1334b〛→ סֵדֶר

תּוֹשָׁב
κατοικεῖν 751c
παρεπίδημος 1068c
παροικεῖν 1071b
πάροικος 1071c

תּוּשִׁיָּה
〚ἀληθής 53c〛
?ἀσφάλεια, ἀσφαλία 174b
〚βοήθεια, βοηθία 222c〛→ תְּשׁוּעָה
〚ἐπακολουθεῖν 505b〛
ἰσχύς 694b
〚καιρός 706a〛
σωτηρία 1331b

תּוֹתָח
σφυρόν 1327c

תַּזֵּז hi.
ἀποκόπτειν 133a
κατακόπτειν 734b

תַּזְנוּת
ἐκπορνεύειν 440c
ἔργα πόρνης 541c

πορν(ε)ία 1194c

תַּחְבֻּלוֹת
〚βούλεσθαι 226b〛
§θεεβουλαθωθ 628a

תַּחְבֻּלוֹת
κυβερνᾶν 796a
κυβέρνησις 796a

תְּחוֹת (Aramaic)
ὑποκάτω 1413c
ὑποκάτωθεν (מִן תְּ') 1414b

תְּחִלָּה
#ἄρχειν 163a (Am. 7.1)
ἀρχή 164a, 168c
ἀφηγεῖσθαι 183a
τὸ πρότερον (בַּתְּ') 1230c
πρῶτος (בַּתְּ') 1235c

תַּחֲלֻאִים
μαλακία 894b
νοσερός 949b
νόσος 949b
πόνος 1188b

תַּחֲלִיף
ἀντάλλαγμα 167b

תַּחְמָס
γλαύξ 270c

תַּחֲנָה
παρεμβάλλειν 1066b

תְּחִנָּה
ἀξίωμα 113b
βοή 222c
δέησις 285c
*ἔλεος, ἔλαιος 451a
ἐπιεικεύεσθαι (הָיְתָה תְ') 519c
προσευχή 1214c
〚φωνή 1447b〛→ δέησις

תַּחֲנוּן
δέησις 285c, 170b
ἔλεος, ἔλαιος 451a
οἰκτ(ε)ιρμός 983a
παράκλησις 1061a
προσευχή 1214c

תַּחְרָא
διυφαίνειν (כְּפִי תַ') 337c

תַּחֲרָה
ἐρεθισμός 177b
μηνίαμα, μήνιμα, μῆνις 185a

תַּחַשׁ
ὑακίνθινος 1379a
ὑάκινθος 1379b

תַּחַת
ἄλλος 56b
ἀντί 167b
αὐτόθι (תַּחְתָּם) 179b
κατόπισθε(ν) 756a
κάτω (מִתַּ') 756c
κάτωθεν (תַּ', מִתַּ') 756c
κοίτη 775b
〚κύκλος 797a〛
μετά + acc. 184b
οἶκος 973a
〚ὀπίσω 1001c〛
στρωμνή 1297b
#τόπος 193c (Si. 49.10)
ἐπὶ τὸν τόπον 193c
ἐπὶ (τοῦ) τόπου 1364b, 193c
ὕπανδρος (תַּ' אִישׁ) 1406b
ὑπό + acc. 194b

ὑποκάτω (תַּ׳, מִתַּ׳ לְ, מִתַּ׳ תַּ׳ לְ, תַּ׳ תַּ׳ לְ, אֶל־תַּ׳ (אֶל־תַּ׳ לְ) 1413c, 194c (Si. 36[33].6)
τὰ ὑποκάτω 1413c
ὑποκάτωθεν (תַּ׳, תַּ׳ לְ, מִתַּ׳, (מִתַּ׳ לְ) 1414b
ὑποτάσσειν (נָתַן יָד תַּ׳) 1417b
κατὰ χώραν 1481a

תַּחְתּוֹן
κάτω 756c
κάτωθεν 756c
κατώτερος, κατώτατος 757a
ὑποκάτω 1413c
ὑποκάτωθεν 1414b

תַּחְתִּי
ἀνήλατος 88a
βάθος 189a
θεμέλιον, θεμέλιος 629b
κατάγαιος 729b
κάτω 181c
κάτωθεν 756c
κατώτερος, κατώτατος 757a
ταπεινός 1334b

תִּיכוֹן
μέσος 913a
μεσοῦν 913a
περίστυλον 1127a

תֵּימָן
§θαιμαν 621a
θάλασσα 621a
λίψ 879c
νότος 949c, 185c (Si. 43.16)

תִּימָרָה
ἀτμίς 176b
στέλεχος 1288a

תִּירוֹשׁ, תִּירֹשׁ
μέθυσμα 908a
οἶνος 983c, 186a
⟦ῥώξ 1255c⟧

תַּיִשׁ
τράγος 1369a

תֹּךְ
#δαν(ε)ιστής (אִישׁ תְּכָכִים) 285a (Pr. 29.13)
δόλος 340b
⟦κόπος 778c⟧ → τόκος
ταμ(ι)εῖον, ταμίον 1334a
τόκος 1363b

תְּכוּנָה
ἑτοιμασία 564c
κόσμος 780c
ὑπόστασις 1417a

תֻּכִּיִּים
ταῶν 1339b

תִּכְלָה
συντέλεια 1318c

תַּכְלִית
⟦ἔκθλιψις 432a⟧ → ἔκλειψις
ἔκλειψις 437a
ἔσχατος 558a
πέρας 1120a
συντέλεια 1318c
τέλειος 1342c

תְּכֵלֶת
ὁλοπόρφυρος 989b
ὑακίνθινος 1379a, 194a
ὑάκινθος 1379b, 194a

תָּכַן qal
⟦γινώσκειν 267a⟧
κατευθύνειν 750b

תָּכַן ni.
ἑτοιμάζειν 563c
εὐθύς (adj.) 571a
κατευθύνειν 750b
κατορθοῦν 756b

תָּכַן pi.
⟦γινώσκειν 267a⟧
κοσμεῖν 182b
στερεοῦν 1289a

תָּכַן pu.
ἑτοιμάζειν 563c

תֹּכֶן
#στάσιμος 1286c (Si. 26.17)
σύνταξις 1318a

תׇּכְנִית
διάταξις 312c
⟦ὁμοίως 993b⟧ → תַּבְנִית

תַּכְרִיךְ
διάδημα 300a

תֵּל
ἄβατος 1a
ἀοίκητος 113c
⟦μετέωρος 917c⟧ → תָּלָה qal
⟦τεῖχος 1339c⟧ → ὕψος
#ὕψος 1421b (Je. 37[30].18)
χῶμα 1480c
χωματίζεσθαι (עָמַד עַל תֵּל) 1480c

תְּלָא qal
see תָּלָה qal

תְּלָא ni.
see תָּלָה ni.

תְּלָא pi.
see תָּלָה pi.

תְּלָאָה
κακοπάθεια 709a
μόχθος 935c

תְּלָאוּבָה
ἀοίκητος 113c

תַּלְבֹּשֶׁת
περιβόλαιον 1122b

תְּלַג (Aramaic)
χιών 1471b

תָּלָה qal
⟦ἐπικρεμαννύναι 523c⟧
ἱστάναι, ἱστᾶν 689a
κρεμάζειν, κρεμᾶν, κρεμαννύναι 785c
⟦κρεμᾶν(?) 785c⟧ → κρεμάζειν, κρεμᾶν, κρεμαννύναι
#μετέωρος 917c (Ez. 3.15)
πεποιθὼς εἶναι 1114b
σταυροῦν 1287a

תָּלָה ni.
κρεμάζειν, κρεμᾶν, κρεμαννύναι 785c

תָּלָה pi.
κρεμάζειν, κρεμᾶν, κρεμαννύναι 785c

תְּלוּנָה
γόγγυσις 274b
γογγυσμός 274b

תְּלִי
φαρέτρα 1425a

תְּלָלִים
#γνήσιος 170c (Si. 7.18)

תְּלִיתִי (Aramaic)
τρίτος 1373c

תָּלַל hi.
ἀπατᾶν 119b
ἐξαπατᾶν 488a
καταπαίζειν 740a
παρακρούεσθαι 1061b
παραλογίζεσθαι 1062a
πλανᾶν 1139b

תָּלַל ho.
πλανᾶν 1139b

תֶּלֶם
αὖλαξ 177a, 169a
χέρσος 1468a

תַּלְמִיד
μανθάνειν 895b

תַּלְפִּיָּה
§θαλπιωθ, θαλφιωθ (תַּלְפִּיּוֹת) 623b

תְּלָת (Aramaic)
τρίς (זְמָנִין תְּלָתָה) 1373a
*τρίτος 1373c

תְּלָת (Aramaic)
τρίτος 1373c
τρίτον μέρον 911c

תַּלְתַּלִּים
ἐλάτη 448a

תָּם
⟦ἄβλαστος(?) 1b⟧ → ἄπλαστος
⟦ἀκακία 43b⟧ → תֹּם
ἄκακος 43b
ἀληθινός 54a
#ἀληθινός 54b
ἄμεμπτος 65b
ἄμωμος 68b
ἄπλαστος 122c
ὅσιος 1018b
τέλειος 1342c

תֹּם
ἀκακία 43b
ἄκακος 43b
*ἀλήθεια 53a
ἄμωμος 68b
ἁπλοσύνη 122c
ἁπλότης 122c
ἁπλῶς (בְתֹם) 123a
⟦δῆλος 295b⟧ → אוּר I
⟦ἐξαίφνης, ἐξέφνης (כְּתֹם) 486b⟧
εὐστόχως (לְתֹם) 580c
καθαρός 698c
ὅσιος 1018b
ὁσιότης 1018c
τέλειος 1342c
εἰς (τὸ) τέλος (עַד־תֻּמָּם) 1344a
ἕως εἰς (τὸ) τέλος (עַד־תֻּמָּם) 1344a

תְּמַה (Aramaic)
*ἐκεῖ (תַּמָּה) 423c
ἐκεῖθεν (מִן־תַּמָּה) 427b

תָּמַה qal
ἀναθαυμάζειν 166c
ἀποθαυμάζειν 168a
ἐξιστᾶν, ἐξιστάναι 496c
θαυμάζειν 626c, 179a (+Si. 11.21; –11.31; 33[36].4)
θαυμάσιος 627a
⟦θαυμαστός 179a⟧

תָּמַהּ hi.
#ἐξιστᾶν, ἐξιστάναι 176a (Si. 43.18)

תָּמַהּ hithp.
θαυμάζειν 626c

תָּמַהּ
#θαυμάσιος 179a (Si. 43.25; 48.14)
#θαυμαστός 179a (Si. 16.11)

תְּמַהּ (Aramaic)
τέρας 1345a

תֻּמָּה
ἀκακία 43b
τελειότης 1342c

תִּמָּהוֹן
ἔκστασις 441b

תְּמוֹל
καθ᾽ ἑκάστην ἡμέραν (תְּ שִׁלְשׁוֹם) 418a, 607b
(ἐ)χθές (כְּתְ׳, תְּ׳) 1468c
τρίτη ἡμέρα 607b
χθιζός 1468c

תְּמוּנָה
δόξα 341b
#εἰκών 377b (Ho. 13.2)
μορφή 934b
ὁμοίωμα 993a

תְּמוּרָה
ἀντί 167b

תְּמוּרָה
ἄλλαγμα 55b
⟦ἀμάσητος 65a⟧
ἀντάλλαγμα 108c
⟦ἀποβαίνειν (הָיְתָה תְ׳) 125b⟧ → הָיָה qal

תְּמוּתָה
θανατοῦν 625a

תָּמִיד
ἀεί, αἰεί 28b
αἰών 39b
ἐνδελεχεῖν, ἐνδελεχίζειν 175b
*ἐνδελεχισμός 470a
ἐνδελεχιστός 470a
ἐνδελεχῶς 470a, 175b
καθ᾽ ἡμέραν 607b
θυσία 664a
δι᾽ ὅλου 989b
πᾶς 1073a
διὰ παντός 1073a, 171a, 188a
θυσία διὰ παντός 1073a
πολλαστός 1180c
διὰ τέλους 1344a

תָּמִים
ἄθῷος 30a
ἀκακία 43b
ἄκακος 43b
ἄμεμπτος 65b
ἄμωμος 68b, 166b
⟦δῆλος 295b⟧ → אוּר I
⟦δίκαιος 330c⟧ → δικαίως
δικαίως 335a
εὐθύτης 571b, 177c
ὁλόκληρος 989a
ὅλος 989b
ὅσιος 1018b, 186a
ὁσιότης 1018c
τέλειος 1342c, 193b
εἰς τέλος ἡμέρας μιᾶς (כְּיוֹם תָּ׳) 1344a

תָּמִים
〚ἐξ ἴσου 688c〛 → תּוֹאָם

תָּמַךְ qal
ἀντιλαμβάνεσθαι 110c
ἀποκαθιστᾶν, ἀποκαθιστάναι 131b
ἀσφάλεια, ἀσφαλία 174b
ἀσφαλίζειν 174b
ἐγείρειν 364a
ἐπερείδειν 509c
ἐρείδειν 544c
καταρτίζειν 743b
κρατεῖν 182b
στηρίζειν 1290c

תָּמַךְ ni.
σφίγγειν 1325a

תָּמַם qal
ἄμωμος 68b
ἀναλίσκειν 79b
ἀπολλύειν, ἀπολλύναι 136c
#ἀφανίζειν 181b (Hb. 1.5)
διαπίπτειν 308a
ἐκλείπειν 435c, 173c
ἐξαναλίσκειν 487b
〚ἐξέρχεσθαι + ἔτος (= שָׁנָה) 491c〛
ἡσυχίαν ἔχειν 586c, 620b
κατευθύειν 181c
παύειν 1112b
περιτέμνειν (תָ׳ לְהִמּוֹל qal) 1127b
〚πίπτειν 1135c〛 → διαπίπτειν
πληροῦν 1147c
συντέλεια 1318c
συντελεῖν 1319b
τελειοῦν 1343a
τέλος 1344a

תָּמַם ni.
ἐκλείπειν 435c
ἐξαναλίσκειν 487b

תָּמַם hi.
ἀπλοῦν 123a
ἐκλείπειν 435c
〚ἐκτήκειν 443a〛 → τήκειν
πληροῦν 1147c
συντελεῖν 1319b
〚σφραγίζειν 1327a〛 → חָתַם qal
τήκειν 1348a

תָּמַם hithp.
ἄθῳος 30a
συντελεῖν 1319b
τελειοῦν 1343a

תָּמַס
τήκειν 1348a

תָּמָר
στέλεχος φοινίκων 1288a
φοινικῶν 1436c
φοῖνιξ 1436c

תֹּמֶר
φοῖνιξ 1436c

תִּמֹרָה
φοῖνιξ 1436c

תַּמְרוּק
σμῆγμα, σμῖγμα 1278b

תַּמְרוּרִים I
ὀδυρμός 967c
οἰκτρός 983b
παροργίζειν 1072b

תַּמְרוּרִים II
§τιμωρια 1354a

תַּן
δράκων 348b
ἐχῖνος 592a
κάκωσις 712a
σειρήν 1262a
στρουθός 1297a

תָּנָה pi.
〚διδόναι 317b〛 → נָתַן qal
θρηνεῖν 654c

תַּנּוּאָה
ὁ θυμὸς τῆς ὀργῆς 660c
μέμψις 909c

תְּנוּבָה
γέν(ν)ημα 238c
γλύκασμα 170b
καρπός ("fruit") 723c

תְּנוּךְ
λοβός 880a

תְּנוּמָה
ἐπινυστάζειν 526a
καθυπνοῦν 704c
νύσταγμα 956a
νυσταγμός 956a

תְּנוּפָה
ἀπαρχή 118b
ἀπόδομα 127c
ἀφαίρεμα 181a
ἀφόρισμα 186a
δόμα 341a
ἐπίθεμα 520a
θέμα 179b
μεταβολή 915c

תַּנּוּר
§θαννουρ(ε)ιμ (תַּנּוּרִים) 625c
§θεννουριμ (תַּנּוּרִים) 630a
κλίβανος 771a

תַּנְחוּמוֹת
παράκλησις 1061a

תַּנְחוּמִים
παράκλησις 1061a

תַּנִּים
δράκων 348b

תַּנִּין
δράκων 348b
κῆτος 763c

תְּנָיָן (Aramaic)
δεύτερος 293b

תִּנְיָנוּת (Aramaic)
δεύτερος 293b

תִּנְשֶׁמֶת
ἀσπάλαξ 173b
ἴβης, ἴβις, ἶβις 669a
πορφυρίων, πορφυρῶν 1195c
〚σπάλαξ 1281b〛 → ἀσπάλαξ

תָּעַב ni.
βδελύσσειν, βδελύττειν 216a
〚κατισχύειν 751b〛
〚προσοχθίζειν 1218c〛 → κατισχύειν

תָּעַב pi.
βδέλυγμα 215b
βδελύσσειν, βδελύττειν 216a, 169b
λυμαίνειν, λοιμαίνειν 889b

תָּעַב pu.
#βδελύσσειν, βδελύττειν 169b (Si. 16.8)

תָּעַב hi.
ἀνομεῖν 106b
βδελύσσειν, βδελύττειν 216a

תָּעָה qal
πλανᾶν 1139b, 188c (Si. 51.13)
πλάνησις 1140a
〚σείειν 1261c〛

תָּעָה ni.
πλανᾶν 1139b

תָּעָה hi.
ἐξάγειν 483a
ἐξωθεῖν 502b
ὀλισθαίνειν 186a
πλανᾶν 1139b
πλάνησις 1140a
πονηρεύεσθαι 1186a

תְּעוּדָה
μαρτύριον 896c

תְּעָלָה I
〚θάλασσα 621a〛
#ἰατρεία 669a (Je. 31[48].2)
ῥύσις 1255c
σύστεμα, σύστημα 1323c
ὑδραγωγός 1380c

תְּעָלָה II
#ὠφέλεια, ὠφελία 1497a (Je. 26[46].11; 37[30].13)

תַּעֲלָה
ὠφέλεια, ὠφελία 196c

תַּעֲלוּלִים
ἐμπαιγμα 456b
ἐμπαίκτης 456c

תַּעֲלֻמָה
κρύφιος 793a

תַּעֲנוּג
ἐντρύφημα 481b
εὐφροσύνη 178b
〚τροφή 194b〛 → τρυφή
τρυφερός 1377c
τρυφή 1377c, 194c (+Si. 14.16; 37.20; 41.1)
τρύφημα 194c

תַּעֲנִית
*#νηστεία 945a (I Es. 8.73)
ταπείνωσις 1335c

תָּעַע pilp.
καταφρονεῖν 748a

תָּעַע hithpal.
*#ἐκπαίζειν 438c (I Es. 1.51)
ἐμπαίζειν 456b

תַּעֲצֻמוֹת
κραταίωσις 783a

תַּעַר
κολαιός 776b
κολεός 776b
ξυρόν 959c

תַּעֲרוּבָה
σύμμιξις 1304c

תַּעְתֻּעִים
ἐμπαίζειν 456b
μωκᾶσθαι 938a

תֹּף
αὐλός 178c
τύμπανον 1378b
ψαλτήριον 1483c

תִּפְאָרָה
δόξα 341b

καύχημα 181c
καύχησις 182a
μεγάλωμα 902b

תִּפְאֶרֶת
ἀγαλλίαμα 165a
γαυρίαμα 170a
δόξα 341b
δοξάζειν 343b
δόξασμα 344a
δοξαστός 344a
〚ἔπαρξις 508b〛 → ἔπαρσις
ἔπαρσις 508b
καλλονή 715a
κάλλος 715a
καύχημα 757c
καύχησις 757c
κόσμος 780c
μεγαλειότης 901b
μεγαλοπρέπεια, μεγαλοπρεπία 901c
μεγαλωσύνη 902c
προτέρημα 1230b
τρυφή 1377c
ὡραιότης 1494a

תָּפִינִים
ἑλικτός 453a

תֹּפֶל
ἀφροσύνη 186b

תְּפִלָּה
ἀνόμημα 106b
ἀφροσύνη 186b

תְּפִלָּה
δέησις 285c, 170b
δεῖσθαι (נָשָׂא תָ׳) 288a
ἐξομολόγησις 176a
εὔχεσθαι 583c
εὐχή 584c
προσεύχεσθαι 1214a
προσευχή 1214c, 190b (+Si. 51.13)
ὕμνος 1405b

תַּפְלֶצֶת
παιγνία 1045c

תָּפַף qal
#τυμπανίζειν 1378a (I Ki. 21.13[14])
τυμπανίστρια 1378b

תָּפַף polel
φθέγγεσθαι 1429c

תָּפַר qal
ῥάπτειν 1248c

תָּפַר pi.
συρράπτειν 1323a

תָּפַשׂ qal
〚ἀναβαίνειν, ἀναβέννειν 70a〛 → ἀναλαμβάνειν
#ἀναλαμβάνειν 78c (Je. 26[46].9)
ἀντέχειν 109c
βιάζεσθαι 218a
〚διαστρέφειν 312a〛 → πλαγιάζειν
ἐγκρατής 172a
ἔλασμα 448a
ἐπιλαμβάνειν 523c
ἐπισπᾶν 529b
καθοπλίζειν 704b
καταδεικνύναι 730b (–Ge. 4.21)
κατακρατεῖν 734b
καταλαμβάνειν 735a
κατάληψις 737c

κατέχειν 750c
κρατεῖν 783a
κωπηλάτης (תָּ׳ מָשׁוֹט) qal) 840b
λαμβάνειν 847a
ὀμνύειν, ὀμνύναι 991b
πλαγιάζειν 1139b
πολεμιστής (תָּ׳ מִלְחָמָה) qal) 1171c
συλλαμβάνειν 1301c
σύλληψις 1302c
τοξότης (תֹּפֵשׂ קֶשֶׁת) 1364b

תָּפַשׂ ni.
ἁλίσκειν, ἁλίσκεσθαι 54c
ἅλωσις 60b
θηρεύειν 650b
λαμβάνειν 847a
⟦παραδιδόναι 1058a⟧
συλλαμβάνειν 1301c

תָּפַשׂ pi.
ἐρείδειν 544c
εὐάλωτος 568c

תֹּפֶת
#γέλως 235c (Jb. 17.6)
διαπίπτειν 308a
διάπτωσις 308c
§ταφεθ, ταφετ 1337c

תִּפְתָּיֵא (Aramaic)
οἱ ἐπ' ἐξουσιῶν 500c

תִּקְוָה I
ἀγαθός 2a
ἐλπίς 454a
εὔελπις 569c
μόνιμος 933a
σημεῖον 1263b
ὑπομένειν 194c
ὑπομονή 1416b, 194c (+Si. 16.13)
ὑπόστασις 1417a

תִּקְוָה II
συναγωγή 1309b

תְּקוּמָה
ἀνθιστάναι 95c
#ὑπόστασις 1417a (Jb. 22.20)

תָּקוֹעַ
σάλπιγξ 1258b

תָּקוֹף
κραταιός 182b

תְּקוּפָה
καιρός 706a
κατάντημα 739c
μεσοῦν 913c
συντέλεια 1318c, 192c

תַּקִּיף (Hebrew and Aramaic)
*ἰσχυρός 693b
ἰσχύς 694b
*#σκληρός 1274b (I Es. 2.27)

תָּקַל ni.
προσκόπτειν 190b

תָּקַל hi.
πλανᾶν 188c

תְּקֵל peil (Aramaic)
ἱστάναι, ἱστᾶν 689a

תְּקֵל (Aramaic)
§θεκελ 628b

תְּקָלָה
ξύλον 185c
ξύλον προσκόμματος 190b

תָּקַן qal
#ἐπικοσμεῖν 523b
ἐπικραταιοῦν 523b
⟦κοσμεῖν 780b⟧ → ἐπικοσμεῖν

תָּקַן pi.
κοσμεῖν 780b
κόσμιον 780c

תָּקַן hoph. (Aramaic)
κραταιοῦν 782c
κρατεῖν 783a

תָּקַע qal
βάλλειν 189c
ἐγκρούειν 367a
ἐμβάλλειν 455a
ἐμπηγνύναι 456c
ἐπικροτεῖν (תָּ׳ כַּף qal) 523c
ἦχος 620c
ἱστάναι, ἱστᾶν 689a
κατακρούειν 734c
καταπηγνύναι 741b
κροτεῖν 791c
παραδιδόναι 1058a
πηγνύναι 1130c
σαλπίζειν 1258c
σημαίνειν 1263c
⟦στηλοῦν 1290b⟧ → ἱστάναι, ἱστᾶν
στηρίζειν 1290c
τιθέναι 1348c (Jd 4.21A; I Ch. 10.10)

תָּקַע ni.
σαλπίζειν 1258c
συνδεῖν 1312c
φωνεῖν 1447b

תֶּקַע
ἦχος 620c

תָּקַף qal
ἐπικραταιοῦν 523b
κατέχειν 750c
ὠθεῖν 1492c

תְּקֵף, תְּקֵף pe. (Aramaic)
ἰσχύειν 692c
ἰσχύς 694b
κραταιοῦν 782c

תַּקֵּף, תַּקֵּף pa. (Aramaic)
ἐνισχύειν 475a

תֹּקֶף
βία 218a
ἰσχύς 694b

תְּקֹף (Aramaic)
ἰσχύς 694b
κραταιός 782a
κράτος 784a

תֹּר
τρυγών 1377b

תַּרְבּוּת
σύστρεμμα 1323c

תַּרְבִּית
πλεονασμός 1142a
πλῆθος 1142c

תִּרְגַּם pu.
ἑρμηνεύειν 547c

תַּרְדֵּמָה
δεινὸς φόβος 288a
ἔκστασις 441b
θάμβος 623b
κατάνυξις 739c

תְּרוּמָה
ἀπαρχή 118b, 167c
⟦ἀπαρχία 118c⟧ → ἀπαρχή
⟦ἀρχή 164a⟧
ἀφαίρεμα 181a
ἀφόρισμα 186a
ἀφορισμός 186b
δόσις 172b
#δῶρον 359a (Jd. 9.31A)
εἰσφορά 415c
θυσία 179c

תְּרוּעָה
ἀγαλλίασις 5b
ἀλαλαγμός 52a
⟦ἔνδοξος 470c⟧
ἐξηγορία 495b
ἐξομολόγησις 499c, 176a
θόρυβος 654a
κραυ(γ)ή 784b
*σάλπιγξ 1258b
σημασία 1263b
*φωνή 1447b

תְּרוּפָה
ὑγ(ε)ία, ὑγίεια 1380b
φάρμακον 195a

תְּרֵין (Aramaic)
*δεύτερος 293b
δωδεκάμηνον (יַרְחִין תְּרֵי עֲשַׂר) 358b

תָּרְמָה
ἐν κρυφῇ (בְּתָ׳) 793a

תַּרְמִית
δόλιος 340b
δολιότης 171c
ἐνθύμημα 473c
θέλημα 629a
προαίρεσις (תַּרְמוּת תָּ׳) 1203c

תֹּרֶן
ἱστός 692c

תְּרַע (Aramaic)
αὐλή 177b
θύρα 662c

תָּרָע (Aramaic)
*#θυρωρός 664a (I Es. 8.22)
πυλωρός 1242a

תַּרְעֵלָה
⟦θυμός 660c⟧
κατάνυξις 739c
πτῶσις 1239a

תְּרָפִים
#ἀποφθέγγεσθαι 150a (Za. 10.2)
γλυπτός 271a
δῆλος 295b
εἴδωλον 376a
§θεραπ(ε)ια 648a
§θεραφ(ε)ιν, θαραφειν, θεραπειν, θεραφειμ 648c
κενοτάφια, καινοτάφια 759b

תִּרְצָה
εὐδοκία 569b

תַּרְשִׁישׁ
ἄνθραξ 96a
θάλασσα 621a
§θαρσ(ε)ις 626c
χρυσόλιθος, χρυσόλιθον 1478b

תַּרְשָׁתָא
§αθερσασθα, αθερσα(θ)α, αρτασασθα (הַתִּ׳) 29b, 161a

תְּשׁוּמֶת
κοινωνία (תָּ׳ יָד) 775a

תְּשֻׁאוֹת
?μέμψις 909c

תַּשְׁבֵּץ
κοσυμβωτός 781a

תְּשׁוּבָה
ἀλλοίωσις 166a
ἀνταπόκρισις 109c
ἀπόκρισιν διδόναι 134b
ἀποστροφή 148b
ἐπιέναι 520a
ἐπιστρέφειν 531a
καταπαύειν 740c

תְּשׁוּעָה
βοήθεια, βοηθία 222c
σωτηρία 1331b, 193c
σωτήριον 1332a, 193c

תְּשׁוּקָה
ἀποστροφή 148b
ἐπιστροφή 534a

תְּשִׁיָּה
see תּוּשִׁיָּה

תְּשִׁיעִי
*ἔν(ν)ατος 469a

תַּשְׁלוּמָה
ἀνταποδιδόναι 167b
ἀνταπόδομα 167b

תַּשְׁנִיק
χολέρα 196a

תֵּשַׁע, תֵּשַׁע
ἔν(ν)ατος 469a
ἐννεακαιδέκατος (תְּשַׁע־עֶשְׂרֵה, תִּשְׁעָה־עָשָׂר) 475c

תָּשַׁשׁ ho.
#κατακλᾶν 733b (Ez. 19.12)